Test di Ammissione alle Professioni Sanitarie

ESERCIZIARIO

COMMENTATO

TESTBUSTERS

STUDENTI PER GLI STUDENTI

PRIMA EDIZIONE

Eserciziario Commentato - Test di Ammissione alle Professioni Sanitarie

Prima edizione

Via Marco Ulpio Traiano, 17, 20149 Milano MI, Italia
www.testbusters.it

ISBN: 9791280033093

Progetto grafico e impaginazione: Federica Cappellini

Scrivere un libro è un'operazione complessa, tanto più per noi editori in erba. Ci scusiamo per tutti gli errori che doveste incontrare.

Per fare una segnalazione, inquadra il QR code e lasciaci un messaggio.
Grazie per la collaborazione

REBUS (1, 6)

PARTE I

Introduzione alla 1ª Edizione

Questa è la prima edizione dell'eserciziario TestBusters per le Professioni Sanitarie.

I quesiti sono *tutti commentati*, in modo che possano essere più propedeutici al tuo apprendimento in tandem con il nostro manuale di teoria. La struttura dei due manuali è stata uniformata, non solo capitolo per capitolo, ma anche paragrafo per paragrafo, per permettere uno studio guidato passo per passo in tutte le materie.
(Vedi anche le "Istruzioni per l'uso").

In questa nuova edizione abbiamo deciso di espandere i nostri orizzonti alla preparazione del Test per le Professioni Sanitarie. In seguito alla marcata volubilità di contenuto e forma alla quale assistiamo ogni anno nei test proposti dai diversi atenei ci siamo sforzati nel tentativo di creare quesiti quanto più fedeli possibile alle tipologie presenti nei diversi test e ampliando il numero di domande per tutte le materie, così da permetterti di essere pront* a tutto.

Al momento della stampa non ci è ancora dato sapere quale sarà l'esatta composizione dei test di settembre 2020, ti invitiamo dunque a rimanere aggiornato su testbusters.it e sui nostri canali social per non perdere eventuali novità significative per la tua preparazione.

Ciò che vorremmo trasmettere da ogni pagina di questo eserciziario è tutto l'impegno che ci abbiamo messo per realizzarlo.

Cerchiamo di dare il buon esempio: dai il massimo anche tu nell'utilizzarlo!
Buono studio

Famiglia TestBusters

Istruzioni per l'uso

Questo libro è solo uno strumento, quanto ti gioverà dipende solo dall'uso che ne farai.
Ecco cos'è e come usarlo al meglio in unione con il nostro manuale di teoria:

PARTE I

L'hai già iniziata leggendo l'introduzione. Potremmo anche definirla come "I consigli dei fratelli maggiori": parole dal tono amichevole e suggerimenti derivati dall'esperienza di chi ci è già passato permeeranno tutte le prossime pagine. Speriamo ti possano dare lo spirito giusto per affrontare la preparazione per il test.
Un po' perché la prima forma di apprendimento dell'essere umano è l'imitazione.
Un po' perché è confortante leggere di qualcuno che ha vissuto, anche emotivamente, quello che stai passando tu.
Un po' perché le dritte di TestBusters sono scritte sempre e solo da persone che il test l'hanno superato.

PARTE II

È questa la sezione che è stata rivoltata da cima a fondo in questa nuova edizione, in modo da poter essere il supporto più idoneo allo studio sul nostro manuale di teoria.
La suddivisione di quest'ultimo e della parte II sono identiche e sono state ideate per essere studiate assieme, capitolo per capitolo.
Solo affrontando l'immensa mole di nozioni un passo alla volta potrai arrivare a sapere tutto ciò che ti serve.
Crediamo fermamente che solo affiancando lo studio teorico alla pratica sull'eserciziario potrai massimizzare il tuo apprendimento. Saranno gli esercizi (commentati) ad aiutarti a capire quali sono i concetti e le nozioni più importanti e a fissarle con la pratica nella tua testa.
Affronta 2-3-4 capitoli al giorno, prima sul libro di teoria, e poi svolgendo qui gli esercizi corrispondenti.
All'inizio sarà dura e il lavoro ti sembrerà forse troppo, già dopo una settimana però capirai che il traguardo è raggiungibile.

Inoltre teniamo a specificare che tutti gli esercizi della parte II sono di tipologia Non-Cambridge, ovvero più simili ai test proposti da CINECA e dai vari atenei statali,, in generale più semplici ma forse per questo più adatti a chi comincia senza basi solide.

Siamo fermamente convinti che esistano molteplici strade per arrivare al superamento dei test d'ammissione, la strada che fa per te sarà tanto più efficace quanto più l'avrai costruita con le tue mani.

Buono studio!

GUIDA TESTBUSTERS

Allora, hai 18, 19, 20, 30 o non so quanti anni, e, per qualche motivo, vuoi iscriverti ad una delle Professioni Sanitarie. Il problema che ti si pone adesso è quel maledetto e apparentemente impossibile test di ammissione, che devi superare per portare avanti il tuo folle proposito di studiare per tutta la vita e per uno stipendio che riuscirai ad intravedere solo dopo alcuni lustri. Sognando di diventare il futuro dottor House, ti devi cimentare in questa sfida come le altre 60 e 80 mila teste che hanno il tuo stesso sogno. Pensare di eliminarle tutte è molto più complicato di quanto sia prepararsi al test, credimi!

E ora, dopo questa introduzione un po' pessimista, visto che anche io ho affrontato il test e l'ho passato, mi sento di poter dare qualche consiglio a chi si trova nella stessa condizione in cui ero io qualche anno fa.

"Sì ma tu avrai studiato tutta l'estate...sì ma tu hai avuto c*lo...sì ma tu..."

PRIMA REGOLA: non esiste un "Sì, ma...". Al test dovrai confrontarti con molte e determinate persone. Se parti pensando di non potercela fare, allora è meglio desistere e dedicare il tuo tempo a poltrire sul divano o davanti a facebook. Se invece, come me, non ti senti il "più genio" della storia, ma nemmeno il più fesso, allora lascia perdere le scuse e fai posto alla buona volontà e all'impegno. Non ci sono strade alternative e l'unico metodo che hai per farcela è crederci, crederci e fare di tutto perché il tuo desiderio si avveri. Io avevo basi abbastanza buone dal liceo, ma il punto di partenza devono essere forza di volontà e motivazione: senza motivazione non si studia, senza studio non si passa il test. Non si scappa.

Di seguito, cercherò di darti 7 consigli su come superare il test di ammissione e avviarti felice verso i mille anni di studio che ti aspetteranno dopo. Mille anni? Scusami ho sbagliato, sono SOLO 6 + specialistica!

1. Trovare subito il materiale per prepararti

Sembra un'ovvietà, ma il materiale per prepararsi è tantissimo, come selezionarlo? Puoi prenderti uno di quei bei tomi con scritto a caratteri cubitali sulla copertina "Test di Ammissione", oppure scegliere di usare i libri del liceo, o basarti su file trovati online, oppure, da ragazzo saggio, puoi scegliere di comprare il nostro fantastico manuale di teoria (perdonami, ma un po' di pubblicità ci vuole!!). Probabilmente i manuali del liceo sono molto più approfonditi dei libri "da test", e visto l'andazzo degli ultimi anni, utilizzarli potrebbe essere la scelta giusta. Oltretutto dovresti averci già studiato sopra e questo aiuta non poco. Oltre alla teoria, naturalmente c'è anche la pratica, che è l'aspetto sicuramente più importante. Questo stesso libro offre un buon numero di test su cui prepararsi, ma non devi fermarti qui! Online puoi trovare davvero di tutto e in particolare una risorsa preziosissima: i test ufficiali degli anni passati. Ma prima di tutto questo è imprescindibile dotarti del programma ministeriale. Sia che tu abbia davanti lunghi mesi sia che per i più svariati motivi (maturità, decisione all'ultimo, cazzeggio) ti ritrovi con pochi giorni di studio è fondamentale leggere prima il programma. Si tratta di una risorsa fondamentale. Perché? Perché inaspettatamente potrebbero non comparire argomenti che pensavi fosse scontato trovare, e dedicandotici avresti finito solo per perdere tempo, che in quest'occasione come non mai è davvero prezioso. O al contrario perché ci potrebbero essere argomenti di cui non hai mai nemmeno sentito parlare (mai fidarsi del ministero!).

2. Capire ciò che ti aspetta

Il problema del test di ammissione a Medicina è che i test ufficiali ministeriali non si basano sui libri su cui tutti studiano, ma al contrario sono i manuali "da test" ad ispirarsi alle domande ufficiali. Questo significa che, anche se studiassi tutto alla perfezione dai libroni in commercio, potrebbe sempre capitarti qualcosa che sul libro non c'era, o che era solamente accennato; quindi al libro è d'obbligo affiancare una caterva di quiz e simulazioni, e cogliere tutti gli spunti che scoverai.

Purtroppo, per quanto tu possa studiare, non potrai eliminare del tutto il fattore fortuna: su 60 domande a risposta multipla, rimarranno sempre dei quesiti a cui non saprai rispondere, indipendentemente dal tuo studio e dalla tua preparazione.

Questo discorso ci porta al prossimo punto...

3. Ridurre al minimo il fattore c**o (d'ora in poi fattore ciao)

È utile, per prima cosa, fare una distinzione tra:

1. La "fortuna divina", sulla quale non abbiamo alcun controllo. Ti potranno capitare solo 10 quesiti a cui non saprai minimamente rispondere, oppure 20, o addirittura 30 (non sia mai!!). Ovviamente più si studia, minore sarà la probabilità di trovarsi davanti a tante domande impossibili. Quindi facciamo così: studia nel modo migliore, cercando di essere preparato al maggior numero di argomenti, e se poi ti capiterà una domanda difficile poco importa, lo sarà anche per gli altri, non c'è da temere. La fortuna esiste quando le domande sono poche: su 60 incide pochissimo!

2. La "fortuna statistica", quella che ti bacerà quando risponderai a un quiz avendo considerato le probabilità di azzeccare la risposta, pur non sapendola! In che senso? Se, per esempio, delle 5 opzioni ne riesci ad escludere 2 con certezza, rispondendo a caso allora avrai la probabilità di 1/3 di guadagnare 1,5 punti (e 2/3 di perderne 0,4). Escludendo 3 risposte sbagliate, la probabilità aumenta ancora. Insomma se hai escluso CON CERTEZZA le altre opzioni, non si parla più di fattore ciao, ma di statistica. Con 5 domande, in cui sei CON CERTEZZA indeciso tra 2 risposte per ognuna, la probabilità di perdere punti rispondendo a caso è circa del 4%, nel 15% dei casi il tuo punteggio rimarrà pressoché invariato, mentre nell'81% dei casi guadagnerai punti!
Prova, mentre fai le tue simulazioni, a segnarti a lato le domande in cui sei incerto tra due risposte. E vai a vedere, alla fine, se complessivamente avresti guadagnato o perso punti rispondendo a caso tra quelle due opzioni. Scommetto una cena che ne avresti guadagnati!
Ovviamente le opzioni che scarti dovranno essere eliminate in base a un ragionamento preciso e fondato sulle tue conoscenze, non a caso o a sentimento, altrimenti tutto il discorso va a ramengo!

Esortarti ad approcciare così un test non vuol dire spingerti a correre il rischio sempre e comunque in ogni occasione, ma di farlo soprattutto nelle situazioni in cui, mentre stai facendo il test, ti rendi conto che il tuo punteggio non sarebbe sufficiente a entrare. Per fare questo ovviamente è necessario fare una previsione del punteggio che otterresti e soprattutto rapportarlo al test e agli altri concorrenti. In poche parole, devi imparare a riconoscere la difficoltà del test che hai davanti. Prendiamo un punteggio di 45 punti: in un test difficile è sufficiente, in un test facile no. Determinare se un test sia semplice o difficile si può fare solo avendone visti molti e quindi avendo fatto moltissima pratica.

4. COME studiare?

Se pensi di studiare tutto il tempo sui libri, allora stai sbagliando di grosso. È il COME studiare la vera sfida di questa prova. La scuola italiana è basata su un metodo di studio molto diverso e distante rispetto a quello necessario per superare i test di ammissione alle università, che sono improntati invece sul metodo anglosassone: quiz a crocette e meno teoria. Fai quindi tante simulazioni e non aver paura di confrontarti con un punteggio basso. Tra quelle 60 crocette troverai delle domande banali e prevedibili (non ho detto facili, ma banali...sono quelle "coperte" da uno studio davvero di base), a cui vanno aggiunte le domande di media difficoltà di cui avrai sentito parlare; rimangono le domande difficili a cui magari, con un po' di fortuna e basandoti su quanto studiato, riuscirai a rispondere. Il resto saranno domande difficilissime o davvero impossibili che potranno solo farti imbestialire.

Ad esempio, se al test ti domandassero quanto duri l'orgasmo di un maiale, andresti fuori di cotenna. Beh, l'orgasmo di un maiale dura 30 minuti!
(Per chi non avesse capito la leggera ironia, la cotenna è la pelle del maiale)

Più crocette farai, più l'ago della bilancia penderà verso le domande banali e di media difficoltà, portando ad una drastica riduzione dei quesiti difficili.

5. A cosa puntare? Come fare a capire se si hanno delle chance?

Per com'è strutturato il test, i punteggi minimi per accedere cambiano di anno in anno, a seconda della difficoltà della prova. Non è mai possibile avere la certezza matematica che un determinato punteggio sia sufficiente o meno a farti entrare, soprattutto se la difficoltà del test cambia di molto. Il mio consiglio allora è quello di prepararti al peggio, puntando in alto, al punteggio più alto possibile Io mi sono preparato con l'idea di fare 65 punti sempre e comunque a tutti i test di prova. Non ci sono assolutamente riuscito e alla fine il test ufficiale mi è andato decisamente peggio, ma sono comunque riuscito ad ottenere un bel punteggio per entrare. Il concetto è semplice: se miri a 40 punti, al test ne prenderai 30 e resterai fuori; se invece punti a 70 otterrai un punteggio che, anche in un test un po' sfortunato e difficile, ti permetterà comunque l'ammissione.

6. Come fare a prendere 70?

Ok, 70 è un punteggio quasi impossibile da ottenere (a meno che il test sia davvero semplice come è accaduto nel 2016 e 2017). Nessuno ti chiede di riuscirci davvero. L'idea, infatti, non è di guadagnare effettivamente questo punteggio, ma di provare almeno a raggiungerlo. Io ti consiglio di fare così:

- Fai un test (magari uno di quelli ufficiali che trovi in internet con tutte le risposte mescolate) dall'inizio alla fine e annota il tuo punteggio (io ho totalizzato circa 43 punti su 80 la prima volta).
- Datti sempre 10-15 minuti in meno rispetto al tempo ufficiale. Il giorno del test perderai parte del tempo in ansia, nel ricopiare le risposte sul foglio risposte e nel rileggere più volte i quesiti. È importante ottimizzare il tempo in modo da avere un margine e non finire per fare tutto di fretta. Magari sbaglierai a ricopiare sul foglio risposte e, pur sapendo che un maiale ha un orgasmo di 30 minuti, rimarrai fregato. (30 minuti, ce ne rendiamo conto?)
- Correggiti e sii onesto con te stesso. "Ah sì. Che errore stupido, questo di sicuro al test non lo sbaglierò, la segno come risposta corretta"...beh io ho sbagliato a riconoscere "L'infinito" di Leopardi al test di ammissione del 2009. "E sei pure entrato??" dirai. Sì, considera che qualche castroneria al test la potresti fare, causa ansia, causa fretta, causa vicino rompiscatole. (Io sicuramente la sbagliai perché non avevo letto una guida fantastica come questa!)
- Correggi OGNI SINGOLA DOMANDA SBAGLIATA, andando poi a rivedere su Wikipedia o sul libro l'argomento che non sapevi. Questo punto è fondamentale per poter migliorare facendo pratica e imparando dai tuoi errori.
- Calcola sempre il tuo punteggio nelle simulazioni dei test ufficiali passati e confrontalo con i punteggi per entrare quell'anno. È importante capire quanto sia difficile quel test non solo per te, ma anche per altri.
- Annota quali parti del programma ti hanno messo più in difficoltà e ripassale!
- Renditi conto di quali siano gli argomenti più ricorrenti.
- Annota sempre il tuo punteggio su un foglio e guarda se in una settimana ci sono miglioramenti. Se studierai correttamente, son sicuro che li avrai!
- Fai almeno 25 simulazioni...non sono troppe, fanne una al giorno! Sforzati e dai il meglio di te. Anche se arriverai bianco cadaverico al test, stile Twilight, avrai poi dei giorni fantastici davanti a te in cui potrai recuperare la tintarella. Nei momenti di sconforto cerca di visualizzare nella mente la tua immagine in camice e trova la motivazione affinché il tuo sogno si realizzi davvero.

Ora forse mi stai per chiedere: "Quando devo usare quei libroni pieni di roba?" (30 minuti di orgasmo, incredibile!).
Sicuramente prima di affrontare gli esercizi è necessario uno studio generale di tutti gli argomenti, in modo da avere una visione d'insieme globale. Considera però che studiando e basta avrai poche possibilità di passare, mentre esercitandoti le possibilità aumenteranno notevolmente.
Non continuare a studiare quello che ti viene meglio giusto per metterti il cuore in pace! Capito? Non fare diecimila esercizi sulle ossidoriduzioni perché ti vengono e ti senti figo! Il concetto è che dovrai alzare il tuo punteggio, non perfezionare fino allo sfinimento ciò che già sai. Se fai ZERO nella sezione di Chimica significa che, studiando gli argomenti che capitano più di frequente, anche solo sommariamente, inizierai a prendere 5-6 punti IN PIU' rispetto ai tuoi punteggi iniziali.

Prima di tutto concentrati su logica! Per 4 motivi:

1. Le domande di logica sono di più.
2. Con l'esercizio, diventare dei campioncini in logica è tutt'altro che impossibile. Pensare di poter arrivare in poco tempo a buoni livelli di logica è davvero fattibile.
3. Spesso la logica ti aiuta anche a risolvere i quiz delle altre materie.
4. Spesso chi si presenta al test trascura logica per concentrarsi su biologia e chimica: preparandoti anche su logica acquisirai un notevole vantaggio!

Fai un casino di test, ma falli davvero! Dovrai abituarti a rispondere a 60 domande in 1 ora per migliorare la tua concentrazione. Tieni sempre a mente questi due concetti:

- La selezione viene fatta su quelle domande assurde che quasi tutti maledicono.
  Ad esempio, lo sapevate che alcuni leoni si accoppiano più di 50 volte al giorno?
  (Nella mia prossima vita voglio comunque essere un maiale...qualità, non quantità).
- Non potrai permetterti di sbagliare le domande facili, perché tutti gli altri ti passeranno davanti: resta concentrato, non trascurare parti del programma pensando di saperle, e soprattutto il giorno del test dedica la stessa dose di attenzione e concentrazione a tutti i quesiti.

7. Ma il tempo è poco... non sai se ne vale la pena o se ce la puoi fare

Certo che il tempo è poco, però tutti noi abbiamo un cervello e ci sono molti modi per farlo funzionare al meglio.
Prima di tutto sii motivato, e soprattutto sii curioso. Se sarai curioso di conoscere e di sapere, potrai arrivare dappertutto. Io sarei curioso di sapere come hanno fatto a capire che i maiali hanno orgasmi di 30 minuti.
Considera che, nella tua vita, 50 giorni trascorsi a studiare durante il weekend e senza uscire tutte le sere non incideranno minimamente! Non pensare a quante altre belle cose potresti fare, non pensare al fatto che sia un test in cui entrano in pochi, non iniziare con il trovare scuse per un eventuale fallimento. Dipende tutto da te e da quanta voglia e determinazione ci metterai.
Se lo vuoi, ce la puoi fare, te lo garantisco. "STAY HUNGRY, STAY FOOLISH!"
E infine, non ti arrendere. Ok, è un consiglio ovvio, ma è vero. Se davvero vuoi fare il medico, non lasciare che un dannatissimo test ti tolga questo desiderio, e se credi che ti serva una mano prendi ripetizioni, studia fino allo stremo, ripeti 1000 volte tutte le nozioni da sapere a memoria.
Ricordati che questa sfida è complicata per tutti. Non passare il test è un'esperienza comune e quelli che non ci riescono sono di più di quelli che ce la fanno. Eppure, se ti sarai impegnato al massimo, nessuno ti biasimerà per non essere passato; se invece non dovessi passare per pochi punti perché hai dormito sugli allori allora la frustrazione sarà sicuramente tua compagna.
Se proprio dovesse andare male, iscriviti ad un'altra facoltà medico-scientifica, frequenta i corsi singoli per non restare del tutto indietro, continua a studiare e riprovaci l'anno successivo.
Ricordati che il primo passo da fare è guardarsi allo specchio e chiedersi "sono pronto per fare medicina?".
Se tutti gli innumerevoli anni che dovrai passare sui libri a studiare medicina hanno come unico ostacolo questo test di ammissione, allora non esitare! Devi voler passare questa prova. Non pensare

ad altro: non farti intimorire dalla difficoltà del test, dalla gente che non crede in te, dai parenti, dai professori, dagli amici. Quando abbandoni qualcosa perché non ti senti all'altezza, o perché hai paura, è come se uccidessi una parte di te stesso.

Alzati ogni mattina sempre più determinato e non dimenticare mai quello che diceva Albert Einstein:

"C'è una forza motrice più forte del vapore, dell'elettricità e dell'energia atomica: la volontà"

E dopo aver detto tutto questo, l'unica cosa che mi resta da dire è: MALEDETTI MAIALI!!!!!!!

P.S. nessun animale è stato maltrattato nella realizzazione di questa guida.

DECALOGO

I 10 punti fondamentali

1 Non avrai altro studio al di fuori del test
NB: non significa studiare 12 ore al giorno. È però consigliabile non avere altri impegni intellettuali di rilievo, soprattutto le ultime 2 settimane. Dovrai sviluppare un discreto disturbo ossessivo compulsivo per i quiz a scelta multipla, ma non ti preoccupare: è reversibile! Sparirà qualche settimana dopo la prova.

2 Ricordati di valorizzare il tuo operato
Sii eclettico, ma non dispersivo. Studia in maniera consequenziale, concedendoti delle divagazioni sul tema qua e là, ma con un percorso di fondo sempre facilmente recuperabile.

3 Non riportare falsa testimonianza della tua preparazione
L'onestà intellettuale prima di tutto. Se all'inizio pensi di non sapere niente è normale: è per quello che hai iniziato a studiare! Se però pensi di non sapere alla fine, o sei disonesto, o non hai seguito alcuni dei punti di questo decalogo.

4 Festeggia i tuoi successi
Hai finalmente capito come interpretare gli alberi genealogici che non ti riuscivano da due mesi? Concediti un amaro o un'uscita con gli amici in più questa settimana.

5 Non commettere simulazioni impure
Hai fatto 70 all'ultima simulazione online? Credo bene, avevi già visto 30 di quelle domande! Cerca sempre esercizi nuovi, soprattutto per logica, stando attento a farne di simili a quelli del test.

TESTBUSTERS

per gestire e affrontare la preparazione da vincenti

6 L'unico quiz sbagliato è quello non affrontato

Tutti i test che farai da oggi all'esame servono solo a migliorare le tue abilità e conoscenze, non esiste la locuzione: "Non l'ho mai saputo fare e mai saprò farlo".

7 Onora il programma stabilito

Devi finire chimica entro 2 settimane? BASTA GOZZOVIGLIARE: le ossidoriduzioni non saranno clementi con te se tu lo sarai con loro.

8 Formula il programma da onorare

Se il punto precedente ti è suonato strano perché non hai un programma di studio: afferra penna e calamaio, conta le pagine che intendi studiare, dividile per i giorni che ti separano del test et voilà, il programma è fatto. Se lo gestisci bene, potrai anche fare qualche giorno - magari una settimana o due - di "vacanza" durante l'estate.

9 Su col morale!

Sempre. Non farti prendere dal panico, è assolutamente inutile e improduttivo. Nessuno ti biasimerà se non riuscirai a passare: il test è selettivo e impegnativo. Stai sereno, dai il tuo meglio e ricordati che nella vita c'è anche altro!

10 Non desiderare la testa d'altri

La tua è più che sufficiente: anzi è una Lamborghini di lusso.
Devi solo imparare ad usarla.

PROGRAMMA MINISTERIALE

LOGICA

Accertamento delle capacità di usare correttamente la lingua italiana in diversi contesti e scopi e di completare logicamente un ragionamento, in modo coerente con le premesse, che vengono enunciate in forma simbolica o verbale attraverso quesiti a scelta multipla formulati anche con brevi proposizioni, scartando le conclusioni errate, arbitrarie o meno probabili.

I quesiti vertono su testi di saggistica scientifica o narrativa di autori classici o contemporanei, oppure su testi di attualità comparsi su quotidiani o su riviste generalistiche o specialistiche; vertono, altresì su casi o problemi, anche di natura astratta, la cui soluzione richiede l'adozione di forme diverse di ragionamento logico.

Quesiti relativi alle conoscenze di cultura generale su tematiche affrontate nel corso degli studi o presenti nel discorso pubblico contemporaneo, completano questo ambito valutativo.

Per l'ambito storico, i quesiti possono riguardare, tra l'altro, gli aspetti caratterizzanti la storia del Novecento ed il mondo attuale.

Per l'ambito sociale ed istituzionale, in coerenza con le indicazioni nazionali e le linee guida e in relazione alle attività che vengono svolte per "Cittadinanza e Costituzione", i quesiti possono riguardare, tra l'altro, la Carta costituzionale, la comunicazione e i mezzi di comunicazione di massa, l'organizzazione dell'economia e della vita politica; le diverse forme di Stato e di governo.

BIOLOGIA

La Chimica dei viventi

- I bioelementi*
- L'importanza biologica delle interazioni deboli
- Le proprietà dell'acqua*
- Le molecole organiche presenti negli organismi viventi e rispettive funzioni
- Il ruolo degli enzimi

La cellula come base della vita

- Teoria cellulare
- Dimensioni cellulari;
- La cellula procariotica ed eucariotica, animale e vegetale
- I virus
- La membrana cellulare: struttura e funzioni; il trasporto attraverso la membrana
- Le strutture cellulari e loro specifiche funzioni
- Ciclo cellulare e riproduzione cellulare: mitosi e meiosi - corredo cromosomico e mappe cromosomiche

Bioenergetica

- La valuta energetica delle cellule: ATP
- I trasportatori di energia: NAD, FAD*
- Reazioni di ossido-riduzione nei viventi
- Fotosintesi
- Glicolisi
- Respirazione aerobica
- Fermentazione

Riproduzione ed Ereditarietà

- Cicli vitali
- Riproduzione sessuata ed asessuata
- Genetica Mendeliana: le leggi di Mendel e loro applicazioni
- Genetica classica: teoria cromosomica dell'ereditarietà - modelli di ereditarietà
- Genetica molecolare: struttura e duplicazione del DNA, codice genetico e sua traduzione; sintesi proteica
- Il DNA dei procarioti
- La struttura del cromosoma eucariotico
- I geni e la regolazione dell'espressione genica
- Genetica umana: trasmissione dei caratteri mono e polifattoriali
- Malattie ereditarie autosomiche e legate al cromosoma X
- Le biotecnologie: la tecnologia del DNA ricombinante e le sue applicazioni

Ereditarietà e ambiente

- Mutazioni
- Selezione naturale e artificiale
- Le teorie evolutive
- Le basi genetiche dell'evoluzione

Anatomia e Fisiologia degli animali e dell'uomo

- I tessuti animali
- Anatomia e fisiologia di sistemi ed apparati nell'uomo e relative interazioni
- Omeostasi.
- Regolazione ormonale
- L'impulso nervoso*
- Trasmissione ed elaborazione delle informazioni*
- La risposta immunitaria*

CHIMICA

La costituzione della materia

- Gli stati di aggregazione della materia
- Sistemi eterogenei e sistemi omogenei
- Composti ed elementi

La struttura dell'atomo

- Particelle elementari
- Numero atomico e numero di massa, isotopi, struttura elettronica degli atomi dei vari elementi

Il sistema periodico degli elementi

- Gruppi e periodi; elementi di transizione
- Proprietà periodiche degli elementi: raggio atomico, potenziale di ionizzazione, affinità elettronica, carattere metallico
- Relazioni tra struttura elettronica, posizione nel sistema periodico e proprietà

Il legame chimico

- Legame ionico, legame covalente e metallico
- Energia di legame
- Polarità dei legami
- Elettronegatività
- Legami intermolecolari

Fondamenti di chimica inorganica

- Nomenclatura e proprietà principali dei composti inorganici: ossidi, idrossidi, acidi, sali

Le reazioni chimiche e la stechiometria

- Massa atomica e molecolare
- Numero di Avogadro
- Concetto di mole e sua applicazione
- Calcoli stechiometrici elementari
- Bilanciamento di semplici reazioni
- I differenti tipi di reazioni chimiche

Le soluzioni

- Proprietà solventi dell'acqua
- Solubilità
- Principali modi di esprimere la concentrazione delle soluzioni
- Equilibri in soluzione acquosa
- Elementi di cinetica e catalisi

Ossidazione e riduzione

- Numero di ossidazione
- Concetto di ossidante e riducente
- Bilanciamento di semplici reazioni

Acidi e basi

- Concetti di acido e di base
- Acidità, neutralità, basicità delle soluzioni acquose
- Il pH
- Idrolisi
- Soluzioni tampone

Fondamenti di chimica organica

- Legami tra atomi di carbonio
- Formule grezze e di struttura
- Concetto di isomeria
- Idrocarburi alifatici, aliciclici e aromatici
- Gruppi funzionali: alcooli, eteri, ammine, aldeidi, chetoni, acidi carbossilici, esteri, ammidi
- Elementi di nomenclatura

FISICA

Le misure

- Misure dirette e indirette
- Grandezze fondamentali e derivate
- Dimensioni fisiche delle grandezze
- Conoscenza del sistema metrico decimale e dei Sistemi di Unità di Misura CGS, Tecnico (o Pratico) (ST) e Internazionale (SI)
- Unità di misura (nomi e relazioni tra unità fondamentali e derivate)
- Multipli e sottomultipli (nomi e valori).

Cinematica

- Grandezze cinematiche
- Moti vari con particolare riguardo a moto rettilineo uniforme e uniformemente accelerato; moto circolare uniforme; moto armonico (per tutti i moti: definizione e relazioni tra le grandezze cinematiche connesse)

Dinamica

- Vettori e operazioni sui vettori
- Forze, momenti delle forze rispetto a un punto
- Momento di una coppia di forze
- Composizione vettoriale delle forze
- Definizioni di massa e peso
- Accelerazione di gravità
- Densità e peso specifico
- Legge di gravitazione universale, 1°, 2° e 3° principio della dinamica
- Lavoro, energia cinetica, energie potenziali
- Principio di conservazione dell'energia
- Impulso e quantità di moto
- Principio di conservazione della quantità di moto

Meccanica dei fluidi

- Pressione, e sue unità di misura (non solo nel sistema SI)
- Principio di Archimede
- Principio di Pascal
- Legge di Stevino

Termologia, termodinamica

- Termometria e calorimetria
- Calore specifico, capacità termica
- Meccanismi di propagazione del calore
- Cambiamenti di stato e calori latenti
- Leggi dei gas perfetti
- Primo e secondo principio della termodinamica

Elettrostatica e elettrodinamica

- Legge di Coulomb
- Campo e potenziale elettrico
- Costante dielettrica
- Condensatori. Condensatori in serie e in parallelo
- Corrente continua
- Principi di Kirchhoff
- Legge di Ohm
- Resistenza elettrica e resistività resistenze elettriche in serie e in parallelo
- Lavoro, Potenza, effetto Joule
- Generatori
- Induzione elettromagnetica e correnti alternate
- Effetti delle correnti elettriche (termici, chimici e magnetici)

MATEMATICA

Insiemi numerici e algebra

- Numeri naturali, interi, razionali, reali. Ordinamento e confronto
- Ordine di grandezza e notazione scientifica
- Operazioni e loro proprietà
- Proporzioni e percentuali
- Potenze con esponente intero, razionale e loro proprietà
- Radicali e loro proprietà
- Logaritmi (in base 10 e in base e) e loro proprietà
- Cenni di calcolo combinatorio
- Espressioni algebriche, polinomi
- Prodotti notevoli, potenza n-esima di un binomio, scomposizione in fattori dei polinomi
- Frazioni algebriche
- Equazioni e disequazioni algebriche di primo e secondo grado
- Sistemi di equazioni

Funzioni

- Nozioni fondamentali sulle funzioni e loro rappresentazioni grafiche (dominio, codominio, segno, massimi e minimi, crescenza e decrescenza, ecc.)
- Funzioni elementari: algebriche intere e fratte, esponenziali, logaritmiche, goniometriche
- Funzioni composte e funzioni inverse
- Equazioni e disequazioni goniometriche

Geometria

- Poligoni e loro proprietà
- Circonferenza e cerchio
- Misure di lunghezze, superfici e volumi
- Isometrie, similitudini ed equivalenze nel piano
- Luoghi geometrici
- Misura degli angoli in gradi e radianti
- Seno, coseno, tangente di un angolo e loro valori notevoli
- Formule goniometriche
- Risoluzione dei triangoli
- Sistema di riferimento cartesiano nel piano
- Distanza di due punti e punto medio di un segmento
- Equazione della retta; condizioni di parallelismo e perpendicolarità; distanza di un punto da una retta
- Equazione della circonferenza, della parabola, dell'iperbole, dell'ellisse e loro rappresentazione nel piano cartesiano
- Teorema di Pitagora
- Teoremi di Euclide (primo e secondo)

Probabilità e statistica

- Distribuzioni delle frequenze a seconda del tipo di carattere e principali rappresentazioni grafiche
- Nozione di esperimento casuale e di evento
- Probabilità e frequenza

PARTE II

QUIZ NON-CAMBRIDGE

LOGICA

Logica è una materia spesso difficile da approcciare, è raro trovare delle linee guida univoche ed esercizi ben fatti. Eppure, da sola, rappresenta un terzo del test. Come prepararsi ad affrontarla? Dove studiare? Ci abbiamo pensato a lungo e questa parte del libro è la sintesi delle nostre conoscenze a riguardo, fanne buon uso.

Il capitolo è diviso in una parte di logica verbale e una di logica matematica. Lo scopo di questo lavoro non è fornire regole fisse, ma darti uno strumento da utilizzare durante la preparazione che possa aiutarti a elaborare un tuo metodo.

Ricorda: logica è forse la materia, insieme a mate-fisica, in cui il vantaggio dato dalle competenze pratiche supera di gran lunga quello delle conoscenze teoriche: l'unico modo per arrivare pronti e sicuri di sé è fare molti quiz, non c'è nulla come l'esercizio per apprendere e fare tuoi i meccanismi dietro ogni quesito.

Non farti spaventare da esercizi complicati o brani troppo lunghi: tutti, credici, possono imparare a risolvere i quiz di logica e tu non sei certo da meno!

Buon lavoro,

Il team TB

1. Logica verbale

Il test di Professioni Sanitarie cambia sempre molto, da polo a polo, e logica è decisamente la materia che risente di più del cambiamento delle differenti tipologie.

La logica di Professioni Sanitarie spazia da quesiti simili a quelli di medicina, a quesiti che addirittura ricalcano i vecchi quesiti stile "Cambridge" che venivano utilizzati nei test di medicina degli anni 2013-2015, fino ad arrivare a delle tipologie completamente "a sé", che nel test di medicina non trovereste mai, per esempio.

Ma per quanta differenza possa esserci tra i quesiti, c'è una cosa che non smetteremo mai di ripetere: i quesiti facili sono facili per tutti, quindi sbagliarli non è concesso se vuoi passare il test! Data quindi la notevole variabilità e volubilità di questo test, è opportuno che tu debba considerarti preparat* e pront* ad affrontare qualsiasi tipologia e modalità di quesito.

Buon lavoro!

Il team TB

1.1 Insiemi e sillogismi

1.1.1 Insiemi

1. Tutte le penne di Carlotta sono blu. Filippo tra le sue penne ne ha di blu e di rosse. Tutti i bambini della V A hanno almeno una penna rossa. È certamente vero che:

- A. Filippo è in VA
- B. Carlotta e Filippo sono in classe insieme
- C. Carlotta non è in VA
- D. Filippo non è in VA
- E. Nessuna delle precedenti

2. Le sciarpe di Federica sono in seta o in cotone. Bianca ne ha alcune di cotone, mentre solo Emanuela ha sciarpe di lana. Possiamo affermare con certezza che:

- A. Tutte e tre le ragazze hanno sciarpe di cotone
- B. Oggi fa molto freddo e Federica chiederà in prestito a Bianca una sciarpa di lana
- C. Bianca non può avere sciarpe di seta
- D. Federica non ha sciarpe di lana con cui coprirsi se domani nevicherà
- E. Emanuela non ha sciarpe in cotone

3. Giulia legge solo libri fantasy, Annalisa solo i gialli, Clara invece apprezza sia i fantasy sia i gialli. I libri fantasy hanno le copertine colorate, i gialli invece sono lunghi meno di 500 pagine.
Date tali premesse possiamo affermare con certezza che:

- A. I gialli non hanno le copertine colorate
- B. Giulia ha libri con meno di 500 pagine
- C. Alcuni libri colorati hanno meno di 500 pagine
- D. Clara può avere un libro che abbia sia la copertina colorata sia meno di 500 pagine
- E. Annalisa non può avere libri con le copertine colorate

4. Uno studente di medicina descrive il reparto che sta frequentando ai suoi amici dicendo: "Tutti i chirurghi si credono Dio. Alcuni cardiochirurghi fanno molto sport, altri invece mangiano sano. Tutti i neurochirurghi dormono poco. I chirurghi generali, invece, guadagnano tutti molto, ma solo alcuni dormono poco. Nessun chirurgo generale mangia sano".
Sulla base di queste osservazioni, quale delle seguenti opzioni è vera?

- A. Alcuni chirurghi che dormono poco guadagnano tanto
- B. Tutti i cardiochirurghi si mantengono in forma facendo sport o mangiando sano
- C. Nessun chirurgo generale guadagna tanto e dorme poco
- D. Tutti i chirurghi che dormono poco sono neurochirurghi o chirurghi generali
- E. Esistono neurochirurghi che non si sentono Dio

5. Tutti i nuotatori sono muscolosi. Molti giocatori di basket sono nuotatori. Stefano gioca a basket. Allora è certamente vero che:

- A. Stefano è un nuotatore
- B. Stefano è muscoloso
- C. Tutti gli atleti sono muscolosi
- D. Stefano è anche un nuotatore muscoloso
- E. Stefano potrebbe non essere muscoloso

6. Tutti i dobermann sono cani eleganti. Alcuni dobermann hanno la coda corta e alcuni le orecchie a punta.
Lucky, il mio dobermann, ha il manto marrone e non ha le orecchie a punta. Solo tra i dobermann con le orecchie a punta ci sono cani ubbidienti.
Sulla base di queste osservazioni, quale delle seguenti opzioni è vera?

- A. Lucky ubbidisce sempre ai miei comandi
- B. Nessun dobermann con il manto marrone ha le orecchie a punta
- C. Potrebbe esserci un dobermann ubbidiente e con la coda corta
- D. Lucky non può non avere la coda corta
- E. I cani eleganti sono solo dobermann

7. Un direttore d'orchestra fa le seguenti osservazioni circa i compositori che i suoi musicisti adorano: tutti i musicisti dell'orchestra adorano Handel. Alcuni violoncellisti adorano Schumann, e alcuni adorano Bach. Tutti i flautisti adorano Mozart, e alcuni adorano Rimsky-Korsakov. Nessun percussionista adora Bach, e tutti i percussionisti adorano Rimsky-Korsakov.

Sulla base di osservazioni del direttore, quale delle seguenti affermazioni deve essere certamente vera?

A. Alcuni violoncellisti adorano Handel, ma non Schumann o Bach
B. Alcuni violoncellisti adorano sia Schumann che Bach
C. Alcuni flautisti adorano Bach
D. Alcuni flautisti adorano tre compositori
E. Alcuni percussionisti adorano tre compositori

8. La professoressa di anatomia fa le seguenti considerazioni circa gli studenti del proprio corso: "Tutti amano neuroanatomia; tutti i maschi amano studiare il locomotore, mentre non c'è una ragazza a cui non piaccia microanatomia e l'uso del microscopio".
Sulla base di queste premesse, quale delle seguenti affermazioni è certamente vera?

A. Esiste almeno uno studente a cui piaccia microanatomia ma non neuroanatomia
B. Tutti i maschi amano neuroanatomia e tutte le ragazze apprezzano microanatomia
C. Possiamo trovare almeno uno studente a cui non piaccia neuroanatomia
D. Tutte le ragazze apprezzano neuroanatomia, mentre non a tutti i maschi va a genio l'uso del microscopio
E. Nessuna delle precedenti

9. Gli individui affetti da anemia falciforme hanno globuli rossi con morfologia a mezzaluna. Gli eritrociti a mezzaluna sono inospitali per il parassita della malaria, che non riesce a sopravvivere. Quasi la totalità di chi contrae la malaria soffre di epatomegalia. In base a tali premesse, quale delle seguenti affermazioni è certamente vera?

A. Chi soffre di epatomegalia non ha eritrociti falciformi
B. Chi possiede globuli rossi a mezzaluna non presenta epatomegalia
C. Chi soffre di anemia falciforme non contrae la malaria
D. Chi non ha eritrociti falciformi non presenta epatomegalia
E. Chi presenta epatomegalia ha la malaria

10. A chiunque abbia un'età superiore ai 65 anni è consigliato di sottoporsi a un elettrocardiogramma di controllo. Vi sono parecchi ultra65enni che soffrono di cardiopatie. Nessuno di quelli che hanno patologie cardiache può fare sforzi fisici.
In base a queste premesse si può affermare con certezza che:

A. Tutti gli ultra 65enni devono evitare di fare sforzi fisici
B. A chiunque sia richiesto di sottoporsi a un elettrocardiogramma è altamente sconsigliato di fare sforzi fisici
C. Qualcuno tra quelli che devono sottoporsi a un elettrocardiogramma deve evitare di fare sforzi fisici
D. Chi ha cardiopatie e deve effettuare un elettrocardiogramma ha più di 65 anni
E. A chiunque non debba fare sforzi fisici è consigliato di effettuare un elettrocardiogramma

11. Tutte le persone che non mangiano frutta e verdura sono carenti di vitamine. Le persone carenti di vitamina B12 di solito presentano astenia. Marco presenta astenia, quindi:

A. Sicuramente non mangia frutta e verdura
B. Non può non essere carente di vitamine
C. È sicuramente carente di vitamina B12
D. Potrebbe essere carente di vitamina D
E. Per forza è carente di vitamine

12. Tutti i pattinatori sul ghiaccio sono sportivi e alcuni sportivi si sono slogati una caviglia. Inoltre, tutti gli sportivi sono biondi. In base a queste informazioni, quale delle seguenti affermazioni è necessariamente falsa?

A. Tutti i pattinatori sul ghiaccio sono biondi
B. Silvio si è slogato una caviglia e non è uno sportivo
C. Silvio si è slogato una caviglia ed è un pattinatore sul ghiaccio
D. Se Martino si è slogato una caviglia è sicuramente biondo
E. Alcuni sportivi si sono slogati una caviglia

13. Alcune ragazze cucinano bene. Per poter cucinare bene è necessario avere tanto tempo. Io non so cucinare. Da tali premesse consegue che:

A. Io certamente non ho tanto tempo libero
B. Tutte le ragazze con tempo libero sanno cucinare
C. Anna sa cucinare bene, deve sicuramente avere tanto tempo libero
D. Luciana cucina bene, può essere che abbia tempo libero
E. È condizione sufficiente avere tempo libero per sapere cucinare

=D OBBLIGATORIO

14. Tutti gli studenti del liceo X sono molto preparati in matematica; alcuni studenti del liceo Y sono preparati in matematica; Mattia è uno studente ed è particolarmente bravo a risolvere i problemi di geometria. Quale delle seguenti affermazioni è sicuramente vera?

A. Mattia è uno studente del liceo X
B. Mattia non è uno studente del liceo X e nemmeno del liceo Y
C. Almeno uno studente del liceo X non è bravo in matematica
D. Mattia potrebbe essere uno studente del liceo Y ma non di X
E. Mattia potrebbe essere uno studente di X o di Y

15. Tutti i fumatori da almeno 5 anni hanno la tosse; chi ha la tosse non va in montagna per paura di non riuscire a respirare bene; alcune delle persone che hanno la tosse portano una mascherina per non respirare particelle che potrebbero peggiorare la situazione.
In base a queste informazioni, quale delle seguenti frasi si può affermare con certezza?

A. Un fumatore indossa per forza una mascherina
B. Ci potrebbe essere qualcuno in montagna con una mascherina
C. Mario non va in montagna, quindi vuol dire che ha la tosse
D. Claudia porta la mascherina, sicuramente non andrà in montagna
E. Chi ha la tosse è per forza un fumatore

COMPLETED

LOGICA

CORREZIONE COMMENTATA

1. Schematizziamo il testo del brano con degli insiemi

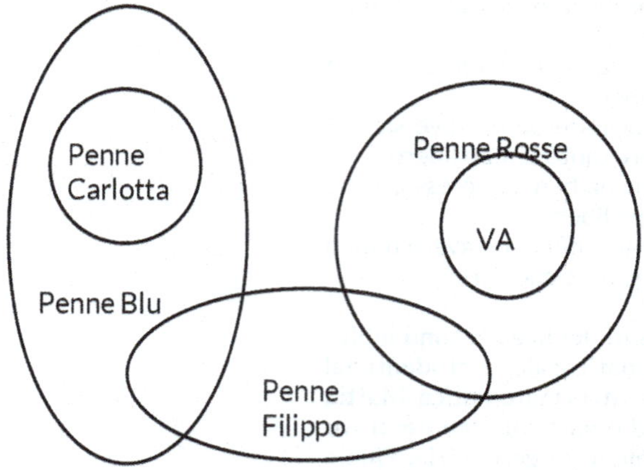

Dallo schema si osserva come l'insieme delle penne di Carlotta sia contenuto interamente nell'insieme penne blu (TUTTE le penne di Carlotta sono blu).
L'insieme delle penne di Filippo interseca i due insiemi "penne blu" e "penne rosse" in quanto ne possiede alcune di entrambe le categorie.
Il passaggio delicato è l'individuazione della relazione dell'insieme VA con Filippo. Il brano afferma che tutti i bambini della VA hanno penne rosse, ma non che SOLO i bambini della VA hanno penne rosse. Filippo quindi potrebbe avere penne rosse e non essere in VA (eventualità mostrata nell'immagine). Le opzioni A e D sono quindi errate perché non possiamo affermare con certezza in che classe sia Filippo. Non possiamo nemmeno dire con certezza che Carlotta e Filippo siano in classe insieme (se Filippo fosse in VA Carlotta non potrebbe essere con lui), quindi risposta B errata. Sappiamo però certamente che Carlotta non è in VA, poiché non possiede penne rosse.
Risposta corretta C.

2. Come prima cosa costruire gli insiemi:

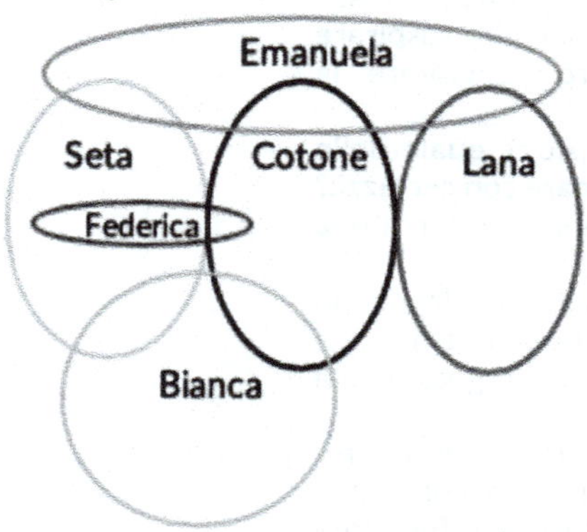

Analizzando la relazione tra i vari insiemi è possibile giungere ad alcune conclusioni:

- Non vi sono informazioni sufficienti per sapere con certezza che sciarpe possegga Emanuela: sicuramente possiede sciarpe di lana ma l'intersezione con l'isieme "cotone" e con l'insieme "seta" potrebbe anche essere vuota (risposte A ed E errate).
- Sicuramente Federica non potrà trovare nell'armadio di Bianca una sciarpa di lana, dal

momento che solo Emanuela ne possiede (risposta B errata).

- Sappiamo che Bianca ha sciarpe di cotone, riguardo a quelle in seta non siamo certi che non le possegga, infatti l'insieme "Bianca" potrebbe intersecare anche l'insieme "seta" (risposta C errata).
- Emanuela è l'unica a possedere sciarpe in lana, quindi Federica certamente non ne possiede.

Risposta corretta D.

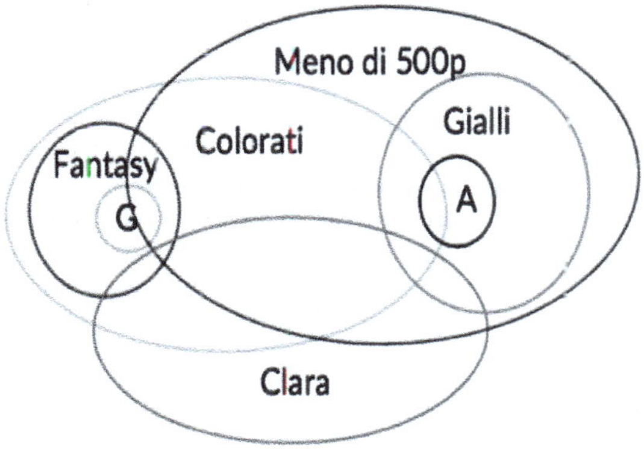

3. Schematizzare le affermazioni del brano utilizzando gli insiemi:
Nel testo non viene specificata la relazione esistente tra i due grandi insiemi dei libri colorati e dei libri con meno di 500 pagine: essi possono essere completamente separati, possono intersecarsi, oppure l'uno può comprendere la totalità dell'altro (per semplicità visiva nell'immagine abbiamo riportato un'intersezione, ma ricordiamoci che si tratta di una semplificazione!). Di conseguenza, i libri con meno di 500 pagine possono comprendere alcuni o addirittura tutti i fantasy, così come i libri colorati possono comprendere alcuni o tutti i libri gialli (sempre per una questione di semplificazione nell'immagine abbiamo disegnato un'intersezione per entrambi). Dunque considerando le condizioni di Annalisa, Clara e Giulia, è importante tenere presenti tutte le possibilità: Giulia certamente è da collocarsi all'interno dei fantasy e quindi dei libri colorati ma potrebbe anche trovarsi all'interno di libri con meno di 500 pagine; Annalisa certamente si trova all'interno dell'insieme "libri gialli" e dell'insieme "meno di 500 pagine", ma potrebbe anche trovarsi tra i libri colorati; Clara per forza si trova in entrambi gli insiemi. Una volta impostato correttamente lo schema visivo bisogna analizzare le singole opzioni:
A: non possiamo affermare con certezza che i gialli non abbiano le copertine colorate, perché l'insieme dei colorati e dei libri con meno di 500 pagine possono intersecarsi, come nel disegno sopra riportato (risposta A errata).
B: non possiamo nemmeno affermare con certezza che Giulia abbia libri con meno di 500 pagine, sia perché non è detto che l'insieme dei libri con meno di 500 pagine comprenda una parte dei libri fantasy, sia perché anche qualora lo comprendesse non sappiamo in che parte dell'insieme Giulia si collocherebbe (risposta B errata).
C: stesso discorso dell'opzione B, i due insiemi (colorati e meno di 500 pagine) possono intersecarsi ma non ne siamo certi perché non viene specificato dalle opzioni (risposta C errata).
D: si tratta dell'opzione corretta: possiamo dire con certezza che Clara PUÓ avere un libro che sia condiviso da entrambi gli insiemi, in quanto abbiamo detto che i due insiemi "colorati" e "con meno di 500 pagine" possono intersecarsi tra loro (attenzione a questo "può", che fa molta differenza! Se non ci fosse stato il verbo "potere" l'opzione non sarebbe risultata corretta, perché non possiamo essere CERTI che Clara abbia un libro condiviso dagli insiemi, ma certamente PUÓ averne uno).
E: non possiamo essere certi che Annalisa, pur leggendo solo libri gialli, non POSSA avere libri con le copertine colorate. Attenzione anche in questo caso all'importanza del verbo POTERE (risposta E errata).
Risposta corretta D.

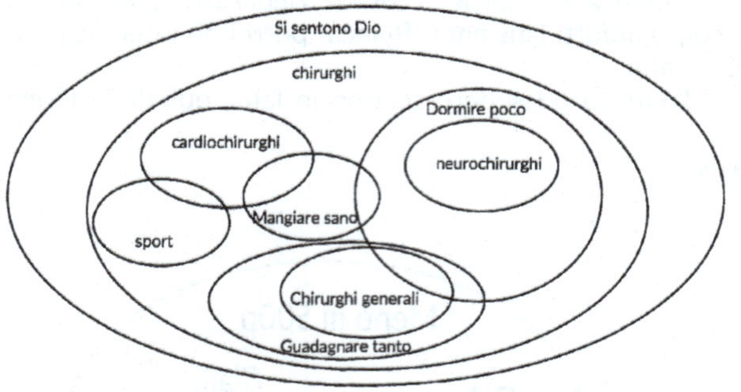

4. Schematizzare il brano con gli insiemi:
Analizzando l'immagine risulta chiaro come l'unica opzione compatibile con il testo sia la A: se tutti i chirurghi generali guadagnano tanto e alcuni di loro dormono poco, è vero che esistono chirurghi generali che dormono poco e guadagnano tanto. La B è errata perché il testo dice che alcuni cardiochirurghi mangiano sano e altri fanno sport, ma non è detto che insieme costituiscano la totalità dei cardiochirurghi. La C è sbagliata perché, come si osserva nel disegno, esistono chirurghi generali che dormono poco e tutti i chirurghi generali guadagnano tanto. La D è errata per lo stesso motivo della B: è vero che sia i neurochirurghi che alcuni chirurghi generali dormono poco, ma ciò non vuol dire che costituiscano la totalità dei chirurghi che hanno bisogno di più ore di sonno. Infine, la risposta E è errata perché sappiamo che tutti i chirurghi si sentono Dio, quindi anche i neurochirurghi.
Risposta corretta A.

5. È necessario schematizzare il quesito con gli insiemi: l'insieme dei nuotatori è contenuto in

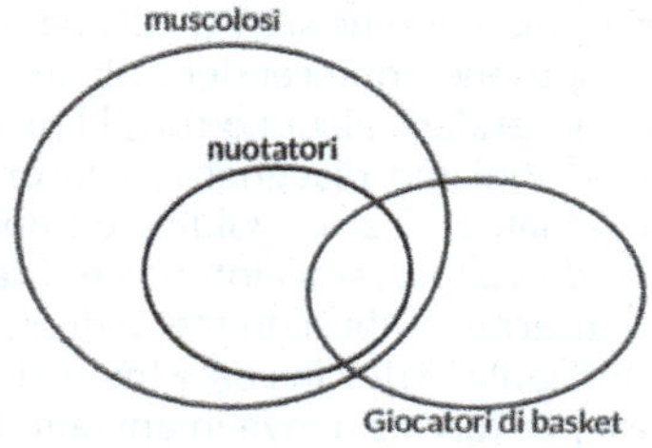

quello dei muscolosi e interseca quello dei giocatori di basket.
Stefano si trova sicuramente nell'insieme dei giocatori di basket, potrebbe essere muscoloso e/o nuotatore, o non avere nessuna di tali caratteristiche.
Risposta corretta E.

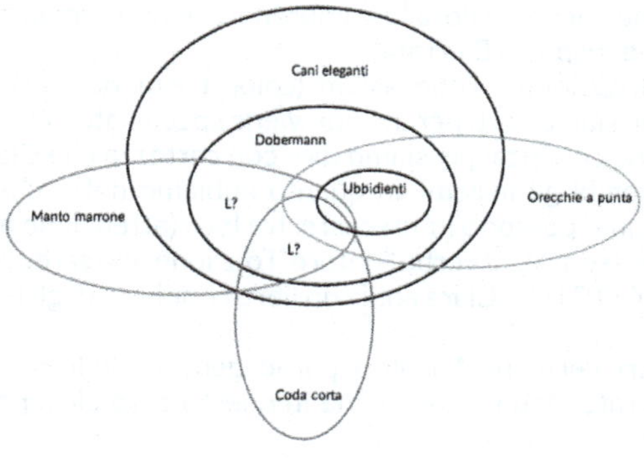

6. Schematizzare le affermazioni del brano utilizzando gli insiemi
Analizziamo le singole opzioni:
lucky non può essere ubbidiente perché non ha le orecchie a punta e sappiamo che solo tra i dobermann con le orecchie a punta ci sono cani ubbidienti (risposta A errata);
non possiamo escludere l'esistenza di dobermann che abbiano sia manto marrone sia orecchie a punta, perché non sappiamo in che rapporto siano i due insiemi (Ricorda di considerare sempre tutte le possibili opzioni!). Il fatto che Lucky, dobermann con manto marrone, non abbia le orecchie a punta, non impedisce ad altri dobermann di possedere entrambe le caratteristiche (risposta B errata);
non sappiamo come siano legati tra loro gli insiemi orecchie a punta e coda corta, quindi non possiamo escludere che esistano dobermann a coda corta che facciano parte anche dell'insieme dei cani ubbidienti;
in base alle informazioni fornite dal testo non possiamo affermare con certezza che Lucky abbia la coda corta (risposta D errata);
l'insieme cani eleganti contiene l'insieme dobermann, non viceversa, quindi non possiamo affermare che i cani eleganti siano solo dobermann (risposta E errata).
Risposta corretta C.

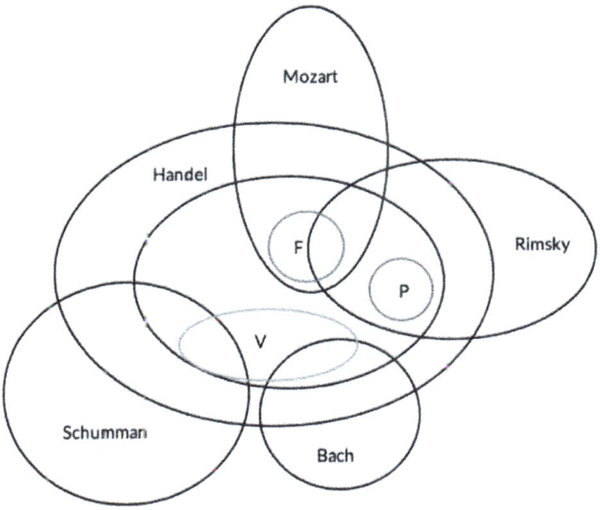

7. Schematizzare le affermazioni del brano usando gli insiemi:
l'opzione A potrebbe essere vera, in quanto potrebbero esserci (come è rappresentato nel disegno) alcuni violoncellisti che non sono compresi nè nell'insieme di Schumann nè in quello di Bach, tuttavia il testo non lo specifica, dunque non possiamo esserne certi, potrebbe essere vero che la totalità dei violoncellisti sia divisa tra i due insiemi (risposta A errata). L'opzione B potrebbe essere vera, in quanto nel testo non viene specificato il rapporto esistente tra i due insiemi Schumann e Bach, essi potrebbero intersecarsi e alcuni violoncellisti essere compresi da entrambi, tuttavia non possiamo esserne certi (risposta B errata). L'opzione C potrebbe essere vera, dal momento che nemmeno in questo caso il testo specifica il rapporto esistente tra gli insiemi Bach e flautisti, ma non possiamo esserne certi (risposta C errata). Anche per quanto riguarda l'opzione E non possiamo essere certi della sua veridicità, in quanto non conosciamo i rapporti tra l'insieme Rimsky e quello di Mozart e Schumann: potrebbero intersecarsi ma nel testo non viene specificato (risposta E errata). L'unica opzione certamente vera è la D: i flautisti in quanto musicisti dell'orchestra adorano Handel, alcuni tra questi adorano anche Mozart e Rimsky, dunque 3 musicisti.
Risposta corretta D.

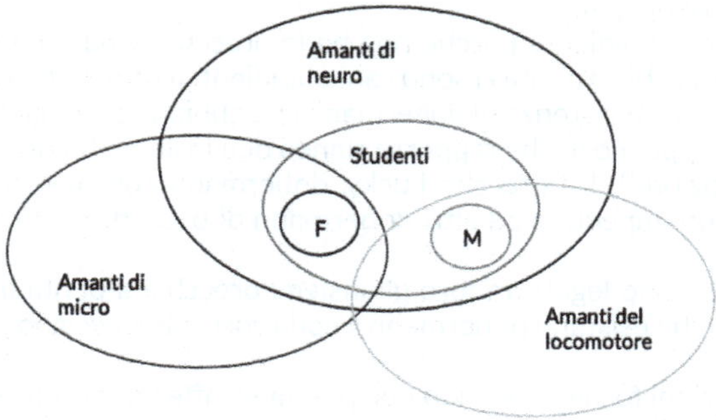

8. Schematizziamo il testo del brano:
La risposta A è errata in quanto nonostante possa esistere uno studente che non ami microanatomia, è impossibile che non apprezzi neuroanatomia; per lo stesso motivo anche la risposta C non può essere considerata vera. Non possiamo essere certi che l'opzione D sia vera, in quanto nel testo non viene specificato nulla riguardo al gusto dei maschi per la microanatomia, l'insieme degli amanti di locomotore con i maschi potrebbe intersecare quello degli amanti di microanatomia. L'unica risposta corretta, che va ad escludere la E, è dunque la B: "tutti i maschi amano neuro (poiché tutti gli studenti la amano), e tutte le femmine apprezzano micro ("non c'è una ragazza a cui non piaccia" equivale a dire "piace a tutte")".
Risposta corretta B.

9. Rappresentando le informazioni fornite dal testo utilizzando gli insiemi si ottiene il seguente schema:

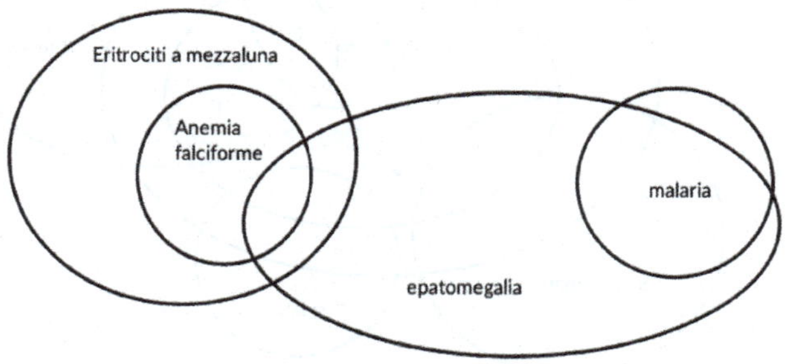

Il testo afferma che quasi la totalità delle persone che contraggono la malaria presentano epatomegalia, non vengono tuttavia fornite informazioni riguardo la relazione tra le persone con epatomegalia e le persone affette da anemia falciforme. Stando a quanto riportato nel testo potrebbero esistere persone che presentano sia anemia falciforme che epatomegalia, per questo nello schema i due insiemi si intersecano (ricorda di tenere in considerazione tutte le possibili situazioni!), risposte A e B errate.
La risposta D è errata in quanto si sa per certo che molte persone con la malaria presentano epatomegalia, e siccome nessuna persona con la malaria presenta eritrociti falciformi sicuramente vi sono persone che non hanno eritrociti falciformi e che presentano epatomegalia.
La risposta E è errata perché, come mostrato in figura, potrebbero esistere persone che presentano epatomegalia pur non avendo la malaria.
È giusto invece affermare che chi presenta globuli rossi a mezzaluna non contrae la malaria, il testo infatti afferma che il virus della malaria non riesce a sopravvivere in queste cellule. I due insiemi infatti sono disegnati disgiunti.
Risposta corretta C.

10. Cerchiamo di organizzare e chiarire le premesse attraverso la rappresentazione con gli insiemi:

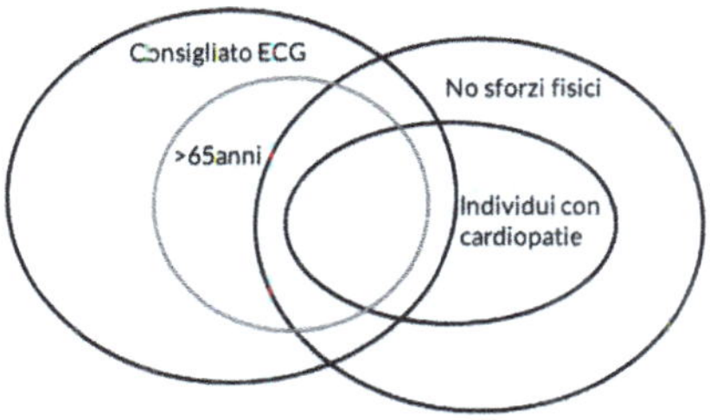

Osservando la rappresentazione risulta chiaro come non tutti gli ultra 65enni debbano evitare sforzi fisici, ma solo alcuni (sicuramente quelli con cardiopatie), dunque la risposta A va esclusa; inoltre si osserva che lo sforzo fisico è sconsigliato a chi ha malattie al cuore, ma non a chiunque debba fare un ECG (B scorretta).
Dal grafico si ricava anche che avere cardiopatie e dover effettuare un ECG non sono prerogative di chi ha più di 65 anni: affermare che chiunque abbia più di 65 anni debba fare un elettrocardiogramma non implica il suo inverso, cioè che chiunque debba sottoporsi a un ECG abbia per forza più di 65 anni (D scorretta). Lo stesso ragionamento vale anche per l'opzione E: non tutti coloro che non devono fare sforzi fisici necessitano di un ECG di controllo. Tuttavia, nello schema si osserva chiaramente come gli insiemi di chi deve fare un ECG e di chi deve evitare sforzi fisici si intersechino, dunque esisterà sicuramente qualcuno che deve evitare sforzi e fare un ECG.
Risposta corretta C.

11. Conviene rappresentare la situazione con gli insiemi, stando sempre attenti a non dare nulla per scontato. Bisogna attenersi a quello che è scritto nel testo, considerando possibili tutte le altre possibilità.

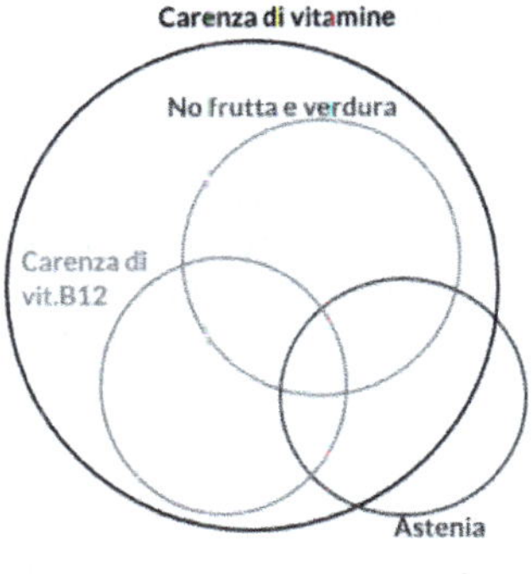

"Tutte le persone che non mangiano frutta e verdura sono carenti di vitamine", quindi l'insieme di chi non mangia frutta e verdura è completamente contenuto nell'insieme delle persone carenti di vitamine. "Le persone carenti di vitamina B12 di solito presentano astenia", quindi l'insieme "astenia" avrà un'intersezione con l'insieme "carenza vit. B12", ma non sarà per forza totalmente contenuto, l'astenia può essere un sintomo anche di qualcosa d'altro che potrebbe anche non avere a che fare con la carenza di vitamine. Inoltre, le persone che non mangiano frutta e verdura potrebbero essere carenti di altre vitamine e non della vitamina B12.
Marco, presentando astenia, potrebbe essere all'interno di qualsiasi altro insieme rappresentato oppure solo nell'insieme delle persone con il suo stesso sintomo, ma non si può dedurre dal testo nessuna certezza a riguardo.
Risposta corretta D.

12. Innanzitutto, è necessario rappresentare le affermazioni tramite gli insiemi, disegnando il caso più generale possibile.

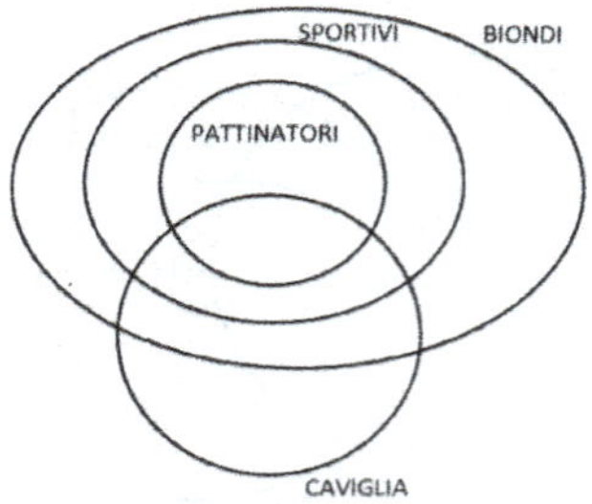

L'insieme di coloro che si sono slogati la caviglia interseca l'insieme degli sportivi, ma non viene specificato se intersechi o no i pattinatori: per non escludere alcuna opzione, lo intersechiamo anche ai pattinatori (risposta C è vera).
La risposta A è vera perché, poiché tutti i pattinatori sono sportivi e tutti gli sportivi sono biondi, allora anche i pattinatori saranno tutti biondi. La risposta B è vera perché possono esserci persone che si sono slogate la caviglia ma che non sono sportive. Infine, alcuni sportivi si sono sicuramente slogati la caviglia poiché lo dice il testo (risposta E vera).
La risposta D è falsa perché non è detto che Martino sia biondo: potrebbe essersi slogato la caviglia ma non intersecare nessuno degli altri insiemi.
ATTENZIONE: la domanda chiede di trovare l'affermazione falsa!
Risposta corretta D.

13. Per sapere cucinare bene è condizione necessaria, ma non sufficiente, avere tanto tempo libero. Non è detto quindi che chi non sa cucinare non abbia tanto tempo libero (risposta A errata) e nemmeno che tutte le persone con tanto tempo libero sappiano cucinare (risposta B ed E errate). La risposta D è sbagliata perché se Luciana sa cucinare bene non è PROBABILE che abbia del tempo libero, ma è CERTO. L'unica opzione compatibile è la C, infatti se Anna sa cucinare bene sicuramente deve avere molto tempo libero.
Risposta corretta C.

14. Il quesito si può schematizzare con degli insiemi: l'insieme degli studenti del liceo X è interamente contenuto in quello dei bravi in matematica (come affermato nella prima proposizione), l'insieme degli studenti di Y, che non si interseca con quello degli studenti di X poiché non si possono frequentare due licei contemporaneamente, interseca solo in parte l'insieme dei bravi in matematica. Mattia, che è bravo in geometria, può appartenere all'insieme del liceo X, a quello del liceo Y, oppure a nessuno dei due, mentre è sicuramente contenuto in quello dei bravi in matematica, che comprende la geometria.
Risposta corretta E.

15. Per queste tipologie di esercizi risulta molto utile costruirsi degli insiemi in base alle informazioni che fornisce il testo, ricordandosi di rappresentare la situazione più generale possibile:

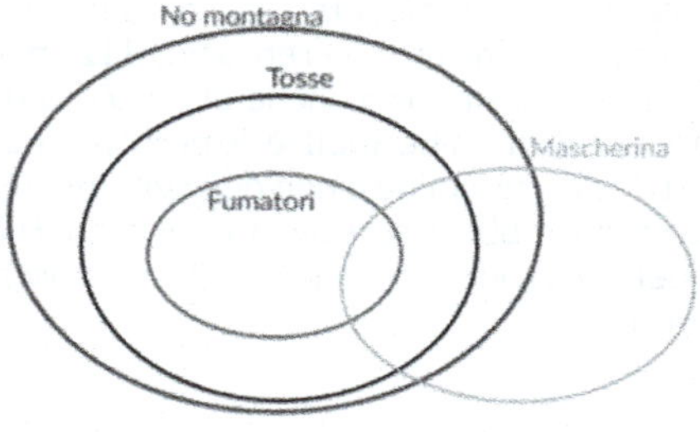

In questo modo salta subito all'occhio che si può affermare con certezza solo l'opzione B.
Risposta corretta B.

1.1.2 Sillogismi

1. Quale/i dei seguenti sillogismi è/sono vero/i?
S1: Qualche X è Y, tutti gli Z non sono Y, allora qualche X non è Z
S2: Nessun X è Y, qualche Z è X, allora qualche Z non è Y
S3: Ogni X è Y, tutti gli Z non sono Y, allora qualche Z è X

A. Nessuno
B. S1 e S2
C. Tutti
D. Solo S2
E. S2 e S3

2. Dati i seguenti sillogismi:
S1: Nessun Z è X, alcuni X sono Y, alcuni Z sono Y, allora alcuni X sono Z
S2: Alcuni Y sono X, alcuni Y sono Z, quindi alcuni Z sono X
S3: Alcuni Y sono X, alcuni Z sono X, nessun Z è Y, quindi nessun X è Z
S4: Nessun Z è X, alcuni X sono Y, quindi alcuni Z possono essere Y
Quale delle seguenti affermazioni è corretta?

A. S1 ed S2
B. S2
C. S3
D. S4
E. S1

3. Quale/i dei seguenti sillogismi è/sono vero/i?
S1: Ogni X è Y, qualche Z è X, allora qualche Y è Z
S2: Qualche X è Y, ogni Z è X, allora non necessariamente qualche Z è Y
S3: Non un X non è Y, non un Z è Y, allora tutti gli X non sono Z

A. S1 e S2
B. Solo S1
C. S1 e S3
D. Tutti
E. Solo S2

4. Quale/i dei seguenti sillogismi non è/sono vero/i?
S1: Ogni X è Y, ogni Z è X, allora qualche Y è Z
S2: Nessun X è Y, non un Z non è Y, allora qualche Z è X
S3: Qualche X non è Y, tutti gli Z sono X, allora non può esistere un Y che sia Z

A. Solo S1
B. S1 e S2
C. Solo S3
D. Tutti
E. S2 e S3

5. Dati i seguenti sillogismi (le cui premesse sono certe):
S1: Alcuni Y non sono X, tutti gli X sono Y, allora solo alcuni X sono Y
S2: Alcuni Y sono Z, alcuni X sono Y, allora qualche X è Z
S3: Ogni Z è X, ogni X è Y, allora tutti gli Z sono Y
Quale delle seguenti affermazioni è errata?

A. S3 è corretto, S1 è sbagliato
B. S2 può essere sbagliato
C. S1 e S3 sono corretti
D. S3 è corretto
E. S1 è sicuramente sbagliato

6. Dati i seguenti sillogismi, le cui premesse sono certamente vere:
S1: Ogni Z è Y, qualche X è Y, allora sicuramente qualche X è Z
S2: Ogni X è Y, ogni Y è Z, allora ogni Z è Y
S3: Qualche Y è X, ogni X è Z, allora qualche Y è Z
Quali di questi sono logicamente corretti?

A. Solo S3
B. S2 e S3
C. S1 e S2
D. S1, S2 e S3
E. Nessuno

7. Quale/i dei seguenti sillogismi è/sono vero/i?
S1: Qualche X è Z, qualche Y è Z allora ogni Y e X
S2: Ogni Z è X, ogni Z è Y, qualche Y è X
S3: Nessun Z è Y, qualche Z è X, allora qualche X non è Y

A. S1 e S2
B. S2 e S3
C. Tutti
D. Nessuno
E. S2

8. Quale/i dei seguenti sillogismi è/sono vero/i?
S1: Ogni X è Z, ogni Z è Y, allora qualche Z è X
S2: Nessuna Y è Z, ogni Z è X, allora qualche X non è Y
S3: Qualche Z è X, ogni X è Y, allora qualche Y è Z

A. S1 e S2
B. S2 e S3
C. Tutti
D. Nessuno
E. S3

9. Quale/i dei seguenti sillogismi è/sono sicuramente vero/i?
S1: Qualche X è Z, tutti gli Y sono Z, allora qualche Y può essere X SI
S2: Tutti gli X sono Z, qualche X è Y, allora qualche Z è Y SI
S3: Ogni Y è X, qualche Z non è X, allora qualche Z non è Y SI

A. S1, S2, S3
B. Solo S3
C. Solo S2
D. S2, S3
E. Nessuno

10. Quale/i dei seguenti sillogismi è/sono sicuramente vero/i?
S1: Qualche X non è Y, qualche Z non è Y, allora tutti gli X sono Z NO
S2: Qualche X non è Y, qualche Z non è Y, allora qualche Z può essere X SI
S3: Nessun X è Y, tutti gli Z sono X, allora qualche X non è Z SI NO perché Z e X possono coincidere

A. S1, S2, S3
B. Solo S3
C. Solo S2
D. S2, S3
E. S1, S2

DONE

CORREZIONE COMMENTATA

1. Disegniamo gli insiemi corrispondenti per ciascun sillogismo:
S1:

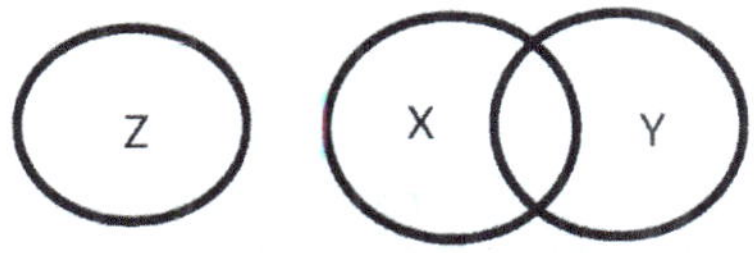

Di Z si sa solo che non interseca Y, ma non si conosce la relazione che ha con X: può non intersecare neanche X, intersecarlo in parte oppure essere addirittura un sottoinsieme di X. Di sicuro però si sa che, poiché nessun Z è Y, esisterà sicuramente qualche X che non è Z, cioè gli X che rientrano nell'intersezione di X e Y (i quali, essendo anche Y, non potranno essere Z). S1 è quindi corretto.

S2:

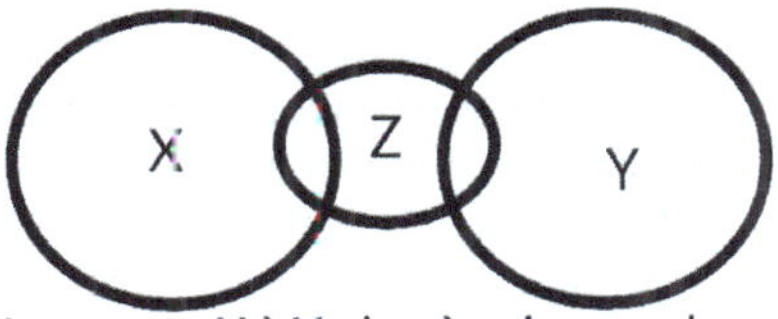

Sapendo che qualche Z è X e nessun X è Y, si può evincere che esistono sicuramente degli Z che non sono Y, qualunque sia la posizione assunta da Z: infatti gli Z che sono X sicuramente non saranno Y.
Anche S2 si è rivelato corretto.

S3:

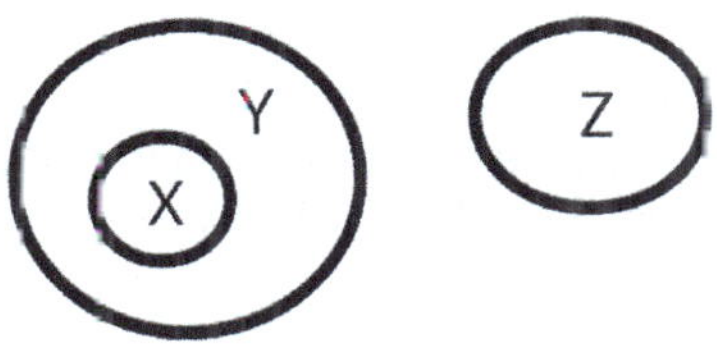

Poiché X è un sottoinsieme di Y e Z non interseca Y, siamo certi che non ci può essere un Z che sia anche X.
S3 è errato.
Risposta corretta B.

2. Per risolvere simili quesiti, è necessario rappresentare graficamente tutti e 4 i sillogismi analizzando man mano la correttezza di ognuno.
S1:

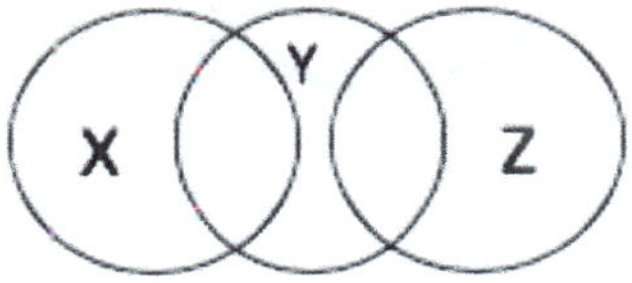

S1 afferma che nessun Z, è X, motivo per cui, per prima cosa, bisogna disegnare X e Z assolutamente separati, senza nessun tipo di intersezione. Inoltre, si sa che esiste un'intersezione sia tra X e Y che tra Z e Y. ATTENZIONE: l'iniseme Z deve essere disegnato per forza intersecato con Y, ma mai con X! S1 è di conseguenza errata, in quanto conclude sostenendo che alcuni X siano Z (risposte A ed E errate).

S2:

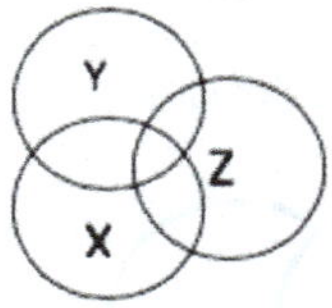

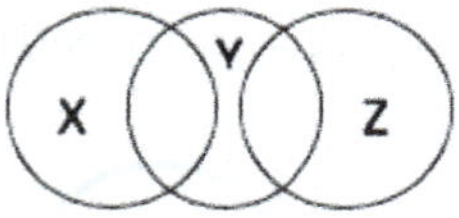

S2 afferma che alcuni Y sono X, e dunque bisogna disegnare i due insiemi intersecati. Poi si sa che alcuni Y sono Z, e quindi bisogna di nuovo disegnare i due insiemi intersecati. S2 deduce poi che quindi, alcuni Z sono X. Tuttavia, questa deduzione, affermata in maniera così netta, è errata in quanto, come dimostrano gli schemi, non avendo informazioni sul rapporto tra Z e X non si può dare per scontato che tutti e 3 gli insiemi siano intersecati tra loro. ATTENZIONE: se la deduzione del sillogismo fosse stata "quindi alcuni Z possono essere X", allora la risposta sarebbe stata corretta.

Per quanto riguarda S3 si può anche non disegnare il grafico, in quanto la conclusione stessa del sillogismo nega uno dei presupposti. Infatti, nel sillogismo si afferma che "alcuni Z sono X" e nella conclusione si afferma che "nessun X è Z". Questo non può essere vero perché per la regola della CONVERSIONE SEMPLICE (vedi libro di teoria) dire che qualche Z è X equivale a dire che qualche X è Z. Risposta C errata.

S4:

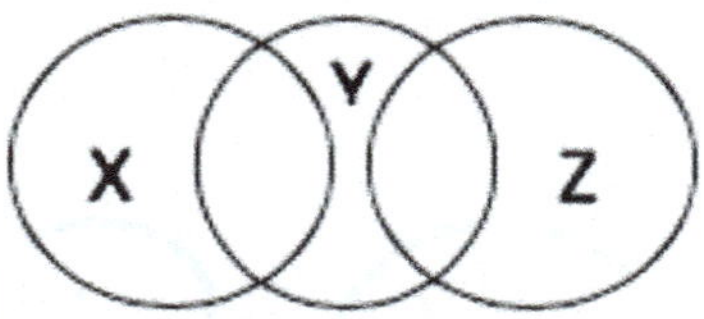

Dà solo informazioni sul rapporto tra Z ed X, non tra Z ed Y! Quindi si, alcuni Z possono essere Y. Il sillogismo è corretto proprio perché nella conclusione è espressa una possibilità e non una certezza!
Risposta corretta D.

3. Disegniamo gli insiemi corrispondenti per ciascun sillogismo:
S1:

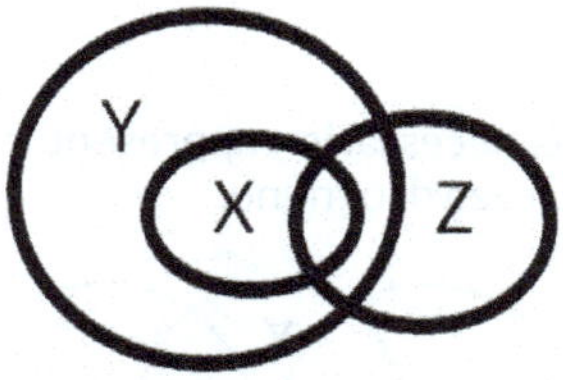

Sapendo che qualche Z è X e che X è un sottoinsieme di Y, automaticamente si ricava che Z deve intersecare l'insieme Y.
S1 è corretto.

S2:

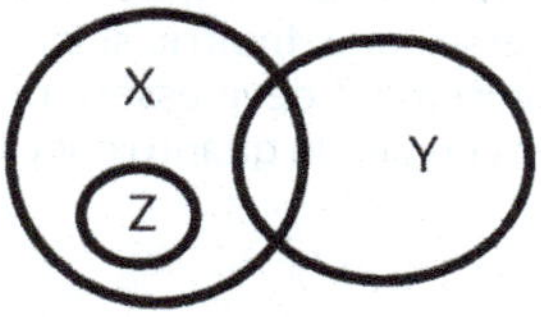

Dalle premesse sappiamo che Z è sottoinsieme di X e che X interseca Y, ma non conosciamo in che rapporto stiano tra loro Z e Y: Y può intersecare X incontrando anche il suo sottoinsieme Z,

oppure (come nello schema sopra riportato) Z può rientrare nella regione di X che non viene ad essere compresa in Y. È quindi possibile che nessun Z sia Y.
S2 è corretto.

S3:

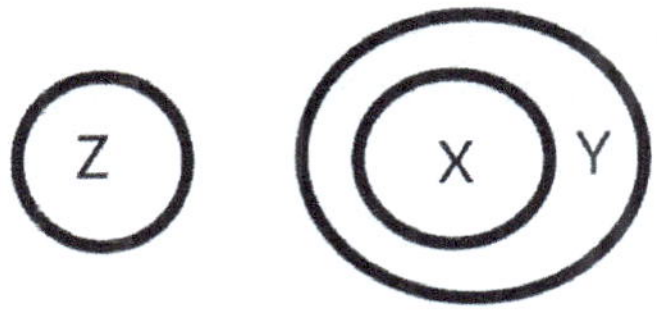

Come si può desumere dal grafico, "non un X non è Y" equivale ad affermare che tutti gli X sono Y; poiché l'insieme Z non può intersecare quello di Y, nessun X, in quanto sottoinsieme di Y, potrà essere Z.
Anche S3 risulta corretto.
Risposta corretta D.

4. Per ciascun sillogismo disegniamo gli insiemi corrispondenti:
S1:

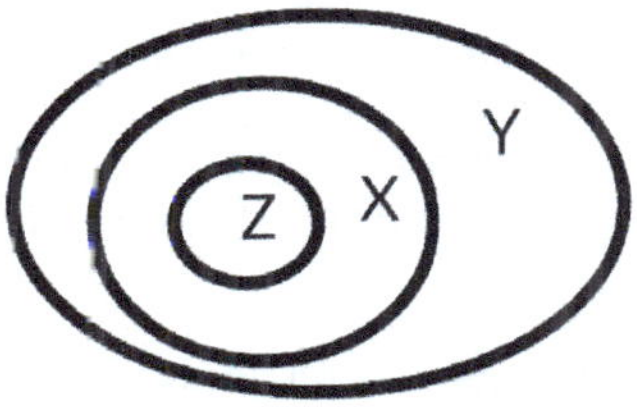

Dal grafico si ricava facilmente che X è sottoinsieme di Y e Z è sottoinsieme di X: Z sarà perciò anche sottoinsieme di Y, il che per forza di cose equivale a dire che qualche Y è Z.
In questo caso stiamo applicando la regola della CONVERSIONE ACCIDENTALE (vedi libro di teoria), dire che ogni Z è Y equivale a dire che qualche Y è Z.
ATTENZIONE: S1 è corretto, ma il quesito richiede di individuare la/e opzione/i NON vera/e!

S2:

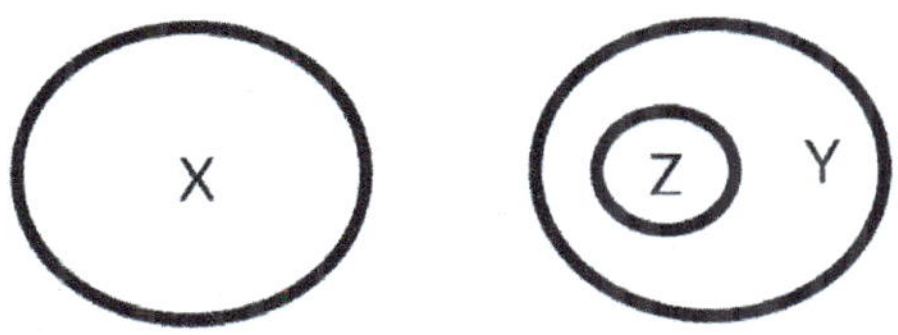

Se l'insieme X non interseca quello di Y e quindi nemmeno il suo sottoinsieme Z, è impossibile che qualche Z sia X.
S2 è falso, quindi va incluso nella scelta dell'opzione corretta.

S3:

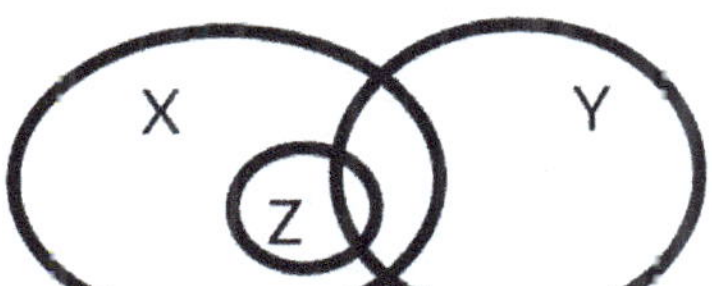

Il sillogismo afferma che Z è sottoinsieme di X e che "qualche X non è Y" (proposizione particolare negativa): in base a tale affermazione, possiamo ragionare per caso limite e immaginare i due insiemi X e Y come completamente separati tra loro, ma anche considerare la possibilità che si intersechino comunque. In questo caso, l'insieme Z può essere escluso dall'intersezione oppure può farvi parte, determinando in questo modo l'esistenza almeno di un elemento Z che

sia anche Y, poiché appartenente all'intersezione X-Y. Tale situazione rappresenta l'eccezione all'affermazione "non può esistere un Y che sia Z" in grado di smentirla. S3, perciò, non è vero, il che, in base alla nostra richiesta, risulta corretto.
Risposta corretta E.

5. Per risolvere il quesito è necessario rappresentare tramite insiemi tutti e tre i sillogismi. Le premesse sono da considerare vere, ma non è detto che le conclusioni siano logicamente corrette.

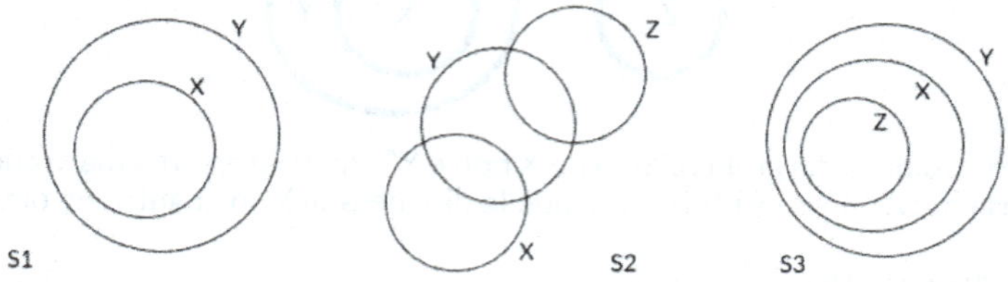

Nel caso di S1, il sillogismo è sicuramente errato: poiché è certo che "tutti gli X sono Y", non è possibile che "solo alcuni X sono Y".
Per quanto riguarda S2, invece, è possibile che sia corretto ma anche che sia errato: l'insieme X, infatti, può intersecare Z ma anche non avere elementi in comune con esso.
Infine, S3 è sicuramente vero, poiché l'insieme Z è contenuto all'interno di X, che a sua volta è completamente contenuto in Y. È sufficiente riuscire a disegnare un unico caso che smonti il sillogismo per poter affermare che il sillogismo è errato.
ATTENZIONE: la richiesta è di identificare l'affermazione errata!
Risposta corretta C.

6. Si consiglia di risolvere il quesito con gli insiemi, in modo tale da arrivare alla conclusione graficamente.
Nel sillogismo S1, non è detto che X, oltre ad intersecare Y, intersechi anche l'insieme Z: risulta quindi errato per la presenza dell'avverbio "sicuramente". S2 è errato perché "ogni Y è Z" non equivale a "ogni Z è Y". Infine, S3 è l'unico sillogismo corretto, poiché se "qualche Y è X" e gli X sono contenuti in Z, allora sicuramente "qualche Y è Z".
È sufficiente riuscire a disegnare un unico caso che smonti il sillogismo per poter affermare che il sillogismo è errato.
Risposta corretta A.

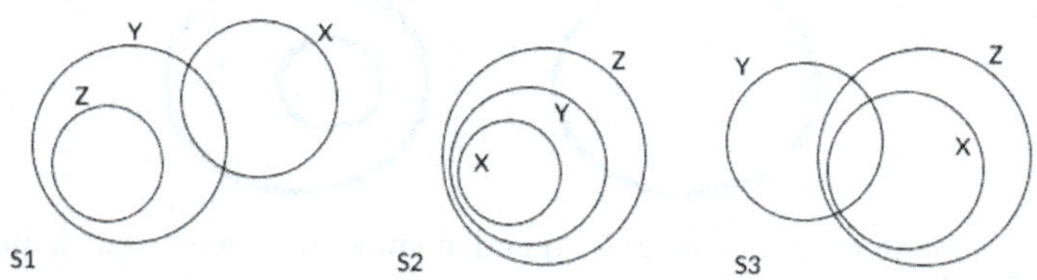

7. Il primo sillogismo è errato perché l'insieme Z interseca l'insieme Y e l'insieme X, ma non è detto che l'insieme Y sia contenuto nell'insieme X.
S1:

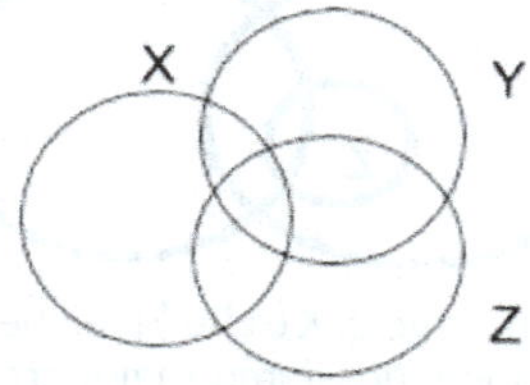

Il secondo sillogismo è corretto perché se ogni Z è X vuol dire che Z è un sottoinsieme di X, e lo stesso vale per Y, quindi Y e X avranno in comune almeno gli elementi di Z, quindi qualche X sarà anche Y.

S2:

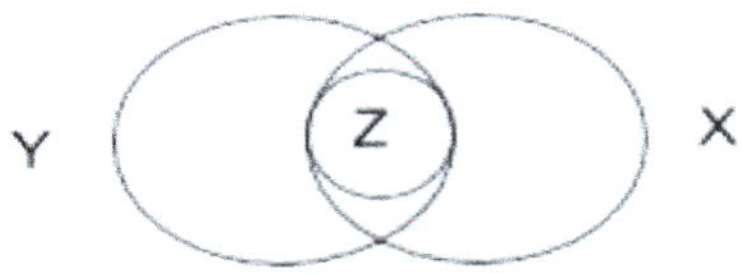

Anche il terzo sillogismo è corretto perché qualche Z è X, ma nessuna Z è Y, allora sicuramente qualche X non sarà Y.
S3:

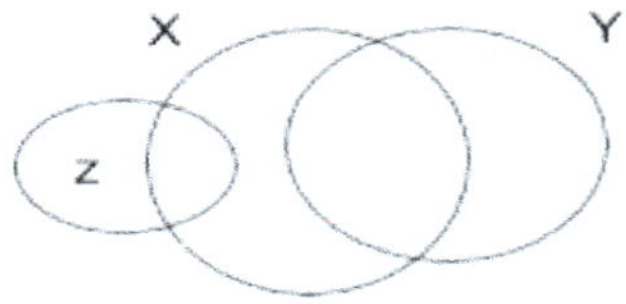

Risposta corretta B.

8. Disegnando i tre sillogismi si ottiene:

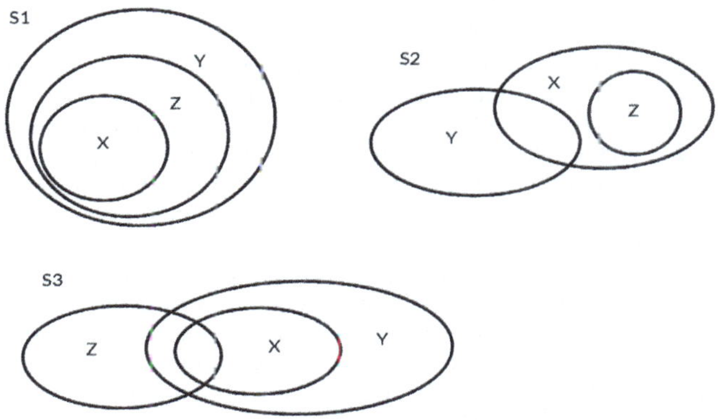

Il primo sillogismo è corretto perché X è un sottoinsieme di Z, quindi sicuramente qualche Z sarà X. Anche il secondo sillogismo è corretto perché Z è un sottoinsieme di X, e poiché nessun X è Y ci saranno sicuramente delle X che non sono Y. Il terzo sillogismo è corretto perché qualche Z è X, e ogni X è Y, allora Y e Z avranno come intersezione gli elementi che sono anche X, e quindi qualche Y sarà Z.
Risposta corretta C.

9. S1: Non si sa se l'insieme delle X si intersechi con l'insieme delle Y, nella prima parte del sillogismo non è specificato e quindi bisogna sempre considerare tutti i casi possibili. Visto che nella conclusione del sillogismo viene espressa una possibilità, S1 è da ritenersi corretto.

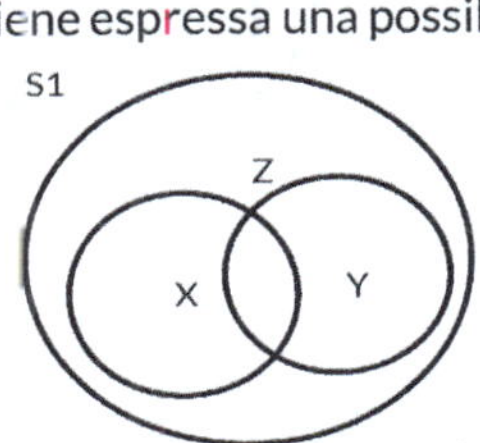

S2: Visto che l'insieme delle Y interseca l'insieme delle X (qualche X è Y) e tutti gli X sono contenuti nell'insieme Z, possiamo affermare con certezza che qualche Z sarà Y.

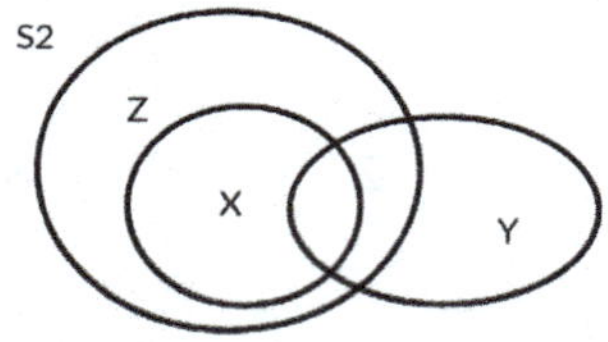

S3: Dalle premesse del sillogismo non si può capire la relazione tra gli insiemi Z e Y, ogni possibilità potrebbe essere considerata vera: Z potrebbe non intersecare Y, potrebbe contenere solo una parte degli Y, oppure contenere tutti gli Y. Ma per certo ci sono degli Z che non sono X ed essendo Y totalmente contenuto in X, questi sicuramente non saranno Y. S3 è quindi corretto.

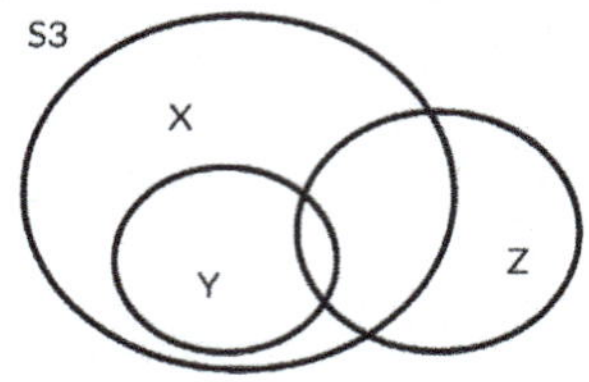

Risposta corretta A.

10. Per quanto riguarda la prima parte del primo e del secondo sillogismo sicuramente si sa che esistono degli elementi di X che non sono compresi nell'insieme Y. Allo stesso modo sicuramente si sa che esistono elementi di Z che non appartengono all'insieme Y. Tuttavia, questo non ci permette di affermare con sicurezza che l'insieme Z e l'insieme X coincidano o che l'insieme X sia contenuto nell'insieme Z; potrebbe infatti verificarsi la situazione illustrata nell'immagine sotto, in cui le premesse vengono rispettate (S1 sbagliato). Allo stesso tempo però il secondo sillogismo risulta vero poiché, parlando di possibilità, è possibile che ci sia una intersezione tra X e Z: non venendo specificato altrimenti nelle premesse è una delle possibilità che possono verificarsi (S2 corretto). Per quanto riguarda il terzo sillogismo: nessun X è Y, quindi i due insieme non si intersecano. Tutti gli Z sono X vuol dire che l'insieme Z è completamente contenuto nell'insieme X; tuttavia, non possiamo affermare con certezza che esista qualche X che non sia Z perché l'iniseme X e l'iniseme Z potrebbero coincidere, facendo cadere la veridicità del sillogismo (S3 sbagliato). Perciò S2 è l'unico sillogismo che risulta sicuramente vero, per il fatto che contiene una conseguenza di possibilità e non di certezza.
Risposta corretta C.

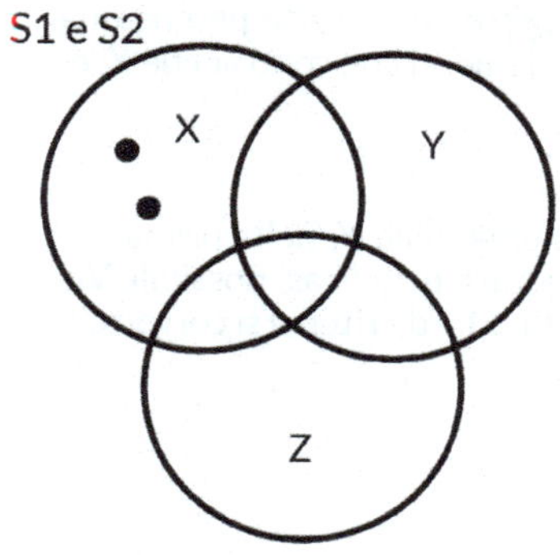

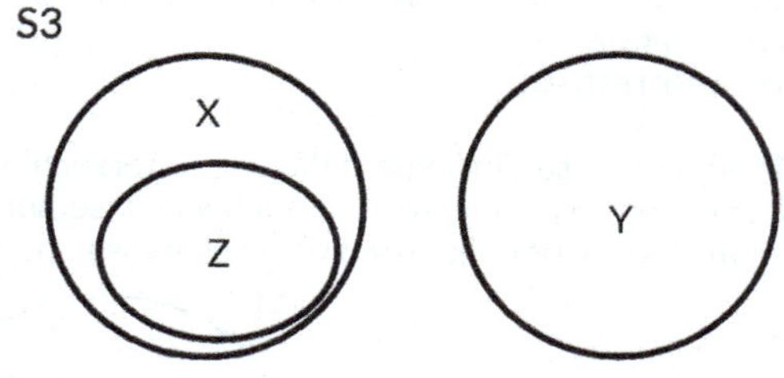

1.2 Condizione necessaria e sufficiente

1. L'affermazione "A settembre Pierparide passerà il test di Medicina se oggi inizia a seguire TestBusters" equivale a una delle seguenti. Quale?

A. Se a settembre passerà il test, vuol dire che oggi Pierparide segue TestBusters
B. Per passare il test a settembre, è necessario che oggi Pierparide inizi a seguire TestBusters
C. Per passare il test a settembre, è sufficiente che oggi Pierparide inizi a seguire TestBusters
D. A settembre Pierparide passerà il test solo se oggi inizia a seguire TestBusters
E. Oggi Pierparide ha iniziato a seguire TestBusters e non passerà il test a settembre

2. L'affermazione "Entro Natale Giuseppina perderà 5 kg se da domani smetterà di mangiare cinque cheeseburger al giorno" equivale a una delle seguenti. Quale?

A. Se Giuseppina entro Natale avrà perso 5 kg, vuol dire che oggi non ha mangiato cinque cheeseburger
B. Affinchè Giuseppina perda 5 kg, è necessario che da domani smetta di mangiare cinque cheeseburger al giorno
C. Per perdere 5 kg, Giuseppina deve assolutamente smettere di mangiare cinque cheeseburger al giorno
D. Giuseppina non perderà 5 kg entro Natale se continuerà a bere milkshake, pur smettendo di mangiare cinque cheeseburger al giorno
E. Affinchè Giuseppina perda 5 kg, è sufficiente che da domani smetta di mangiare cinque cheeseburger al giorno

3. "È sufficiente avere un parrucchino per essere eletto presidente degli Stati Uniti." Quale tra le seguenti situazioni NON è compatibile con l'affermazione precedente?

A. Andrew non ha un parrucchino biondo, odia i Messicani, ed è stato eletto presidente degli Stati Uniti.
B. Donnie ha un parrucchino biondo cenere ed è stato eletto presidente degli Stati Uniti
C. Esiste un presidente degli Stati Uniti con una capigliatura naturale
D. Bennie ha un parrucchino e non è stato eletto presidente degli Stati Uniti
E. Ilaria non ha un parrucchino e non è stata eletta presidente degli Stati Uniti

4. "Ogni volta che i miei cugini vanno a fare un picnic, piove". Quale tra le seguenti situazioni NON è compatibile con l'affermazione precedente?

A. Oggi i miei cugini vogliono fare un picnic, quindi piove
B. Domani pioverà ma loro non hanno in programma di fare un picnic
C. Ieri ha piovuto tutto il giorno, quindi i miei cugini hanno certamente fatto un picnic
D. Oggi non è prevista pioggia quindi i miei cugini non avevano in programma di fare un picnic
E. Oggi i miei cugini non sono andati a fare un picnic, ma sta piovendo

5. L'affermazione "Emanuele non può iscriversi al test di medicina senza aver passato l'esame di maturità" equivale a dire:

A. Passare l'esame di maturità è condizione sufficiente, ma non necessaria per iscriversi al test
B. Passare l'esame di maturità è condizione necessaria, ma non sufficiente per iscriversi al test
C. Emanuele non ha passato l'esame di maturità e si iscrive al test di medicina
D. Se Emanuele passerà l'esame di maturità si iscriverà al test di medicina
E. Solo se Emanuele si iscriverà al test di Medicina passerà la Maturità

6. "Gli abitanti del pianeta UQ 121 devono avere occhi gialli e bassa statura. Essi sono gli unici in tutto l'universo ad avere gli occhi gialli, ma non sono gli unici ad essere di bassa statura": quale delle seguenti affermazioni è compatibile con l'affermazione precedente?

A. Tutti gli UQesi hanno gli occhi gialli e possono essere di statura variabile, ma preferibilmente bassa.
B. Esiste almeno un abitante di UQ con gli occhi gialli e di alta statura.
C. Se un abitante dell'universo ha gli occhi gialli ed è di bassa statura può appartenere al pianeta Freeze
D. Un individuo di bassa statura deve appartenere per forza ad UQ

E. Affinchè appartenga al pianeta UQ un individuo deve obbligatoriamente essere di bassa statura

7. "Solo se collegato all'ossigeno il respiratore automatico funziona".
Se è vera la precedente affermazione, quale tra le seguenti affermazioni è vera?

A. Se non c'è l'ossigeno allora il respiratore automatico funziona
B. Se il respiratore automatico funziona allora è collegato all'ossigeno
C. Se il respiratore automatico non funziona allora non è collegato all'ossigeno
D. Se e solo se c'è l'ossigeno il respiratore automatico non funziona
E. Spesso il respiratore automatico non funziona

8. "Solo se ha lezione alla prima ora, Elena prende l'autobus per andare a scuola".
In base alla precedente affermazione, quale delle seguenti NON è compatibile con il testo?

A. Se non ha lezione alla prima ora, Elena non prende l'autobus per andare a scuola
B. Se Elena prende l'autobus per andare a scuola, allora ha lezione alla prima ora
C. Condizione necessaria perché Elena prenda l'autobus per andare a scuola è che abbia lezione alla prima ora
D. Solo se prende l'autobus per andare a scuola, allora Elena ha lezione alla prima ora
E. Ieri ho incontrato Elena sull'autobus per andare a scuola, avrà sicuramente avuto lezione alla prima ora

9. Determinare quale delle seguenti alternative NON è compatibile con l'affermazione "Perché Harry Potter sconfigga Lord Voldemort è necessario, ma non sufficiente, che conosca i giusti incantesimi e che possa fare affidamento sui propri amici."

A. Harry padroneggia l'arte della magia ed è circondato da amici affidabili, ma viene battuto dall'Oscuro Signore
B. Harry ha molti amici su cui può contare ma non riuscirà a sconfiggere Voldemort
C. Pur impreparato ma con amici affidabili e in gamba Harry finisce con l'uccidere Voldemort
D. Harry arriva allo scontro finale con svariate conoscenze magiche ma Voldemort ha la meglio
E. Con amici fidati e padronanza degli incantesimi Harry ha discrete probabilità di vincere

10. "Per essere un buon direttore di banca, è necessario avere una laurea in economia ed è sufficiente, dopo tale laurea, fare un master in Inghilterra per diventarlo".
Quale delle seguenti affermazione NON è compatibile con tali condizioni?

A. Chiunque abbia una laurea in economia può diventare un buon direttore di banca
B. Coloro che hanno un master in Inghilterra ed una laurea in economia diventeranno sicuramente buoni direttori di banca
C. Sicuramente tutti i buoni direttori di banca hanno una laurea in economia
D. Tutti i buoni direttori di banca devono aver fatto fatto un master in Inghilterra
E. La laurea in economia non mi dà la certezza di poter diventare un buon direttore di banca

11. L'affermazione "Tutte le volte che Federica va a vedere la partita di basket dei suoi amici, questi perdono" equivale a dire che:

A. Se Federica non va a vedere la partita, i suoi amici non perdono
B. Solo se Federica va a vedere la partita i suoi amici perdono
C. Se i suoi amici perdono, significa che Federica è andata a vedere la loro partita
D. Se gli amici di Federica non perdono, vuol dire che Federica non è andata a vedere la loro partita
E. Che gli amici di Federica perdano è condizione necessaria e sufficiente perché essa sia andata a vedere la loro partita

12. "Avere tanti amici è condizione necessaria, ma non sufficiente, ad essere sereni". Quale delle seguenti opzioni è compatibile con l'affermazione precedente?

A. Gabriele non è sereno e ha molti amici
B. Gabriele ha molti amici, quindi di certo sarà un ragazzo sereno
C. Gabriele non ha amici, ma è ugualmente sereno

D. Gabriele non è sereno, quindi sicuramente non avrà molti amici
E. Gabriele non ha molti amici, ma può essere che sia sereno

13. "Se Marco non prende un bel voto e fuori piove, non potrà uscire a comprare la bicicletta."
In base alla precedente affermazione, quale delle seguenti affermazioni NON è compatibile con il testo precedente?
A. Oggi c'è il sole e Marco ha preso un bel voto ma non va a comprare la bici nuova
B. Non è sufficiente che Marco prenda un bel voto perché si compri una bicicletta nuova
C. Oggi c'è molta nebbia, Marco ha preso un bel voto quindi può uscire a comprare la bicicletta nuova
D. Marco ha studiato e vede dalla finestra che fuori c'è il Sole, quindi andrà sicuramente a comprare una bicicletta nuova
E. Marco potrà uscire a comprare la bicicletta quando avrà ottenuto un bel risultato e il tempo non sarà piovoso

14. "Il suono del flauto di Orfeo è così soave che tutti gli animali si addormentano all'udire le sue melodie".
Quale delle seguenti situazioni NON è compatibile con l'affermazione precedente?
A. Se gli animali stanno dormendo, certamente Orfeo è passato dal bosco
B. Orfeo non è passato dal bosco ma tutti animali si sono addormentati lo stesso
C. Il pifferaio magico è passato dal bosco e tutti gli animali si sono addormentati
D. Se gli animali sono svegli, allora Orfeo non è passato dal bosco
E. Pur non potendo godere del suono delle melodie di Orfeo, le talpe dormono sottoterra

15. "Ogni volta che Chiara decide di uscire, tutti i suoi amici restano a casa".
Quale delle seguenti opzioni è compatibile con l'affermazione precedente?
A. Gli amici di Chiara sono rimasti a casa, quindi Chiara deve aver certamente provato a contattarli per uscire
B. Chiara è malata e non può uscire, quindi i suoi amici andranno certamente a ballare in discoteca
C. Chiara ha proposto ai suoi amici di andare a vedere Star Wars al cinema. Loro le hanno mentito dicendo di essersi trasmessi un virus a vicenda e di non poter uscire di casa per non allargare il contagio. Poi però sono usciti di nascosto per andare a teatro
D. Chiara ha capito che i suoi amici la odiano e decide di restare a casa a piangere. I suoi amici, che avevano comprato le prevendite per andare a ballare, forano in tangenziale e sono costretti a tornare a casa
E. Gli amici di Chiara sono andati alla sagra di paese. Chiara gli ha sicuramente proposto di andarci tutti insieme

CORREZIONE COMMENTATA

1. Il testo ci propone una condizione sufficiente (è introdotto da "se"). La condizione sufficiente può essere schematizzata come Se A → B, nel nostro caso A corrisponde a "se oggi inizia a seguire TestBusters" e B corrisponde a "a settembre Pierparide passerà il test di Medicina". Le opzioni B e D sono errate perché presentano una condizione necessaria (introdotta da "solo se"). Non essendo una condizione necessaria, Pierparide può passare il test in altri modi anche senza seguire TestBusters (riposta A errata), ma se lo segue certamente lo passerà (risposta E errata).
Risposta corretta C.

2. La condizione presentata dal testo è una condizione sufficiente (è introdotta da "se"). Quindi non è una condizione necessaria (come affermato nella B e nella C dove si parla di dovere) e per questo motivo l'obiettivo che Giuseppina si è prefissata può essere raggiunto anche in altri modi (opzione A errata; oltretutto la condizione che il testo ci propone parte da "domani", non da oggi). Anche l'opzione D è errata perché essendo una condizione sufficiente basta che smetta di mangiare i cinque cheeseburger per dimagrire, a prescindere da quanti milkshake beva.
Risposta corretta E.

3. Il testo indica una condizione sufficiente a diventare presidente: basta avere il parrucchino per essere eletti (opzione B errata). Ciò non esclude che si possa essere eletti per altri motivi (opzione A errata). Dunque, potranno esistere presidenti USA che non hanno il parrucchino (opzione C errata). L'opzione E è compatibile (e quindi errata), perché avere il parrucchino non è necessario per diventare presidente, quindi chi non ce l'ha può sia diventarlo, sia no. L'unica opzione non compatibile è la D: se Bennie ha un parrucchino, deve per forza essere eletto presidente.
Risposta corretta D.

4. Primo step importante è individuare la condizione proposta dal testo: siamo di fronte a una condizione sufficiente (ogni volta = se). Quindi possiamo trarre delle conclusioni: se i cugini decidono di fare il picnic sappiamo che pioverà (opzione A errata); l'essere sufficiente non presuppone che la condizione sia l'unica evenienza in cui si verifichi l'evento: i cugini possono non fare il picnic e potrà piovere lo stesso (opzioni B ed E errate). Se però non si verifica B (piovere) significa che non si è verificato nemmeno A (fare il picnic) altrimenti sarebbe piovuto certamente: se non B → non A (opzione D errata). Se si verifica l'evento (piovere), non possiamo quindi sapere con certezza se si sia verificata la condizione sufficiente (fare il picnic): avrebbe potuto piovere anche per altri motivi.
Risposta corretta C.

5. Il testo ci dice che Emanuele non può iscriversi al test se non passa la maturità, significa quindi che per iscriversi al test deve passare prima la maturità. Una condizione di questo tipo non può che essere necessaria: solo se A (=maturità) allora B (test). Compreso questo, individuiamo a colpo sicuro la B come l'opzione corretta (ed eliminiamo la A). La C è quindi sbagliata, perché l'aver passato la maturità è lo step obbligato per potersi iscrivere al test. La E ha poco senso: propone una condizione necessaria ("solo se"), ma invertendo la A e la B. Attenzione all'opzione D: il fatto che Emanuele passi l'esame di maturità (rispettando quindi la condizione necessaria) non significa che si iscriverà sicuramente altest di medicina (sarebbe una condizione sufficiente!), potrebbe anche decidere di non farlo.
Risposta corretta B.

6. Il testo ci dice che per essere un abitante del pianeta UQ è NECESSARIO essere di bassa statura e con gli occhi gialli; ma mentre quest'ultima caratteristica è una prerogativa esclusiva di questo popolo, la bassa statura è invece comune ad individui di altri pianeti. La risposta A è errata, in quanto gli UQesi NON possono essere di statura variabile (sono tutti bassi) e allo stesso modo la risposta B, in quanto un individuo alto e con gli occhi gialli costituirebbe un'inammissibile eccezione al contenuto del testo; la C è errata in quanto SOLO gli abitanti di UQ hanno gli occhi gialli, mentre la D non può essere vera dal momento che la bassa statura è

una caratteristica comune a più pianeti, e dunque da essa non si può dedurre con esattezza la provenienza (l'individuo potrebbe venire da UQ ma non per forza). La risposta corretta è dunque la E, dal momento che cita una delle due condizioni necessarie all'appartenenza al pianeta UQ.
Risposta corretta E.

7. La condizione proposta da questo testo è una condizione necessaria (è introdotta da "solo se"): la A (la condizione che DEVE avvenire) è rappresentata dall'essere attaccato all'ossigeno, mentre la B (quello che si verificherà se rispettata A) è il funzionamento del respiratore. Solo se A → B. Il respiratore non può quindi funzionare se non collegato all'ossigeno (opzione A errata), mentre se non funziona non è detto che non sia collegato: la condizione A può essersi avverata, ma non per questo B si verifica automaticamente, come sarebbe invece per una condizione sufficiente (opzione C errata). La D è errata in quanto "se e solo se" introduce una condizione necessaria e sufficiente che il testo non propone; mentre per quanto riguarda l'opzione E non possiamo esprimerci. Siamo però certi che se il respiratore funziona allora è collegato all'ossigeno, altrimenti non potrebbe funzionare.
Risposta corretta B.

8. In questo quesito il testo propone una condizione necessaria, come affermato nell'opzione C: solo se Elena ha lezione alla prima ora (A) allora prende l'autobus (B). Dobbiamo trovare l'opzione che non rispetta la logica del ragionamento. L'opzione A è corretta in quanto il non verificarsi della condizione A (non A) comporta il non verificarsi dell'evento (non B). Le opzioni E ed E sono anch'esse corrette perché se Elena ha preso o è stata vista sull'autobus aveva certamente lezione alla prima ora. Attenzione: "solo se A → B" è diverso da "solo se B → A": Elena può avere lezione alla prima ora ma scegliere di non prende l'autobus.
Risposta corretta D.

9. Affinchè Harry sconfigga Voldemort devono verificarsi ENTRAMBE le condizioni, cioè che conosca gli incantesimi giusti e che abbia amici affidabili (la risposta E è errata). Una volta ottenute entrambe, però, l'evento può ugualmente verificarsi o meno: tali condizioni sono infatti necessarie ma NON sufficienti a che l'evento automaticamente si avveri. Le opzioni A, B e D sono perciò tutte e tre compatibili. Attenzione a non considerare incompatibile la B perché non ci vengono forniti dati sulla sua padronanza degli incantesimi: non sapendo nulla sulla sua preparazione magica, pur avendo amici fidati può essere che Harry perda.
Risposta corretta C.

10. Tale quesito presuppone l'esistenza di due condizioni: la prima (laurea in economia) rappresenta quella necessaria, la seconda (master in Inghilterra) quella sufficiente affinchè si possa diventare un buon direttore di banca. La risposta A è compatibile con il testo, in quanto la condizione necessaria (indispensabile ed imprescindibile) per essere direttore, è quella della laurea: qualunque laureato in economia dunque, secondo il testo, ha le potenzialità (non certezza!) per diventarlo. La B è anch'essa compatibile, in quanto verificandosi le due condizioni è sicura la conclusione (con il master si ha la certezza di diventare un buon direttore di banca); anche la C è quindi conforme alle condizioni date, in quanto nessuno, senza prima aver conseguito tale laurea, potrà anche solo aspirare a questo ruolo. Allo stesso modo anche la E ricalca correttamente quanto detto, dal momento che tutti i laureati hanno la potenzialità, ma non la certezza, di diventare direttore (la certezza si ha solo con il master in Inghilterra). L'unica risposta incompatibile con il testo è la D: non è infatti necessario il master per diventare un buon direttore, è la laurea in economia il requisito fondamentale.
Risposta corretta D.

11. Per risolvere il quesito bisogna ricordarsi che dire "tutte le volte che" equivale ad introdurre un'affermazione sufficiente! Analizziamo quindi tutte le opzioni. La A è errata perché, essendo una condizione sufficiente, il non verificarsi di A non presuppone per forza il non verificarsi di B (gli amici possono perdere anche senza che Federica vada a vederli). Possiamo escludere subito anche l'opzione B perché propone una condizione necessaria (solo se=necessaria). L'opzione C è errata per lo stesso motivo della A (gli amici possono perdere per altre mille ragioni). Infine

la E è scorretta perché è la presenza di Federica a influenzare la sconfitta, e non il contrario. Dunque, l'unica compatibile risulta la D: se gli amici non perdono, allora sicuramente Federica non è andata a vedere la partita. (se NON B → NON A).
Risposta corretta D.

12. Nella condizione necessaria abbiamo che "solo se A (avere amici) allora B (essere sereno)". Nell'opzione A viene correttamente messo in evidenza come il fatto che, anche se la condizione necessaria è rispettata (avere molti amici) questo non presupponga l'automatico verificarsi dell'evento B (essere sereno). Quindi, per il medesimo motivo, l'opzione B non è compatibile in quanto non siamo di fronte a un'affermazione sufficiente. Le opzioni C ed E non sono corrette, in quanto "se non A → non B": se non è rispettata la condizione A è impossibile il verificarsi di B (non farti confondere dal "può" dell'opzione E, la possibilità non è comunque accettata se l'affermazione non rispetta la condizione necessaria). L'opzione D non è compatibile per le stesse motivazioni delle risposte A e B, nella condizione necessaria NON si può affermare "se non B → non A" (come invece avviene nella condizione sufficiente), Gabriele potrebbe benissimo avere un sacco di amici e non essere comunque sereno.
Risposta corretta A.

13. Per risolvere il quesito, possiamo considerare il non prendere un bel voto e la pioggia come condizioni sufficienti a non comprare la bicicletta, oppure il contrario di esse (quindi, prendere un bel voto e una giornata non di pioggia) come condizioni necessarie a comprare la bicicletta. Per semplicità, consideriamo questa seconda opzione. L'opzione A è compatibile con quanto affermato nel testo perché anche se si verificano le due condizioni questo non presuppone l'automatico verificarsi dell'evento B (come avviene invece per la condizione sufficiente). Anche quanto affermato nell'opzione B è compatibile con il testo perché stiamo per l'appunto parlando di condizioni necessarie, non sufficienti! Attenzione all'opzione C: ci viene solamente detto che c'è nebbia e la condizione che deve essere rispettata è l'assenza di pioggia (non il sole o il bel tempo!) quindi è compatibile. Anche l'opzione E è compatibile con quanto affermato dal testo: la bici sarà di Marco "solo se" avrà preso un bel voto e fuori non pioverà. L'unica errata è dunque la D: il verificarsi di A non presuppone per forza il verificarsi di B (condizione necessaria!).
Risposta corretta D.

14. L'affermazione rappresenta una condizione sufficiente ma non necessaria (se A → B), dunque agli animali basterà udire le melodie di Orfeo (condizione A) per cadere in un sonno profondo (condizione B), ma certamente anche altri stimoli potrebbero sortire lo stesso effetto. Quindi possiamo considerare vere le opzioni B, C ed E che ammettono la possibilità che gli animali si addormentino anche in assenza di Orfeo. Inoltre, la condizione sufficiente impone che se la condizione B non si verifica, la condizione A non si è verificata (se non B → non A): è il caso dell'opzione D. La sola opzione non compatibile è la A, che applica i criteri della condizione necessaria secondo la quale, in questo caso, gli animali si addormenterebbero esclusivamente al suono delle melodie di Orfeo (solo se A → B) e dunque l'avverarsi della condizione B implica necessariamente che la condizione A si sia verificata.
Risposta corretta A.

15. Si tratta di una condizione sufficiente ma non necessaria. I pilastri di questa condizione sono: se A → B; se non B → non A; per ottenere B, infinite opzioni sono comunque ipoteticamente possibili. La condizione A corrisponde a "Chiara decide di uscire", l'evento B è rappresentata invece da "gli amici restano a casa", quindi "gli amici escono" è "non B" mentre "Chiara sta a casa" equivale a "non A". L'opzione A considera erroneamente come necessaria la condizione A (ciò implicherebbe che in presenza di B si avrebbe necessariamente A). L'opzione B presuppone nuovamente una condizione necessaria: se non A → non B. L'opzione C non rispecchia il principio base per cui basta che si verifichi A per ottenere B: infatti gli amici escono lo stesso. L'opzione E è del tutto sbagliata poiché basata sul principio "se non B (gli amici escono) → A (Chiara gli ha chiesto di uscire)". L'opzione invece D ammette che la condizione B possa verificarsi anche in assenza della condizione A, evento non possibile proprio perché si tratta di una condizione necessaria.
Risposta corretta D.

1.3 Necessariamente vera/falsa

LOGICA

1. Sofia è talmente ansiosa per lo studio che, tutte le volte che studia per un esame, scoppia a piangere.
Data la frase precedente, quale delle seguenti affermazioni è necessariamente vera?

A. Sofia oggi non ha studiato per un esame, quindi non piangerà
B. Sofia ieri non ha pianto, quindi sicuramente non ha studiato per un esame
C. Sofia oggi ha pianto, quindi sicuramente sta studiando per un esame
D. Sofia ieri ha pianto, quindi probabilmente non sta studiando per nessun esame
E. Sofia oggi ha studiato per un esame, quindi non piangerà

2. Renzo indossa camicia e maglione; il fratello di Renzo indossa giacca e cravatta; solo chi indossa giacca e cravatta può entrare a teatro.
In base ai dati presentati quale delle seguenti affermazioni è necessariamente vera?

A. Renzo andrà al cinema solo se accompagnato da suo fratello
B. Il fratello di Renzo non può entrare a teatro
C. Gianni può entrare a teatro
D. Il fratello di Renzo andrà a teatro
E. Nessuna delle precedenti alternative è vera

3. Dieci amici, per fare una scampagnata, hanno a disposizione tre auto da cinque posti. Quale delle seguenti affermazioni possiamo ritenere certamente vera?

A. Nessuna auto rimarrà vuota
B. Nessuna auto partirà piena
C. Almeno un'auto partirà piena
D. Almeno un'auto rimarrà vuota
E. Se un'auto rimarrà vuota, almeno un'auto sarà piena

4. Federica è molto amica di Chiara. Tutte le volte che Federica ha in programma di andare a una festa Chiara la segue. Bianca e Daniela sono molto amiche di Chiara, ma sono anche molto timide ed introverse: vanno alle feste solo se viene anche Chiara, mentre scelgono di stare a casa se c'è anche Federica. Sabato è in programma una festa.
In base ai dati presentati quale delle seguenti previsioni è certamente falsa?

A. Federica andrà, Bianca e Daniela no
B. Chiara andrà e ci saranno anche Bianca e Daniela
C. Chiara, Bianca e Daniela andranno insieme
D. Federica e Chiara andranno, Bianca e Daniela no
E. Federica andrà e Chiara no

5. Quando Antonina va a studiare da Piera supera gli esami, ma ingrassa perché la mamma di Piera prepara dei dolci molto buoni. Ogni volta che prende qualche kg, Antonina chiama Margherita per andare in palestra; se, però, Margherita non può uscire, Antonina non va perché non sa allenarsi da sola. Margherita va in palestra solo se c'è il sole.
In base ai dati presentati quale delle seguenti affermazioni è certamente falsa?

A. Antonina ha superato un esame, ma non è andata in palestra perché pioveva
B. Antonina non ha superato un esame ed è andata in palestra
C. Antonina ha studiato con Piera per un esame, l'ha superato, ed è andata in palestra anche se pioveva perché ha mangiato troppe torte al cioccolato
D. Antonina oggi ha superato un esame e non è ingrassata, quindi non ha bisogno di andare in palestra e stasera andrà a ballare
E. Antonina è andata a correre al parco con Margherita anche se pioveva per festeggiare un bel voto all'esame che aveva preparato con Piera

6. Il prossimo luglio Carlo vorrebbe fare un interrail in giro per l'Europa con i suoi amici Federico, Gianmarco e Luigi. Al momento di prenotare il viaggio tuttavia sorgono dei problemi organizzativi: Carlo vuole visitare Amsterdam e Berlino; Federico dice che andrà ad Amsterdam solo se poi andranno a Copenaghen; Gianmarco non vuole assolutamente andare a Copenaghen perché soffre molto il freddo, e propone Vienna al suo posto; Luigi odia Berlino e non vuole assolutamente metterci piede, a meno che non venga anche la sua fidanzata Elisa. Per luglio sono previsti 30 gradi a Copenaghen.
In base ai dati presentati quale affermazione

è certamente vera?

A. Gli amici visiteranno Amsterdam, Berlino e Copenaghen
B. Gli amici visiteranno Berlino e Vienna
C. Elisa non può partire, quindi visiteran no Amsterdam e Copenaghen
D. Elisa non può partire, quindi visiteranno solo Amsterdam
E. In assenza di Elisa, gli amici potrebbero andare a Vienna

7. Margherita riferisce che nessuno dei pesci rossi del negozio di Marcello sopravvive più di due giorni.
Determinare cosa deve necessariamente accadere affinché l'affermazione si riveli falsa:

A. Almeno un pesce che sopravvive più di due giorni dovrà provenire dal negozio di Marcello
B. Almeno un pesce proveniente dal negozio di Marcello non dovrà sopravvivere più di due giorni
C. Tutti i pesci provenienti dal negozio di Marcello dovranno sopravvivere più di due giorni
D. Almeno un pesce che non sopravvive più di due giorni dovrà non provenire dal negozio di Marcello
E. Tutti i pesci che sopravvivono 3 giorni dovranno non provenire dal negozio di Marcello

8. Maga Magò ha previsto che nessun mago più vecchio di lei riuscirà mai a batterla in più di un duello magico.
Determinare cosa deve necessariamente accadere affinché la previsione si riveli falsa:

A. Ciascun mago più anziano di Maga Magò deve batterla in più di un duello
B. Nessuno dei maghi più giovani di Maga Magò dovrà sconfiggerla in alcun duello
C. Deve esistere un mago più anziano di Maga Magò che la sconfigga in un duello magico
D. Di tutti i maghi, quelli più vecchi di Maga Magò dovranno sconfiggerla in almeno un duello
E. Almeno un mago più anziano di Maga Magò dovrà riuscire a batterla in più di un duello

9. Nico sostiene che nessuno dei suoi compagni di classe sia mai stato in Egitto prima di lui e che tutti siano stati almeno una volta nella vita in Francia.
Secondo quanto sostenuto da Nico è ammissibile che:

A. Ci sia un compagno di Nico che sia stato in Egitto prima di lui e che non sia mai stato in Francia
B. Marco sia stato quattro volte in Francia e sia stato in Egitto pochi mesi prima di Nico
C. Giovanni sia stato in Egitto dopo Nico ma non abbia mai messo piede in Francia
D. Ci sia un compagno di Nico che sia stato in Francia e in Egitto dopo di lui
E. Francesco, il compagno di banco di Nico, sia andato in Egitto con la sua famiglia nel 2008, mentre Nico con la sua fidanzata nel 2009

10. Enrico andrà in montagna se e solo se Irene non vi andrà e Martina porterà i suoi pesci rossi.
Quale delle seguenti situazioni deve verificarsi necessariamente affinché tale proposizione si riveli vera?

A. Martina porta i pesci rossi, Irene va in montagna ed Enrico rimane a casa
B. Martina non porta i pesci, ma il cane, Irene rimane a casa ed Enrico va in montagna
C. Enrico va in montagna, Martina porta i pesci rossi e Irene va in montagna insieme al suo nuovo ragazzo Andrea
D. Martina porta i pesci, Irene rimane a casa ed Enrico va al mare con Marco
E. Irene va al mare, Martina porta sia i pesci che il cane, ma Enrico rimane a casa perché si è preso l'influenza

11. Marta vuole andare al cinema solo se insieme a Lucia. Lucia però non va al cinema se non c'è anche Fabrizio. Fabrizio ha promesso che ci sarà, ma viene improvvisamente chiamato da Giacomo, che vuole passare del tempo in sua compagnia. Fabrizio invita al cinema anche Giacomo, che accetta con entusiasmo. Tuttavia, Marta non è disposta a incontrare Giacomo.
In base ai dati presentati quale delle seguenti affermazioni è falsa?

A. Perché Marta vada al cinema, è necessario che ci sia anche Lucia
B. Lucia e Fabrizio usciranno insieme, sia che ci sia Marta sia che ci sia Giacomo
C. Giacomo e Marta possono andare al cinema, a patto che non ci sia Lucia

D. Fabrizio e Marta andranno al cinema insieme, se Giacomo rinuncerà ad andarci
E. È necessario che Giacomo non ci sia perché Marta vada al cinema

12. Se Alessia cucina i biscotti, Biagio li mangia. Se Chiara non cucina la pizza, Dario si arrabbia. Poiché tutti e quattro gli amici sono leggermente sovrappeso, per evitare un regime ipercalorico hanno deciso che o Alessia cucina i biscotti o Chiara cucina la pizza.
In base ai dati precedenti quale delle seguenti affermazioni è certamente falsa?
A. O Biagio mangia i biscotti o Dario è contento
B. Alessia non cucina i biscotti e Dario si arrabbia
C. Alessia cucina i biscotti e Dario è contento
D. Biagio non mangia i biscotti e Dario si arrabbia
E. Chiara cucina la pizza e Biagio mangia i biscotti

13. "Non si può escludere che, se Federico non avesse chiuso la porta, il cane sarebbe scappato".
In base alla precedente affermazione, quale delle seguenti è certamente vera?
A. Se il cane non è scappato, allora Federico ha chiuso la porta
B. È possibile che il cane sarebbe scappato, qualora Federico avesse chiuso la porta
C. È possibile che il cane sarebbe scappato qualora Federico non avesse chiuso la porta
D. Il cane sarebbe scappato se Federico avesse aperto la porta
E. Nessuna delle precedenti

14. Gigio sta organizzando SnowBusters: sa che Ferdinando viene solo se si sta via almeno 4 giorni; Marta si unisce al gruppo solo se è presente la sua amica Giulia; Giulia non vuole rimanere più di una settimana; Giovanni dice di venire a patto che siano presenti Giulia o Ferdinando, o entrambi. Luigi compra gli sci due giorni prima della partenza e all'ultimo decide di unirsi alla comitiva, ma dato che ha già speso una certa somma per gli sci organizza di salire solo gli ultimi due giorni e solo se riuscirà ad incrociare Giulia.
Quale delle seguenti affermazioni è certamente vera?
A. Gigio decide che SnowBusters durerà 6 giorni: di conseguenza non ci sarà nemmeno un giorno in cui gli amici si ritroveranno tutti insieme
B. La vacanza dura 8 giorni: l'ultimo giorno gli amici di Gigio presenti saranno solo Ferdinando, Giovanni e Luigi
C. Gigio opta per una gita di 2 giorni: i suoi amici presenti saranno in numero dispari
D. Qualunque sia la durata della vacanza, Giovanni è l'unico amico di Gigio che sarà sempre presente
E. Marta Giulia, Giovanni e Luigi si muovono sempre insieme: se uno di loro è presente, ci saranno anche gli altri (considerando solo gli ultimi 2 giorni di vacanza)

15. Se l'affermazione "tutti i mari giapponesi sono salati" è falsa, quale delle seguenti proposizioni è necessariamente vera?
A. Almeno un mare giapponese è salato
B. Almeno un mare giapponese non è salato
C. Non un mare giapponese non è salato
D. Non un mare giapponese è salato
E. Tutti i mari giapponesi non sono salati

CORREZIONE COMMENTATA

1. Affermare che "Sofia tutte le volte che studia per un esame piange" corrisponde a dire che per Sofia studiare per un esame (A) è condizione sufficiente per scoppiare a piangere (B) → Se A, allora B. Quindi:

- se si verifica A, certamente si avrà anche B (opzione E errata)
- se A non si verifica, B potrebbe comunque verificarsi: nulla impedisce a Sofia di piangere anche per altri motivi, non è detto che ciò sia esclusivamente dovuto allo studio (opzioni A e C errate)
- se invece Sofia non ha pianto, possiamo sicuramente affermare che non ha studiato per l'esame, poiché le basta studiare per scoppiare in lacrime → se NON B, NON A.

Risposta corretta B.

2. L'opzione A è errata perché non si sa nulla delle condizioni per entrare al cinema, per cui non si può affermare con certezza che Renzo vi possa entrare solo accompagnato dal fratello. Di Gianni non sappiamo nulla (opzione C errata), mentre sicuramente il fratello di Renzo rispetta i criteri per entrare a teatro (opzione B errata). Questo però non vuol dire che ci andrà sicuramente: la condizione proposta è necessaria, non sufficiente, quindi rispettare i criteri non comporta automaticamente che si andrà a teatro (opzione D errata).
Risposta corretta E.

3. Avere 3 auto da 5 posti l'una significa avere in totale 15 posti per 10 persone. È possibile che un'auto parta vuota: in questo caso le altre due saranno entrambe piene e le persone verranno distribuite 5 in un'auto, 5 in un'altra e 0 nella terza (opzioni A e B errate). È anche possibile che nessuna macchina parta piena: basta che ad esempio le persone vengano distribuite 4 su un'auto, 4 su un'altra e 2 nell'ultima; in questo caso non ci sarà nemmeno una macchina vuota (opzioni C e D errate). Infine, se le persone si distribuiscono sulle tre macchine nell'ordine di 5-5-0 come nel caso preso in esame in precedenza, l'affermazione "se un'auto rimane vuota, almeno un'auto sarà piena" risulterà corretta (saranno piene entrambe le due macchine restanti, il che è compatibile con "almeno una").
Risposta corretta E.

4. Per risolvere questo quesito è necessario per prima cosa individuare le relazioni logiche tra le varie proposizioni:

- che Federica vada alla festa è condizione sufficiente affinchè ci sia anche Chiara; quindi se Federica va ci sarà sempre anche Chiara, ma se c'è Chiara Federica potrebbe anche non esserci (se B, non per forza anche A)
- Bianca e Daniela vanno alla festa solo se c'è Chiara (condizione necessaria) e non ci vanno se c'è Federica (condizione sufficiente).

Se è presente Federica, quindi, Bianca e Daniela certamente non ci saranno (opzioni A e D errate). Anche le risposte B e C sono scorrette, in quanto compatibili: non sapendo infatti se c'è anche Federica, Bianca e Daniela possono andare alla festa con Chiara. L'opzione E invece è sicuramente falsa: se Federica va alla festa non è possibile che non sia presente anche Chiara.
Risposta corretta E.

5. In base a quanto affermato dal testo, sappiamo che: quando Antonina va a studiare da Piera supera un esame ma ingrassa; quando ingrassa, chiama Margherita per andare in palestra, ma condizione necessaria affinchè Margherita vada in palestra, e quindi affinchè ci vada anche Antonina, è che ci sia il sole.
È quindi sufficiente che Antonina studi da Piera affinchè superi un esame, ma non è detto che ogni volta che supera un esame abbia studiato da Piera e quindi sia ingrassata (risposta D errata). È inoltre sufficiente che Antonina ingrassi perché vada in palestra, ma può andarci anche senza aver necessariamente prima studiato con Piera ed aver passato un esame (opzione B errata). Condizione necessaria perché Antonina vada effettivamente in plaestra è che ci sia anche Margherita, la quale va in palestra solo se c'è il sole: è quindi possibile che Antonina superi un esame, ma non vada in palestra perché piove (risposta A errata). Nulla vieta invece

che Margherita e Antonina si allenino all'aperto anche se c'è brutto tempo (opzione E errata). Al contrario, non è possibile che Antonina vada in palestra con la pioggia, in quanto Margherita non sarà sicuramente presente.
Risposta corretta C.

6. In base alle informazioni fornite dal quesito sappiamo che:

- Carlo vuole visitare Amsterdam e Berlino
- Federico vuole andare ad Amsterdam solo se si va anche a Copenaghen
- Gianmarco non vuole andare a Copenaghen perché soffre il freddo. ATTENZIONE: l'informazione finale sui 30 gradi a Copenhagen è fuorviante, in quanto Gianmarco non specifica la temperatura al di sopra della quale non soffrirà più il freddo; sappiamo solo che non vuole andarci e tanto deve bastarci
- Luigi va a Berlino solo se c'è anche Elisa

Non sapendo se Elisa sarà presente, non possiamo affermare con certezza che gli amici andranno a Berlino (opzioni A e B errate). Sappiamo però che non visiteranno Copenaghen: anche se 30 gradi potrebbe sembrare una temperatura ragionevolmente elevata, nel testo non viene specificato che Gianmarco abbia cambiato idea (risposta C errata). Dato che non possono andare a Copenaghen, gli amici dovranno abbandonare anche l'idea di Amsterdam perché Federico sarebbe andato ad Amsterdam solo se poi avessero proseguito per Copenaghen (opzione D errata). Non essendo specificate particolari condizioni che escludano con sicurezza scelta di Vienna, questa anche se non certa per mancanza di informazioni, rientra nell'ambito delle possibilità.
Risposta corretta E.

7. Per far sì che l'affermazione contenuta nel testo si riveli falsa deve verificarsi almeno una condizione che la smentisca. Esaminando le varie alternative e procedendo per esclusione, si arriva facilmente alla soluzione: infatti, se ALMENO uno dei pesci che sopravvivono più di due giorni risulterà proveniente dal negozio di Marcello, allora l'affermazione contenuta nel testo perderà di valore.
Risposta corretta A.

8. Perché la previsione di Maga Magò risulti falsa basta che ci sia ALMENO un mago più anziano di lei che riesca a batterla in più di un duello. Nel quesito non si fa riferimento ad alcun mago più giovane (opzione B errata); inoltre, la previsione non viene smentita se un mago più anziano la sconfigge a un solo duello (opzione C errata), poiché tale evento è comunque contemplato all'interno della previsione stessa: deve invece riuscire a batterla in PIÙ di un duello. Inoltre, per smentire l'affermazione non è necessario che tutti i maghi più anziani di lei la battano in più di un duello, ne basta solo uno (opzioni A e D errate).
Risposta corretta E.

9. Perché l'affermazione di Nico sia corretta è necessario che entrambe le condizioni vengano rispettate: mentre l'opzione A non le rispetta entrambe, le risposte B, C ed E non ne soddisfano una (Marco e Francesco non possono essere stati in Egitto prima di Nico, e Giovanni non può non essere mai stato in Francia). È invece ammissibile che ci sia un compagno di Nico che sia andato in Egitto dopo di lui (non deve esserci andato prima), e che sia andato anche in Francia (prima o dopo di lui non è rilevante, l'importante è che ci sia stato almeno una volta).
Risposta corretta D.

10. Perché la proposizione si riveli vera, nel momento in cui Martina porta i pesci rossi e Irene non è in montagna, Enrico deve invece necessariamente andarci: in altre parole, che Martina porti i pesci e Irene non sia presente sono condizioni necessarie e sufficienti affinchè Enrico si rechi in montagna. Entrambe le condizioni devono essere rispettate (opzioni B e C errate) e, se lo sono, possiamo essere certi che Enrico sarà in montagna (opzioni D ed E errate). Se non viene soddisfatta una delle due condizioni, affinchè la previsione non risulti falsa, Enrico non potrà andare in montagna.
Risposta corretta A.

11. Le informazioni che si possono trarre dal testo del quesito sono:

- Marta va al cinema solo se c'è Lucia
- Lucia va solo se c'è Fabrizio
- Marta non va se c'è Giacomo

Che ci sia Lucia è condizione necessaria affinchè Marta vada al cinema (opzioe A errata), ma non viceversa: quindi Lucia può andare al cinema anche senza Marta, l'importante è che ci sia Fabrizio, mentre Giacomo non è condizione necessaria per cui Lucia o Fabrizio debbano uscire o meno (opzione B errata). Marta e Fabrizio si ritroveranno al cinema insieme (dato che Lucia è condizione necessaria affinchè Marta vada al cinema e Fabrizio lo è per Lucia), a patto che non ci sia Giacomo (opzioni D ed E errate). Non è invece possibile che Marta si ritrovi al cinema con Giacomo senza Lucia, sia perché Lucia è condizione necessaria perché Marta vada al cinema, sia perché Marta non è disposta a incontrare Giacomo.
Risposta corretta C.

12. Le due condizioni riportate dal testo sono sufficienti, quindi, per prima cosa, bisogna ricordarsi che: SE A → B e SE NON B → NON A. Analizziamo quindi ogni opzione per capire se sono compatibili o meno:

- Opzione A: anche se sembra contro-intuitivo, è possibile che Biagio mangi biscotti e Dario sia contento contemporaneamente. Si tratta infatti di condizioni SUFFICIENTI, quindi possiamo immaginarci una situazione di questo tipo: Alessia non cucina i biscotti (NON A), ma Biagio li mangia lo stesso perché non esiste nessuna relazione, nella condizione sufficiente, che ci dica NON A → NON B (che invece è della condizione necessaria); a questo punto, Chiara cucina la pizza (NON A), quindi Dario può essere arrabbiato comunque, ma può anche non esserlo. Quindi è possibile che si verifichino entrambi i dati dell'opzione;
- Opzione B: Alessia non cucina i biscotti quindi vuol dire che Chiara cucina la pizza (NON A); essendo una condizione sufficiente, se non si verifica la condizione, la conseguenza (ossia che Dario si arrabbia) può comunque verificarsi;
- Opzione C: Alessia cucina i biscotti, quindi Chiara non cucina la pizza (A), quindi Dario non può essere contento, perché si arrabbia per forza, essendosi verificata la condizione (→ B);
- Opzione D: se Biagio non mangia i biscotti (NON B), significa che per forza Alessia non li ha cucinati (NON A) e perciò Chiara deve aver cucinato la pizza (NON A); come per l'opzione A, essendo una condizione sufficiente, anche se non si verifica, la conseguenza può comunque verificarsi (quindi Dario si arrabbia);
- Opzione E: se Chiara cucina la pizza significa che Alessia non cucina i biscotti (NON A); tuttavia, come abbiamo visto anche per le opzioni precedenti, anche se la condizione non si verifica, essendo sufficiente, la conseguenza può comunque verificarsi; quindi è possibile che Biagio mangi comunque i biscotti.

Dato che il testo ci chiede quale opzione è quella certamente falsa, l'unica è la C, in quanto non rispetta la seconda condizione sufficiente del testo.
Risposta corretta C.

13. Il quesito richiede di trovare l'affermazione CERTAMENTE vera. La risposta A è errata perché si sa che se Federico non chiude la porta il cane POTREBBE scappare, così come potrebbe non farlo, nulla ci permette quindi di affermare con certezza che se il cane non è scappato allora Federico ha chiuso la porta. Anche la risposta B è errata, non sappiamo cosa sarebbe successo se Federico avesse chiuso la porta. La risposta D è errata perché
"Non si può escludere che" equivale a dire "è possibile che": non possiamo affermare con certezza che il cane sarebbe scappato, possiamo solo AMMETTERE LA POSSIBILITÀ che se Federico non avesse chiuso la porta, il cane sarebbe scappato.
Risposta corretta C.

14. Per questo esercizio può essere utile schematizzare le condizioni che devono essere rispettate affinchè i vari amici partecipino:

- Ferdinando → più di 4gg
- Marta → c'è Giulia
- Giulia → no più di una settimana
- Giovanni → c'è Giulia o Ferdinando
- Luigi → solo se c'è Giulia gli ultimi 2gg

Se SnowBusters dura 6 giorni, sia Ferdinando che Giulia saranno presenti, perciò anche Marta, Giovanni e Luigi (quest'ultimo gli ultimi due giorni) potranno venire: gli amici risuciranno quindi a trovarsi tutti insieme (opzione A errata). Se invece la vacanza dura 8 giorni, Giulia non potrà essere presente e senza di lei non verranno né Marta né Luigi: l'ultimo giorno ci saranno solo Ferdinando e Giovanni (risposta B errata). Ferdinando non partecipa se la vacanza dura meno di 4 giorni: in questo caso gli amici di Gigio presenti saranno Giulia, Marta, Giovanni e Luigi, in numero pari (opzione C errata). Anche la risposta E è da scartare: mentre le presenze di Marta e Luigi dipendono da quella di Giulia, Giovanni può essere presente anche senza che ci sia Giulia, dato che la sua condizione per partecipare è che ci siano o lei o Ferdinando. In ogni caso, Giovanni risulta sempre presente: se infatti SnowBusters dura meno di 4 giorni non c'è Ferdinando ma c'è comunque Giulia, se invece dura più di una settimana può contare sulla presenza di Ferdinando. A parte Giovanni, le presenze degli altri sono tutte subordinate a una certa durata della vacanza.
Risposta corretta D.

15. Perché sia falso che tutti i mari giapponesi sono salati deve esisterne ALMENO uno che non sia salato; non è necessario che tutti i mari debbano per forza non essere salati (opzioni D ed E errate).
Risposta corretta B.

1.4 Frasi con negazioni

1. Il medico legale ritiene errato non eliminare la certezza che il colpo non sia stato sparato da una donna. La precedente affermazione è logicamente equivalente a:

A. Il colpo, secondo il medico, è stato sparato da una donna
B. Il colpo potrebbe essere stato sparato da una donna o da un uomo
C. Il colpo è stato sicuramente sparato da un uomo
D. Il medico legale ritiene corretta l'impossibilità che il colpo sia stato sparato da una donna
E. Il medico legale non ha abbastanza elementi per capire chi ha sparato

2. Si consideri la seguente affermazione: "Non tutti gli storici italiani sostengono che la tomba di Alessandro Magno non sia in realtà quella di San Marco".
Quale delle seguenti affermazioni NON è compatibile con la precedente frase?

A. Alcuni storici italiani sostengono che la tomba di Alessandro Magno sia in realtà quella di San Marco
B. Esiste uno storico italiano che non sostiene che la tomba di Alessandro Magno sia in realtà quella di San Marco
C. Non esiste uno storico italiano che non sostenga che la tomba di Alessandro Magno sia in realtà quella di San Marco
D. Alcuni storici sostengono che la tomba di Alessandro Magno non sia in realtà quella di San Marco
E. Enzo è uno storico nato a Venezia e sostiene che la tomba di Alessandro magno non sia quella di San Marco

3. Jonathan sbaglia quando afferma che le ultime votazioni negli Stati Uniti non hanno decretato la sconfitta del candidato democratico rispetto al repubblicano.
Quale delle seguenti proposizioni NON è certamente compatibile con questo asserto?

A. Il candidato repubblicano ha vinto le elezioni
B. Jonathan afferma che il candidato repubblicano è stato sconfitto dal democratico
C. Jonathan dice il falso
D. Le elezioni non sono state vinte dal candidato democratico
E. Jonathan dice che le elezioni sono state vinte dal candidato repubblicano

4. Si consideri la seguente affermazione: "Non tutti i parlamentari non saranno favorevoli alla nuova proposta di legge".
Quale delle seguenti proposizioni è certamente compatibile con questo asserto?

A. Tutti i parlamentari saranno contrari
B. Non un parlamentare sarà favorevole
C. Alcuni parlamentari saranno favorevoli
D. Quelli che non sono favorevoli sono parlamentari
E. Tutti i parlamentari saranno favorevoli

5. "È ingiusto non riconoscere che a Nicola è stato impedito dalle necessità contingenti di rispettare l'obbligo a non giurare il falso".
Basandosi sulla precedente affermazione, individuare quale delle seguenti alternative è esatta:

A. Nicola non ha rispettato l'obbligo di giurare il vero a causa delle necessità contingenti
B. Bisogna riconoscere che Nicola non è stato costretto a giurare il falso
C. Nonostante le necessità contingenti Nicola ha rispettato il suo obbligo
D. È sbagliato non riconoscere che Nicola avesse l'obbligo di non giurare il falso
E. Nicola non è stato obbligato dalle necessità contingenti a non giurare il vero

6. "Non è vero che nessuno al mondo non è in grado di impedire il prosieguo delle attività di salvaguardia dell'ambiente".
Quale delle seguenti affermazioni è compatibile con questa frase?

A. Tutte le persone sono in grado di impedire il prosieguo di tale attività
B. Esiste almeno una persona che non può impedire il prosieguo della salvaguardia dell'ambiente.
C. La salvaguardia dell'ambiente non è impedita da nessuno
D. Non c'è nemmeno una persona che possa facilitare la salvaguardia dell'ambiente
E. Nessuna delle precedenti

7. Gli studiosi di tradizione orale ritengono che non sempre i cantastorie decidevano di non lasciare incompiute le proprie fiabe.
In base alla precedente affermazione quale delle seguenti alternative è vera?

A. Nessuna fiaba dei cantastorie non si concludeva
B. Non tutti gli studiosi ritengono che le fiabe dei cantastorie fossero sempre lasciate incompiute
C. A volte i cantastorie non concludevano volontariamente le proprie fiabe
D. Non sempre gli studiosi sono convinti che le fiabe dei cantastorie avessero una conclusione
E. Tutte le fiabe dei cantastorie erano volutamente incompiute

8. "Chiara non crede a Giulia quando afferma che non sia interessata a non presentarsi lezione".
Quale delle seguenti opzioni NON è certamente compatibile con questo asserto?

A. Chiara sostiene che Giulia stia mentendo
B. Giulia per Chiara mente riguardo il suo desiderio di presentarsi a lezione
C. Chiara pensa che Giulia voglia presentarsi a lezione
D. É possibile che Giulia non andrà a lezione
E. Giulia secondo Chiara mente quando dice che vuole presentarsi a lezione

9. "Non tutti i medici sostengono l'inefficacia delle cure palliative nell'ottica del trattamento di alcuni malati terminali".
Quale delle seguenti opzioni NON è certamente compatibile con il precedente asserto?

A. Il mio medico curante non proporrebbe mai ai suoi pazienti le cure palliative
B. La mia amica ginecologa sostiene che le cure palliative rappresentino un buon compromesso in alcune situazioni
C. I medici considerano efficaci le cure palliative
D. Deve esistere almeno un medico che consideri efficaci le cure palliative
E. Nessun medico dell'ospedale in cui è ricoverata mia nonna le ha mai proposto cure palliative

10. "È innegabile che Marcello non stesse mentendo quando negava di non aver bevuto nemmeno un gin tonic". Questa affermazione equivale a dire che:

A. Marcello stava mentendo quando affermava di non aver bevuto nemmeno un gin tonic
B. Marcello stava dicendo la verità quando affermava di non aver bevuto nemmeno un gin tonic
C. Marcello stava mentendo quando affermava di aver bevuto almeno un gin tonic
D. Marcello stava dicendo la verità quando affermava di aver bevuto almeno un gin tonic
E. Marcello non stava mentendo quando negava di aver bevuto un gin tonic

11. Si consideri il famoso detto popolare: "Non tutte le ciambelle riescono col buco". Quale delle seguenti proposizioni è la NEGAZIONE di questo asserto?

A. In tutte le ciambelle è presente almeno un buco
B. In alcune ciambelle non è presente alcun buco
C. In tutte le ciambelle non è presente alcun buco
D. Non tutti i dolci in cui non è presente un buco sono ciambelle
E. Non tutti i dolci in cui è presente un buco sono ciambelle

12. "Non è vero che Andrea non è sicuro del fatto che Carlo dica il falso riguardo al non aver visto Luigi copiare l'esame."
La precedente affermazione è logicamente equivalente a:

A. Secondo Andrea Carlo non pensa che Luigi abbia copiato
B. Andrea pensa che Carlo abbia visto Luigi copiare l'esame
C. Andrea è sicuro che Luigi abbia copiato l'esame
D. Andrea è sicuro che Luigi non abbia copiato l'esame
E. Carlo vuole incastrare Luigi

13. Evelina sbaglia quando dice che è impossibile che mangiare 8 mele al giorno non faccia ingrassare.
Quale delle seguenti proposizioni NON è CERTAMENTE compatibile con questo asserto?

A. È falso affermare che non si possono mangiare 8 mele al giorno senza ingrassare
B. Giulia, amica di Evelina, mangia 8 mele al giorno e non ingrassa
C. Andrea, cugino di Evelina, non mangia 8 mele al giorno e non ingrassa
D. È certo che sia vero che mangiare 8 mele al giorno non faccia ingrassare
E. Emilio, fratello di Evelina, mangia 8 mele e 2 biscotti al giorno e ingrassa

14. "Chiara non ritiene sia impossibile che Cesco non abbia mentito quando ha detto di non poter andare a giocare a basket".
Quale delle seguenti opzioni è compatibile con questo asserto?

A. Cesco sicuramente non è andato a giocare a basket
B. Chiara ha organizzato una cena con le sue amiche perché sa che Cesco sarà impegnato con la partita di basket
C. Chiara ha posticipato l'uscita con le amiche perché, pensando che Cesco non abbia impegni, spera che la porti a cena fuori
D. Chiara non ha escluso l'impossibilità che Cesco non abbia mentito
E. Chiara pensa che Cesco sia un bugiardo

15. "Nonostante Franco non avesse negato di non essersi messo alla guida ubriaco, la polizia lo portò in questura".
Quale delle seguenti opzioni NON è certamente compatibile con questo asserto?

A. L'alcol test di Franco è risultato positivo
B. Franco non ha mentito sulla sua sobrietà
C. Franco ha ammesso di essersi messo alla guida ubriaco
D. Non tutti i poliziotti hanno ritenuto fosse impossibile che Franco fosse ubriaco
E. Franco ha mentito alla polizia per non farsi ritirare la patente

CORREZIONE COMMENTATA

1. Suddividiamo il nostro testo in due parti: Il medico legale ritiene errato non eliminare la certezza (1), che il colpo non sia stato sparato da una donna (2). La prima frase (1) equivale a dire che bisogna eliminare la certezza. A questo punto riformuliamo la frase con: bisogna eliminare la certezza che il colpo non sia stato sparato da una donna. Questo NON equivale a dire che sia certo che il colpo sia stato sparato da una donna, ma semplicemente che il colpo potrebbe essere stato sparato sia da un uomo che da una donna, quindi non possiamo escludere con certezza che la donna sia la colpevole, come neanche che non lo sia (opzione A e C errate). Nell'opzione D c'è un ulteriore accumulo di negazioni, ma in realtà la frase equivale a dire che "il medico non ritiene che il colpo sia stato sparato da una donna", ma in realtà il medico conclude che non può essere certo né dell'innocenza né della colpevolezza della donna. Infine, l opzione E è sbagliata perché il testo non dà informazioni riguardo agli elementi su cui si basa la conclusione del medico legale e non possiamo quindi dire che questi non siano sufficienti a capire chi ha sparato.
Risposta corretta B.

2. Dalla frase proposta possiamo dedurre che ci siano alcuni storici che sostengono che la tomba di Alessandro Magno sia in realtà quella di San Marco, e altri storici che invece sostengono non lo sia. Dunque, le opzioni A, B e D sono compatibili con quanto affermato, come anche l'opzione E. Invece l'unica opzione NON deducibile è la C: "non esiste uno storico che non sostenga" equivale a dire "tutti gli storici sostengono che la tomba di Alessandro Magno sia in realtà quella di San Marco", ma questo è in contrasto con il testo.
Risposta corretta C.

3. Riscriviamo le affermazioni di Jonathan cercando di ridurle all'essenziale: "le ultime votazioni non hanno decretato la sconfitta del candidato democratico" = "ha vinto il candidato democratico". Ma il testo ci dice che Jonathan sbaglia, quindi in realtà ha vinto il candidato repubblicano. Il testo ci chiede di trovare l'opzione NON compatibile: la A e la D sono certamente errate perché il candidato repubblicano è proprio il vincitore delle scorse elezioni. Sappiamo che Jonathan mente, quindi anche l'opzione C è errata e quello che Jonathan afferma (sbagliando) è che le elezioni siano state vinte dal democratico, e qiuindi che il repubblicano sia stato sconfitto (opzione B errata).
Risposta corretta E.

4. Riscriviamo la frase del testo analizzando le negazioni: "non favorevoli" equivale a "contrari". Se non tutti saranno contrari, vuol dire che alcuni saranno favorevoli (come si afferma nell'opzione C). Le opzioni A e B sono errate perché affermano, in modi diversi, che non ci sarà un parlamentare favorevole. La E è errata perché l'unica cosa che si sa per certo è che solo che alcuni saranno favorevoli, non tutti. Infine, l'opzione D non è corretta, perché non abbiamo sufficienti dati per poter rispondere: non sappiamo infatti se se l'essere contrari sia condizione sufficiente all'essere parlamentare.
Risposta corretta C.

5. La difficoltà dell'esercizio sta nell'uso di numerose negazioni nell'arco di un'unica frase. Secondo la regola per cui due negazioni giustapposte si elidono, la prima parte della frase può essere così riscritta: "è giusto riconoscere...". Allo stesso modo "rispettare l'obbligo a non giurare il falso" corrisponde a "rispettare l'obbligo a giurare il vero". In questi termini risulta più chiaro quale sia il senso della frase e cioè che "è giusto riconoscere che le necessità contingenti hanno impedito a Nicola di rispettare l'obbligo di giurare il vero". Nicola non ha rispettato il suo obbligo (risposta C errata) di giurare il vero e quindi ha giurato il falso (risposta B errata). La risposta D è errata poiché è vero che Nicola aveva l'obbligo di non giurare il falso. Anche la risposta E è errata poiché Nicola è stato obbligato dalle necessità contigenti a non giurare il vero.
Risposta corretta A.

6. Ancora una volta, il primo e utilissimo passaggio da svolgere per semplificare la frase è quello di volgere in positivo tutte le negazioni: non è vero che nessuno = qualcuno. La frase diventa dunque "Qualcuno al mondo non è in grado di impedire il prosieguo delle attività di salvaguardia

dell'ambiente" (opzione B). La risposta A e la C sono errate perché sostengono il contrario di quanto affermato nel testo, e cioè che tutti sono in grado di salvaguardare l'ambiente. Anche la D è sbagliata perché il testo ci dice che qualcuno non può salvaguardarlo, ma non che nessuno ne sia in grado.
Risposta corretta B.

7. Gli studiosi di tradizione orale ritengono che talvolta (non sempre) i cantastorie decidessero di terminare (non lasciare incompiute) le proprie fiabe. Il fatto che a volte fossero concluse non significa che fossero tutte così (opzione A) né che nessuna lo fosse (opzione E). Dire "non tutti gli studiosi ritengono" sposta la negazione sulla proposizione iniziale, mentre invece è riferita alla sua subordinata, cioè a che cosa gli studiosi ritengano, e non quanti o con che frequenza siano convinti, risposta B errata.
Risposta corretta C.

8. Il testo afferma che Chiara non crede al fatto che Giulia non sia interessata a non presentarsi; "non sia interessata a non presentarsi" → "le interessa presentarsi", Chiara tuttavia non crede a Giulia quindi "secondo Chiara, Giulia non vuole presentarsi a lezione". Dunque, è vero che Chiara sostenga che Giulia stia mentendo (opzioni A, B ed E errate); e non possiamo escludere che Giulia non andrà a lezione, infatti secondo Chiara lei non vuole andarci (opzione D errata). L'unica risposta corretta è la C perché Chiara pensa che Giulia NON voglia presentarsi a lezione, non che ci voglia andare.
Risposta corretta C.

9. Semplifichiamo il brano: dire che "non tutti i medici sostengono l'inefficacia" significa che alcuni medici pensano che le cure palliative siano efficaci, alcuni che non lo siano.
Le opzioni A e B, che considerano entrambe le possibilità, risultano compatibili con il testo, così come l'opzione D, che rappresenta la condizione minima affinché sia vera l'affermazione del testo. Non bisogna confondersi sull'opzione E, poiché i medici dell'ospedale che considero non rappresentano tutti i medici in assoluto, quindi anche l'opzione E è compatibile con quanto affermato nel testo. L'opzione non compatibile risulta dunque essere la C: dire che "i medici considerano efficaci le cure palliative" significa conferire generalità a tale condizione, cosa non vera secondo le prime affermazioni del testo!
Risposta corretta C.

10. "È innegabile che Marcello non stesse mentendo" significa che è evidente che Marcello stesse dicendo la verità; "quando negava di non aver bevuto nemmeno un gin tonic" significa che Marcello affermava di aver bevuto almeno un gin tonic (risposte A, B ed E errate). Mettendo insieme le due parti otteniamo: "Marcello stava dicendo la verità quando affermava di aver bevuto almeno un gin tonic". La risposta C è errata perché afferma che Marcello sta mentendo quando afferma di aver bevuto almeno un gin tonic, mentre invece sta dicendo la verità.
Risposta corretta D.

11. "Non tutte le ciambelle riescono con il buco" è uguale a dire "ci sono ciambelle senza buco". La negazione di questa affermazione risulta quindi essere: "NON ci sono ciambelle senza buco" che è uguale a dire "Tutte le ciambelle hanno almeno un buco".
Risposta corretta A.

12. La frase può essere trasformata, eliminando alcune delle negazioni, in "Andrea è sicuro che Carlo dica il falso riguardo al fatto di non aver visto Luigi copiare". Quindi secondo Andrea Carlo sta mentendo quando dice di non aver visto Luigi copiare, ovvero secondo Andrea Carlo ha visto Luigi copiare. L'opzione logicamente equivalente è la B. L'opzione A è errata perché Andrea è convinto che Carlo abbia visto Luigi copiare. Le opzioni C e D sono errate perché Andrea non è sicuro né del fatto che Luigi abbia copiato né del fatto che non abbia copiato, ma solo del fatto che Carlo abbia mentito riguardo al non averlo visto copiare. L'opzione E non è supportata da nessuna parte del testo.
Risposta corretta B.

13. La frase può essere semplificata eliminando alcune negazioni. Dire che "Evelina sbaglia quando dice che è impossibile" equivale a dire "È possibile". Quindi la frase diventa "È possibile che mangiare 8 mele al giorno non faccia ingrassare". L'opzione A è compatibile con il testo, in quanto è effettivamente falso affermare che NON si possono mangiare 8 mele al giorno senza ingrassare. L'opzione B è compatibile con il testo proprio perché esso afferma che si possono mangiare 8 mele al giorno senza ingrassare. Anche l'opzione C è compatibile con il testo, in quanto sappiamo che è possibile che mangiare 8 mele al giorno non faccia ingrassare, ma non siamo sicuri che non mangiarle faccia ingrassare. L'opzione E non viene falsificata da quanto dice il testo poiché esso non parla di biscotti. L'opzione D non è compatibile con il testo, in cui viene detto che è possibile che mangiare 8 mele al giorno non faccia ingrassare, ma non sappiamo se sia certo.
Risposta corretta D.

14. Eliminando le doppie negazioni e riscrivendo la frase in modo più limpido, otteniamo: Chiara ritiene sia possibile (non ritiene sia impossibile) che Cesco abbia detto la verità (non mentire) quando ha detto di non poter andare a giocare a basket. Nonostante il margine di dubbio lasciatoci da Chiara, non del tutto certa della sincerità di Cesco, difficilmente lo considererà un bugiardo (opzione E) e si organizzerà diversamente dando per scontato che lui sia impegnato (opzione B). Allo stesso modo non abbiamo alcun elemento per stabilire se Cesco sia effettivamente andato o meno (opzione A). La risposta D non è compatibile poiché, riscritta, riferisce l'esatto contrario dell'asserto iniziale: "Chiara ha preso in considerazione la possibilità che Cesco abbia mentito/l'impossibilità che abbia detto la verità". Solo l'opzione C descrive un comportamento compatibile con quanto ritenuto verosimile da Chiara.
Risposta corretta C.

15. La frase può essere semplificata nel modo seguente: nonostante Franco avesse detto (la doppia negazione si elimina: "non negare" = "dire") di non essersi messo alla guida ubriaco, la polizia lo portò in questura. Gli unici dati di fatto che vengono presentati sono ciò che afferma Franco e ciò che esegue la polizia. Al momento della sua dichiarazione, Franco potrebbe essere stato sincero (opzione B) o aver mentito (E) e in questo caso l'alcol test sarebbe davvero risultato positivo (A): poiché non abbiamo elementi per stabilire la validità di una condizione o di un'altra, scartiamo tutte e tre le opzioni. L'opzione D sembra essere verosimile, in quanto afferma che alcuni poliziotti hanno ritenuto fosse possibile che Franco fosse ubriaco, altri che fosse impossibile. L'opzione C invece nega quanto viene detto nell'asserto, Franco infatti non ha mai ammesso di essersi messo alla guida ubriaco, anzi afferma il contrario.
Risposta corretta C.

1.5 Proporzioni verbali

1. Quale tra le coppie di termini proposte completa logicamente la seguente proporzione verbale:
eziologia : X = fonologia : Y
- A. X=professore; Y=oratore
- B. X=batteri; Y=fonemi
- C. X=popolo; Y=laringe
- D. X=cause; Y=suoni
- E. X=echeggiare; Y=auscultare

2. Quale, tra i termini proposti, completa correttamente la seguente proporzione verbale:
illusorio : immaginario = X : succinto
- A. surreale
- B. irreale
- C. reale
- D. stringato
- E. stereotipato

3. Quali, tra i termini proposti, completano correttamente la seguente proporzione verbale:
intonacare : X = Y : esegeta
- A. X=imbianchino; Y=ristrutturare
- B. X=muratore; Y=ristrutturare
- C. X=imbianchino; Y=collezionare
- D. X=idraulico; Y=trasformare
- E. X=muratore; Y=interpretare

4. Quale tra le coppie di termini proposti completa logicamente la seguente proporzione verbale:
X : contumelia = complimento : Y
- A. X=ingiuria; Y=encomio
- B. X=lusinga; Y=applauso
- C. X=apprezzamento; Y=plauso
- D. X=appellativo; Y=motteggio
- E. X=elogio; Y=diletto

5. Quali, tra i termini proposti, completano correttamente la seguente proporzione verbale:
X : muro = traforo : Y
- A. X=terra; Y=apertura
- B. X=tunnel; Y=canale
- C. X=chiodo; Y=galleria
- D. X=porta; Y=montagna
- E. X=buco; Y=pertugio

6. Quale tra le coppie di termini proposti completa logicamente la seguente proporzione verbale:
Don Abbondio : I promessi sposi = X : Y
- A. X=Torquato Tasso; Y=La Gerusalemme Liberata
- B. X=capitano Achab; Y=Herman Melville
- C. X=Mastro Don Gesualdo; Y= I Malavoglia
- D. X=Donna Prassede; Y=La Divina Commedia
- E. X=Eva; Y=Genesi

7. Quale tra le coppie di termini proposte completa logicamente la seguente proporzione verbale:
fotosintesi : X = Y : automobile
- A. X=foglia; Y=volante
- B. X=natura; Y=autostrada
- C. X=albero; Y=combustione
- D. X=biologia; Y=ecologia
- E. X=fotografia; Y=autonomia

8. Quale tra le seguenti coppie di termini completa logicamente la seguente proporzione verbale:
X : irsuto = flebile : Y
- A. X=pruriginoso; Y=molle
- B. X=villoso; Y=sommesso
- C. X=glabro; Y=debole
- D. X=duro; Y=molle
- E. X=villoso; Y=sonoro

9. Quale tra le coppie di termini proposti completa logicamente la seguente proporzione verbale:
X : vermi = Y : vomito
- A. X=antipiretico; Y=antidoto
- B. X=tenifugo; Y=antisettico
- C. X=antielmintico; Y=antiemetico
- D. X=emostatico; Y=diuretico
- E. X=lassativo; Y=espettorante

10. Quale tra le seguenti coppie di termini completa logicamente la seguente proporzione verbale:
X : Shakespeare = Emma : Y
- A. X =Amleto; Y = Goldoni
- B. X = Edipo; Y = Flaubert
- C. X = Romeo; Y = Pirandello
- D. X = Otello; Y = Flaubert
- E. X = Giulietta; Y = Goldoni

11. Quale tra le seguenti coppie di termini completa logicamente la seguente proporzione verbale:

medicina : X = letteratura : Y

A. X=Camillo Golgi; Y=Dario Fo
B. X=Umberto Veronesi; Y=Dario Fo
C. X=Camillo Golgi; Y=Giacomo Leopardi
D. X=Umberto Veronesi; Y=Giacomo Leopardi
E. X=Camillo Golgi; Y=Gabriele d'Annunzio

12. Quale tra le seguenti coppie di termini completa logicamente la seguente proporzione verbale:
volubile : X = Y : inefficiente

A. X=instabile; Y=efficace
B. X=incostante; Y=produttivo
C. X=mutevole; Y=funzionale
D. X=costante; Y=utile
E. X=variabile; Y=capace

13. Quale tra le seguenti coppie di termini complete logicamente la seguente proporzione verbale:
mazdeismo : X = Y : Maometto

A. X=religione; Y=profeta
B. X=Persia; Y=Arabia saudita
C. X=Zarathustra; Y=islam
D. X=zoroastrismo; Y=Buddha
E. X=zoroastrianesimo; Y=Buddha

14. Quale tra le seguenti coppie di termini complete logicamente la seguente proporzione verbale:
litanìa : X = mendacità : Y

A. X=filastrocca; Y=franchezza
B. X=supplica; Y=schiettezza
C. X=menarca; Y=slealtà
D. X=lamento; Y=mendicità
E. X=lagna; Y=falsità

15. Quale tra le coppie di termini proposte complete logicamente la seguente proporzione verbale:
asportazione : X = decussazione: Y

A. X=abluzione; Y=corresponsione
B. X=aberrazione; Y=decorso
C. X=amputazione; Y=aspirazione
D. X=revisione; Y=incrocio
E. X=ablazione; Y=chiasma

16. Completare correttamente la seguente proporzione:
Medico: medicare = panettiere: ?

A. Smanettare
B. Spanettare
C. Cucinare
D. Sfornare
E. Lavorare

17. Completare correttamente la seguente proporzione:
pino : panino = petto : ?

A. Senzatetto
B. Letto
C. Panetto
D. Smetto
E. Etto

18. Completare correttamente la seguente proporzione:
Sole: tramonta = serrande : ?

A. Serrano
B. Lascano
C. Mettono
D. Chiudono
E. Posano

19. Completare correttamente la seguente proporzione:
barrire: elefante = ragliare : ?

A. Asino
B. Elefante
C. Cavallo
D. Cicala
E. Rana

20. Completare correttamente la seguente proporzione verbale:
supino: prono = vetta : ?

A. Inizio
B. Cammino
C. Valle
D. Paese
E. Base

21. Completare correttamente la seguente proporzione verbale:
dispiacere: piacere = ? : ?

A. Sorella: fratello
B. Indeciso: deciso
C. Chiaro: scuro
D. Precotto: cotto
E. Antenato: nato

22. Completare correttamente la seguente proporzione verbale:
Pediatra: bambini = geriatria = ?

A. Geri
B. Animali
C. Anziani
D. Cani
E. Neonati

23. Completare corettamente la seguente proporzione verbale:
tinto: indistinto = more : ?

A. Immorale
B. Dimore
C. Amorale
D. Cuore
E. Tinta

CORREZIONE COMMENTATA

1. La proporzione verbale si basa sulla relazione tra una disciplina e l'argomento di cui si occupa: l'eziologia è lo studio delle cause di un fenomeno, la fonologia si occupa dello studio dei suoni in linguistica. Attenzione alla risposta B, la scienza che studia i batteri non è l'eziologia ma l'entomologia.
Risposta corretta D.

2. Illusorio e immaginario sono sinonimi, quindi bisogna cercare tra le opzioni date un sinonimo di succinto. "Succinto" vuol dire breve, sintetico. L'unico sinonimo presente tra le opzioni è "stringato".
Risposta corretta D.

3. La proporzione verbale si basa sulla relazione tra un'azione e la persona incaricata di svolgere tale azione. Come il compito di "intonacare" spetta ad X, il compito Y spetta ad un "esegeta". La conoscenza del termine "esegeta" è quindi fondamentale per la risoluzione dell'esercizio (l'esegeta è colui che si occupa della reinterpretazione di testi sacri o giuridici!). X può essere sostituito soltanto da "muratore" perché l'imbianchino si occupa di verniciare, non d'intonacare (risposte A, C, D errate). A questo punto è facile concludere che Y debba essere sostituita da "interpretare".
Risposta corretta E.

4. In questa proporzione verbale bisogna individuare le coppie di sinonimi. "Contumelia" significa "insulto" o "espressione offensiva" quindi il suo unico sinonimo, tra i termini proposti, è "ingiuria" (lusinga, apprezzamento ed elogio sarebbero dei contrari). "Complimento" è effettivamente sinonimo di "encomio" quindi la proporzione verbale risulta completata logicamente.
Risposta corretta A.

5. Così come una porta è un'apertura in un muro, il traforo è un'apertura nella montagna. Le altre opzioni non mantengono il rapporto tra le due parti della proporzione.
Risposta corretta D.

6. La proporzione verbale si basa sulla relazione tra personaggio e opera letteraria. Torquato Tasso è l'autore dell'opera "La Gerusalemme liberata ", non un personaggio dell'opera (risposta A errata). Il capitano Achab è un personaggio del romanzo "Moby Dick", mentre Herman Melville è l'autore dell'opera (risposta B errata). Mastro Don Gesualdo è protagonista dell'opera che porta il suo stesso nome "Mastro Don Gesualdo" non del romanzo "I Malavoglia", nonostante siano entrambe opere di Giovanni Verga, esponente del verismo (risposta C errata). Donna Prassede è un personaggio de "I Promessi Sposi", non della "Divina Commedia" di Dante (risposta D errata). Eva è protagonista del primo libro della Bibbia, la Genesi.
Risposta corretta E.

7. La proporzione verbale si basa sulla relazione tra fonte di energia dell'oggetto e l'oggetto stesso. La risposta A non può essere la soluzione della proprozione verbale perché sia la foglia che il volante non partecipano al processo energetico, essendo due componenti dell'oggetto. La risposta D è da scartare anch'essa perchè non c'entra nulla con il ragionamento alla base della proprozione verbale presentata e al o stesso tempo anche la risposta E viene eliminata poiché la fotografia non si occupa della fotosintesi in alcun modo. La risposta B potrebbe trarre in inganno, in quanto è vero che la fotosintesi si trova in natura ma non è vero che l'autostrada si trova nell'automobile e sopratutto la natura non è uno spazio fisico vero e proprio. Ogni dubbio ulteriore è fugato dall'opzione corretta: infatti la fotosintesi è un processo di produzione di energia proprio degli alberi e la combustione è il processo chimico che sta alla base del funzionamento delle automobili.
Risposta corretta C.

8. Osservando questa proposizione verbale si può ipotizzare che il tipo di relazione da cercare sia relativo a sinonimi o contrari. "Irsuto" significa "peloso" dunque un suo contrario potrebbe essere "glabro" ma "debole" è sinonimo e non contrario di "flebile". Sempre contrario di "irsuto" potrebbe essere "villoso" ma "sonoro" non si relaziona in alcun modo con flebile. "pruriginoso" e "duro" non intrattengono nessun tipo di relazione con "irsuto", rimane quindi sono la risposta B, la relazione da cercare era infatti una relazione di sinonimia in quanto "villoso" è sinonimo di "irsuto" e "sommesso" è sinonimo di "flebile".
Risposta corretta B.

9. Il rapporto che lega tra loro i termini della suddetta proporzione verbale è la soluzione terapeutica di una condizione patologica. L'antipiretico è un farmaco che abbassa la febbre e l'antidoto è il rimedio contro il veleno (risposta A errata). Tenifugo è un rimedio in grado di combattere l'infestazione da tenia, antisettico è un mezzo con la proprietà di impedire o rallentare lo sviluppo di microbi (risposta B errata). Emostatico è il rimedio per fermare le emorragie e diuretico il rimedio per favorire la diuresi (risposta D errata). Lassativo è una sostanza che stimola la motilità intestinale per favorire l'evacuazione ed espettorante è un rimedio che facilita l'espulsione del catarro bronchiale per via orale (risposta E errata). L'antielmintico è invece il rimedio contro i vermi intestinali, come l'antiemetico è il rimedio contro il vomito.
Risposta corretta C.

10. La proporzione verbale si basa sulla relazione tra autore e personaggio dell'opera. Tutti i termini da sostituire alla X sono plausibili eccetto "Edipo" che è l'unico a non essere personaggio di un'opera di Shakespeare. "Emma" invece è protagonista dell'opera di uno solo degli autori elencati tra i termini da sostituire alla Y. L'unica associazione corretta è quella tra Otello, protagonista della tragedia shakespeariana, ed Emma, protagonista del romanzo di Flaubert, Madame Bovary.
Risposta corretta D.

11. La proporzione verbale si basa sulla relazione tra Nobel e vincitore del Nobel (italiano). Camillo Golgi vinse nel 1906 il premio Nobel per la Medicina e Dario Fo vinse quello per la letteratura nel 1997. Umberto Veronesi non ha mai vinto il Nobel per la medicina (risposte B e D errate), né tantomeno D'annunzio e Leopardi hanno mai vinto il Nobel per la letteratura (anche perché i primi premi Nobel furono consegnati nel 1901, Leopardi era già passato a miglior vita da un po').
Risposta corretta A.

12. In questa proporzione verbale bisogna individuare i contrari dei termini proposti. Tutti i termini da sostituire alla Y risultano plausibili in quanto contrari di "inefficiente". Andando a controllare i termini da sostituire alla X ci accorgiamo che sono tutti sinonimi ("instabile", "incostante", "mutevole" e "variabile") tranne "costante" che è contrario di "volubile".
Risposta corretta D.

13. La proporzione verbale si basa sulla relazione tra religione e profeta della stessa. Le opzioni A e B possono forse trarre in inganno (in quanto il mazdeismo è una religione e Maometto è un profeta, così come il mazdeismo è nato in Persia e l'islam in Arabia saudita), ma completando la proporzione, i termini della seconda relazione risultano invertiti rispetto alla prima. La C e la D sono scorrette in quanto "zoroastrismo" e "zoroastrianesimo" sono sinonimi di mazdeismo, ma Buddha di certo non lo è di Maometto. L'unica associazione corretta è quella tra Zarathustra, profeta del Mazdeismo, e Maometto, profeta dell'Islam.
Risposta corretta C.

14. In questa proporzione verbale bisogna individuare le coppie di sinonimi. I termini da sotituire alla X sono tutti plausibili tranne "menarca" che è l'unico a non essere sinonimo di "litanìa" perché indica la comparsa della prima mestruazione in età puberale. Gli unici sinonimi di "mendacità" sono invece "falsità" o "slealtà"; infatti "medicità" è lo stato di chi mendica, mentre "schiettezza" e "franchezza" sono due contrari. L'unica associazione corretta è quindi quella tra "lagna" e "falsità".
Risposta corretta E.

15. In questa proporzione verbale bisogna individuare le coppie di sinonimi. Tra i termini da sostituire alla X risultano corretti sia "amputazione" che "ablazione", entrambi sinonimi di "asportazione"; tra i termini da sostituire alla Y sono plausibil sia "incrocio" che "chiasma", entrambi sinonimi di "decussazione". L'unica associazione corretta è quindi quella tra "ablazione" e "chiasma".
Risposta corretta E.

16. Ovviamente in italiano non esiste il verbo "panettierare", di conseguenza bisognava trovare il verbo, tra quelli proposti, che meglio indicasse quello che è il lavoro del panettiere.
Risposta corretta D.

17. Per risolvere il quesito bisognava comprendere che la seconda parola terminava con le stesse lettere della prima (pINO – panINO) e che in più nella seconda parola, le ultime lettere assumevano valore di diminutivo, e nella seconda uguaglianza, di conseguenza, di vezzeggiativo. Inoltre, se proprio volessimo mettere i puntini sulle i, sono tutte parole che iniziano con la lettera P.
Risposta corretta C.

18. Le serrande sono un dispositivo meccanico di chiusura avvolgibile che spazia dalle tapparelle casalinghe alle serrande utilizzate nei negozi o nei garage. Il verbo corretto che si utilizza per indicare il movimento della serranda che scende e che ostruisce quindi un passaggio è il verbo "chiudere". Le serrande si chiudono.
Risposta corretta D.

19. L'animale che raglia è l'asino.
Risposta corretta A.

20. Per risolvere il quesito bisognava capire che il rapporto relazionale tra prono e supino è di contrarietà. Di conseguenza, bisognava poi trovare il contrario più adatto di vetta. Per quanto valle potesse trarre in inganno in quanto se si pensa ad una montagna sicuramente la valle è la parte più opposta alla vetta, la risposta corretta era tuttavia base, in quanto la vetta non è per forza la cima di una montagna, si può anche parlare infatti per esempio di "essere in vetta alla piramide", il cui contrario perfetto è "base".
Risposta corretta E.

21. Per risolvere il quesito era necessario capire che dispiacere e piacere sono fra loro opposti, ma la peculiarità sta nel fatto che per creare l'opposto di piacere, basta aggiungere il prefisso "dis". Allo stesso modo, deciso e indeciso sono uno il contrario dell'altro e per creare l contrario di deciso, basta aggiungere il prefisso "in".
Risposta corretta B.

22. I geriatri sono i medici specializzati nella cura delle persone anziane.
Risposta corretta C.

23. Per risolvere il quesito era sufficiente trovare l'unica parola formata da un suffisso + more. Dimore.
Risposta corretta B.

1.6 Trova l'intruso

1. Individuare il termine la cui etimologia NON segue la stessa logica degli altri:

A. Semisfera
B. Semiasse
C. Semico
D. Semicircolare
E. Semiautomatico

2. Si individui il termine che NON appartiene allo stesso campo semantico degli altri quattro:

A. Epistassi
B. Ematemesi
C. Melena
D. Emottisi
E. Emetico

3. Individua l'aggettivo da scartare:

A. Transitorio
B. Effimero
C. Caduco
D. Labile
E. Aleatorio

4. Si individui il termine che non rientra nello stesso campo semantico degli altri quattro:

A. Apatico
B. Abulico
C. Volitivo
D. Accidioso
E. Indolente

5. Individua la parola da scartare, in quanto di significato non affine alle altre:

A. Ripulsa
B. Abnegazione
C. Diniego
D. Rigetto
E. Bocciatura

6. Si individui il termine che NON appartiene alla stessa sfera semantica degli altri quattro:

A. Procella
B. Fortunale
C. Burrasca
D. Tempesta
E. Trementina

7. Quale parola è discordante rispetto alle altre quattro?

A. Gioia
B. Avvilimento
C. Letizia
D. Giubilo
E. Esultanza

8. Individuare nella seguente serie il termine NON etimologicamente omogeneo rispetto agli altri:

A. Astrologia
B. Asteroide
C. Astrazione
D. Astrolabio
E. Astrofisica

9. Individuare il termine la cui etimologia NON segue la stessa "logica" degli altri:

A. Antipatico
B. Antilope
C. Antipodi
D. Antiorario
E. Antinomia

10. Individuare il termine la cui etimologia non segue la stessa logica degli altri:

A. Pirografia
B. Pirite
C. Piressia
D. Piriforme
E. Piroclasto

11. Si individui il termine che NON appartiene alla stessa sfera semantica degli altri quattro:

A. Offendicula
B. Proscioglimento
C. Carico pendente
D. Celoma
E. Contumace

12. Si individui il termine che NON appartiene alla stessa sfera semantica degli altri quattro:

A. Consob
B. BOT
C. Rating
D. Parallasse
E. Delocalizzazione

13. Individuare il termine che NON appartiene alla stessa sfera semantica degli altri quattro:

A. Peristilio
B. Perispomeno
C. Periodare
D. Peritarsi
E. Peritoneo

14. Individuare il termine che NON appartiene alla stessa sfera semantica degli altri quattro:

A. Sindesmosi
B. Sincondrosi
C. Diartrosi
D. Sinartrosi
E. Sincizio

15. Individuare il termine la cui etimologia non segue la stessa logica degli altri:

A. Panico
B. Panorama
C. Pancreas
D. Panacea
E. Pancratico

16. Individuare un sinonimo di depauperare:

A. Impoverire
B. Partorire
C. Ringiovanire
D. Starnazzare
E. piangere

17. Uno dei seguenti abbinamenti non è congruente con gli altri: quale?

A. Pantagruelico - luculliano
B. Despota - autoritario
C. Deceduto - perito
D. Desueto - involuto
E. Armonioso - melodioso

18. Uno dei seguenti abbinamenti non è congruente con gli altri: quale?

A. Difendere - attaccare
B. Assumere - licenziare
C. Acquistare - vendere
D. Assassinare - cercare
E. Perdere - trovare

19. Individuare il contrario di dissoluto

A. Serio
B. Risoluto
C. Malvitoso
D. Assoluto
E. Imprevedibile

CORREZIONE COMMENTATA

1. In quattro termini su cinque il prefisso "semi" sta ad indicare "metà", mentre nell'opzione C il termine semico si riferisce al sema, ovvero l'unità minima di significato in linguistica.
Risposta corretta C.

2. Tutti i termini indicano un tipo di emorragia, eccetto uno. L'epistassi è un'emorragia dal naso, l'ematemesi un'emorragia dallo stomaco che fuoriesce attraverso il vomito, l'emottisi è la fuoriuscita di sangue dalle vie respiratorie con la tosse e la melena è la fuoriuscita di sangue dall'ano con le feci. Emetico indica invece una sostanza o un farmaco capace di provocare il vomito, quindi non ha nulla a che fare con gli altri termini.
Risposta corretta E.

3. Aleatorio significa incerto, rischioso, "che non si sa se e quando accadrà"; le alternative A, B, C, D afferiscono al campo semantico del "ciò che dura poco".
Risposta corretta E.

4. Volitivo è sinonimo di determinato, ricco di forza di volontà, mentre gli altri termini condividono il significato di indifferente, inerte, svogliato.
Risposta corretta C.

5. Abnegazione significa "Rinuncia ad assecondare la propria volontà, sacrificio di sé", mentre tutte le parole rimanenti sono sinonimi di "Rifiuto".
Risposta corretta B.

6. La trementina è una resina che si estrae dalla corteccia di alcune pinacee, contenente acquaragia, composto volatile utilizzato come solvente per le vernici. Tutte le altre parole sono invece legate dal significato comune tempesta.
Risposta corretta E.

7. Avvilimento significa "scoraggiamento, sconforto", mentre tutti i termini rimanenti sono sinonimi o appartengono al medesimo campo semantico di "felicità".
Risposta corretta B.

8. Mentre le alternative A, B, D, E hanno tutte a che fare con lo studio dei corpi celesti, e hanno infatti la stessa etimologia, dal termine "astro" (dal greco ἄστρον, "stella"), astrarre deriva dal latino "ab+trahere", cioè "allontanare da".
Risposta corretta C.

9. Tutti i termini fuorché antilope posseggono il prefisso "anti-" che significa "contro" qualcosa (la seconda parte della parola). Antilope invece non è un nome composto.
Risposta corretta B.

10. Tutti i termini prendono etimologia dalla parola greca pyr-pyròs, che significa fuoco, tranne "piriforme", il cui significato, invece, è "a forma di pera".
Risposta corretta D.

11. Le opzioni A, B, C, ed E sono termini che appartengono all'ambito giuridico: "offendicula" è il complesso dei mezzi posti a difesa preventiva di un proprio diritto patrimoniale o personale; il "proscioglimento" è l'assoluzione dichiarata all'udienza preliminare; un "carico pendente" è un processo penale in corso, mentre con "contumace" ci si riferisce a chi, da libero o non, risulta irreperibile o decide di non partecipare ad un processo che lo vede imputato o convenuto. Il termine "celoma" invece appartiene al campo semantico della medicina/anatomia, indicando la cavità del corpo contenente i visceri nel loro insieme; nell'uomo è suddivisa nelle cavità pleurica, pericardica, peritoneale.
Risposta corretta D.

12. Quattro termini appartengono al campo semantico dell'economia: la Consob è l'autorità amministrativa italiana di tutela degli investitori; il BOT è un Buono Ordinario del Tesoro: un titolo senza cedola emesso dal governo per finanziare il debito pubblico; per Rating si intende il metodo utilizzato per valutare sia i titoli obbligazionari sia le imprese in base al loro rischio finanziario, mentre la delocalizzazione rappresenta l'organizzazione della produzione dislocata in regioni o stati diversi. Con parallasse si intende invece il fenomeno per cui un oggetto sembra sportarsi rispetto allo sfondo se si cambia il punto di osservazione.
Risposta corretta D.

13. Peristilio, perispomeno, periodare e peritoneo sono termini la cui etimologia è composta dal prefisso greco "perì" = intorno, nelle vicinanze. Peritarsi, che significa esitare a compiere un'azione, avere dubbi, deriva invece dal latino "piger" = pigro.
Risposta corretta D.

14. Le opzioni A, B, C e D definiscono particolari tipi di articolazioni. Il sincizio, invece, è un elemento che deriva dalla fusione di più cellule, e può pertanto essere identificato come "intruso".
Risposta corretta E.

15. Tutti i termini sono costruiti col prefisso greco "pan" che indica "tutto". L'aggettivo pancratico (dal greco pân, tutto, +krátos, potere) viene usato in ottica per definire l'obiettivo fotografico transfocatore atto a fornire ingrandimenti variabili dell'oggetto: in poche parole lo zoom. La panacea (dal greco panákeia, da pân, tutto +akêisthai, curare, guarire) indica un rimedio contro tutti i mali. L'etimologia della parola pancreas viene fatta risalire al greco, da pân, tutto+kréas, carne. La derivazione del termine panorama sarebbe invece pan + hórama, cioè vista, spettacolo. Viceversa, "panico" deriva dal latino panìcus e dal greco panikòs, un derivato del nome del dio Pan che incuteva terrore ai viandanti.
Risposta corretta A.

16. Depaupera significa rendere povero, impoverire.
Risposta corretta A.

17. Gli abbinamenti sono dei sinonimi, ad eccezione dell'opzione D. Desueto significa "caduto in disuso", mentre involuto significa "intricato".
Risposta corretta D.

18. Le coppie sono dei contrari, ad eccezione di assassinare - cercare. Assassinare significa uccidere, mentre cercare significa tentare insistentemente di trovare qualcosa.
Risposta corretta D.

19. Dissoluto significa "in preda alla libidine e al vizio.
Risposta corretta A.

1.7 Doppia relazione

1. Quali delle seguenti parole presenta un rapporto di sinonimia tanto con "memoria", quanto con "souvenir"?

A. Viaggio
B. Mente
C. Immaginazione
D. Acquisto
E. Ricordo

2. Quali delle seguenti parole presenta un rapporto di sinonimia tanto con "Efesto", quanto con "Stromboli"?

A. Divinità
B. Vulcano
C. Festività
D. Isola
E. Antichità

3. Quale delle seguenti parole presenta rapporti di sinonimia tanto con "serto" quanto con "moneta"?

A. Dollaro
B. Corona
C. Lira
D. Spicciolo
E. Ghirlanda

4. Individua tra i seguenti termini, quello che intrattiene relazioni di sinonimia tanto con "accurato" quanto con "testo".

A. Minuzioso
B. Scritto
C. Elaborato
D. Particolareggiato
E. Saggio

5. Quale delle seguenti parole è sinonimo sia di "giulivo" sia di "ilare"?

A. Dolce
B. Triste
C. Spensierato
D. Studioso
E. Vagabondo

6. Quale delle seguenti parole è il contrario di "accurato" e allo stesso tempo sinonimo di "malconcio"?

A. Preciso
B. Sciatto
C. Vago
D. Distaccato
E. Arruffato

7. Quale delle seguenti parole può essere utilizzata come contrario sia di "confondere" che di "ricusare"?

A. Identificare
B. Riconoscere
C. Chiarire
D. Accettare
E. Nessuno dei precedenti

8. Individua, tra i seguenti termini, quello che intrattiene una relazione di semantica tanto con "circolo" quanto con "figura":

A. Forma
B. Sangue
C. Poligono
D. Geometria
E. Giro

9. Quale delle seguenti parole afferisce sia al campo semantico della navigazione sia a quello della natura?

A. Randa
B. Rocchetto
C. Boma
D. Boa
E. Bacca

10. Quale dei seguenti termini intrattiene una doppia relazione semantica con "stupido" e con "insipido"?

A. Sciocco
B. Ottuso
C. Melenso
D. Scialbo
E. Insulso

11. Quale dei seguenti termini intrattiene una relazione sia con il campo semantico "luoghi" che con il campo semantico "social"?

A. Location
B. Logistica
C. Posto
D. Località
E. Ubicazione

12. Quale delle seguenti parole si associa sia al campo semantico musicale sia a quello economico?

A. Consob
B. Theremin
C. Lira
D. Big data
E. Idrolofono

13. Individua, tra i termini seguenti, quello che intrattiene relazioni di tanto con «penna» quanto con «solido»:

A. Granito
B. Duro
C. Volare
D. Sfera
E. Allodola

14. Quale di queste parole è sinonimo sia di "battibecco" sia di "antitesi"?

A. Schermaglia
B. Contrasto
C. Litigio
D. Discussione
E. Ostacolo

15. Individua, tra i seguenti termini, quello che appartiene al campo semantico sia di "rumore" che di "pesce":

A. Ombrina
B. Rombo
C. Sciarrano
D. Brusio
E. Trillo

CORREZIONE COMMENTATA

1. Si può avere memoria di un viaggio, tenere a mente qualcosa usando la memoria, ma queste parole non hanno tra loro lo stesso significato (risposte A e B errate). Un souvenir è un acquisto, ma la memoria non lo è (risposta D errata). L'opzione C è da escludere in quanto la parola "immaginazione" non è sinonimo né di una parola né dell'altra (risposta C errata). Avere "in memoria" qualcosa o qualcuno vuol dire averne un ricordo, così come di ritorno da un viaggio si porta con sé un ricordo, ovvero un "souvenir" del posto visitato.
Risposta corretta E.

2. Stromboli è un'isola siciliana dell'arcipelago delle Eolie famosa per ospitare un vulcano; essa quindi ha sicuramente una correlazione con le opzioni B e D, che ci porta ad escludere le risposte A, C ed E. Efesto era invece il fabbro dell'Olimpo e Dio greco della metallurgia e del fuoco; il suo nome, traslato nel pantheon latino, era proprio Vulcano.
Risposta corretta B.

3. Tra le cinque opzioni è possibile scartare sicuramente il termine "ghirlanda" che, al contrario degli altri, non contrae nessuna relazione di sinonimia con "moneta". Tra le opzioni rimanenti l'unica che intrattiene relazioni di sinonimia con entrambi i termini è "corona". La corona infatti è una moneta inglese dal valore di cinque scellini, mentre il termine "serto" è sinonimo di ghirlanda o corona (es. serto nuziale).
Risposta corretta B.

4. Per trovare la soluzione al quesito conviene procedere per esclusione. Tutte le parole proposte presentano rapporti di sinonimia con uno solo dei due termini ad eccezione di "elaborato".
Un testo scritto infatti può essere definito un "elaborato" e allo stesso modo può definirsi tale qualcosa che è stato fatto con grande cura e attenzione.
Risposta corretta C.

5. Sia "giulivo" sia "ilare" sono termini sinonimi di "allegro", quindi la parola che più si avvicina a questo significato è "spensierato".
Risposta corretta C.

6. Il contrario di "accurato" è "impreciso". "Sciatto" è un termine che indica una persona poco diligente, quindi poco accurata, riferendosi spesso anche alla lascivia e trasandatezza nel vestire (quindi un sinonimo di malconcio).
Risposta corretta B.

7. "Ricusare" è un sinonimo di "rifiutare". Mentre la A e la C sono contrari solo di "confondere" e la D è un contrario solo di "ricusare", "riconoscere" significa sia "ammettere, accettare" che "identificare", contrari di entrambe le parole nel testo.
Risposta corretta B.

8. La parola che è sia in relazione con circolo che con figura è poligono: il poligono di Willis è infatti un circolo arterioso che si trova a livello del cranio, mentre il poligono in geometria è definito come una figura piana delimitata da un numero variabile di lati e vertici.
Risposta corretta C.

9. Il boa è un tipo di serpente, mentre la boa è un galleggiante ancorato al fondo. Il rocchetto è un cilindretto cavo con bordi sporgenti attorno al quale è avvolto un filato. Il boma, in linguaggio nautico, è una parte dell'attrezzatura velica.
Risposta corretta D.

10. "Ottuso" e "melenso" sono parte della medesima sfera semantica di "stupido", mentre "scialbo" e "insulso" sono sinonimi di "insipido". Solamente "sciocco" intrattiene una relazione di sintonia semantica tanto con "stupido" quanto con "insipido", infatti può anche essere utilizzato col significato di "scarso di sale".
Risposta corretta A.

11. L'unica tra le opzioni che intrattiene una relazione sia con il campo semantico "luoghi" che con il campo semantico "social" è l'opzione C, posto. Infatti "posto" è sia un sinonimo di luogo, che la prima persona del verbo "postare", ormai sulla bocca di tutti, per indicare la pubblicazione di un contenuto su una piattaforma online.
Risposta corretta C.

12. La "consob" è un'autorità amministrativa indipendente italiana, la cui attività è rivolta alla tutela degli investitori. Risposta A errata. "Theremin" è il nome di uno strumento musicale. Risposta B errata. L'idrolofono è uno strumento musicale che funziona ad acqua. Risposta E errata. La lira può essere intesa sia come moneta sia come strumento musicale.
Risposta corretta C.

13. Per risolvere il quesito si procede per esclusione. 4 parole infatti hanno un rapporto con uno solo dei due significati proposti dal testo: "volare" e "allodola" hanno a che fare solo con "penna", mentre "granito" e "duro" hanno a che fare solo con "solido". L'unico termine che soddisfa la richiesta è "sfera" perché ci può essere la penna a sfera, e la sfera è un solido geometrico.
Risposta corretta D.

14. Per battibecco si intende una discussione, un litigio; per antitesi si intende qualcosa in contrasto con qualcosa, in opposizione.
Risposta corretta B.

15. Il campo semantico è un insieme di termini che hanno un significato simile e sono strettamente legati tra loro. Trillo, brusio e rombo sono 3 tipi di rumori e ombrina, rombo e sciarrano sono 3 tipi di pesci. Quindi rombo è l'unico termine che può voler indicare sia un rumore che un pesce.
Risposta corretta B.

1.8 Completamento testi

1. Quali parole vanno sostituite ai numeri per dare un senso compiuto e logico alla seguente frase?
"Come cambieranno gli Stati Uniti di Donald Trump? Donald Trump è _(1)_ sotto i riflettori: ricco imprenditore dell'edilizia, stella dei reality show e, nell'ultimo anno e mezzo, agitatore politico_(2)_ e addirittura astuto uomo politico. Lo conosciamo bene ed è difficile pensare che cambierà nel futuro prossimo. Ma cosa vuole fare davvero il nuovo presidente degli Stati Uniti? La campagna elettorale del 2016 si è basata molto sulla sua _(3)_ e anche i momenti che avrebbero dovuto chiarire le posizioni politiche - i dibattiti, per esempio- sono stati poveri di sostanza."

A. (1) di rado; (2) sincero; (3) possibilità
B. (1) di recente; (2) indipendente; (3) coerenza
C. (1) saltuariamente; (2) critico; (3) aggressività
D. (1) da decenni; (2) efficace; (3) personalità
E. (1) da sempre; (2) grottesco; (3) intenzione

2. Quali parole vanno sostituite ai numeri per dare un senso compiuto e logico alla seguente frase?
"La diagnosi di tumore al fegato, almeno per quanto riguarda l'epatocarcinoma cellulare e il colangiocarcinoma, si potrà fare con un semplice esame delle urine. Nella maggior parte dei casi, il tumore al fegato non causa nessun _(1)_ evidente fino a quando non ha raggiunto uno stadio _(2)_. Essendo quindi asintomatico nello stadio iniziale, è molto importante sottoporre a degli screening _(3)_ le persone che hanno un rischio maggiore (individui che abusano di alcol e persone malate di cirrosi). Per aumentare l'adesione ai controlli è molto importante trovare dei metodi_(4)_ poco invasivi, come ad esempio l'esame delle urine. I risultati di due nuovi test per individuare il tumore al fegato sono stati presentati in occasione della International Liver. Conference (Amsterdam - Aprile 2013)."

A. (1) sintomo; (2) avanzato; (3) periodici; (4) diagnostici
B. (1) problema; (2) avanzato; (3) mensili; (4) prognostici
C. (1) segno; (2) tardivo; (3) periodici; (4) prognostici
D. (1) colorito; (2) avanzato; (3) leggeri; (4) diagnostici
E. (1) comportamento; (2) tardivo; (3) randomizzati; (4) prognostici

3. Quali parole vanno sostituite ai numeri per dare un senso compiuto e logico alla seguente frase?
"Nell'epoca che possiamo chiamare pre-scientifica, gli uomini non avevano difficoltà nel trovare una spiegazione ai loro sogni. Quando al risveglio ricordavano un sogno, lo consideravano una manifestazione favorevole od ostile di _(1)_ superiori, demoniache o divine. Allorché cominciarono a diffondersi _(2)_ naturalistiche, tutta questa ingegnosa _(3)_ si cambiò in _(4)_, ed oggi solo un'esigua minoranza delle persone istruite dubita che i sogni siano un prodotto della mente del sognatore. [...] Nella _(5)_ del significato dei sogni si possono distinguere tre correnti di pensiero [...]."

A. (1) forze; (2) dottrine; (3) mitologia; (4) potenza; (5) psicologia
B. (1) mitologie; (2) psicologie; (3) dottrina; (4) potenza; (5) valutazione
C. (1) energie; (2) potenze; (3) mitologia; (4) valutazione; (5) psicologia
D. (1) valutazioni; (2) storie; (3) dottrina; (4) potenza; (5) psicologia
E. (1) potenze; (2) dottrine; (3) mitologia; (4) psicologia; (5) valutazione

4. Quali parole vanno sostituite ai numeri per dare un senso compiuto e logico alla seguente frase?
"Il vapore o il gas non _(1)_ mai nulla finché sono imprigionati. Nessun fiume al mondo viene mai trasformato in _(2)_ finché non è incanalato. Nessuna vita cresce mai finché non è focalizzata, impegnata, disciplinata."

A. (1) azionano; (2) energia
B. (1) liberano; (2) torrente
C. (1) generano; (2) acquedotto
D. (1) riscaldano; (2) impianto idroenergetico
E. (1) comprimono; (2) corrente

5. Quali parole vanno sostituite ai numeri per dare un senso compiuto e logico alla seguente frase?
"Il mondo è __(1)__, gli uomini non imparano nulla e ricascano ad ogni __(2)__ negli stessi errori ed orrori, gli avvenimenti non si ripetono, ma si somigliano: __(3)__ le novità, le sorprese, le rivelazioni." (Umberto Eco)

A. (1) monotono; (2) generazione; (3) finiscono
B. (1) uguale; (2) occasione; (3) usano
C. (1) unico; (2) certezza; (3) seguono
D. (1) continuo; (2) momento; (3) creano
E. (1) amabile; (2) principio; (3) scelgono

6. Quali parole vanno sostituite ai numeri per dare un senso compiuto e logico alla seguente frase?
"Credere il fato __(1)__ di tutto, come fanno alcuni, è vana opinione, perché le cose accadono o per necessità, o per arbitrio della fortuna, o per arbitrio nostro.
Per il saggio la fortuna non è una divinità come per la massa – la divinità non fa nulla a caso
– e neppure qualcosa priva di __(2)__ . Non crede che essa dia agli uomini alcun bene o male determinante per la vita felice, ma sa che può __(3)__ l'avvio a grandi beni o mali."

A. (1) garante; (2) senso; (3) negare
B. (1) creatore; (2) volontà; (3) ostacolare
C. (1) padrone; (2) consistenza; (3) offrire
D. (1) principio; (2) significato (3) sostanziare
E. (1) espressione; (2) autocoscienza; (3) preparare

7. Quali parole vanno sostituite ai numeri per dare un senso compiuto e logico alla seguente frase?
"La luce solare __(1)__ da Giove illumina il lato occidentale di Io. Il lato orientale è in ombra tranne che per il __(2)__ di un pennacchio del vulcano Prometheus; il cielo giallastro è prodotto dalla __(3)__ della luce sugli atomi di sodio che lo circondano."

A. (1) riflessa; (2) calore; (3) mancanza
B. (1) prodotta; (2) bagliore; (3) esplosione
C. (1) riflessa; (2) bagliore; (3) diffusione
D. (1) prodotta; (2) volume; (3) dispersione
E. (1) elaborata; (2) nero; (3) diffusione

8. Quali parole vanno sostituite ai numeri per dare un senso compiuto e logico alla seguente frase?
"Il solo aspetto della propria condotta di cui ciascuno deve rendere conto alla società è quello riguardante gli altri: per ciò che riguarda soltanto lui, la sua indipendenza è, di diritto, __(1)__. La vera libertà è quella di perseguire il nostro bene a nostro modo, purché non cerchiamo di privare gli altri del loro o di __(2)__ nella loro ricerca. Ciascuno è l'unico autentico guardiano della propria salute, sia fisica sia spirituale. Gli uomini traggono maggior __(3)__ dal permettere a ciascuno di vivere come gli sembra meglio che dal costringerlo a vivere come sembra meglio agli altri."

A. (1) totale; (2) punirli; (3) perdita
B. (1) totale; (2) fermarli; (3) convinzione
C. (1) garantita; (2) aiutarli; (3) beneficio
D. (1) assoluta; (2) ostacolarli; (3) vantaggio
E. (1) problematica; (2) incentivarli; (3) funzionalità

9. Quali parole vanno sostituite ai numeri per dare un senso compiuto e logico alla seguente frase?
"Il saggio stesso __(1)__ spesso ipotesi su ciò che non conosce, non di rado è in preda alla __(2)__, cede alle preghiere e si calma, corregge talora - se così è meglio - le sue affermazioni e talora cambia __(3)__; tutte le virtù sono temperate dal giusto mezzo." (Cicerone)

A. (1) formula; (2) lussuria; (3) schieramento
B. (1) stabilisce; (2) fantasia; (3) opinione
C. (1) stabilisce; (2) paura; (3) mentalità
D. (1) stabilisce; (2) pazzia; (3) decisione
E. (1) formula; (2) paura; (3) parere

10. Quali parole vanno sostituite ai numeri per dare un senso compiuto e logico alla seguente frase?
"Un impianto nel cervello ha permesso a due scimmie paralizzate di riacquistare la capacità di muoversi. I macachi non potevano muovere una zampa posteriore a causa di una lesione del midollo __(1)__ a livello toracico. I ricercatori hanno restituito agli __(2)__ una mobilità parziale grazie a un microimpianto nel cervello. La ricerca potrebbe aiutare le persone che hanno subito un trauma e sono rimaste __(3)__."

A. (1) osseo; (2) animali; (3) illese
B. (1) spinale; (2) umani; (3) spaventate
C. (1) osseo; (2) esperimenti; (3) folgorate
D. (1) spinale; (2) animali; (3) paralizzate
E. (1) allungato; (2) scienziati; (3) decedute

11. Quali parole vanno sostituite ai numeri per dare un senso compiuto e logico alla seguente frase?
"Il termine _(1)_, mutuato dal campo politico ed economico, ha assunto nella storia della scienza il significato di un processo nel quale un paradigma teorico più non regge all'assalto delle _(2)_ sperimentali ed è quindi sostituito da un paradigma teorico nuovo _(3)_ con i risultati di queste ultime e pertanto esplicativo di fatti altrimenti inesplicabili. Il paradigma innovatore resta valido fino a falsificazione contraria."

A. (1) eversione; (2) argomentazioni; (3) assemblato
B. (1) rivoluzione; (2) confutazioni; (3) compatibile
C. (1) dialettica; (2) contraddizioni; (3) incongruente
D. (1) rinnovamento; (2) prove; (3) atteso
E. (1) riforma; (2) tecniche; (3) in accordo

12. Quali parole vanno sostituite ai numeri per dare un senso compiuto e logico alla seguente frase?
"Se gli animali prendono decisioni in base alla _(1)_ riguardo a cose che non possono percepire in quel momento, significa che se le rappresentano mentalmente. Dunque hanno un insight in merito: questo si basa sul rappresentarsi il mondo nella mente, il che significa che più è potente il codice che abbiamo per rappresentarcelo, più sarà elaborato e complesso il nostro insight. Il _(2)_, lo sappiamo dagli studi sugli umani, permette di ricordare informazioni più stabili ed elaborate per lunghi periodi. Quando assistiamo a un evento drammatico, ad esempio, non conserviamo a lungo il ricordo _(3)_ dell'evento, ma la conoscenza proposizionale, descrizioni verbali incluse, di quello che è successo."

A. (1) progettazione; (2) ricordo; (3) immaginario
B. (1) fame; (2) linguaggio; (3) preciso
C. (1) pianificazione; (2) linguaggio; (3) percettivo
D. (1) impulsività; (2) pensiero; (3) sensitive
E. (1) pianificazione; (2) pensiero; (3) mnemonico

13. Quali parole vanno sostituite ai numeri per dare un senso compiuto e logico alla seguente frase?
"Signori, invece di promettere di _(1)_ la vostra curiosità sull'anatomia del cervello, sono qui intenzionato a fare la sincera, pubblica _(2)_ che è un argomento del quale non _(3)_ niente di niente".

A. (1) soddisfare; (2) confessione; (3) so
B. (1) alimentare; (2) lezione; (3) conosco
C. (1) distruggere; (2) lezione; (3) studio
D. (1) soddisfare; (2) pratica; (3) applico
E. (1) manifestare; (2) contestazione; (3) mi interessa

14. Quali parole vanno sostituite ai numeri per dare un senso compiuto e logico alla seguente frase?
"Secondo diversi storici l'estensione spropositata dell'Impero lo rese ingovernabile dal centro e la conseguente divisione in una pars occidentalis e una pars orientalis non fece altro che _(1)_ la rovina _(2)_ i barbari invasori. Lo storico inglese illuminista Gibbon sostenne che a causare il definitivo crollo dell'Impero furono i figli e i nipoti di Teodosio: con la loro _(3)_, essi_(4)_ il governo agli eunuchi, la Chiesa ai vescovi e l'Impero ai barbari."

A. (1) posticiparne; (2) intralciando; (3) saggezza; (4) tramandarono
B. (1) causarne; (2) avvantaggiando; (3) cupidigia; (4) sottrassero
C. (1) velocizzarne; (2) ostacolando; (3) ambizione; (4) usurparono
D. (1) scongiurarne; (2) accogliendo; (3) ottusità; (4) affidarono
E. (1) accelerarne; (2) favorendo; (3) debolezza; (4) abbandonarono

15. Quali parole vanno sostituite ai numeri per dare un senso logico e compiuto alla alla seguente frase?
"La rievocazione di un ricordo avviene quando l'attività neurale si propaga dopo essere stata avviata da uno stimolo frammentario. Per impedirne la _(1)_ indiscriminata, il cervello potrebbe assegnare a ciascun neurone una soglia di attivazione elevata, ma il meccanismo di

protezione così basato _(2)_ l'attivazione di almeno due neuroni in un'associazione cellulare per arrivare all'intero ricordo. Il sistema di _(3)_ del cervello è come in equilibrio sulla lama di un rasoio: se l'attività è eccessiva, la rievocazione è confusa; se l'attività è insufficiente, non si generano rievocazioni."

A. (1) distribuzione; (2) impedisce; (3) rievocazione
B. (1) proliferazione; (2) prevede; (3) espansione
C. (1) crescita; (2) inibisce; (3) evocazione
D. (1) diffusione; (2) richiede; (3) memoria
E. (1) dispersione; (2) esige; (3) funzionalità

CORREZIONE COMMENTATA

1. Ragionando sul termine (1) è possibile escludere le prime tre opzioni perché, anche ammesso di non conoscere il personaggio citato dal testo, è possibile intuire, dall'elenco di ruoli che gli vengono assegnati, che si tratta di una figura nota, non emergente e presumibilmente da tempo sotto i riflettori. Il termine da sostituire in (2) potrebbe non risultare immediato, ma è poi evidente dal senso globale del testo che il termine mancante in (3) può essere solo "personalità" (se la sua campagna elettorale si fosse basata sulla sua "intenzione", non sarebbe mancata di sostanza). **Risposta corretta D.**

2. Grazie al termine (1) è possibile escludere le opzioni D ed E: nel contesto del brano non avrebbe senso che un tumore causasse un "colorito" o un "comportamento". Rispetto ai termini (2) e (3) potremmo non essere immediatamente sicuri su cosa scartare (anche se uno stadio in medicina è definito più propriamente come "avanzato" che come "tardivo"), ma con il termine (4) si giunge facilmente alla soluzione: i metodi di cui parla il brano sono certamente "diagnostici" (ben specificato nella prima frase) e non "prognostici".
Risposta corretta A.
NB. Prognosi = previsione sull'ulteriore decorso e sull'esito di un determinato quadro morboso; diagnosi = giudizio clinico consistente nel riconoscere una condizione morbosa in base all'esame clinico del malato e alle ricerche di laboratorio e strumentali.

3. Grazie al termine (1) è possibile escludere le opzioni B e D: demoniache o divine possono essere "forze", "potenze" o "energie", di certo non valutazioni o mitologie. Con il termine (2) si può scartare l'opzione C in quanto nel contesto del brano ha senso che si diffondano "dottrine" naturalistiche, non "potenze". Infine, con gli ultimi due termini risulta chiaro che l'opzione corretta è la E: la mitologia può cambiare in "psicologia" (e non "potenza", che era invece il punto di partenza degli uomini di epoca pre-scientifica) e il significato di un sogno tipicamente si valuta.
Risposta corretta E.

4. Rispetto al termine (1) potrebbero essere valide tutte quante le opzioni ad eccezione della E (il termine "comprimono" non dà senso all'enunciato). Rispetto al termine mancante in (2) invece soltanto "energia" attribuisce un senso logico al brano: vengono infatti citati due diversi esempi di fonti da cui è possibile ricavare energia in senso generico, ma solo se trattate nel modo opportuno. Ha più senso inoltre confrontare una vita che cresce con un fiume che diventa energia, invece che considerarla un fiume che diventa acquedotto, impianto idro-elettrico o torrente.
Risposta corretta A.

5. Rispetto al termine mancante in (1) potremmo non essere immediatamente sicuri su cosa scartare, ma proseguendo nella lettura del testo si arriva facilmente ad escludere le opzioni C ed E: il testo afferma che gli uomini "ricascano negli stessi errori ed orrori" indicando quindi un senso di continuità e di negatività che ci fa escludere che il mondo sia "unico" o "amabile". L'opzione D si può scartare grazie al termine (2), poiché non è corretto dire "ricascano A ogni momento" (sarebbe più corretto dire "IN ogni momento"). Infine, si può escludere l'opzione B considerando il senso logico del brano: se il mondo è monotono e sempre uguale, gli uomini ripetono sempre gli stessi errori e gli avvenimenti si somigliano tra loro, allora vuol dire che le novità e le sorprese finiscono (e non "si usano").
Risposta corretta A.

6. Per rispondere correttamente è necessario avere ben chiaro il significato del brano, non così immediato. Grazie al termine (1) non è possibile scartare con sicurezza nessuna opzione, anche se da un punto di vista di significato il fato è più propriamente "padrone" o al massimo "garante" del tutto. Il senso della seconda frase è che la fortuna non debba essere considerata nè una divinità, ma nemmeno qualcosa privo di funzione: si possono escludere le opzioni B ed E, essendo la volontà e l'autocoscienza qualcosa proprio della divinità e non del caso. Infine, grazie al termine (3) è possibile scartare le opzioni A e D: la fortuna (che in italiano ha un'accezione positiva) ha

più senso che "offra" l'avvio a grandi beni o mali, piuttosto che "negarlo" ("sostanziare" l'avvio dell'opzione D non ha invece senso in italiano).
Risposta corretta C.

7. Questo quesito può essere risolto velocemente, ricordandosi che Giove, in quanto pianeta, non produce luce, ma può solo rifletterla: si escludono le opzioni B, D ed E. Il termine (2) deve risultare in contrapposizione ad ombra: l'unico compatibile è quindi "bagliore", piuttosto che "calore". Per quanto riguarda il termine (3) un cielo "giallastro" può essere prodotto dalla diffusione della luce, di certo non dalla sua mancanza.
Risposta corretta C.

8. Considerando il termine (1) si può scartare l'opzione E ("problematica"), dal momento che non ha alcuna attinenza con quanto espresso prima (cioè che la condotta relativamente alla sfera individuale non dovrebbe avere limitazioni). Ulteriore prova che l'opzione E è errata, così come l'opzione C, si ha grazie al termine (2): il senso infatti è che non bisognerebbe impedire agli altri di ricercare personalmente il bene a modo loro. Con il termine (3) si conclude che l'unica risposta possibile è la D: "perdita" e "convinzione" non concordano infatti con il resto del brano
Risposta corretta D.

9. Ragionando sul termine (1) si possono escludere subito le opzioni B, C e D, in quanto un'ipotesi si "formula" e non si "stabilisce" (al massimo una teoria si può stabilire, ma il termine ipotesi deve legarsi a un concetto di incertezza, instabilità, non certezza assoluta). Rispetto al termine mancante in (2) non possiamo essere sicuri su cosa scartare perché il saggio può cedere sia alla paura che alla lussuria (anche se visto il contesto ha più senso pensare che un saggio cambi opinione perché in preda alla paura piuttosto che alla lussuria), ma il termine (3) permette di stabilire l'opzione corretta: si cambia un "parere" (l'ipotesi precedentemente formulata); in questo contesto non ha senso cambiare "schieramento" (termine maggiormente legato alla sfera politica).
Risposta corretta E.

10. Il termine (1) permette di escludere le opzioni A, C ed E: infatti, il midollo osseo è un tessuto molle che occupa i canali delle ossa lunghe e la fascia centrale delle ossa piatte e ha un ruolo centrale nell'emopoiesi, ma è una lesione del midollo spinale che porta a paralisi. Inoltre, il midollo allungato, o bulbo, non si trova a livello toracico. Grazie ai termini (2) e (3) è possibile scartare anche l'opzione B: i ricercatori hanno sperimentato il nuovo metodo sugli animali e non sugli umani e, proprio per questo, si spera che la ricerca possa aiutare in futuro anche umani paralizzati (il fatto che siano spaventati non c'entra e permette di escludere definitivamente l'opzione B).
Risposta corretta D.
Anche senza sapere la differenza tra midollo osseo, spinale o allungato, grazie al secondo e al terzo termine si poteva facilmente giungere a soluzione!

11. In questo caso il termine (1) non aiuta ad orientarsi, quindi è consigliabile partire dal secondo e terzo termine, tenendo conto che il primo termine deve avere a che fare con l'ambito politico ed economico. Dal momento che si fa riferimento a un paradigma che viene smentito e sostituito con un altro attraverso la sua falsificazione si può escludere l'opzione E perchè il termine (2) "tecniche" mal si accorda col senso del brano. Il termine (3) deve invece esprimere linearità con quanto risultato dalla sperimentazione, affinché un paradigma nuovo possa sostituire il paradigma vecchio: permette di orientarsi quindi all'opzione B ("compatibile"). A questo punto il termine (1) "rivoluzione" conferma la risposta esatta: è infatti il vocabolo preso in prestito dal linguaggio politico-economico.
Risposta corretta B.

12. Ragionando sul termine (1) risultano accettabili sia il termine "pianificazione" che "progettazione" e si possono scartare quindi le opzioni B, D ed A. Grazie al termine (2) è possibile avere una ulteriore conferma della non correttezza dell'opzione A: non avrebbe senso dire che

un "ricordo" permette di "ricordare" informazioni più stabili, al massimo questa funzione potrà essere svolta dal sistema del linguaggio o del pensiero. Infine, con il termine (3) si può scartare l'opzione E, in quanto un ricordo non può avere come aggettivo il termine "mnemonico", essendo esso stesso un'espressione della funzione memoria, può invece essere "percettivo", cioè legato alla sfera delle percezioni sensoriali elaborate dal sistema nervoso.
Risposta corretta C.

13. Ragionando sul termine (1) è possibile escludere le opzioni C ed E, che stonano con il complemento oggetto "curiosità. Per quanto riguarda il termine (2), si può scartare l'opzione D: dire che dell'argomento non si sa niente di niente è di certo una sincera e pubblica "confessione", non una "pratica" o una "lezione".
Risposta corretta A.

14. Il brano analizza due fattori fondamentali che portarono al crollo dell'Impero Romano: l'estensione del territorio e il malgoverno. Il primo periodo fa intendere che l'impossibilità di un governo centrale esteso ad un territorio così vasto, sommato alla successiva divisione dell'Impero, possa solo aver velocizzato il processo di deterioramento di un assetto politico non più funzionante: si possono escludere le opzioni A ("posticiparne") e D ("scongiurarne"). Poiché la seconda conseguenza della divisione e dell'indebolimento dell'Impero è certamente la formazione di una condizione favorevole per i nemici dei Romani, scartiamo facilmente l'opzione C ("ostacolando"). Il secondo periodo si sofferma sulla causa che portò al crollo definitivo dell'Impero e solo successivamente all'affermazione dei barbari: certamente i figli e i nipoti di Teodosio non "sottrassero" l'Impero ai barbari, ma viceversa lo "abbandonarono", per incapacità e debolezza, a quest'ultimi.
Risposta corretta E.

15. L'atto della rievocazione del ricordo, una volta che è stato avviato, tende ad amplificarsi in varie direzioni e se tale attività è eccessiva, la rievocazione risulta essere confusa. Perciò l'attività neurale in via di propagazione non deve essere indiscriminata: il termine (1) deve rendere conto di questo processo in espansione. Tutte le opzioni potrebbero essere compatibili ad eccezione della C ("crescita"). Si deduce poi che il meccanismo di "filtro" basato su una soglia di attivazione più elevata per fare ordine tra gli impulsi neuronali debba necessitare di un'attivazione più complessa, che preveda l'interazione di due neuroni, non certo impedirla. È così possibile escludere definitivamente l'opzione C, ma anche la A. Grazie al termine (3) si possono escludere infine le opzioni B ed E: il sistema del cervello a cui si fa riferimento e che permette la rievocazione dei ricordi, infatti, non è né di "espansione" né di "funzionalità", ma è relativo alla "memoria".
Risposta corretta D.

1.9 Grammatica

1. Individuare il soggetto della frase "Irene, in quel periodo a me non era concesso innamorarmi di qualcuno":

A. Irene
B. A me
C. Qualcuno
D. Innamorarmi
E. Periodo

2. Indica la sequenza di parole scritte correttamente

A. Stai quà
B. Un pò
C. Un'altro
D. D'appertutto
E. Qual è

3. In quale delle seguenti frasi è possibile riscontrare un complemento di causa efficiente?

A. Marco è molto bravo in matematica
B. Romolo e remo sono stati cresciuti da una lupa
C. Sono recentemente andato ad acquistare una statua di bronzo
D. Il diamante è un elemento decisamente più duro del vetro
E. Non preoccuparti: il topolino è stato catturato dalla trappola

4. Indicare la sequenza di verbi al participio passato

A. Amalgamato, cucina, leggere
B. Amalgamiamo, cucinate, lette
C. Amalgamando, cucinate, lesse
D. Amalgamato, cucinato, letto
E. Amalgamato, cossi, lessi

5. Ricordando le regole di grammatica italiana, indicare l'esempio che non contiene errori:

A. Se solo avessi potuto, li avrei detto la verità
B. Se solo avessi potuto, gli direi la verità
C. Se solo avessi potuto, gli avrei detto la verita
D. Se solo potessi, gli direi la verità
E. Se solo potessi, li direi la verita

6. Quale delle seguenti opzioni esprime correttamente il significato del verbo "soccombere"?

A. Rendere pienamente contento qualcuno soddisfandone le aspettative
B. Aprire lentamente o soltanto in parte
C. Muovere in direzioni alterne
D. Venire sopraffatto, essere sconfitto o abbattuto
E. Prestare aiuto a qualcuno

7. Indicare la frase con l'uso del verbo impersonale

A. Mi pareva di aver capito che Andrea volesse veramente bene ad Arianna
B. Secondo te domani si potrebbe andare al mare?
C. Mah, io non credo potremo andare al mare
D. Temo davvero che il 23 dicembre Andrea mi spezzerà il cuore
E. Non saprei, credo che la speranza debba essere l'ultima a morire.

8. Completare correttamente la frase seguente: "Non sono disposta ad innamorarmi più di nessuno se non di ......dimostrerà di amarmi più di quanto non ami se stesso".

A. Colui
B. Quello
C. Costui
D. Colui il quale
E. Cui

CORREZIONE COMMENTATA

1. Per risolvere il quesito basta fare l'analisi logica della frase- Il soggetto del verbo "non era concesso" è "innamorarmi".
Risposta corretta D.

2. La risposta A. è errata in quanto qui quo e qua non vogliono accento. La risposta B. è errata in quanto un po' si scrive con l'apostrofo e non con l'accento. La risposta C. è errata in quanto un altro, essendo maschile, si scrive senza apostrofo (un'altra al contrario, essendo femminile, vorrebbe l'apostrofo). La risposta D. è errata in quanto dappertutto si scrive senza apostrofo. La risposta E. invece è corretta in quanto in italiano qual è non vuole l'apostrofo.
Risposta corretta E.

3. Il complemento d'agente o di causa efficiente si trova solo accompagnato da verbi in forma passiva. Essi indicano, rispettivamente, la persona e la cosa da cui viene compiuta una azione. La risposta A. presenta un complemento di limitazione (in matematica). La risposta B. presenta un complemento d'agente (da una lupa) e non di causa efficiente (ci serve che sia una cosa per essere una causa efficiente, non una persona/animale). La risposta C. presenta un complemento di materia (di bronzo). La risposta D. presenta un complemento di paragone (del vetro). La risposta E. presenta invece un corretto complemento di causa efficiente.
Risposta corretta E.

4. L'unica risposta che presenta i verbi tutti coniugati al participio passato è la risposta D.
Risposta corretta D.

5. La risposta A. è errata in quanto il corretto complemento di termine è "gli", che vuol dire "a loro", non "li". La risposta B. è errata in quanto è sbagliata la consecutio temporum.
La risposta C. è errata in quanto la parola "verità" non è accentata. La risposta E. è errata in quanto è errato il complemento di termine e la parola verità non è accentata. La risposta D, invece, è scritta correttamente.
Risposta corretta D.

6. L'unica risposta possibile, è la risposta D. Infatti la risposta A. esprime il significato del verbo "soddisfare", la B del verbo "socchiudere", la C del verbo "scuotere" e la E del verbo "soccorrere".
Risposta corretta D.

7. Ogni verbo può diventare impersonale, attraverso l'uso della particella "si" davanti al verbo declinato alla terza persona singolare.
Risposta corretta B.

8. L'unica risposta possibile, è la risposta D, che potrebbe serenamente essere sostituita anche da un "chi".
Risposta corretta D.

1.10 Crittografia

1. Se BACIO è uguale a 36789 e PALE è uguale a 1624, allora 1922654 corrisponde a:

A. Postale
B. Portale
C. Possiate
D. Pollame
E. Bolletta

2. Se Lombardia è uguale a 9, Veneto è uguale a 6 e Lazio è uguale a 5, allora Friuli Venezia Giulia è uguale a:

A. 18
B. 19
C. 20
D. 21
E. 22

3. Se CAPELLO è uguale a 1234556, allora PASTELLO è uguale a:

A. 32784556
B. 32844556
C. 32474556
D. 32964664
E. 32964664

4. Se Arianna è uguale a 9, Bianca è uguale a 8, allora Gaia è uguale a:

A. 4
B. 5
C. 6
D. 7
E. 8

5. Se CAPRERA è uguale a 1234542 e MADDALENA è uguale a 627728592, allora PEDALE è uguale a:

A. 367287
B. 367284
C. 437284
D. 357585
E. 357285

6. Se BORRACCIA è uguale a ()==/&&%/, e PESTO è uguale a !"£$), allora ORTO BOTANICO è uguale a:

A.)=$(()&/?%&)
B.)=$) ()$/?%&)
C.)=$? ()&/?%&)
D.)=$(=)&/?%&)
E.)=$) ()=/?%&)

7. Se Anna è uguale a 8 e Beatrice è uguale a 16, allora Elisa è uguale a:

A. 8
B. 9
C. 10
D. 11
E. 12

8. Se PENE è uguale a 1232 e AMORE è uguale a 45672, allora REMO è uguale a:

A. 7256
B. 7245
C. 7465
D. 7265
E. 7232

CORREZIONE COMMENTATA

1. Per risolvere il quesito era necessario sostituire i numeri alle parole: 1 = P; 9 = O; 2 = L; 2 = L; 6 = A; 4 = E. Così ottenevamo POLLAE. Bastava aggiungere l'incognita del numero 5, che per esclusione non poteva essere altro che la lettera M.
Risposta corretta D.

2. Per risolvere il quesito era sufficiente contare il numero di lettere presenti in Friuli Venezia Giulia.
Risposta corretta B.

3. Per risolvere il quesito, era sufficiente traslare la parola PASTELLO in numeri, in base alle regole che ci venivano date dalla parola CAPELLO à P = 3; A = 2; S = ?; T = ?; E = 4; L = 5; L = 5; O = 6. Ottenavamo quindi 32 ? ? 4556. Bisognava solo aggiungere altri due numeri che potessero essere compatibili in quanto non rapresstanti da altre lettere (7 e 8) e arrrivavamo alla risposta corretta.
Risposta corretta A.

4. Per risolvere il quesito era necessario comprendere che il numero a cui corrispondeva il nome era sempre uguale al numero di lettere che componevano il nome, + 2 (Arianna sono 7 lettere, + 2 = 9. Bianca = 6 lettere, + 2 = 8). Di conseguenza, Gaia sono 4 lettere, + 2 = 6.
Risposta corretta C.

5. Per risolvere il quesito, bastava accorgersi del fatto che la parola PEDALE è composta da PE e DALE. DALE lo avevamo già, giusto giusto, in mezzo alla parola MADDALENA: 7285. Già solo da questo, potevamo arrivare alla risposta corretta.
Risposta corretta E.

6. Per risolvere il quesito bisogna accorgersi che la parola ORTO è formata da OR, presente nella parola BORRACCIA, e di conseguenza corrispondente a) = , e da TO, finale della parola PESTO e di conseguenza corrispondente a $). Da questo otteniamo) = $) e possiamo già escludere tutte le risposte tranne la risposta B e la risposta E. Per la parola BOTANICO, era sufficiente non far andare insieme gli occhi e sostituire le lettere con i simboli (ATTENZIONE: la N non la avevamo, ed era infatti l'unica che, per ironia, poteva corrispondere al simbolo ?).
Risposta corretta B.

7. Per risolvere il quesito, era sufficiente accorgersi del fatto che ciascun numero corrispondeva al doppio del numero di lettere che formavano i nomi (Anna è fatto da 4 lettere. 4 x 2 = 8. Beatrice è fatto da 8 lettere. 8 x 2 = 16). Di conseguenza, Elisa, che è formato da 5 lettere, sarà uguale a 10.
Risposta corretta C.

8. Per risolvere il quesito in realtà ci serviva solo la seconda parola. Infatti, bastava accorgersi del fatto che REMO è formata dall'ultima sillaba di AMORE (72) e dalla penultima sillaba di AMORE, ma con i numeri invertiti (MO = 56 à OM = 65). Di conseguenza, REMO è uguale a 7265.
Risposta corretta D.

1.11 Inferenza logica

1. "Testino Busteri si è impegnato duramente quest'anno all'università per diventare un fashion blogger, e se passerà tutti gli esami gli regaleranno un xPhone 12 per potersi scattare dei selfie fantastici. A settembre, dopo gli esami non gli è stato regalato alcun telefono, quindi è evidente come Testino non abbia superato tutti i suoi difficilissimi esami." Quale tipo di ragionamento possiede la stessa struttura di quello illustrato nel testo?

A. Ragionamento induttivo
B. Ragionamento deduttivo
C. Abduzione
D. Modus Ponens
E. Modus Tollens

2. Quale delle seguenti frasi rappresenta un ragionamento induttivo?

A. Tutti gli animali sono belli; il lamantino è un animale, quindi è bello
B. Luca studia medicina e studia tanto, quindi tutti gli studenti di medicina studiano tanto
C. Gino ama la natura come anche Lino e Dino, quindi tutte le persone che hanno un nome che finisce per "-ino" amano la natura
D. I maschi che hanno un nome che inizia e finisce per una vocale amano correre, quindi Alessandro ama correre
E. Nessuna delle precedenti

3. Quale delle seguenti argomentazioni si basa sul modus tollens?

A. Se studi con intelligenza e furbizia passerai il test. Lorenzo studia con intelligenza e furbizia. Quindi Lorenzo passerà il test
B. Questi ragazzi giocano a calcio. Tutti i ragazzi che giocano a calcio sono italiani. Se ne deduce che questi ragazzi sono italiani
C. Questi ragazzi giocano a calcio. Questi ragazzi sono italiani. Quindi tutti questi ragazzi che giocano a calcio sono italiani
D. Se sei furbo studi tanto per il test. Mauro si diverte, lavora e viaggia ma non studia tanto per il test. Si può affermare che Mauro non è furbo
E. Tutti gli uomini di Pisa sono alti. Questi uomini sono di Pisa. Quindi questi uomini sono alti

4. Quale delle seguenti argomentazioni si basa su un ragionamento induttivo?

A. Ieri mi è arrivato un capitolo fotocopiato del Rugarli. Questo capitolo è scritto in Arial. Quindi anche quest'altro capitolo che ho trovato, dato che è scritto in Arial, è del Rugarli
B. Tutti i capitoli del Rugarli sono scritti in Arial. Questo capitolo che ho ordinato di fotocopiarmi è del Rugarli, quindi sarà scritto in Arial
C. Questo capitolo è scritto in Arial. Mi hanno detto che tutti i capitoli del Rugarli sono scritti in Arial. Quindi direi che questo capitolo è del Rugarli
D. Se questo capitolo è scritto in Arial, allora è per forza del Rugarli
E. Se il Rugarli fosse scritto tutto in Arial, allora questo capitolo sarebbe proveniente dal Rugarli

5. Quale delle seguenti affermazioni si basa sul metodo modus ponens?

A. Se il freezer si spegne, si scongela tutto quello che c'è al suo interno. Le cose nel freezer non sono scongelate, quindi il freezer non è spento
B. Se il motore è rotto, la macchina non parte. Il motore è rotto, quindi la macchina non parte
C. La mia macchina è blu. Tutte le Mercedes sono blu. La mia macchina è una Mercedes
D. Tutte le Punto sono viola. La mia macchina è una Punto. La mia macchina è viola
E. Se la mia macchina è blu allora è una Polo. La mia macchina non è blu, allora non è una Polo

6. Quale di questi accoppiamenti "ragionamento - tipo di ragionamento" è corretto?

A. Gli studenti di medicina sono pazzi, Giacomo è un futuro medico, quindi è pazzo - metodo induttivo
B. Tutti i cani sono teneri, Dog è un cane, quindi Dog è tenero - metodo deduttivo
C. Se mangio tante torte dimagrisco. Oggi ho mangiato molte torte, quindi sono dimagrita - modus tollens
D. Se studi, passi il test. Erica non ha studiato, quindi non ha passato il test - metodo abduttivo
E. Nessun accoppiamento è corretto

7. Quale delle opzioni proposte usa un metodo induttivo?

A. La professoressa di scienze sentenziò: "gli insetti sono definiti tali perché hanno un esoscheletro, per questo il lombrico non è un insetto, perché non ha l'esoscheletro".
B. Pierino passeggiando per i campi vide una strana creatura sull'erba vicino ad un ruscello. Pensando che fosse un pesce si ricordò che i pesci respirano sott'acqua, allora per salvarlo lo mise nel ruscello, ma quando vide che l'animale non riusciva più a respirare, capì che non si trattava di un pesce.
C. Ho sfogliato 10 libri da uno scaffale nella biblioteca di via Testbusterworld e trattavano tutti di giurisprudenza. Quindi ho confermato a Piero che questa biblioteca ha solo libri di giurisprudenza.
D. Stavo per entrare in un parco quando ho visto tre grosse betulle, e un cartello che diceva che gli alberi erano stati donati da una stessa persona, e che per sua volontà erano tutti uguali. Allora dato che sono allergica alle betulle non sono entrata, perché questo parco è fatto solo da betulle.
E. So che ogni volta che un gatto si arrabbia tira fuori le unghie. Visto che questo gatto è arrabbiato, perché gli hai tirato la coda, sicuramente tirerà fuori le unghie.

8. Episodio 16 Dr. House - Medical Division. Trama: Una bambina di dieci anni (Jessica Sims), obesa, durante l'ora di educazione fisica ha un infarto e viene portata in clinica; ella si sente molto sola per via del suo stato fisico, nonostante le consolazioni della madre, perché i compagni la prendono in giro. Il caso viene affidato ad House, che nota subito all'anamnesi che la bambina non riesce a dimagrire nonostante numerose diete. Questo insieme al fatto che sia la madre che il padre sono alti, mentre Jessica è di bassa statura, ricorda ad House la malattia di Cushing, che spiegherebbe anche l'incapacità della paziente di perdere peso. Questa patologia è spesso causata da un tumore. Secondo il dottore la bambina è affetta dalla patologia, che deriva dalla presenza di un tumore, quindi procede con degli accertamenti per verificare la sua ipotesi diagnostica.
In questo brano House che tipo di metodo logico applica per concludere che la bambina è affetta da un tumore?

A. Deduzione
B. Abduzione
C. Induzione
D. Modus ponens
E. Modus tollens

9. Su quale metodo logico si basa la seguente frase: "Se vuoi passare il test di medicina e studi con TestBusters, allora non sei tonto. Vincenza è tonta. Allora o non vuole passare il test di medicina, oppure lo vuole passare ma non studia con TestBusters"?

A. Induzione
B. Deduzione
C. Modus ponens
D. Modus tollens
E. Abduzione

10. Quale delle opzioni proposte è un corretto esempio di ragionamento deduttivo?

A. Gigi e Martina si sono fidanzati nel 2018 a Milano, Gigi e Martina si amano molto, dunque tutte le coppie formatesi a Milano nel 2018 si amano molto
B. Tutte le coppie di fidanzati nate a Milano nel 2018 si amano molto, Gigi e Martina si sono fidanzati a Milano nel 2018, quindi Gigi e Martina si amano molto
C. Gigi e Martina si amano molto, tutte le coppie di fidanzati nate a Milano nel 2018 si amano molto, allora Gigi e Martina si sono fidanzati a Milano nel 2018
D. Se una coppia si è fidanzata a Milano nel 2018, allora è composta da persone innamorate. Gigi e Martina si sono fidanzati a Milano nel 2018, allora si amano
E. Se una coppia si è fidanzata a Milano nel 2018, allora è composta da persone innamorate. Gigi e Martina non si amano, quindi si sono fidanzati nel 2017

11. Quale delle opzioni proposte usa il metodo abduttivo?

A. Se fumi e sei obeso aumenta il rischio che tu vada incontro a malat-

tie cardiovascolari. Filippo fuma ed è obeso, ha quindi un aumentato rischio di andare incontro a malattie cardiovascolari
B. Ogni volta che vado in piscina ho paura di prendere le verruche. Oggi vado a fare jogging così non avrò paura
C. I cioccolatini di questa scatola sono tutti al liquore. Questa marca di cioccolatini fa quindi solo cioccolatini al liquore
D. Tutti i gatti domestici amano dormire sul divano. Fifi non ama dormire sul divano, non è quindi un gatto domestico
E. Matilde è dimagrita di 10 kg la scorsa estate. Chiunque avesse seguito una dieta ferrea sarebbe dimagrito 10 kg in un'estate. Matilde ha seguito quindi una dieta ferrea

12. Un tale fuori di cotenna che veniva dal mare usava ripetere sempre e solo tre frasi: "Questi pesci sono nella rete da pesca, questi pesci non mordono; quindi, tutti i pesci in una rete da pesca non mordono". Quale tipo di ragionamento logico segue il tale fuori di cotenna?
A. Modus ponens
B. Modus tollens
C. Abduzione
D. Induzione
E. Deduzione

13. Quale delle seguenti argomentazioni si basa sul modus ponens?
A. Tutti i cavalli che si muovono bene sono ballerini. Questi cavalli sono ballerini. Quindi si può affermare che questi cavalli si muovono bene
B. Se colpisci bene il pallone fai gol. Romero sta colpendo bene il pallone. Quindi Romero farà gol
C. Questi crackers sono scaduti. Tutti questi crackers di Luca sono scaduti
D. Queste famiglie abitano qua. Queste famiglie sono di cinque persone. Le famiglie che vivono qua sono di cinque persone
E. Se ti muovi bene ballerai alla scala. Antony non si muove bene. Quindi Antony non ballerà alla scala

14. Quale delle opzioni proposte usa un metodo induttivo?
A. Tutti i compagni di corso di Luca hanno preso 30 in anatomia; poiché Luca fa parte di questo corso, sicuramente prenderà 30
B. Luca ha preso 30 nello scorso esame e anche in quello precedente, il suo gruppo di studio prende sempre 29, per cui Luca prenderà 29 nel prossimo esame
C. Luca ha preso 30 in nello scorso esame e anche in quello precedente, per cui prenderà 30 in tutti i prossimi esami
D. Tutti le persone che studiano tre mesi senza uscire di casa prendono 30 in anatomia, Luca ha studiato tre mesi senza uscire di casa, per cui prenderà 30 in anatomia
E. Se Luca studia sempre e con costanza, prenderà 30 in tutti gli esami

15. Se cucini la pasta al sugo, allora non sei allergico al pomodoro. Sei allergico al pomodoro. Sicuramente non cucini la pasta al sugo. Su quale metodo logico si basa questa affermazione?
A. Modus ponens
B. Modus tollens
C. Induzione
D. Deduzione
E. Abduzione

16. Arturo è eccitato. Tutti i ragazzi con i baffi sono eccitati. Quindi Arturo ha sicuramente i baffi.
Il precedente ragionamento è un:
A. Paradosso
B. Ragionamento corretto
C. Ragionamento induttivo
D. Ragionamento scorretto
E. Ragionamento valido solo formalmente

17. Tutti i camaleonti si sanno nascondere. È da giorni che cerco la penna, la penna è un camaleonte.
Il precedente ragionamento è un:
A. Paradosso
B. Ragionamento corretto
C. Ragionamento induttivo
D. Ragionamento scorretto
E. Ragionamento valido solo formalmente

18. Giocare a palla significa essere spagnoli. Juan è spagnolo, per tanto giocherà a palla. Il precedente ragionamento è un:

A. Ragionamento scorretto
B. Ragionamento induttivo
C. Ragionamento deduttivo
D. Ragionamento valido solo formalmente
E. Nessuna delle precedenti

19. La stragrande maggioranza degli uomini è narcisista. Conosco Andrea da tre anni ormai, e di certo non posso dire che non sia un gran narcisista. Infatti, è proprio un uomo. La precedente affermazione è un:

A. Paradosso
B. Ragionamento corretto
C. Ragionamento scorretto
D. Ragionamento valido solo formalmente
E. Nessuna delle precedenti

20. Tutti i cani rincorrono le palline. Berta appartiene a Bianca e rincorre la pallina velocissssima, per cui deve essere per forza un cane.
La precedente affermazione è un:

A. Paradosso
B. Ragionamento corretto
C. Ragionamento scorretto
D. Ragionamento valido solo formalmente
E. Ragionamento induttivo

CORREZIONE COMMENTATA

1. Il modus tollens segue la seguente struttura: [(A → B) ∧ ¬B] → ¬A. Questo significa che la prima frase implica la seconda (se A→ B: se Testino passa gli esami → gli regaleranno il telefono). Se però B non è vera (non gli hanno regalato il telefono), allora non lo sarà neanche A (Testino evidentemente non ha superato gli esami).
Risposta corretta E.

2. Il ragionamento induttivo è un procedimento logico che parte da singoli casi (premesse) per affermare una legge di tipo universale. Si basa infatti sull'osservazione empirica di eventi o manifestazioni particolari per giungere ad una generalizzazione teorica. Tra le frasi, l'unica possibile che rispetta queste condizioni è la B, che a partire dalla premessa che Luca è uno studente di medicina e che studia tanto, allora tutti gli studenti di medicina studiano tanto (regola generale).
Risposta corretta B.

3. L'opzione A riporta un esempio di modus ponens. L'opzione B riporta invece un ragionamento abduttivo e nell'opzione C viene utilizzato il metodo induttivo. L'opzione E è invece una deduzione. L'opzione D invece utilizza il modus tollens; si ricorda che il modus tollens si basa sullo schema: [(A→B)∧¬B]→¬A. Dove:
(A→ B) = se sei furbo studi tanto per il test
¬B = Mauro si diverte, lavora e viaggia ma non studia tanto per il test
¬A = si può affermare che Mauro non è furbo
Risposta corretta D.

4. Il ragionamento induttivo si basa sull'affermazione di un dato "ieri mi è arrivato un capitolo fotocopiato dal Rugarli", sull'osservazione di un dato "questo capitolo è scritto in Arial" e su una regola che io creo in base all'unione dei due "quindi anche questo capitolo che ho trovato, dato che è scritto in Arial, è del Rugarli".
La regola ricavata è per di più una regola non certa, difatti niente esclude che il capitolo scritto in Arial possa essere anche di un altro libro.
La risposta B è invece un ragionamento deduttivo, la risposta C è un ragionamento abduttivo. La risposta D ed E non sono pertinenti.
Risposta corretta A.

5. Il metodo modus ponens, partendo da un'implicazione vera e, data per vera la premessa di tale implicazione, afferma di conseguenza anche la veridicità della conclusione. Se "Se ho A, allora ho B" è vera, e anche A (premessa) è vera, allora anche B sarà necessariamente vera. La risposta A è molto simile a questo ragionamento ma si tratta di modus tollens, questo schema è rispettato invece dall'opzione successiva.
Risposta corretta B.

6. L'opzione A è un esempio di deduzione e non di induzione, ovvero da generale a particolare (mentre il metodo induttivo è da particolare a generale). Per quanto riguarda l'opzione C, si tratta di un modus ponens, che rappresenta il contrario del modus tollens (ovvero l'opzione D). La B è invece corretta perché è una deduzione: se A allora B, C è A, allora C è B (da generale a particolare).
Risposta corretta B.

7. Il metodo induttivo si basa sull'osservazione empirica di eventi o manifestazioni particolari per giungere ad una generalizzazione teorica. Su questo si basa l'opzione C infatti, premessa 1: ho sfogliato 10 libri dalla biblioteca; premessa 2: questi libri sono di giurisprudenza; conclusione la biblioteca ha solo libri di giurisprudenza.
L'opzione A è sbagliata perché si tratta di un modus tollens, la regola è che per essere un insetto deve avere l'esoscheletro, visto che il lombrico non ha l'esoscheletro allora non è un insetto.

L'opzione B è sbagliata perché è ancora modus tollens, in questo caso la regola è che tutti i pesci sanno respirare sott'acqua, l'osservazione è che quell'essere non respira sott'acqua, quindi l'inferenza è che non è un pesce. L'opzione D è sbagliata perché è un metodo deduttivo, infatti la regola certa è che tutte le piante siano uguali, il dato è che si sono viste tre betulle, e quindi la conclusione non può che essere che il parco è fatto da tutte betulle. L'opzione E è sbagliata perché si tratta di un modus ponens che "afferma affermando", infatti "ogni volta che un gatto si arrabbia" allora "tira fuori le unghie", quindi "visto che questo gatto è arrabbiato" allora sicuramente "tirerà fuori le unghie".
Risposta corretta C.

8. Di questo testo interessa solo l'ultima parte, quella che riguarda il ragionamento di House, lui osserva un dato, che la bambina è bassa e non riesce in alcun modo a dimagrire, ricordando poi dalla sua esperienza pensa che probabilmente la spiegazione sia nel fatto che la bambina abbia un tumore e quindi la malattia di Cushing. Si tratta quindi di un ragionamento abduttivo, dove una delle due affermazioni iniziali è vera e constatabile (la situazione della bambina), mentre l'altra è solo probabile o comunque non verificata (la malattia è causata da un tumore). Per questo motivo l'enunciato finale a cui si giunge per inferenza (la bambina ha un tumore) è anch'esso solo probabile e non certamente valido. Può rivelarsi difficile da distinguere dalla induzione: in questo caso tuttavia la regola finale non è il punto di arrivo (conclusione del ragionamento), bensì una delle premesse e in particolare quella non certa.
Risposta corretta B.

9. Per risolvere il seguente quesito, è sufficiente schematizzare la frase che ci viene fornita:
Se vuoi passare il test di medicina e non studi con TestBusters → A
Allora non sei tonto → B
Vincenza è tonta → ¬B
Allora (inferenza) o non vuole passare il test di medicina o lo vuole passare ma non studia con TestBusters → ¬ A.
Ricostruendo la frase in questo modo, notiamo che rispetta a pieno lo schema del modus tollens.
ATTENZIONE: non facciamoci ingannare dal fatto che nella premessa ci siano due frasi congiunte tra loro. Sono unite dalla congiunzione "e". Quindi posso rientrare tutte e due sotto la premessa "A".
Risposta corretta D.

10. Il ragionamento deduttivo è composto da una regola generale (che è la premessa principale), da un dato di fatto (la premessa secondaria) e da un'osservazione che scaturisce in modo ovvio date le due premesse (conclusione). L'unica opzione che rispetta questo ragionamento è la seconda: la regola generale è che tutte le coppie nate in quel periodo si amino, il dato di fatto è che Gigi e Martina si siano fidanzati in quel periodo, ne deriverà di conseguenza che Gigi e Martina si amino . La prima opzione riporta invece un ragionamento induttivo (risposta A errata), la terza un ragionamento abduttivo (risposta C errata), la quarta è un esempio di "modus ponens"(risposta D errata), mentre la quinta è rappresentativa del "modus tollens" (risposta E errata).
Risposta corretta B.

11. La risposta A riporta un esempio di modus ponens. La risposta B riporta un modus tollens. La risposta C è un esempio di ragionamento induttivo. La risposta D segue anch'essa un ragionamento di tipo modus tollens. La risposta E è invece l'esempio corretto di metodo abduttivo. Nel ragionamento abduttivo infatti una delle due affermazioni iniziali è vera e constatabile (Matilde è dimagrita di 10 kg), mentre l'altra è solo probabile o comunque non verificata (la perdita di peso è data dalla dieta ferrea). Per questo motivo l'enunciato finale a cui si giunge per inferenza (Matilde ha seguito una dieta ferrea) è anch'esso solo probabile e non certamente valido.
Risposta corretta E.

12. L'induzione si basa sull'osservazione empirica di eventi o manifestazioni particolari per giungere ad una generalizzazione teorica (per questo motivo non è sempre valida, dal momento che potrebbero servire conferme esterne aggiuntive per verificare che la regola sia corretta universalmente)

1. DATO = questi pesci sono nella rete da pesca (premessa 1)
2. OSSERVAZIONE = questi pesci non mordono (premessa 2)
3. REGOLA = tutti i pesci in una rete da pesca non mordono (conclusione)

La regola finale è basata su un campione empirico da cui si ricava una regola non certa: gli altri pesci, teoricamente, potrebbero mordere.
Risposta corretta D.

13. La risposta A è una deduzione. La risposta C contiene semplicemente due affermazioni. La risposta D utilizza il metodo induttivo. Nella risposta E si utilizza il modus tollens. La risposta B utilizza invece il modus ponens, si ricorda che quest'ultimo è schematizzabile con: [(A→B)∧A]→B, dove:
(A→B)= Se colpisci bene il pallone fai gol
∧A= Romero sta colpendo bene il pallone
→B= quindi Romero farà gol
Risposta corretta B.

14. Il metodo induttivo si basa sull'osservazione empirica di eventi o manifestazioni particolari per giungere ad una generalizzazione teorica. Le opzioni A e B sono esempi di ragionamento logico fallace: non c'è correlazione tra i voti che prenderà Luca e i voti del suo corso o del suo gruppo di studio. L'opzione D è invece un sillogismo, che non è un ragionamento logico induttivo. L'opzione C invece è quella corretta, poiché dall'osservazione di eventi particolare (Luca ha preso 30 in due esami) ricavo una legge generale (Luca prenderà sempre 30 in tutti gli esami).
Risposta corretta C.

15. Questa frase può essere schematizzata così: Se A → B. B è falso, quindi sicuramente A è falso. Questo corrisponde perfettamente allo schema del ragionamento modus tollens.
Risposta corretta B.

16. Il ragionamento presentato è privo di senso alcuno, perché se tutti i ragazzi con i baffi sono eccitati, questo non vuol dire che solo perché Arturo ha i baffi, allora sarà eccitato.
Risposta corretta D.

17. Il ragionamento presentato è privo di senso alcuno, perché se tutti i camaleonti si sanno nascondere, questo non vuol dire che solo perché non riesco a trovare la penna, allora sarà un camaleonte.
Risposta corretta D.

18. Dire che tutti i ragazzi che giocano a palla sono spagnoli, non significa che tutti gli spagnoli giocano con la palla. Questo ragionamento è infatti scorretto in quanto non possiamo essere sicuri che Juan giochi a palla.
Risposta corretta A.

19. Traduciamo in parole semplici il ragionamento che ci viene esposto: Gli uomini sono narcisisti. Andrea è sicuramente narcisista, infatti è un ottimo esempio di razza maschile. Il ragionamento, è corretto.
Risposta corretta B.

20. Il ragionamento che ci viene esposto è un ragionamento scorretto in quanto stiamo dando noi per assodato che Berta sia un cane, ma il testo non ce lo dice. Berta potrebbe essere serenamente un gatto e rincorrere la pallina.
Risposta corretta C.

1.12 Testi non Cambridge

1.12.1 Deducibile o non deducibile

1. "Il pianeta Terra è l'unico sicuramente popolato da organismi viventi. Non ci sono al momento attuale prove certe di organismi viventi presenti altrove. Tuttavia, ci sono ritrovamenti su Marte e sulla Luna molto suggestivi. Inoltre, sulla base di studi forniti da missioni della NASA ed europee, diversi dati circa l'esplorazione del sistema solare suggeriscono l'esistenza anche sui satelliti dei pianeti esterni (ad esempio su Urano stesso) di condizioni concettualmente e idealmente compatibili con la vita, a patto di immaginare quest'ultima significativamente diversa dal punto di vista chimico. In ogni caso, su base certa la Terra è l'unica ad accogliere la vita, anche se è ovviamente molto probabile che esista, sia esistita o esisterà in futuro qualche forma di vita organizzata su altri pianeti o satelliti." Quale delle seguenti affermazioni NON può essere dedotta dal brano precedente?

A. Ad oggi sono state condotte indagini nel campo della biologia di altri pianeti
B. Non sono state verificate forme di vita sulla Luna
C. È probabile che su altri pianeti possano esistere forme di vita simili agli insetti presenti sulla Terra
D. Individuare ambienti compatibili con la vita su altri pianeti ed esseri viventi veri e propri sono due cose diverse
E. Bisogna contemplare l'ipotesi che la vita su un altro pianeta sia chimicamente diversa da quella terrestre

2. "I Groenlandesi credevano che il vento potesse uccidere il loro dio più potente e che egli sarebbe certamente morto se avesse toccato un cane; in Grecia una leggenda narrava che Apollo fosse stato ucciso da un pitone e sepolto a Delfi. L'uomo, essendo mortale, ha supposto naturalmente che le sue creature fossero nella medesima triste condizione. Gli stessi grandi dei di Babilonia erano immaginati umani nel corpo, umani nelle loro passioni, umani nel destino: perché come gli uomini nascevano al mondo e, come gli uomini, amavano, combattevano e morivano." Quale delle seguenti affermazioni può essere dedotta dal brano precedente?

A. Erano diffusi numerosi miti sulle gesta degli dei e le loro interferenze con il mondo degli uomini
B. Gli dei dell'antichità vivevano e venivano poi seppelliti nel mondo degli uomini
C. L'uomo aveva l'innata tendenza a figurarsi gli dei a sua propria immagine
D. L'uomo credeva che gli dei avessero rapporti soprannaturali con gli animali
E. Gli dei non avevano possibilità di sottrarsi in alcun modo alla loro sorte

**3. "Il sistema comunicativo dei delfini è estremamente flessibile: il loro vocabolario è virtualmente illimitato. Possono emettere fino a 50 segnali al minuto e organizzarli in sequenze come nel flusso del parlare umano. È da escludere che lo scambio di informazioni si limiti a semplici questioni di sopravvivenza, come ad esempio la ricerca di cibo, i predatori o la riproduzione.
Ad esempio, quando un delfino è arrabbiato sbatte la coda emettendo forti suoni associati a vibrazioni della mascella, oppure quando è eccitato aumenta la forza delle emissioni ravvicinandole tra loro, e per comunicare che è contento produce una sorta di cinguettio."
Quale delle seguenti affermazioni NON può essere dedotta dal brano precedente?**

A. Le "conversazioni" dei delfini riguardano anche questioni di sopravvivenza, come ad esempio la ricerca di cibo, i predatori o la riproduzione
B. I delfini, grazie alla loro capacità di comunicazione, possono esprimere emozioni
C. Il linguaggio dei delfini è uguale, per complessità, a quello umano
D. I delfini sono in grado di conversare tra loro emettendo segnali e combinandoli tra loro, come nel linguaggio umano
E. Il sistema di comunicazione dei delfini si compone, tra le altre cose, di vibrazioni e cinguettii

4. "La conquista del Nuovo Mondo illustra chiaramente il ruolo e il concorso di malattie ed epidemie nella storia. Molti più americani nativi morirono nel loro letto, a causa dei

microbi di importazione europea, di quanti non ne caddero sul campo sotto i colpi dei fucili e delle spade. Le malattie infettive uccisero molti indiani, compresi i capitribù e i re; i sopravvissuti erano profondamente demoralizzati dal potere di tali misteriose malattie che sembravano risparmiare i conquistatori, quasi a mostrare la loro invulnerabilità."**

Quale delle seguenti affermazioni può essere dedotta dal brano precedente?

A. La mortalità per malattie di origine europea è di per certo la prima causa della sconfitta dei nativi americani
B. Capitribù e re erano i nativi più colpiti dalle malattie infettive
C. La diffusione delle malattie infettive infliggeva duri colpi anche alle condizioni psicologiche di chi era impegnato a resistere
D. Gli indiani avevano difese immunitarie più deboli e quindi inadeguate per contrastare i nuovi microbi importati dall'Europa
E. I conquistatori avevano dalla loro anche strategie di guerra, armi più potenti e tecnologie più avanzate

5. "Da qualche tempo sentiamo dire che la frutta e la verdura sono fondamentali per il nostro benessere globale e che più alto è il contenuto di frutta e verdura che mangiamo, minore è la probabilità di andare incontro a malattie cardiovascolari, diabete, obesità, tumori e altre patologie. Grazie al loro contenuto di acqua, vitamine, minerali e fibre sono alimenti indispensabili per rinforzare le difese e garantire al nostro organismo un pieno di vitalità e salute. Le ricerche dimostrano infatti come frutta e verdura siano ricche di antiossidanti, i quali sono in grado di combattere i radicali liberi, molecole prodotte dal nostro organismo o da fattori esterni, che vanno a danneggiare le strutture cellulari e causano infiammazione, in un processo definito stress ossidativo."

Quale delle seguenti affermazioni NON può essere dedotta dal brano precedente?

A. Mangiare le 5 porzioni di frutta e verdura al giorno raccomandate da tutte le diete assicura la protezione da malattie croniche
B. Lo stress ossidativo è alla base di molte patologie croniche
C. Non esistono solo radicali liberi di origine endogena
D. Il consumo di frutta e verdura può essere considerato una "medicina naturale" protettiva
E. Chi consuma poca frutta e verdura ha un rischio più alto di sviluppare un tumore rispetto a chi ne fa un consumo abbondante e regolare

6. "Attualmente in Italia i test genetici predittivi hanno trovato un'applicazione pratica in sanità pubblica solo in un numero molto ristretto di situazioni, per alcune forme mendeliane di malattie complesse. Le applicazioni sull'uomo delle potenzialità derivate dalla ricerca genetica pongono infatti problemi etici che coinvolgono non solo il singolo ma l'intera società. I dubbi legati alla diffusione di kit genetici spaziano dalla constatazione dello stadio ancora embrionale della ricerca e della complessità delle interazioni gene-ambiente, al timore di peggiorare anziché migliorare la vita dei soggetti identificati a rischio di determinate malattie. Stress psicologici e discriminazione nella vita sociale sono sono alcune delle possibilità cui i "malati di rischio" andrebbero incontro."

Quale delle seguenti affermazioni NON può essere dedotta dal brano precedente?

A. È possibile verificare il rischio di sviluppare alcune forme mendeliane di malattie genetiche
B. La diffusione di kit genetici suscita perplessità riguardo al consumo di preziose risorse sanitarie
C. L'interazione gene-ambiente gioca un ruolo importante nella manifestazione di una malattia genetica
D. Si parla di "malati di rischio" per indicare coloro che vengono identificati come geneticamente a rischio di una malattia
E. La ricerca sui test di suscettibilità genetica è ad uno stadio ancora non avanzato

7. "Per diagnosi prenatale si intende l'insieme di indagini strumentali e di laboratorio finalizzate ad individuare definite patologie. In genetica essa ricopre un ruolo chiave per la scoperta di eventuali patologie genetiche ereditarie a carico del feto; molte coppie, quindi, la richiedono soprattutto per escludere le sindromi più frequenti. Nell'ambito della diagnosi prenatale si distinguono due diversi rami di azione:

diagnosi non invasiva e quella invasiva. Con il termine non invasivo si fa riferimento ad una metodica che non interferisce in alcun modo con lo sviluppo feto-placentare, e che quindi non porta al rischio di aborto. Una metodica invasiva, la quale prevede il prelievo di una piccola componente del feto o dei suoi annessi, può determinare invece l'insorgere di una percentuale di rischio."

Quale delle seguenti affermazioni può essere dedotta dal brano precedente?

A. L'ecografia è consigliabile a tutte le donne incinte
B. È consigliabile un'iniziale diagnosi non invasiva, seguita da una invasiva in caso di sospetti di eventuali patologie
C. È possibile individuare alcune anomalie genetiche quando il bambino si trova ancora nella pancia della mamma
D. La diagnosi prenatale deve essere fatta da esperti in laboratori appositi
E. Il rischio di aborto è maggiore nel primo trimestre di gravidanza

8. "Freud, pioniere della psicanalisi, si interessa al disturbo da stress post traumatico, elaborando importanti ipotesi riguardo ad esso. Si pronuncia contro la pratica del torpillage elettrico, utilizzata come terapia sui soldati. Segnala la scarsa efficacia dell'applicazione della corrente elettrica al corpo umano a fini terapeutici. Questa pratica non si proponeva di guarire i malati, ma mirava alla loro rapida riutilizzazione militare. A partire da questa osservazione, sviluppa alcuni punti che diventeranno centrali per la psicanalisi. In sostituzione al modello neurologico organico, tipico della cultura positivista, ne propone uno endopsicologico. Egli ritiene, infatti, che il disturbo derivi dal conflitto tra eros e thanatos, tra la parte pacifica e autoconservativa e la parte violenta e aggressiva. Quella che egli chiama "nevrosi da guerra" è un disturbo indotto socialmente sulla base di conflitti preesistenti inconsci e non risolti."

Quale delle seguenti affermazioni può essere dedotta dal brano precedente?

A. Freud pretendeva di curare le persone senza medicinali
B. Il disturbo da stress post traumatico non è legato solamente a un evento che colpisce negativamente l'uomo, ma anche a un conflitto inconscio già esistente
C. Freud condanna la cura con torpillage elettrico in quanto dolorosa
D. La cultura positivista creava degli uomini-soldato senza occuparsi della loro salute mentale
E. Eros e thanatos sono due organi molto importanti situati nella scatola cranica

9. "Il test HPV rileva la presenza nel DNA del papilloma virus umano, trasmissibile per via sessuale e responsabile nelle sue diverse forme di oltre il 90% delle lesioni precancerose e della totalità dei tumori del collo dell'utero. I risultati degli studi sperimentali sull'utilizzo del test HPV nello screening primario tra le giovani donne hanno evidenziato che il test HPV è consigliato per lo screening primario, perché più sensibile del Pap-test, ma di conseguenza con una più bassa specificità. Pertanto, il metodo attualmente raccomandabile è basato sull'esecuzione del Pap-test nelle donne HPV positive."

Quale delle seguenti affermazioni NON può essere dedotta dal brano precedente?

A. È dimostrato che il tumore della cervice uterina deriva frequentemente da un'infezione da Papillomavirus umano
B. L'HPV, molto frequente soprattutto nelle persone giovani, si trasmette per via sessuale
C. I risultati degli studi sperimentali hanno dimostrato che esiste un preciso intervallo di tempo che rende massimi i benefici dello screening
D. Specificità e sensibilità sono due caratteristiche interdipendenti di un test, se l'una aumenta, l'altra deve conseguentemente diminuire
E. Gli esperti raccomandano che ad un esame HPV positivo segua un Pap test che confermi la reale positività

10. "Nel primo dopoguerra, negli Stati dilaga l'inflazione. Essa è causata dall'aumento del debito pubblico per sostenere le spese di guerra. Sono colpiti i redditi fissi (salari, stipendi e pensioni) e pertanto cresce la disoccupazione. La crisi economica si riverbera soprattutto sul ceto medio. Il tutto provoca un senso di risentimento, da parte dei reduci di guerra, sia nei confronti degli operai, i quali, al contrario, tramite scioperi e lotte sindacali avevano migliorato le proprie condizioni, sia verso i cosiddetti

pescecani industriali, i grandi gruppi che si erano arricchiti durante la guerra."

Quale delle seguenti affermazioni può essere dedotta dal brano precedente?

A. Dopo la prima guerra mondiali ci furono alcune battaglie tra civili, causa principale dello scoppio della Seconda guerra mondiale
B. I reduci appartenenti al ceto medio furono largamente colpiti dalla crisi del primo dopoguerra
C. Sarebbe meglio non fare guerre, sia per le vittime durante esse, sia per le crisi che si sviluppano una volta terminate
D. Chi desidera combattere non dovrebbe avere un reddito fisso
E. I pescecani industriali si erano arricchiti più degli operai

11. "Lo scopo del tabù è isolare persone in pericolo dal mondo reale, in modo che il pericolo spirituale, immaginario, ma non per questo meno reale, non li raggiunga. I tabù agiscono per impedire che la forza spirituale di cui quelle persone sono cariche venga diminuita o infligga del male ad altri per mezzo di contatti con il mondo esteriore. Tanto gli oggetti quanto le parole possono essere caricati con la misteriosa virtù del tabù e può quindi essere necessario bandirle dall'uso familiare della vita comune."

Quale delle seguenti affermazioni NON può essere dedotta dal brano precedente?

A. Il fine del tabù è di evitare che il pericolo spirituale venga trasmesso da chi ne è soggetto ad altri
B. La pratica del tabù consta in alcuni casi nell'eliminare completamente l'uso di certi strumenti dalla routine quotidiana
C. Il tabù è il motore del processo di isolamento di determinate persone
D. Le pratiche di tabù da adottare sono limitate a persone dotate di un potere e un'influenza spirituale fuori dal comune
E. Si riteneva che la forza spirituale fosse suscettibile di danneggiamento

12. "Contrariamente alle apparenze, il ghiaccio non è tutto uguale. Fino a poco tempo fa se ne contavano almeno 16 diversi tipi. Ma da qualche settimana una ricerca tutta italiana svolta al Cnr-Isc (Istituto dei sistemi complessi) di Firenze ha ottenuto anche il numero 17. La differenza tra i diversi tipi di ghiaccio -quasi tutti creati in laboratorio- sta nella disposizione degli atomi di ossigeno delle molecole, che formano il cosiddetto reticolo cristallino. Tutti conosciamo quello esagonale tipico del ghiaccio "classico", ma c'è anche quello tetragonale, cubico, monoclino e altri ancora, a seconda delle condizioni di temperatura e pressione in cui si trova l'acqua. Il ghiaccio XVII però, è diverso. E molto promettente per il mondo delle auto ad idrogeno. "Ci siamo accorti in modo del tutto inaspettato che, portando a bassa temperatura e pressione il composto che avevamo creato, questo lasciava uscire tutto l'idrogeno senza che la sua struttura cambiasse" spiega Lorenzo Ulivi, ricercatore dell'istituto, tra gli autori dello studio."

Quale delle seguenti affermazioni NON può essere dedotta dal brano precedente?

A. La ricerca sulle possibili conformazioni dell'acqua allo stato solido va avanti da tempo nei laboratori scientifici
B. La forma assunta dal ghiaccio dipende da varie condizioni climatiche e atmosferiche che influenzano la disposizione e l'interazione tra le molecole
C. La forma di ghiaccio più diffusa in natura è quella esagonale
D. La scoperta della forma XVII rappresenta in qualche modo una possibile svolta per il mondo delle auto ecologiche
E. Esiste una forma di ghiaccio capace di mantenere la sua forma pur rilasciando parte della sua molecola

13. "Come il ginseng, anche lo zenzero viene da lontano e la parte più interessante cresce sottoterra: non si tratta di una radice vera e propria, ma di un rizoma, e per crescere ha bisogno di climi tropicali e subtropicali (i principali Paesi produttori sono India, Cina, Nigeria e Thailandia). In Italia è arrivato prima nei minimarket gestiti da bengalesi e pakistani, poi ha conquistato la grande distribuzione. Oggi questo buffo rizoma, con l'interno e l'esterno che ricordano il colore della patata a pasta gialla, si trova praticamente ovunque: spezia molto apprezzata (presente anche nel curry), si può consumare anche fresco, sia tritato che a fettine, centrifugato, estratto in gocce o decotto in tisana. Le sue proprietà non cambiano. Lo zenzero, ad esempio, favorisce la digestione, perché stimola la secrezione degli acidi biliari da parte del fegato e la produzione di alcuni enzimi gastrici e

pancreatici; il risultato è che si digerisce meglio e più rapidamente. Non solo, lo zenzero stimola anche la termogenesi: consumiamo cioè più energia per digerire il cibo e questo ha una conseguenza positiva sul dimagramento."
Quale delle seguenti affermazioni può essere dedotta dal brano precedente?

A. Paesi dal clima tropicale e subtropicale sono i principali consumatori di zenzero
B. Oggi è molto difficile trovare lo zenzero in quanto il suo mercato è in mano a Pakistani e Bengalesi che lo importano direttamente dai paesi di produzione
C. Lo zenzero è propedeutico alla secrezione ghiandolare di enzimi da parte delle cellule dell'apparato digerente
D. Lo stimolo termogenico dello zenzero si manifesta con un aumento della temperatura percepita (sensazione di calore) quando lo si assume
E. Lo zenzero ha proprietà molto simili a quelle della patata a pasta gialla

14. "Durante lo scavo di un cantiere in Cina, gli operai si sono imbattuti in una straordinaria scoperta, riportando casualmente alla luce una bizzarra nuova specie di dinosauro. L'animale visse tra i 66 e i 72 milioni di anni fa, poco prima che l'impatto di un enorme meteorite spazzasse dalla faccia della Terra i dinosauri durante una catastrofica estinzione di massa. Gli studiosi hanno battezzato la nuova specie Tongtianlong limosus, ovvero "drago fangoso sulla strada verso il cielo": un poetico riferimento agli ultimi momenti vissuti dalla creatura prima di morire, in cui si trovava affondata nel fango con gli arti e la testa protesi verso l'alto nel tentativo di sfuggire alla sua sorte. "Il nuovo dinosauro è uno dei fossili più belli e allo stesso tempo più tristi che abbia mai visto", dice Steve Brusatte della School of Geosciences della University of Edinburgh. "Il fatto che il dinosauro sia rimasto bloccato nel fango ha permesso un'ottima conservazione del suo scheletro, uno dei migliori esemplari esistenti di un tipo di dinosauro che si diffuse durante quegli ultimi cinque milioni di anni precedenti all'arrivo dell'asteroide".
Quale delle seguenti affermazioni NON può essere dedotta dal brano precedente?

A. Il dinosauro ritrovato è il rappresentante di una specie nuova e fino ad ora sconosciuta agli studiosi
B. Il dinosauro ritrovato è morto a causa di un asteroide che l'ha catapultato nel fango dove si è conservato ottimamente
C. L'ottimo stato di conservazione dello scheletro è dovuto principalmente al fango in cui l'animale era rimasto bloccato
D. La posizione di ritrovamento del dinosauro ha permesso di ricavare dati utili circa la sua morte
E. Il nome dato al dinosauro dagli archeologi è un chiaro riferimento al luogo in cui è stato ritrovato e agli ultimi gesti compiuti

Leggere i seguenti brani e rispondere a ogni quesito solo in base alle informazioni contenute (esplicitamente o implicitamente) nel brano e non in base a quanto il candidato eventualmente conosca sull'argomento.

Brano 1
La scienza moderna è costruita sul processo di fare ipotesi e testarle con osservazioni, in sostanza sul tentativo di dimostrare che le ipotesi siano corrette. Niente porta più riconoscimento del rovesciare una saggezza convenzionale. Di conseguenza, non è sorprendente che alcuni scienziati siano scettici sulle previsioni ampiamente accettate del riscaldamento globale. Ciò che invece è notevole è che tra centinaia di ricercatori che cercano di fare progressi in climatologia, molto pochi riescano a trovare la prova che il riscaldamento globale sia improbabile.

15. Dalla lettura del brano 1 si possono dedurre le seguenti affermazioni:
P1: Molti scienziati sono scettici riguardo alle previsioni sul riscaldamento globale in quanto ritengono che siano state fatte da persone non competenti.
P2: Gli scienziati che sono scettici sul riscaldamento globale non hanno offerto alcuna ipotesi alternativa per spiegare i cambiamenti climatologici.
P3: Gli scienziati sostenitori dell'ipotesi del riscaldamento hanno probabilmente a loro volta ribaltato una tesi precedente. Quale/i delle precedenti deduzioni è/sono corrette?

A. Solo P1
B. Solo P2
C. P2 e P3
D. P1 e P2
E. Nessuna

16. Dalla lettura del brano 1 si possono dedurre le seguenti affermazioni:
P1: È coerente con le premesse della scienza moderna che vi siano scienziati che provano a confutare le teorie relative al riscaldamento globale
P2: La ricerca nell'ambito del riscaldamento globale è guidata principalmente dal desiderio di riconoscimento nella comunità scientifica.
P3: È sorprendente come la ricerca scientifica non si concentri nel verificare la veridicità delle ipotesi sul riscaldamento globale.
Quale/i delle precedenti deduzioni è/sono corrette?

A. Tutte
B. P1 e P2
C. Solo P2
D. Solo P1
E. Nessuna

Brano 2
La "sovra-qualificazione" è a volte citata come motivo per respingere un candidato per un posto di lavoro. Ma qualificarsi significa raggiungere un certo standard, indipendentemente da quanto tale standard venga superato. Se, ad esempio, qualcuno in possesso di una laurea con lode è respinto per un lavoro sulla base del fatto che l'eccellenza accademica è meno importante di un atteggiamento attento e premuroso, allora non siamo di fronte a un caso di sovra-qualificazione da parte del candidato ma di "sotto-qualificazione" da parte dei datori di lavoro. Per questo motivo i candidati non devono essere respinti perché sono sovra-qualificati. Qualunque spiegazione per il fallimento deve essere sempre espressa in termini di carenze, non di sovrabbondanze.

17. Dalla lettura del brano 2 si possono dedurre le seguenti informazioni:
P1: I datori di lavoro spesso respingono i candidati senza motivazione;
P2: Ottenere i più alti titoli di studio non è sempre così importante come avere gli atteggiamenti attenti e premurosi;
P3: Ci sono circostanze in cui qualcuno può essere troppo qualificato per un lavoro.
Quale/i delle seguenti deduzioni è/sono errata/e?

A. Solo P1
B. Solo P2
C. Solo P3
D. Sia P1 che P3
E. Tutte e 3 le proposizioni

18. Dalla lettura del brano 2 si possono dedurre le seguenti informazioni:
P1: Un datore di lavoro è giustificato a non assumere un candidato la cui preparazione presenti gravi carenze;
P2: La sovra-qualificazione non deve essere usata come ragione per non assumere qualcuno;
P3: Dietro ad un fallimento dev'esserci come spiegazione una carenza di competenze.
Quale/i delle seguenti deduzioni è/sono corretta/e?

A. Solo P1
B. Solo P2
C. Solo P3
D. Sia P1 che P3
E. Tutte e 3 le proposizioni

Brano 3
Nel 1963 Bandura dimostrò l'importanza della distinzione tra apprendimento e prestazione. In una ricerca, fece osservare a tre gruppi di bambini un modello che si comportava in modo aggressivo con un giocattolo: in un gruppo il modello veniva ricompensato, in un altro punito e nel gruppo di controllo il comportamento aggressivo del modello non aveva alcuna conseguenza. A questo punto i bambini venivano lasciati soli col giocattolo e si osservò che i bambini appartenenti al gruppo in cui il modello era stato punito tendevano a imitarlo meno rispetto ai bambini degli altri due gruppi. Nella fase sperimentale successiva, però, tutti i bambini venivano ricompensati quando riproducevano il comportamento aggressivo del modello e si registrò un maggior numero di atti aggressivi rispetto alla condizione precedente, in tutti i gruppi. Venne quindi dimostrato che, anche nell'apprendimento osservativo, la presenza di ricompense e punizioni, esperite personalmente o da un modello, influenza la prestazione, ma non l'acquisizione di un comportamento.

19. Dalla lettura del brano 3 si possono dedurre le seguenti affermazioni:
P1: Bandura dimostrò che l'acquisizione di un comportamento è malleabile.
P2: Bandura dimostrò che l'acquisizione di una prestazione è malleabile.
P3: Le classi di bambini erano costituite da bravi e da cattivi bambini.
Quale/i delle seguenti deduzioni è/sono corretta/e?

A. Solo P1
B. Solo P2
C. P2 e P3
D. P3 e P1
E. Tutte

20. Dalla lettura del brano 3 si possono dedurre le seguenti affermazioni:
P1: la prestazione è meno influenzabile rispetto all'acquisizione di un comportamento;
P2: lo stesso ragionamento può essere applicato ai genitori di questi bambini in quanto sono i loro educatori;
P3: anche se un comportamento appare sbagliato ai bambini può essere compiuto più facilmente a causa di una ricompensa.
Quale/i delle seguenti deduzioni è/sono corretta/e?

A. Solo P1
B. Solo P3
C. P1 e P2
D. P2 e P3
E. Tutte

CORREZIONE COMMENTATA

1. Ci viene chiesto di individuare quale sia l'opzione sicuramente NON deducibile dal testo. Procediamo considerando ogni singola opzione.
L'opzione A è deducibile, in quanto il brano ci parla di studi condotti su Marte e sulla Luna, e di ricerche della NASA sul sistema solare, volte ad individuare eventuali forme di vita, dunque dovranno essere indagini nel campo della biologia.
Anche l'opzione B è deducibile dal testo, poichè viene detto che l'unico pianeta su cui sono certamente presenti forme di vita è la Terra, sulla Luna non è ancora stato verificato.
L'opzione D può essere dedotta dal testo poichè ci viene detto che nel sistema solare sono state individuate condizioni compatibili con la vita, a patto di immaginarla molto diversa dal punto di vista chimico da come la intendiamo noi; forme di vita ed essere viventi, perciò, non sono concetti sovrapponibili (dunque, anche l'opzione E è deducibile dal brano).
Infine, l'opzione C non è compatibile con il testo poichè in nessun punto si parla di insetti o forme di vita simili agli insetti, anzi si sottolinea come si debba pensare la vita sugli altri pianeti come diversa da quella sulla Terra.
Risposta corretta C.

2. Ci viene richiesto di individuare l'opzione deducibile dal brano.
Il testo afferma che gli dei, immaginati nella medesima situazione in cui è calato l'uomo, fossero soggetti, proprio come gli uomini, alla loro stessa condizione mortale; persino le fattezze erano ideate prendendo a modello quelle umane. Si può quindi direttamente dedurre che l'uomo si raffigurasse le divinità ispirandosi proprio a sé stesso, come sostenuto dall'opzione C.
Nel brano non si fa accenno al fatto che nei miti si raccontassero le gesta degli dei o loro possibili interferenze con esseri umani (risposta A errata), né risulta specificato che gli dei vivessero sulla Terra e venissero seppelliti nel mondo degli uomini (risposta B errata).
Il testo cita gli animali solo come presunta causa di morte di alcuni dei, e non come oggetto di rapporti soprannaturali con essi (risposta D errata).
Infine, non vi sono basi per dedurre che gli dei non avessero modo di sfuggire alla loro sorte: il fatto che il loro destino fosse umano implica solamente che non fossero in grado di vincere la morte, ma non necessariamente che fossero impotenti di fronte a ciò che capitava loro in vita (risposta E errata).
Risposta corretta C.

3. Viene chiesto di analizzare il brano ed individuare l'opzione che NON può essere dedotta da esso.
L'opzione A può trarre in inganno, ma il testo dice che è da escludere che lo scambio di informazioni SI LIMITI a questioni di sopravvivenza; ciò presuppone che i delfini siano in grado di comunicare riguardo a cibo, predatori e riproduzione, ma non solo.
L'opzione B si può dedurre dalla seconda parte del brano, in cui vengono riportati gli esempi della rabbia, dell'eccitazione e della felicità.
L'opzione D, invece, si può dedurre dalla prima parte del brano, dove il linguaggio dei delfini viene paragonato a quello umano poichè entrambi organizzano suoni in sequenze. L'opzione E è facilmente deducibile dalla fine del brano, in cui viene chiaramente detto che i delfini esprimono la rabbia anche attraverso vibrazioni della mascella e l'eccitazione con una sorta di cinguettio.
La risposta corretta, poichè non direttamente deducibile dal brano, è dunque la C. Infatti, il testo dice che il linguaggio dei delfini, come quello umano, è composto da suoni combinati in diverse frequenze, ma non mette sullo stesso piano le due modalità di comunicazione in quanto a complessità.
Risposta corretta C.

4. Il quesito richiede l'individuazione dell'opzione deducibile da quanto affermato nel testo.
Sebbene nel brano si affermi che il numero di indiani morti per malattia sia superiore a quello dei caduti in guerra, non ci sono sufficienti informazioni per dedurre che questa sia sicuramente la causa più importante della loro sconfitta (risposta A errata).

Non viene esplicitato, né suggerito, che coloro che morivano in numero maggiore fossero i detentori del potere: il brano dice che le malattie colpivano molti indiani, "compresi i capitribù e i re", e non "soprattutto i capitribù e i re" (risposta B errata).
Inoltre, il testo non fornisce alcuna informazione riguardo alla causa della maggior vulnerabilità dei nativi alle malattie di importazione europea: è dunque scorretto affermare che il sistema immunitario degli indiani fosse meno efficiente, l'inadeguatezza dell'immunità dei nativi può essere stata dedatta anche da altre cause (risposta D errata).
Infine, il brano non fornisce le basi per presupporre che le tecnologie e le strategie di guerra dei conquistatori fossero più avanzate e, anche se tale informazione rientra nelle conoscenze personali del lettore, questo non deve portare a deviare da quanto contenuto nel brano (attenersi sempre e solo a quanto affermato nel testo).
Dunque, l'opzione corretta risulta essere la C: il fatto che i sopravvissuti fossero demoralizzati dai risultati delle malattie ci suggerisce che la dinamica dell'epidemia fosse in grado di mettere a dura prova le loro condizioni psicologiche.
Risposta corretta C.

5. Il quesito richiede di trovare l'opzione NON deducibile dal brano.
Il testo tratta dei benefici garantiti per la nostra salute dal consumo di frutta e verdura, sottolineando come un alto contenuto delle stesse riduca la probabilità di andare incontro a patologie croniche, come i tumori (risposta E errata).
Il testo afferma inoltre che frutta e verdura contengano sostanze antiossidanti, in grado di combattere il danno causato dai radicali liberi, cioè lo stress ossidativo, presumibilmente alla base delle malattie precedentemente elencate (risposta B errata).
Viene anche sottolineato che esistono radicali liberi prodotti dal nostro organismo (endogeni) e radicali liberi prodotti da fattori esterni (esogeni) (risposta C errata).
Infine, alla luce di tutte queste proprietà benefiche, è facile concludere che il consumo di frutta e verdura si possa considerare una "medicina naturale" (risposta D errata), ma non si può affermare che sia in grado di assicurare la protezione da malattie croniche, e soprattutto non vengono forniti dati riguardo al numero di porzioni di frutta e verdura che andrebbero consumati per avere benefici.
Risposta corretta A.

6. Il quesito richiede di identificare l'opzione NON deducibile da quanto affermato nel brano.
Nella prima parte del testo, a proposito dei test genetici predittivi, si sottolinea come la loro applicazione sia limitata solo ad alcune forme mendeliane di malattie di complesse (risposta A errata).
Nella seconda parte, a proposito dei dubbi legati alla diffusione dei kit genetici, si afferma come la ricerca sia ancora ad uno stato embrionale (risposta E errata).
È facile dedurre che la denominazione "malati di rischio" si riferisca a coloro che vengono identificati tali dalla positività di un test genetico (risposta D errata) e che la complessità dell'interazione gene-ambiente, elencata tra i motivi di perplessità, sia alla base della manifestazione di molte malattie (risposta C errata).
L'unica affermazione che non può essere dedotta dal testo, per insufficienza di informazioni, è che uno dei motivi di perplessità riguardi il consumo di preziose
risorse sanitarie.
Risposta corretta B.

7. Il quesito richiede di individuare l'opzione deducibile dal brano.
L'opzione A è errata in quanto il brano non cita l'utilizzo dell'ecografia, e tantomento ne consiglia l'utilizzo a tutte le donne in gravidanza.
Le opzioni B e D non sono corrette perché, allo stesso modo, il testo non specifica le tempistiche di utilizzo delle due diverse metodiche di diagnostica prenatale, né che tali indagini debbano essere eseguite in laboratorie specializzati.
L'opzione E è errata perché aggiunge infomazioni rispetto a quanto affermato nel brano: è vero che il rischio di aborto è maggiore nei primi tre mesi di gravidanza, ma dal testo non possiamo dedurlo.

Possiamo, invece, dedurre che alcune indagini genetiche siano attuabili in epoca fetale, quando il bambino si trova ancora nella pancia della mamma: viene proprio esplicitato che lo scopo della diagnosi prenatale è individuare patologie, anche genetiche, a carico del feto, e che è possibile prelevare da esso alcuni tessuti per tali diagnosi.
Risposta corretta C.

8. Il quesito richiede di individuare l'opzione deducibile dal testo.
Possiamo facilmente escludere l'opzione A, perché il brano non cita le tecniche e i metodi che Freud utilizzava per trattare i pazienti, quindi non possiamo dire se usasse medicinali o meno.
Per quanto riguarda l'opzione C, è vero che Freud condannava il torpillage elettrico, ma per la sua scarsa efficacia, non perché fosse doloroso.
Nell'opzione D vengono erroneamente accomunati alcuni dati: la cultura positivista proponeva un modello neurologico organico, e il torpillage aveva lo scopo della rapida riutilizzazione militare degli uomini, ma il testo non specifica che lo scopo della cultura positivista fosse creare uomini-soldato, senza interessarsi della loro salute mentale.
Infine, anche l'opzione E risulta errata: eros e thanatos vengono correlati alla parte pacifica e la parte violenta della psicologia umana, e all'interno della visione endopsicologica di Freud non potranno essere dunque degli organi cerebrali.
È invece possibile dedurre dal brano che il disturbo da stress post-traumatico sia legato anche ad un conflitto preesistente inconscio e non risolto, come esprime esplicitamente il brano nella sua conclusione.
Risposta corretta B.

9. Il quesito richiede di individuare l'opzione NON deducibile dal testo.
Nel brano si attribuisce al papilloma virus umano, trasmissibile per via sessuale, la responsabilità dello sviluppo di un tumore all'utero (risposte A e B errate).
Nella seconda parte del testo si sottolinea come il test HPV sia più sensibile del Pap-test, ma di conseguenza meno specifico; grazie all'utilizzo dell'espressione "di conseguenza", possiamo dedurre che sensibilità e specificità siano due caratteristiche interdipendenti di un test, e che l'aumento dell'una comporti la diminuzione dell'altra (risposta D errata).
Viene infine spiegato che il metodo attualmente raccomandato consiste nell'eseguire prima un HPV test e poi un Pap-test nelle donne HPV positive (risposta E errata).
L'unica affermazione che non può essere dedotta dal testo, per insufficienza di informazioni, è che esista un intervallo di tempo specifico in grado di rendere massimi i benefici dello screening.
Risposta corretta C.

10. Il quesito richiede di individuare l'opzione deducibile dal testo.
Il brano non cita battaglie tra civili, nè tantomeno le correla allo scoppio della seconda Guerra Mondiale (risposta A errata).
Le opzioni C e D esprimono considerazioni personali che, pertanto, non sono direttamente deducibili dal testo, bensì giudizi che possono variare soggettivamente. L'opzione E è errata poichè dal testo non sappiamo se i pescecani si siano arricchiti più degli operai, ma solo che gli operai hanno migliorato le loro condizioni grazie alle lotte sindacali e che i pescecani si sono arricchiti durante la guerra; non abbiamo abbastanza informazioni per mettere in relazione le due situazioni.
L'opzione B è invece corretta perchè nel brano ci viene detto che la classe più colpita dalla crisi è soprattutto quella media, composta anche da reduci.
Risposta corretta B.

11. Il quesito richiede di individuare l'opzione NON deducibile da quanto affermato nel brano.
Nel testo si afferma che la pratica del tabù serve ad isolare persone ritenute in pericolo, per scongiurare che vengano raggiunte da tale pericolo e che questo contagi anche altri individui (risposte A e C errate).
Si fa inoltre riferimento all'usanza di allontanare oggetti particolari dalla quotidianità (risposta B errata) e al fatto che la forza spirituale delle persone possa essere diminuita (risposta E errata).
Non viene invece sostenuto che il tabù debba essere circoscritto solo a persone con determinate

caratteristiche, né che la forza spirituale debba essere quantificata o qualificata. Il brano sostiene che il tabù debba essere riservato a chi rischia che la sua forza spirituale venga in qualche modo intaccata, non è detto, dunque, che essa debba essere fuori dal comune.
Risposta corretta D.

12. Il quesito richiede di individuare l'unica opzione NON deducibile dal testo.
L'opzione A è deducibile a tutti gli effetti, in quanto derivabile dalle espressioni "fino a poco tempo fa" e "quasi tutti creati in laboratorio", che lasciano inequivocabilmente intuire che ci siano stati nel tempo varie ricerche ed esperimenti.
L'opzione B è deducibile dal fatto che nel brano viene chiaramente specificato come la forma del ghiaccio dipenda dalle diverse condizioni di temperatura e pressione, riferibili anche a diverse condizioni atmosferiche.
Anche l'opzione D trova un preciso riferimento testuale, quando viene detto che il ghiaccio XVII è diverso e molto promettente per il mondo delle auto ad idrogeno non inquinanti.
L'opzione E è anch'essa deducibile, in quanto riprende e rielabora l'ultima parte dell'intervento del ricercatore intervistato riguardo le proprietà della forma XVII.
L'unica opzione che non trova riferimenti espliciti nel brano è dunque la C: viene detto che la forma esagonale è la più "conosciuta" nell'immaginario comune, ma non viene specificato quale sia effettivamente la forma più diffusa in natura.
Risposta corretta C.

13. Il quesito richiede di individuare l'unica opzione deducibile dal brano.
L'opzione A non è corretta, in quanto i Paesi a clima tropicale vengono additati come principali "produttori", e non vi sono riferimenti riguardo al loro consumo effettivo di zenzero.
L'opzione B sostiene una tesi esattamente opposta a quanto specificato nel brano, cioè che oggi sia molto facile reperire lo zenzero perché divenuto bene di consumo diffuso ed acquistabile presso la grande distribuzione.
Lo stimolo termogenico ad opera dello zenzero riguarda il consumo di energia a livello digestivo, il brano non sepcifica che l'aumento della termogenesi si traduca in un una sensazione di calore percepita al momento dell'assunzione, dunque anche l'opzione D è da scartare
Le uniche somiglianze con la patata gialla riguardano il colore e l'aspetto fisico, non le proprietà salutari e gli effetti benefici, portandoci all'esclusione anche dell'opzione E.
Dunque, la risposta corretta è la C, in quanto, pur rielaborandolo, esprime il concetto del brano circa le proprietà di stimolazione enzimatica e biliare di tale alimento.
Risposta corretta C.

14. Il quesito richiede di individuare l'unica opzione NON deducibile dal brano.
L'opzione A è deducibile dal testo, che introduce la spiegazione indicando la scoperta di una "bizzarra nuova specie", così come l'opzione C, che riprende le parole dell'esperto intervistato circa lo stato di conservazione dello scheletro.
Le opzioni D ed E, entrambe riguardanti la morte e la posizione assunta dal dinosauro negli ultimi istanti di vita, sono anch'esse espressione di informazioni contenute nel brano: la causa della morte (incapacità di liberarsi dal fango) è infatti ricavabile dalla gestualità agonizzante dell'animale (posizione di ritrovamento), e di conseguenza fango e posizione rivolta verso l'alto costituiscono anche il motivo del nome che gli è stato assegnato.
Non è invece deducibile l'esatta dinamica di morte del dinosauro: in nessun punto del brano viene detto che sia stato direttamente l'asteroide a catapultare il dinosauro nel fango.
Risposta corretta B.

15. Il brano afferma che, in campo scientifico, nulla porti più notorietà e riconoscimento che confutare ipotesi e teorie precedentemente appoggiate. P1 non può essere corretta perché il fatto che gli scienziati siano scettici riguardo alle previsioni sul riscaldamento globale non è dovuto al fatto che loro ritengono chi ha proposto l'ipotesi incompetente, ma perché vorrebbero trovare un modo per confutare l'ipotesi ed in questo modo ottenere dei riconoscimenti. P2 è corretta , è infatti una parafrasi dell'ultimo periodo del testo. P3 è corretta, infatti il testo ci dice che la scienza moderna si basa sul fare tesi, dimostrarle e ribaltare quelle precedenti, è quindi

pensabile che la tesi corrente si sia affermata negando quella precedente.
Risposta corretta C.

16. Il brano afferma che, in campo scientifico, nulla porti più notorietà e riconoscimento che confutare ipotesi e teorie precedentemente appoggiate. P1 è infatti corretta in quanto gli scienziati che contrastano queste teorie procedono secondo il metodo della scienza moderna illustrato dal testo. P2 è errata, in quanto il testo ci dice che ribaltare le certezze scientifiche porta al riconoscimento dalla comunità scientifica, ma non che questa sia la causa principale che ha stimolato la ricerca nel campo del riscaldamento globale. P3 è sbagliata, infatti il testo ci dice che è sorprendente che gli scienziati non abbiamo trovato prove contrarie a queste teorie, ma non fa riferimenti al tipo di ricerca che è stata fatta in tale campo.
Risposta corretta D.

17. Il quesito ci chiede di individuare l'opzione NON deducibile dalla lettura del brano 2. P3 è deducibile: l'autore del testo infatti, si dichiara contrario nel giustificare la non assunzione di un candidato a causa della sua sovra-qualifica, ma ciò non toglie che il fenomeno della sovra-qualifica esista e che quindi molti candidati vengano giudicati troppo qualificati per un determinato lavoro. Risposta C, D ed E errate. Per lo stesso motivo anche P2 può essere dedotta dal testo. Risposta B errata. L'affermazione che non può essere dedotta è P1, infatti non è vero che i datori di lavoro respingono i candidati senza motivazione, semmai li respingono con una motivazione sbagliata (quella della sovra-qualifica).
Risposta corretta A.

18. L'affermazione P1 è corretta, infatti nelle ultime righe del testo si afferma che il fallimento (e quindi in questo caso la non assunzione di un candidato) non può essere giustificato dalla sovra-qualifica ma può essere giustificato nel caso in cui il candidato presentasse delle carenze. L'affermazione P2 è corretta, è il messaggio principale del testo. Anche P3 risulta esatta, in quanto nelle ultime due righe del testo è esplicitato come dietro ad un fallimento, come una non assunzione, spesso si nascondano carenze attitudinali.
Risposta corretta E.

19. L'affermazione P1 è errata in quanto esprime l'esatto opposto di quanto detto nel testo; la P2 è corretta perché riporta il concetto alla base del brano; P3 è errata, infatti può essere sia vera che falsa, non si hanno dati a sufficienza per poterne stabilire la veridicità, anche se secondo un ragionamento logico e basandosi sulle proprie conoscenze si sarebbe propensi ad affermarne la veridicità.
Risposta corretta B.

20. L'affermazione P1 è errata in quanto esprime l'opposto di quanto presente nel testo; la prestazione è ciò che può essere influenzato, cosa non possibile con l'acquisizione di un comportamento. P2 è altrettanto errata dal momento che non vengono citati i meccanismi mentali alla base di persone più grandi (quali sono i genitori dei bambini). L'unica deduzione corretta è la C che esprime il concetto alla base del testo
Risposta corretta B.

1.12.2 Comprensione del testo

1. Leggere i brani e rispondere a ogni quesito solo in base alle informazioni contenute (esplicitamente o implicitamente) nel brano e non in base a quanto eventualmente conosci sull'argomento.

Brano 1

Oltre alla musica, il leitmotiv dell'adolescenza che dà voce e ritmo al mondo interiore dei ragazzi, la cultura giovanile, si manifesta in molte altre forme, dalle più tradizionali alle più innovative. Accanto alla passione per tutto ciò che è immagine e movimento, a cominciare dal cinema, che consente una fruizione più immediata, diretta, visiva, è in lieve crescita anche la passione per la lettura, che richiede invece un processo di elaborazione interiore più complesso dell'impatto immediato, visivo dell'immagine. Quello che emerge come nuova tendenza è una maggior spinta degli adolescenti a diventare protagonisti della propria cultura, inventando nuove forme espressive che diano loro visibilità come individui e come soggetti sociali. Sono sempre di più i ragazzi che non si limitano ad ascoltare la musica, ma la compongono e la suonano. E che oltre a leggere, dedicano più tempo alla scrittura, da quella privata dei diari, delle poesie, dei pensieri tracciati con il pennarello sulle pareti della loro stanza, a quella pubblica dei graffiti. Nata nei ghetti neri di New York negli anni Settanta, come espressione di protesta creativa contro l'emarginazione sociale e contro lo squallore dei quartieri più disagiati, la cultura dei graffiti è una forma di arte trasgressiva che consente ai ragazzi non solo di lanciare al mondo i propri messaggi, ma di accendere di nuovi colori i luoghi metropolitani più desolati, imbruttiti, spenti, dai muri di periferia alle fabbriche abbandonate. Non sempre tuttavia i graffiti degli adolescenti nascono da una vera tensione creativa e artistica. Al di là della ricerca stilistica comunque presente, spesso esprimono soprattutto il bisogno narcisistico di apparire, di rendersi visibili nel modo più provocatorio possibile. Sono i graffiti in cui i ragazzi gridano «Io esisto!» attraverso la ripetizione ossessiva del proprio nome, un marchio di identità siglato in caratteri e colori diversi.

1. L'autore, nel brano 1, sostiene che nell'arte dei graffiti, i ragazzi:

A. Oscillino fra il desiderio creativo di abbellire le città e quello narcisistico di esprimere se stessi
B. Intendano solo accendere di nuovi colori i luoghi metropolitani più spenti
C. Esprimano una sfida al negativo che ha quasi la stessa valenza trasgressiva e penale di altri comportamenti antisociali, come il furto e la violenza
D. Vogliano solo essere riconosciuti come artisti
E. Nessuna delle precedenti

2. L'autore, nel brano 1, sostiene che:

A. Gli adolescenti preferiscano la letteratura al cinema perché meno immediata
B. Il fine ultimo dei ragazzi non sia più solo quello di farsi ascoltare ma si pongano anche come soggetti inseriti nel tessuto sociale, trasformandosi in protagonisti attivi della cultura e dell'arte
C. I graffiti, nati come forma di protesta negli anni Settanta per raccontare il disagio sociale che si viveva nei ghetti neri, siano oramai solo un mero pretesto per mettersi in mostra
D. Oramai la cultura giovanile si manifesti solo in forme innovative e moderne
E. La fruibilità di strumenti musicali, a basso costo e facilmente accessibili a tutti, abbia fatto sì che più adolescenti, rispetto al passato, potessero diventare compositori musicali e musicisti

3. L'autore, nel brano 1, sostiene che:

A. L'adolescente, che insistentemente replica il proprio nome sui muri, abbia sicuramente una questione irrisolta nel background familiare che causa un disagio interiore
B. Gli adolescenti esprimano la loro vena creativa in quanto intendono trasformare la città in un quadro a cielo aperto
C. I giovani vogliano esprimere una sfida all'emarginazione ma ci riescono solo se superano il narcisismo tipico della loro età
D. Gli adolescenti mirino a diventare protagonisti della propria cultura, cioè rifiutano la cultura del passato

perché non vi si riconoscono e pertanto creano nuove forme espressive
E. Alcuni adolescenti si facciano anche promotori di messaggi provocatori di sfida e per questo si rifugiano in varie forme di cultura

4. L'autore, nel brano 1, sostiene che:
A. L'umore degli abitanti delle città trovi giovamento dagli sprazzi di colore, che rompono la monotonia grigia e lo squallore dei quartieri difficili, forniti dai graffiti
B. Gli adolescenti non siano particolarmente interessati ad essere protagonisti della propria cultura, per questo si rifugiano in forme d'arte tradizionali
C. L'amore per la lettura sia sempre relativamente basso, seppure in crescita
D. La passione per il cinema sia maggiore rispetto a quella per la musica
E. Sono sempre più numerosi i ragazzi che compongono e suonano musica

Brano 2

Il passaggio dalla cultura orale a quella scritta ha avuto conseguenze di grande portata. Ha dato maggiore importanza all'occhio e minore all'orecchio. Ha rafforzato la sfera privata, l'introspezione, il distacco. Ha fatto nascere l'individualismo. Ha favorito lo sviluppo del pensiero logico-empirico e della scienza. Ha provocato un mutamento nell'atteggiamento verso il passato, facendo emergere la distinzione fra mito e storia. Ha favorito, almeno nella Grecia antica, lo sviluppo della democrazia politica, facendo sì che la maggioranza dei cittadini fosse in grado di leggere le leggi e di prendere parte alla loro approvazione. Ha reso possibile lo sviluppo della burocrazia moderna, che è basata non solo su regole scritte e sull'esistenza di archivi, ma anche su metodi di reclutamento spersonalizzati. Il passaggio dalla cultura orale a quella scritta è stato accompagnato dalla nascita e dallo sviluppo della scuola. Fino a quando il patrimonio culturale è stato trasmesso esclusivamente con rapporti faccia a faccia e con conversazioni, la socializzazione è avvenuta all'interno della famiglia e del gruppo dei pari. I genitori o altri adulti insegnavano ai bambini a memorizzare storie, canti, ballate. Quando invece si è cominciato a servirsi della scrittura come mezzo di comunicazione, una parte crescente dell'educazione ha avuto luogo nella scuola. Fu infatti nel V secolo a.C., dopo la creazione del primo sistema di scrittura alfabetica, che in Grecia nacque la scuola elementare, dove si insegnava a leggere, a scrivere e a fare di conto e che i bambini iniziavano a frequentare a sette anni. Imitando il maestro, essi imparavano a scrivere le lettere sulla sabbia, su tavolette di cera e poi sul papiro. Questo modello fu ripreso da Roma dove le scuole elementari ebbero un forte sviluppo nel II e nel I secolo a.C. Pur avvicinando alla nuova forma di comunicazione scritta tutti, o quasi tutti, la scuola ha creato gradi di alfabetizzazione diversi, quindi nuove disuguaglianze e divisioni. Come ha scritto l'antropologa americana Margaret Mead, "l'educazione primitiva era un processo che manteneva una continuità tra genitori e figli. [...] L'educazione moderna sottolinea invece il ruolo della funzione educativa nel creare discontinuità: nel rendere alfabeta il figlio dell'analfabeta".

5. L'autore, nel brano 2, sostiene che:
A. La scuola fondata sulla scrittura sia causa di disuguaglianza e discontinuità tra le generazioni
B. Proprio perché avvicinava la maggioranza della popolazione, questa nuova forma di comunicazione scritta fosse molto più democratica, fornendo con l'insegnamento a scuola le stesse capacità a tutti
C. La scuola fondata sulla scrittura sia la prima e unica vera forma di educazione riscontrabile nella storia
D. L'educazione per via orale, tramandata direttamente dagli adulti ai bambini, fosse spesso lacunosa e poco efficace
E. I bambini educati con il metodo orale fossero molto meglio socializzati e in grado di inserirsi nel contesto socio-politico con più facilità

6. L'autore, nel brano 2, sostiene che:
A. La perdita del senso di sapere collettivo vada imputata ad un crescente individualismo che nell'antichità portò a prediligere la scrittura come forma di comunicazione
B. Lo sviluppo della burocrazia moderna ha fatto emergere la distinzione fra mito e storia

C. Grazie all'introduzione della democrazia politica nella Grecia antica, è avvenuto il passaggio dalla cultura orale a quella scritta
D. Senza la nascita della democrazia non ci sarebbe stata una scuola elementare nella Grecia antica
E. Grazie al passaggio dalla cultura orale a quella scritta, sia stato reso possibile il coinvolgimento dei cittadini nella vita politica della Grecia antica

7. Nel brano 2 si afferma che:
A. Il pensiero logico-empirico ha subito un brusco arresto in seguito al passaggio dalla cultura orale a quella scritta
B. Lo sviluppo della scienza ha risentito negativamente del passaggio dalla cultura orale a quella scritta
C. L'individualismo è proprio della cultura orale, perché il sapere è tramandato di generazione in generazione con mutamenti dovuti alle diverse capacità e gusti del narratore e dei suoi alunni
D. Secondo l'antropologa americana Margaret Mead, l'educazione moderna introduce, in termini culturali, uno scarto generazionale
E. Secondo l'antropologa americana Margaret Mead, l'educazione moderna rende più accessibile la cultura a tutti, stimolando lo sviluppo della democrazia

8. L'autore, nel brano 2, NON sostiene che:
A. Il passaggio dalla cultura orale a quella scritta abbia portato a privilegiare la vista piuttosto che l'udito
B. L'avvento della cultura scritta abbia permesso la nascita di metodi di reclutamento spersonalizzati
C. Gli alunni imparassero, per imitazione, dal maestro riproducendo le lettere nella sabbia, su un papiro o su tavolette di cera
D. La cultura orale avesse poco riguardo per l'educazione dei giovani, e solo con la nascita delle prime scuole tutti i giovani poterono accedere ad un'educazione adeguata
E. La scuola abbia creato gradi di alfabetizzazione diversi, stratificando ulteriormente la società, nonostante abbia reso accessibile la parola scritta ad un numero sempre crescente di persone

Brano 3

Il tempo è indissolubilmente legato al linguaggio, all'apparato sensoriale e alla comunità umana. Il tempo nasce quando la coscienza incontra il mondo in una vita normale.
Senza contraddire nessuno, vorrei mettere in discussione Newton, il quale riteneva che il tempo scorre nell'universo indipendentemente dall'uomo, e Kant, che riteneva il tempo innato nella coscienza. Io credo che il tempo sia una possibilità intrinseca a tutti gli uomini di tutte le epoche, ma che richieda di essere insegnata per dispiegarsi, e che le forme che assume dipendano dal carattere dell'insegnamento e dell'ambiente.
Il tempo è una sfera formata da lingua, colori, odori, suoni e sensazioni, una sfera in cui uno convive con il mondo, uno strumento con cui si può ordinare e comprendere il mondo, che è uno dei motivi indispensabili alla sopravvivenza. Ma se il tempo diventa troppo rigido, allora diventa motivo per annientare sé stessi.
[...] Il tempo lineare è inevitabile, è uno dei modi per restare aggrappati al passato, come punti su una linea, la battaglia di Poitiers, Lutero a Wittemberg, la decapitazione di Struensee nel 1772. Anche quel che scrivo qui, questa parte della mia vita, è ricordato in questo modo.
Ma non è l'unico. La coscienza ricorda anche campi, passaggi fluidi, relazioni che uniscono quello che è successo una volta con quello che succede ora, senza considerare il corso del tempo. E nel punto più lontano del passato la coscienza ricorda una pianura senza tempo.
Se si cresce in un mondo che permette e premia una sola forma di ricordo, allora viene esercitata una costrizione contro la nostra natura. Allora si viene lentamente spinti verso l'orlo del precipizio.
[...] Nella sua forma più semplice il tempo è l'indescrivibile unione di riconoscimento e sorpresa che nasce quando la coscienza incontra il movimento del mondo. È la consapevolezza che in ogni mutazione c'è qualcosa di mai visto prima, qualcosa di unico e irreversibile, e qualcosa che rimane sempre uguale.

9. L'autore, nel brano 3, sostiene che:
A. Il tempo nasca dall'incontro fra il subconscio e il mondo
B. Il tempo sia innato nella coscienza
C. Il tempo scorra nell'universo indipendentemente dall'uomo

D. Il tempo sia una caratteristica che tutti gli uomini di ogni epoca possiedono, e per essere compresa ed utilizzata va prima imparata
E. Il tempo possa assumere varie forme, dipende solo dall'epoca vissuta

10. L'autore, nel brano 3, sostiene che:
A. Il tempo lineare sia un modo inevitabile per ordinare e comprendere il mondo, ma non l'unico
B. L'unico modo in cui si può ordinare e comprendere il mondo sia analizzare il tempo come se fosse una linea retta
C. Il modo innato attraverso cui l'uomo ordina e comprende il mondo nel suo intimo e privato non sia estendibile alla società moderna
D. Le persone che fanno affidamento al tempo lineare siano troppo attaccate al passato
E. Sia bene trovare un'unica forma a noi congeniale per descrivere il tempo

11. L'autore, nel brano 3, sostiene che:
A. Newton e Kant abbiano descritto il tempo con una visione sbagliata
B. Il tempo, essendo intrinseco di ogni uomo, non sia soggetto ad influenze esterne
C. I sensi e la società in cui si vive condizionino la nostra percezione del tempo
D. Senza rigidità e regole ferree per il tempo, le epoche passate e il futuro, sarebbe solo caos
E. Il tempo non è mai stato uno strumento indispensabile alla sopravvivenza

12. L'autore, nel brano 3, non sostiene che:
A. Senza il tempo non sia possibile sopravvivere
B. Il tempo sia una sfera in cui si convive con il mondo, composta dalle sensazioni che proviamo e dal linguaggio che parliamo
C. Se si viene costretti a prediligere solo una forma di ricordo, presto o tardi l'andare contro natura, farà sprofondare in un abisso
D. I ricordi molto lontani e sbiaditi, si appiattiscano e confondano fino a diventare indistinguibili
E. Nessuna delle precedenti

Brano 4

James P. Allison e a Tasuku Honjo, rispettivamente di nazionalità statunitense e giapponese, sono gli scienziati premiati con il Nobel per la medicina 2018. Le loro ricerche sono state una pietra miliare nella lotta contro i tumori perché per la prima volta hanno portato alla luce i meccanismi con i quali le cellule del sistema immunitario attaccano quelle tumorali.

Allison ha aperto la via alle ricerche che gli hanno fruttato il massimo riconoscimento scientifico studiando le proteine che funzionano come un freno del sistema immunitario e intuendo le loro grandi potenzialità: manipolando il loro freno naturale sarebbe stato possibile aggredire i tumori con nuove armi.

Honjo ha segnato un altro passo lungo questa nuova strada scoprendo una proteina delle cellule tumorali che funziona anche come un freno, ma con un meccanismo d'azione diverso rispetto a quelli noti fino a quel momento.

Entrambe le scoperte si sono tradotte nel tempo in nuovi approcci per la terapia contro i tumori che si stanno dimostrando molto promettenti. Le proteine possono impedire alle difese naturali del corpo di uccidere le cellule tumorali: la terapia è pensata per rimuovere queste proteine-freno e permettere al sistema immunitario di mettersi al lavoro più rapidamente per combattere il cancro. In particolare, lo scienziato americano James Allison ha scoperto la CTLA-4, la proteina che "frena" l'attivazione dei linfociti T, "soldati" fondamentali per il nostro sistema immunitario. Bloccando questa proteina, le cellule T rispondono efficacemente contro i tumori.

Una scoperta che ha portato alla produzione di farmaci, come ipilimumab, in grado di allungare la vita a pazienti inizialmente affetti da melanoma metastatico. Ora ci sono diverse sperimentazioni in corso sull'utilizzo di anticorpi contro CTLA-4 in pazienti affetti da altre forme tumorali.

Lo scienziato giapponese è stato il primo ad individuare nel 1992 la proteina PD-1, anch'essa un "freno" per le cellule T. PD-1 agisce da inibitore della risposta del nostro sistema immunitario quando si collega a PD-L1, una proteina espressa su alcune cellule normali e tumorali. Alcune cellule tumorali hanno una grande quantità di PD-L1, che le aiuta a sfuggire quindi all'attacco immunitario.

Gli inibitori di PD-L1 hanno dimostrato di essere utili nel trattamento del cancro della vescica e del cancro del polmone non a piccole cellule.

13. Secondo quanto riportato nel Brano 4:

A. Allison e Honjo hanno collaborato ad una delle più promettenti ricerche nel campo della cura ai tumori

B. Non è possibile che due scienziati vincano contemporaneamente il premio Nobel

C. I due scienziati hanno scoperto terapie anti-tumorali che sono oggi l'avanguardia dell'oncologia

D. Le terapie che utilizzano le scoperte dei due scienziati hanno registrato dati sperimentali estremamente positivi per il futuro

E. Allison e Honjo si sono riferiti, nei loro studi, a precedenti scoperte nel campo della biologia molecolare

14. Quale delle seguenti affermazioni NON è ricavabile dal Brano 4?

A. Entrambi gli scienziati hanno lavorato a ricerche su proteine che interferiscono con l'attivazione del sistema immunitario

B. Le due proteine individuate hanno ruoli similari

C. La scoperta della proteina PD-L1 da parte di Honjo ha permesso sviluppi terapeutici verso la cura del tumore alla vescica e al polmone

D. I linfociti T sono i principali effettori della difesa immunitaria verso lo sviluppo di neoplasie tumorali

E. La scoperta di Allison della proteina CTLA-4 ha portato allo sviluppo di farmaci come l'ipilimumab

15. Facendo riferimento al contenuto dell'articolo:

A. Le proteine CTLA-4 e PD-1 hanno azione diretta nel disinnescare lo sviluppo tumorale

B. La scoperta di PD-1 nel 2018 è valsa ad Honjo il massimo riconoscimento scientifico internazionale

C. Viene messa in dubbio l'effettiva validità scientifica del premio Nobel

D. Le terapie derivate da queste scoperte si propongono di potenziare queste proteine (CTLA-4 e PD-1) per aumentare l'efficacia della difesa immunitaria

E. Nessuna opzione precedente fa correttamente riferimento al contenuto dell'articolo

16. Secondo quanto riportato nel Brano 4:

A. La presenza di PD-L1 rappresenta il fattore attivante dell'effetto inibitore di PD-1

B. Tutte le cellule tumorali esprimono una grande quantità di proteina PD-L1

C. PD-L1 è tipico delle cellule tumorali

D. Il tumore della vescica e tutti i tumori polmonari sono stati il target principale delle nuove terapie anti-PD-1

E. Il meccanismo di attivazione di CTLA-4 e PD-1 è potenziato nelle terapie antitumorali

Brano 5

L'adulto può intervenire sul comportamento espressivo del bambino sia ampliandone le conoscenze sia influenzandone l'immaginazione. Un bambino può avere degli interessi conoscitivi: per esempio può volere riprodurre una bicicletta e perciò si pone il problema di sapere com'è fatta, come funziona il meccanismo che fa muovere le ruote. È un desiderio legittimo. In casi del genere, più che spiegare soltanto a voce o su figura è utile far vedere e toccare l'oggetto, perché parte dell'apprendimento del fanciullo si verifica attraverso il tatto. L'adulto, ancora, può indurre il bambino, sotto forma di gioco, a scoprire i diversi aspetti di un oggetto, le sue funzioni, e a notarne i dettagli: tanto maggiore è la conoscenza, tanto più vasto è il campo su cui può spaziare il pensiero creativo del bambino. Un modo per stimolare l'immaginazione d'una classe o di gruppo di bambini, molto usato dagli insegnanti della scuola elementare, è il racconto. Un racconto, come una qualsiasi altra nuova esperienza, ottiene in genere l'effetto di stimolare la fantasia dei bambini inducendoli a nuove associazioni mentali: lo scopo non è tanto di portarlo a descrivere, disegnandolo, il contenuto del racconto, quanto quello di stimolarli all'associazione e provocare delle catene di immagini che possono portare anche molto lontano dallo stimolo iniziale. Ma la condizione più importante che l'adulto deve garantire è l'esistenza di un ambiente vivo e interessante dove il fanciullo possa dare sfogo alla sua naturale curiosità e al suo spirito esplorativo. Bisogna inoltre aumentare la fiducia del bambino in se stesso, incoraggiarlo e generare entusiasmo e non invece intervenire con una critica negativa e distruttiva. Il compito dell'insegnante non è quello di livellare, ma quello di contribuire ad accrescere le risorse e i potenziali caratteristici di ogni individuo, incoraggiando le motivazioni personali e riconoscendo l'esistenza di conflitti

nella personalità del bambino, perché è spesso dal conflitto che nasce un'idea.
L'esperienza creativa è di per se stessa un'esperienza vitale ed educativa che si oppone all'apatia e alla depressione.
(Anna Oliviero Ferraris, "Il significato del disegno infantile", Boringhieri)

17. L'autore, nel brano 5, sostiene che:

A. L'adulto debba intervenire ponendo al fanciullo critiche anche dure, in modo da stimolare il progredire dell'immaginazione verso le giuste associazioni mentali
B. Il bambino possa essere stimolato ad ampliare i suoi interessi conoscitivi mediante l'uso del racconto, disegnandone poi lo svolgimento
C. Senza il tatto, la comprensione di un oggetto per un bambino sia impossibile da ottenere
D. L'adulto debba appianare ogni dubbio nella mente del bambino, in modo che non vi siano più conflitti nella sua personalità
E. Un racconto ben descritto e dettagliato permetterà una maggior comprensione e stimolerà maggiormente le associazioni mentali dei bambini

18. L'autore, nel brano 5, NON sostiene che:

A. L'esperienza creativa stimoli i bambini educandoli e facendone degli individui più entusiasti
B. Senza un ambiente vivo e interessante, l'accrescimento educativo del bambino sia limitato
C. L'adulto debba proporre sempre nuovi spunti ai bambini perché loro, da soli, non sono in grado di avere degli interessi conoscitivi propri
D. I bambini debbano essere lasciati divagare in associazioni mentali inconsuete, creando lunghe catene mentali
E. L'insegnante debba permettere lo sviluppo del potenziale di ogni bambino incoraggiandolo e non appianando le differenze tra studenti

19. L'autore, nel brano 5, sostiene che:

A. Un bambino poco creativo sia sicuramente apatico e depresso
B. Spesso il tatto per i ragazzini sia un metodo che apporta troppe informazioni e può essere fuorviante, soprattutto con individui così facilmente distraibili
C. I bambini non possano essere lasciati divagare in catene di immagini che devino dal racconto fornito, per limitare i rischi di distrazione
D. Anche mediante l'uso del gioco, i bambini possano imparare molto di un oggetto, interrogandosi sul suo funzionamento e utilizzo
E. Poche informazioni mirate su un determinato oggetto o argomento siano preferibili ad una conoscenza più approfondita, per non sovraccaricare il processo creativo

20. L'autore, nel brano 5, sostiene che:

A. L'adulto debba sempre intervenire nel processo conoscitivo per indirizzarlo al meglio
B. Gli insegnati, dopo aver raccontato ai bambini una storia, debbano farla loro disegnare perché ne possano comprendere a fondo il significato
C. Nel processo creativo sia normale se non auspicabile che vengano a crearsi contrasti, dovuti alla personalità del bambino, dal momento che è da queste situazioni che nascono le idee
D. L'insegnante non debba incoraggiare troppo le motivazioni personali, ma piuttosto fornire delle linee guida tramite il metodo del racconto
E. I bambini più timidi e insicuri siano spesso quelli con una maggiore vena creativa

CORREZIONE COMMENTATA

Brano 1

1. I graffiti sono espressione di protesta creativa contro l'emarginazione sociale e contro lo squallore; la cultura dei graffiti consente ai ragazzi di lanciare al mondo i propri messaggi e di accendere di nuovi colori i luoghi metropolitani più desolati, tuttavia non tutti gli adolescenti lo fanno per esprimere protesta o per via di una tensione artistica e creativa, alcuni esprimono solo un bisogno di rendersi visibili agli occhi del mondo, nel modo più provocatorio possibile.
In quest'ottica, le opzioni B e D non risultano corrette, in quanto entrambe tralasciano la dinamica dei messaggi di protesta e della necessità di apparire, ma sottolineano un unico aspetto, non completo.
L'opzione C al contrario non è supportata dal brano, che in nessun punto paragona i graffiti al furto, alla violenza e ad altri comportamenti antisociali.
La risposta che meglio racchiude le opzioni proposte dal testo è dunque l'opzione A, che concilia l'aspetto della creatività a quello del narcisismo.
Risposta corretta A.

2. L'opzione A non è la soluzione del quesito, perché non si accenna a preferenze tra cinema e letteratura.
Nel testo viene esplicitato che i graffiti vengono ancora usati sia come forma di protesta, sia come modalità per abbellire le città, e che solo alcuni adolescenti li usano come pretesto per mettersi in mostra, dunque anche l'opzione C risulta errata.
L'opzione D non è corretta in quanto il brano sostiene chiaramente che la cultura giovanile si manifesta in molte forme, sia tradizionali che innovative (musica, lettura, cinema, graffiti).
La risposta E, ancora una volta, va troppo oltre, proponendo una spiegazione plausibile, ma approfondendo un particolare (il basso costo e la facile accessibilità degli strumenti musicali) che il brano non affronta.
Dunque l'opzione corretta risulta essere la B: gli adolescenti vogliono ora diventare protagonisti attivi della cultura, inventando anche nuove forme espressive che diano loro visibilità come individui e soggetti sociali.
Risposta corretta B.

3. Le risposte A e B non sono corrette perché entrambe presentano aspetti non trattati nel brano.
L'opzione C presenta invece un errore di fondo: non tutti gli adolescenti sono narcisisti e quindi non è una regola generale che i ragazzi debbano superare questo scoglio per poter esprimere il dissenso contro l'emarginazione.
Nemmeno l'opzione D è corretta, perché il brano sostiene che gli adolescenti siano comunque legati alla cultura del passato, infatti la forma che la loro cultura assume risulta essere sia tradizionale che innovativa.
Dunque l'opzione corretta risulta essere la E: alcuni adolescenti utilizzano diverse forme d'arte (ad esempio i graffiti) per esprimere messaggi provocatori e di sfida.
Risposta corretta E.

4. L'opzione A aggiunge informazioni che il testo non fornisce: ci viene detto che alcuni adolescenti utilizzano i graffiti per dare colore alle città, ma non sappiamo niente della reazione dei suoi abitanti.
L'opzione B contraddice quanto affermato all'inizio del brano, cioè che gli adolescenti desiderano diventare protagonisti della propria cultura, e utilizzano anche forme d'arte innovative.
L'opzione C è scorretta perché all'inizio del brano ci viene detto che l'interesse per la lettura è in lieve crescita, ma non sappiamo niente sul suo livello assoluto, se sia alto o basso, e non possiamo darlo per scontato basandoci sul fatto che preveda un'elaborazione più profonda e sia meno immediata rispetto al cinema.
L'opzione D è sbagliata perché non viene mai confrontata la passione per il cinema rispetto a quella per la musica.
L'unica compatibile con il testo è dunque, ancora una volta, la risposta E: nel brano viene chiaramente specificato che sempre più adolescenti si interessano alla musica.
Risposta corretta E.

Brano 2

5. Procedendo opzione per opzione possiamo escludere la risposta B, in quanto nel brano non si parla dell'aspetto democratico dell'insegnamento scolastico, anzi si specifica che non tutti a scuola acquisivano le medesime capacità.
L'opzione C è scorretta perché il brano spiega molto bene dell'esistenza di una forma di educazione orale, precedente a quella scritta; l'opzione D invece non è corretta perché non viene fornito nessun giudizio riguardo l'efficacia o la completezza di tale educazione orale.
Infine la risposta E è da scartare in quanto nel brano non viene posto alcun confronto sul livello di socialità dei bambini educati con i due diversi metodi, viene solo detto che la socializzazione prima dell'avvento della scrittura avveniva unicamente a livello familiare; inoltre sarebbe errato sostenere che prima della scrittura fosse più semplice inserirsi nel contesto socio-politico, dal momento che invece è stato proprio grazie alla scrittura che si è sviluppata la democrazia politica.
Dunque l'opzione corretta risulta essere la A: alla fine del testo Margaret Mead sostiene che l'alfabetizzazione ha contribuito a creare una discontinuità generazionale, generando figli alfabetizzati di genitori analfabeti, in contrasto con quanto avveniva con l'educazione orale, che invece manteneva una continuità tra le generazioni.
Risposta corretta A.

6. Non è l'individualismo che spinge a scegliere la scrittura come forma di comunicazione prediletta per la trasmissione del sapere. È il passaggio da cultura orale a quella scritta che causa invece una maggiore introspezione che sfocia in un individualismo (risposta A errata).
Il passaggio alla cultura scritta ha provocato un mutamento nell'atteggiamento verso il passato, facendo emergere la distinzione fra mito e storia, e successivamente ha reso le leggi scritte consultabili dalla maggioranza della popolazione, favorendo la nascita della democrazia (risposta B errata). Anche nell'opzione C non viene rispettato il continuum temporale del rapporto causa effetto.
La risposta D non trova riscontri nel testo, che non crea nessun collegamento tra la scuola elementare greca e la nascita della democrazia.
Dunque l'opzione corretta risulta essere la E: come espresso all'inizio del brano, la nascita della scrittura e quindi di conseguenza della burocrazia e della democrazia, ha permesso ai cittadini della Grecia antica di essere maggiormente coinvolti nella vita politica.
Risposta corretta E.

7. Le risposte A e B sono errate perché contraddicono il testo, che invece sottolinea l'importanza della scrittura nello sviluppo del pensiero logico-empirico e scientifico.
Anche la risposta C non è la soluzione, dal momento che l'individualismo è proprio della cultura scritta, mentre l'educazione orale è caratterizzata da una forte spinta alla socialità.
Infine, tra le due affermazioni delle opzioni D ed E, quella corretta risulta essere la D: secondo l'antropologa americana Margaret Mead, l'educazione moderna introduce uno scarto generazionale, perché pur avvicinando alla nuova forma di comunicazione scritta tutti, o quasi tutti, la scuola ha creato gradi di alfabetizzazione diversi, anche a l'interno di una stessa famiglia. Non viene posto invece alcun nesso di causa-effetto con lo sviluppo della democrazia.
Risposta corretta D.

8. Ci viene richiesto di individuare l'opzione NON compatibile con quanto affermato nel testo.
La predilezione della vista, rispetto all'udito, da parte della cultura scritta è sostenuto chiaramente all'inizio del brano (risposta A errata).
Anche l'opzione B è deducibile: il passaggio alla cultura scritta ha permesso lo sviluppo della burocrazia, che ha consentito la nascita di metodi di reclutamento spersonalizzati (risposta B errata).
L'opzione C è chiaramente sostenuta dal brano, nella descrizione dell'insegnamento scolastico dei bambini.
Infine l'opzione E è la conclusione del testo, sostenuta anche dall antropologa Margaret Mead.
Dunque l'opzione corretta risulta essere la D: il brano infatti ci dice che prima dell'avvento della cultura scritta il patrimonio culturale è stato trasmesso esclusivamente con rapporti faccia a faccia e con conversazioni, all'interno della famiglia e del gruppo dei pari, con i genitori o altri

adulti che insegnavano ai bambini a memorizzare storie, canti, ballate. Non possiamo quindi affermare che la cultura orale avesse poco riguardo per l'educazione dei giovani e che solo con la cultura scritta e le scuole i giovani poterono accedere ad una vera educazione. Nel testo non vi è alcun riferimento alla qualità dell'educazione orale e soprattutto non vi è un confronto circa la bontà dei due metodi educativi.
Risposta corretta D.

Brano 3
9. Secondo l'autore il tempo nasce nell'incontro fra coscienza e il mondo, e non il subconscio (risposta A errata).
Anche le risposte B e C risultano errate, infatti riportano le tesi di Newton e Kant su cui l'autore non si trova in accordo.
Infine, è vero che il tempo assume molte forme, ma queste non dipendono solamente dall'epoca vissuta: il tempo interagisce anche con i sensi, con il linguaggio, con le caratteristiche del suo insegnamento e con l'ambiente, quindi ipoteticamente può essere diverso per ogni singolo individuo (risposta E errata).
Dunque la risposta corretta risulta essere la D: proprio come sostiene l'autore all'inizio del brano, il senso del tempo è posseduto da ogni uomo, ma va prima di tutto insegnato e quindi imparato.
Risposta corretta D.

10. L'opzione B è in contrasto con quanto affermato nel testo: l'autore infatti dice chiaramente che il tempo lineare è uno dei modi inevitabili per rimanere aggrappati al passato, ma non è l'unico.
La risposta C potrebbe trarre in inganno, ma in realtà in nessun punto del brano viene argomentata la possibile o non possibile estendibilità alla società moderna della modalità più intima di vivere il tempo.
La risposta D prende spunto dalla frase del brano: "Il tempo lineare è inevitabile, è uno dei modi per restare aggrappati al passato", tuttavia questo non giustifica l'affermazione che chi fa affidamento al tempo lineare sia più attaccato al passato degli altri, essendo questo chiaramente non l'unico modo per farlo.
Infine, l'autore non pretende che il singolo né tantomeno la società si costringano ad uniformarsi ad un solo metodo per analizzare il tempo, per questo motivo anche la risposta E non è la soluzione.
Dunque l'opzione corretta risulta essere la A: come detto all'inizio, il tempo lineare è un modo inevitabile di vivere il tempo, ma non l'unico.
Risposta corretta A.

11. L'autore crede che Newton e Kant abbiano descritto il tempo con una visione troppo selettiva e semplicistica, ma non per questo per forza sbagliata (risposta A errata).
L'autore ritiene che il tempo sia "una sfera formata da lingua, colori, odori, suoni e sensazioni, in cui uno convive con il mondo e attraverso cui lo comprende", dunque non potrà chiaramente non essere soggetto ad influenze esterne (risposta B errata).
L'opzione D non è corretta, in quanto non giustificata da nessuna argomentazione del brano, e l'opzione E deve essere scartata perché in contrasto con quanto affermato all'inizio del brano: "il tempo è uno dei motivi indispensabili alla sopravvivenza"
La risposta C invece racchiude e ben riassume uno dei punti cardine del pensiero dell'autore: sia i sensi, sia la società in cui viviamo, sono in grado di condizionare la nostra percezione del tempo.
Risposta corretta C.

12. Ci viene richiesto ciò che NON è sostenuto dall'autore.
L'opzione A è scorretta (in quanto sostenuta dal brano), dal momento che l'autore sottolinea esplicitamente la necessità del tempo per poter sopravvivere.
Le risposte B e C sono facilmente ritrovabili all'interno del brano, e l'opzione D fa riferimento alla metafora della pianura lontana del tempo dove la coscienza sfuma e i ricordi non sono facilmente distinguibili. Essendo dunque tutte sostenute dall'autore, la risposta corretta risulta essere nessuna delle precedenti.
Risposta corretta E.

Brano 4

13. L'opzione A introduce una "collaborazione" di cui però non viene mai fatta menzione nel testo, dal momento che i due scienziati potrebbero aver lavorato individualmente a due ricerche simili, ma differenti.
L'opzione B sostiene il contrario di quanto riportato nel brano, ovvero la premiazione contemporanea dei due scienziati (Allison e Honjo).
La risposta C è anch'essa scorretta, dal momento che i due scienziati non hanno scoperto terapie, ma solo proteine e meccanismi, che sono poi successivamente stati utilizzati per approcci terapeutici.
Infine l'opzione E non è ricavabile dal brano: in nessun punto viene esplicitato se gli studi di Allison e Honjo si siano ispirati a precedenti scoperte nel campo della biologia molecolare.
L'opzione D invece riprende, rielaborando, un'informazione contenuta nel testo circa la promettente prospettiva delle terapie in corso derivanti da queste scoperte.
Risposta corretta D.

14. Ci viene richiesto di individuare l'opzione NON ricavabile dal testo.
L'opzione A è deducibile, in quanto entrambe le proteine scoperte ricoprono una funzione similare nelle cascate di attivazione linfocitaria e immunitaria; allo stesso modo anche la risposta B è coerente con il testo, e quindi errata.
L'opzione D è altrettanto ricavabile e trova riscontro nel momento in cui viene detto che i Linfociti T sono i principali "soldati" della nostra difesa immunitaria.
Anche l'opzione E è deducibile, dal momento che nel brano viene esplicitamente sostenuto che la scoperta del meccanismo d'azione del CTLA-4 ha portato alla produzione di farmaci come l'ipilimumab.
La risposta C è invece errata, in quanto contiene un'imprecisione: la proteina scoperta è PD-1, non PD-L1 (la proteina espressa dal tumore), della quale non viene detto nulla circa scoperta e origine.
Risposta corretta C.

15. Per quanto riguarda l'opzione A, le proteine non hanno un'azione diretta nel disinnescare il tumore, ma fungono da freno all'attivazione linfocitaria (Risposta A errata).
Anche l'opzione B è da scartare, in quanto la scoperta della proteina è avvenuta nel 1992.
Per quanto riguarda l'opzione C, essa non trova nessun riferimento testuale.
Inoltre le terapie derivate da tali scoperte si propongono di DE-potenziare queste proteine-freno che rallentano l'attivazione dei Linfociti T verso le cellule tumorali, dunque anche l'opzione D risulta essere errata.
Quindi, nessuna tra le opzioni è correttamente deducibile dal brano.
Risposta corretta E.

16. Nel brano viene specificato che solo alcune cellule tumorali esprimono elevati contenuti di PD-L1, e non tutte (risposta B errata), e viene inoltre detto che tale proteina è prodotta in condizioni normali anche da cellule sane (risposta C errata).
Per quanto riguarda l'opzione D l'errore sta nella parola "tutti" (in riferimento ai tumori polmonari), in quanto nel brano viene specificato che la terapia è stata utile per il carcinoma non a piccole cellule, e non possiamo dare per scontato che sia risultato utile anche per tutti gli altri.
Inoltre nel brano viene spiegato come il meccanismo terapeutico preveda di "spegnere", e non di potenziare, tali proteine-freno, così da permettere il normale funzionamento linfocitario.
Dunque la risposta corretta risulta essere la A: nell'articolo è ben spiegato come PD-1, espresso dai Linfociti, venga attivato grazie alla presenza di PD-L1 sulle cellule tumorali.
Risposta corretta A.

Brano 5

17. L'opzione A non può essere la risposta corretta perché contraddice quanto sostenuto nel testo: evitare le critiche distruttive per non minare l'autostima del bambino, ma incoraggiarlo ed entusiasmarlo affinché segua liberamente la catena di immagini facendo nuove associazioni mentali, senza limitazioni di giusto o sbagliato.
Anche l'opzione C è scorretta, dal momento che non viene mai detto che senza il tatto un bambino non possa comprendere un oggetto, ma semplicemente che esso è una parte del

processo conoscitivo. L'opzione D non è la soluzione del quesito perché, al contrario, è proprio da un conflitto che nel bambino possono crearsi nuove idee.
Infine, anche la risposta B è errata: il bambino viene certamente stimolato ad ampliare i suoi interessi conoscitivi mediante l'uso del racconto, ma non è descrivendone la trama con il disegno che riuscirà a creare associazioni mentali. Nel brano si dice che lo scopo non è che i bambini abbiano colto la trama, ma che questa, specie se ricca di dettagli e descrizioni, abbia suscitato in loro delle associazioni mentali, poiché "tanto maggiore è la conoscenza, tanto più vasto è il campo su cui può spaziare il pensiero creativo del bambino".
Risposta corretta E.

18. Ci viene richiesto di individuare l'opzione non deducibile dal testo.
Nel brano si afferma che l'esperienza creativa, ponendosi anche come forza educatrice, è in grado di opporsi ad apatia e depressione, rendendo quindi i bambini che la acquisiscono degli individui più entusiasti (risposta A errata).
Un ambiente vivo ed interessante è la condizione più importante affinché un bambino possa esplorare e liberare la sua creatività, dunque possiamo logicamente dedurre che un ambiente meno idoneo renderà il processo di apprendimento meno immediato (risposta B errata).
L'opzione D non è corretta, perché perfettamente coerente con il brano, che sostiene l'importanza di lasciare ai bambini la possibilità di creare associazioni mentali anche inconsuete.
Infine anche l'opzione E è sbagliata, perché come espresso nelle ultime righe del brano "il compito dell'insegnante non è quello di livellare, ma di contribuire ad accrescere le risorse e i potenziali di ogni individuo".
Dunque la risposta corretta risulta essere la C, dal momento che sostiene esattamente il contrario di quanto detto nel brano nelle prime righe, dove si afferma che sono i bambini stessi i primi ad avere stimoli conoscitivi.
Risposta corretta C.

19. L'opzione A non è sostenuta dal testo, in cui viene detto che è l'esperienza creativa che si contrappone alla depressione e all'apatia, ma in nessun modo si fa riferimento ad una quantificazione della creatività: è il processo ad essere importante, non la quantità di creatività che vi si applica.
L'opzione B non trova riscontro in nessun punto del brano, anzi il tatto viene rappresentato come uno dei metodi per poter apprendere nel bambino.
Anche l'opzione C è chiaramente in contrasto con quanto affermato nel testo, che sostiene l'importanza del permettere ai bambini di divagare e creare catene di immagini dai collegamenti anche inconsueti.
Infine, in nessun punto del testo si parla di sovraccarico del processo creativo, anzi si afferma che tanto maggiore è la conoscenza, tanto più vasto è il campo su cui può spaziare il pensiero creativo del bambino, dunque anche la risposta E risulta errata.
L'opzione corretta risulta essere quindi la D: nel brano si sottolinea chiaramente l'importanza del gioco nell'apprendimento di diversi tipi di oggetto.
Risposta corretta D.

20. Il brano sostiene che l'adulto può intervenire sul comportamento espressivo del bambino, ma questo comporta la possibilità che possa anche decidere di non farlo, non vi è espresso alcun obbligo (risposta A errata).
Come già ribadito non è il disegno o la comprensione della trama del racconto ciò che permette al bambino di sviluppare un apprendimento e favorire l'immaginazione, il vero fine è costituito dalle associazioni che il racconto stesso stimola (risposta B errata).
L'opzione D stravolge ancora una volta il senso del brano: "il compito dell'insegnante non è quello di livellare, ma quello di contribuire ad accrescere le risorse e i potenziali caratteristici di ogni individuo, incoraggiando le motivazioni personali".
La risposta E va troppo oltre e si basa su luoghi comuni fuorvianti, nel brano non si parla approfonditamente dei diversi tipi di caratteri.
Dunque la risposta corretta risulta essere la C: sono proprio i contrasti che permettono ai bambini di generare nuove idee.
Risposta corretta C.

2. Logica matematica

Il test di Professioni Sanitarie cambia sempre molto, da polo a polo, e logica è decisamente la materia che risente di più del cambiamento delle differenti tipologie.

L'obiettivo di questa sezione di logica matematica è quello di farti avvicinare a familiarizzare con le diverse tipologie di questi che potrai trovare al test. Come vedrai, gli esercizi sono molto vari: vanno dalla matematica più semplice ai grafici, dalle proporzioni agli esercizi di logica procedurale, alle tabelle alle frazioni.
Ovviamente nella logica, soprattutto in quella matematica, non esiste un solo metodo di risoluzione. Nelle prossime pagine abbiamo cercato di riportare quelli, per noi, più utili e immediati, ma ricorda che spesso potranno essercene altri, magari inventati proprio da te! Ognuno ragiona e risolve i quesiti in modo diverso, quindi cerca di trovare un tuo metodo personale di risoluzione, utilizzando al meglio i nostri consigli.

2.0 Calcolo rapido

1. Indicare quale dei seguenti numeri è divisibile contemporaneamente per 2 e per 9:

A. 14
B. 17492
C. 163
D. 1594
E. 17874

2. Quale dei seguenti numeri è divisibile sia per 2 che per 3?

A. 22
B. 54
C. 62
D. 44
E. 10

3. In un triangolo l'area e l'altezza misurano, rispettivamente, 2706 cm^2 è 66 cm. Determinare la misura della base del triangolo e il perimetro di un rombo che ha il lato congruente alla metà della base del triangolo:

A. 82 cm; 328 cm
B. 41 cm; 328 cm
C. 41 cm: 164 cm
D. 82 cm; 164 cm
E. 41 cm: 656 cm

4. Indicare quale dei seguenti numeri è divisibile contemporaneamente per 4 e per 11:

A. 18832
B. 1612
C. 4774
D. 4242
E. 324232

5. Quale delle seguenti equazioni equivale a $M_1 \cdot V_1 = M_2 \cdot V_2$?

A. $M_1 = (M_2 \cdot V_2) + 1/V_1$
B. $V_1 = M_2 \cdot V_2 - M_1$
C. $V_2 = V_1 \cdot M_1 \cdot 1/M_2$
D. $M_2 = V_2/(M_1 \cdot V_1)$
E. Nessuna delle precedenti

6. Quale dei seguenti numeri è divisibile sia per 4 che per 5?

A. 150
B. 170
C. 25
D. 110
E. 1500

7. Un trapezio isoscele e formato da un quadrato e da due triangoli rettangoli congruenti. Calcola l'area del trapezio sapendo che il perimetro del quadrato è 64 cm e che il quadrato dell'ipotenusa di uno dei due triangoli rettangoli è pari a 832 cm^2:

A. 500 cm^2
B. Circa 153 cm^2
C. 640 cm^2
D. Circa 245 cm^2
E. 725 cm^2

8. Quale dei seguenti numeri è divisibile sia per 9 che per 11?

A. 253
B. 189
C. 201
D. 765
E. 297

9. Indicare quale delle seguenti equazioni è equivalente a: $d^e A = \frac{C}{kF}$

A. $d = \frac{CA}{\sqrt[e]{kF}}$
B. $AkF = C\sqrt[e]{d}$
C. $Ad = \sqrt[e]{\frac{C}{kF}}$
D. $d = \sqrt[e]{\frac{C}{kFA}}$
E. $\frac{FA}{C} = \sqrt[e]{\frac{d}{A}}$

10. Quale dei seguenti numeri è divisibile per 2, 4 e 11?

A. 3250
B. 532
C. 1048
D. 678
E. 748

11. In un triangolo ABC il lato AC è 8/5 di BC e il lato AB è 1/2 di AC. Calcola la lunghezza del lato minore sapendo che il perimetro e 51 cm.

A. 15 cm
B. 12 cm
C. 6 cm
D. 24 cm
E. 10 cm

12. Quale dei seguenti numeri è divisibile sia per 7 che per 9?

A. 81
B. 56
C. 91
D. 63
E. 130

13. Un cerchio è circoscritto ad un rettangolo avente area di 1200 cm^2 e una dimensione i 3/4 dell'altra. Calcolare la lunghezza della circonferenza e l'area del cerchio:

A. 100π cm; 2500π cm^2
B. 40π cm; 1600π cm^2
C. 50π cm; 625π cm^2
D. 30π cm; 900π cm^2
E. 25π cm; 2500π cm^2

14. Indicare quale dei seguenti numeri è divisibile contemporaneamente per 3 e per 5:

A. 45303
B. 731
C. 48650
D. 255750
E. 45350

15. Quale delle seguenti equazioni è equivalente a $pOH = 14 + \log[H^+]$?

A. $[H^+] = 10^{pOH-14}$
B. $\log[H^+] = 10^{pOH-14v}$
C. $pOH+14 = -\log[H^+]$
D. $[H^+]=e^{pOH-14}$
E. $[OH^-]=14^{\log[H+]}$

16. Indicare quale dei seguenti numeri è divisibile contemporaneamente per 7, per 9 e per 11:

A. 45547
B. 99484
C. 7227
D. 9675
E. 60984

17. Il perimetro di un esagono regolare e 600 cm. Calcolare il perimetro di un rettangolo equivalente all'esagono sapendo che la sua base misura 150 cm:

A. Circa 8000 cm
B. Circa 650 cm
C. Circa 420 cm
D. Circa 700 cm
E. Circa 5200 cm

18. Indicare quale delle seguenti equazioni NON equivale a: d V = n M?

A. $\frac{d}{n} = \frac{M}{V}$
B. $\frac{n}{d} = \frac{V}{M}$
C. $\frac{d}{n} - \frac{M}{V} = 0$
D. $\frac{d}{n}\frac{V}{M} = 1$
E. $0 = \frac{n}{V}\frac{M}{d}$

19. Indicare quale delle seguenti equazioni equivale a: $\Delta P = \frac{8\eta l}{\pi r4} \Phi$?

A. $\frac{r^4}{\pi} = \frac{8\eta l}{\Delta P} \Phi$
B. $\Phi = \frac{r^4 \Delta P}{8\eta l}$
C. $\frac{\pi r^4}{8\Phi} = \frac{\eta l}{\Delta P}$
D. $\frac{\Phi}{r^4} = \frac{\pi l\, \Delta P}{8\eta}$
E. $\frac{-8\eta l}{\pi r^4} = \frac{\Delta P}{\Phi}$

20. Quale dei seguenti numeri è divisibile per 4, 7 e 11?

A. 244
B. 308
C. 3246
D. 444
E. 218

CORREZIONE COMMENTATA

1. Per risolvere il quesito troviamo prima tutti i numeri divisibili per 2 e successivamente verifichiamo che siano divisibili per 9. Un numero è divisibile per 2 se la sua ultima cifra è pari. Possiamo subito escludere la risposta C. Un numero è divisibile per 9 se la somma delle sue cifre è divisibile per 9, possiamo quindi escludere la risposta A (1+4 = 5), la risposta B (1 + 7 + 4 + 9 + 2 = 23) e la risposta D (1 + 5 + 9 + 4 = 19). 17874 è divisibile per 2 in quanto la sua ultima cifra è pari ed è divisibile per 9 in quanto la somma delle sue cifre è 27.
Risposta corretta E.

2. Un numero è divisibile per 3 quando ha la somma dei numeri che lo compongono uguale a un multiplo di 3, mentre è divisibile per 2 quando è un numero pari. Tutti i numeri delle opzioni sono pari (l'ultima cifra è un numero pari), ma l'unico che è divisibile anche per 3 è 54.
Risposta corretta B.

3. Applicando la formula inversa dell'area del triangolo possiamo trovare la base del triangolo stesso:

$$b = \frac{2A}{h} = \frac{2 \cdot 2706}{66} = \frac{5412}{66} = 82\ cm$$

Il lato del rombo avrà lunghezza pari a:

$$l = \frac{82}{2} = 41\ cm$$

Dato che il rombo, per definizione, ha i 4 lati congruenti, il perimetro del rombo sarà:
2p = 4 · 41 = 164 cm.
Risposta corretta D.

4. Per risolvere il quesito troviamo prima tutti i numeri divisibili per 4 e successivamente verifichiamo che siano divisibili per 11. Un numero è divisibile per 4 se le sue ultime due cifre sono 00 oppure se sono un numero divisibile per 4: in base a questo, possiamo subito escludere le risposte C e D. Un numero è divisibile per 11 se la differenza tra la somma delle cifre di posto pari e quelle di posto dispari è uguale a 0; possiamo quindi escludere la risposta B in quanto (1 + 1) – (6 + 2) = 2 - 8= -6, e la risposta E: (3 + 4 + 3) – (2 + 2 +2) = 10 – 6 = 4. 18832 è divisibile per 4 in quanto le sue ultime due cifre sono 12 ed è divisibile per undici in quanto (1 + 8 + 2) - (8 + 3) = 11 – 11 = 0.
Risposta corretta A.

5. L'unica equazione equivalente a quella fornita è la C, poiché rispetta le regole della formula inversa: dovendo isolare V_2, è necessario dividere entrambi i membri per M_2. Le opzioni A e B si possono facilmente escludere poiché contengono simboli di addizione e sottrazione, operazioni non presenti all'interno dell'equazione iniziale. Infine, la D non è corretta perché nel secondo membro numeratore e denominatore dovrebbero essere invertiti.
Risposta corretta C.

6. Un numero è divisibile per 5 quando finisce per 0 o per 5, mentre è divisibile per 4 quando le ultime due cifre sono 00 o un multiplo di 4. L'unico numero che rispetta le due condizioni è 1500.
Risposta corretta E.

7. Per prima cosa disegniamo un trapezio isoscele, come da richiesta del quesito:

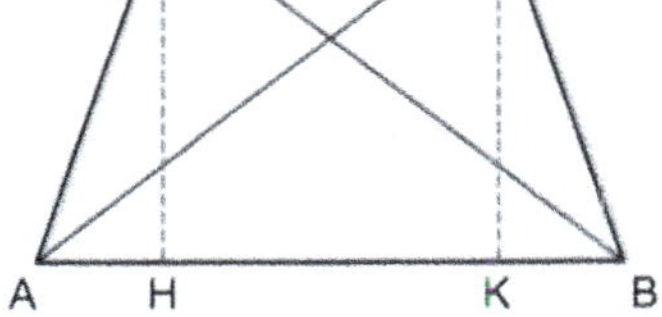

Per calcolare l'area del trapezio abbiamo bisogno di conoscere la lunghezza della base minore (DC), della base maggiore (AB) e dell'altezza (CK).
Sia la base minore (DC) che l'altezza (CK) corrispondono al lato del quadrato con perimetro 64 cm; tale lato sarà quindi lungo 64/4 = 16 cm.
Per calcolare la base maggiore (AB) dobbiamo ricavare le basi dei triangoli (AH = KB).
Dato che si tratta di triangoli rettangoli è possibile applicare il teorema di Pitagora:
$AD^2 = HA^2 + DH^2$
$832 = x^2 + 16^2$
$x^2 = 832 - 256 = 576$
quindi x = 24.
Lo stesso discorso può essere fatto per il triangolo KCB, quindi AH = KB = 24.
La base maggiore sarà lunga: AH + KH + KB = 24 + 16 + 24 = 64 cm.
L'area del trapezio sarà:

$$A = \frac{(CD + AB) \cdot DH}{2} = \frac{(16 + 64) \cdot 16}{2} = 80 \cdot 8 = 640\ cm^2$$

Risposta corretta C.

8. Un numero è divisibile per 11 se la differenza tra le cifre di posto pari e quelle di posto dispari è uguale a 0, mentre è divisibile per 9 se la somma delle sue cifre è divisibile per 9. L'unico caso possibile è quello di 297 poiché: (2 + 7) – 9 = 0, quindi è divisibile per 11 e: 2 + 9 + 7 = 18, quindi è divisibile per 9.
Risposta corretta E.

9. Per risolvere il quesito bisogna partire dalle opzioni. Tra tutte, l'unica che non presenta errori è la D, dove l'incognita d viene isolata (il fattore A è portato a denominatore a destra dell'equazione) e messa sotto radice per semplificare il fattore di elevamento a potenza.
Risposta corretta D.

10. Un numero è divisibile per 2 se è pari, per 4 se le ultime due cifre sono 00 o sono un multiplo di 4, per 11 se la differenza tra le cifre di posto pari e quelle di posto dispari è uguale a 0 oppure ad un multiplo di 11. Solo 748 rispetta questi criteri di divisibilità, infatti è pari, le ultime due cifre sono 48, che è un numero multiplo di 4 (4 · 12 = 48), e la differenza tra le cifre di posto pari (7 + 8 =15) e quelle di posto dispari (4) è uguale a un multiplo di 11.
Risposta corretta E.

11. In base alle informazioni fornite dal testo possiamo importare un sistema a tre incognite e tre equazioni:
AB + BC + CA = 51
AC = 8/5 · BC quindi BC= 5/8 · CA
AB = 1/2 · CA.
Sostituiamo la seconda e la terza equazione nella prima:
1/2 · CA + 5/8 · CA + CA = 51
Facciamo il denominatore comune, cioè 8, tra tutti i membri:
4/8 · CA + 5/8 · CA + 8/8 · CA = 408/8
Ora possiamo togliere il denominatore, moltiplicando da entrambe le parti dell'uguale per 8 e sommare i coefficienti di CA:
17 CA = 408
CA = 408 / 17 = 24 cm.
Il quesito chiede la lunghezza del lato più corto che, osservando le relazioni tra i lati del triangolo, è il lato AB. Sostituiamo quindi il valore di CA nell'equazione: AB = 1/2 · CA ottenendo AB = 12 cm.
Risposta corretta B.

12. Un numero è divisibile per 7 se la differenza tra il numero privato dell'ultima cifra e il doppio dell'ultima cifra è un multiplo di 7, mentre è divisibile per 9 se la somma delle sue cifre è divisibile per 9. L'unico numero che rispetta questo criterio è 63 in quanto: 6 + 3 = 9, quindi è divisibile per 9 e: 6 – 6 = 0, quindi è divisibile per 7; infatti 7 · 9 = 63.
Risposta corretta D.

13. Dette b e h le dimensioni del rettangolo sappiamo che:

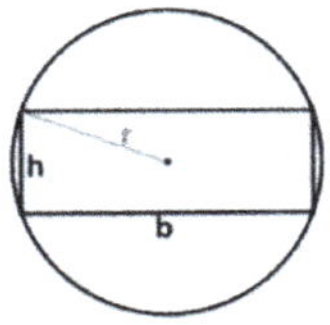

$A_{rettangolo} = b \cdot h = 1200$ e che $h = 3/4 \cdot b$.
Sostituendo la seconda equazione nella prima:
$A_{rettangolo} = b \cdot 3/4 \cdot b = 1200$, quindi: b2 = 1200 · 4/3.
Si ottiene quindi che: b2 = 1600; quindi $b = \sqrt{1600} = 40$ cm.
Di conseguenza $h = 3/4\ b = 3/4 \cdot 40 = 30$ cm.
Per trovare la misura della circonferenza e l'area del cerchio abbiamo bisogno della lunghezza r del raggio, che è uguale alla metà della diagonale del rettangolo (la diagonale del rettangolo è quindi il diametro).
Per trovare la diagonale si utilizza il teorema di Pitagora:
$d = \sqrt{(b^2 + h^2)} = \sqrt{(40^2 + 30^2)} = \sqrt{2500} = 50$ cm.
Infine, grazie al raggio (che è uguale alla metà della diagonale: 50/2 = 25 cm), possiamo trovare sia la circonferenza che l'area del cerchio:
$A_{cerchio} = \pi \cdot r^2 = 625\ \pi\ cm^2$.
$2p_{cerchio} = 2 \cdot \pi \cdot r = 50\ \pi$ cm.
Risposta corretta C.

14. Per risolvere il quesito troviamo prima tutti i numeri divisibili per 5 e successivamente verifichiamo che siano divisibili per 3. Un numero è divisibile per 5 se termina con 5 o 0. Possiamo subito escludere le risposte A e B. Un numero è divisibile per 3 se la somma delle sue cifre è divisibile per 3. Possiamo quindi escludere le risposte C (4 + 8 + 6 + 5 = 23, 2 + 3 = 5) ed E (4 + 5 + 3 + 5 = 17, 1 + 7 = 8). 255750 è divisibile per 5 in quanto finisce con 0 ed è divisibile per 3 in quanto 2 + 5 + 5 + 7 + 5 = 24.
Risposta corretta D.

15. Per isolare $[H^+]$, è necessario isolare prima $\log[H^+] = pOH - 14$ e poi elevare 10 al secondo membro, poiché log è un logaritmo decimale (quindi D è errata): $[H^+] = 10^{pOH-14}$.
Risposta corretta A.

16. Per risolvere il quesito troviamo prima tutti i numeri divisibili per 9. Un numero è divisibile per 9 se la somma delle sue cifre è divisibile per 9. Possiamo subito escludere le risposte A (4 + 5 + 5 + 4 + 7 = 25) e B (9 + 9 + 4 + 8 + 4 = 34). Un numero è divisibile per 11 se la differenza tra le cifre di posto pari e quelle di posto dispari è uguale a 0, possiamo quindi escludere la risposta D (16 – 11 = 5). Infine, un numero è divisibile per 7 se la differenza tra il numero privato dell'ultima cifra e il doppio dell'ultima cifra è un multiplo di 7, possiamo quindi escludere l'opzione C (722 - 14 = 708). 60984 è divisibile per 9 in quanto la somma delle sue cifre è 6 + 9 + 8 + 4 = 27, è divisibile per 11 in quanto (6 + 9 + 4) – (0 + 8) = 11 ed è divisibile per 7 perché 6098 – 8 = 6090 e 6090/7= 870.
Risposta corretta E.

17. Disegniamo un esagono e un rettangolo:

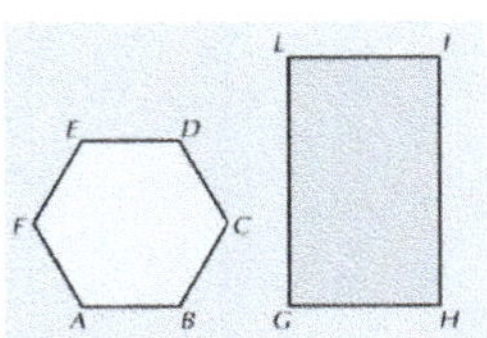

Per prima cosa bisogna calcolare il lato dell'esagono; dato che
questa figura geometrica ha 6 lati, sarà sufficiente dividere il perimetro per 6:
$l_{esagono} = 2p_{esagono} / 6 = 600 / 6 = 100$ cm.
Per calcolare l'area dell'esagono bisogna ricavarne l'apotema; questo segmento corrisponde all'altezza di ciascuno dei 6 triangoli che compongono l'esagono; dato che l'esagono è regolare, anche i 6 triangoli saranno regolari.
L'altezza di un triangolo regolare si calcola usando le formule di trigonometria oppure la regola del triangolo 30 - 60 - 90:
$h = lato / 2 \cdot \sqrt{3} = 100/ 2 \cdot 1{,}732 = 86{,}6$ cm.
L'area dell'esagono si calcola moltiplicando 6 volte l'area di ciascun triangolo regolare:
$A_{esagono} = A_{triangolo} \cdot 6 = (l \cdot h / 2) \cdot 6 = (100 \cdot 86{,}6/2) \cdot 6 = 25980\ cm^2$.
Essendo le figure equivalenti: $A_{esagono} = A_{rettangolo}$
L'altezza del rettangolo sarà quindi:
$h = A / b = 25980 / 150 =$ circa 173.
Il perimetro del rettangolo sarà allora: $2p = 2 \cdot (b + h) = 2 \cdot (150 + 173) = 646$ cm. Dato che il valore dell'altezza è stato arrotondato per difetto la risposta corretta è circa 650 cm.
Risposta corretta B.

18. In questo esercizio bisogna partire dalle opzioni. La risposta giusta, ovvero l'equazione sbagliata, è la E, perché per ottenere il primo membro si è fatto $\frac{d}{n} \cdot \frac{n}{d}$, che fa 1 e non 0.
Risposta corretta E.

19. Per questo esercizio bisogna partire dalle opzioni: nella A $\frac{r^4}{\pi}$ non ci può essere perché sia r^4 che π provengono da un denominatore nella equazione data. La B andrebbe bene ma manca il π, mentre la D sarebbe giusta se avesse rispettivamente ΔP ed l al denominatore.
Nella E solo il segno è sbagliato: va cambiato a entrambi i membri.
Risposta corretta C.

20. I criteri di divisibilità stabiliscono che un numero è divisibile per 4 se le ultime due cifre sono 00 o sono un multiplo di 4, per 11 se la differenza tra le cifre di posto pari e quelle di posto dispari è uguale a 0 oppure ad un multiplo di 11, per 7 se la differenza tra il numero privato dell'ultima cifra e il doppio dell'ultima cifra è un multiplo di 7. L'unico che rispetta tali regole è il 308, infatti le ultime due cifre (08) costituiscono un multiplo di 4, la differenza tra le cifre di posto pari (3 + 8 = 11) e quelle di posto dispari (0) è uguale a un multiplo di 11 e la differenza tra 30 (308 privato dell'ultima cifra) e 16 (ultima cifra di 308, raddoppiata) è uguale a 14, divisibile per 7.
Risposta corretta B.

2.1 Equazioni e sistemi

1. Su un piatto della bilancia vengono poste 2 angurie, ognuna del peso di 7 kg. Quanti meloni, del peso di 1,75 kg, dovremo porre sull'altro piatto per portare la bilancia all'equilibrio?

A. 6
B. 10
C. 8
D. 4
E. 2

2. Due innamorati, Maria e Paolo, hanno una differenza d'età di 16 anni. 4 anni fa Paolo aveva il doppio degli anni di Maria. Quanti anni hanno rispettivamente Paolo e Maria?

A. 32, 16
B. 20, 36
C. 16, 32
D. 36, 20
E. 30, 14

3. La mamma di tre bambini (Marco, Paolo e Federico) compra al supermercato 35 caramelle gommose. Decide di spartirle in base alla pagella che i figli hanno appena ricevuto. A Marco spettano il quadruplo di caramelle rispetto a Paolo. A Paolo spettano lo stesso numero di caramelle di Federico meno un quarto di quelle di Marco. Quante caramelle riceverà Federico?

A. 20
B. 10
C. 5
D. 15
E. 35

**4. Sui due piatti di una bilancia sono posti delle crocchette di pollo e delle patatine fritte.
Se venissero aggiunti 1,5 Kg di crocchette la bilancia sarebbe in equilibrio. Se si togliessero 2,5 Kg di patatine, il loro peso triplicato sarebbe pari a quello delle crocchette. Quanto pesano rispettivamente crocchette di pollo e patatine?**

A. C = 2,5; P = 4
B. C = 1,5; P = 3
C. C = 2; P = 3,5
D. C = 3,5; P = 5
E. C = 1; P = 2,5

5. Gianluca deve piastrellare il pavimento rettangolare del suo bagno, lungo 6 m e largo 4 m. Oltre al pavimento, decide di piastrellare anche le pareti alte 2 metri. Sapendo che una singola piastrella è quadrata e ha il lato che misura 0,4 m, quante piastrelle dovrà comprare Gianluca per piastrellare il bagno?

A. 600
B. 400
C. 525
D. 275
E. 160

6. Ogni mattina il raccattapalle di un circolo di tennis deve dividere le palle da gioco in 3 campi. Si sa che le palle in totale sono 182. Nel primo campo sono richieste il quintuplo delle palle rispetto al terzo campo. Nel secondo campo sono necessarie il doppio delle palline del primo campo meno il triplo delle palline del terzo. Quante palline troveremo nel secondo campo?

A. 70
B. 14
C. 98
D. 66
E. 84

**7. Quattro amici decidono di aprire un ristorante, dividendo in parti uguali l'investimento iniziale.
Grazie al consiglio del loro commercialista scoprono che si aggiungessero altre due persone, spartendosi equamente l'investimento iniziale, risparmierebbero 40 mila €. Quanto vale l'investimento iniziale?**

A. 460 mila €
B. 240 mila €
C. 560 mila €
D. 480 mila €
E. 360 mila €

8. Daniel e Ludo per incentivare nella produzione delle domande per il nuovo libro di TestBusters decidono di dare 60€ a chi scrive 50 domande. Decidono di dare 4€ bonus ad ogni domanda in più e altri 4€ bonus (addizionali al primo bonus) per le domande oltre alla 70esima. Teresa è riuscita a produrre 75 domande, quanti soldi riceverà?

A. 150€
B. 180€
C. 195€
D. 190€
E. 210€

9. Maria Paola e Michela decidono di preparare dei bomboloni alla crema e al cioccolato per la festa a sorpresa di Raffaele. Le due amiche decidono di comprare 1,5 Kg di ripieno a testa: 1/3 cioccolato e 2/3 crema. Michela, che come al solito è sbadata, si accorge di aver letto male le indicazioni della amica e di aver comprato 1 Kg di cioccolato e 0,5 Kg di crema. Per risolvere decide di andare a comprare dell'altra crema, in modo da rispettare almeno le proporzioni concordate con l'amica. Quanti Kg di crema dovrà aggiungere?

A. 2 Kg
B. 3 Kg
C. 2,5 Kg
D. 1,5 Kg
E. 1 Kg

10. Davide e Marco hanno 40 anni di differenza. Tra 10 anni l'età di Marco sarà il triplo di quella di Davide. Quanti anni hanno Marco e Davide?

A. 60 e 20
B. 50 e 10
C. 45 e 5
D. 55 e 15
E. 65 e 15

11. Lorenzo deve suddividere fra i suoi 4 figli le caramelle che ha comprato al negozio. Sbagliando i conti esce fuori che, tra i suoi figli:

- **Mario ha 6 caramelle**
- **Luca ha il doppio del triplo di quante ne ha Piero**
- **Piero ne ha ⅚ di Mario**
- **Gianni ne ha 4 in più di Antonio**
- **Antonio ne ha 3/5 di Luca**

Quante sono le caramelle?

A. 50
B. 81
C. 71
D. 91
E. 69

12. Peppino, Pasquale e Patrizio, durante la partita di carte, si confrontano sulle medicine che prendono per le loro patologie. Peppino prende il doppio delle pillole di Pasquale, mentre Patrizio ne prende un quarto rispetto a Peppino. Pasquale prende 2 pillole in più di Patrizio. Quante pillole deve prendere Patrizio?

A. 1
B. 2
C. 4
D. 6
E. 8

13. La studentessa e il dottore hanno 22 anni di differenza. Quattro anni fa, il dottore avrebbe legalmente potuto frequentare la studentessa, avendo lei appena superato la maggiore età. Fra quanti anni la studentessa avrà l'attuale età del dottore?

A. 16
B. 20
C. 22
D. 24
E. 26

14. Nonna Papera ha fatto 50 dolci per i suoi 3 nipoti Qui, Quo e Qua. Si sa che: tra i dolci preparati 15 sono budini al cioccolato, i preferiti di Quo; 40 non sono torte di mele; Qui non ama le meringhe; i tiramisù sono 3 in meno delle meringhe; il tiramisù è il dolce preferito di Qua. Date le seguenti informazioni, e sapendo che ognuno dei nipoti ama un dolce diverso, quante sono le meringhe e quale è il dolce preferito di Qui?

A. 14, meringhe
B. 15, torta di mele
C. 11, budini
D. 14, torta di mele
E. 11, tiramisù

15. Mirko ha un cane che ha 1/7 degli anni del padrone, ed ha anche un gatto di nome Johnny che invece ha la metà degli anni del cane; assieme l'allegra compagnia arriva ad avere un totale di 119 anni, date queste informazioni quanti anni ha il padrone dei due animali?

A. 7 anni
B. 14 anni
C. 84 anni
D. 98 anni
E. 105 anni

CORREZIONE COMMENTATA

1. Impostiamo l'equazione:
$2 \cdot 7kg = M \cdot 1{,}75kg$
Quindi $M = \frac{2 \cdot 7}{1{,}75}$, che può anche essere scritto come: $M = 14 \cdot \frac{3}{4} = 8$.

Risposta corretta C.

2. Impostiamo un sistema a due incognite X (Paolo) e Y (Maria):

$$\begin{cases} X - Y = 16 \\ \frac{X-4}{Y-4} = 2 \end{cases}$$

Grazie al metodo della sostituzione otteniamo che: Y + 16 – 4 = 2 Y – 8; quindi Y = 20 e X = 36.
Quindi, Paolo ha 36 anni mentre Maria ne ha 20.
Risposta corretta D.

3. Il metodo più semplice è quello di impostare un sistema:

$$\begin{cases} M = 4P \\ P = F - \frac{1}{4}M \\ M + P + F = 35 \end{cases}$$

Per prima cosa ricaviamo M e F in funzione di P e li sostituiamo ne l'ultima equazione. Otteniamo quindi che M = 4P e F = 2P; L'ultima equazione diventa:

4P + P + 2P = 35

P = 35/7 = 5. Quindi a Paolo spettano 5 caramelle, a Marco spettano 20 caramelle (4 · 5 = 20) ed infine a Federico ne spettano 10 (2 · 5 = 10).
Risposta corretta B.

4. Impostiamo un sistema a due incognite X (crocchette di pollo) e Y (patatine fritte):

$$\begin{cases} X + 1{,}5 = Y \\ X = 3 \cdot (Y - 2{,}5) \end{cases}$$

Risolvendo otteniamo che: 3Y – 7,5 = Y – 1,5 e cioè 2Y = 6 quindi Y = 3. Possiamo quindi ricavare X = 3 – 1,5 = 1,5.
Risposta corretta B.

5. Per prima cosa calcoliamo l'area complessiva da piastrellare: essa sarà la somma tra: l'area del pavimento = 6 · 4 = 24, l'area ricoperta dai due muri posti sul lato corto = (4 · 2) · 2 = 16 e quella ricoperta dai due muri posti sul lato lungo = (6 · 2) · 2 = 24.
Quindi area totale = 24 + 16 + 24 = 64 m^2.
A questo punto troviamo l'area di una piastrella: 0,4 · 0,4 = 0,16 m^2.
Le piastrelle da utilizzare saranno quindi: 64: 0,16 = 400.
Risposta corretta B.

6. Usiamo le relazioni dateci dal problema per costruire un sistema di equazioni:

$$\begin{cases} P = 5T \\ S = 2P - 3T \\ P + S + T = 182 \end{cases}$$

Ricaviamo adesso la prima e la seconda incognita in funzione di T e sostituiamo i valori ottenuti nell'ultima equazione:

$5T + 7T + T = 182$

T = 14. Ne consegue che: P = 70 e quindi S = 98.
Risposta corretta C.

7. Impostiamo la seguente equazione, chiamando X il valore dell'investimento iniziale:

$$X/4 - X/6 = 40.000$$

Da qui possiamo ricavare che X = 480.000.
Risposta corretta D.

8. Teresa riceverà:
60€ per le prime 50 domande;
80€ (4€ · 20) per le domande dalla 51esima alla 70esima;
40€ (8€ · 5) per le domande dalla 71esima alla 75esima
In totale: 60 + 80 + 40 = 180€.
Risposta corretta B.

9. Per capire quanti kg di crema dovrà comprare Michela impostiamo la seguente proporzione:

1 kg di cioccolato: 1/3 = X (kg crema): 2/3

Otteniamo che *X* = 2/3 · 3 = 2 *Kg*, ma Michela aveva già comprato 0,5 kg di crema quindi dovrà acquistare ancora 1,5 kg.
Risposta corretta D.

10. Impostiamo un sistema a due incognite M (Marco) e D (Davide):

$$\begin{cases} M - D = 40 \\ \dfrac{M+10}{D+10} = 3 \end{cases}$$

Grazie al metodo della sostituzione otteniamo che: D + 40 + 10 = 3D + 30;
Risolviamo i conti fino ad ottenere che 2 D = 20, quindi D = 10. Davide ha dunque 10 anni, mentre Marco avendo 40 anni in più, ne avrà 50.
Risposta corretta B.

11. Possiamo fare i calcoli andando a calcolare quante caramelle ha Luca: sapendo che Mario ne ha 6 e Piero ne ha ⅚ di Mario, Piero ne avrà 5. Di conseguenza, Luca ne avrà 30, siccome ha 6 volte le caramelle di Piero. Infine, Antonio ne ha ⅗ di Luca, quindi 18; Gianni, ne ha invece 22.
6 (Mario) + 5 (Piero) + 30 (Luca) + 18 (Antonio) + 22 (Gianni) = 81.
Risposta corretta B.

12. Riscriviamo le frasi del testo in linguaggio matematico. Peppino prende il doppio delle pillole di Pasquale: *Pep* = *2Pas*. Patrizio prende un quarto delle pillole di Peppino: $\frac{Pep}{4}$.

Pasquale prende 2 pillole in più di Patrizio: *Pas* = *Pat* + 2. Si può procedere iniziando a sostituire la prima equazione nella seconda: *Pat*= $\frac{2Pas}{4} = \frac{Pas}{2}$.

Si può ora sostituire la terza equazione in quella appena ottenuta: Pat = $\frac{(2+Pat)}{2}$ → Patrizio = 2.
Risposta corretta B.

13. Partiamo con l'impostare la seguente equazione derivata dalle informazioni forniteci dal testo: *y* = *x* + 22, con y=età del dottore e x=età della studentessa.
A questo punto sappiamo che *x* - 4 = 18 (età della maggiore età). Quindi attualmente la studentessa ha 18 + 4 = 22 anni. Se il dottore ha 22 anni più della studentessa, vuol dire che attualmente ha 44 anni. La studentessa ventiduenne avrà l'età del dottore fra 44 - 22 = 22 anni.
Risposta corretta C.

14. Dei 50 dolci sappiamo che 15 sono budini e 40 non sono torte di mele, che quindi sono 50 - 40 = 10; dei rimanenti 25 dolci (50 - 15 - 10) i tiramisù sono tre in meno delle meringhe, quindi i tiramisù sono 11 e le meringhe 14 (se x sono i tiramisù e x + 3 sono le meringhe, allora:
x + *x* + 3 = 25 → 2*x* = 22 → *x* = 11 tiramisù e 14 meringhe). Da questo risultato possiamo escludere le risposte B, C ed E; infine sappiamo che Qui non ama le meringhe, ma il suo dolce preferito è la torta di mele.
Risposta corretta D.

15. Conviene raggruppare le informazioni in modo da ottenere un sistema con tre equazioni a tre incognite; sapendo che Mirko= M, cane= C e Johnny= J, le tre equazioni sono:

$$\begin{cases} M + C + J = 119 \\ C = \frac{1}{7}M \\ J = \frac{1}{2}C \end{cases}$$

Per risolvere il quesito si inizia da $C = \frac{1}{7}M \rightarrow M = 7C$

quindi si continua con la prima equazione

$M + C + J = 119 \rightarrow 7C + C + \frac{1}{2}C = 119 \rightarrow 14C + 2C + C = 238 \rightarrow 17C = 238 \rightarrow C = \frac{238}{14} = 14.$

E si conclude con M = 7C → M = 7 · 14 = 98.

Risposta corretta D.

LOGICA

2.2 Equazioni con simboli

1. Se:
& + 2£ = 9
£ + 3 = &
Quanto vale il simbolo &?
A. 7
B. 5
C. 6
D. 4
E. 2

2. Se:
2€ + 2% = 16
3€ = %
Quanto vale il simbolo %?
A. 4
B. 2
C. 5
D. 8
E. 6

3. Se:
© - 25 = ®
©/2 = 3®
Quanto valgono i simboli © e ®?
A. 5; 30
B. 20; 25
C. 15; 10
D. 30; 5
E. 15; 20

4. Se:
$ + % + & = 50
$ + % = 30 - %
& = 30 - %
Quanto vale il simbolo $?
A. 30
B. 23
C. 7
D. 20
E. 27

5. Se:
(€ x 5) – 8 = 5 + π
€ + π = 11
Quanto valgono i simboli € e π?
A. 4, 7
B. 10, 3
C. 5, 10
D. 13, 8
E. 2, 4

6. Date le seguenti equazioni:
$\alpha + \theta = \rho$
$\rho = 11 - \theta$
$\alpha = \rho/22$
Quanto vale θ**?**
A. 11/2
B. 5
C. 43/11
D. 22/43
E. 231/43

7. Nel seguente sistema di equazioni:
4@ = 5$ + #
$ - 3# = 144
5/2 @ - 4/3 $ = 3# - 3
Che valore assume $?
A. 408
B. 528
C. - 87
D. - 117
E. 168

8. Se:
3% + 2$ = 16
6% = 3$ - 3
Allora % è uguale a:
A. 2
B. 5
C. 7
D. 3
E. 4

9. Se:
€ + 2$ - % = £ + %
£ = 12
€ = 2$ = 2%
Allora $ è uguale a:
A. 5
B. 6
C. 4
D. 3
E. 11

10. Se
$$xy - 3 + 2gp = \frac{mn}{2}$$
$$gp = \frac{13}{16}mn$$
$$xy + 2gp = \frac{3}{11}$$
Allora mn è uguale a:
A. 30/11
B. -165/44
C. 53/21
D. -60/11
E. -195/44

CORREZIONE COMMENTATA

1. Isoliamo "£" nella seconda equazione otterremo che: £ = & - 3.
Sostituiamo quindi il valore di £ nella prima equazione: & + 2& - 6 = 9. Dopo aver risolto i calcoli dell'equazione otterremo che: 3 & = 15 e quindi & = 5.
Risposta corretta B.

2. Grazie alla seconda equazione sappiamo che: % = 3€. Sostituiamo % nella prima equazione, ottenendo: 2€ + 6€ = 16 quindi € = 2. Sostituiamo il valore trovato di € nella seconda equazione e troviamo: % = 2 x 3 quindi % = 6.
Risposta corretta E.

3. Sostituiamo il valore di ®, che ci viene fornito nella prima equazione, nella seconda equazione. Otteniamo che: ©/2 = 3©-75. Per comodità moltiplichiamo tutto per 2 ottenendo © = 6 © - 150, isoliamo © e otterremo che: –5© = -150 e quindi ©=30. Di conseguenza ®=5.
Risposta corretta D.

4. Scriviamo tutto in funzione di %. Dalla terza equazione possiamo ricavare: & = 30 - %, mentre dalla seconda: $ = 30 – 2 %. A questo punto sostituiamo quanto ottenuto nella prima: 30 - % + % + 30 – 2 % = 50. Infine risolviamo i calcoli, ottenendo: 2 % = 10 quindi % = 5, allora $ = 20.
Risposta corretta D.

5. Isoliamo π nella prima equazione otteniamo: π = 5€ - 13. Sostiamo poi il valore ci π nella seconda equazione: € + 5€ - 13 = 11. Infine risolviamo i conti per ottenere: 6€ = 26 cioè € = 4, di conseguenza π = 7.
Risposta corretta A.

6. Nella risoluzione di questo sistema può rivelarsi utile sostituire le lettere greche con le più familiari x, y e z, a patto che però si presti attenzione una volta risolto il sistema per non confondere le incognite. Diciamo dunque che *x* + *y* = *z*, *z* = 11 - *y* e che *x* = *z*/22. Una volta fatte le opportune sostituzioni, θ (cioè la nostra y) risulta essere uguale a 231/43.
Risposta corretta E.

7. Partendo dalla seconda equazione possiamo ricavare il valore di $ = 144 + 3# e possiamo sostituirlo nella prima equazione per trovare il valore di @, sempre in relazione a #: 4@ = 5 (144 + 3#) + #; eseguendo la moltiplicazione e dividendo per 4 si ottiene: @ = $\frac{(720 + 15\# + \#)}{4}$ e quindi

@ = 180 + 4#. Ora queste due equazioni possiamo sostituirle nella terza equazione e trovare:
5 · (90 + 2#) – 4 ·(48 + #) = 3# - 3; risolvendo troviamo: 450 + 10# - 192 – 4# = 3# - 3; quindi # = -261/ 3 = - 87. Il testo ci chiede il valore di $ quindi sostituendo # nella prima equazione: $ = 144 + 3 · (- 87) = - 117.
Risposta corretta D.

8. Isoliamo % nella seconda equazione e otterremo che: % = (3$ - 3)/6.
Semplificando: % = $\frac{(\$ - 1)}{2}$. Sostituiamo il valore di % nella prima equazione e otterremo che:

$\frac{3}{2}\$ - \frac{3}{2}$ + 2$ = 16. Moltiplichiamo tutti i termini per 2, in modo da eliminare il denominatore:
3$ - 3 + 4$ = 32. Svolgiamo ora i calcoli per ottenere che: $ = 5. Di conseguenza % = 2.
Risposta corretta A.

9. Per risolvere l'esercizio iniziamo sostituendo nella prima equazione a £ il suo valore 12. Otterremo così: € + 2$ - % = 12 + %. A questo punto, osservando l'ultima equazione tra quelle date possiamo sostituire nella prima tutti i valori in funzione di $, ottenendo così: 2$ + 2$ - $ = 12 + $. Quindi, svolgendo i calcoli: 2$ = 12 e $ = 6.
Risposta corretta B.

10. Osservando attentamente il sistema è possibile notare che in realtà sono sufficienti la prima e l'ultima equazione per trovare mn.
La prima equazione la si può riscrivere nella forma:

$$(xy + 2gp) - 3 = \frac{mn}{2}$$

Al posto di (xy + 2gp) sostituiamo 3/11 (ricavato dalla terza equazione).
La prima equazione dunque diventa:

$$\frac{3}{11} - 3 = \frac{mn}{2}$$

Da cui $\frac{mn}{2} = -\frac{30}{11} \rightarrow mn = -\frac{60}{11}$

Risposta corretta D.

2.3 Percentuali e frazioni

1. La nonna di Marco prepara una torta per lui e i suoi 4 fratellini. Marco, il più grande, ne mangia il triplo di Tommaso, il quale ne mangia la metà rispetto a Toni, a Luca e Paolo. Quale percentuale della torta è stata mangiata da Tommaso?

A. 15%
B. 8%
C. 10%
D. 20%
E. 17,5%

2. Davide, Francesco e Filippo vanno a mangiare la pizza insieme. Al termine della cena decidono di dividere "alla romana", pagando tutti lo stesso prezzo. Davide mette 15€, pagando i 3/5 del conto, e Francesco paga 10€. Filippo, che non ha contribuito alla quota, quanti soldi deve allora a Davide?

A. 6,67€
B. 8,33€
C. 25€
D. 1,67€
E. 5€

3. Nella squadra di pallavolo mista di Martina 1/4 dei giocatori sono alzatori, 1/3 sono uomini e la metà gioca da più di tre anni. Alla pizzata di squadra in 4 non hanno potuto partecipare, quanti sono quindi a mangiare la pizza?

A. 6
B. 12
C. 8
D. 9
E. 10

4. Giorgio compra a 336€ un computer che costava 420€. Qual è stata quindi la percentuale di sconto?

A. 80%
B. 20%
C. 84%
D. 15%
E. 30%

5. Lorenzo ha 14 giorni a disposizione per prepararsi all'esame di Fisica. Nei primi 6 giorni studia 1/3 delle pagine e nei successivi 6 studia i 3/5 di quelle rimanenti. Nei due giorni che gli rimangono prima dell'esame quale parte delle pagine totali deve studiare per terminare la preparazione?

A. 2/5
B. 4/15
C. 2/3
D. 11/15
E. 3/5

6. All'outlet vicino a casa di Roberto un paio di Jeans che costavano 140€ vengono venduti con lo sconto del 20%. Avendo la tessera, Roberto ha diritto ad un ulteriore sconto del 10% alla cassa. Quanto spende allora per i Jeans?

A. 110€
B. 140€
C. 112€
D. 100,8€
E. 112,8€

7. Gabriele compra un motorino per 400€ e dopo 3 anni lo vende al suo amico Enzo con uno sconto del 10%. Enzo lo sistema un po' e lo rivende guadagnando il 5% del prezzo a cui lo aveva acquistato. A quanto rivende Enzo il motorino?

A. 18€
B. 360€
C. 418€
D. 342€
E. 378€

8. Al supermercato Gina si accorge che ogni giorno il prezzo del prosciutto viene abbassato del 10% rispetto al prezzo precedente da mercoledì a venerdì. Quanto risparmia in percentuale Gina comprando il prosciutto venerdì, rispetto al martedì?

A. 8,1%
B. 27,1%
C. 90,4%
D. 81%
E. 72,9%

9. Alla partita di basket Luca segna i 4/13 dei punti totalizzati dalla squadra. Il suo gemello Paolo, che fa solo tiri da 3 punti, segnando 5 canestri fa un punteggio di un punto minore rispetto a Luca. Quanti punti sono stati totalizzati in totale dalla squadra?

A. 52 punti
B. 16 punti
C. 4 punti
D. 15 punti
E. 25 punti

10. Nella classe di Giacomo solo 6 studenti hanno svolto i compiti richiesti di matematica. Sapendo che gli alunni totali della classe sono 20, quale percentuale non ha fatto i compiti?

A. 30%
B. 14%
C. 70%
D. 86%
E. 55%

11. Andrea legge al giorno 75 pagine del libro per le vacanze scolastiche. Il quarto giorno gli rimangono da leggere però solo 1/6 delle pagine totali. Da quante pagine è composto il libro?
A. 450
B. 225
C. 325
D. 500
E. 270

12. William compra la nuova tavola da snowboard con il 18% di sconto, risparmiando così 72€. Qual è il prezzo della tavola non scontata?
A. 378€
B. 200€
C. 72€
D. 400€
E. 418€

13. Un negozio di attrezzature per il ciclismo nel 2015 ha venduto 150 biciclette e l'anno successivo 165. L'incremento percentuale di tale numero è quindi del:
A. 110%
B. 15%
C. 165
D. 15%
E. 10%

14. A Testbusterville nel 2015 gli abitanti sono diminuiti del 25% rispetto all'anno precedente, mentre nel 2016 sono aumentati del 4% rispetto al 2015. Nei due anni a Testbusterville gli abitanti sono quindi complessivamente diminuiti del:
A. 19%
B. 78%
C. 21%
D. 75%
E. 22%

15. Tra i ragazzi iscritti al test di medicina a Milano solo il 70% si presenta il giorno del test. Di questi, il 65% usa una penna nera, i rimanenti una penna blu. Sapendo che in 686 hanno usato una penna blu, quanti ragazzi hanno usato una penna nera?
A. 1274
B. 686
C. 1960
D. 2480
E. 2800

16. Nella scuola di Filippo il 55% degli studenti gioca a Calcio, il 70% pratica nuoto e il 15% non fa né calcio né nuoto. Qual è la percentuale di alunni che praticano entrambi gli sport?
A. 40%
B. 85%
C. 90%
D. 60%
E. 35%

17. Per raggiungere la scuola Gigio percorre 1/3 del tragitto in autobus, 3/5 in metropolitana e i rimanenti 800 metri a piedi. Qual è la distanza, espressa in km, che separa la casa di Gigio dalla scuola?
A. 8 Km
B. 12 Km
C. 6 Km
D. 20 Km
E. 2 Km

18. Per scrivere 200 pagine del suo primo libro Giulia ha usato 60.000 parole. Ipotizzando che in ogni pagina ci siano lo stesso numero di parole, quante ne deve ancora usare per terminare l'1/5 del libro che le rimane?
A. 3.000
B. 15.000
C. 25.000
D. 13.000
E. 60.000

19. A un prodotto già scontato del 15% viene applicato un ulteriore sconto del 10%. Se il prezzo di listino era di 200€, quanto costa ora il prodotto?
A. 170€
B. 150€
C. 117€
D. 100€
E. 153€

20. Nella scuola di Giulia 99 alunni di 660 vogliono entrare in Medicina o in Odontoiatria. Quale percentuale di studenti preferisce quindi un'altra facoltà?
A. 75%
B. 15%
C. 95%
D. 85%
E. 65%

CORREZIONE COMMENTATA

1. Ipotizzando che Tommaso mangi un pezzo di torta, Marco ne mangia allora 3 pezzi e Toni, Luca e Paolo 2 a testa. In totale la torta viene divisa quindi in 10 parti (1T + 3M + 2T + 2L + 2P). Tommaso, avendone mangiata 1 su 10, ha mangiato quindi il 10% della torta.
Risposta corretta C.

2. Se 15€ corrispondono ai 3/5 del conto, il prezzo della cena è stato di 25€ → 15/3 · 5. Ognuno deve quindi pagare 25 : 3 = 8.33€. Filippo deve dare allora a Davide 15 – 8.33 = 6.67€.
Risposta corretta A.

3. Il numero di giocatori della squadra dev'essere un multiplo di 4, un multiplo di 3 e un multiplo di 2. A questo numero va sottratto 4, che corrisponde al numero di giocatori che non hanno partecipato alla pizzata. L'unica opzione che soddisfa le condizioni è 8.
Risposta corretta C.

4. Giorgio ha risparmiato 420 - 336 = 84€. Per trovare la percentuale dello sconto imposto allora una proporzione: 84 : 420 = X : 100 → X = (84 · 100) / 420 = 20.
Risposta corretta B.

5. Dopo i primi 6 giorni di studio a Lorenzo sono rimasti i 2/3 delle pagine da studiare. Nei 6 giorni successivi studia i 3/5 di questi 2/3, che corrispondono quindi ai 2/5 delle pagine totali → 3/5 · 2/3 = 2/5. Dopo 12 giorni ha studiato perciò 1/3 + 2/5 = 11/15 delle pagine totali e gli rimangono 4/15.
Risposta corretta B.

6. Con lo sconto del 20% il prezzo dei jeans si abbassa di 28€, infatti 20 : 100 = X : 140€ → X = 20 · 140/100; diventando così di 112€. Il 10% di 112€ è 11,2€, Roberto spende allora 112 – 11,2 = 100,8€.
Risposta corretta D.

7. Il 10% di 400€ sono 40€, Enzo compra quindi il motorino a 360€. Guadagna poi il 5% ovvero: 360 · 5/100 = 18€. Ha perciò rivenduto il motorino a 360 + 18 = 378€.
Risposta corretta E.

8. Ipotizzando che il martedì il prosciutto costi 100€, mercoledì costa il 10% in meno, ovvero 90€. Il 10% di 90€ sono 9€, giovedì costa allora 81€. Venerdì il prosciutto viene venduto allora a 81 - 8,1 = 72,9€. Gina risparmia così 100 - 72,9 = 27,1€ che su 100€ corrispondono perciò al 27,1%.
Risposta corretta B.

9. Paolo, avendo fatto 5 canestri da 3 punti, ha totalizzato 3 · 5 = 15 punti. Luca ha totalizzato perciò 16 punti, che corrispondono ai 4/13 dei punti totali. Il punteggio totalizzato dalla squadra è allora di 16/4 · 13 = 52 punti.
Risposta corretta A.

10. Il numero di alunni che non ha svolto i compiti è: 20 - 6 = 14. Per trovare il valore in percentuale imposto la proporzione: 14 : 20 = X : 100 → X = 100 · 14/20 = 70%.
Risposta corretta C.

11. Nei primi tre giorni Andrea legge 75 · 3 = 225 pagine, che corrispondono ai 5/6 delle pagine totali. Il libro è formato quindi da: 225/5 · 6 = 270 pagine.
Risposta corretta E.

12. Per trovare il prezzo della tavola non scontata si imposti la seguente proporzione: 18 : 100 = 72 : X à X = 72 · 100/18 = 400€.
Risposta corretta D.

13. Le vendite sono passate da 150 a 165, per calcolare l'incremento percentuale eseguo perciò: 165/150 · 100 = 110%, ovvero il 10% in più.
Risposta corretta E.

14. Ipotizzando che nel 2014 gli abitanti fossero 100, nel 2015 sono diminuiti di 25, per un totale quindi di 75 abitanti. Trovo allora il 4% di 75 con la seguente proporzione: 4 : 100 = X : 75 X = 3. Nel 2016 il numero degli abitanti è aumentato quindi di 3 rispetto al 2015 arrivando a 75 + 3 = 78. Dal 2014 gli abitanti sono passati perciò da 100 a 78, diminuendo di 22.
Risposta corretta E.

15. I ragazzi che hanno usato la penna blu sono 686 e corrispondono al 35% di quelli che si sono presentati il giorno del test (100 - 65 = 35). Per trovare il numero di studenti che hanno usato una penna nera imposto perciò la proporzione: 686 : 35 = X : 65 → X = 686 · 65 / 35 = 1274.
Risposta corretta A.

16. Gli studenti che fanno o calcio o nuoto corrispondono a 100 - 15 = 85%. La percentuale di alunni che praticano entrambi gli sport è quindi pari a: 70 + 55 - 85 = 40%.
Risposta corretta A.

17. Con i mezzi Gigio percorre 1/3 + 3/5 = (5 + 9)/15 = 14/15 del percorso. I rimanenti 1/15 corrispondono a 800 m, la distanza da casa a scuola è quindi pari a: 800 · 15 = 12000 m = 12 Km.
Risposta corretta B.

18. Il numero di parole per ogni pagina è pari a 60.000/200 = 300. Se a Giulia mancano 1/5 delle pagine da scrivere, ne ha già scritti 4/5, che corrispondono a 200 pagine. Le mancano perciò da scrivere 200/4 = 50 pagine e dovrà usare 50 · 300 = 15.000 parole.
Risposta corretta B.

19. Con lo sconto del 15% il prezzo del prodotto si abbassa di 30€, infatti: 15 : 100 = X : 200 → X = 200 · 15/100 = 30, arrivando perciò a 170€. Il 10% di 170 corrisponde a 17, il prodotto arriva quindi a costare 170 - 17 = 153€.
Risposta corretta E.

20. In percentuale 99 alunni su 660 corrispondono a: 99/660 · 100 = 15%. Gli studenti che preferiscono un'altra facoltà sono quindi l'85%.
Risposta corretta D.

2.4 Proporzioni e problemi sul lavoro

1. Ariel, Bernie e Cita decidono di dividere i profitti del loro negozio nella proporzione di 2:3:5. Se la parte di Ariel è stata di 4000€, qual è il profitto totale del negozio?

A. 16.000 €
B. 20.000 €
C. 37.000 €
D. 40.000 €
E. 52.000 €

2. Aili ha deciso di acquistare una nuova bici. Arrivata al negozio MiBike, si accorge che la bici che le piace costa troppo, allora decide di aspettare i saldi. Dopo un po' il negozio decide di applicare uno sconto del 30% per cento sul prezzo iniziale, più un ulteriore sconto del 30% sul prezzo rimanente solo per lei, dato che è molto motivata a prendere quella bici. Nel frattempo, però, Aili ha trovato un altro negozio, il Bici&Camp, che vende la bici a allo stesso prezzo ma con uno sconto del 50%. Quale delle due offerte le conviene di più? E quanto vale la differenza in percentuale tra i due prezzi finali?

A. Il Bici&Camp, con un risparmio del 3% rispetto all'altro
B. Le due offerte sono equivalenti, Aili ruba la bici e scappa in Messico!
C. Il MiBike, con un risparmio dell'1% rispetto all'altro
D. Il MiBike, risparmiando il 3% rispetto all'altro
E. Il Bici&Camp, con un risparmio dell'1% rispetto all'altro

3. 210 litri di vino occupano 6/8 di una botte. Quanto è capiente la botte?

A. 240 litri
B. 250 litri
C. 260 litri
D. 270 litri
E. 280 litri

4. Riccardo ha comprato i 4/7 di una collezione di vinili. Sapendo che ha acquistato 56 dischi, quanti dischi deve ancora comprare per avere la collezione completa?

A. 42
B. 56
C. 70
D. 84
E. 98

5. In una libreria sono presenti diversi libri: storici, gialli e saggi. Nella prima mensola ci sono solo libri storici, nella seconda solo gialli; il numero dei libri gialli è il doppio di quello dei libri storici. Sull'ultima mensola ci sono i saggi che corrispondono a 7 volte i libri gialli. Sapendo che i gialli sono 6, quanti sono i volumi in totale nella libreria?

A. 10
B. 24
C. 46
D. 51
E. 60

6. Un marinaio ha compiuto 5/8 del suo tragitto. Se ha navigato per 25 Km, quanti Km è lungo l'intero tragitto?

A. 30 km
B. 40 km
C. 50 km
D. 60 km
E. 70 km

7. Francesca è molto golosa ma anche estremamente precisa; vuole dividere 78 biscotti in tre piatti in modo che il primo piatto abbia un terzo dei biscotti del secondo e che il secondo piatto abbia un terzo dei biscotti del terzo piatto. Ovviamente Francesca ha intenzione di mangiare tutti i biscotti. Quanti biscotti contiene il secondo piatto?

A. 18
B. 21
C. 24
D. 27
E. 30

8. Il signor Poli ha deciso di integrare la sua dieta con delle proteine in polvere. Si allena 3 volte a settimana e vuole assumere le proteine solo quando si allena. Nei tre giorni assume le proteine in proporzione di 2:5:8. Sapendo che il primo giorno assume 15 grammi di proteine, quante ne assumerà il terzo?

A. 18 g
B. 36 g
C. 60 g
D. 80 g
E. 96 g

9. Il righello di Malvina è lungo 12 cm e quello di Martina corrisponde a 10/6 del primo. Quanto misurano i due righelli messi uno di seguito all'altro?

A. 8 cm
B. 16 cm
C. 20 cm
D. 32 cm
E. 42 cm

10. Dopo la morte del padre, quattro fratelli devono dividere il patrimonio di 170.000 euro secondo la seguente proporzione 1:4:5:7. Quanto denaro ricava il fratello che ne riceve di più?

A. 17.000€
B. 44.000 €
C. 59.000 €
D. 70.000 €
E. Non sono forniti dati sufficienti per rispondere.

11.Federica, Francesca e Ilaria mangiano tre pizze in tre ore. Se invitano a cena altri sei ragazzi, che mangiano tutti alla stessa velocità delle ragazze, quante pizze verranno mangiate in nove ore?

A. 9
B. 12
C. 18
D. 24
E. 27

12. Siamo quasi a Natale ed un pasticciere prepara 5 panettoni in 2 ore e mezza. Quanti pasticcieri dovrebbero lavorare, allo stesso ritmo, per preparare 12 panettoni in un'ora e mezza?

A. 3
B. 4
C. 5
D. 6
E. 7

13. Sei professori impiegano 50 minuti per correggere un compito.
Quanto impiegherebbe uno solo di essi per correggere lo stesso compito?

A. 300 minuti
B. 7 ore e 12 minuti
C. 3 ore
D. 3 ore e 5 minuti
E. 600 minuti

14. Se 4 orsetti mangiano un vaso di miele in 15 giorni, 6 orsetti in quanti giorni mangeranno lo stesso vaso di miele?

A. 10 giorni
B. 12,5 giorni
C. 15 giorni
D. 17,5 giorni
E. 22,5 giorni

15. 20 canarini hanno il mangime per 19 giorni. Se i canarini fossero 5, quanti giorni durerebbe il mangime?

A. 127
B. 76
C. 48
D. 38
E. 26

16. 6 marinai sono dispersi in mezzo al mare e hanno acqua potabile ancora per 22 giorni. Se i naufraghi fossero 4, quanti giorni durerebbe l'acqua?

A. 33 giorni
B. Una settimana
C. 19 giorni e mezzo
D. Circa 20 giorni
E. 161 giorni

17. Tre lavapiatti sbucciano un sacco di patate rispettivamente in 3, 4, 6 ore. Quante ore impiegano a sbucciare insieme le patate di 45 sacchi?

A. 12
B. 13
C. 60
D. 120
E. Non è possibile rispondere con i dati forniti.

18. Un signore costruisce una casetta di legno in un giorno mentre, aiutato dal figlio, impiega solamente 18 ore. Quanto tempo impiegherebbe il figlio per costruire una casetta di legno da solo?

A. 2 giorni e 3 ore
B. 2 giorni e 8 ore
C. 3 giorni
D. 3 giorni e 3 ore
E. 5 giorni e 1 ore

19. Adele e Beatrice mangiano come se il loro stomaco potesse dilatarsi all'infinito; svuotano infatti tutto il loro frigorifero in 90 minuti (mangiando allo stesso ritmo). Se

avessero invitato anche Irene, mangiando le tre ragazze alla stessa velocità, quanto tempo avrebbero impiegato ad esaurire le stesse scorte alimentari?

A. 30 minuti
B. 40 minuti
C. 45 minuti
D. 50 minuti
E. 1 ora

20. 21 pizzaioli preparano 210 pizze in un'ora e mezza. Quanti pizzaioli bisogna licenziare perché i pizzaioli rimasti preparino 35 pizze in 45 minuti?

A. 4
B. 7
C. 9
D. 14
E. 18

CORREZIONE COMMENTATA

1. Per risolvere il quesito è necessario impostare due proporzioni.
Nella prima consideriamo solo Ariel e Bernie:
2 : 3 = 4.000 : B

$$B = \frac{4.000 \cdot 3}{2} = 6.000$$

Allo stesso modo, consideriamo Bernie e Cita:
3 : 5 = 6.000 : C

$$C = \frac{6.000 \cdot 5}{3} = 10.000$$

In totale: 4.000 + 6.000 + 10.000 = 20.000€.
Risposta corretta B.

2. Per risolvere il quesito, dato che si ragiona in percentuali, conviene assegnare un valore a piacere per il prezzo iniziale della bici (i prezzi iniziali nei due negozi infatti sono uguali). Per comodità diciamo che il prezzo iniziale è di 100 euro. Calcoliamo quindi il prezzo finale della bici di MiBike. Calcoliamo il 30% di 100, che equivale appunto a 30, e sottraiamolo al totale: 100 – 30 = 70. Il prezzo dopo il primo sconto equivale a 70 euro; per trovare il prezzo finale dopo il secondo sconto calcoliamo il 30% di 70: = 21 euro. 21 euro è lo sconto ulteriore applicato ai 70 euro; il prezzo finale sarà allora equivalente a 70 – 21 = 49.
Per trovare il prezzo finale della bici di Bici&Camp, poiché lo sconto è del 50%, ci basta fare 100-50= 50.
Trasformiamo adesso i prezzi finali in percentuali e troviamo quindi che il prezzo finale di MiBike equivale al 49% del totale, mentre quello di Bici&Camp equivale al 50%.
Possiamo concludere ora che il negozio più conveniente è MiBike, per trovare il risparmio percentuale di uno rispetto all'altro facciamo: 50% - 49% = 1%. Andando da MiBike Aili quindi paga l'1% in meno rispetto a Bici&Camp.
Risposta corretta C.

3. Per risolvere il quesito possiamo impostare una proporzione:

$$210 : X = \frac{6}{8} : 1$$

$$X = \frac{210 \cdot 8}{6} = 280$$

La botte piena contine 280L.
Risposta corretta E.

4. Per risolvere il quesito possiamo impostare una proporzione:

$$56 : X = \frac{4}{7} : 1$$

$$X = \frac{56 \cdot 7}{4} = 98$$

Attenzione: poiché possiede già 56 vinili, Riccardo ne deve comprare 98 - 56 = 42.
Risposta corretta A.

5. Per risolvere il quesito è necessario impostare due proporzioni.
Nella prima consideriamo solo gli storici e i gialli:

$$1 : 2 = x : 6$$

$$x = \frac{1 \cdot 6}{2} = 3$$

Allo stesso modo, consideriamo i gialli e i saggi:

$$1 : 7 = 6 : x$$

$$x = \frac{6 \cdot 7}{1} = 42$$

In totale ci sono quindi 3 (storici) + 6 (gialli) + 42 (saggi) = 51 libri.
Risposta corretta D.

6. Per risolvere il quesito possiamo impostare una proporzione:

$$25 : X = \frac{5}{8} : 1$$

$$X = \frac{25 \cdot 8}{5} = 40$$

L'intero tragitto è quindi lungo 40 km.
Risposta corretta B.

7. Dalle informazioni del testo possiamo dedurre che i biscotti sono disposti nei tre piatti secondo un rapporto 1:3:9. Per la proprietà delle proporzioni, possiamo scrivere:

$$X : 78 = 3 : 13$$

$$X = \frac{78 \cdot 3}{13} = 18$$

Il secondo piatto contiene 18 biscotti.
Risposta corretta A.

8. Per risolvere il quesito possiamo impostare una proporzione, sapendo che il rapporto tra il primo e il terzo giorno è di 2 : 8, quindi 1 : 4:

$$1 : 4 = 15g : X$$

$$X = \frac{15 \cdot 4}{1} = 60g$$

Il signor Poli assumerà quindi 60 grammi di proteine (per poi andare in dialisi).
Risposta corretta C.

9. Se il righello di Martina corrisponde a 10/6 del primo, quello di Malvina equivale a 6/6 e quindi a 1. Impostiamo quindi una proporzione:

$$\frac{10}{6} : 1 = X : 12cm$$

$$X = \frac{10 \cdot 12}{6} = 20\ cm$$

La somma delle due lunghezze è quindi: 12 cm + 20 cm = 32 cm.
Risposta corretta D.

10. Il patrimonio totale deve essere diviso in 1 + 4 + 5 + 7 = 17 parti. Il primo fratello riceverà l'equivalente di una delle 17 parti, il secondo riceverà l'equivalente di 4 parti e così via, fino all'ultimo fratello, che riceverà l'equivalente di 7 parti. Quindi, possiamo impostare la proporzione:

$$7 : 17 = X : 170.000€$$

$$X = \frac{170.000 \cdot 7}{17} = 70.000€$$

L'ultimo fratello riceverà 70.000€.
Risposta corretta D.

11. Per risolvere questo problema sul lavoro, impostiamo una proporzione composta:

$$3\,persone : \frac{3\,pizze}{3\,ore} = 9\,persone : \frac{X}{9\,ore}$$

$$X = \frac{9 \cdot \frac{3}{3} \cdot 9}{3} = 27\,pizze$$

Risposta corretta E.

12. Impostiamo la proporzione composta ricordandoci di trasformare le ore in minuti per

$$1\,persona : \frac{5\,panettoni}{150\,minuti} = X : \frac{12\,panettoni}{90\,minuti}$$

$$X = \frac{1 \cdot \frac{12}{90} \cdot 150}{5} = 4\,panettoni$$

Risposta corretta B.

13. Impostiamo una proporzione composta:

$$6\,persone : \frac{1\,compito}{50\,minuti} = 1\,persona : \frac{1\,compito}{X}$$

$$X = \frac{1 \cdot 6}{1 \cdot \frac{1}{50}} = 300\,minuti$$

Risposta corretta A.

14. Impostiamo la proporzione composta:

$$4\,orsetti : \frac{1\,vaso}{15\,giorni} = 6\,orsetti : \frac{1\,vaso}{X}$$

$$X = \frac{1 \cdot 4}{6 \cdot \frac{1}{15}} = 10\,giorni$$

Risposta corretta A.

15. Impostiamo la proporzione composta:

$$20\,canarini : \frac{1}{19\,giorni} = 5\,canarini : \frac{1}{X}$$

$$X = \frac{1 \cdot 20}{5 \cdot \frac{1}{19}} = 76\,giorni$$

Risposta corretta B.

16.

Metodo I

Impostiamo la proporzione composta:

$$6\,marinai : \frac{1}{22\,giorni} = 4\,marinai : \frac{1}{X}$$

$$X = \frac{1 \cdot 6}{4 \cdot \frac{1}{22}} = 33\,giorni$$

Metodo II

Se 6 marinai bevono tutta l'acqua in 22 giorni, significa che un marinaio, in quel periodo di tempo, beve 1/6 di tutta l'acqua. Se i marinai fossero 4, questi dovrebbero bere ¼ di acqua in x giorni. Impostiamo la proporzione composta:

$$1\ marinaio : \frac{\frac{1}{6}}{22\ giorni} = 1\ marinaio : \frac{\frac{1}{4}}{X}$$

$$\frac{1}{X} = \frac{4}{132} = \frac{1}{33}$$

Risposta corretta A.

17. La velocità totale è data dalla somma delle velocità di ogni lavapiatti:

$$v2 = vtot - v1 = \frac{1}{18} - \frac{1}{24} = \frac{1}{72} = \frac{1\ casa}{3\ giorni}$$

Impostiamo ora la proporzione:

$$3\ sacchi:\ 4\ ore = 45\ sacchi : X$$

$$X = \frac{4 \cdot 45}{3} = 60\ ore$$

Risposta corretta C.

18. La velocità totale è data dalla somma delle velocità del padre (V_1) e del figlio (V_2) quindi la velocità del figlio è data dalla formula inversa:

$$v2 = vtot - v1 = \frac{1}{18} - \frac{1}{24} = \frac{1}{72} = \frac{1\ casa}{3\ giorni}$$

Risposta corretta C.

19. Se Adele e Beatrice insieme mangiano il cibo di un frigorifero in 90 minuti, significa che ognuna di loro impiega il doppio del tempo (180 min) per finire il cibo in un frigorifero intero. Considerando che tutte e tre mangiano alla stessa velocità, possiamo impostare la seguente proporzione:

$$1\ ragazza : \frac{1\ frigorifero}{180\ minuti} = 3\ ragazze : \frac{1\ frigorifero}{X}$$

$$\frac{1}{X} = \frac{1 \cdot 3}{180} = \frac{1}{60\ minuti}$$

Risposta corretta E.

20. Impostiamo la proporzione composta trasformando prima le ore in minuti:

$$21\ pizzaioli : \frac{210\ pizze}{90\ minuti} = X : \frac{35\ pizze}{45\ minuti}$$

$$X = \frac{21 \cdot \frac{35}{45} \cdot 90}{210} = 7\ pizzaioli$$

Servono quindi 7 pizzaioli; attenzione, poiché quelli di partenza erano 21, è necessario licenziare 21 - 7 = 14 pizzaioli.

Risposta corretta D.

LOGICA

2.5 Logica formale

2.5.1 Proposizioni complesse

1. Se l'enunciato "Se Michela va in palestra, può dimagrire" vale [A → B] e l'enunciato "Si mette a dieta" vale [C], allora l'enunciato "Se Michela va in palestra e si mette a dietra allora può dimagrire" vale:
    A. [A→ [C ∧ B]]
    B. [A→ [C V B]]
    C. [[A ∧ C] → B]
    D. [[A V C] → B]
    E. [[A ∧ B] → C]

2. Se l'enunciato "Se Gregorio gioca al PC, sua mamma è felice" vale [A → B] e l'enunciato "Annaffia i pomodori" vale [C], allora l'enunciato "Se Gregorio non gioca al PC o annaffia i pomodori, sua mamma è felice" vale:
    A. [[[¬A] V [¬C]] → B]
    B. [[[¬B] V C] → A]
    C. [[[¬A] ∧ C] → B]
    D. [[A V C] → B]
    E. [[[¬A] V C] → B]

3. Se l'enunciato "Se David non ragiona, sarà bocciato all'esame" vale [¬A → B] e l'enunciato "Non sarà soddisfatto" vale [¬C], allora l'enunciato "Se David non ragiona, non solo non sarà soddisfatto, ma sarà anche bocciato all'esame" vale:
    A. [[¬A] → [[¬C] ∧ B]
    B. [[¬A] → [[¬C] ∧ [¬B]]
    C. [A→ [¬ [¬C] → B]
    D. [[¬A] → [[¬C] → B]
    E. [[¬A] → [[¬C] ∧ [¬B]]

4. Se l'enunciato "Se Ron si cambia i pantaloni, Hermione esce con lui" vale [A → B] e l'enunciato "Smette di baciare Lavanda Brown" vale [C], allora l'enunciato "Se Ron si cambia i pantaloni e smette di baciare Lavanda Brown, Hermione esce con lui" vale:
    A. [[A V C] → B]
    B. [[A V C] → [¬B]]
    C. [B → [A ∧ C]]
    D. [[A ∧ C] → B]
    E. [[A ∧ B] → C]

5. Se l'enunciato "Se il governo non si applica, il debito pubblico non si abbasserà" vale [[~A] → [~B]] e l'enunciato "Non propone una manovra adeguata" vale [~C], allora l'enunciato "Se il governo non si applica e non propone una manovra adeguata, il debito pubblico non di abbasserà" vale:
    A. [[[¬A] ∧[¬C]] → [¬B]]
    B. [[[¬A] ∧ [¬B]] → [¬C]]
    C. [[[¬A] ∧ [¬C]] → [B]]
    D. [[¬A] → [[¬C] V [¬B]]
    E. [[[¬A] V[¬C]] → B]

6. Se l'enunciato "Se il Pumba non pranza, a cena si mangia un cinghiale" vale [[~A] → B] e l'enunciato "Si mangia Timon" vale [C], allora l'enunciato "Se Pumba non pranza, a cena si mangia un cinghiale o si mangia Timon" vale:
    A. [[¬A] → B ∧ C]
    B. [B V C → [¬A]]
    C. [[[¬A] ∧ [¬C]] → [¬B]]
    D. [[¬A] V C → B]
    E. [[¬A] → B V C]

7. Se l'enunciato "Se Billy è agitato, graffia il divano" vale [A → B] e l'enunciato "Mangia due volte" vale [C], allora l'enunciato "Se Billy non è agitato o mangia due volte, non graffia il divano" vale:
    A. [[¬A] V C →B]
    B. [[A ∧ [¬C]] →[¬B]]
    C. [[A V [¬C]] →[¬B]]
    D. [[[¬A] V C] →[¬B]]
    E. [[[¬A] ∧ [¬C]] →[¬B]]

8. Se l'enunciato "Se domani mi sveglio presto, faccio colazione" vale [A → B] e l'enunciato "Sono sazia" vale [C], allora l'enunciato "Se domani non mi sveglio presto o sono sazia, non faccio colazione" vale:
    A. [[¬A] V C] →B]
    B. [[A V [¬C]] → [¬B]]
    C. [[[¬A] V C] → [¬B]]
    D. [[[¬A] ∧ [¬C]] →B]
    E. [[[¬A] ∧ C] → [¬B]]

9. Se l'enunciato "Se smetti di mangiare a tutte le ore, dimagrirai" vale [A → B] e l'enunciato "Sarai più sereno" vale [C], allora l'enunciato "Se smetti di mangiare a tutte le ore, non solo dimagrirai, ma sarai anche più sereno" vale:
    A. [[A ∧ C] → B]
    B. [A → [B ∧ C]]

C. [A → [[¬B] ∧ C]]
D. [A → [[¬B] ∨ C]]
E. [A → [B ∨ C]]

10. Se l'enunciato "Se spegni la luce, mi addormento" vale [A → B] e l'enunciato "Continui a russare" vale [C], allora l'enunciato "Se spegni la luce o non continui a russare, mi addormento" vale:
A. [[A ∧ [¬C]] → B]
B. [[A ∨ C] → [¬B]]
C. [[[¬A] ∧ [¬C]] →B]
D. [[[¬A] ∨ C] → B]
E. [[A ∨ [¬C]] → B]

11. Se la frase "Se ti tagli i capelli le ragazze cadranno ai tuoi piedi" equivale a [B → A] e l'enunciato "non resterai single per sempre" corrisponde a [¬D], mentre "solo tua mamma penserà tu sia un bel ragazzo" è [C], allora la frase "Se ti tagli i capelli, resterai single per sempre e le ragazze non cadranno ai tuoi piedi, ma solo tua mamma penserà che sei un bel ragazzo", equivale a:
A. [B → [¬D ∨¬ A ∧ C]]
B. [B → [¬ [¬D] ∧ ¬ A ∧ C]]
C. [B → [¬ [¬D] ∧ ¬ A ∨ C]]
D. [B → [¬ [¬D] ∧ ¬ [A ∨ C]]]
E. [B → [¬ [¬D] ∨ ¬ A ∨ C]]

12. Se l'enunciato: "Sabato mattina non vorrò dormire" vale [A] e "Andrò a una festa venerdì sera" vale [¬B], come si può rappresentare la frase: "Se non andrò a una festa venerdì sera, allora sabato mattina non vorrò dormire"?
A. [[¬A] → [¬B]]
B. [[¬B] → [A]]
C. [[B] → [¬A]]
D. [[A] → [¬B]]
E. [[B] → [A]]

13. Se la frase "ho fame" vale [A], la frase "mi ordino una pizza" vale [B], la frase "divento una ciciutona" vale [C], la frase "mi deprimo" vale [D] e la frase "continuo a mangiare" vale [E], a quale delle seguenti opzioni equivale la frase "Ho fame e mi ordino una pizza quindi divento una ciciutona, quindi, o mi deprimo, oppure non mi deprimo e continuo a mangiare"?
A. [A ∧ B] → [[[C] → [∧ [D] ∨ [¬D ∧ E]]]
B. [A] ∧ [B] → [[C ∨ D ∨ [¬D ∧ E]]
C. [A ∧ B] → [C → [D ∨ [¬D ∧ E]]]
D. [A] ∧ [B] → [[C ∨ D ∨ [¬D ∧ E]]
E. [A ∧ B] → [[[C] → [∨ [D] ∨ [-D ∨ E]]]

14. Se la frase "studio il decorso del vago" vale [A], "vado a correre" vale [¬B], "bevo una birra" vale [C] e "vedo un film" vale [D], a cosa equivale la frase: "se bevo una birra o vedo un film, allora non studio il decorso del vago e non vado a correre"?
A. [[C ∨ A] → [¬D ∧ B]]
B. [[C ∧ D] → [¬A ∧ ¬B]]
C. [[C ∨ D] → [¬A ∧ B]]
D. [[A ∧ B] → [¬C ∧ D]]
E. [[C ∨ D] → [¬A ∧ ¬B]]

15. Se l'enunciato "domani vai a scuola" e "domani piove" corrispondono rispettivamente ad [A] e a [B], e alle frasi "porta l'ombrello" e "porta il cappotto" corrispondono [C] e [D]; a cosa corrisponde, in simboli, la frase "Se domani vai a scuola e piove, dovrai portare l'ombrello ma non il cappotto"?
A. [A ∧ B] → [C ∧ D]
B. [A ∧ B] → [C ∧¬D]
C. [A ∧ ¬B] → [C ∧ D]
D. [A ∨ B] → [C ∧ ¬D]
E. [¬A ∧ B] → [C ∧ D]

LOGICA

CORREZIONE COMMENTATA

1. Partendo dal presupposto che ∨ (vel) corrisponde alla congiunzione avversativa "o", che ∧ (et) corrisponde alla congiunzione copulativa "e" e che ¬ corrisponde all'avverbio di negazione "non", perché si verifichi l'evento B, devono verificarsi le condizioni A e C (risposte A, B, ed E errate). Dato che devono essere verificate entrambe le condizioni A e C, deve essere usato il simbolo ∧ (et), risposta D errata. Quindi: [[A ∧ C] → B].
Risposta corretta C.

2. Partendo dal presupposto che ∨ (vel) corrisponde alla congiunzione avversativa "o", che ∧ (et) corrisponde alla congiunzione copulativa "e" e che ¬ corrisponde all'avverbio di negazione "non", perché sia verificata B, deve essere verificata almeno (∨) una delle due condizioni tra ¬A e C. Quindi: [[[¬A] ∨ C] → B].
Risposta corretta E.

3. Partendo dal presupposto che ∨ (vel) corrisponde alla congiunzione avversativa "o", che ∧ (et) corrisponde alla congiunzione copulativa "e" e che ¬ corrisponde all'avverbio di negazione "non", se si verifica la condizione ¬A, si verificano entrambi gli eventi ¬C e B. NB: "non solo..ma anche" in logica formale può essere scritto come ∧ (et). Quindi: [[¬A] → [[¬C] ∧ B].
Risposta corretta A.

4. Partendo dal presupposto che ∨ (vel) corrisponde alla congiunzione avversativa "o", che ∧ (et) corrisponde alla congiunzione copulativa "e" e che ¬ corrisponde all'avverbio di negazione "non", sappiamo che affinché B si verifichi dovranno verificarsi A insieme a C. Quindi: [[A ∧ C] → B].
Risposta corretta D.

5. Partendo dal presupposto che ∨ (vel) corrisponde alla congiunzione avversativa "o", che ∧ (et) corrisponde alla congiunzione copulativa "e" e che ¬ corrisponde all'avverbio di negazione "non", il testo ci dice che se non si verifica A insieme a C (ossia [[[¬A] ∧ [¬C]]) allora non si verificherà neanche B. Quindi: [[[¬A] ∧[¬C]] → [¬B]].
Risposta corretta A.

6. Partendo dal presupposto che ∨ (vel) corrisponde alla congiunzione avversativa "o", che ∧ (et) corrisponde alla congiunzione copulativa "e" e che ¬ corrisponde all'avverbio di negazione "non", il testo afferma che se Pumba non pranza (¬A), a cena si mangia un cinghiale o si mangia Timon (B ∨ C). Quindi: [[¬A] → B ∨ C].
Risposta corretta E.

7. Partendo dal presupposto che ∨ (vel) corrisponde alla congiunzione avversativa "o", che ∧ (et) corrisponde alla congiunzione copulativa "e" e che ¬ corrisponde all'avverbio di negazione "non", dal momento che bastava che si verificasse una delle due condizioni affinché Billy non graffiasse il divano, bisognava prendere in considerazione l'opzione con il simbolo ∨. Inoltre bisognava negare la proposizione [A], che diventava quindi [¬A] e la proposizione [B], che diventava [¬B]. Quindi: [[[¬A] ∨ C] →[¬B]].
Risposta corretta D.

8. Partendo dal presupposto che ∨ (vel) corrisponde alla congiunzione avversativa "o", che ∧ (et) corrisponde alla congiunzione copulativa "e" e che ¬ corrisponde all'avverbio di negazione "non", in "Se domani non mi sveglio presto o sono sazia, non faccio colazione": bisognava negare le proposizioni [A] e [B], che quindi diventavano rispettivamente [¬A] e [¬B]. Inoltre, bisognava scegliere l'opzione con il simbolo ∨, che significa "o", e scartare l'opzione con il simbolo ∧ ("et"). Quindi: [[[¬A] ∨ C] → [¬B]].
Risposta corretta C.

9. Partendo dal presupposto che ∨ (vel) corrisponde alla congiunzione avversativa "o", che ∧ (et) corrisponde alla congiunzione copulativa "e" e che ¬ corrisponde all'avverbio di negazione "non",

"Se smetti di mangiare a tutte le ore, non solo dimagrirai, ma sarai anche più sereno" equivale a dire "Se smetti di mangiare a tutte le ore, dimagrirai e sarai più sereno". Quindi: [A → [B ∧ C]].
Risposta corretta B.

10. Partendo dal presupposto che V (vel) corrisponde alla congiunzione avversativa "o", che ∧ (et) corrisponde alla congiunzione copulativa "e" e che ¬ corrisponde all'avverbio di negazione "non", la proposizione da negare è "continui a russare" e quindi la [C], che diventa [¬C]. Il nesso tra le proposizioni [A] e [¬C], infine, è rappresentato dalla congiunzione alternativa "o", rappresentata dal simbolo V. Quindi: [[A V [¬C]] → B].
Risposta corretta E.

11. Per risolvere questo quesito bisogna ricordare che in logica formale, le doppie negazioni si elidono. Ne consegue che "¬ [¬D]" equivarrà a dire [D], e cioè "resterai single per sempre". È necessario inoltre ricordare che il simbolo "∧" significa congiunzione (la congiunzione "e"), mentre "V" indica disgiunzione (la congiunzione "o"). Nella frase proposta però bisogna utilizzare solamente la congiunzione, poiché anche il "ma" è rappresentato da tale simbolo. L'opzione D è sbagliata perché contiene "¬" davanti a [A V C]: in questo modo la negazione coinvolgerà sia la proposizione [A] che la [C], ma ciò non è corretto in quanto la frase [C] deve presentarsi in forma affermativa. L'opzione C è sbagliata poiché contiene una disgiunzione al posto della congiunzione. La risposta giusta sarà dunque l'unica rimanente, la quale presenta un'adeguata successione di simboli e lettere.
Risposta corretta B.

12. Partendo dal presupposto che V (vel) corrisponde alla congiunzione avversativa "o", che ∧ (et) corrisponde alla congiunzione copulativa "e" e che ¬ corrisponde all'avverbio di negazione "non", se l'enunciato "andrò a una festa venerdì sera" vale [¬B], allora il suo contrario, "non andrò a una festa venerdì sera", deve valere [B]. Quindi la risposta deve cominciare con [B]. Poi c'è un allora, che si rappresenta in logica con una freccia, ossia una implicazione logica. La seconda parte della frase data è uguale alla prima, quindi vale [A]. Ne consegue che la risposta corretta è la E.
Risposta corretta E.

13. Partendo dal presupposto che V (vel) corrisponde alla congiunzione avversativa "o", che ∧ (et) corrisponde alla congiunzione copulativa "e" e che "¬" corrisponde all'avverbio di negazione "non", per risolvere questa tipologia di quesiti è opportuno provare a scrivere la frase passo per passo:

Ho fame: [A]
Ho fame e mi ordino una pizza: [A ∧ B]
Ho fame e mi ordino una pizza quindi divento una ciciutona: [A ∧ B] → C
Ho fame e mi ordino una pizza quindi divento una ciciutona, quindi, o mi deprimo: [A ∧ B] → [C → D]
Ho fame e mi ordino una pizza quindi divento una ciciutona quindi o mi deprimo o non mi deprimo: [A ∧ B] → [C → [D V [¬D]]]
Ho fame e mi ordino una pizza quindi divento una ciciutona quindi o mi deprimo, o non mi deprimo e continuo a mangiare: [A ∧ B] → [C → [D V [¬D ∧ E]]]

Risposta corretta C.

14. Partendo dal presupposto che V (vel) corrisponde alla congiunzione avversativa "o", che ∧ (et) corrisponde alla congiunzione copulativa "e" e che ¬ corrisponde all'avverbio di negazione "non", spezziamo l'enunciato in due parti e analizziamolo. "Bevo una birra", corrisponde a [C] e "vedo un film" corrisponde a [D]. Queste due frasi sono unite da una disgiunzione, per cui la prima parte dell'enunciato del quesito risulterà essere [C V D]. Posta la premessa, la seconda parte dell'enunciato dice che "non studio il decorso del vago e non vado a correre", ovvero ¬A ∧ B, ricordandosi che dal testo sappiamo che "vado a correre" corrisponde a ¬B, per cui "non vado a correre" è equivalente a B.
Risposta corretta C.

15. Partendo dal presupposto che V (vel) corrisponde alla congiunzione avversativa "o", che Λ (et) corrisponde alla congiunzione copulativa "e" e che ¬ corrisponde all'avverbio di negazione "non", siccome il testo specifica che non vada portato il cappotto, allora prima della frase D va messo il simbolo della negazione ¬ (Risposte A, C ed E errate). Inoltre, il simbolo V indica la congiunzione "o", mentre Λ la congiunzione "e"; di conseguenza, visto che il testo specifica sempre il secondo caso, la Risposta D è sbagliata.
Risposta corretta B.

2.5.2 Tavole della verità

Le tavole di verità sono tabelle usate nella logica per determinare se, attribuiti i valori di verità alle proposizioni che la compongono, una determinata proposizione è vera o falsa. Le tabelle di verità della congiunzione "e" (∧), della disgiunzione "o" (V) e della negazione "non" (¬) sono rispettivamente:

A	B	A∧B
V	V	V
V	F	F
F	V	F
F	F	F

A	B	AVB
V	V	V
V	F	V
F	V	V
F	F	F

A	¬ A
V	F
F	V

1. Qual è la tabella di verità della proposizione P: ¬ (A V B) ∧ A?

A.

A	B	P
V	V	V
V	F	F
F	V	F
F	F	V

B.

A	B	P
V	V	F
V	F	F
F	V	F
F	F	F

C.

A	B	P
V	V	V
V	F	V
F	V	F
F	F	V

D.

A	B	P
V	V	V
V	F	F
F	V	V
F	F	F

E.

A	B	P
V	V	F
V	F	V
F	V	V
F	F	F

2. Qual è la tabella di verità della proposizione P: (A V ¬ B) ∧ B?

A.

A	B	P
V	V	V
V	F	F
F	V	V
F	F	F

B.

A	B	P
V	V	V
V	F	F
F	V	F
F	F	V

C.

A	B	P
V	V	F
V	F	F
F	V	F
F	F	F

D.

A	B	P
V	V	V
V	F	F
F	V	F
F	F	F

E.

A	B	P
V	V	V
V	F	F
F	V	F
F	F	V

3. Qual è la tabella di verità della proposizione P: (A ∧ B) V ¬B?

A.

A	B	P
V	V	V
V	F	F
F	V	F
F	F	V

B.

A	B	P
V	V	F
V	F	F
F	V	F
F	F	F

C.

A	B	P
V	V	V
V	F	F
F	V	F
F	F	F

D.

A	B	P
V	V	V
V	F	F
F	V	V
F	F	F

E.

A	B	P
V	V	V
V	F	V
F	V	F
F	F	V

4. Qual è la tabella della proposizione P: (¬ A V ¬ B) ∧ B?

A.

A	B	P
V	V	V
V	F	F
F	V	F
F	F	V

B.

A	B	P
V	V	F
V	F	V
F	V	F
F	F	F

C.

A	B	P
V	V	V
V	F	F
F	V	F
F	F	F

D.

A	B	P
V	V	V
V	F	F
F	V	V
F	F	F

E.

A	B	P
V	V	F
V	F	F
F	V	V
F	F	F

5. Quale è la tabella della proposizione P: A ∧ (B ∧ ¬ B)?

A.

A	B	P
V	V	F
V	F	F
F	V	F
F	F	F

B.

A	B	P
V	V	F
V	F	F
F	V	V
F	F	F

C.

A	B	P
V	V	F
V	F	V
F	V	F
F	F	V

D.

A	B	P
V	V	F
V	F	V
F	V	V
F	F	F

E.

A	B	P
V	V	V
V	F	F
F	V	V
F	F	F

6. Quale è la tabella della proposizione P: A ∧ (B V ¬ B)?

A.

A	B	P
V	V	F
V	F	F
F	V	V
F	F	F

B.

A	B	P
V	V	F
V	F	V
F	V	V
F	F	F

C.

A	B	P
V	V	F
V	F	V
F	V	F
F	F	V

D.

A	B	P
V	V	F
V	F	F
F	V	V
F	F	F

E.

A	B	P
V	V	V
V	F	V
F	V	F
F	F	F

7. Qual è la tabella di verità della proposizione P: ¬ [A V (A V B)]:

A.

A	B	P
V	V	F
V	F	F
F	V	F
F	F	V

B.

A	B	P
V	V	F
V	F	F
F	V	V
F	F	F

C.

A	B	P
V	V	F
V	F	F
F	V	F
F	F	F

D.

A	B	P
V	V	F
V	F	V
F	V	V
F	F	F

E.

A	B	P
V	V	V
V	F	V
F	V	V
F	F	V

8. Qual è la tabella di verità della proposizione P: A V (A ∧ B):

A.

A	B	P
V	V	F
V	F	V
F	V	V
F	F	F

B.

A	B	P
V	V	V
V	F	F
F	V	V
F	F	F

C.

A	B	P
V	V	F
V	F	F
F	V	V
F	F	F

D.

A	B	P
V	V	F
V	F	V
F	V	F
F	F	V

E.

A	B	P
V	V	V
V	F	V
F	V	F
F	F	F

9. Qual è la tabella di verità della proposizione P: ¬A ∧ (A V B):

A.

A	B	P
V	V	F
V	F	V
F	V	F
F	F	V

B.

A	B	P
V	V	F
V	F	F
F	V	F
F	F	V

C.

A	B	P
V	V	F
V	F	F
F	V	V
F	F	F

D.

A	B	P
V	V	F
V	F	F
F	V	F
F	F	F

E.

A	B	P
V	V	F
V	F	V
F	V	V
F	F	F

10. Qual è la tabella di verità della proposizione P: (A ∧ ¬B) V (¬B):

A.

A	B	P
V	V	F
V	F	V
F	V	F
F	F	V

B.

A	B	P
V	V	F
V	F	V
F	V	F
F	F	F

C.

A	B	P
V	V	V
V	F	F
F	V	V
F	F	F

D.

A	B	P
V	V	F
V	F	F
F	V	V
F	F	F

E.

A	B	P
V	V	V
V	F	V
F	V	F
F	F	F

11. Qual è la tavola della verità della proposizione (¬A ∧ ¬B) V (A ∧ B):

A.

A	B	P
V	V	V
V	F	V
F	V	V
F	F	F

B.

A	B	P
V	V	V
V	F	F
F	V	F
F	F	V

C.

A	B	P
V	V	F
V	F	V
F	V	V
F	F	F

D.

A	B	P
V	V	F
V	F	V
F	V	F
F	F	F

E.

A	B	P
V	V	F
V	F	V
F	V	V
F	F	V

12. Qual è la tavola della verità della proposizione P: [¬ (A ∧ B)] V (A ∧ B):

A.

A	B	P
V	V	F
V	F	V
F	V	V
F	F	F

B.

A	B	P
V	V	V
V	F	V
F	V	V
F	F	F

C.

A	B	P
V	V	F
V	F	F
F	V	F
F	F	F

D.

A	B	P
V	V	F
V	F	F
F	V	V
F	F	F

E.

A	B	P
V	V	V
V	F	V
F	V	V
F	F	V

13. Qual è la tabella di verità della proposizione Z: ((¬B) v A) v ¬B:

A.

A	B	Z
V	V	V
V	F	V
F	V	F
F	F	V

B.

A	B	Z
V	V	F
V	F	V
F	V	F
F	F	F

C.

A	B	Z
V	V	V
V	F	F
F	V	F
F	F	V

D.

A	B	Z
V	V	F
V	F	F
F	V	V
F	F	V

E.

A	B	Z
V	V	F
V	F	F
F	V	F
F	F	V

14. A quale tavola della verità corrisponde la proposizione P: (A ∧ B) v (¬ (A v B)):

A.

A	B	P
V	V	F
V	F	V
F	V	F
F	F	V

B.

A	B	P
V	V	V
V	F	V
F	V	F
F	F	V

C.

A	B	P
V	V	F
V	F	V
F	V	V
F	F	F

D.

A	B	P
V	V	V
V	F	F
F	V	F
F	F	V

E.

A	B	P
V	V	F
V	F	V
F	V	V
F	F	V

15. A quale delle seguenti proposizioni corrisponde una tabella della verità analoga a quella della disgiunzione?

A. (¬A ∧ (¬B))
B. ¬ (¬A V (¬B))
C. ¬ (¬A ∧ B)
D. ¬ (A V(¬B))
E. ¬ (¬A ∧ (¬B))

CORREZIONE COMMENTATA

1. La proposizione può essere scritta come: NON (A o B) e A.
Per quanto riguarda A o B, è sufficiente che almeno una delle due condizioni sia vera perché "(A o B)" risulti vera; l'unico caso in cui essa sarà falsa è con A = F e B = F (ultima riga); la negazione "NON (A o B)" implica che tutte le righe diventino false, tranne l'ultima (F F F V). Perché P sia vera, è necessario che entrambe le condizioni "NON (A o B)" e "A", siano vere: questo non accade in nessuna riga, quindi la tabella corretta è quella in cui P è sempre falsa.
Risposta corretta B.

2. La proposizione può essere scritta come (A o NON B) e B
Per quanto riguarda A o NONB, è sufficiente che almeno una delle due condizioni sia vera perché (A o NON B) risulti vera; l'unico caso in cui essa sarà falsa è con A = F e B = V, quindi NONB = F (terza riga).
Perché P sia vera, è necessario che entrambe le condizioni "(A o NONB)" e "B", siano vere: questo accade in solo nella prima riga, quindi la tabella corretta è quella in cui P è: V F F F.
Risposta corretta D.

3. La proposizione può essere scritta come (A e B) o (NONB).
Osservando la seconda tabella proposta nel quesito, "(A e B)" risulta essere vera solo quando entrambe le condizioni sono vere (V F F F).
Perché P sia vera è sufficiente che almeno una tra le condizioni "(A e B)" e "(NONB)" sia vera; questo accade sempre tranne che nella terza riga in cui (A e B) = F e B = V quindi NONB = F. La tabella corretta è quindi quella in cui P è: VVFV.
Risposta corretta E.

4. La proposizione può essere scritta come (NONA o NON B) e (B).
Dalla seconda condizione, posta dopo il simbolo logico $\wedge$, deduciamo che affinché P sia vera, occorre che la proposizione B sia anch'essa vera. P sarà perciò sicuramente falsa quando B è falsa. Inoltre, perché P sia vera deve accadere che sia vera almeno una proposizione tra "non A" e "non B", cosa non possibile se sia A sia B sono vere (prima riga falsa). L'unico caso in cui la proposizione risulta vera è quindi quando abbiamo A falsa, ovvero "non A" vera, e B vera (terza riga vera). La tabella corretta è quindi quella in cui P è: FFVF.
Risposta corretta E.

5. La proposizione può essere scritta come (A) e (B e NONB).
Osservando l'espressione di verità di P, si nota che questa sarà vera solo se si verifica contemporaneamente B vera e "non B" è vera. Poiché questo non è ovviamente possibile, P sarà falsa in tutte le casistiche. La tabella corretta è quindi quella in cui P è: FFFF.
Risposta corretta A.

6. La proposizione può essere scritta come (A) e (B o NONB).
P è vera se si verifica contemporaneamente che A è vera e almeno una proposizione tra B e "non B" è vera. Poiché si ha sempre che o B o "non B" è vera, perché P sia vera basta che sia vera A. La tabella corretta è quindi quella in cui P è: VVFF.
Risposta corretta E.

7. La proposizione può essere scritta come: NON (A o (A o B)).
Affinché la proposizione (A o (A o B)) sia vera, basta che sia vera o solo A o solo B o entrambe. Sarà falsa solo nel caso in cui siano false sia A sia B (quarta riga). Dal momento che c'è una negazione davanti all'intera proposizione, da VVVF, la tabella corretta sarà FFFV.
Risposta corretta A.

8. La proposizione può essere scritta come: A o (A e B).
Affinché la proposizione sia vera, basterà quindi che sia vera o solo A o sia A sia B. Dal momento che A è vera nelle prime due righe, mentre A e B è vera solo nella prima, la tabella corretta sarà

quindi quella in cui P è: VVFF.
Risposta corretta E.

9. La proposizione può essere scritta come: non A e (A o B).
Affinché la proposizione sia vera, dovremo avere per forza sia A = F sia A = V o B = V. Dal momento che non è possibile avere A allo stesso tempo V e F, ci sarà un solo caso in possibile in cui la proposizione risulterà vera, cioè quando B è vera. La tabella corretta è quindi quella in cui P è: FFVF.
Risposta corretta C.

10. La proposizione può essere scritta come: (A e NONB) o NONB.
Affinché la proposizione risulti vera, ci basterà avere o solo B = F o A = V e B = F. La tabella corretta è quindi quella in cui P è: FVFV.
Risposta corretta A.

11. Per risolvere agevolmente l'esercizio basta considerare che basta che una sola delle due parentesi risulti vera (avendo tra esse l'operatore V basta che una sola sia vera, non per forza entrambe) per avere la proposizione finale vera.
Per rendere vera la prima parentesi bisogna considerare la negazione di A e la negazione di B e considerare l'operatore congiunzione, la quale afferma che la proposizione finale è vera solo se entrambe quelle di partenza sono vere; quindi la prima parentesi avrà una tavola della verità del tipo: FFFV.
La seconda parentesi ha sempre come operatore la congiunzione, ma in questo caso consideriamo A e B (non le loro negazioni); la tavola della verità della seconda parentesi sarà: VFFF.
Quindi, unendo le due parentesi con l'operatore V otterremo una tavola della verità del tipo: VFFV.
Risposta corretta B.

12. Utilizzando le tabelle fornite dal testo, si costruisce passo per passo la tavola seguente:

A	B	(A∧B)	¬(A∧B)	[¬(A∧B)]∨(A∧B)
V	V	V	F	V
V	F	F	V	V
F	V	F	V	V
F	F	F	V	V

Bisogna ricordare che si deve partire dalle parentesi tonde, per poi passare agli operatori nelle parentesi quadre e infine agli operatori all'esterno delle parentesi, come se fosse una espressione matematica.
Risposta corretta E.

13. Consideriamo inizialmente la prima parentesi, nella quale dobbiamo considerare A e la negazione di B (¬B) unite dall'operatore v, nel quale basta che una delle due proposizioni sia vera affinché la proposizione finale sia vera. Si ottiene quindi una tavola della verità del tipo: VVFV. A questo punto, bisogna unirla con la tavola della verità di (¬B), sempre con la disgiunzione. Si ottiene quindi, per la proposizione finale, una tavola della verità di questo tipo: VVFV.
Risposta corretta A.

14. Per trovare la tavola della verità corretta è utile spezzare la proposizione in due parti e analizzarla pezzo per pezzo, partendo dal contenuto delle parentesi. La tavola della prima parte (A ∧ B) è già fornita dal testo, ed è la tavola della congiunzione. La seconda parte: ¬ (A v B) è una disgiunzione negata, per cui basta cambiare tutti i valori di verità dell'ultima colonna della tabella

già fornita dal testo e ottenere quindi: FFFV
La proposizione finale P chiede la disgiunzione tra la prima proposizione (A ∧ B) e la seconda: (¬ (A v B). La sua tavola risulterà essere quindi:

A∧B	¬(A∨B)	P: (A∧B)∨(¬(A∧B))
V	F	V
F	F	F
F	F	F
F	V	V

Risposta corretta D.

15. La tabella delle due proposizioni A e B, negate e legate dalla congiunzione "e" corrisponde a:

¬A	¬B	¬A∧(¬B)
F	F	F
F	V	F
V	F	F
V	V	V

Negando ulteriormente l'ultima colonna della tavola della verità appena trovata si trova la sequenza di lettere (dall'alto verso il basso) "VVVF", che coincide esattamente con la tabella di disgiunzione. Disegnando la tabella per ciascuna delle opzioni, ci si rende conto che l'unica proposizione che dà come risultato la sequenza della disgiunzione è appunto ¬ (¬A ∧ (¬B)).
Risposta corretta E.

2.6 Velocità e tempo

1. Un gruppo scout fa una gita in montagna. Per salire fino alla vetta della montagna impiegano 3 ore, andando ad una velocità costante di 6 km/h. Arrivati in cima, iniziano la discesa, che richiederà loro solamente 2 ore. Qual è la velocità media mantenuta durante la gita?

A. 6,8 km/h
B. 5 km/h
C. 7,2 km/h
D. 7,5 km/h
E. 8 km/h

2. Federica ha un'applicazione sul telefono che conta i passi e calcola la velocità media di camminata, da quando la avvii a quando la stoppi. Alle 3:15 di pomeriggio esce di casa per andare al bar, distante 4 km, dove arriva alle 3:50 e rimane per un'ora per prendere un caffè con le amiche. Alle 4:50 decide di tornare a casa, impiegando solo 25 minuti. Solo allora stoppa l'applicazione, che aveva avviato appena uscita da casa. Quale sarà la velocità media segnata sullo schermo?

A. 2 km/h
B. 4 km/h
C. 8 km/h
D. 10 km/h
E. 9,64 km/h

3. Un'automobile percorre 120 km alla velocità costante di 80 km/h, per poi fermarsi ad un autogrill per fare benzina, per la quale impiega 6 minuti, e ripartire subito dopo. Questa volta percorre invece 100 km, ma alla velocità costante di 50 km/h, siccome si trova in un centro abitato. Dopo circa quanto tempo arriverà a destinazione?

A. 3,6 h
B. 3,4 h
C. 2,8 h
D. 4,1 h
E. 3,7 h

4. Ogni mattina, Camilla è in ritardo per il lavoro e quindi corre alla velocità costante di 20 km/h per 6 minuti, arrivando comunque in ritardo di un minuto rispetto all'orario di inizio turno: le 9:00. Un giorno Camilla si ferma a dormire da una collega, che abita a una distanza dall'ufficio equivalente a metà della distanza tra l'ufficio e casa sua. L'amica preferisce però camminare molto lentamente per andare a lavoro, esattamente alla velocità di 5 km/h. A che ora possono partire, al massimo, da casa dell'amica per evitare di arrivare più in ritardo del solito?

A. 8:48
B. 8:45
C. 8:50
D. 8:41
E. 8:49

5. Tutte le mattine, Chiara e Martina si incontrano a metà strada tra le loro case per poi camminare fino a scuola insieme. Solitamente Chiara prende la bici e pedala per 12 minuti alla velocità costante di 20 km/h, fino ad incontrare Martina. Un giorno, esce 6 minuti in anticipo rispetto al solito, così si mette a pedalare più lentamente. A che velocità deve andare per arrivare puntuale all'appuntamento?

A. 16,7 km/h
B. 14,5 km/h
C. 15 km/h
D. 11 km/h
E. 13,3 km/h

6. Beep Beep vuole vendicarsi su Willy il Coyote. Spaventato, Willy il Coyote inizia a correre alla velocità costante di 25km/h. Dopo 6 minuti, Beep Beep inizia ad inseguirlo, correndo alla velocità di 30 km/h. Dopo quanto tempo Beep Beep raggiungerà l'avversario?

A. 24 minuti
B. 36 minuti
C. 30 minuti
D. 40 minuti
E. 27 minuti

7. La famiglia Monti e la Famiglia Mari prendono due macchine diverse per raggiungere la loro casa in montagna, che hanno comprato insieme. La famiglia Monti parte alle 12:00 e arriva alle 15:30, facendo una pausa di mezz'ora per pranzare. Quando sono in viaggio mantengono la velocità costante di 90 km/h. La famiglia Mari parte invece un'ora dopo rispetto agli amici, ma non si ferma. A che velocità dovranno andare per arrivare a casa insieme agli amici?

A. 115 km/h
B. 108 km/h

C. 105 km/h
D. 100 km/h
E. 118 km/h

8. Daniele deve prendere un treno da Milano a Venezia, ma è indeciso tra due possibilità. Un treno parte alle 8:45, si ferma in tutte le 9 stazioni interposte per 5 minuti e viaggia alla velocità costante di 100 km/h. Un secondo treno parte alle 9:30, si ferma ogni 3 stazioni per 10 minuti e viaggia alla velocità costante di 150 km/h. La distanza da percorrere in treno è di 300 km. Quale treno conviene prendere a Daniele per arrivare a Venezia il più presto possibile e quanto tempo prima arriverebbe a destinazione?

A. Il secondo treno; 30 minuti
B. Il secondo treno; 15 minuti
C. Il primo treno; 15 minuti
D. Il primo treno; 20 minuti
E. Il primo treno; 30 minuti

9. Due treni merci partono alla stessa ora da due stazioni diverse. Uno percorre i 600 km che dividono Milano da Roma, e va alla velocità di 250 km/h. L'altro fa il percorso opposto, andando però alla velocità di 300 km/h. A che distanza da Milano si incontreranno?

A. 327 km
B. 315 km
C. 295 km
D. 273 km
E. 305 km

10. Nicolò vuole percorrere una parte della via franchigena, partendo da Milano e arrivando a Roma, camminando per 600 km. Così decide di camminare 8 ore al giorno alla velocità di 6 km/h. Una mattina, prima di iniziare a camminare, incontra un gentile signore che gli offre un passaggio in macchina per 120 km. Il giorno dopo rinizia a camminare. Dopo quanti giorni giungerà a destinazione?

A. 10
B. 11
C. 12
D. 8
E. 9

11. Alessandro scala una parete da arrampicata alta 50 m. All'inizio parte ad una velocità di 3,6 km/h, ma dopo circa 2/5 di parete inizia ad avvertire la stanchezza e prosegue alla metà della velocità. Negli ultimi 5 metri, ha uno sprint e assume una velocità doppia rispetto a quella iniziale. Quanto impiega Alessandro a scalare l'intera parete?

A. 70 s
B. 1 minuto
C. 72,5 s
D. 1 minuto e 30 secondi
E. 1 minuto e 22,5 secondi

12. Ludovica decide di traslocare e compra un appartamento a 3 km da casa sua. Per spostare tutti i mobili affitta un furgone, che contiene 2/7 del totale delle cose da muovere. Inizia il trasloco alle 14:00 e finisce di portare tutto in casa nuova esattamente alle 22:24. Ogni volta impiega 54 minuti per caricare o scaricare il furgone, indipendentemente dalla mole di mobili, e cerca sempre di caricarlo al massimo. Sapendo che ha utilizzato mezz'ora per cenare, a che velocità media ha guidato?

A. 30 km/h
B. 50 km/h
C. 25 km/h
D. 33,3 km/h
E. 40 km/h

13. Un militare tornato da una missione rivede per la prima volta dopo mesi il suo cane. Si riconoscono dalla distanza di 100 metri e iniziano subito a correre uno verso l'altro. Il primo corre ad una velocità di 3 m/s, il secondo invece di 7 m/s. Dopo quanto tempo possono finalmente abbracciarsi?

A. 13 secondi
B. 15 secondi
C. 7 secondi
D. 9 secondi
E. 10 secondi

14. La cagnolina Brenda si diverte ad inseguire il gatto Sam, ma non riesce mai ad acchiapparlo. Un giorno Brenda vede Sam a 30 metri di distanza, inizia ad inseguirlo e dopo 2 minuti e mezzo finalmente riesce a raggiungerlo. Qual è la differenza tra la velocità di Brenda e quella di Sam?

A. 1 m/s
B. 0,2 m/s
C. 0,6 m/s
D. 0,5 m/s
E. 0,8 m/s

15. Matilde si trova su un autobus senza biglietto. Quando sale il controllore per chiederle il biglietto, la ragazza inizia a correre a 9 km/h per scappare, spiazzando il controllore, che parte così in svantaggio di 12 metri. Purtroppo però, il controllore è leggermente più veloce di Matilde e recupera 30 cm ogni 30 secondi. Quale distanza dovrà percorrere il controllore per recuperare la ragazza?

A. 3062 m
B. 3112 m
C. 2988 m
D. 3012 m
E. 3042 m

CORREZIONE COMMENTATA

1. Calcoliamo i km percorsi in salita:

$$s = vt = 6\ km/h \cdot 3h = 18\ km$$

Possiamo quindi dire che il totale di km percorsi, tra salita e discesa, è: 18 · 2 = 36 km. Inoltre sappiamo che gli scout hanno camminato per 5 ore in totale: 3 in salita e 2 in discesa. Possiamo quindi calcolare la velocità media, ovvero:

$$v = s/t = 36\ km / 5h = 7{,}2\ km/h$$

Risposta corretta C.

2. La distanza percorsa da Federica equivale alla somma della distanza di andata e di quella di ritorno, che si equivalgono: 4 km + 4km = 8 km. Il tempo da tenere in considerazione è invece quello da quando esce di casa a quando ritorna, quindi 35 min + 60 min + 25 min = 2h.
La velocità media segnata sullo schermo sarà quindi:
v=s/t = 8 km / 2h = 4 km/h
Risposta corretta B.

3. Possiamo inizialmente calcolare il tempo impiegato fino all'autogrill:

$$t = s/v = 120\ km / 80\ km/h = 1{,}5h$$

Allo stesso modo troviamo il tempo dall'autogrill a destinazione, ovvero:

$$t = s/v = 100\ km / 50\ km/h = 2h$$

Per trovare il tempo esatto, convertiamo i 6 minuti della fermata all'autogrill in decimale di ora:

$$6\ minuti : x\ ore = 60\ minuti : 1\ ora$$

$$x = 0{,}1\ h$$

Quindi il tempo totale equivale a 3,5h + 0,1h = 3,6h.
Risposta corretta A.

4. Trasformiamo i 6 minuti in decimale di ora:

$$6\ minuti : x\ ore = 60\ minuti : 1\ ora$$

$$x = 0{,}1\ h$$

Possiamo ora trovare la distanza che Camilla percorre per arrivare a lavoro:

$$s = vt = 20\ km/h \cdot 0{,}1h = 2\ km$$

Sapendo che la distanza da casa dell'amica all'ufficio è la metà, ovvero 1 km, e che la percorrono a 5 km/h:

$$t = s/v = 0{,}2h = 12\ minuti$$

Questi sono da sottrarre alle 9:01, ovvero l'orario a cui è solita arrivare Camilla: dovranno quindi partire al massimo alle 8:49.
Risposta corretta E.

5. Trasformiamo i 12 minuti in decimale di ora:

$$12\ minuti : x\ ore = 60\ minuti : 1\ ora$$

$$x = 0{,}2\ h$$

Trovato questo dato, possiamo calcolare per quanti km pedala solitamente Chiara:

$$s = vt = 20\ km/h \cdot 0{,}2h = 4\ km$$

Il giorno in cui Chiara esce in anticipo pedalerà per 18 minuti (12+6), che in decimale di ora equivalgono a:

$$18\ minuti : x\ ore = 60\ minuti : 1\ ora$$

$$x = 0{,}3\ h$$

In questo tempo, per percorrere 4km, Chiara dovrà pedalare alla velocità di:
v =s/t=4km/0,3h= 13,3 km/h
Risposta corretta E.

6. Willy il Coyote inizia a correre e nei primi 6 minuti percorre:

$$s = vt = 25km/h \cdot 0{,}1h = 2{,}5\ km$$

Una volta che Beep Beep avrà recuperato questo vantaggio di 2,5 km, avrà raggiunto Willy il Coyote. Dato che i due animali si inseguono, possiamo calcolare la velocità relativa del primo

(Beep Beep) rispetto al secondo, sottraendo le due velocità: 30 – 25 = 5 km/h.
A questa velocità relativa, per recuperare il vantaggio impiegherà:

$$t = s/v = 2,5\ km / 5\ km/h = 0,5\ h = 30\ minuti$$

Risposta corretta C.

7. La famiglia Monti fa un viaggio di 3 ore effettive, poiché non dobbiamo considerare la mezz'ora di pausa pranzo. Sapendo il tempo e la velocità, possiamo calcolare i km percorsi:

$$s = vt = 90km/h \cdot 3h = 270\ km$$

Questa stessa distanza potrà essere percorsa dalla famiglia Mari in 2h e mezza (dalle 13:00 alle 15:30) solo andando ad una velocità costante di:

$$v = s/t = 270\ km / 2,5h = 108\ km/h$$

Risposta corretta B.

8. Per quanto riguarda il treno 1:

$$t = s/v = 300\ km / 100\ km/h = 3\ h$$

A questo tempo dobbiamo aggiungere i 5 minuti di fermata in 9 stazioni, ovvero: 5 · 9 = 45 minuti.
Partendo alle 8:45, il treno arriverà alle 12:30.
Per quanto riguarda il treno 2:

$$t = s/v = 300\ km / 150\ km/h = 2\ h$$

Aggiungiamo i 10 minuti di fermata ogni 3 stazioni, quindi 10 · 3 = 30 minuti. Se parte dalla stazione alle 9:30, arriva a destinazione alle 12:00.
Quindi, il secondo treno arriverà in anticipo di 30 minuti rispetto al primo.
Risposta corretta A.

9. Poniamo come incognita x la distanza tra Milano e il punto di incontro e di conseguenza chiamiamo (600 km - x) la distanza tra il punto d'incontro e Roma.
Entrambi i treni giungeranno al punto d'incontro dopo un certo lasso di tempo t che, grazie alla formula t = s/v, possiamo:

Treno 1

$$t_1 = \frac{x}{250\ km/h}$$

Treno 2

$$t_2 = \frac{(600\ km - x)}{300\ km/h}$$

Dato che partono alla stessa ora, i due tempi sono uguali, possiamo quindi impostare l'equazione t1 = t2 :

$$\frac{x}{250\ km/h} = \frac{(600\ km - x)}{300\ km/h}$$

$$x = 273\ km$$

x/(250 km/h)= ((600 km – x))/(300 km/h)
x = 273 km
I due treni si incontreranno quindi a 273 km da Milano.
Risposta corretta D.

10. Visto che il gentile signore offre a Nicolò un passaggio per 120 km, questi vanno sottratti ai 600 km che deve percorrere camminando, che sono quindi 480 km. Sapendo che cammina per 8 ore al giorno a 6 km/h, ogni giorno percorre:

$$s = vt = 6km/h \cdot 8h = 48\ km$$

Quindi per percorrere i 480 km, saranno necessari:

$$t = 480\ km/48\ km = 10 giorni$$

A questi va però aggiunto il giorno passato in macchina, per un totale di 11 giorni.
Risposta corretta B.

11. Alessandro inizia a scalare alla velocità di 3,6 km/h, che per comodità convertiamo in metri al secondo:

$$3,6\ km/h / 3,6 = 1\ m/s.$$

Mantiene questa velocità per i primi 2/5 della parete, che equivalgono a 20 metri (2/5 di 50) impiegando:

$$t = s/v = 20\ m / 1\ m/s = 20\ secondi$$

Sappiamo che negli ultimi 5 metri raddoppia la velocità iniziale, arrivando a 2 m/s e impiegando:

$$t = s/v = 5\ m / 2\ m/s = 2,5\ secondi$$

Per i restanti 50 m - 20 m - 5 m = 25 m, dimezza la sua velocità iniziale: 1 m/s / 2 = 0,5 m/s. Per questo tragitto impiega:

$$t = s/v = 25\ m / 0,5\ m/s = 50\ secondi$$

Sommando tutti i tempi ottenuti, otteniamo la durata totale della scalata, ovvero 20 + 50 + 2,5 = 72,5 secondi.

Risposta corretta C.

12. Siccome il furgone può contenere al massimo 2/7 del carico totale, Ludovica dovrà fare 3 viaggi verso la casa nuova con il furgone completamente carico, più un ultimo viaggio di andata in cui avrà il furgone riempito solo per metà. I viaggi di ritorno saranno solamente 3, in quanto l'ultimo viaggio di andata non necessita di un ritorno alla vecchia abitazione: Ludovica quindi percorrerà 7 volte la distanza tra le due case, per un totale di 7 · 3 km = 21 km. Dato che ogni viaggio verso la casa nuova è preceduto dal caricamento del mezzo e seguito dallo scaricamento, sarà necessario caricare o scaricare il furgone 8 volte (2 per ognuno dei 4 viaggi di andata), impiegando in totale 8 · 54 = 432 minuti = 7h e 12 minuti.
Sapendo che il tempo totale del trasloco è di 8h e 24 minuti (dalle 14:00 alle 22:24) possiamo sottrarre il tempo necessario per caricare/scaricare il furgone ed il tempo dedicato alla cena, ottenendo il tempo dedicato unicamente ai viaggi:
8h e 24 minuti - 7h e 12 minuti - 30 minuti = 42 minuti = 0,7h.
Avendo trovato lo spazio totale percorso e il tempo, possiamo calcolare la velocità media:

$$v = s/t = 21\ km / 0,7h = 30\ km/h$$

Risposta corretta A.

13. Quando due oggetti in movimento si vengono incontro, le velocità di questi possono essere sommate per trovare la velocità relativa: 3 + 7 = 10 m/s.
Trovato questo dato e sapendo che la distanza tra essi è di 100 m, possiamo calcolare il tempo che impiegheranno a incontrarsi:

$$t = s/v = 100m / 10\ m/s = 10\ secondi.$$

Risposta corretta E.

14. Quando due soggetti in movimento si inseguono, la differenza tra le loro velocità indica la velocità relativa di un soggetto rispetto all'altro. Questa si può calcolare prendendo in considerazione la distanza tra i due animali e il tempo che intercorre tra l'inizio e la fine dell'inseguimento:

$$v = s/t = 30\ m / 150\ s = 0,2\ m/s$$

Risposta corretta B.

15. Sappiamo che il controllore recupera 30 cm ogni 30 secondi, che equivale a dire 30 cm / 30 s = 1 cm/s (velocità relativa del controllore rispetto a Matilde). Da questo dato possiamo calcolare il tempo necessario per raggiungerla: se recupera 1 centimetro al secondo, per recuperare 12 m = 1200 cm saranno necessari 1200 secondi = 20 minuti = 1/3 di ora.
Conoscendo il tempo totale e la velocità di Matilde, possiamo calcolare la distanza percorsa dalla ragazza da quando iniziano a correre insieme:

$$s = vt = 9\ km/h \cdot 1/3h = 3\ km$$

A questa distanza aggiungiamo infine i 12 m che il controllore deve correre in più, per un totale di 3012 m.

Risposta corretta D.

2.7 MCD e mcm

1. Per San Valentino Gianni deve regalare alla sua fidanzata Brena alcune confezioni di cioccolatini. Vuole che tutte le confezioni contengano tutte le tipologie possibili di cioccolatini nella stessa composizione. Ha a disposizione 12 Findor, 9 Linder e 15 Perrero, come possono essere composte le confezioni in modo che non avanzi neanche un cioccolatino?

A. 4 Findor, 3 Linder, 5 Perrero
B. 3 Findor, 4 Linder, 5 Perrero
C. 4 Findor, 2 Linder, 4 Perrero
D. 5 Findor, 2 Linder, 2 Perrero
E. 5 Findor, 3 Linder, 4 Perrero

2. Due amici vanno a correre insieme ad una pista di atletica. Giorgio fa un giro della pista in 1 minuto, mentre Martina impiega 20 secondi in più rispetto all'amico. Inoltre Martina ha temporeggiato negli spogliatoi ed ha iniziato a correre due minuti dopo rispetto a Giorgio. Dopo quanto tempo il ragazzo doppierà l'amica, prendendo come riferimento in momemnto in cui lui ha iniziato a correre?

A. 385s
B. 5min e 5s
C. 4min
D. 6min
E. 7min

3. Marco e Giada hanno deciso di incontrarsi al parco, ma non si sono dati appuntamento in un posto preciso. Non appena arrivano al parco, iniziano a percorrere la strada circolare che lo costeggia in senso orario, in cerca dell'altro. Marco fa un giro completo in 5 minuti, Giada in 6 minuti e partono da punti diametralmente opposti. Dopo quanto si incontreranno?

A. 15min
B. 30min
C. 10min
D. 25min
E. 20min

4. Marta ha una macchina con le ruote anteriori che hanno una circonferenza equivalente a ¾ rispetto a quella delle ruote posteriori. In una ruota anteriore ed in una posteriore è entrato un chiodo: sulla ruota anteriore questo è rivolto in avanti, su quella posteriore invece è rivolto indietro. Il meccanico dice che si devono trovare nello stesso punto per essere tolti, così Marta mette in moto la macchina. Quanti giri dovrà compiere la ruota anteriore perché questo accada?

A. 3 giri
B. 1 giro
C. 4 giri
D. 2 giri
E. 1,5 giri

5. Gianni porta Erica, la sorella minore, al luna park. Decidono di salire sul calcinculo, Gianni su quello per adulti, Erica su quello per bambini, che compie un giro di circonferenza pari a 2/3 di quello su cui sale Gianni. Le due giostre presentano entrambe l'ingresso sulla sinistra e sono affiancate; inoltre, quella per adulti si trova a destra rispetto a quella per bambini. Dopo quanti giri di giostra per bambini i due fratelli si troveranno il più vicini possibile, in modo che si possano battere il cinque?

A. 2 giri
B. 3 giri
C. 1 giri
D. 4 giri
E. 1,5 giri

6. Silvia, Marianna e Federica devono affrontare la sessione d'esami, che inizia il 6 gennaio e finisce molto tardi. Silvia fa un esame ogni 15 giorni, Marianna uno ogni 12 e Federica uno ogni 6. In che giorno riusciranno a dare un esame insieme sapendo che non è un anno bisestile?

A. 7 marzo
B. 10 marzo
C. 28 febbraio
D. 4 marzo
E. 25 febbraio

7. Dopo essere stati inseparabili durante gli anni del liceo quattro amici si trovano a doversi separare dopo il test di medicina in quanto assegnati tutti quanti a città diverse. Si salutano a Milano venerdì 28 settembre promettendosi di tornare a casa con frequenza per non perdere i contatti. Martina e Luca, i più vicini, tornano a casa rispettivamente ogni 5 e ogni 12 giorni. Marco fa ritorno a Milano ogni 8 e Francesco ogni 15. Che giorno sarà quando

si rincontreranno di nuovo gli amici?

A. Lunedì 26 gennaio
B. Sabato 26 gennaio
C. Sabato 28 gennaio
D. Lunedì 28 gennaio
E. Venerdì 27 gennaio

8. Il grande chef francese Gusteau è rinomato per le sue porzioni abbondanti ma anche per il suo estremo perfezionismo: infatti, in ogni ratatouille che cucina devono esserci lo stesso numero di fette dello stesso tipo di verdura e il numero di fette deve essere il maggiore possibile. La dispensa di Gusteau è rifornita di 42 pomodori, 34 zucchine, 32 cipolle e 28 melanzane ed essendo molto abile Gusteau riesce a ricavare 8 fette da ciascuna verdura. Quel giorno però gli vengono ordinate solo 9 ratatouilles; delle restanti che era riuscito a cucinare decide di riutilizzare cipolle e melanzane per preparare dei contorni. Ma, ovviamente, ciascun contorno deve avere lo stesso numero di fette dello stesso tipo e dev'essere il più abbondante possibile, altrimenti Gusteau non è contento. Quante fette di cipolle conterrà ciascun contorno?

A. 7
B. 14
C. 8
D. 16
E. 21

9. McGarny, Tom Bread e Simon Lu sono tre surfisti professionisti. Quando si trovano a gareggiare assieme, tutti e tre in acqua, prendono onde diverse e con tempi molto differenti. McGarny prende un'onda ogni 3 minuti, Bread ogni 400 secondi e Lu ogni 7 minuti e 30 secondi. Sapendo che prendono la prima onda della batteria insieme e che ogni batteria dura 45 minuti, quante volte i tifosi riusciranno a vedere i tre atleti cavalcare un'onda nello stesso momento in una singola batteria?

A. 1
B. 2
C. 0
D. 3
E. 6

10. Una crêperie dispone di tre piastre per crêpes che scaldano a temperature diverse e che quindi impiegano tempistiche diverse per cuocere una crêpe. In particolare, ci mettono 2, 4 e 6 minuti. Piera inizia a preparare le prime tre crêpes contemporaneamente e quando le ricapita di doverle cucinare nuovamente tutte e tre insieme si ferma.
Quante crêpes avrà preparato prima di fermarsi?

A. 3
B. 6
C. 7
D. 11
E. 12

CORREZIONE COMMENTATA

1. Per prima cosa occorre trovare quante confezioni identiche è possibile creare usando tutti i cioccolatini a disposizione. Per calcolare in quanti gruppi di composizione identica si possono suddividere oggetti diversi si usa L'MCD.
Scomponendo i dati in fattori primi si ottiene:
$12 = 3 \cdot 2^2$
$9 = 3^2$
$15 = 3 \cdot 5$
$MCD = 3$
Si possono quindi creare 3 confezioni identiche. Per capire quanti cioccolatini di ogni tipo conterranno basta prendere il numero di cioccolatini a disposizione e dividerlo per 3.
12 : 3 = 4 Findor
9 : 3 = 3 Linter
15 : 3 = 5 Perrero.
Risposta corretta A.

2. In 2 minuti Giorgio avrà già compiuto 2 giri della pista e si troverò nuovamente al punto di partenza insieme a Martina che invece ha appena iniziato la corsa.
Martina per compiere un giro completo impiegherà 60 s + 20 s = 80 s.
Per trovare il tempo che impiegheranno i due amici per incontrarsi nuovamente (e quindi il tempo che Giorgio impiegherà per doppiare Martina) calcoliamo il mcm tra 60 s e 80 s.
$60 = 2^2 \cdot 3 \cdot 5$
$80 = 2^4 \cdot 5$
$mcm = 2^4 \cdot 3 \cdot 5 = 240$
Dopo 240 s, ovvero 4 minuti, Giorgio avrà doppiato Martina, tuttavia dobbiamo tenere in considerazione che il ragazzo stava già correndo da due minuti: questi vanno ad aggiungersi ai 4 minuti appena calcolati. Quindi 4 min + 2 min = 6 min.
Risposta corretta D.

3. Se Marco e Giada partissero dallo stesso punto, essi si rincontrerebbero dopo $5 \cdot 6 = 30$ minuti (mcm tra i tempi di percorrenza).
Però, siccome partono da punti diametralmente opposti, dovranno fare metà della strada per incontrarsi.

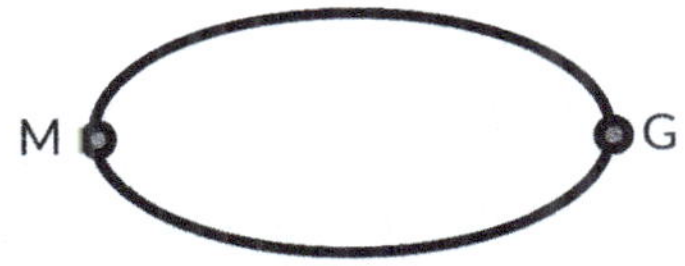

Per fare metà della strada Marco impiegherà metà del tempo, ovvero 15 minuti.
Risposta corretta A.

4. Non essendoci stato fornito alcun tipo di dato, possiamo dare valori arbitrari alle circonferenze delle ruote: l'anteriore = 75 cm, la posteriore = 100 cm.
$75 = 5^2 \cdot 3$
$100 = 5^2 \cdot 2^2$
$mcm = 5^2 \cdot 2^2 \cdot 3 = 300$
A questo punto calcoliamo l'mcm tra questi due numeri, ovvero 300 cm, che equivalgono a tre giri per la ruota posteriore e 4 per quella anteriore. Dopo questo numero di giri, i chiodi si ritroveranno ancora diametralmente opposti, esattamente nelle posizioni iniziali.
Quindi affinché essi si trovino nella stessa posizione, dovranno compiere la metà rispetto al percorso calcolato, ovvero 1,5 giri per la ruota posteriore e 2 giri per quella anteriore.
Risposta corretta D.

5. Non essendoci stato fornito alcun tipo di dato, possiamo dare valori arbitrari alle circonferenze delle giostre: ad esempio, quella per adulti 90 m, quella per bambini $2/3 \cdot 90 = 60$ m (l'importante è utilizzare valori comodi, poco importa che siano realistici!). Entrambi partono alla sinistra della giostra:

Situazione iniziale:

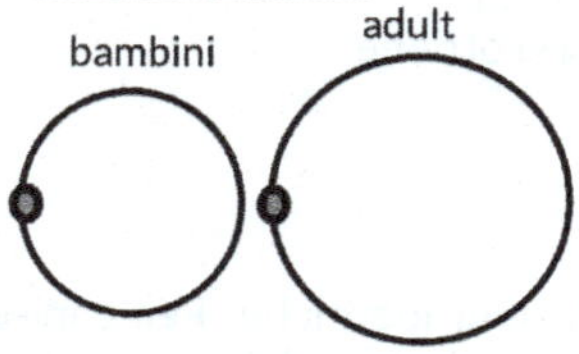

Situazione finale:

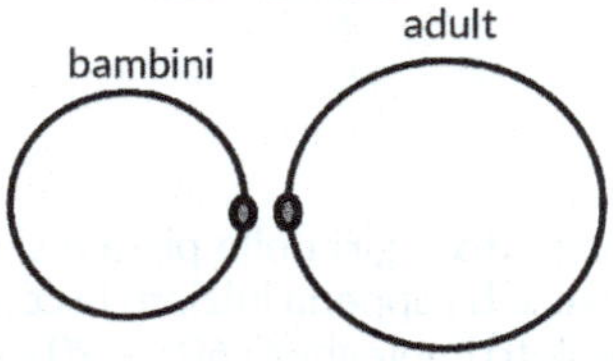

Calcolando l'mcm tra le circonferenze possiamo scoprire dopo quanti giri si ritroveranno entrambi al punto di partenza:
$90 = 5 \cdot 3^2 \cdot 2$
$60 = 3 \cdot 5 \cdot 2^2$
mcm = $5 \cdot 3^2 \cdot 2^2 = 180$
180 equivale a 2 giri della giostra di Gianni (180/90) e 3 di quella di Erica (180/60). Essi però non vogliono tornare al punto di partenza, ma vogliono trovarsi diametralmente opposti: per questo basterà trovare la metà del percorso calcolato, quindi 1 giro di giostra per Gianni e 1,5 per Erica.
Risposta corretta E.

6. Per risolvere questo esercizio bisogna utilizzare l'mcm: si devono scomporre i numeri in fattori primi e moltiplicare gli elementi comuni e non comuni presi con il massimo esponente:
$15 = 5 \cdot 3$
$6 = 3 \cdot 2$
$12 = 3 \cdot 2^2$
mcm = $5 \cdot 3 \cdot 2^2 = 60$
Quindi, dopo 60 giorni a partire dal 6 gennaio le 3 amiche potranno fare un esame insieme. Considerando che gennaio ha 31 giorni e febbraio 28 (non essendo un anno bisestile) vuol dire che potranno dare l'esame insieme il 7 di marzo (6 gennaio + (31 + 28) giorni = 6 marzo + 1 giorno = 7 marzo).
Risposta corretta A.

7. Per capire quando i 4 amici si ritroveranno a Milano è necessario calcolare l'mcm:
$5 = 5$
$12 = 2^2 \cdot 3$
$8 = 2^3$
$15 = 3 \cdot 5$
mcm = $2^3 \cdot 3 \cdot 5 = 120$
Gli amici si ritroveranno quindi tutti insieme dopo 120 giorni (circa 4 mesi); precisamente, tenendo conto che ottobre e dicembre hanno 31 giorni, il 26 gennaio.
Per sapere il giorno della settimana, dato che 120 non è un multiplo di 7 si sa che sicuramente il giorno non sarà un venerdì. Tuttavia, $7 \cdot 17 = 119$, quindi vuol dire che 119 giorni dopo venerdì 28 settembre sarebbe ancora un venerdì, quindi 120 giorni dopo sarà un sabato.
Risposta corretta B.

8. Partiamo col ricavare il numero delle ratatouilles che Gusteau prepara con la verdura che ha a disposizione: dobbiamo quindi calcolare il MCD tra il numero totale delle fette di pomodori, zucchine, cipolle e melanzane. Attenzione: non è necessario svolgere il calcolo moltiplicando il numero di ciascuna verdura per 8 (le fette che da ognuna Gusteau riesce a ricavare), basta tenerne conto nella scomposizione in fattori; otteniamo quindi:
fette di pomodori = $42 \cdot 8 = 3 \cdot 7 \cdot 2 \cdot 8 = 3 \cdot 7 \cdot 2^4$
fette di zucchine = $34 \cdot 8 = 17 \cdot 2 \cdot 8 = 17 \cdot 2^4$
fette di cipolle = $32 \cdot 8 = 2^5 \cdot 8 = 2^8$
fette di melanzane = $28 \cdot 8 = 7 \cdot 2^2 \cdot 8 = 7 \cdot 2^5$
$\rightarrow$MCD = 2^4= 16
Delle 16 ratatouilles che Gusteau ha cucinato, gliene avanzano 7 (16 – 9 = 7). Dato che decide di riutilizzare solamente cipolle e melanzane, calcoliamo il numero di fette corrispettivo contenuto in una ratatouille:

- numero di fette di cipolle in una ratatouille = $2^8/2^4 = 2^4$
- numero di fette di melanzane in una ratatouille = $7 \cdot 2^5/ 2^4 = 7 \cdot 2$

Per ottenere il numero totale di fette che Gusteau ha a disposizione dobbiamo moltiplicare il numero di fette in una ratatouille per 7 (il numero di ratatouilles rimanenti): abbiamo quindi ($2^4 \cdot 7$) fette di cipolle e($7^2 \cdot 2$) di melanzane. Ricavando nuovamente il MCD tra fette di cipolle e quelle di melanzane otteniamo il numero di contorni che Gusteau riesce a preparare:
MCD = 7 · 2 = 14. Infine, dividendo il numero delle fette di cipolle per quello dei contorni, otteniamo le fette di cipolle contenute in ciascun contorno $\rightarrow$ (24 · 7)/ (7 ·2) = 2^3 = 8.
Risposta corretta C.

9. Per prima cosa dobbiamo uniformare tutte le unità di tempo trasformandole in secondi: 3 min = 180 sec; 7 min e 30 sec = 450 sec. Ora procediamo con la scomposizione in fattori primi:
$450 = 2 \cdot 3^2 \cdot 5^2$
$180 = 2^2 \cdot 3^2 \cdot 5$
$400 = 2^2 \cdot 5^2$
Per sapere ogni quanto i surfisti prenderanno e cavalcheranno un'onda insieme dobbiamo calcolare il mcm moltiplicando tra loro tutti i fattori comuni e non comuni con il massimo esponente:
mcm = $2^4 \cdot 3^2 \cdot 5^2 = 3600$
Trasformando questa misura da secondi a minuti (dividendo per 60) otteniamo 60 minuti. Quindi i surfisti cavalcheranno un'onda insieme una singola volta ogni ora. La batteria dura solo 45 minuti, per cui, a parte la prima, non prenderanno più onde insieme.
Risposta corretta A.

10. Per calcolare dopo quanto tempo Piera dovrà preparare le 3 crêpes contemporaneamente bisogna calcolare il mcm:
$2 = 2$
$4 = 2^2$
$6 = 2 \cdot 3$
mcm = $2^2 \cdot 3 = 12$
Dopo 12 minuti Piera smetterà di cucinare crêpes, e nel frattempo avrà preparato 6 (12/2) crêpes con la prima piastra, 3 (12/4) con la seconda e 2 (12/6) con la terza, quindi 11 (6 + 3 + 2) crêpes in tutto.
Risposta corretta D.

2.8 Gruppi e insiemi

1. Da un'indagine relativa alla conoscenza delle lingue antiche condotta da un gruppo di italiani si sa che 76 persone sanno il latino, 56 persone sanno il greco, 21 persone sanno sia il greco che il latino e 12 persone non conoscono né l'una né l'altra lingua.
Quante persone sono state intervistate in totale?

A. 76
B. 123
C. 132
D. 141
E. 143

2. In una classe di 25 studenti, 12 ragazzi sono stati promossi e uno solo è stato bocciato. 5 studenti sono stati rimandati in inglese, 6 studenti sono stati rimandati in matematica e 1 studente è stato rimandato in latino.
Quanti ragazzi hanno avuto il debito sia in inglese, sia in matematica che in latino?

A. 2
B. 3
C. Nessuno
D. 1
E. 4

3. Ad una festa elegante sono invitate 46 persone. Di queste, la metà sono uomini: 16 portano la cravatta e 6 i gemelli.
Quanti signori, al massimo, non portano né cravatta né gemelli?

A. Nessuno
B. 1
C. 7
D. 10
E. 23

4. In un gruppo di 300 persone, tutti conoscono almeno una lingua straniera tra inglese, francese e tedesco: 225 conoscono l'inglese, 80 il francese e 33 sia l'inglese che il francese. Inoltre, 40 persone conoscono il tedesco e nessuno di questi conosce il francese.
Quante persone conoscono sia il tedesco che l'inglese?

A. 12
B. 22
C. 32
D. 42
E. 52

5. Nel paese di TBlandia, gli abitanti parlano la lingua logichese e/o la chimichese. Si sa che il 70% degli abitanti parla la lingua logichese e il 60% parla il chimichese.
Quanti abitanti parlano entrambe le lingue?

A. 10%
B. 20%
C. 30%
D. 40%
E. 50%

6. In una società sportiva con 102 tesserati, 24 persone giocano sia a pallavolo che a tennis. Sapendo che i pallavolisti sono il doppio dei tennisti, qual è il numero totale di coloro che giocano solo a tennis? Tutti i tesserati sono pallavolisti e/o tennisti.

A. 18
B. 35
C. 47
D. 53
E. 62

7. Al campo estivo "PabloEscobar" i ragazzi possono scegliere di far parte di un solo team tra "Plomo" e "Plata". Inoltre, per soli 25 ragazzi, è possibile scegliere un'ulteriore attività, quella di "gringo". Al campo partecipano 100 ragazzi, 80 scelgono il team "Plata" e di questi solo 17 decidono di iscriversi a "gringo".
Sapendo che "gringo" ha raggiunto il numero massimo di posti, quanti sono i ragazzi iscritti solo a "Plomo"?

A. 3
B. 8
C. 12
D. 20
E. Non sono forniti tutti i dati necessari

8. In una classe non molto normale il 30% degli alunni ama la matematica, il 60% ama la filosofia, il 20% ama sia la matematica che la filosofia.
Qual è la percentuale di ragazzi normali, che non amano né la matematica né la filosofia?

A. 10%
B. 20%
C. 30%
D. 40%
E. Nessuna delle precedenti

9. All'asilo "Mariuccia" ci sono alcuni bambini. A 18 di questi piace il colore azzurro, a 21 il rosa e ai restanti il verde. Inoltre, a 16 bambini piacciono sia il rosa che il verde mentre a 14 bambini piacciono sia l'azzurro che il verde. A nessun bambino piace sia il rosa che l'azzurro.
A quanti bambini non piace il verde?

A. 1
B. 4
C. 5
D. 9
E. Non sono forniti sufficienti dati

10. Nel gruppo "Gli eletti" ci sono 23 ragazzi. Di questi, solo una (Marina) beve birra, vino e rum. Cinque bevono sia birra che rum, sette bevono sia vino che rum e nessuno beve sia birra che vino (tranne Marina). Inoltre, cinque bevono solo birra e quindici bevono rum.
Quante persone bevono solo vino?

A. 3
B. 7
C. 8
D. 12
E. Nessuno

11. Il gruppo "TB crew" è noto in tutto il quartiere per il singolare stile dei propri membri. Essi devono infatti indossare almeno uno dei seguenti accessori: bandana, catena bling-bling, scarpe del brand "Michele Giordano". Dei 26 ragazzi del gruppo, solo Kasa indossa tutti e tre gli accessori. 6 indossano sia bandana che bling-bling, 8 indossano sia bandana che scarpe "Michele Giordano", ma nessuno indossa sia bling-bling che scarpe "Michele Giordano" (ad eccezione di Kasa). Inoltre, 4 indossano solo la bandana e 9 indossano il bling-bling. Quante persone indossano solo le scarpe "Michele Giordano"?

A. 4
B. 5
C. 7
D. 6
E. 3

12. 267 studenti frequentano un college americano. Il campus offre 3 diverse attività a cui partecipare, ma 24 studenti decidono di non aderire a nessuna di queste. 38 ragazzi scelgono di fare solo scultura e 7 fanno tutti e 3 i corsi. Per problemi di orari, nessun altro studente fa sia matematica che scrittura creativa e il numero totale di studenti che fa solo scultura e un altro corso è di 58 persone, divise in parti uguali tra gli altri due corsi. Si sa infine che il numero di iscritti solo a scrittura è uguale al numero degli iscritti solo a matematica più due. Quanti studenti fanno solo scrittura creativa?

A. 107
B. 84
C. 95
D. 71
E. 103

13. A Marta e Aurora è stato assegnato il compito di indagare sulle città italiane visitate dai loro compagni di classe, in particolare Catania, Firenze e Napoli. In classe sono in 24, ma loro due non si includono nello studio e ben 4 persone dichiarano di non essersi mai spinte più a sud di Bologna, mentre tutti gli altri hanno visto almeno una di queste 3 città. 9 dicono di aver visitato sia Napoli che Firenze e 5 sono stati sia a Catania che a Firenze. Inoltre, in 13 hanno visitato Firenze, in 11 Napoli e in 10 Catania. Solo in 4 hanno visitato tutte e 3 le città, mentre non c'è nessuno che abbia visto solo Napoli. Quanti di loro hanno visto solo Catania e non sono mai stati né a Firenze né a Napoli?

A. 3
B. 2
C. 6
D. 0
E. 1

14. Un'agenzia viaggi ha 120 clienti, di cui sappiamo che: 25 hanno prenotato una vacanza al mare, 4 andranno sia al mare che al lago, 8 sia al mare che in montagna, 22 andranno solo in montagna, 2 persone hanno addirittura prenotato in tutte e 3 le località e infine 39 andranno in montagna. Dovendo fare un'indagine di mercato, in quale percentuale, riferendosi al loro campione, i clienti prenotano solo una vacanza al lago?

A. 64,2%
B. 55%
C. 64%
D. 53,3%
E. 67%

15. Da Starbucks ci sono 150 clienti, che possono scegliere tra caffè macchiato, cappuccino ed espresso. 67 ordinano un caffè macchiato, 17 sia un macchiato che

un espresso, come sono ancora 17 quelli che ordinano sia un cappuccino che un macchiato. 45 ordinano solo un macchiato, 6 sia un cappuccino che un espresso, ma non un macchiato e 12 persone sono studenti di medicina e ordinano tutte e tre le bevande. Quante sono le persone che ordinano solo un macchiato e un cappuccino?

A. 6
B. 5
C. 4
D. 7
E. 12

CORREZIONE COMMENTATA

1. Dato che 21 persone sanno entrambe le lingue, le persone che sanno solo il greco sono 56 - 21 = 35, mentre le persone che sanno solo il latino sono 76 – 21 = 55. In totale le persone intervistate sono 35 (soloG) + 55 (soloL) + 21 (L+G) + 12 (nessuna lingua) = 123.
Risposta corretta B.

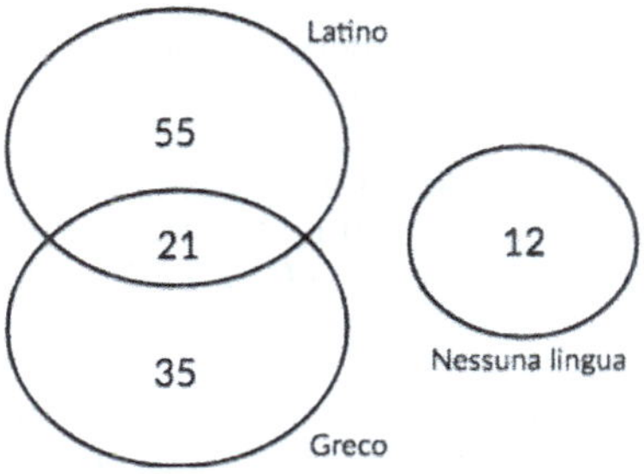

2. Gli studenti che hanno avuto il debito sono 25 - 12 - 1 = 12. Per trovare l'unione di tutte le intersezioni, bisogna sommare il numero di elementi di ciascun insieme e dal risultato ottenuto sottrarre il numero totale di elementi: (A + B + C) - A∪B∪C = (5 + 6 + 1) – 12 = 12 – 12 = 0. Dato che la somma di tutte le intersezioni è zero, possiamo dedurre che nessuno studente ha preso il debito in più di una materia e quindi che nessuno studente ha avuto il debito in tutte e tre le materie.
Risposta corretta C.

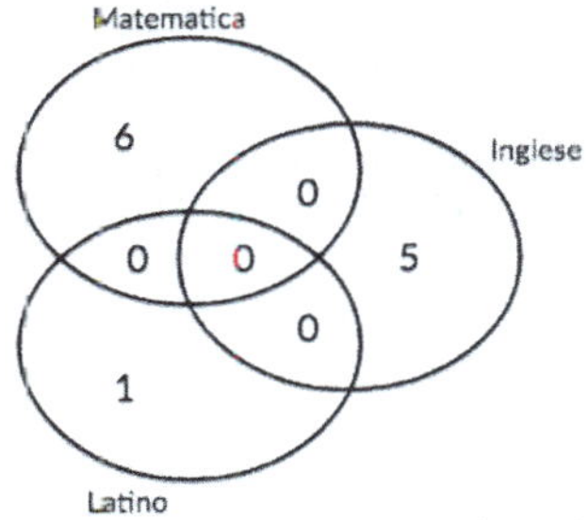

3. Alla festa sono presenti 46/2 = 23 uomini. Per calcolare il numero massimo di uomini senza accessori, bisogna prima calcolare il numero minimo di uomini in grado di soddisfare la condizione, ovvero in grado di indossare tutti gli accessori. Per questo si considera il caso limite in cui tutti gli uomini che portano i gemelli, portano anche la cravatta: se così fosse, il totale di persone con almeno un accessorio sarebbe solamente 16. A questo punto si può calcolare il numero massimo di uomini che non portano né la cravatta né i gemelli: 23 – 16 = 7.
Risposta corretta C.

4. Si possono chiamare sI, sF e sT le persone che sanno solamente l'inglese, il francese oppure il tedesco. Allo stesso modo si possono chiamare IF, IT, FT e FTI le varie intersezioni, ovvero gli studenti che sanno solo inglese e francese, solo inglese e tedesco, solo francese e tedesco oppure tutte e tre le lingue.

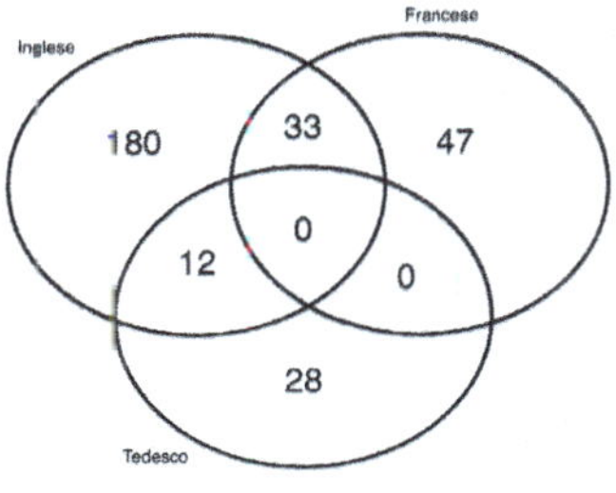

Sapendo dal testo che non c'è nessuno del gruppo che parla sia francese che tedesco, si può dire con certezza che le intersezioni FT e FTI sono uguali a zero: se così non fosse, almeno una persona dovrebbe sapere sia il francese che il tedesco. Siccome l'intersezione FTI è vuota e quindi nessuno conosce tutte e tre le lingue, si può affermare che le 33 persone che conoscono l'inglese e il francese conoscano solo queste due lingue, ma non il tedesco, quindi IF = 33. Inoltre, togliendo questo dato dal numero totale di persone parlanti inglese, possiamo ricavare il numero di coloro che parlano inglese ma che sicuramente non parlano francese: 225 - 33 = 192.
A questo punto, possiamo affermare che le persone che non parlano francese ma che parlano almeno una lingua tra inglese e tedesco siano 300 - 80 = 220 (persone totali - persone che conoscono almeno il francese).
Avendo eliminato dal totale tutte le persone che parlavano francese e sapendo il numero di persone che parlano almeno inglese (192) e almeno tedesco (40), possiamo ora calcolare l'intersezione tra i due insiemi: (I+T) - I∪T = IT → (192 + 40) - 220 = 232 - 220 = 12.
Risposta corretta A.

5. Per trovare l'intersezione tra due insiemi si sommano gli elementi di ciascun insieme e si sottrae il numero totale di elementi. Per risolvere il quesito si possono sostituire i valori in percentuale con dei numeri "comodi": se a TBlandia fossero presenti 100 abitanti (100%), 70 parlerebbero il logichese e 60 il chimichese. Allora, quelli che parlerebbero entrambe le lingue sarebbero (60 + 70) - 100 = 30 → 30%.
Risposta corretta C.

6. Sappiamo poi che il numero totale dei pallavolisti è il doppio rispetto a quello dei tennisti: per trovare il totale delle persone che giocano a uno sport dovremo sommare il numero di persone che gioca solo a quello sport al numero di coloro che giocano a entrambi. Dato che solo 24 tesserati giocano a entrambi gli sport, possiamo affermare che i restanti 78 (102 - 24) giochino solo a uno dei due.
Quindi chiamiamdo P il numero di persone che giocano solo a pallavolo e 78-P il numero di coloro che giocano solo a tennis, possiamo dire che: P + 24 = 2 (78 - P + 24) → P + 2P = 204 - 24 → 3P = 180 → P = 60.
Se 60 persone giocano solo a pallavolo, il numero di persone che gioca solo a tennis equivale a 78 - 60 = 18.
Risposta corretta A.

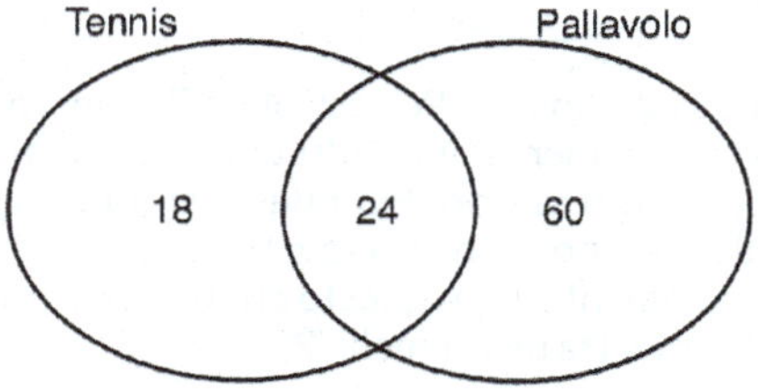

7. I ragazzi che partecipano a "Plomo" sono 100 - 80 = 20. Inoltre, se all'attività "gringo" possono partecipare 25 persone e 17 fanno parte del team "Plata", significa che 25 - 17 = 8 ragazzi parteciperanno sia a "Plomo" che a "gringo". Le persone che partecipano solo a "Plomo" saranno allora 20 - 8 = 12.
Risposta corretta C.

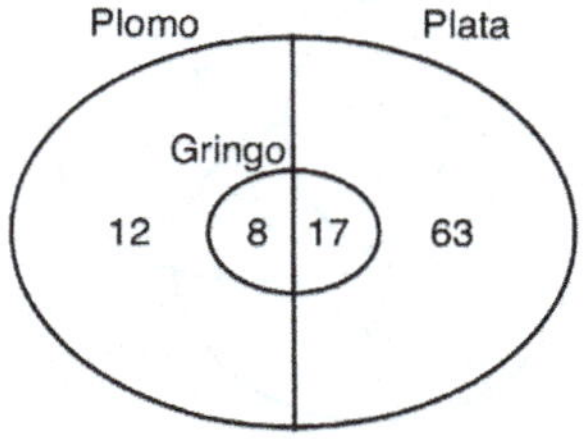

8. Per semplificare il quesito consideriamo che il 100% corrisponda a 100 persone. Dato che 20 persone amano sia la matematica che la filosofia, le persone che amano solo la matematica sono 30 – 20 = 10, mentre le persone che amano solo la filosofia sono il 60 – 20 = 40. In totale le persone che amano almeno una materia sono quindi 10 (soloM) + 20 (M+F) + 40 (soloF) = 70. Le persone che non amano nessuna tra queste materie sono
100 – 70 = 30 → 30%.
Risposta corretta C.

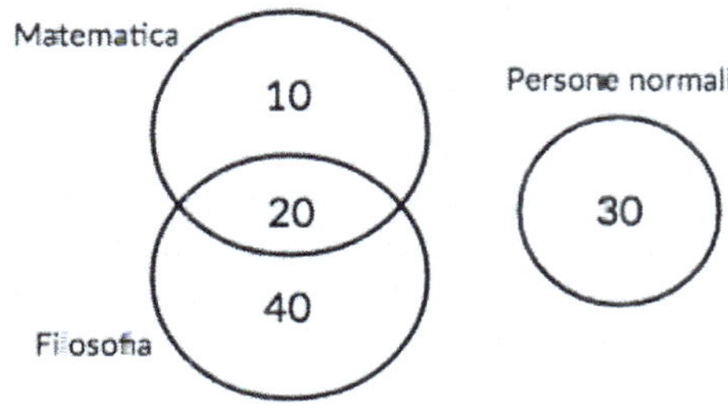

9. Per trovare i bambini a cui non piace il verde, si possono sommare i bambini a cui piace solo il rosa, quelli a cui piace solo l'azzurro e quelli a cui piacciono sia l'azzuro che il rosa, ma non il verde (AR). Visto che il testo ci dice che il numero di bambini a cui piace sia l'azzurro che il rosa (AR) è pari a zero, possiamo dire che coloro a cui piace sia il rosa che l'azzuro che il verde (ARV) sarà pari a zero, che ai 14 bambini a cui piacciono l'azzurro e il verde (AV) non piace il rosa e che ai 16 bambini a cui piacciono il rosa e il verde (RV) non piace l'azzurro: se così non fosse, ad almeno un bambino dovrebbero piacere sia l'azzuro che il rosa.
Possiamo ora ricavare gli altri due dati:

- I bambini a cui piace solo il rosa sono 21 (R) – 0 (AR) – 0 (ARV) – 16 (RV) = 5.
- I bambini a cui piace solo l'azzurro sono 18 (A) – 0 (AR) – 0 (ARV) – 14 (AV) = 4.

In totale ci saranno quindi 5 + 4 + 0 = 9 bambini a cui non piace il verde.
Risposta corretta D.

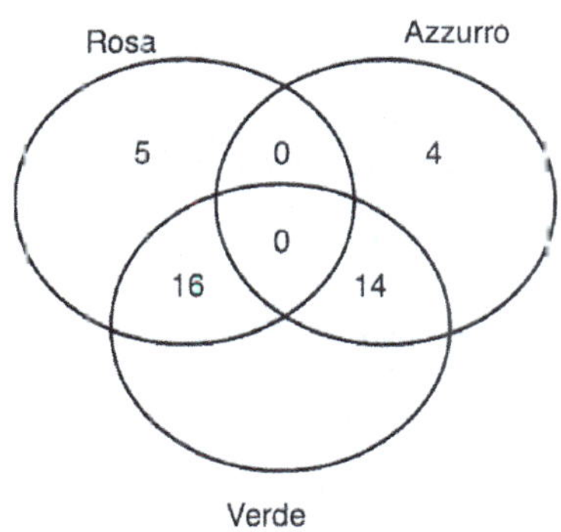

10. Per trovare il numero di persone che bevono solo vino bisogna prima trovare il numero di persone che bevono solo birra, solo rum, solo birra e vino, solo birra e rum, solo vino e rum. Dal numero totale dei ragazzi si potranno poi sottrarre tutti questi dati (senza dimenticare Marina), in modo da trovare la soluzione.
Tra le 5 persone che bevono sia birra che rum è considerata anche Marina, che inoltre beve anche il vino: dunque le persone che bevono solo birra e rum, ma non vino, sono 4. Allo stesso modo, se le persone che bevono sia vino che rum sono 7, quelli che bevono solo vino e rum, ma non birra, saranno 6 (7 – Marina).
In seguito, se le persone che bevono il rum sono 15, le persone che bevono solo il rum sono 15 (rum) – 4 (birra e rum) – 6 (vino e rum) – 1 (Marina) = 4.
Sapendo dal testo che coloro che bevono solo birra sono 5, possiamo infine calcolare quanti ragazzi bevono solo vino: 23 – 4 (solo rum) – 5 (solo birra) – 4 (BR) – 6 (VR) – 1 (Marina) = 3.
Risposta corretta A.

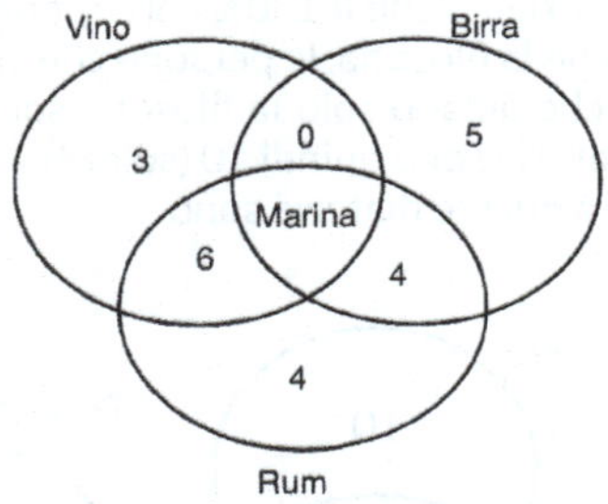

11. La difficoltà dell'esercizio consiste nell'impostare correttamente il sistema di insiemi, prestando attenzione a non contare le stesse persone (in particolare Kasa) per più di una volta. Escludendo Kasa, è possibile trovare il numero di ragazzi che indossano SOLO due dei tre accessori: 5 indossano solo bandana e bling-bling (il testo dice che 6 indossano sia bandana che catena, ma all'interno è compresa anche Kasa), 7 solo bandana e scarpe "Michele Giordano" (stesso ragionamento, 8-Kasa). Sapendo che sono in 9 ad indossare il bling-bling, è possibile calcolare quanti di essi indossano SOLO questo accessorio: 9 (bling-bling) - 5 (bling-bling e bandana) - 1 (Kasa) = 3. Una volta completato il sistema con tutti i dati, è possibile calcolare il numero di persone che indossano SOLO le scarpe "Michele Giordano", sottraendo al totale dei membri ogni altra possibile combinazione di accessori: 26 (membri) - 4 (solo bandana) - 3 (solo bling-bling) - 5 (bandana e bling-bling) - 7 (bandana e scarpe) - 1 (Kasa) = 6.
Risposta corretta D.

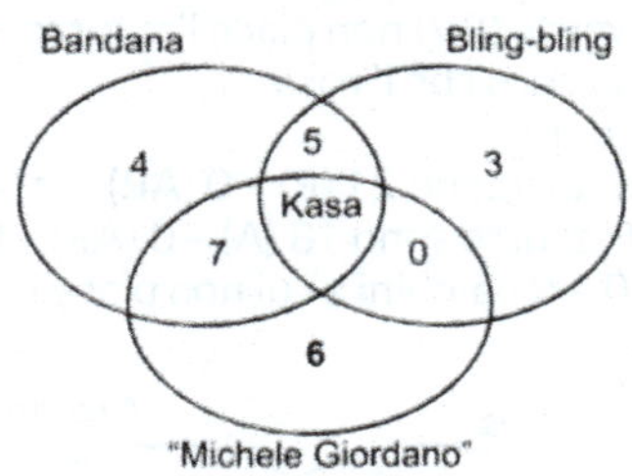

12. Per risolverlo è molto utile schematizzare usando degli insiemi e inserendo i valori che ci dà il testo. Innanzitutto dal numero totale di studenti si può togliere il numero di quelli che non fanno nessun corso: 267 - 24 = 243. 58 studenti fanno scultura più un altro corso e sono divisi equamente, quindi vuol dire che 58 / 2 = 29 studenti fanno scultura e scrittura creativa e 29 matematica e scultura. A questo punto sappiamo che 243 - (7 + 38 + 58) = 140 studenti fanno solo scrittura e solo matematica. Dato che gli studenti che fanno solo scrittura sono due in più di quelli che seguono solo matematica, dividendo il numero per due (140/2 = 70) e aggiungendo uno (= 71) si trova il numero di studenti che fa solo scrittura creativa (mentre 69 studenti seguono solo matematica).
Risposta corretta D.

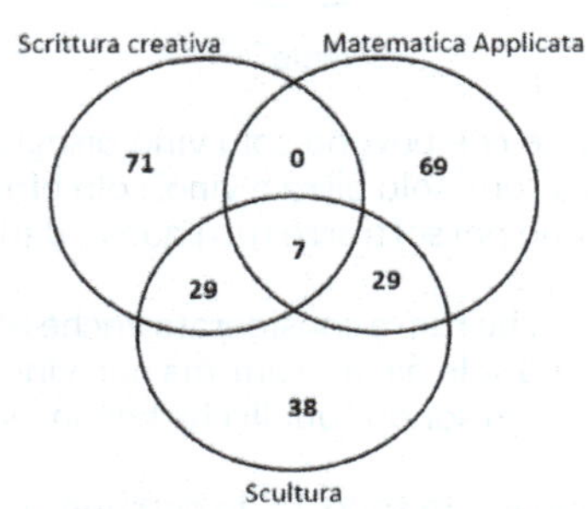

13. Al numero totale di studenti dobbiamo sottrarre coloro che sicuramente non hanno mai visitato nessuna delle 3 città (4), ma anche Marta e Aurora che conducono l'indagine senza includersi: 24 - 4 - 2 = 18. Ai 9 che hanno visitato sia Napoli che Firenze bisogna sottrarre i 4 che hanno visto tutte e 3 le città per ottenere le persone che hanno visto Napoli e Firenze, ma

non Catania: 9 - 4 = 5. Lo stesso vale per coloro che dichiarano di essere stati sia a Catania che a Firenze: 5 - 4 = 1. Con i dati trovati si possono calcolare le persone che hanno visto solo Firenze: 13 - 4 - 5 - 1 = 3. Per ottenere il numero di persone che hanno visitato solo Catania, dobbiamo sottrarre al numero totale di chi è stato a Catania (10) quello di chi ha visitato tutte e 3 le città (4), di chi ha visto solo C + F (1) e di chi è stato solo a C + N. Per trovare quest'ultimo dato, sapendo che nessuno ha visitato solo Napoli, se sottraiamo al numero di persone che hanno visto Napoli (11), quelli che hanno visto N + F (9 = 4 + 5), automaticamente otteniamo le persone che hanno visitato C + N (11 - 9 = 2). Quindi: 10 - 4 - 1 - 2 = 3, ovvero il numero di persone che hanno visto solo Catania, ma non Napoli e Firenze.
Risposta corretta A.

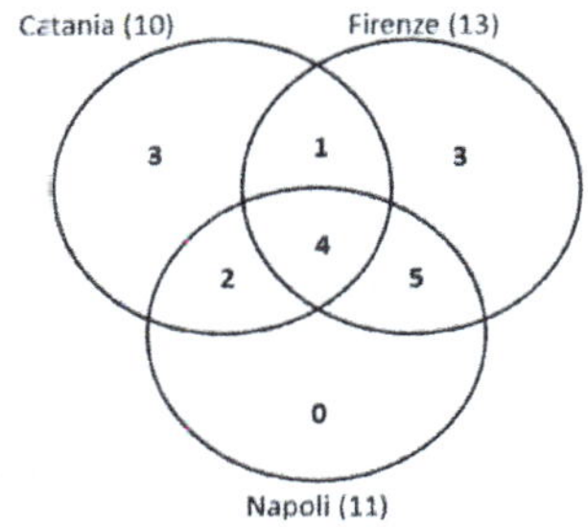

14. Per risolvere il quesito è necessario disegnare i 3 insiemi, inserire all'interno tutti i dati che conosciamo e calcolare quelli che ci mancano. Attenzione perché se ci viene detto che 4 persone vanno sia al mare che al lago, non significa che andranno SOLO in queste due località (altrimenti sarebbe stato esplicitato nel testo), ma saranno compresi anche i 2 clienti che si recano in tutte e 3 le località, quindi il numero esatto di coloro che andranno solo al mare e al lago sarà 4 - 2 = 2. Stesso discorso per chi andrà solo in montagna e al mare, ovvero 8 - 2 = 6. A questo punto possiamo ricavare che i clienti che vanno solo al mare sono 15, quelli che vanno solo in montagna e al lago sono 9 (39 - 6 - 2 - 22) e quelli che prenotano solo il lago (i restanti sul totale di 120) sono 64. Il quesito ci chiede però di trovare la percentuale, quindi 64 · 100/120 = 53,3% (anche senza calcoli potevamo vedere ad occhio che 64 è poco più del 50% di 120).
Risposta corretta D.

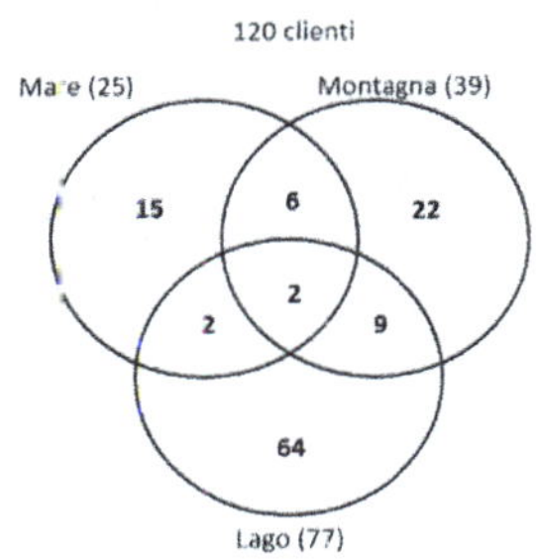

15. Disegnando i 3 insiemi, possiamo dedurre dai dati che le persone che ordinano sia un macchiato che un espresso, ma non un cappuccino sono 5 (17 che ordinano sia un macchiato che un espresso -12 che ordinano tutte e tre le bevande); con lo stesso metodo possiamo trovare quante persone ordinano solo un cappuccino e un macchiato (sempre 5).
Risposta corretta B.

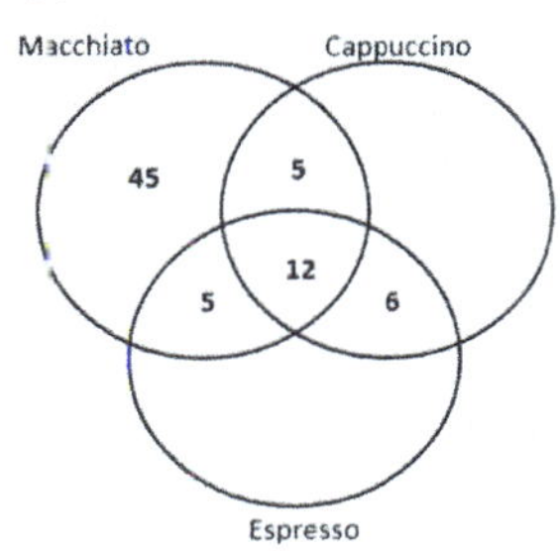

2.9 Sequenze

2.9.1 Sequenze alfanumeriche

1. Completa la seguente sequenza alfabetica: C; A; E; C; G; ?

A. D
B. F
C. H
D. E
E. C

2. Completa la seguente sequenza numerica: 10; 21; 43; 87; ?

A. 100
B. 175
C. 150
D. 115
E. 160

3. Completa la seguente sequenza numerica: 5; 25; 4; 16; 3; ?

A. 10
B. 15
C. 9
D. 27
E. 21

4. Completa la seguente sequenza alfa-numerica: A; 5; B; 10; C; 20; ?; ?

A. D; 60
B. E; 20
C. B; 40
D. D; 40
E. D; 30

5. Completa la seguente sequenza alfabetica: C; G; D; H; E; I; ?

A. L
B. J
C. G
D. F
E. B

6. Completa la seguente sequenza alfa-numerica: 24; F; 28; L; 32; E; 36; I; ?; ?

A. 42; D
B. 42; C
C. 38; B
D. 40; C
E. 40; D

7. Completa la seguente sequenza alfa-numerica: P; 7; S; 5; Q; 8; ?; ?

A. U; 10
B. S; 8
C. T; 6
D. R; 8
E. V; 12

8. Completa la seguente sequenza alfabetica, usando l'alfabeto anglosassone: V; S; P; M; ?

A. K
B. I
C. H
D. J
E. G

9. Completa la seguente sequenza alfa-numerica, usando l'alfabeto anglosassone: Q; 4; L; 11; G; 18; ?; ?

A. A; 20
B. D; 30
C. B; 25
D. A; 25
E. D; 35

10. Completa la seguente sequenza numerica: 123; 146; 90; 113; ?

A. 57
B. 70
C. 65
D. 75
E. 50

11. AZODEH

A. U
B. B
C. A
D. O
E. E

12. Completare la serie Arrosto, Candito, Drone

A. Efesto
B. Alluminio
C. Coccola
D. Zoccolo
E. Ruminanate

13. Completare la sequenza: ABET

A. A
B. E
C. I
D. O
E. U

CORREZIONE COMMENTATA

1. In questa sequenza sono presenti lettere che crescono e decrescono nell'ordine alfabetico: si può quindi ipotizzare una serie di addizioni-sottrazioni. La successione alfabetica infatti è impostata sul seguente ragionamento: si sottraggono prima 2 lettere, successivamente si scala in avanti di 4 lettere. Infatti C – 2 = A; A + 4 = E; E – 2 = C; C + 4 = G e allora G – 2 = E.
Risposta corretta D.

2. Si osserva che 21 – 10 = 11; 43 – 21 = 22; 87 – 43 = 44. Quindi al primo numero viene sommato 11, al secondo 22 e infine al terzo 44. Tra un numero e il seguente si aggiunge quindi un valore raddoppiato rispetto all'aggiunta precedente. Dato che $44 \cdot 2 = 88$, per trovare la soluzione bisogna sommare questo valore all'ultimo numero della sequenza 87 + 88 = 175.
Risposta corretta B.

3. La sequenza è formata da coppie di quadrati: $5^2 = 25$; $4^2 = 16$. Seguendo la logica di questo ragionamento, possiamo trovare la soluzione calcolando il quadrato di 3: $3^2 = 9$.
Risposta corretta C.

4. In questi esercizi è utile concentrarsi separatamente sulla successione di lettere e di numeri. Nella sequenza alfabetica, le lettere sembrano semplicemente seguire l'ordine alfabetico, dunque è possibile ipotizzare che la lettera mancante sia la D (eliminando quindi le opzioni B e C). Per i numeri, basta moltiplicare il numero precedente per 2: $5 \cdot 2 = 10$; $10 \cdot 2 = 20$; $20 \cdot 2 = 40$. Quindi i due valori da inserire per completare la sequenza sono: D; 40.
Risposta corretta D.

5. Nella sequenza proposta, le lettere si susseguono con un andamento +4, –3: infatti C + 4 = G; G – 3 = D; … E + 4 = I. La lettera mancante si potrà trovare sottraendo tornando indietro di 3 lettere nell'alfabeto: I – 3 = F.
Risposta corretta D.

6. Quando ci si trova di fronte a una sequenza alfanumerica dove i numeri sembrano crescere con una certa regolarità, è utile controllare come prima cosa se i termini siano legati da semplici operazioni di addizione. In questo caso tra un numero e il successivo bisogna aggiungere 4 unità: 36 + 4 = 40. In questo esercizio, la sequenza alfabetica è poi legata a quella numerica: sommando le cifre del numero precedente, si ottiene infatti il valore posizionale della lettera nell'alfabeto italiano (es: 24 → 2 + 4 = 6 → 6 = F). Quindi: 40 → 4 + 0 = 4 → 4 = D.
Risposta corretta E.

7. In questa sequenza bisogna prima aggiungere 3 unità alle lettere e successivamente sottrarne 2, infatti: P + 3 = S; S – 2 = Q. Stesso discorso ma speculare per i numeri: 7 – 2 = 5; 5 + 3 = 8. Quindi: Q + 3 = T e 8 – 2 = 6.
Un altro ragionamento che poteva essere eseguito per questa sequenza era alternare addizioni e sottrazioni di cifre progressivamente decrescenti per le lettere (+3, -2, +1) e crescenti per i numeri (-2, +3, -4). In questo caso, la risposta sarebbe stata R; 4, ma, non essendo tra le opzioni, non può essere considerata il corretto completamento della successione.
Risposta corretta C.

8. In questa sequenza si osserva che tra una lettera e la successiva sono state sottratte 3 lettere (es: V – 3 = S). Dato che il testo dice che bisogna considerare le lettere dell'alfabeto anglosassone, la risposta è M – 3 = J.
Risposta corretta D.

9. La sequenza è basata sul seguente ragionamento: per trovare la lettera successiva bisogna sottrarre 5 unità, mentre per trovare il numero successivo bisogna sommare 7 unità. Quindi G – 5 = B e 18 + 7 = 25.
Risposta corretta C.

10. In questa sequenza, si osserva che inizialmente viene aggiunto 23 (123 + 23 = 146) e successivamente viene sottratto 56 (146 – 56 = 90). Notando poi che la prima operazione viene ripetuta, per trovare il risultato sarà necessario sottrarre 56 unità all'ultimo numero della sequenza: 113 – 56 = 57.
Risposta corretta A.

11. Sia le vocali che le consonanti sono in ordine saltandone 2, di conseguenza alla E seguirà la U.
Risposta corretta A.

12. Le iniziali delle parole sono in ordine alfabetifco, quindi ci serve una parola che inizi con la E.
Risposta corretta A.

13. Bisogna non farsi ingannare dalla sequenza che richiama la parola "abete" e bisognava invece capire che le vocali sono in ordine alfabetico A E I O U, di conseguenza la prossima vocale deve essere la I.
Risposta corretta C.

2.9.2 Serie logiche

1. Quale tra le serie ABCDE è coerente con tutte le serie 1, 2, 3?
1 Primo set, secondo set, terzo set
2 Primo tempo, secondo tempo, supplementari, rigori
3 Prima manche, seconda manche
A. Mattina, pomeriggio, sera
B. 2 o 4 giocatori, 22 giocatori, 22 piloti
C. Prima tappa, seconda tappa, terza tappa..., ventunesima tappa
D. 1 ora, 2 ore, 3 ore, 4 ore
E. Tennis, calcio, F1, ciclismo

2. Quale tra le serie ABCDE è coerente con tutte le serie 1, 2, 3?
1 Lavoratori, disoccupati, pensionati
2 Neonati, bambini, ragazzi, adulti, anziani
3 Sani, malati
A. Pompieri, meccanici, poliziotti
B. Mamme e papà
C. Marco, Mario, Francesca
D. Mamme, genitori e zii
E. Uomini e donne

3. Quale tra le serie ABCDE è coerente con tutte le serie 1,2 e 3?
1 Zigote, morula, blastocisti
2 Nebulosa, stella, supernova
3 Australopiteco, Homo Habilis, Homo Erectus, Homo Sapiens, Homo Sapiens Sapiens
A. Scalfaro, Ciampi, Napolitano, Mattarella
B. Radici, tronco, rami
C. Magikarp, Gyarados
D. Clinton, Raegan, Obama, Trump
E. Fratello, cugino, zia, padre, madre

4. Quale tra le serie ABCDE è coerente con tutte le serie 1, 2, 3?
1 ciliegie, Marte, peperoni, sangue
2 pulcini, Sole, girasoli, stella
3 iris, cielo, mirtilli, mare
A. Jeans, calze, televisione, erba
B. Nuvole, denti, fogli, latte
C. Computer, piedi, dita, radio
D. Tavolo, mobile, foglie, porta
E. Lampada, tastiera, quadro, albero

5. Quale tra le sequenze ABCDE è coerente con tutte le serie 1,2 e 3?
1 Pane, grissini, crackers
2 Forchetta, coltello, cucchiaio, cucchiaino
3 Pneumatico, gomma, guanti
A. Tavolo, panca, sedia, mattarello
B. Tovaglia, tovagliolo, piatto
C. Pasta, cotoletta, spinaci
D. Zaino, astuccio, penne
E. Cuoco, meccanico, coltello

6. Quale tra le serie ABCDE è coerente con tutte le serie 1, 2 e 3?
1 Germania, Polonia, Bielorussia, Kazakistan
2 California, Colorado, Illinois, Florida
3 Cagliari, Napoli, Bari
A. Islanda, Groenlandia, Norvegia
B. Tolosa, Marsiglia, Montpellier, Monaco
C. Egitto, Libia, Algeria, Marocco
D. Iran, Pakistan, India, Thailandia
E. Birmania, Nepal, Pakistan, Iran

7. Quale tra le serie ABCDE è coerente con tutte le serie 1, 2, 3?
1 tavolo, sedia, mobile, tronco
2 fede, lingotti, orecchini, bracciale
3 bottiglia, contenitore, finestra, bicchieri
A. Tappi, bottiglie, buste trasparenti, sacchetto
B. Divano, pianta, tenda, porta
C. Seme, corpo, terra, cuore
D. Foglia, pianoforte, vasi, coperte
E. Pantaloni, maglioni, trucchi, smalto

8. Quale tra le serie ABCDE è coerente con tutte le serie 1,2 e 3?
1 Pannotia, Rodinia, Vaalbara, Pangea
2 Australopiteco, Homo Habilis, Homo Erectus, Homo Sapiens, Homo Sapiens Sapiens
3 Antichi Egizi, Antichi Greci, Antichi Romani
A. Scalfaro, Ciampi, Napolitano, Mattarella
B. Cenozoico, Paleozoico, Mesozoico
C. Clinton, Raegan, Obama, Trump
D. Città, Comune, Provincia, Regione
E. Epicureismo, Empirismo, Umanesimo

9. Quale tra le serie ABCDE è coerente con tutte le serie 1,2 e 3?
1 Lettera, parola, frase, riga, paragrafo, pagina, capitolo, libro
2 Filo di cotone, tessuto di cotone, maglietta in cotone
3 Organelli citoplasmatici, cellula, epitelio monostratificato, epitelio pluristratificato, tessuto, organo, apparato
A. Seme, fiore, albero, legno, tavolo
B. Embrione, feto, neonato, bambino, adolescente, giovane, adulto, anziano

C. Casa, via Severino 17, Brera, Milano, Lombardia, Italia, Europa, Mondo
D. Scalfaro, Ciampi, Napolitano, Mattarella
E. Figlio, mamma, papà, nonni materni, nonni paterni

10. Quale delle serie tra le opzioni segue la logica di queste tre serie?
1 Violino, viola, violoncello, contrabbasso
2 Topo, criceto, cavia, capibara
3 Smartphone, tablet, laptop, tower PC
A. Bisturi, coltello, daga, katana
B. Pesci, anfibi, uccelli, mammiferi
C. Aereo, macchina, moto, bici
D. Paragrafo, periodo, parola, lettera
E. Re, torre, cavallo, pedone

CORREZIONE COMMENTATA

1. La risposta C è corretta in quanto è l'unica che come le tre serie proposte (1, 2, 3) tratta la divisione del tempo in un evento sportivo.
Risposta corretta C.

2. La risposta E è corretta in quanto è l'unico modo in cui si può dividere l'intera popolazione in gruppi come succede nelle tre frasi di esempio che ci vengono date. Con le altre opzioni si può dividere la popolazione ma non comprendendo tutti i suoi componenti.
Risposta corretta E.

3. Le serie 1, 2 e 3 rappresentano tutte l'evoluzione di qualcosa: lo zigote si forma dopo 24-30h dalla fecondazione, il quale si sviluppa in 3 giorni a morula e dopo 4 giorni si cavita diventando blastocisti; la seconda sequenza si riferisce all'evoluzione stellare, cioè i cambiamenti che una stella subisce nel corso della sua esistenza, infatti la stella nasce da una nebulosa, da la quale origina la protostella e poi la stella, la quale al termine della sua esistenza (perché esaurisce l'idrogeno) diventa una supernova estremamente densa; la terza sequenza mostra i vari stadi dell'evoluzione umana. Quindi l'opzione A è errata perché riporta in ordine gli ultimi 4 presidenti della Repubblica Italiana, ma non rappresentano un'evoluzione. Lo stesso vale per l'opzione D dove in più Raegan fu uno dei presidenti degli USA ma fu eletto precedentemente rispetto a tutti gli altri; l'opzione B è sbagliata perché è un elenco delle componenti dell'albero dal suo punto più basso verso la cima. L'opzione E non va bene perché è solo l'elenco di possibili componenti di una famiglia senza un ordine. L'unica alternativa corretta è la C, che mostra l'evoluzione di Magikarp a Gyarados.
Risposta corretta C.

4. Gli elementi di ognuna delle tre serie sono accomunati da uno stesso colore: ciliegie, Marte, peperoni e sangue sono tutti rossi; pulcini, Sole, girasoli e, stella sono gialli; iris, cielo, mirtilli e mare sono invece blu. L'unica opzione che comprende termini associati ad uno stesso colore è la B: nuvole, denti, fogli e latte sono tutti elementi bianchi.
Risposta corretta B.

5. Le sequenze 1, 2 e 3 rappresentano tutte un insieme di oggetti fatti dallo stesso materiale: sequenza 1 possono essere fatti con il grano, sequenza 2 possono essere fatti in acciaio, sequenza 3 possono essere fatti di gomma. Quindi l'unica sequenza che segue questa logica è la A, dove tutti possono essere fatti di legno.
Risposta corretta A.

6. Nelle opzioni 1, 2 e 3 proposte dal testo vengono elencati Stati o città da ovest a est. La Groenlandia è a ovest rispetto all'Islanda, Risposta A errata. Nell'opzione B le città francesi si trovano nell'ordine Tolosa, Montpellier, Marsiglia, Monaco da ovest a est, Risposta B errata. Nelle risposte C ed E gli Stati elencati sono messi in ordine da quello più a est a quello più a ovest quindi all'incontrario rispetto alle serie 1, 2 e 3.
Risposta corretta D.

7. Ognuna delle tre serie ha elementi fatti di uno stesso materiale: per quanto riguarda 1 è il legno, 2 l'oro e 3 il vetro. L'unica opzione, quindi, che comprende oggetti fatti dello stesso materiale è "tappi, bottiglie, buste trasparenti, sacchetto", poiché i quattro elementi sono tutti in plastica.
Risposta corretta A.

8. Le sequenze 1, 2 e 3 sono accomunate dal fatto che richiamano una sequenzialità di eventi nell'ordine cronologico in cui sono avvenuti: la Pangea infatti, fu preceduta da 3 continenti diversi, ovvero la Pannotia, Rodinia e Vaalabria; la seconda sequenza mostra i vari stadi dell'evoluzione umana; la terza menziona 3 popoli vissuti in epoche diverse: si sviluppò prima il popolo egizio, poi quello greco ed infine quello romano. Paleozoico e Mesozoico furono ere geologiche precedenti rispetto al Cenozoico (opzione B errata), l'Empirismo fu una corrente filosofica successiva

rispetto all'Umanesimo (opzione E errata), Raegan fu uno dei presidenti degli USA, eletto precedentemente rispetto a tutti gli altri menzionati (opzione C errata); l'opzione D invece non tratta di ordini cronologi, quanto di gerarchie di grandezza (opzione D errata). L'unica alternativa corretta è la prima, che riporta gli ultimi 4 presidenti della Repubblica Italiana, nell'ordine in cui sono stati eletti.
Risposta corretta A.

9. Attenzione, per risolvere adeguatamente il quesito bisognava rendersi conto del fatto che le serie proposte non seguono un ordine "cronologico" (della serie prima c'è questo...che poi si trasforma in quest'altro) bensì un ordine "dal più piccolo al più grande", come se noi partissimo dall'ultima parola di ciascuna seria (libro, maglietta in cotone, apparato) e la mettessimo sotto un microscopio per vedere di che cosa è composta.
Seguendo questo ragionamento potevamo escludere la risposta A in quanto un tavolo messo al microscopio sarà sì fatto da legno, ma il legno sarà fatto da cellule e non da un albero, in quanto dall'albero sarà invece stato ricavato. Infatti la risposta A segue invece l'ordine "cronologico" di cui parlavamo prima, ossia "il seme diventa fiore, il fiore diventa albero..".
La risposta B sarò quindi errata per lo stesso motivo: un anziano analizzato al microscopio sarà formato da tessuti, non da un adulto. La risposta B infatti segue un ordine cronologico.
La risposta D. è errata in quanto riporta in ordine cronologico alcuni dei presidenti della repubblica italiana
La risposta E. segue il ragionamento della risposta A e della B, salvo poi perdersi in quanto mamma e papà devono essere sullo stesso livello cronologico e non uno prima dell'altro, stesso discorso per i nonni.
L'unica risposta che risulta essere corretta è la risposta C, in quanto se la terra fosse analizzata sotto un microscopio gigante e si ingrandisse fino a casa nostra, andremmo ad ottenere esattamente gli stessi passaggi esposti dalla risposta C.
Risposta corretta C.

10. Il criterio delle serie date è di dimensione crescente. La serie B seguiva un ordine cronologico, di comparsa delle varie classi di vertebrati sulla terra, le serie C e D andavano in ordine di dimensioni decrescenti rispettivamente dei mezzi di trasporto e dell'elemento sintattico, così come nella E diminuiva il valore del pezzo (insieme alle sue dimensioni, ma è sempre in ordine decrescente).
Risposta corretta A.

2.10 Relazioni temporali

LOGICA

1. Paolo, che si considera il più grande giocatore di scacchi di sempre, afferma che riuscirebbe a battere chiunque in 40 minuti di tempo. Decide quindi, un pomeriggio, di dimostrare quanto detto ai suoi 5 amici Pietro, Giuseppe, Alberto, Luca e Francesco, sfidandoli tutti a scacchi. Però Paolo, da buon giocatore di scacchi che si rispetti, ha le sue manie e vuole che:

- La prima partita inizi alle 15:30 spaccate
- Pietro sia l'ultimo ad essere sfidato
- Non ci siano pause tra una partita e l'altra, tranne una di 10 minuti tra la seconda e terza partita
- Giuseppe giochi dopo Alberto ma prima di Francesco

Sapendo che Luca gioca tra le 16:30 e le 18:00, chi sta sfidando Paolo alle 17:50?

A. Pietro
B. Giuseppe
C. Alberto
D. Luca
E. Francesco

2. Maria è mamma di 6 figli: Claudio, Roberto e Luca sono i maschietti, Martina, Elena e Lia sono le femmine. Il martedì pomeriggio ognuno dei suoi figli è a fare gli allenamenti del proprio sport e, per sfortuna di Maria che deve riportarli a casa, si allenano tutti in posti diversi. Per complicarsi la vita ulteriormente, decide anche di alternare un maschio ed una femmina ogni volta.
Maria quindi ogni martedì:

- Parte alle 17:15 da casa e per raggiungere ogni posto dal precedente (anche da casa) ci mette 20 minuti. Deve poi aspettare 5 minuti prima di ripartire quando prende le femmine e il doppio del tempo per i maschi;
- Prende sempre Lia per ultima perché è la più vicina a casa;
- Luca è il primo che va a prendere, ma dato che Elena e Luca non vanno d'accordo, non possono stare in macchina da soli.

Alle ore 18:50, chi starà aspettando o andando a prendere la povera mamma Maria?

A. Claudio
B. Roberto
C. Martina
D. Elena
E. Lia

3. Quando Ciccio studia, fa 12 minuti di pausa ogni 55 minuti, tempo esatto in cui riesce a leggere 20 pagine. La scorsa domenica ha iniziato alle 13:00 e finito alle 19:30.
Quante pagine avrà letto in totale?

A. 120
B. 100
C. 140
D. 80
E. 160

4. Il custode di un museo è addetto alle pulizie di tutto l'edificio. Il museo ha 4 stanze, una in seguito all'altra: per giungere alla stanza 4 bisogna infatti attraversare successivamente la 1, la 2 e la 3.
Il turno del custode inizia alle 8:20 del mattino e il programma è il seguente, sia per quanto riguarda l'ordine sia per quanto riguarda il tempo per pulire ogni stanza:

- Partenza dalla stanza 1
- Stanza 3: 45 min
- Stanza 1: 30 min
- Stanza 4: 1 ora
- Stanza 2: 15 min

Sapendo che per attraversare una stanza e passare a quella adiacente, ad esempio dalla stanza 1 alla 2, occorre un minuto, e a metà del lavoro fa 25 minuti di pausa, che stanza starà pulendo il custode alle 11:06?

A. Stanza 1
B. Stanza 2
C. Stanza 3
D. Stanza 4
E. Sta facendo pausa

5. Marialuisa vuole sentire sua figlia per sapere come stanno andando gli allenamenti a Chicago, che finiscono alle 20:15 in orario locale. Marialuisa, che è nelle Filippine, si trova otto ore in avanti rispetto al meridiano, mentre sua figlia Mariasole si trova cinque ore indietro. Contando il tempo per permetterle di fare la doccia (25 minuti), a che ora Marialuisa chiamerà la figlia?

A. 9:40
B. 9:15
C. 7:40
D. 7:15
E. 20:40

6. Ogni giorno 3 colleghi si trovano al bar per discutere di questioni di lavoro e prendere un caffè.

Passano insieme esattamente 15 minuti prima di tornare a lavorare e ogni giorno spostano l'orario di ritrovo 10 minuti più tardi rispetto all'orario di ritrovo della riunione precedente.

Ogni 3 incontri viene fatta una riunione speciale, con anche altri colleghi, della durata di 35 minuti invece dei soliti 15. La prima e la seconda domenica di ogni mese la riunione non viene fatta perché 2 dei tre colleghi sono fuori città.

La prima di queste riunioni viene fatta lunedì 2 ottobre alle 14:35.

A che ora terminerà la riunione del 16 ottobre?

A. 17:20
B. 17:10
C. 17:30
D. 17:00
E. 16:50

7. Luca deve prendere l'aereo per New York partendo da Milano, con quest'ultima città che è 6 ore avanti di fuso orario rispetto alla prima. Partito alle 10:00 di martedì 10 ottobre da Milano, è arrivato a NYC dopo 9 ore di volo. Dopo 8 giorni di vacanza esatti riparte da NYC alla stessa ora in cui ci è atterrato e, dopo un volo di 7 ore, fa uno scalo a Lisbona, che si trova 5 ore avanti rispetto a New York; rimane a Lisbona per 3 ore nell'attesa del volo per Milano.

Quando sarà il volo per Milano?

A. Giovedì 19 ottobre alle 01:00
B. Mercoledì 18 ottobre alle 04:00
C. Mercoledì 18 ottobre alle 01:00
D. Giovedì 19 ottobre alle 00:00
E. Giovedì 19 ottobre alle 04:00

8. Lorenzo deve consegnare delle pizze tra le 19:00 e le 21:00. Si sa che impiega 20 minuti per completare un ordine e che deve recarsi da Andrea, Matteo, Giacomo, Tommaso, Simona e Fabio, con il seguente criterio:

- **Andrea non riceve la pizza per secondo, ma nemmeno per penultimo**
- **Giacomo la riceve subito dopo Fabio**
- **Simona è tra gli ultimi quattro, ma non la penultima**
- **Matteo è il quarto**
- **Fabio la riceve tra i primi tre, ma non per primo**

Da chi si troverà Lorenzo alle 20:30?

A. Tommaso
B. Fabio
C. Giacomo
D. Simona
E. Andrea

9. Federico, Giovanni e Agnese sono in Erasmus in differenti università e vogliono salutarsi con una videochiamata tutti insieme. Si sa che:

- **Il fuso orario di Federico è 7 ore avanti ad Agnese, che a sua volta si trova ad un fuso orario 2 ore indietro rispetto a Giovanni**
- **Agnese e Federico sono liberi in pausa pranzo (dalle 12:00 alle 14:00 nei rispettivi fusi orari) e Federico è anche libero a cena (19:00 - 21:00 del suo fuso orario)**
- **Giovanni è libero a cena (19:00-21:00) e ha mezz'ora di pausa tra la lezione che inizia alle 15 e quella delle 15:30 (suo fuso orario)**

A che ora inizieranno la videochiamata?

A. 15:00, fuso orario di Federico
B. 12:00, fuso orario di Agnese
C. 15:00, fuso orario di Agnese
D. 13:00, fuso orario di Giovanni
E. 15:00, fuso orario di Giovanni

10. Lirena tiene molto alla skincare e segue in modo appassionato tutti i consigli dell'Es-tetista Cinica. In particolare utilizza sempre 4 prodotti: lo Spumone, la Luce Liquida, l'Acqua Micellare e l'Olio Denso. Ogni trat-tamento ha una durata di 15 minuti e, tra un trattamento e l'altro, Lirena impiega 2 minuti per togliersi il prodotto con il panno in microfibra. Secondo le linee guida dell'Estetista Cinica, l'Olio Denso va usato dopo l'Acqua Micellare e prima dello Spumone. La Luce Liquida è l'ultimo prodotto ad essere utilizzato. Considerando che Lirena inizierà il trattamento alle 9:30, cosa starà facendo alle 10:03?

A. Spumone
B. Luce Liquida
C. Acqua Micellare
D. Olio Denso
E. Panno in microfibra

11. Il treno che porta da Milano ad Empoli impiega 27 minuti tondi tondi, dopodichè per andare da Empoli a Orbetello ne impiega 14; si prende quindi una pausa di 6 minuti prima di ripartire per il suo strano giro;

quando riparte passa ancora da Empoli arrivando infine a Milano, una volta a Milano riposa mezz'ora e quindi riparte per il suo giro. Sapendo che oggi è partito alle 8:36 di mattina, dove si troverà alle 16:29?

A. In viaggio verso Milano da Empoli
B. In pausa a Milano
C. Fermo a Orbetello
D. In viaggio verso Empoli da Milano
E. In viaggio da Orbetello a Empoli

12. Pierpaolo Zuzzi va ogni mercoledì sera a portare i pasticcini alla sua amata Donna Dellepigne; la sua dolce metà si trova a 11 fusi di distanza a ovest e il volo impiega 6 ore. Se Pierpaolo parte dalle 19:50 il 29 febbraio, quando potranno baciarsi i due innamorati?

A. Il 29 febbraio alle 14:50
B. Il 30 febbraio alle 1:50
C. Il 29 febbraio alle 2:50
D. Il 28 febbraio alle 16:50
E. Il 28 febbraio alle 14:50

13. Mario oggi ha finalmente l'open day all'università dei suoi sogni, la "Master Dessert University". Essendo un'università che attira molti studenti, nello stesso giorno vengono fatti diversi tour, uno di seguito all'altro, inframmezzati da una pausa di 10 minuti per permettere alla guida di riprendersi dalla folla che deve gestire. Inoltre, dopo 2 tour successivi, oltre ai 10 minuti di break, c'è la proiezione di un video di presentazione generale dell'università che dura 25 minuti. Il primo tour inizia alle 9:45 e, come tutti i tour successivi, è strutturato nelle seguenti tappe:

- **sala della preparazione degli impasti per 17'**
- **sala dell'"apparecchiamento tavoli" per 28'**
- **sala della decorazione delle torte per ben 47'**
- **ricca degustazione finale nella sala degustazioni per 22'**

Sapendo che nel giro di pochi mesi nell'università le persone ingrassano, tutte le sale sono poste a 7 minuti di camminata le une dalle altre, per promuovere l'attività fisica.
Mario purtroppo incontra moltissimo traffico per strada, quindi riesce ad arrivare all'università solamente alle 15:35; per quale tour arriva e in che sala si trova il gruppo nel momento in cui arriva all'università?

A. 3° tour, sala della decorazione delle torte
B. 2° tour, sala degustazioni
C. 3° tour, sala della preparazione degli impasti
D. 2° tour, secondo spostamento
E. 3° tour, sala dell'apparecchiamento tavoli

14. Annagiulia è partita per un viaggio avventuroso in Oman il 25 Aprile del 2019. Atterra a destinazione alle 12 del pomeriggio (ora locale dell'Oman) dello stesso giorno, si reca in albergo che è a 1 ora di distanza dall'aeroporto. Da lì partirà per un tour che prevede:

- **visita di 9 ore alla città**
- **viaggio notturno di 7 ore fino al deserto**
- **alloggio in tenda nel deserto tra le oasi per 2 giorni e mezzo**
- **viaggio in treno di 7 ore fino al mare e permanenza di 1 giorno.**

Dalla località balneare Annagiulia ripercorrerà esattamente lo stesso percorso con le stesse tappe a ritroso.
A che ora di quale giorno Annagiulia giungerà nuovamente al suo hotel?

A. 11:00 del 3 Maggio 2019
B. 11:00 del 2 Maggio 2019
C. 00:00 del 30 Aprile 2019
D. 00:00 del 1 Maggio 2019
E. 23:00 del 2 Maggio 2019

15. Andrea è fidanzato con Valeria da 10 anni, ma non vuole impegnarsi effettivamente, i due non vivono neanche insieme, si vedono solo i week end, le cose non vanno molto bene ma ciò nonostante non riesce a chiudere questa relazione e forse, trascinato dalla quotidianità, non sa neanche di volerlo. Andrea conosce Maddalena ed iniziano una appassionata relazione clandestina che attualmente perdura da circa un anno, piena di quotidianità e di crescente affetto e stima reciproca. Arriva tuttavia il momento delle ferie per Andrea, e come ogni anno, per ora, per non far insospettire Valeria (e forse perchè ha ancora piacere a farlo) deve passare le ferie con lei.
Valeria, ignara di tutto, ha già prenotato tutto:

- **Partenza il 9 settembre da Malpensa ore 11:00**
- **Arrivo il 9 settembre a Olbia ore 12:50**

Sarebbero rimasti lì 7 notti e 7 giorni.
Maddalena, che più passa il tempo, più è

innamorata e lo vede come uomo della sua vita, non riesce a rimanere con le mani in mano, sta troppo male. Quindi, di tutta risposta, decide di partire per il Kerala (a 4 ore e 30 di fuso avanti rispetto a Italia).
Parte anche lei il 9 settembre alle 11:00 con un volo che dura 12 ore.
Ad Andrea manca molto Maddalena e cerca di chiamarla appena può. Di base, l'unico momento in cui è da solo senza Valeria è la mattina quando si alza prima per andare a prendere i lettini in prima fila in spiaggia, verso le 8:30 italiane.
Quale sarà la prima data e la prima ora disponibile in cui Maddalena potrà rispondere?

A. Alle 23:00 del 9 settembre, orario italiano
B. Alle 13:00 del 10 settembre, orario indiano
C. Alle 12:30 del 10 settembre, orario italiano
D. Alle 08:30 dell'11 settembre, orario indiano
E. Alle 22:00 del 9 settembre, orario indiano

CORREZIONE COMMENTATA

1. Si disegna subito la linea del tempo, con inizio uguale all'inizio della prima partita (15:30) e in seguito 5 intervalli da 40 minuti l'uno, che corrispondono alle 5 diverse sfide. Disegnandola, bisogna fare attenzione a non dimenticarsi la pausa di 10 minuti che si verifica tra la seconda e la terza partita.

			Pausa				
15:30	16:10	16:50		17:00	17:40	18:20	18:40

Dalla seconda informazione sappiamo che Pietro è l'ultimo ad essere sfidato. Inoltre, dato che Luca può giocare solo dalle 16:30 alle 18:00, l'unica posizione che gli si può attribuire per riuscire a fare una partita completa è la terza, subito dopo la pausa.

			Pausa		Luca				Pietro	
15:30		16:10		16:50		17:00		17:40		18:20	18:40

Infine, dalla quarta informazione, si può affermare che l'ordine in cui giocheranno gli altri 3 amici è: Alberto – Giuseppe – Francesco. Si può dunque andare a completare la linea del tempo aggiungendo aggiungendo queste 3 partite negli intervalli rimasti liberi.

	Alberto		Giuseppe		Pausa		Luca		Francesco		Pietro	
15:30		16:10		16:50		17:00		17:40		18:20		18:40

Come si può ora facilmente vedere, alle 17:50 Paolo starà giocando contro Francesco.
Risposta corretta E.

2. Nonostante questo quesito assomigli molto alle relazioni temporali semplici, non può essere considerato come tale, in quanto le tempistiche per le femmine sono differenti da quelle per i maschi. Si può quindi costruire una linea del tempo, in cui lasceremo intervalli di 25 minuti per ogni femmina (20 minuti di viaggio + 5 di attesa) e 30 minuti per ogni maschio (20 minuti di viaggio + 10 di attesa). Dato che la seconda e la terza informazione ci dicono rispettivamente le posizioni di Lia e di Luca, possiamo posizionare gli intervalli di 30 minuti nelle posizioni dispari, mentre quelli associati alle femmine nelle posizioni pari.

	Luca										Lia	
17:15		17:45		18:10		18:40		19:05		19:35		20:00

Dalla terza informazione inoltre sappiamo che Elena non potrà essere presa subito dopo Luca questo significa che verrà presa per quarta, mentre la seconda posizione sarà occupata da Martina.

	Luca		Martina				Elena				Lia	
17:15		17:45		18:10		18:40		19:05		19:35		20:00

Nonostante la linea del tempo non possa essere completata in quanto non ci sono informazioni sufficienti per posizionare Claudio e Roberto, si può comunque affermare con certezza che alle 18:50 Maria sta andando a prendere Elena.
Risposta corretta D.

3. Dalle 13:00 alle 19:30, Ciccio ha a disposizione (19 ore – 13 ore) e (30 minuti – 0 minuti) = 6 ore e 30 minuti per studiare. Sapendo che un ciclo completo è composto da 55 minuti sui libri seguiti da 12 minuti di pausa, per un totale di 67 minuti, possiamo trovare il numero di cicli completi che riesce a fare: 390 minuti / 67 minuti = 5,... cicli.
Controllo: 67 · 5 = 335 minuti, terminando con una pausa. Aggiungendo la durata di un'altra sessione da 20 pagine, ma senza la pausa finale, Ciccio riesce a finire di studiare esattamente

dopo 390 minuti: 335 minuti + 55 minuti = 390 minuti.
Di conseguenza, le sessioni di studio sono 6 e Ciccio ha letto in totale 20 · 6 = 120 pagine.
Risposta corretta A.

4. Per risolvere il quesito bisogna tener in conto sia il tempo impiegato dal custode per pulire le stanze, sia il tempo impiegato a raggiungerle. Il custode inizia alle 8:20 il turno, inizia dalla stanza 3 e ci arriverà impiegando 2 minuti. Dunque la pulirà dalle 8:22 alle 9:07.
Da lì ci impiegherà 2 minuti per tornare alla stanza 1, ci arriverà quindi alle 9:09 e la pulirà fino alle 9:39. Starà in stanza 1 anche durante la pausa, che durerà fino alle 10:04. A questo punto impiegherà 3 minuti per raggiungere la stanza 4, dove arriverà alle 10:07 e che pulirà fino alle 11:07. Il resto del tempo lo passerà a pulire la stanza 2 e a raggiungerla. Alle 11:06 starà pulendo la stanza 4.
Risposta corretta D.

5. Se l'allenamento finisce alle 20:15 a Chicago e la madre vuole lasciare 25 minuti di tempo alla figlia per fare la doccia, Mariasole riceverà la chiamata alle 20:40 di Chicago. Ci viene chiesto però a che ora la madre chiamerà, quindi dobbiamo considerare l'orario delle Filippine. Se le Filippine sono 8h avanti rispetto al meridiano, e Chicago 5h indietro, serve aggiungere all'orario di Chicago 5h + le 8h delle filippine, quindi 20:40 + 13 = 33:40 → 33 - 24 = 9, quindi 9:40.
Risposta corretta A.

6. La prima domenica di ottobre è già passata, infatti se lunedì è il 2 ottobre vuol dire che l'1 ottobre era domenica. Quindi l'unico giorno in cui la riunione non sarà fatta sarà domenica 8, in quanto seconda domenica del mese.
Dal 2 al 16 ottobre passano 14 giorni e siccome ogni giorno la riunione inizia 10 minuti più tardi della riunione precedente, il 16 ottobre la riunione dovrebbe iniziare 140 minuti dopo rispetto alla riunione del 2 ottobre. Tuttavia dobbiamo togliere 10 minuti perché domenica 8 la riunione non viene fatta, quindi la riunione del 16 inizierà 130 minuti dopo rispetto alla riunione del 2.
130 minuti = 2h e 10 minuti, quindi la riunione inizierà alle 16:45. Bisogna ora controllare se la riunione dura 15 o 35 minuti. I giorni che stiamo prendendo in considerazione sono 14 (dal 2 al 16 estremi inclusi, ma esclusa domenica 8), che non è un multiplo di 3, quindi la riunione del 16 durerà 15 minuti.
La riunione quindi terminerà alle 17.00.
Risposta corretta D.

7. Sommando 9 ore alle 10:00, ma sottraendo allo stesso tempo le 6 ore di fuso orario, si scopre che Luca arriverà a NYC alle 13:00 di martedì 10. Ripartendo alle 13:00 otto giorni dopo, ossia alle 13:00 di mercoledì 18, si può trovare a che ora arriva a Lisbona: 13:00 + 7 ore di volo + 5 ore di fuso = 01:00 di giovedì 19 ottobre. Dal momento che aspetta 3 ore a Lisbona prima di partire, il volo per Milano partirà alle 04:00 di giovedì 19 ottobre.
Risposta corretta E.

8. Si disegna subito la linea del tempo, con inizio uguale all'inizio delle consegne (19:00) e in seguito 6 intervalli da 20 minuti l'uno. Siccome è già scritto nel testo, si può posizionare subito Matteo.

			Matteo			
19:00	19:20	19:40	20:00	20:20	20:40	21:00

Si sa poi che Giacomo ha avuto la consegna appena dopo Fabio e che quest'ultimo era tra i primi 3, ma non il primo: l'unica posizione che può essere occupata da Fabio sarà quindi la seconda.

	Fabio	Giacomo	Matteo			
19:00	19:20	19:40	20:00	20:20	20:40	21:00

Infine, sapendo che Simona si trova tra le ultime 4 posizioni, ma non penultima, le può essere assegnata l'ultima consegna. Invece Andrea, non essendo penultimo, finisce in prima posizione.

Andrea	Fabio	Giacomo	Matteo		Simona
19:00 – 19:20	19:20 – 19:40	19:40 – 20:00	20:00 – 20:20	20:20 – 20:40	20:40 – 21:00

Per esclusione, si può ora affermare che Tommaso riceverà la pizza per quinto, tra le 20:20 e le 20:40.
Risposta corretta A.

9. Per risolvere il quesito è utile innanzitutto chiarire in che rapporto di fuso orario sono i tre amici basandosi su un unico fuso orario, per esempio quello di Agnese. Al fuso di Agnese bisogna aggiungere 7 ore per trovare il fuso nella città di Federico, oppure aggiungerne 2 per trovare il fuso di Giovanni. Federico si trova quindi 5 ore in avanti rispetto a Giovanni. Avendo queste informazioni bisogna confrontare le opzioni proposte e verificare che siano compatibili con le altre condizioni del testo. L'unica opzione corretta risulta essere la E, poichè alle 15:00 Giovanni è in pausa, da Federico saranno le 20:00 (che coincide con il suo tempo libero per la cena) e nella città di Agnese saranno le 13:00, orario in cui Agnese è in pausa pranzo.
Risposta corretta E.

10. In ordine i trattamenti da effettuare sono: Acqua Micellare (1), Olio Denso (2), Spumone (3) e Luce Liquida (4).
L'Acqua Micellare viene usata dalle 9:30 alle 9:45; dalle 9:45 alle 9:47 viene utilizzato il panno in microfibra; dalle 9:47 alle 10:02 viene usato l'Olio Denso, che viene tolto dalle 10:02 alle 10:04 con il panno in microfibra.
Dalle 10:04 alle 10:19 Lirena utilizza lo Spumone; dalle 10:19 alle 10:21 usa il panno in microfibra e infine dalle 10:21 alle 10:36 utilizza la Luce liquida.
Alle 10:03 Lirena sta utilizzando il Panno in microfibra.
Risposta corretta E.

11. Riassumendo il tragitto compiuto è: Milano, Empoli, Orbetello, pausa (6 min), Empoli, Milano, pausa (30 min). Sommando quanto il treno impiega a fare avanti e indietro da Milano si ottiene: 27 min + 14 min + 6 min + 14 min + 27 min + 30 min = 118 minuti, cioè 1 ora e 58 min. Quindi ogni volta che il treno fa avanti e indietro è come se impiegasse 2 ore meno 2 minuti (1 ora e 58 minuti). Tra le 8:36 e le 16:36 passano 8 ore. In otto ore il treno compie 4 viaggi avanti e indietro, ma avanza qualche minuto perché, come abbiamo detto, un viaggio completo richiede 2 ore meno 2 minuti. In quattro viaggi i minuti che vengono "risparmiati" rispetto alle 2 ore sono: 2 min · 4 viaggi = 8 minuti. 16:36 - 8 min = 16:28. Quindi vuol dire che alle 16:28 il treno finisce la pausa di mezz'ora a Milano, dunque un minuto dopo sarà in viaggio verso Empoli, partendo da Milano.
Risposta corretta D.

12. Il quesito ci dice che Pierpaolo impiega 6 ore per raggiungere l'amata, questo significa che, parendo alle 19.50, giungerà a destinazione all'1.50 del proprio fuso. Bisogna adesso tenere conto che Donna si trova 11 fusi a ovest, il che significa 11 ore indietro rispetto al fidanzato. Si puo quindi concludere che il signor Zuzzi arriverà a destinazione il 28 febbraio alle ore 14.50.
Risposta corretta E.

13. Per prima cosa calcoliamo quanto dura un tour, complessivo del break di 10 minuti della guida e dello spostamento di 7 minuti tra una sala e l'altra: 17 + 28 + 47 + 22 + (7 · 3) + 10 = 145 minuti, cioè 2 ore e 25 minuti. Si può quindi costruire uno schema temporale:
9:45 – 12:10 → 1° tour
12:10 – 14:35 → 2° tour
14:35 – 15:00 → proiezione video
15:00 – 17:25 → 3° tour
Mario quindi alle 15:35 arriverà per il gruppo del 3° tour, che avendo iniziato da 35 minuti si troverà nella sala "apparecchiamento tavoli": dalle 15:00 alle 15:17 si troverà nella prima, alle 15:24 arriverà nella seconda sala, nella quale rimarrà fino alle 15:52.
Risposta corretta E.

14. Annagiulia arriverà in aeroporto alle 12:00, ci metterà un'ora ad arrivare all'Hotel, a cui giungerà alle 13:00 del 25 Aprile. Starà 9 ore nella città, da cui partirà alle 22:00 per raggiungere il deserto, in cui arriverò alle 5:00 del 26 Aprile. Dopodichè soggiornerà in quel punto per due giorni e 12 ore, fino alle 17:00 del 28 Aprile. Per quell'ora partirà per il mare, che raggiungerà alle 00:00 del 29 Aprile e in cui starà per 24 ore, quindi fino alle 00:00 del 30 Aprile 2019. A questo punto dovrà tornare indietro fino all'Hotel. Per capire a che ore vi arriverà, dobbiamo sommare i vari tempi di permanenza e le ore di viaggio che separano la località balneare dall'Hotel e queste sono: 7 ore fino al deserto, 2 giorni e 12 ore nel deserto, 7 ore fino alla città e 9 ore di permanenza in città. La somma di queste tempistiche darà 3 giorni e 11 ore, da aggiungere alle 00:00 del 30 Aprile per ottenere l'orario di arrivo all'Hotel. Considerando che Aprile ha 30 giorni (e non 31! Risposta B errata), otteniamo che Annagiulia tornerà nel suo hotel alle 11 del 3 Maggio 2019.
Risposta corretta A.

15. Di questo poema omerico in realtà possiamo immediatamente eliminare la risposta A e la risposta C in quanto dal testo leggiamo che l'unico momento in cui Andrea sarà da solo e potrà chiamare Maddalena sarà alle 8:30 del mattino, italiane.
L'unica cosa che bisognava fare per risolvere il quesito era calcolare l'orario di arrivo di Maddalena nel Kerala: 9 settembre, 11 + 12 = arrivo 9 settembre ore 23 italiane. A questo punto, avendo la certezza che non ci sia il cambio di giorno fra Italia e Kerala, sappiamo che Andrea chiamerà Maddalena alle 8:30 italiane del primo giorno disponibile, ossia il 10 settembre. Quindi ci basterà fare: 8:30 + 4:30 h = 13:00.
Risposta corretta B.

2.11 Risoluzioni con schemi

1. Breno per andare a scuola percorre 500 m a Nord, 300 a Est e 200 ancora a Nord. Emerson abita 200 m a Ovest di Breno, oggi non ha molta voglia di andare a scuola quindi decide di andare al bar dirigendosi 400 m a Nord e 600 metri a Est.
Dove si trova il bar rispetto alla scuola?

A. Nord-Ovest
B. Nord-Est
C. Sud-Est
D. Sud-Ovest
E. Sud

2. La maestra Peppina delle elementari mette in fila indiana sei bambini, i cui nomi sono Angelo, Bruno, Cesco, Dario, Ennio, Franco.
Sapendo che Ennio viene subito dopo Franco, che Bruno è il secondo della fila e che fra lui e Angelo vi è un solo bambino, chi è l'ultimo della fila?

A. Angelo
B. Bruno
C. Cesco
D. Dario
E. Ennio

3. Cinque amici (Luca, Andrea, David, Marco e Simone) hanno deciso di passare il ponte dell'8 dicembre in modo diverso uno dall'altro; c'è chi è andato ad un concerto di musica indie, chi è andato a sciare, chi ad uno spettacolo teatrale, chi l'ha passato a studiare e qualcuno è andato a ballare in discoteca. Un amico non ha voluto compagnia, mentre gli altri sono stati accompagnati dalla fidanzata, da un'amica, dai cugini oppure dai colleghi di lavoro.
Sapendo che:

- **Chi è stato accompagnato dai cugini è andato a sciare**
- **Simone è andato a ballare in discoteca**
- **Luca non è andato allo spettacolo teatrale, ma era con la fidanzata**
- **Andrea era in compagnia di un'amica allo spettacolo teatrale**
- **Chi è rimasto a casa a studiare non aveva compagnia**
- **David non era con i cugini**

Che cosa ha fatto Marco durante il ponte?

A. Si è divertito in compagnia della fidanzata
B. È uscito con i colleghi
C. È rimasto a casa a studiare
D. È andato ad un concerto con colleghi
E. È andato a sciare

4. Ci sono cinque paesi confinanti tra loro. Peppapig confina solo con Quedo Quedo confina con Rasputan e con Silliban, inoltre Sillaban confina anche con Taorcia.
Qual è il numero minimo di confini da attraversare per una persona che da Peppapig deve recarsi a Taorcia?

A. Uno
B. Due
C. Tre
D. Quattro
E. Cinque

5. In una gara di biciclette hanno partecipato: Anna, Barbara, Carolina, Davide, Enrico, Francesco e Giulio. Tutti sono arrivati al traguardo ma non in questo ordine. Si sa che Barbara è arrivata prima di Anna e dopo di Enrico; Davide dopo Carolina ma prima di Giulio; Francesco prima di Enrico ma dopo Giulio. Chi è arrivato per ultimo?

A. Anna
B. Barbara
C. Carolina
D. Davide
E. Enrico

6. Anna solitamente per andare in università a piedi esce di casa e svolta a sinistra, percorre 100 metri e svolta nuovamente a sinistra; cammina poi per altri 400 metri, svolta a destra e percorre gli ultimi 100 metri prima di arrivare in aula. Oggi la lezione si terrà in un altro edificio; per raggiungerlo Anna esce di casa e svolta a destra, percorre 50 metri e svolta ancora a destra. Dopo essersi fermata al bar dell'angolo per un caffè, prosegue per 400 metri per poi svoltare a sinistra; cammina ancora 200 metri ed entra in aula.
Quanto è distante questo edificio da quello in cui è solita andare?

A. 250 metri
B. 300 metri
C. 350 metri
D. 400 metri
E. 450 metri

7. Federico è più giovane di Caterina. Giacomo è più giovane di Federico ma più vecchio di Edoardo.
Chi è il più giovane dei quattro ragazzi?

A. Federico
B. Caterina
C. Giacomo
D. Edoardo
E. I dati forniti non sono sufficienti per rispondere

8. In un ospedale lavorano Ascanio, Ben e Carmelo come inserviente, chirurgo e infermiere (non necessariamente in questo ordine). Ascanio è figlio di Carmelo ed è più basso di statura del chirurgo. L'inserviente è il più alto di statura, e non ha figli.
Quale delle seguenti affermazioni è compatibile con le premesse?

A. Ben è l'infermiere, Ascanio è l'inserviente, Carmelo è il chirurgo
B. Carmelo è l'infermiere, Ben è l'inserviente e Ascanio è il chirurgo
C. Ascanio è l'infermiere, Ben è l'inserviente e Carmelo è il chirurgo
D. Ascanio è l'infermiere, Carmelo è l'inserviente e Ben è il chirurgo
E. Carmelo è l'infermiere, Ascanio è l'inserviente e Ben è il chirurgo

9. Marco i giorni pari va agli allenamenti di bocce seguendo questo percorso: 1 Km a Sud, 2 Km a Ovest e 0,5 Km a Nord. I giorni dispari invece Marco frequenta la palestra di freccette e per raggiungerla segue il seguente percorso: 0,5 Km a Nord, 1 Km a Est e 1 Km a Sud.
Dove si trovano gli allenamenti di bocce rispetto alla palestra di freccette?

A. Nord-Ovest
B. Nord-Est
C. Sud-Est
D. Sud-Ovest
E. Ovest

10. Cinque giovani scultori frequentano l'Accademia di Breno; i loro nomi sono Annibale, Laura, Cristina, Danilo e Giorgia. Le loro statue raffigurano: Giove, Venere, Bacco, Nettuno e Minerva (non necessariamente in questo ordine). Ognuno di loro utilizza uno solo dei seguenti materiali: marmo, argilla, gesso, bronzo e legno (non necessariamente in questo ordine). Si sa inoltre che:

- **Cristina ha realizzato una statua in legno;**
- **Danilo ha realizzato la statua in argilla;**
- **La statua in gesso raffigura Venere;**
- **Un ragazzo ha realizzato una statua in bronzo che raffigura Giove;**
- **Laura ha realizzato una statua che raffigura Nettuno.**

Chi ha realizzato la statua in bronzo?

A. Annibale
B. Cristina
C. Danilo
D. Giorgia
E. Laura

CORREZIONE COMMENTATA

1. Per risolvere questo quesito, bisogna disegnare i percorsi di Breno e Emerson prestando attenzione alle distanze percorse e alla direzione.
Risposta corretta C.

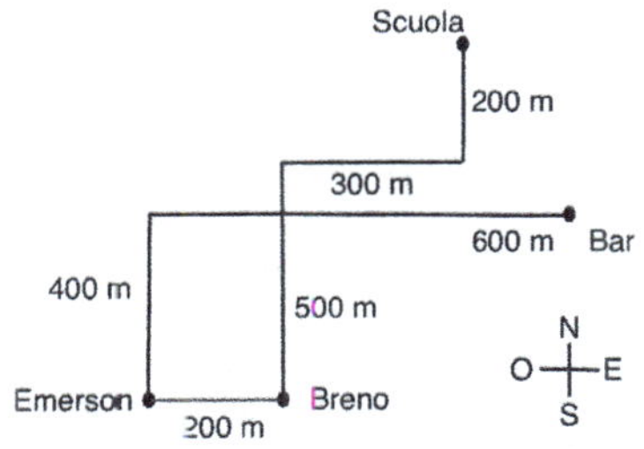

2. Per risolvere l'esercizio, bisogna disegnare in linea i nomi dei bambini che la maestra mette in fila, aggiungendo tutte le informazioni che il quesito fornisce:

- Prima informazione: F – E
- Seconda informazione: 1° – B – 3°
- Terza informazione: B – 3° – A

Unendo la seconda e la terza informazione si ottiene che: 1° – B – 3° – A
Sapendo che F e E sono vicini, bisogna escludere la possibilità che si trovino in prima e/o terza posizione: dovranno essere per forza in quinta e sesta posizione, con Ennio a chiudere la fila.
Risposta corretta E.

3. Inizialmente, si inseriscono in una tabella i dati forniti direttamente dal testo:

Persona	Attività	Compagnia
Luca		Fidanzata
Andrea	Spettacolo teatrale	Amica
	Studiare	Solo
	Sciare	Cugini
Simone	Discoteca	

Dato che il testo afferma che David non era in compagnia dei cugini, l'unica riga in cui possiamo inserirlo è la terza: è rimasto a casa a studiare. Per esclusione, si può concludere che Marco è andato a sciare insieme ai cugini.
Risposta corretta E.

Persona	Attività	Compagnia
Luca	**Concerto indie**	Fidanzata
Andrea	Spettacolo teatrale	Amica
David	Studiare	Solo
Marco	Sciare	Cugini
Simone	Discoteca	**Colleghi**

4. Si possono disporre i paesi in questo modo:

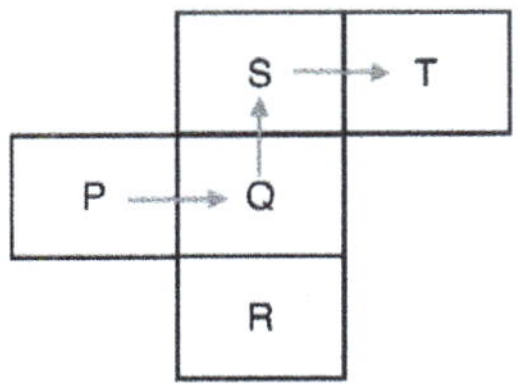

Esistono altre disposizioni possibili, ma per andare da Peppapig a Taorcia, bisogna passare per forza da Quedo e da Silliban. Quindi il numero minimo di confini da attraversare è per forza tre.
Risposta corretta C.

5. Per risolvere l'esercizio, bisogna disegnare in linea i nomi dei partecipanti alla gara, aggiungendo tutte le informazioni che il quesito fornisce:

- Prima informazione: E – B – A
- Terza informazione: C – D – G
- Quarta informazione: G – F – E

Unendo la seconda e la terza informazione si ottiene che: C – D – G – F – E
Unendo a questa la prima informazione si trova invece: C – D – G – F – E – B – A.
La persona che è arrivata in ultima posizione è quindi Anna.
Risposta corretta A.

6. Se disegniamo i due percorsi intrapresi da Anna notiamo che gli edifici delle lezioni si trovano esattamente a 100 + 100 + 50 + 200 = 450 metri di distanza.
Risposta corretta E.

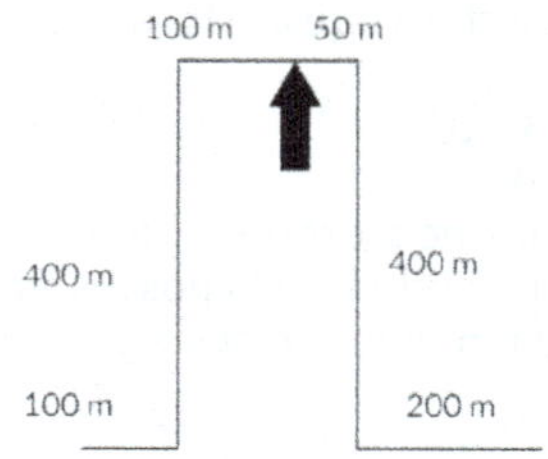

7. Per risolvere l'esercizio, bisogna disegnare in linea i nomi dei ragazzi, aggiungendo tutte le informazioni che il quesito fornisce:

- Prima informazione: F < C
- Seconda informazione: E < G < F

Unendo le due informazioni si trova che E < G < F < C: Edoardo è quindi il più giovane tra i quattro ragazzi.
Risposta corretta D.

8. Si possono inserire in una tabella tutte le informazioni fornite direttamente o indirettamente dal testo:

Nome	Ruolo	Statura	Parentela
A	No chirurgo No inserviente	Più basso del chirurgo	Figlio di C
	Inserviente	Il più alto	No figli
C	No inserviente		Padre di A

Se A è più basso del chirurgo, non può essere lui stesso il chirurgo: dovrà essere o l'infermiere o l'inserviente. Se inoltre si aggiunge che l'inserviente è il più alto, bisogna dedurre che A non possa svolgere questo ruolo.
L'inserviente dovrà quindi essere uno tra B e C: dato che il testo dice che l'inserviente non ha figli, si può escludere Carmelo.
Per esclusione si ottiene:

Nome	Ruolo	Statura	Parentela
A	Infermiere	Più basso del chirurgo	Figlio di C
B	Inserviente	Il più alto	No figli
C	Chirurgo		Padre di A

Quindi Ascanio è l'infermiere, Ben è l'inserviente e Carmelo è il chirurgo.
Risposta corretta C.

9. Se disegniamo i due percorsi intrapresi da Marco notiamo che la palestra e la bocciofila si trovano nella stessa via, con la seconda a Ovest rispetto alla prima.
Risposta corretta E.

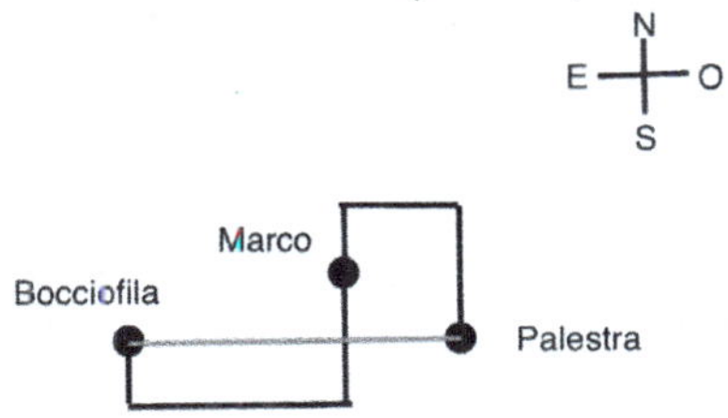

10. Inserendo in una tabella le informazioni fornite dal quesito, si ottiene:

Nome	Statua	Materiale
Cristina		Legno
Danilo		Argilla
	Venere	Gesso
	Giove	Bronzo
Laura	Nettuno	

Gli unici due nomi possibili per l'autore della statua in bronzo sono Annibale e Giorgia. Poiché, per la condizione 4, questo deve essere per forza un ragazzo, la risposta corretta è Annibale.
Risposta corretta A.

2.12 Grafici e tabelle

Le domande 1, 2, 3 sono riferite al grafico sottostante.

1 In quale anno gli italiani hanno preferito maggiormente visitare il proprio paese rispetto al resto del mondo?

A. 2012
B. 2013
C. 2014
D. 2015
E. 2016

2. Tra quali anni si è verificata la variazione più significativa tra rapporto di viaggi in Italia e all'estero?

A. 2012-2013
B. 2013-2014
C. 2014-2015
D. 2015-2016
E. Non si può stabilire

3. Tra quali anni si è verificata la variazione meno significativa tra il rapporto di viaggi in Italia e all'estero?

A. 2012-2013
B. 2013-2014
C. 2014-2015
D. 2015-2016
E. Non si può stabilire

4. Il grafico mostra il numero dei clienti (asse delle ordinate) che ognuno dei tre meccanici di zona Solari ha assistito durante la scorsa settimana.

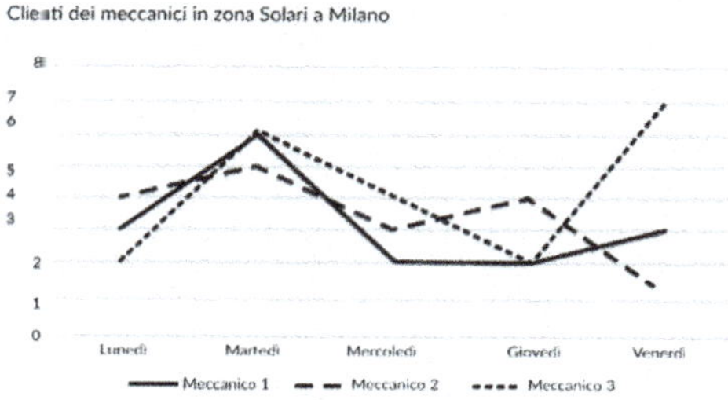

Quale delle seguenti affermazioni è falsa?

A. Il numero complessivo di clienti ha avuto un aumento tra lunedì e martedì
B. Il numero di clienti del meccanico 1 è rimasto invariato nel primo e nell'ultimo giorno della settimana
C. Il numero di clienti del meccanico 3 è diminuito della stessa quantità tra martedì e mercoledì e tra mercoledì e giovedì
D. Il numero complessivo di clienti è rimasto lo stesso nel corso della settimana
E. Il numero di clienti del meccanico 2 è diminuito tra il primo e l'ultimo giorno della settimana

5. Il grafico mostra le vendite totali di un'azienda di telefoni nel corso dell'ultimo anno.

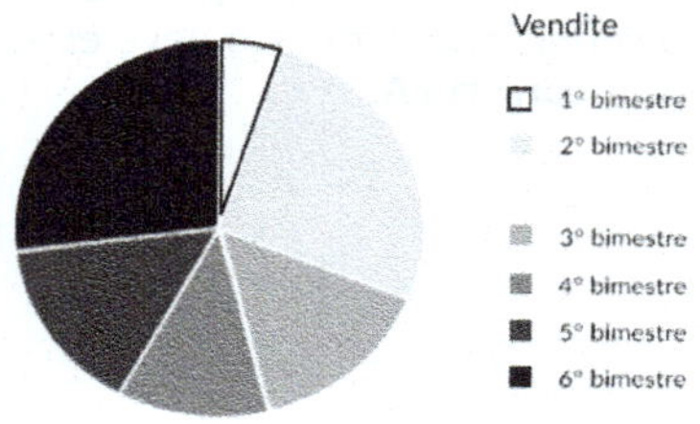

Tra quali bimestri si è verificato l'aumento percentuale di vendite più significativo?

A. 1° e 2°
B. 2° e 3°
C. 3° e 4°
D. 4° e 5°
E. 5° e 6°

6. Giorgio e Maria lavorano entrambi al centralino della Fistuib. Nel grafico sono riportate le chiamate che hanno ricevuto oggi, divise nelle 4 ore in cui si trovavano in ufficio.

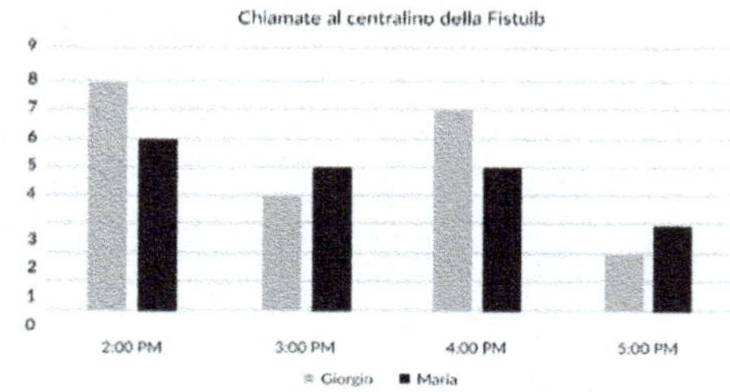

Quale delle seguenti affermazioni è vera?

A. Maria ha ricevuto più chiamate rispetto a Giorgio
B. Maria ha sicuramente effettuato chiamate più lunghe rispetto a quelle di Giorgio
C. Giorgio e Maria hanno ricevuto lo stesso numero di chiamate
D. Giorgio ha ricevuto più chiamate di Maria alle 3 di pomeriggio
E. Maria ha ricevuto meno chiamate rispetto a Giorgio

7. Una torta del peso di 1 kg è composta da 5 ingredienti: burro, farina, zucchero, uova e cacao in polvere. Il grafico mostra le percentuali di peso di ogni ingrediente rispetto al peso totale della torta.

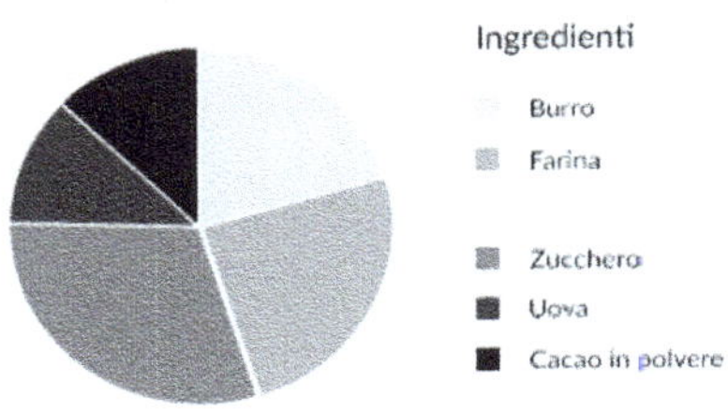

Quale delle seguenti informazioni è falsa?

A. Uova e cacao equivalgono ad un quarto del peso totale
B. Sono presenti meno grammi di burro rispetto a quelli della farina
C. Uova, cacao e farina pesano complessivamente 500g circa
D. Lo zucchero è l'ingrediente più rilevante in termini di peso
E. Burro e zucchero equivalgono a più di metà del peso totale

8. In riferimento alla tabella, quale tra le affermazioni seguenti è vera? Il trimestre olimpico è il 3°.

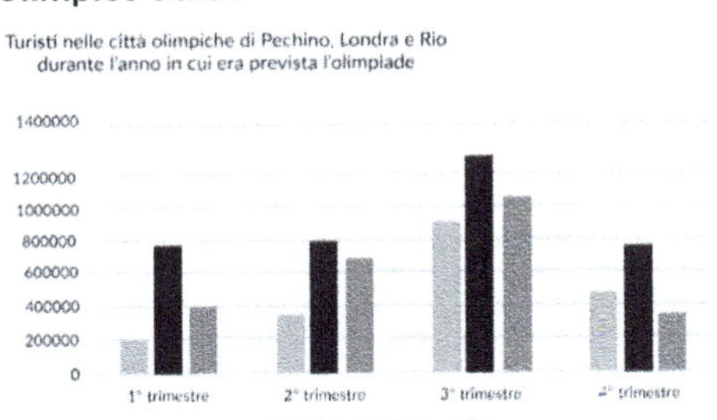

A. A Rio, il turismo non è calato in seguito al periodo olimpico
B. La quantità di turisti a Londra nei trimestri non olimpici è rimasta pressocchè costante
C. La quantità di turisti a Pechino è diminuita tra il 1° e il 2° trimestre
D. A Londra, il numero di turisti non è aumentato durante il trimestre olimpico
E. La quantità di turisti a Rio è andata crescendo tutto l'anno

9. Un dentista vuole comprare un quadro quadrato per il suo studio. Lo vuole di una marca che inizi con la lettera C, che costi meno di 200 euro e che non sia più grande di 1 m x 1 m, ma nemmeno più piccolo di 60 cm x 60 cm.

Marca	Dimensioni (cm x cm)	Prezzo
Carris	87 x 87	312,00
Oriace	62 x 62	53,50
Chevol	105 x 105	178,10
Kains	75 x 75	180,00
Crestis	83 x 93	160,00
Curiositas	66 x 66	199,99
Centos	59 x 59	150,00

Quale quadro sceglierà?

A. Curiositas
B. Crestis
C. Centos
D. Chevol
E. Carris

10. In una scuola elementare, tutti i bambini di quarta fanno uno sport. Nella tabella, i bambini sono divisi a seconda del sesso e dello sport che praticano.

	Maschi	Femmine
Pallavolo	54	60
Calcio	112	46
Basket	67	58
Ginnastica	39	13
Nuoto	51	52
Rugby	24	36
Atletica	90	100

Per quale sport il rapporto tra maschi e femmine equivale a quello della pallavolo?

A. Basket
B. Nuoto
C. Atletica
D. Rugby
E. Ginnastica

11. La tabella mostra 5 modelli di scarpe offerti da una nota marca e prodotti nella stessa fabbrica.

	Prezzo al cliente	Costo di produzione	Numero scarpe vendute al giorno
Jumb	110	25	32
Ron	120	40	30
Ga	115	42	36
Sprent	105	24	31
Runnix	107	39	39

Quale scarpa determina il maggior guadagno giornaliero?

A. Jumb
B. Ron
C. Ga
D. Sprent
E. Runnix

Le domande 12, 13 e 14 sono riferite alla tabella sottostante.

Bevanda	Contenuto percentuale di zucchero
CocaLoca	21%
Fenta	24%
Sprait	26%
Kinott	14%
Tè alla pesca	19%
Tè verde	16%
Tè al limone	20%
Succo alla pera	33%
LimonSode	25%

12. Bevendo una lattina di CocaLoca dal contenuto del peso di 330 g, quanti grammi di zucchero assumo?

A. 61 g
B. 68 g
C. 69 g
D. 71 g
E. 73 g

13. Quale percentuale di prodotti presenta un contenuto di zucchero minore o uguale al 20%?

A. 56%
B. 53%
C. 61%
D. 44%
E. 31%

14. Normalmente bevo 3 bicchieri da 100 mL di succo alla pera al giorno. Oggi ho deciso che al posto del succo berrò due lattine di Kinott da 330 mL. Qual è la percentuale di zucchero assunto oggi rispetto agli altri giorni, espressa in numero decimale?

A. 0,93
B. 1,07
C. 0,92
D. 0,95
E. 1,15

15. Anche la famosissima ditta di mobili norvegesi Akea offre le promozioni per il BlackThursday. Camillo e Ludovica, una coppia che ha appena comprato casa, arrivano alla cassa con 490 euro di spesa, ma appena vedono l'offerta decidono di comprare l'albero di natale con le decorazioni, che costa complessivamente altri 100 euro.

Spesa	Sconto
Fino a 200 euro	30%
Fino a 500 euro	40%
500 euro o più	45%

Quanto avrebbero risparmiato se non avessero comprato l'albero e le decorazioni?

A. 41 euro
B. 35.5 euro
C. 30.5 euro
D. 29 euro
E. 26.5 euro

CORREZIONE COMMENTATA

1. La percentuale di viaggi in Italia è più alta nell'anno 2012, durante il quale si sono verificati in Italia più del 75% dei viaggi totali.
Risposta corretta A.

2. La variazione più significativa si è presentata tra gli anni 2012 e 2013. In questo periodo infatti la percentuale dei viaggi in Italia è diminuita dal 77% circa al 56% circa.
Risposta corretta A.

3. La variazione meno significativa si è presentata tra gli anni 2015 e 2016. La percentuale è rimasta tra il 60% e il 65%, senza avere notevoli aumenti o diminuzioni.
Risposta corretta D.

4. Il lunedì si sono presentati 9 clienti (3 + 4 + 2), mentre il venerdì 11 (3 + 1 + 7). Solamente confrontando questi due giorni possiamo affermare che il numero complessivo di clienti non è rimasto costante di giorno in giorno, ma ha subito variazioni.
Risposta corretta D.

5. Il dubbio che può sorgere sarebbe tra i bimestri 1° e 2° e tra il 5° e il 6°, infatti si nota che entrambi hanno avuto una grande crescita percentuale. Visto che il 2° e il 6° bimestre risultano avere una percentuale di vendite molto simile, osservando il 1° e il 5° si nota come, durante il 1°, la percentuale di vendite fosse di gran lunga minore. Quindi il salto più significativo è tra 1° e 2° bimestre.
Risposta corretta A.

6. Se sommiamo le chiamate ricevute ogni ora, possiamo trovare il numero di chiamate ricevute da Giorgio (21) e da Maria (19): l'unica afferazione di cui siamo certi è che Maria ha ricevuto meno chiamate rispetto al collega. La risposta B è errata in quanto non possiamo essere certi che Maria e Giorgio abbiano occupato tutto il loro tempo lavorativo a rispondere alle chiamate: se invece fosse stato esplicitato nel testo, avremmo potuto concludere che le telefonate di Maria avevano avuto una durata maggiore, avendone fatte di meno nella stessa quantità di tempo.
Risposta corretta E.

7. Possiamo notare dal grafico come la sommatoria di cacao e uova sia equivalente ad un quarto del peso totale, così come il peso della farina. Di conseguenza essi peseranno come metà torta; l'altra metà del peso equivale alla sommatoria di burro e zucchero
Risposta corretta E.

8. Nel primo, secondo e ultimo trimestre (trimestri non olimpici) dell'anno preso in considerazione dal grafico, il numero di turisti a Londra è rimasto stabile, ovvero poco minore di 800000.
Risposta corretta B.

9. Il dentista sceglierà il quadro di Curiositas, poiché esso è l'unico a soddisfare tutte le sue richieste: è quadrato e delle giuste dimensioni, rientra nel suo budget ed è prodotto da una marca che inizia con la lettera C.
Risposta corretta A.

10. Il rapporto tra i bambini e le bambine che giocano a pallavolo è 54/60 = 9/10. Allo stesso modo, anche quello tra i bambini e le bambine che fanno atletica è 90/100 = 9/10.
Risposta corretta C.

11. Per trovare il guadagno giornaliero su ogni modello di scarpe, prima bisogna trovare il guadagno su un singolo paio. Per farlo, è necessario sottrarre il costo di produzione al "prezzo al cliente". Il valore ottenuto si moltiplica poi per il numero di paia di scarpe vendute ogni giorno, in modo da ricavare il guadagno giornaliero. Così facendo, si evidenzia che il modello che frutta di

più alla compagnia è il modello Jumb, grazie al quale guadagnano 2720€ al giorno.
Risposta corretta A.

12. Se bevo un quantitativo di CocaLoca pari a 330 g, il 21% di questi saranno zuccheri, che equivalgono a: 330 · (21/100) = 69 g di zucchero.
Risposta corretta C.

13. Solo 4 bevande su 9 presentano un contenuto di zuccheri minore o uguale al 20%. Quindi 4/9 = 0,44 = 44%.
Risposta corretta D.

14. Solitamente assumo 300 mL di succo contenente il 33% di zuccheri, quindi 99g di zuccheri. Oggi assumo 660 mL di Kinott che contengono solo il 14% di zuccheri, quindi 660 · (14/100) = 92,4 g. Infine, trovo la percentuale espressa in decimali: 92,4/99 = 0,93.
Risposta corretta A.

15. Con 490 euro di merce avrebbero risparmiato 196 euro (40%), spendendo quindi 294 euro. Con 590 euro di merce hanno risparmiato 265.5 euro, spendendo però 324.5 euro. Quindi, se non avessero comprato gli addobbi natalizi avrebbero risparmiato 30 euro e 50 cents.
Risposta corretta C.

2.13 Tabelle simili

1. Camilla deve inserire il numero mancante nell'ultima tabella in modo che tutte le tabelle rispettino lo stesso criterio di riempimento.

5	12
7	18

1	0
3	6

50	?
2	3

Quale numero deve inserire Camilla?

A. 52
B. 49
C. 100
D. 147
E. 12

2. Martina deve inserire i numeri mancanti nell'ultima tabella in modo che tutte le tabelle rispettino lo stesso criterio di riempimento.

3	6
72	18

5	10
120	30

7	?
?	?

Quale numero deve inserire Martina nella casella in basso a destra?

A. 14
B. 168
C. 42
D. 21
E. 56

3. Marika deve inserire il numero mancante nell'ultima tabella in modo che tutte le tabelle seguano lo stesso criterio di riempimento.

7	2
5	19

0	4
8	8

11	3
2	?

Quale numero deve inserire Marika?

A. 35
B. 6
C. 24
D. 9
E. 42

4. Alessio deve inserire il numero mancante nell'ultima tabella in modo che tutte le tabelle seguano lo stesso criterio di riempimento.

6	20
12	14

5	1
5	1

8	5
3	?

Quale numero deve inserire Alessio?

A. 2
B. 9
C. 10
D. 15
E. 28

5. Trovare il numero da inserire nell'ultima tabella in modo che tutte le tabelle rispettino lo stesso criterio di riempimento:

2	3
12	8

13	7
35	65

14	5
15	?

A. 42
B. 16
C. 20
D. 6
E. 38

6. Trovare il numero da inserire nell'ultima tabella in modo che tutte le tabelle rispettino lo stesso criterio di riempimento.

2	7
5	50

3	5
10	26

9	4
82	?

A. 104
B. 17
C. 15
D. 28
E. 36

7. Date le seguenti tabelle, trovare il numero mancante:

27	81
3	9

9	18
1	2

45	63
5	?

A. 9
B. 6
C. 3
D. 21
E. 7

8. Date le seguenti tabelle, trovare il numero mancante:

5	20
10	25

6	18
12	24

15	45
30	?

A. 60
B. 75
C. 90
D. 50
E. 55

9. Annalisa per sbloccare il forziere pieno di dolci deve inserire il numero mancante nella terza tabella, in modo che tutte le tabelle rispettino lo stesso criterio di riempimento. Quale numero deve inserire?

13	33
24	44

35	55
55	75

51	71
75	?

A. 85
B. 105
C. 76
D. 95
E. 96

10. Testino deve aiutare i professori che stanno preparando il test di medicina ad aprire una cassaforte nel quale hanno accidentalmente chiuso l'unica copia del test, per motivi di sicurezza. Quale numero deve inserire al posto dei puntini perché gli spazi nei tre quadrati siano riempiti con lo stesso criterio?

1	6
-5	7

4	2
2	6

11	27
?	38

A. -23
B. 4
C. -16
D. 13
E. 53

CORREZIONE COMMENTATA

1. Osservando le righe di ogni tabella, si può capire che la relazione che viene rispettata in tutte le righe è: numero · 3 – 3. Infatti nella prima abbiamo 5 · 3 – 3 = 12 e 7 · 3 – 3 = 18; nella seconda: 1 · 3 – 3 = 0 e 3 · 3 – 3 = 6. Nell'ultima tabella quindi, oltre ad avere 2 · 3 – 3 = 3, si avrà anche: 50 · 3 – 3 = 147.
Risposta corretta D.

2. Nella prima riga, la relazione è, da sinistra a destra, · 2 (infatti 3 · 2 = 6 e 5 · 2 = 10). La relazione nella seconda riga, da destra a sinistra, invece è · 4 (18 · 4 = 72 e 30 · 4 = 120). Se infine si analizza la seconda colonna delle tabelle si nota che esiste, dall'alto verso il basso, una relazione · 3 (6 · 3 = 18 e 10 · 3 = 30): in pratica, in senso orario, partendo dall'alto a sinistra, i numeri vengono moltiplicati · 2, · 3 e infine · 4. Così sappiamo che nell'ultima tabella avremo: 7 · 2 = 14 · 3 = 42 · 4 = 168. Nella casella in basso a destra quindi avremo il numero 42.
Risposta corretta C.

N.B.: In questo caso si poteva direttamente osservare il rapporto obliquo, dall'alto al basso e da sinistra verso destra, dove si nota il rapporto: numero · 6. Quindi nella prima tabella si trova 3 · 6 = 18; nella seconda 5 · 6 = 30 e nella terza 7 · 6 = 42.

3. Ipotizzando una generica tabella:

A	B
C	D

la relazione che lega i termini è: A · B + C = D.
Dunque nella prima tabella il termine in posizione D è 7 · 2 + 5 = 19, nella seconda 0 · 4 + 8 = 8 e nella terza tabella sarà 11 · 3 + 2 = 35.
Risposta corretta A.

4. Ipotizzando una generica tabella:

A	B
C	D

la relazione che lega le prime due tabelle è la seguente: A + B – C = D.
Dunque nella prima tabella il termine in posizione D è 6 + 20 - 12 = 14, nella seconda 5 + 1 - 5 = 1 e nella terza tabella sarà 8 + 5 – 3 = 10.
Risposta corretta C.

5. Ipotizzando una generica tabella:

A	B
C	D

la relazione che lega i numeri è A · C = B · D, infatti 2 · 12 = 3 · 8 = 24, 13 · 35 = 7 · 65 = 455.
Quindi 14 · 15 = 5 · "?", da cui si può ricavare "?" = (14 · 15) / 5 = 42.
Risposta corretta A.

6. In ogni colonna il numero posto sotto è uguale al quadrato del numero sovrastante + 1.
Nella prima tabella $2^2 + 1 = 5$ e $7^2 + 1 = 50$; nella seconda $3^2 + 1 = 10$ e $5^2 + 1 = 26$. Dunque il numero che stiamo cercando sarà: $4^2 + 1 = 17$.
Risposta corretta B.

7. In questo esercizio si tratta di dividere ogni numero posto nella riga in alto per 9, mettendo il risultato nella riga sottostante. Quindi nella prima tabella 27/9 = 3 e 81/9 = 9; nella seconda 9/9 = 1 e 18/9 = 2.
Il numero da inserire sarà 63/9 = 7.
Risposta corretta E.

8. Per risolvere l'esercizio si deve sommare il numero in alto a destra con quello in basso a sinistra e sottrarre quello in alto a sinistra al risultato. Quindi nella prima tabella si trova 20 + 10 – 5 = 25; nella seconda 18 + 12 – 6 = 24 e dunque nella terza 45 + 30 - 15 = 60.
Risposta corretta A.

9. Leggendo le tabelle in orizzontale si nota che prendendo il numero di sinistra si aggiunge 20 per ottenere il numero di destra: 13 + 20 = 33; 24 + 20 = 44; 35 + 20 = 55; 55 + 20 = 75; 51 + 20 = 71. Quindi 75 + 20 = 95.
Risposta corretta D.

10. Utilizzando come riferimento un quadrato con le quattro caselle numerate con le lettere dell'alfabeto A, B, C e D, in senso orario da quella in alto a sinistra, i calcoli che costituivano il "criterio di riempimento" erano: A + B = C e B + D = A. Da ciò consegue che nell'ultimo quadrato per ottenere il numero mancante bisognasse fare 27 + ... = 11, quindi ... = 11 - 27 = -16.
Risposta corretta C.

2.14 Logica matematica varia

1. Nonostante sia giovane, Valentina si vergogna a dire la sua vera età. Alla domanda lei risponde così: "Senza contare i sabati e le domeniche avrei 15 anni."
Quanti anni ha Valentina in realtà?
- A. 35
- B. 25
- C. 21
- D. 13
- E. 18

2. La contessa di Rocksburg ha organizzato un ricevimento per il matrimonio della figlia. Vuole sistemare gli 84 invitati in tavoli da 7 e si rende conto che, comunque si dispongano gli invitati, c'è sempre almeno un tavolo di sole donne.
Quante sono almeno le donne invitate?
- A. 73
- B. 84
- C. 11
- D. 74
- E. 12

3. La cameriera di un albergo deve numerare 216 chiavi in ordine progressivo (1, 2, ..., 14, 15, 16, ..., 216). Le sono state messe a disposizione solo etichette numerate da 0 a 9. Quante etichette dovrà usare per portare a termine il lavoro affidatole?
- A. 216
- B. 10
- C. 592
- D. 714
- E. 540

4. Per collegare due villaggi sperduti della Norvegia esiste da più di un anno un servizio di pullman. La durata del tragitto richiede 7 giorni esatti e ogni giorno alla stessa ora parte un pullman da ciascuna delle due città. Tom, che ha deciso di prendere il pullman, quanti altri ne incontrerà di ritorno durante il tragitto?
- A. 7
- B. 10
- C. 14
- D. 8
- E. 12

5. Marina nel 2019 ha 20 anni. Ha iniziato a studiare medicina lo scorso ottobre (2019) e si laureerà entro i sei anni previsti dal corso di studi. La sorella Silvia, nata nel 2003, inizierà l'università nel 2021 e al momento è indecisa tra due facoltà: una triennale e una quadriennale a l'estero.
Silvia si laureerà prima o dopo Marina?
- A. Silvia si laurea in ogni caso prima di Marina
- B. Silvia si laurea insieme alla sorella
- C. Se Silvia scegliesse il corso triennale si laureerebbe prima della sorella, se facesse quello quadriennale si laureerebbero insieme
- D. Se Silvia facesse il corso triennale si laureerebbe insieme alla sorella, se facesse quello quadriennale si laureerebbe dopo
- E. Nessuna delle precedenti è corretta

6. Qual è il numero massimo di mercoledì e venerdì che possono esserci in 46 giorni consecutivi?
- A. 16
- B. 14
- C. 7
- D. 12
- E. 18

7. Matteo, che è un po' pigro, non si prepara i vestiti la sera e per non svegliare la sorellina la mattina si deve vestire al buio. Nel cassetto dei calzini, contenente tutti calzini spaiati, ci sono 7 paia di calzini diversi.
Quanti ne deve estrarre per essere sicuro di trovare almeno un paio di calze dello stesso tipo?
- A. 7
- B. 2
- C. 8
- D. 14
- E. 6

8. Quale giorno precede immediatamente il giorno che viene tre giorni dopo il giorno che segue di 48 ore lunedì?
- A. Domenica
- B. Martedì
- C. Mercoledì
- D. Giovedì
- E. Venerdì

9. Durante l'esame di Fisica, che si sta svolgendo di pomeriggio, Rachele si accorge che la lancetta dei minuti del suo orologio

si è bloccata, mentre quella delle ore è ancora funzionante ed è posizionata sul minuto 34. Non potendo controllare l'orario da altre parti si accorge però che questa informazione le basta per sapere l'ora. Che ore sono?

A. 18:48
B. 18:40
C. 18:34
D. 06:48
E. 06:12

10. Giuseppe ha 18 monete, apparentemente identiche, ma di cui una pesa più delle altre. Utilizzando una bilancia a due piatti, qual è il numero minimo di pesate necessarie per riconoscerla?

A. 3
B. 2
C. 4
D. 5
E. 6

CORREZIONE COMMENTATA

1. Senza contare i sabati e le domeniche, la settimana di Valentina è formata da 5 giorni. Per trovare la vera età di Valentina imposto una proporzione: 5 : 15 = 7 : X, dove X rappresenta l'età che avrebbe se la settimana fosse formata da 7 giorni. X = 7 · 15 / 5 = 21.
Risposta corretta C.

2. Il numero di tavoli che la contessa deve utilizzare è: 84/7 = 12. Se almeno un tavolo è formato sempre da sole donne, vuol dire che il numero degli uomini non è sufficiente per coprire almeno con una singola presenza, tutti e 12 i tavoli: si può quindi affermare che il numero di uomini sarà inferiore a 12. Per trovare il numero minimo di donne presenti affinché questa situazione si verifichi, bisogna andare a massimizzare il numero di uomini presenti: 12 – 1 = 11. Le donne invitate sono perciò almeno 84 – 11 = 73.
Risposta corretta A.

3. Per numerare le chiavi comprese tra 100 e 216 utilizza 3 etichette per ogni chiave, quindi 3 · 117 = 351 etichette. Per i numeri tra 10 a 99 utilizza 2 etichette per chiave, in totale quindi 90 · 2 = 180 etichette. Per le rimanenti 9 chiavi utilizza 9 etichette. Sommando 351 + 180 + 9 si ottiene il numero delle etichette totali che dovrà usare, cioè 540.
Risposta corretta E.

4. Nel momento in cui parte il pullman su cui è salito, Tom incontra subito un altro pullman, appena arrivato a destinazione dopo 7 giorni di viaggio. In seguito, per ogni giorno di viaggio incontrerà 1 veicolo che viaggia in direzione opposta: il 1° giorno incontrerà il pullman partito 6 giorni prima, il 2° giorno incontrerà quello partito 5 giorni prima, ecc, compreso il pullman in partenza che incontrerà al suo arrivo (7° giorno). In totale quindi, una volta arrivato a destinazione, avrà incontrato 1 + 7 = 8 pullman.
Risposta corretta D.

5. Impostando uno schema annuale, la soluzione al quesito risulta immediata:

M	Anno accademico	S
1	19 – 20	
2	20 – 21	
3	21 – 22	1
4	22 – 23	2
5	23 – 24	3
6	24 – 25	4

Se Silvia scegliesse di seguire una triennale, si laureerebbe un anno prima rispetto a Marina, ma se invece decidesse di impegnarsi in una quadriennale, finirebbero il percorso universitario insieme.
Risposta corretta C.

6. Per risolvere questo esercizio, è utile usufruire del metodo empirico. Per massimizzare il numero di mercoledì e venerdì in 46 giorni, si può porre il primo mercoledì come primo giorno dei 46, ottenendo così: giorno 1 = mercoledì e giorno 3 = venerdì, giorno 8 = mercoledì e giorno 10 = venerdì, e così via. L'ultimo mercoledì cadrà il giorno 43 e l'ultimo venerdì il giorno 45 ed entrambi risultano essere i settimi. Quindi in 46 giorni consecutivi ci potranno essere al massimo 14 mercoledì o venerdì.
Risposta corretta B.

7. Il quesito chiede il numero minimo di estrazioni affinché Matteo sia sicuro di trovare due calzini uguali. Per avere una certezza bisogna considerare il caso più sfavorevole, ovvero quello in cui, dopo le prime 7 estrazioni, Matteo ha pescato 7 calzini diversi tra loro. Con l'ottava estrazione

troverà sicuramente un calzino appaiato a uno dei 7 già pescati. Dovrà perciò estrarre almeno 8 calzini.
Risposta corretta C.

8. Per risolvere questo quesito è utile partire dal fondo della frase: il giorno che segue di 48 ore (quindi 2 giorni) lunedì è mercoledì, il giorno che viene 3 giorni dopo mercoledì è sabato e il giorno che precede immediatamente sabato è venerdì.
Risposta corretta E.

9. Poiché il testo del quesito specifica che l'esame si sta svolgendo di pomeriggio, la risposta D e la risposta E possono essere escluse. La lancetta si trova tra le 6 e le 7: sono quindi le 18 del pomeriggio. Trovandosi sul minuto 34 ha percorso 4/5 di ora, che in minuti corrispondono a 60/5 · 4 = 48 minuti. Sono perciò le 18:48.
Risposta corretta A.

10. Si fa una prima pesata per individuare il gruppo che contiene la moneta piú pesante, ponendo un ugual numero di monete (9) su ognuno dei due piatti della bilancia. Sicuramente uno dei due gruppi, avendo all'interno la moneta piú pesante, fará scendere maggiormente un piatto della bilancia, che viene quindi selezionato.
A questo punto, dividiamo il gruppo da 9 selezionato in 3 gruppi da 3 monete ciascuno: con la seconda pesata, andiamo a paragonare due dei gruppi da 3 monete. Se uno dei due gruppi posti sui piatti della bilancia contiene la moneta piú pesante, allora un piatto si abbasserá maggiormente e individueremo facilmente il gruppo contenente la moneta ricercata; se invece la moneta fosse nel gruppo escluso dalla pesata, sará comunque individuabile in quanto i piatti della bilancia rimarrebbero pari, indicando quindi che i due gruppi pesati hanno uno stesso peso.
Individuato il gruppo da 3 contenente la moneta piú pesante, possiamo fare un'ultima pesata: mettiamo una moneta su ogni piatto della bilancia (escludendone quindi una) e facciamo lo stesso ragionamento della seconda pesata. Se i piatti saranno pari, la moneta ricercata sará quella esclusa, altrimenti sará quella che abbassa di piú un piatto della bilancia.
In totale sono quindi necessarie 3 pesate.
Risposta corretta A.

2.15 Logica Procedurale

1. Selezionare la tessera mancante

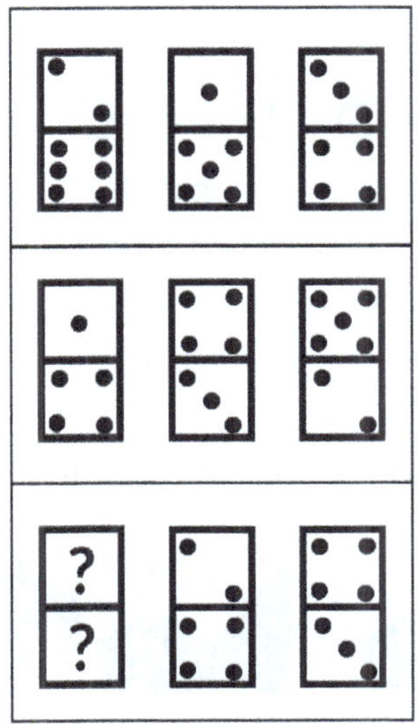

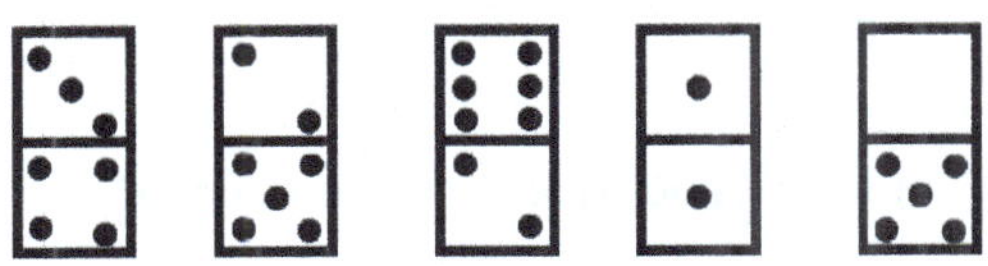

1 2 3 4 5

A. 1
B. 2
C. 3
D. 4
E. 5

2. Individuare la corretta figura da inserire per completare la sequenza:

A. B. C. D. E.

3. Indicare la figura che NON rispetta la successione

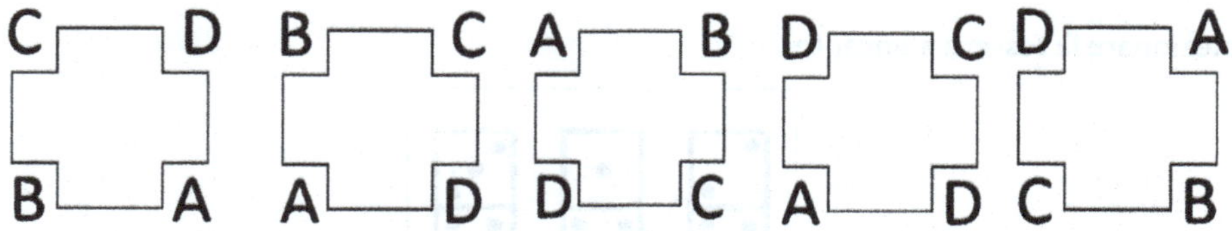

Figura 1 Figura 2 Figura 3 Figura 4 Figura 5

A. figura 1
B. figura 2
C. figura 3
D. figura 4
E. figura 5

4. Individuare la figura da scartare tra le cinque proposte

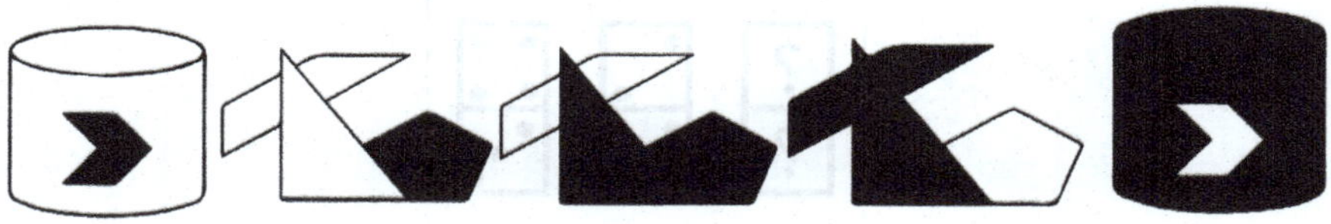

A. B. C. D. E.

5. Quale delle seguenti immagini si può creare con questo dado?

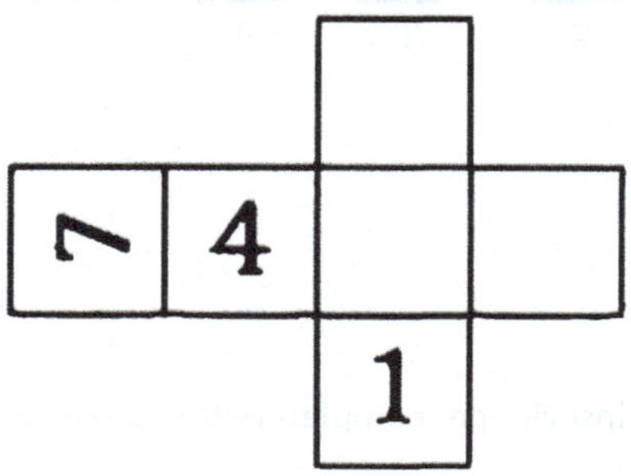

A.

B.

C.

D.

E.

6. Quanti triangoli vedi nella figura?

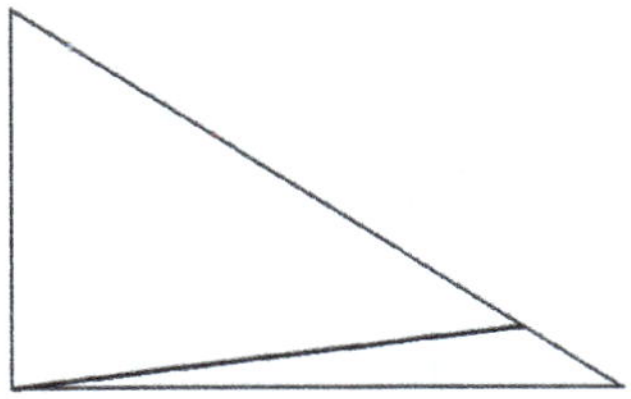

A. 1
B. 2
C. 3
D. 4
E. 5

7. individuare la tessera mancante

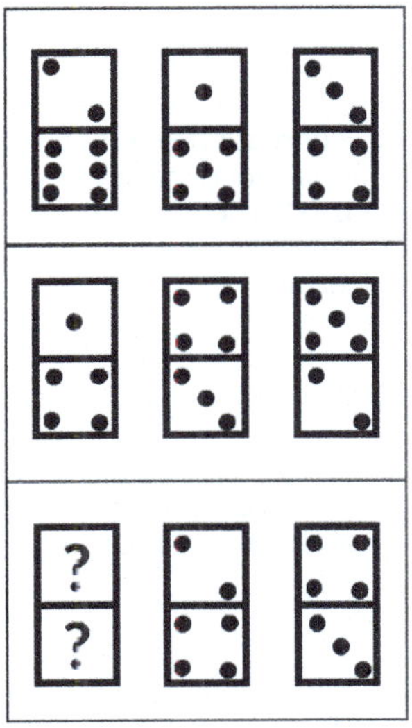

A. B. C. D. E.

8. Selezionare la tessera mancante

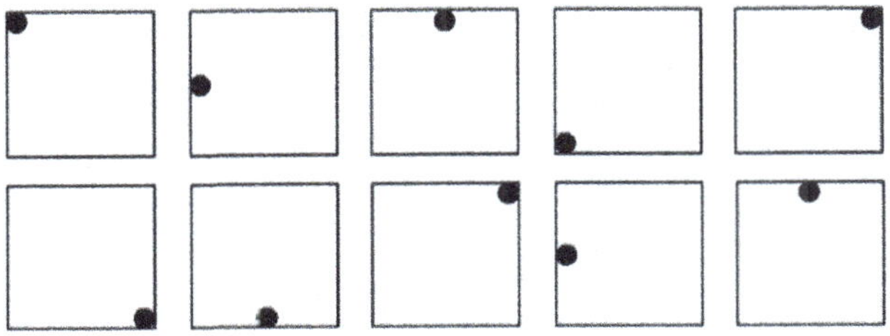

A. B. C. D. E.

CORREZIONE COMMENTATA

1. La terza tessera della linea superiore è uguale alla somma delle prime due tessere, di conseguenza cercheremo una tessera con un 2 sul quadrato superiore (4 - 2 = 2). Le tessere sulla linea inferiore lo schema è x-1 andando da sinistra verso destra e di conseguenza cercheremo una tessera con un 5 in basso.
Risposta corretta B.

2. La prima figura viene ruotata di 30 gradi di conseguenza la ghianda e il cilindro dovranno essere ruotati di 30 gradi.
Risposta corretta A.

3. Le lettere sono in ordine alfabetico e si muovono in senso orario, ad eccezione della figura 4.
Risposta corretta D.

4. Tra le figure proposte è possibile individuare due coppie: A ed E, B e D, i cui elementi rappresentano il positivo e il negativo di una stessa immagine. La figura C quindi è quella che non ha nulla a che fare con le altre.
Risposta corretta E.

5. L'opzione A è errata poiché possiamo vedere subito che se pieghiamo il dado in modo da avere la faccia uno alla diritta che ci guarda, la faccia superiore deve essere bianca. Il 4, invece, è disposto perpendicolarmente al 7, di conseguenza l'opzione C è errata. La base dell'1 è adiacente alla faccia 7 e non a un riquadro bianco (opzione D errata). La parte sinistra della faccia 4 è adiacente al 7 e non a una faccia vuota (risposta E errata).
Risposta corretta B.

6. Nella figura sono presenti due triangoli piccoli e uno grande formato dai 2.
Risposta corretta C.

7. I numeri della metà inferiore delle tessere sono in ordine crescente, mentre nella metà inferiore la differenza dei primi due equivale al terzo. Di conseguenza cercheremo una tessera con un 6 sopra e un 6 sotto.
Risposta corretta E.

8. La pallina parte da una pozione e segue due pattern separati alternati. Dalla posizione di partenza fa una volta un movimento in senso antiorario e una volta uno in senso orario. Di conseguenza servirà un movimento in senso antiorario consecutivo al penultimo tassello.
Risposta corretta B.

BIOLOGIA

La sezione di biologia risulta - dopo quella di logica - la più vasta e complessa, anche dopo i cambiamenti del 2013.
C'è poco da dire: la biologia va studiata, e parecchio, non c'è altro modo per rispondere alle domande - spesso nozionistiche - che potresti incontrare.
È l'unica sezione in cui lo studio prevale sulla pratica.

La "biologia" richiesta nel test tocca numerosi argomenti: si va dagli organuli cellulari all'anatomia macroscopica, da Darwin a Fleming, dalle molecole organiche di base alle tecniche di bioingegneria. Niente panico. La maggior parte dei quiz riguarda la struttura della cellula, la genetica (i soliti problemi su gruppi sanguigni e quadrati di Punnett), cenni di biochimica e fisiologia. Nel 2014 si è assistito ad un ritorno importante dell'anatomia macroscopica con 3 quesiti su 15.

Dal 2013 i quiz di biologia sono in ogni caso "più pratici", nel senso che spesso, per poter rispondere, bisogna partire dalle proprie conoscenze teoriche e applicare un ragionamento.
Dunque lo studio nozionistico, per quanto preponderante, non basta neanche in biologia; dovrai avere due approcci complementari: da un lato lo studio teorico sui libri (senza una base solida dal liceo si consiglia un libro di teoria unico apposito per test d'ingresso per chimica e biologia), dall'altro i soliti tanti tanti esercizi.
Sii curioso, cerca l'etimologia dei termini che non conosci, sforzati di ricordare con immagini, associazioni mentali, giochi di parole.

Per quanto gli argomenti possano essere difficili e a volte pure noiosi, la biologia è la base per tutti, e tu non puoi essere da meno.

> "1. Se è verde o si muove, è biologia.
> 2. Se puzza, è chimica.
> 3. Se non funziona, è fisica.
> 4. Se non si capisce, è matematica.
> 5. Se non ha senso, è economia o psicologia."

Arthur Bloch, *Guida pratica alla scienza moderna*

0. Biomolecole

1. Le biomolecole sono composte da:
- A. Carbonio e idrogeno a cui sono spesso associati azoto, ossigeno, fosforo e magnesio
- B. Carbonio e idrogeno a cui sono spesso associati azoto e potassio
- C. Carbonio al quale sono spesso associati idrogeno e ossigeno
- D. Carbonio e idrogeno a cui sono spesso associati azoto, ossigeno, fosforo e zolfo
- E. Carbonio al quale sono spesso associati fosforo e zolfo

2. Quale tra i seguenti zuccheri è considerato un polisaccaride strutturale?
- A. Saccarosio
- B. Maltosio
- C. Amido
- D. Cellulosa
- E. Glicogeno

3. Il saccarosio, chiamato comunemente zucchero da tavola, è formato dall'unione di quali molecole?
- A. Glucosio e galattosio
- B. Glucosio e fruttosio
- C. Maltosio e fruttosio
- D. Glicogeno e glucosio
- E. Glucosio e lattosio

4. Che cos'è la chitina?
- A. Un monosaccaride con la funzione di riserva energetica
- B. Un importante costituente delle unghie e dei capelli
- C. Un amminoacido essenziale
- D. Una delle principali componenti dell'esoscheletro degli insetti
- E. Un polisaccaride con la funzione di riserva energetica

5. Quale delle seguenti affermazioni è ERRATA riguardo al deossiribosio:
- A. È un monosaccaride
- B. Ha una struttura pentosa
- C. Differisce dal ribosio per l'assenza di un atomo di ossigeno in posizione 2'
- D. È categorizzato come un aldoso
- E. Nessuna delle precedenti

6. Si hanno a disposizione due monosaccaridi, uno di glucosio e uno di galattosio. Tramite una reazione chimica tra questi due monomeri si può ottenere un disaccaride. Di che reazione si tratta e che dimero si ottiene?
- A. Reazione di addizione - Saccarosio
- B. Reazione di idrolisi - Maltosio
- C. Reazione di condensazione - Maltosio
- D. Reazione di idrolisi - Lattosio
- E. Reazione di condensazione - Lattosio

7. Quale dei seguenti zuccheri viene accumulato nel fegato e nei muscoli come fonte di riserva energetica?
- A. Amido
- B. Glucagone
- C. Glicogeno
- D. Saccarosio
- E. Fruttosio

8. Quale delle seguenti associazioni disaccaridi - monosaccaridi che lo compongono, è corretta:
- A. Lattosio - galattosio + galattosio
- B. Mannosio - maltosio + glucosio
- C. Saccarosio - galattosio + fruttosio
- D. Maltosio - glucosio + glucosio
- E. Cellobiosio - glucosio + xilulosio

9. I trigliceridi sono:
- A. Costituiti da 3 alcol e un acido
- B. Eteri del glicerolo
- C. Format con una reazione di idratazione
- D. Assenti nel sangue
- E. Costituiti da glicerolo e acidi grassi

10. Cos'è possibile affermare riguardo ai fosfolipidi?
- A. Sono completamente assenti nelle membrane biologiche
- B. Sono formati da 4 molecole di acidi grassi unite ad anello
- C. Sono formati da una molecola di glicerolo, due acidi grassi e un gruppo fosfato
- D. Presentano una testa polare idrofoba e due code apolari idrofile
- E. Presentano una coda polare idrofoba e una testa polare idrofila

11. La moderna medicina utilizza liposomi fatti di fosfolipidi per inoculare all'interno delle cellule farmaci che normalmente non riuscirebbero a penetrare la membrana

BIOLOGIA

cellulare. Basandoti esclusivamente sulle conoscenze che hai sui fosfolipidi, che aspetto pensi abbia un liposoma?

A. È una struttura proteica ingegnerizzata con dei recettori che permette al farmaco di entrare nella cellula
B. È una "bolla" fosfolipidica nella quale sono presenti le molecole da inoculare nella cellula attraverso fusione con la membrana cellulare
C. È un carrier proteico che avvicina le molecole ai suoi recettori per permettere un legame più efficace
D. È una struttura cellulare prodotta da dei batteri che, con dei recettori, riesce ad individuare un punto debole della membrana cellulare e a penetrarla attraverso i suoi fosfolipidi
E. È una struttura simile a un batteriofago che permette al farmaco di penetrare nella cellula grazie ai fosfolipidi presenti sulla sua testa

12. Quale delle seguenti alternative riporta correttamente il significato di molecola "anfipatica"?

A. Presenza di soli gruppi idrofili nella molecola
B. Presenza di soli gruppi idrofobi nella molecola
C. Presenza di gruppi sia idrofobi che idrofili nella molecola
D. In ambiente acquoso, le molecole anfipatiche formano un doppio strato dove le teste sono rivolte verso l'interno e le code verso l'esterno
E. Nessuna delle precedenti

13. Quale delle seguenti affermazioni sui lipidi NON è corretta?

A. Sono presenti nelle membrane biologiche
B. Possono avere funzione di riserva energetica
C. Possono essere classificati in saponificabili e insaponificabili
D. Svolgono un importante ruolo come messaggeri chimici
E. Nessuna delle precedenti

14. Quale affermazioni riguardante i lipidi è vera?

A. I lipidi sono una fonte di energia e non costituiscono la membrana cellulare
B. I lipidi forniscono, a parità di peso, meno calorie rispetto ai glucidi
C. Gli steroidi sono derivati lipidici
D. I lipidi possono essere saturi o insaturi, in particolare i primi sono allo stato liquido mentre i secondi allo stato solido
E. I lipidi sono solubili in acqua

15. Quali tra i seguenti acidi grassi NON presentano doppi legami nella catena carboniosa?

A. Acidi grassi insaturi
B. Acidi grassi essenziali
C. Acidi grassi saturi
D. Acidi grassi polinsaturi
E. Acidi grassi monoinsaturi

16. Associa ai seguenti lipidi la corretta funzione: 1) Fosfolipidi; 2) Oli; 3) Ormoni steroidei; 4) Colesterolo; 5) Grassi.

A. 1) Comunicazione intercellulare;
2) Riserva energetica animale;
3) Comunicazione intercellulare;
4) Strutturale;
5) Riserva energetica vegetale
B. 1) Strutturale;
2) Riserva energetica vegetale;
3) Comunicazione intercellulare;
4) Riserve energetica animale;
5) Strutturale
C. 1) Strutturale;
2) Riserva energetica vegetale;
3) Comunicazione intercellulare;
4) Strutturale;
5) Riserva energetica animale
D. 1) Riserva energetica animale;
2) Riserva energetica vegetale;
3) Comunicazione intercellulare;
4) Strutturale; 5) Strutturale
E. 1) Strutturale;
2) Riserva energetica animale;
3) Comunicazione intercellulare;
4) Strutturale;
5) Riserva energetica vegetale

17. Filippo non riesce a trovare un modo, usando la chimica, per trasformare un grasso solido in un olio. Se dovessi aiutarlo, cosa gli consiglieresti di fare?

A. Accorciare le catene carboniose degli acidi grassi costituenti il grasso, in modo da far diminuire il numero di legami intermolecolari che tendono a tenere la struttura strettamente impaccata e solida
B. Aggiungere dei doppi legami alla catena carboniosa degli acidi grassi

del grasso solido: aggiungendoli, la struttura del trigliceride assumerà una forma più difficile da "impaccare", risultando così liquida
C. Togliendo dei doppi legami alla catena carboniosa degli acidi grassi del grasso solido: togliendoli, la struttura del trigliceride assumerà una forma più difficile da "impaccare", risultando così liquida
D. Accorciare le catene carboniose degli acidi grassi costituenti il grasso, in modo da far diminuire l'ingombro spaziale: le molecole a questo punto sono libere di muoversi nello spazio, assumendo, così, le caratteristiche di un liquido
E. Non si può in alcun modo trasformare un grasso in un olio: dipende solo da caratteristiche intrinseche che non possono essere modificate chimicamente.

18. Quale delle seguenti affermazioni sulle proteine è corretta?
A. La struttura terziaria è definita come la sequenza degli amminoacidi lungo la proteina
B. Gli oligopeptidi sono catene di polimeri costituite da più di 100 amminoacidi
C. I processi di denaturazione provocano la perdita della struttura tridimensionale della proteina
D. Nel legame peptidico un amminoacido lega il suo gruppo amminico con il gruppo carbonilico di un altro amminoacido
E. La cellulosa è una proteina strutturale contenuta principalmente nei vegetali

19. Riguardo agli amminoacidi è corretto affermare che:
A. Presentano due gruppi funzionali
B. Non sono zwitterioni
C. Sono sempre acidi
D. Sono prevalentemente della serie D negli uomini
E. Ogni aminoacido ha due enantiomeri

20. Qual è la principale attività degli enzimi?
A. Strutturale
B. Di segnale
C. Catalitica
D. Attivazione della sintesi proteica
E. Nessuna delle risposte precedenti

21. Quale tipo di legame definisce la struttura primaria delle proteine?
A. A idrogeno
B. Ponti disolfuro
C. Peptidico
D. Interazioni ioniche
E. Fosfodiesterico

22. Gli amminoacidi sono classificati sulla base della loro catena laterale (gruppo R), che ne determina le interazioni intramolecolari ed intermolecolari. Quale tra le seguenti affermazioni è FALSA?
A. Gli amminoacidi neutri apolari hanno catene laterali idrofobiche
B. Gli amminoacidi neutri apolari tendono a formare il nucleo più interno delle proteine solubili
C. Gli amminoacidi neutri polari tendono a formare il nucleo più interno delle proteine solubili
D. Gli amminoacidi acidi sono carichi negativamente
E. Gli amminoacidi basici hanno catene laterali che a pH fisiologico tendono ad essere ionizzate e consentono la formazione di legami con altre specie chimiche

23. Cosa si intende per sito attivo?
A. Il processo in cui un cofattore si associa all'enzima, rendendo possibile l'attività catalitica
B. La regione del substrato che reagisce con l'enzima
C. La regione dell'enzima che reagisce con il substrato
D. Il gruppo prostetico di un enzima
E. Il processo di catalisi biologica di cui gli enzimi sono responsabil

24. Quale tra le seguenti funzioni NON è attribuibile alle proteine?
A. Sostegno cellulare
B. Contrattile
C. Trasporto
D. Ibridazione
E. Enzimatica

25. Durante un ciclo di trascrizione avviene una mutazione missenso (= sostituzione di una delle basi presenti nel filamento che si sta trascrivendo, che porta, di conseguenza, al cambiamento di una tripletta: per questo motivo, la proteina finale, dopo la traduzione, presenterà un amminoacido diverso da

BIOLOGIA

quello codificato dalla tripletta non mutata), quale delle strutture della proteina si muterà a seguito della mutazione?

A. Primaria
B. Secondaria
C. Terziaria
D. Quaternaria
E. Tutte

26. Quale fra le seguenti è la caratteristica principale degli ormoni?

A. Sono composti proteici prodotti dalle ghiandole esocrine e riversati nel torrente ematico
B. Sono composti lipidici prodotti dalle ghiandole esocrine e riversati nel torrente ematico
C. Sono composti proteici prodotti dalle ghiandole endocrine e riversati nel torrente ematico
D. Sono composti proteici e lipidici prodotti dalle ghiandole endocrine e riversati nel torrente ematico
E. Sono composti lipidici e proteici prodotti dalle ghiandole esocrine e riversati nel torrente ematico

27. Individuare, tra le seguenti, l'alternativa corretta:

A. Il collagene è un'importante proteina globulare, presente nella pelle e nel tessuto connettivo
B. I gruppi prostetici sono un insieme di proteine che permettono agli enzimi di svolgere le loro funzioni, tra essi troviamo il gruppo eme
C. La struttura secondaria delle proteine è definita dai legami covalenti, i quali caratterizzano la disposizione nello spazio degli atomi dello scheletro della proteina
D. La solubilità delle proteine non varia a seconda della proteina considerata, in quanto è dovuta a fattori esterni come il pH o la temperatura
E. L'emoglobina è una proteina globulare formata da 4 subunità

28. Considerando una molecola di ATP, quale tra i seguenti composti sicuramente NON possiamo identificare?

A. Una delle pirimidine
B. Un ribosio
C. Un pentosio
D. AMP
E. Un gruppo fosfato

29. Negli organismi viventi si trovano due tipi di acidi nucleici. In cosa differiscono?

A. Il DNA contiene solo basi puriniche, mentre l'RNA basi pirimidiniche, tra cui l'uracile
B. Il DNA è un polimero di nucleotidi, mentre l'RNA è un polimero di nucleosidi, poichè è composto da un singolo filamento
C. L'RNA viene trascritto in quanto depositario dell'informazione genetica
D. Lo zucchero presente nel DNA ha un atomo di ossigeno in meno rispetto a quello presente nell'RNA
E. Il DNA è contenuto sia nel nucleo che nel citoplasma, mentre l'RNA solo nel nucleo

30. Considerando la struttura di un nucleotide, quale tipo di legame è presente tra due gruppi fosfato?

A. Fosfoanidridico
B. Fosfodiesterico
C. Esterico
D. Glicosidico
E. Peptidico

31. Durante il processo di DNA melting i due filamenti che costituiscono l'acido desossiribonucleico si separano, in particolare è stato osservato che gli appaiamenti tra adenina e timina si rompono più facilmente rispetto a quelli tra citosina e guanina. Per quale motivo si verifica questo fenomeno, sapendo che il termine "melting" si riferisce all'esposizione del materiale genetico al calore?

A. Dipende dalla polarità del filamento, che rende le purine più termostabili delle pirimidine a seconda della direzione di lettura
B. Tra adenina e timina vi sono solo due legami a idrogeno, mentre tra citosina e guanina tre
C. Tra adenina e timina vi sono solo tre legami a idrogeno, mentre tra citosina e guanina due
D. I legami covalenti che legano adenina e timina sono più deboli, pertanto si possono rompere con maggior facilità
E. Nessuna delle precedenti, in quanto la denaturazione del DNA può verificarsi solo in seguito all'uso di reagenti chimici

32. Nei nucleotidi:

A. L'elemento che li differenzi dai nucleosidi è la presenza di uno o più gruppi fosfato
B. Tra lo zucchero a 5 atomi di carbonio e il gruppo fosfato avviene un legame glicosidico
C. Tra un gruppo fosfato e l'altro avviene un legame fosfodiesterico
D. Tra un gruppo fosfato e due zuccheri avviene un legame anidridico
E. Tra lo zucchero a 3 atomi di carbonio e la base azotata avviene un legame glicosidico

33. Il DNA è una molecola che, a differenza delle proteine, si denatura (si altera la sua struttura fisica) più difficilmente, nonostante abbia legami ad idrogeno che sono relativamente deboli. Da cosa è dovuta tale proprietà?

A. Il DNA è una molecola molto più complessa rispetto alle proteine, con tante basi azotate che impediscono la denaturazione ad alte temperature
B. La denaturazione delle proteine avviene per rottura dei legami covalenti, non di quelli idrogeno
C. In realtà il DNA si denatura più facilmente rispetto alle proteine per il motivo indicato, l'affermazione pertanto è errata
D. Sono presenti molti più legami ad idrogeno nel DNA rispetto alle proteine, il che comporta una maggiore resistenza a fattori esterni
E. Nessuna delle risposte precedenti è corretta

34. Quale tra le seguenti affermazioni è FALSA?

A. Un nucleoside è formato da un gruppo fosfato, uno zucchero pentoso e una base azotata
B. Le basi azotate che compongono il DNA e l'RNA sono, in totale, cinque
C. L'adenina si accoppia con la timina mediante due legami a idrogeno
D. Le basi puriniche sono adenina e guanina
E. Il legame che unisce un ribosio al successivo nella singola elica di RNA è un legame fosfodiestereo

35. Il primo amminoacido di una proteina presenta sempre:

A. Il gruppo -COOH libero
B. Il gruppo -NH_2 non impegnato nel legame peptidico
C. Il gruppo -NH_2 impegnato nel legame peptidico
D. Un gruppo -SH libero
E. Un gruppo fenolico

36. Qual è il numero di legami idrogeno presenti in una molecola di DNA di sequenza ATCTTCGGC?

A. 22
B. 23
C. 21
D. 9
E. 18

CORREZIONE COMMENTATA

1. Una biomolecola è un composto chimico che riveste un ruolo importante negli esseri viventi. Le biomolecole sono composte essenzialmente da carbonio (infatti si parla di scheletro carbonioso) e idrogeno, a cui sono spesso associati azoto, ossigeno, fosforo e zolfo.
Risposta corretta D.

2. I polisaccaridi sono macromolecole appartenenti ai composti glucidici, costituite da un gran numero di unità ripetitive. In base alla loro funzione, è possibile classificare questi zuccheri in polisaccaridi di riserva, strutturali o specializzati. I polisaccaridi di riserva fungono da scorta energetica di glucosio, ne sono un esempio l'amido, nei vegetali, e il glicogeno, negli animali (risposte C ed E errate). I polisaccaridi specializzati sono coinvolti in determinate funzioni chimico-biologiche di adesione, di riconoscimento chimico e di conservazione dell'informazione genetica. I polisaccaridi strutturali, invece, costituiscono strutture solide essenziali per la cellula: non hanno, quindi, un ruolo primario nel metabolismo, ma sono utili al mantenimento fisico o meccanico di alcuni sistemi cellulari. Tra le alternative indicate, l'unica che rispetta questa definizione è la cellulosa: essa è, infatti, un fondamentale e diffuso polisaccaride deputato al sostegno dei tessuti vegetali; l'organismo umano è privo della capacità di scindere questo composto in sostanze più semplici e, di conseguenza, non è in grado di assimilarlo. Infine, anche le opzioni A e B non sono corrette, in quanto il saccarosio e il maltosio sono glucidi disaccaridi.
Risposta corretta D.

3. Il saccarosio è un composto organico costituito da due monosaccaridi, il glucosio e il fruttosio.
Risposta corretta B.

4. La chitina è un composto glucidico appartenente alla categoria dei polisaccaridi strutturali (risposte A, C ed E errate). Si tratta di uno dei biopolimeri più abbondanti in natura ed è uno dei principali componenti dell'esoscheletro degli insetti. Importante è non confondere la chitina con la cheratina, una proteina fondamentale nei peli, capelli e unghie.
Risposta corretta D.

5. Il deossiribosio è uno zucchero aldoso (risposta D errata) ed è uno dei due tipi di monosaccaridi (risposta A errata) che, assieme al ribosio, può concorrere alla formazione degli acidi nucleici. La sua presenza nell'ambito del nucleotide porta alla formazione dell'acido desossiribonucleico (DNA). Possiede una struttura pentosa (risposta B errata) e differisce dal ribosio per l'assenza di un atomo di ossigeno in posizione 2' (risposta C errata).
Risposta corretta E.

6. I due monosaccaridi glucosio e galattosio, quando si condensano, formano una molecola del disaccaride lattosio. Questo è permesso da una reazione di condensazione: due gruppi -OH, uno del glucosio e uno del galattosio, reagiscono "unendosi", andando a liberare una molecola d'acqua.
Importante da ricordare è che la reazione di idrolisi, che prevedere l'aggiunta di una molecola d'acqua, è opposta a quella di condensazione: si usa per scindere un polisaccaride in costituenti più semplici.
Risposta corretta E.

7. Il glucosio viene accumulato sotto forma di glicogeno, un polisaccaride che nell'organismo umano ha una funzione di riserva glucidica, in particolare a livello del fegato e dei muscoli scheletrici. A seconda delle richieste metaboliche dell'individuo, il fegato può agire in due modi: depositando il glucosio, convertendolo in glicogeno (glicogenosintesi), oppure degradando le riserve di glicogeno per ottenere glucosio (glicogenolisi). Infine, a livello muscolare il glicogeno è una fonte di energia prontamente disponibile per il muscolo in attività.
Risposta corretta C.

8. I disaccaridi sono composti da due monosaccaridi. Il mannosio non è un disaccaride ma, bensì, un monosaccaride (risposta B errata). Il saccarosio è costituito da una molecola di glucosio e una di fruttosio (risposta C errata); il lattosio è costituito da una molecola di galattosio e una di glucosio (risposta A errata); il cellobiosio è costituito da due molecole di D-glucosio (risposta E errata); il maltosio è costituito da due molecole di glucosio.
Risposta corretta D.

9. I trigliceridi sono esteri neutri del glicerolo (risposta B errata) in cui al posto degli atomi di idrogeno dei gruppi ossidrilici sono presenti le catene di tre acidi grassi (risposta A errata). Il glicerolo è, infatti, un alcool costituito da una catena di tre atomi di carbonio (C) con un gruppo ossidrilico (–OH) legato a ciascun atomo di carbonio. Gli acidi grassi sono uniti all'alcol tramite legami estere, i quali di formano in seguito a una reazione di condensazione (risposta C errata), con l'eliminazione di una molecola d'acqua (H2O) per ogni acido grasso. I trigliceridi fanno parte della famiglia dei gliceridi assieme ai monogliceridi e digliceridi. I trigliceridi possono essere presenti nel sangue ma non devono superare i 180 mg/dl.
Risposta corretta E.

10. I fosfolipidi sono dei lipidi complessi contenenti fosfato: sono costituiti da glicerolo legato a due molecole di acidi grassi e un gruppo fosfato (risposta B errata). Si tratta di molecole anfipatiche, poiché presentano una testa polare idrosolubile (risposta D errata) e una coda apolare idrofoba (risposta E errata). Inoltre, a livello biologico, sono molto importanti in quanto costituenti delle membrane cellulari (risposta A errata).
Risposta corretta C.

11. Un liposoma è letteralmente una bolla costituita da un doppio strato fosfolipidico all'interno della quale possono essere trasportati farmaci che normalmente non potrebbero penetrare la membrana cellulare a causa delle loro dimensioni o della loro carica. Anche non sapendo esattamente cosa fossero, la domanda richiedeva di basarti sulle tue conoscenze riguardanti i fosfolipidi e l'unica alternativa che prendeva in considerazione solo questi era la B. Infatti le altre opzioni parlano di strutture proteiche, come i recettori, che quindi non sono costituiti da fosfolipidi.
Risposta corretta B.

12. Una molecola viene definita anfipatica (o anfifilica) quando contiene sia un gruppo idrofilo che un gruppo idrofobo (risposte A e B errate), come nel caso dei fosfolipidi. Grazie a questa caratteristica, in ambiente acquoso le molecole anfipatiche tendono a formare spontaneamente un doppio strato, in cui le teste idrofile sono rivolte verso l'esterno e le code idrofobe verso l'interno (risposta D errata), proprio come accade nelle membrane cellulari.
Risposta corretta C.

13. I lipidi sono una fondamentale classe di composti biologici molto diversi tra loro, accomunati dal fatto di essere insolubili in acqua. Essi rappresentano un'importante riserva energetica per animali e piante (risposta B errata), oltre ad avere una funzione strutturale, come, ad esempio, nelle membrane cellulari (risposta A errata), e una funzione di "messaggeri" chimici (risposta D errata), come ad esempio gli ormoni. È possibile classificare i lipidi in base alla capacità di subire o meno il processo di saponificazione, ovvero la reazione di un estere con una base forte, distinguendo così tra lipidi saponificabili e insaponificabili.
Risposta corretta E.

14. I lipidi sono composti organici multifunzionali: forniscono energia, come anche i glucidi e le proteine, ma con valore energetico maggiore (9 cal/g contro le 4 cal/g degli altri due) e presentano anche funzione strutturale (risposte A e B errate). I lipidi sono insolubili in acqua (risposta E errata) e possono presentarsi in forma solida (saturi) o liquida (insaturi).
Risposta corretta C.

15. Gli acidi grassi sono componenti fondamentali dei lipidi: si tratta di molecole costituite da una catena alifatica di atomi di carbonio, con un solo gruppo carbossilico (-COOH) ad una estremità. In base alla presenza o meno di doppi legami nella catena carboniosa, gli acidi grassi si suddividono in saturi e insaturi. In assenza di doppi legami si parla di acidi grassi saturi, altrimenti di acidi grassi insaturi, divisi a loro volta in acidi grassi monoinsaturi (se è presente solamente un doppio legame) e acidi grassi polinsaturi (se sono presenti due o più doppi legami) (risposte A, D ed E errate). Gli acidi grassi essenziali, invece, sono dei nutrienti lipidici che devono essere introdotti necessariamente con la dieta e rientrano nella categoria dei polinsaturi.
Risposta corretta C.

16. I lipidi si possono suddividere in tre grandi gruppi, identificati da tre importanti funzioni: riserva energetica, i cui protagonisti sono gli oli, nei vegetali, e i grassi, negli animali, che in caso di bisogno possono liberare un grande quantità di energia; funzione strutturale, dove troviamo il gruppo dei fosfolipidi e il colesterolo, importantissimi costituenti delle membrane cellulari; funzione di comunicazione intercellulare, svolta, ad esempio, dagli ormoni steroidei.
Risposta corretta C.

17. Nei trigliceridi, la caratteristica che ne influenza la consistenza (a temperatura ambiente) è la presenza di doppi legami all'interno della catena carboniosa degli acidi grassi (risposte A e D errate): nel caso in cui sono presenti insaturazioni (doppi legami), il trigliceride a T ambiente si presenterà liquido, assumendo la denominazione di olio; nel caso in cui non sono presenti insaturazioni, il trigliceride a T ambiente si presenterà in uno stato fisico solido, assumendo la denominazioni di grasso (risposta C errata). La presenza dei doppi legami incide sullo stato fisico del trigliceride poiché questi creano, all'interno della struttura della catena, delle "ripiegature": quest'ultime non permettono alle catene di "impacchettarsi" in modo ordinato, obbligandole, così, a disporsi in modo più casuale nello spazio e ad assumere una conformazione da liquido. Un modo, perciò, per trasformare un grasso in un olio, è andare ad aggiungere legami doppi alla catena degli acidi grassi che lo costituiscono (risposta E errata).
Risposta corretta B.

18. La struttura primaria delle proteine è definita come la sequenza degli amminoacidi che la compongono (risposta A errata). Gli oligopeptidi sono molecole biologiche composte da circa 10-50 amminoacidi, un numero variabile e convenzionale, mentre superando le 100 unità si parla di proteine (risposta B errata). Nel legame peptidico, il gruppo carbossilico di un amminoacido si unisce con il gruppo funzionale amminico di un altro amminoacido, con la conseguente sintesi di una molecola d'acqua (risposta D errata). Infine, la cellulosa non fa parte dei composti proteici, in quanto è un importante polisaccaride che costituisce la parete cellulare vegetale.
Risposta corretta C.

19. Gli amminoacidi sono molecole organiche che nella loro struttura recano sia il gruppo funzionale amminico (-NH2) denominato N terminus, sia quello carbossilico (-COOH) denominato C terminus. Proprio per questo sono molecole anfotere o zwitterioni, poiché presentano contemporaneamente un gruppo acido (-COOH) e un gruppo basico (-NH2) (risposta B errata). In funzione del valore del pH dell'ambiente chimico in cui si trova la molecola, i due gruppi terminali sono neutri o ionizzati. Con l'eccezione della glicina (risposta E errata) gli amminoacidi sono molecole chirali, di ciascuna delle quali esistono due enantiomeri. Gli enantiomeri degli amminoacidi sono contrassegnati dalle lettere D o L: la stragrande maggioranza delle proteine sintetizzate da organismi viventi è formata da amminoacidi della serie L (risposta D errata).
Risposta corretta A.

20. Gli enzimi hanno diverse funzioni, ma la principale è l'attività catalitica, cioè l'aumento di velocità di reazione, per poter raggiungere più rapidamente l'equilibrio termodinamico. Per far avvenire tale processo, abbassano l'energia di attivazione.
Risposta corretta C.

21. La struttura primaria delle proteine ("a collana di perle") rappresenta lo scheletro della proteina ed è definita dalla sequenza degli amminoacidi che la compongono. I singoli amminoacidi si legano tra loro per mezzo del legame peptidico, in cui il gruppo carbossilico di un amminoacido si lega al gruppo amminico dell'amminoacido adiacente.
Risposta corretta C.

22. Data l'idrofobicità degli amminoacidi apolari essi tenderanno a formare il nucleo più interno delle proteine solubili, evitando quindi di venire a contatto con le soluzioni acquose.
Risposta corretta C.

23. Durante i processi di catalisi enzimatica il substrato, ovvero la molecola di partenza su cui agisce l'enzima, si lega al sito attivo, che è la regione enzimatica (risposta B errata) direttamente implicata nel processo di catalisi e nella formazione dei legami con i reagenti e dei prodotti di reazione (risposte A ed E errate). La prima tappa della catalisi è la formazione di un complesso enzima-substrato, si tratta di un'interazione altamente specifica poichè la forma del sito attivo rifiuta molecole con una struttura non complementare. Infine, per gruppo prostetico si intende una molecola di natura non proteica strettamente legata a una proteina (risposta D errata), generalmente un enzima, motivo per cui molto spesso queste sostanze hanno il ruolo di cofattori enzimatici.
Risposta corretta C.

24. Tutte le funzioni elencate possono essere attribuite alle proteine, ad eccezione della quarta opzione. Per ibridazione in biologia molecolare si definisce l'appaiamento di due filamenti complementari.
Risposta corretta D.

25. Una mutazione missenso modificherà l'amminoacido tradotto, il quale modificherà la struttura primaria della proteina. Se però muta la struttura primaria anche tutte le altre strutture vengono meno, poiché si basano tutte su interazioni e legami che avvengono tra gli amminoacidi.
Risposta corretta E.

26. Gli ormoni sono dei composti prodotti dalle ghiandole endocrine che per definizione riversano il loro contenuto all'interno del torrente ematico. Gli ormoni possono essere di due tipi: peptidici (come il TSH) e lipidici o steroidei (come il cortisolo).
Risposta corretta D.

27. Il quesito propone diverse affermazioni riguardanti le proteine, in questi casi è utile ragionare per esclusione al fine di trovare l'errore contenuto nelle varie opzioni. Il collagene è la proteina più abbondante dell'organismo umano, tuttavia non si tratta di una proteina globulare ma di una proteina fibrosa, in quanto per definizione si associa a formare delle fibre che conferiscono resistenza (risposta A errata). I gruppi prostetici, invece, sono gruppi molecolari di natura non proteica (risposta B errata), che si associano alla porzione proteica della molecola. La catena principale di una proteina si ripiega progressivamente, dando origine alla struttura secondaria, grazie ai legami a idrogeno (risposta C errata) che si formano tra il gruppo carbonilico e il gruppo -NH- dei legami peptidici. La solubilità delle proteine è influenzata da diversi fattori, tra cui pH, temperatura, polarità del solvente e concentrazione dei sali disciolti, pertanto dipende anche dalla natura della proteina stessa (risposta D errata). Infine, l'emoglobina è una proteina globulare presente nei globuli rossi, che presenta una struttura quaternaria costituita da 4 subunità.
Risposta corretta E.

28. L'adenosina trifosfato (ATP) è un ribonucleoside trifosfato, costituito da un'adenina (base azotata), dal ribosio (zucchero pentoso) e tre gruppi fosfato. È il principale trasportatore di energia delle reazioni chimiche che avvengono nell'organismo. L'AMP è l'adenosina monofosfato, mancante di due gruppi fosfato, pertanto è una componente dell'ATP (risposta D errata).
L'adenina è una purina, mentre la timina e la citosina sono pirimidine.
Risposta corretta A.

29. Negli organismi viventi sono presenti due tipi di acidi nucleici: il DNA e l'RNA. In entrambi i casi si tratta di polimeri di nucleotidi (risposta B errata), ovvero unità costituite da una base azotata purinica o pirimidinica (risposta A errata), uno zucchero a 5 atomi di carbonio e un gruppo fosfato. Il DNA è il depositario dell'informazione genetica (risposta C errata), quest'ultima viene trascritta in molecole di RNA, il quale decodifica le informazioni utili alla sintesi delle proteine. Tra i due acidi nucleici vi sono delle importanti differenze strutturali, in quanto il DNA è una macromolecola a doppio filamento che contiene il desossiribosio, mentre l'RNA è a singolo filamento e in questo caso lo zucchero è il ribosio. Gli zuccheri presenti nei due acidi nucleici differiscono per il fatto che il desossiribosio contiene un ossigeno in meno rispetto al ribosio. Infine, il DNA è contenuto nel nucleo di tutte le cellule, mentre l'RNA è presente sia nel nucleo che nel citoplasma.
Risposta corretta D.

30. Il legame fosfodiesterico è un legame che si instaura tra due nucleotidi, in cui un atomo di fosforo fa da ponte (sfruttandone due di ossigeni) tra un nucleotide e l'altro (risposta B errata). Il legame esterico è un legame che vede coinvolto un carbonio che lega contemporaneamente due ossigeni attraverso un doppio legame e un legame singolo (risposta C errata). Il legame glicosidico lega la base azotata con il pentoso (risposta D errata) e infine il legame peptidico è coinvolto nelle proteine (risposta E errata).
Risposta corretta A.

31. La denaturazione del DNA indica un processo in cui l'acido nucleico si svolge e si separa in due filamenti singoli e può verificarsi in seguito a denaturanti chimici usati sperimentalmente, oppure per effetti termici dovuti all'esposizione al calore (risposta E errata). In questo caso, a seguito del melting si rompono i legami a idrogeno (risposta D errata) tra le basi appaiate. La minor termostabilità del legame tra adenina e timina rispetto a quello tra citosina e guanina non è dovuta alla natura delle basi o alla polarità del filamento (risposta A errata), ma occorre ragionare sul numero di legami a idrogeno presenti tra le basi appaiate: tra adenina e timina vi sono solamente due legami, mentre tra citosina e guanina tre, pertanto in questo caso è meno facile rompere l'accoppiamento.
Risposta corretta B.

32. I nucleotidi sono le unità ripetute che costituiscono gli acidi nucleici e sono formati da una base azotata purinica o pirimidinica, uno zucchero a 5 atomi di carbonio (risposta E errata) e uno o più gruppi fosfato. All'interno di queste molecole sono presenti diversi legami chimici: la base azotata si lega allo zucchero tramite un legame glicosidico, lo zucchero pentoso si lega al gruppo fosfato tramite un legame esterico (risposta B errata) e tra i gruppi fosfato avviene un legame anidridico (risposta C errata). Le catene di zuccheri-fosfato sono date dal legame fosfodiesterico (risposta D errata) tra un gruppo fosfato e due zuccheri, che si ripete per ogni nucleotide che forma la macromolecola. Infine, i nucleosidi sono composti chimici formati da uno zucchero pentoso legato ad una base azotata azotata purinica o pirimidinica.
Risposta corretta A.

33. La denaturazione è un fenomeno che comporta la rottura di legami a idrogeno, dei ponti disolfuro, delle interazioni idrofobiche e ioniche (risposta B. errata). I legami idrogeno presenti nel DNA sono quelli tra le basi azotate: in una molecola di acido desossiribonucleico sono presenti circa 3,3 miliardi di coppie di basi azotate, pertanto il numero di legami ad idrogeno è esageratamente più grande rispetto a quello presente nelle proteine, fornendo maggiore stabilità alla molecola.
Risposta corretta D.

34. Le basi azotate componenti il DNA e l'RNA sono 5: adenina, timina, guanina, citosina e uracile (risposta B errata). L'adenina si accoppia con la timina mediante due legami a idrogeno, mentre la citosina e la guanina con tre (risposta C errata). Le basi puriniche sono l'adenina e la guanina (PUrGA) e quelle pirimidiniche sono la citosina, la timina e l'uracile (risposta D errata). Il legame fosfodiestereo collega l'atomo di carbonio in posizione 3' dello zucchero di un nucleotide con il

carbonio in 5' del nucleotide successivo (risposta E errata). Il nucleoside è un composto chimico formato solamente da uno zucchero pentoso e la sua base azotata.
Risposta corretta A.

35. Il primo amminoacido che forma la catena presenta sempre il gruppo -NH2 libero (risposta C errata). Il gruppo -COOH libero caratterizza invece l'ultimo amminoacido della proteina (risposta A errata), mentre -SH e il gruppos fenolico non sono peculiari ad ogni amminoacido (risposte D ed E errate).
Risposta corretta B.

36. In una molecola di DNA le basi azotate di un filamento sono legate a quelle corrispondenti sull'altro filamento attraverso legami idrogeno: in particolare 2 legami idrogeno tra A e T e 3 legami idrogeno tra G e C. Di conseguenza in questa molecola saranno presenti 23 legami idrogeno in totale $(2 \cdot 4 + 3 \cdot 5)$.
Risposta corretta B.

1. Citologia

1. Quale delle seguenti affermazioni riguardanti procarioti ed eucarioti è corretta?

A. I procarioti hanno DNA a singola elica
B. Sia i procarioti che gli eucarioti possiedono ribosomi
C. Sia i procarioti che gli eucarioti possiedono mitocondri
D. Nei procarioti non avviene il processo della respirazione ossidativa
E. I procarioti non sono forniti di membrana cellulare

2. I protozoi:

A. Sono sinonimi di procarioti
B. Sono incapaci di qualsiasi locomozione
C. Sono organismi eucarioti unicellulari
D. Presentano dimensioni intermedie tra quelle dei batteri e dei virus
E. Si riproducono solo secondo riproduzione sessuale

3. La membrana plasmatica ha uno spessore di circa:

A. 20 nanometri
B. 1 micrometro
C. 10 micrometri
D. 7 nanometri
E. 10 millimetri

4. La membrana cellulare:

A. È un rivestimento, costituito in larga misura da cellulosa, che ha la funzione di proteggere la cellula e di impedire la fuoriuscita dei liquidi
B. È una complessa struttura semipermeabile, di natura lipoproteica, che controlla il passaggio di molecole e ioni
C. È costituita da un reticolo, di natura glicoproteica, che ha la doppia funzione di esercitare una protezione meccanica e di consentire la permeabilità della cellula
D. È una struttura che consente il passaggio delle sostanze attraverso un doppio strato fosfolipidico, che racchiude uno strato proteico
E. Nessuna delle precedenti

5. Quale di queste funzioni NON è propria delle proteine che si trovano sulla membrana cellulare?

A. Trasporto
B. Riconoscimento
C. Recettoriale
D. Trascrizionale
E. Trasduzione di segnali

6. Le tre componenti comuni a tutte le cellule sono:

A. Membrana plasmatica, mitocondri, DNA
B. Membrana nucleare, citoplasma, DNA
C. Membrana plasmatica, nucleo, RNA
D. Membrana plasmatica, citoplasma, DNA
E. Membrana plasmatica, citoplasma, mitocondri

7. I lisosomi sono:

A. Vescicole per trasporto delle proteine
B. Vescicole dotate di membrana contenenti enzimi idrolitici impegnati nella digestione cellulare
C. La base dei movimenti della cellula
D. Un sistema di sacchi membranosi
E. Le centrali energetiche delle cellule eucariotiche

8. Un recettore è:

A. Una molecola lipidica deputata alla trasduzione del segnale
B. Una molecola proteica deputata alla trasduzione del segnale
C. Un polisaccaride deputato alla trasduzione del segnale
D. Una molecola di DNA
E. Una molecola di RNA

9. Quale delle seguenti vitamine può raggiungere il suo recettore all'interno del nucleo cellulare?

A. Vit. B
B. Vit. D
C. Vit. C
D. Vit. H
E. Vit. F

10. In quale delle seguenti strutture cellulari si trova l'RNA?
I) nel nucleo; II) nel citoplasma; III) nei ribosomi.

A. In I), in II) e in III)
B. Solo in II) e III)
C. Solo in I)
D. Solo in II)
E. Solo in I) e III)

11. Quale delle seguenti affermazioni sui canali ionici è vera?

A. Permettono il passaggio di ioni secondo un meccanismo di diffusione semplice
B. I canali voltaggio dipendenti si aprono quando il potenziale di membrana raggiunge un determinato valore soglia
C. I canali voltaggio dipendenti del sodio e del calcio sono fondamentali per l'innesco del potenziale d'azione
D. I canali ligando dipendenti del sodio e del potassio sono fondamentali per la conduzione del potenziale d'azione
E. Un esempio di canale ligando dipendente è la pompa Na/K

12. I centrioli sono:

A. Punti centrali del nucleo
B. Siti di ancoraggio dei ribosomi
C. Copie di organelli autoduplicanti e migranti verso i poli opposti della cellula
D. Siti di ancoraggio dei polisomi
E. Siti di ancoraggio dei mitocondri

13. Nel citoplasma delle cellule eucariotiche è presente il centriolo costituito da un cilindro, il quale è formato da gruppi di microtubuli organizzati in:

A. 9 coppie periferiche
B. 9 coppie periferiche + 2 microtubuli centrali
C. 9 triplette periferiche
D. 9 triplette periferiche + 2 microtubuli centrali
E. 12 triplette periferiche

14. I ribosomi sono costituiti da:

A. DNA e lipidi
B. RNA e proteine
C. DNA, RNA e proteine
D. DNA e proteine
E. Lipidi e proteine

15. I ribosomi sono presenti:

A. Nei virus
B. Nelle sole cellule eucariotiche
C. Nelle sole cellule procariotiche
D. Nelle sole cellule animali
E. In tutte le cellule conosciute

16. Se in una coltura di cellule vengono bloccate le funzioni mitocondriali, si ottiene l'interruzione:

A. Della sintesi proteica
B. Dell'attività glicolitica
C. Della sintesi di grandi quantità di ATP
D. Della sintesi dei lipidi
E. Della trascrizione

17. I mitocondri sono organelli cellulari di dimensioni variabili da 2 a 5 micrometri. Essi sono pertanto visibili:

A. A occhio nudo
B. Con il microscopio ottico
C. Con il microscopio elettronico
D. Con una lente d'ingrandimento
E. Non si possono vedere

18. Quale delle seguenti affermazioni riguardo la teoria endosimbiontica è vera?

A. È valida solo per i mitocondri
B. Afferma che non ci sia simbiosi tra mitocondri e le cellule
C. Ipotizza che i cloroplasti fossero in origine dei procarioti
D. Spiega il motivo della presenza di tutti gli organelli all'interno della cellula
E. Ipotizza che gli organelli se espulsi dalla cellula possono vivere in maniera autonoma

19. I cloroplasti sono la sede di elezione del processo di:

A. Sintesi proteica cellulare
B. Respirazione delle cellule vegetali
C. Fotosintesi nei procarioti
D. Fotosintesi in alcuni particolari eucarioti
E. Digestione cellulare

20. Quale tra le seguenti funzioni viene svolta dal REL?

A. Sintesi di ormoni steroidei
B. Sintesi del colesterolo
C. Accumulo di ioni calcio
D. Tutte le precedenti
E. Nessuna delle precedenti

21. Quale delle seguenti affermazioni riguardo il RER è falsa?

A. Svolge anche la funzione di produzione di proteine
B. La sua dimensione è fissa in ogni cellula
C. I ribosomi si attaccano al versante citoplasmatico del RER
D. È costituito da cisterne
E. Le proteine prodotte non entrano mai a contatto con il citoplasma della cellula

BIOLOGIA

22. Le proteine che sono trasportate nell'apparato di Golgi:

A. Sono state sintetizzate da ribosomi liberi
B. Sono state sintetizzate da ribosomi adesi al reticolo endoplasmatico
C. Sono proteine non funzionanti che saranno poi distrutte dai lisosomi
D. Sono proteine istoniche che vengono qui modificate prima di essere trasferite al nucleo
E. Sono proteine utilizzate nel catabolismo mitocondriale

23. In una cellula mancante dei corpi di Golgi:

A. Non vengono digerite le particelle
B. Non avviene il montaggio di zuccheri-proteine per la costruzione delle membrane
C. Vengono ugualmente secrete tutte le sostanze
D. Gli enzimi idrolitici non sono in grado di scomporre i composti della cellula
E. Non c'è produzione di energia utilizzabile

24. I lisosomi sono:

A. Il sito di sintesi delle proteine
B. Il sito di degradazione di molti complessi organici
C. Vescicole il cui contenuto è a pH neutro
D. Organelli propri di tutti gli organismi
E. Il sito dove avviene la glicosilazione delle proteine

25. Quale tra le seguenti affermazioni riguardo i perossisomi è vera?

A. Non sono presenti a livello degli epatociti
B. Sono presenti solo a livello delle cellule del rene
C. La loro funzione è la fagocitosi
D. Sono formati dalla fusione di più vescicole
E. Degradano l'acqua ossigenata tramite l'enzima catalasi

26. Quale delle seguenti NON è una delle funzioni della membrana plasmatica?

A. Trasporto
B. Delimitazione
C. Riconoscimento
D. Trasduzione del segnale
E. Sintesi lipidica

27. Quale delle seguenti affermazioni sulla struttura nucleare NON è corretta?

A. L'involucro presenta due membrane che si fondono a livello dei pori nucleari
B. Il nucleolo è un organulo interno al nucleo formato da cromatina addensata
C. Sulla superficie esterna della membrana nucleare si possono trovare i ribosomi
D. La matrice gelatinosa all'interno del nucleo prende il nome di nucleoplasma
E. Il genoma cellulare è organizzato sotto forma di cromatina, un complesso di proteine, DNA e RNA

28. Il nucleolo è:

A. Un vecchio termine con cui, in passato, si indicava il nucleo
B. Un organello citoplasmatico strettamente aderente al nucleo, in cui avviene la sintesi dei ribosomi
C. Una struttura nucleare, a membrana semplice, rivestita esternamente da ribosomi
D. Una struttura nucleare, non rivestita da membrane, sito della sintesi degli RNA ribosomiali
E. Una struttura semplice del nucleo presente nei batteri

29. La cromatina è:

A. Un prodotto specifico per la colorazione dei cromosomi in preparati istologici
B. Una proteina molto presente nelle cellule vegetali
C. Una sostanza colorabile presente nel nucleo delle cellule
D. Una sostanza responsabile della colorazione della pelle
E. Una proteina presente in tutte le cellule

30. Nei batteri il materiale genetico:

A. Non è separato dal citoplasma
B. È presente nel nucleo
C. È diploide
D. È composto da RNA
E. È composto da RNA e proteine

31. Nei mammiferi il DNA manca:

A. Negli eritrociti
B. Nelle cellule nervose
C. Nei condrociti
D. Nei leucociti
E. Nelle fibre muscolari

32. Nella cellula, quale delle seguenti strutture costituisce le ciglia?

A. Microvilli
B. Microfilamenti
C. Filamenti intermedi
D. Microtubuli
E. Plasmodesmi

33. L'acrosoma è una struttura presente:

A. Nelle cellule nervose
B. Negli ovociti primari
C. Negli spermatozoi
D. Nei globuli rossi
E. Nei macrofagi

34. Per quanto riguarda il trasporto attivo, il movimento di due soluti nella stessa direzione è definito:

A. Osmosi
B. Diffusione semplice
C. Simporto
D. Trasporto di massa
E. Pinocitosi

35. L'ingestione massiva di liquidi da parte di una cellula si chiama:

A. Osmosi
B. Trasporto attivo
C. Fagocitosi
D. Pinocitosi
E. Diffusione

36. Il processo di endocitosi comporta:

A. L'invaginazione di vescicole
B. L'estrusione di vescicole
C. Il passaggio attraverso la membrana
D. La gemmazione del citoplasma
E. L'interruzione della membrana

CORREZIONE COMMENTATA

1. La differenza principale tra eucarioti e procarioti è che i primi presentano un nucleo che contiene il materiale genetico, i secondi no. Tuttavia, entrambi presentano DNA a doppia elica e possiedono la membrana cellulare (risposte A ed E errate) e i ribosomi, necessari alla sintesi proteica. Inoltre, anche nei procarioti avvengono meccanismi di respirazione ossidativa (risposta D errata), come ad esempio la glicolisi. I procarioti non presentano mitocondri.
Risposta corretta B.

2. I protozoi sono organismi eucarioti unicellulari eterotrofi (risposta A errata) che fanno parte del regno dei protisti. In quanto eucarioti, sono più grandi dei batteri; inoltre sono in grado di muoversi tramite ciglia, flagelli o pseudopodi e possono riprodursi sia in maniera sessuata che asessuata.
Risposta corretta C.

3. È utile conoscere le dimensioni dei principali organelli citoplasmatici, tra cui la membrana. I ribosomi presentano dimensione, che si identifica con il coefficiente di sedimentazione, di 80S. I mitocondri sono lunghi circa 2-5 micrometri. La forma e le dimensioni del nucleo possono variare in base al tipo e alla funzione svolta da una determinata cellula. La membrana plasmatica presenta uno spessore di circa 7 nanometri (risposte A, B, C ed E errate).
Risposta corretta D.

4. La membrana cellulare è una struttura che circonda quasi tutti i tipi di cellule e che risulta composta da lipidi, proteine e, in minima parte, da carboidrati (risposta A errata). I fosfolipidi, la componente principale, sono disposti a formare un doppio strato, in modo tale da esporre le teste polari verso l'ambiente acquoso presente dentro e fuori dalla cellula. È quindi errato affermare che sia costituita da un reticolo di natura glicoproteica (risposta C errata). Le proteine invece sono sparse all'interno del doppio strato fosfolipidico e possono attraversarlo o appoggiarsi su di esso, quindi non ne costituiscono uno strato intermedio (risposta D errata). La membrana cellulare è in grado di svolgere la funzione, tra le molte, di regolare il trasporto di molecole e ioni dentro e fuori dalla cellula.
Risposta corretta B.

5. Le proteine della membrana cellulare sono solitamente abbinate a residui glucidici, a formare glicoproteine, oppure a derivati lipidici, a formare lipoproteine. Tra le numerose funzioni svolte dalle proteine di membrana, le più importanti sono: funzione di trasporto di molecole fuori o dentro la cellula (risposta A errata); funzione di riconoscimento di segnali cellulari e la loro trasduzione all'interno della cellula (risposta B ed E errate); funzione recettoriale per molecole provenienti dall'ambiente che circonda la cellula (riposta C errata). La funzione trascrizionale è invece svolta da specifici enzimi presenti nel nucleo.
Risposta corretta D.

6. el quesito proposto viene richiesto di riconoscere quali siano le strutture peculiari di una cellula. Per definizione la cellula è un compartimento delimitato da una membrana plasmatica, contenente citoplasma e informazione genetica, sotto forma di DNA (risposta C errata). La presenza di nucleo e mitocondri è esclusiva dell'eucariote (risposte A, B ed E errate).
Risposta corretta D.

7. I lisosomi sono organelli delimitati da membrana e contenenti al loro interno enzimi litici. Il pH lisosomiale è inferiore a quello del citosol, in quanto l'attivazione dell'attività enzimatica è pH dipendente. Al loro interno si svolge la degradazione e digestione di componenti cellulari danneggiate o di sostanze esogene nocive.
Risposta corretta B.

8. Il recettore è una struttura proteica, solitamente transmembrana, che ha lo scopo di trasdurre il segnale, ovvero di ricevere un segnale proveniente dall'ambiente extracellulare e trasferirlo

all'interno della cellula, innescando una serie di reazioni biochimiche.
Risposta corretta B.

9. L'unica vitamina in grado di raggiungere il suo recettore, all'interno del nucleo cellulare, è la vitamina D, in quanto è l'unica ad essere liposolubile. Infatti, le sostanze liposolubili riescono a diffondere passivamente attraverso la membrana fosfolipidica. Per ricordare le 4 vitamine liposolubili tieni a mente la parola tedesca DAnKE: D, A, K ed E sono liposolubili.
Risposta corretta B.

10. L'RNA è una molecola polinucleotidica che deriva dal processo di trascrizione del DNA. Essendo la trascrizione un processo che si svolge all'interno dell'involucro nucleare, sono da eliminare tutte le risposte che non contengono l'opzione I. Una volta terminata la trascrizione l'mRNA viene traslocato a livello citosolico (risposte C ed E errate), dove i ribosomi faranno iniziare la traduzione. Risulta infine indispensabile ricordare come l'rRNA sia un costituente del ribosoma.
Risposta corretta A.

11. I canali ionici sono proteine transmembrana che permettono il passaggio di ioni all'interno e all'esterno della cellula mediante un meccanismo di diffusione regolata. La diffusione semplice, invece, è sfruttata solamente dalle molecole apolari (come CO_2, ossigeno e ormoni steroidei), che sono in grado di attraversare il doppio strato fosfolipidico senza bisogno di trasportatori e senza consumo di energia (risposta A errata). I canali ionici si distinguono in voltaggio-dipendenti e ligando-dipendenti: i primi si aprono quando il potenziale di membrana raggiunge un determinato valore soglia, mentre i secondi si aprono solo in seguito al legame con una determinata molecola. Esempi di canali voltaggio dipendenti sono quelli del sodio e del potassio, che innescano il potenziale d'azione (risposta D errata). I canali voltaggio dipendenti del calcio, invece, sono fondamentali per la contrazione muscolare, non per l'innesco del potenziale d'azione (risposta C errata). Esempi di canali ligando-dipendenti sono i canali presenti sul terminale post-sinaptico delle sinapsi: essi si aprono in seguito al legame con il neurotrasmettitore, consentendo l'ingresso di ioni. La pompa sodio potassio, invece, non è un canale ionico, ma un trasportatore attivo (risposta E errata).
Il potenziale d'azione, la trasmissione sinaptica e la contrazione muscolare sono argomenti che verranno spiegati nel capitolo "Anatomia e Fisiologia" del libro di Teoria.
Risposta corretta B.

12. I centrioli sono delle strutture individuabili in coppia formate da 9 triplette di microtubuli ciascuna, che svolgono un ruolo fondamentale nella formazione del fuso mitotico, necessario al processo di divisione cellulare. Durante l'interfase il numero di centrioli in una cellula è 2, mentre in fase S essi si replicano, così da diventare 4; all'inizio della mitosi assemblano il fuso mitotico e migrano poi, sempre in coppia, ai poli opposti della cellula.
Risposta corretta C.

13. Per rispondere correttamente al quesito è necessario aver bene in mente la struttura del centriolo, da non confondere con quella di ciglia e flagelli. La struttura del centriolo è peculiare: esso assume la forma di un cilindro cavo, la cui parete è costituita da 9 triplette di microtubuli. Ogni tripletta è costituita da un microtubulo A, uno B e uno C, incastrati l'uno nell'altro. Invece, ciglia e flagelli, presentano una struttura interna, detta assonema, costituita da 9 coppie di microtubuli laterali e una coppia centrale (assetto 9+2).
Risposta corretta C.

14. I ribosomi sono organuli costituiti da due subunità, una maggiore e una minore, entrambe formate da RNA e proteine (risposte A, C, D ed E errate). In particolare, i ribosomi sono formati da uno specifico tipo di RNA, ovvero l'RNA ribosomiale (rRNA), che viene prodotto all'interno del nucleolo, una regione specializzata del nucleo cellulare.
Risposta corretta B.

15. I ribosomi sono organuli fondamentali poiché svolgono la funzione di sintesi delle proteine utili alla cellula. Non si tratta di organuli peculiari di un determinato tipo di cellula, ma, al contrario, sono presenti in tutte le cellule conosciute, sia procarioti che eucarioti (risposte B, C e D errate). Non sono invece presenti nei virus (risposta A errata), che però non sono classificabili come cellule, in quanto non sono in grado di replicarsi da soli e non possiedono un apparato biosintetico proprio.
Risposta corretta E.

16. I mitocondri sono organuli intracellulari situati nel citoplasma di quasi tutte le cellule eucariotiche. Sono fondamentali in quanto sulla loro membrana interna ha luogo la catena di trasporto degli elettroni e al loro interno la fosforilazione ossidativa, due processi necessari alla produzione di energia metabolica sotto forma di ATP. È possibile escludere le altre opzioni in quanto: la sintesi proteica è svolta dai ribosomi (risposta A errata), glicolisi e sintesi dei lipidi avvengono nel citoplasma (risposte B e D errate), mentre la trascrizione avviene nel nucleo (risposta E errata).
Risposta corretta C.

17. Per risolvere il quesito bisogna sapere che il potere di risoluzione del microscopio ottico è di circa 0,2 micrometri. Avendo i mitocondri dimensioni comprese tra i 2 e i 5 micrometri, dunque superiori al potere di risoluzione dello strumento, essi sono visibili proprio con il microscopio ottico (risposte A, D ed E errate). Tuttavia, adoperando il microscopio ottico, non si riescono a distinguere le due membrane componenti il mitocondrio. Il potere di risoluzione del microscopio elettronico è di 0,2 nanometri. La risposta C è errata perché esclude la risposta B: infatti se un oggetto è visibile con il microscopio ottico è visibile anche con quello elettronico.
Risposta corretta B.

18. La teoria endosimbiontica ipotizza che mitocondri e cloroplasti, prima di venire inglobati dalle ancestrali cellule animali e vegetali ed aver instaurato così un rapporto di simbiosi, fossero, in origine, dei procarioti. Si è giunti a questa teoria in quanto sia mitocondri che cloroplasti sono dotati di un DNA proprio, di ribosomi propri e la membrana esterna è simile alla membrana della cellula di appartenenza, mentre quella interna è diversa.
Risposta corretta C.

19. I cloroplasti sono organuli peculiari delle cellule vegetali e sono fondamentali poiché al loro interno avviene il processo di fotosintesi clorofilliana. I cloroplasti non sono coinvolti nei processi di respirazione cellulare, di sintesi proteica o di digestione poiché di tali compiti si occupano, rispettivamente, mitocondri, ribosomi e lisosomi (risposte A, B ed E errate). La risposta C è errata perché i cloroplasti sono esclusivi delle cellule eucariote vegetali.
Risposta corretta D.

20. REL è l'acronimo di Reticolo Endoplasmatico Liscio. Si differenzia dal RER (Reticolo Endoplasmatico Rugoso) in quanto non vi sono ribosomi adesi sui sistemi tubulari di cui è composto il REL. Il REL è coinvolto nel metabolismo dei lipidi (per ricordartelo, pensa che REL finisce con "L" e lipidi inizia con "L"), quindi nella sintesi di ormoni steroidei e del colesterolo. Inoltre, il REL funge da "serbatoio" di ioni calcio, indespensabili per la contrazione muscolare.
Risposta corretta D.

21. RER è l'acronimo di Reticolo Endoplasmatico Rugoso. Viene definito "rugoso" perchè sulla faccia citoplasmatica vi sono i ribosomi (risposta C errata). È costituito da cisterne (risposta D errata) delimitate da una membrana. La sua funzione principale è quella di produzione e raccolta di proteine (risposta A errata) che non entrano a contatto con il citoplasma della cellula (risposta E errata): le proteine prodotte dal RER passano infatti dal lume di quest'ultimo al Golgi e poi vengono o secrete all'esterno della cellula o incorporate all'interno dei lisosomi. La sua dimensione varia a seconda della cellula in cui si trova: se la cellula ha necessità di produrre un'elevata quantità di proteine e con frequenza elevata, allora il RER sarà sicuramente più sviluppato.
Risposta corretta B.

22. L'apparato di Golgi è un organello intracellulare che svolge la funzione fondamentale di rielaborazione e smistamento di molte molecole all'interno della cellula. In particolare, esso è in grado di modificare le proteine sintetizzate dai ribosomi adesi al reticolo endoplasmatico (risposta A errata), ultimandole in vista della loro destinazione, che può essere intra- o extracellulare. Le proteine prodotte dai ribosomi liberi sono di solito proteine strutturali che rimangono nella cellula e che non passano per l'apparato di Golgi (risposta C, D ed E errate).
Risposta corretta B.

23. L'apparato di Golgi si occupa della rielaborazione e dello smistamento di molecole, soprattutto proteine, all'interno della cellula; invece le funzioni di produzione di energia e di gestione sono affidate, rispettivamente, a mitocondri e lisosomi (risposte E e A errate). Dunque, in mancanza dell'apparato di Golgi, non avverrà la modificazione (ad esempio la glicosilazione, ovvero l'aggiunta di zuccheri ai peptidi) delle proteine sintetizzate dai ribosomi adesi al reticolo endoplasmatico, le quali non potranno dunque essere secrete dalla cellula.
Risposta corretta B.

24. I lisosomi sono organuli intracellulari, presenti nelle cellule eucariotiche, che degradano molecole e complessi organici inutili attraverso gli enzimi idrolitici, creando un ambiente a pH acido.
Risposta corretta B.

25. I perossisomi sono organelli originati dal REL. Contengono la perossidasi, che serve per l'ossidazione di substrati organici, e la catalisi, che serve per la degradazione di perossido di idrogeno (o acqua ossigenata) che è tossico per la cellula. Sono particolarmente numerosi in tutte quelle cellule che sono impegnate nella degradazione di composti tossici per il nostro organismo come: epatociti e cellule del rene.
Risposta corretta E.

26. La membrana plasmatica è un elemento fondamentale per la cellula, in quanto oltre a delimitarne i confini (risposta B errata), partecipa in modo attivo agli scambi (risposta A errata), consente il riconoscimento (risposta C errata) e in presenza di determinate molecole può trasdurre un segnale (risposta D errata).
Risposta corretta B.

27. Il nucleo cellulare è un organulo di estrema importanza, in quanto contiene la maggior parte del patrimonio genetico e rappresenta il principale elemento di distinzione tra eucarioti e procarioti. Presenta una doppia membrana che lo separa dal citoplasma della cellula, più precisamente si parla di due membrane separate che si fondono a livello dei pori nucleari (risposta A errata), che hanno il compito di consentire il passaggio di molecole tra il citosol e il nucleoplasma, ovvero la matrice gelatinosa contenuta nel nucleo (risposta D errata). La superficie esterna dell'involucro nucleare può presentare ribosomi, in quanto vi è una continuità tra la membrana nucleare e il reticolo endoplasmatico rugoso (risposta C errata). Infine, il nucleo contiene DNA, proteine e in misura minore RNA, che vanno a costituire la cromatina (risposta E errata), una sostanza che si addensa a formare il nucleolo, cioè la regione nucleare dove vengono assemblati gli rRNA e le proteine necessarie alla costruzione dei ribosomi. Il nucleolo, dunque, non è un organulo.
Risposta corretta B.

28. Il nucleolo è una struttura presente solamente negli eucarioti, in quanto è una regione specializzata del nucleo, non rivestita da membrana. La sua funzione è quella di sintetizzare gli RNA ribosomiali che, una volta trasportati fuori dal nucleo, si assemblano con delle proteine per formare i ribosomi.
Risposta corretta D.

29. I cromosomi che costituiscono il materiale genetico delle cellule eucariotiche sono costituiti da una sostanza chiamata cromatina (il nome deriva dal fatto che sia facilmente colorabile). È costituita da DNA e proteine basiche a esso associate, chiamate istoni, e può andare incontro a

livelli successivi di condensamento, in modo tale da diminuire lo spazio occupato dal materiale genetico; il livello massimo è quello raggiunto dai cromosomi in metafase.
Risposta corretta C.

30. Una cellula procariote si differenzia da una cellula eucariote in quanto manca del nucleo, ovvero quella struttura che racchiude e protegge il materiale genetico della cellula. Dunque, nei batteri il materiale genetico, costituito da DNA, non è più separato dal citoplasma, ma è a contatto con esso. "Corredo diploide" significa che ogni cromosoma è presente in duplice copia; molti procarioti sono aploidi (cioè presentano una sola copia del loro unico cromosoma), ma alcuni di essi possono avere corredo diploide (cioè presentano due copie del loro unico cromosoma). Il concetto di ploidia verrà ripreso ed approfondito nel Capitolo 4. Anche i procarioti sono dotati di ribosomi, sebbene più piccoli di quelli eucariotici.
Risposta corretta A.

31. Il DNA è presente nel nucleo e in alcuni organelli delle cellule eucariotiche, come ad esempio i mitocondri e i cloroplasti (questi ultimi solo nelle cellule vegetali). Tuttavia, esistono cellule che non presentano né il nucleo, né tali organelli; un esempio nei mammiferi è quello dei globuli rossi, cellule anucleate che non possiedono materiale genetico al loro interno.
Risposta corretta A.

32. Le ciglia sono degli organelli di molte cellule eucariotiche e costituiscono delle specializzazioni di membrana. Come i flagelli, sono costituite da microtubuli, ovvero dei polimeri proteici dalla caratteristica forma a cilindro cavo. La struttura delle ciglia è molto complessa: consiste in 9 coppie di microtubuli periferici, disposte a cilindro e collegate tra loro, che racchiudono una coppia di microtubuli centrali, collegata a tutte le coppie periferiche.
Risposta corretta D.

33. L'acrosoma è un organello peculiare dello spermatozoo presente nella sua porzione anteriore, che corrisponde a un lisosoma modificato. Esso è infatti un organello rivestito da membrana e contiene al suo interno un enzima idrolitico, l'acrosina, che serve allo spermatozoo per penetrare nella parete della cellula uovo (reazione acrosomiale) e portare a termine la fecondazione.
Risposta corretta C.

34. In questa tipologia di domanda bisogna conoscere le definizioni riguardanti il trasporto attivo e riuscire a escludere le risposte analizzandole tutte. Infatti, se non ci si ricorda subito il nome di questa tipologia di trasporto, si può subito escludere la risposta A perché non riguarda il trasporto di soluti, ma la diffusione del solvente. La risposta B invece appartiene alla categoria del trasporto passivo; il trasporto di massa (risposta D) definisce il trasporto attraverso vescicole, la pinocitosi (risposta E) fa parte di questa categoria e forma vescicole di fluido extracellulare.
La risposta corretta è quindi la C: il simporto, che fa parte del trasporto attivo mediato da proteine di membrana.
Risposta corretta C.

35. Il passaggio di sostanze dall'interno della cellula all'esterno e viceversa viene suddiviso in più categorie, in base alla modalità e ai mezzi di trasporto. Innanzitutto, bisogna identificare i movimenti che necessitano di energia (trasporto attivo) e quelli che funzionano "secondo gradiente" (trasporto passivo). Generalmente è il soluto a passare da una zona all'altra, ma quando è il solvente a farlo (ad esempio l'acqua), si parla di osmosi, con il passaggio da una soluzione ipotonica a una ipertonica, che stabilisce un equilibrio osmotico. La diffusione è un altro tipo di trasporto che, in base alla grandezza e alla carica delle particelle, può servirsi di ATP per realizzarsi. Quando si parla di inglobazione di grandi particelle solide o liquide tramite vescicole, si hanno, rispettivamente, la fagocitosi o la pinocitosi.
Risposta corretta D.

36. L'endocitosi è un processo che consiste nell'inglobamento, per mezzo di vescicole, di materiale dall'esterno. Il materiale in questione può essere sia liquido che solido: nel primo caso si parla di pinocitosi, nel secondo di fagocitosi. Questo meccanismo di trasporto viene mediato da vescicole che gemmano dalla membrana plasmatica (ovvero si invaginano verso il citoplasma) accogliendo al loro interno il materiale che la cellula vuole inglobare.
Risposta corretta A.

BIOLOGIA

2. Dogma centrale della biologia

1. Se su un filamento di DNA si susseguono le basi TTTACGATATACC quali sono le basi complementari sull'altro filamento della doppia elica?

A. AAAUGCTAUAUGG
B. CCCTGCTCTCTGG
C. AAATGCTATATGG
D. GGGUACUGCUCAA
E. TTTACGATATA

2. Nel DNA di una cellula, qual è in percentuale la quantità di timina se la citosina è il 35%?

A. 15%
B. 35%
C. 30%
D. 70%
E. 25%

3. La lettura, da parte della RNA polimerasi, di un singolo filamento di DNA contenente il 20% di adenina produrrà una sequenza di:

A. DNA contenente il 40% di timina
B. RNA contenente il 20% di timina
C. RNA contenente il 20% di uracile
D. DNA contenente il 40% di uracile
E. DNA contenente l'80% di timina

4. Un filamento di RNA contiene la seguente composizione in basi azotate: A=15%, G=35%. Quale fra le seguenti opzioni è quella coerente con quanto detto?

A. U = 15%, C = 35%
B. C = 35%, U = 15%
C. T = 15, C = 35%
D. T = 35%, C = 15%
E. Non è possibile calcolare la percentuale delle altre basi azotate

5. Il "telomero" è:

A. La porzione terminale di un cromosoma
B. La porzione centrale di un cromosoma
C. La porzione periferica del fuso mitotico
D. La porzione periferica del nucleolo
E. Il centromero acrocentrico

6. Durante il ciclo cellulare il DNA assu-me varie forme in base al livello di condensazione. Qual è il corretto ordine delle fasi di condensazione?

A. DNA, nucleosoma, collana di perle, fibra di eterocromatina, cromosoma interfasico, cromosoma metafasico
B. DNA, collana di perle, fibra di eterocromatina, nucleosoma, cromosoma interfasico, cromosoma metafasico
C. DNA, collana di perle, nucleosoma, fibra di eterocromatina, cromosoma interfasico, cromosoma metafasico
D. DNA, fibra di eterocromatina, collana di perle, nucleosoma, cromosoma interfasico, cromosoma metafasico
E. DNA, nucleosoma, fibra di eterocromatina, collana di perle, cromosoma metafasico, cromosoma interfasico

7. Nella duplicazione del DNA, la funzione di stampo o modello è svolta da:

A. Catene di RNA sintetizzate nelle fasi iniziali della replicazione
B. Tutte e due le catene parentali di DNA
C. Una sola delle due catene parentali
D. Una catena di DNA ed una di RNA
E. Dalla DNA polimerasi

8. Una molecola di DNA a doppia elica subisce tre consecutivi cicli replicativi, producendo una discendenza di 8 molecole. Tali molecole sono:

A. Uguali a due a due
B. Uguali a quattro a quattro
C. Tutte uguali tra loro
D. Tutte diverse tra loro
E. Nessuna delle precedenti

9. Affinché sia possibile contenere il DNA all'interno del nucleo, sono necessari dei processi di compattazione della cromatina. Quali proteine sono responsabili di questo processo?

A. Nucleosomi
B. Istoni
C. Eterocromatina
D. Eucromatina
E. Prioni

10. La trascrizione è la:

A. Sintesi di mRNA a partire da un filamento di DNA
B. Divisione delle cellule
C. Sintesi delle proteine
D. Sintesi del DNA
E. Duplicazione del DNA

11. Quale tra le seguenti NON è una proteina coinvolta nella trascrizione del DNA?

A. Topoisomerasi
B. Elicasi
C. RNA polimerasi III
D. Tata-binding protein
E. Tutte le precedenti proteine sono coinvolte nel processo di trascrizione

12. Qual è il numero di legami idrogeno tra basi azotate presenti in un filamento di RNA con la seguente sequenza? UUACUCG

A. 17
B. 16
C. 7
D. 20
E. 0

13. Quale delle seguenti affermazioni, riguardanti la maturazione dell'mRNA, NON è corretta?

A. Il codone di inizio (AUG) viene sempre eliminato
B. Viene aggiunta una coda composta da tante adenosine all'estremità 3'
C. All'estremità 5' viene aggiunto un cappuccio di 7-metilguanosina
D. La maturazione avviene all'interno del nucleo
E. Le regioni introniche vengono eliminate

14. Quale delle seguenti affermazioni riguardo lo splicing NON è corretta?

A. Avviene prima che l'mRNA esca dal nucleo
B. Durante lo splicing le sequenze introniche vengono sempre eliminate totalmente
C. Lo splicing alternativo permette di produrre più proteine a partire dalla stessa sequenza di DNA
D. Lo splicing è una modificazione post-trascrizionale
E. Nessuna delle precedenti

15. Quanti tipi di mRNA maturi esistono in una cellula eucariote?

A. 20
B. 64
C. Tanti quanti sono i ribosomi
D. Tanti quanti sono i tRNA
E. Tante quante sono le proteine da produrre

16. L'RNA ribosomiale è sintetizzato:

A. Nell'apparato di Golgi
B. Nei ribosomi
C. Nel nucleolo
D. Nei lisosomi
E. Sulle membrane del reticolo endoplasmatico liscio

17. Quale funzione è tipica del tRNA?

A. Produzione di aminoacidi
B. Produzione di proteine
C. Trasporto di informazioni geniche
D. Trasporto di aminoacidi
E. Trasporto contro gradiente

18. L'anticodone del tRNA riconosce:

A. Le basi complementari sull'RNA ribosomiale
B. Le basi complementari sul DNA
C. Le basi complementari sull'RNA messaggero
D. Un aminoacido specifico
E. Una proteina specifica

19. Quale delle seguenti affermazioni riguardanti la sintesi proteica è CORRETTA?

A. Negli eucarioti la sintesi proteica avviene nel nucleo
B. L'informazione per la sequenza amminoacidica di una proteina è contenuta nella sequenza di nucleotidi dell'RNA messaggero
C. La sintesi proteica è un processo che porta a la formazione di ATP
D. I lisosomi sono la sede della sintesi proteica
E. La sintesi proteica avviene esclusivamente durante l'embriogenesi

20. Quale tra le seguenti strutture NON è coinvolta nella sintesi proteica?

A. L'RNA messaggero
B. L'RNA transfer
C. Il ribosoma
D. Il centriolo
E. I fattori di allungamento del peptide nascente

21. Una molecola di DNA a doppia elica subisce cinque consecutivi cicli replicativi, producendo una discendenza di 32 molecole; possiamo attenderci che tali molecole siano:

A. Tutte uguali tra loro
B. Uguali a sedici a sedici
C. Uguali a otto a otto
D. Uguali a quattro a quattro
E. Tutte diverse tra loro

BIOLOGIA

22. Quale dei seguenti codoni risulta ERRATO?

A. UAA
B. GCC
C. AGG
D. UTT
E. CCC

23. Il codice genetico:

A. Stabilisce la corrispondenza tra acidi nucleici e proteine
B. È il termine che indica il materiale proteico
C. È un sistema per comprendere i processi energetici cellulari
D. È la codifica dell'RNA ribosomiale
E. È un linguaggio particolare utilizzato dai genetisti

24. Per geni s'intende:

A. Organelli citoplasmatici
B. Segmenti di mRNA
C. Proteine legate ai cromosomi
D. Segmenti di DNA che contengono l'informazione genetica codificante per RNA e proteine
E. Proteine responsabili dei caratteri ereditari

25. Quale delle seguenti affermazioni NON è corretta?

A. I virus possono contenere RNA o DNA
B. Il capside virale è composto di una o più proteine specifiche per ogni tipo di virus
C. I virus contengono al loro interno esclusivamente DNA, a sua volta contenente le informazioni per la trascrizione in RNA
D. Un virus viene considerato parassita, poiché necessita di altri organismi per potersi riprodurre
E. La maggior parte dei virus può infettare una gamma ristretta di ospiti

26. Il principale enzima responsabile della duplicazione del DNA è:

A. Chinasi
B. Topoisomerasi
C. Ligasi
D. RNA polimerasi
E. DNA polimerasi

27. In E. coli è stato individuato un operone inteso come unità di geni correlati nella loro funzione. Nello specifico l'operone lattosio (lac) è composto da tre geni, più il gene del repressore che li precede. Quando il repressore è legato all'operone, l'RNA polimerasi non può trascriverlo, quando il repressore lega il lattosio vengono trascritti i geni responsabili del suo metabolismo. Secondo la spiegazione del brano, quale tra le seguenti affermazioni è errata?

A. L'operone lac rappresenta un esempio di operone catabolico inducibile
B. L'induttore della trascrizione è rappresentato dal lattosio
C. Maggiori saranno le quantità di lattosio minori saranno le quantità degli enzimi responsabili del suo catabolismo
D. L'RNA polimerasi trascrive il gene solo se non è presente il repressore
E. L'mRNA lac presenta la trascrizione di tutti e tre i geni dell'operone

28. Quale delle seguenti affermazioni riguardo l'espressione genica in eucarioti e procarioti è vera?

A. Sia nei procarioti che negli eucarioti vi è una regolazione dell'espressione genica per la maggior parte dei geni
B. I geni con correlazione funzionali sono raggruppati sia negli eucarioti che nei procarioti
C. Sia nei procarioti che negli eucarioti l'espressione genica è regolata da sequenze geniche
D. Sia nei procarioti che nei procarioti la regolazione avviene prima, dopo e durante trascrizione e traduzione
E. Nessuna delle precedenti

29. Qual è la funzione delle proteine SSB (single – strand binding protein)?

A. Provocano la rottura dei legami a idrogeno
B. Sintetizzano un breve innesco di RNA
C. Impediscono il riappaiamento dei due filamenti
D. Legano i frammenti di Okazaki
E. Modificano il grado di superavvolgimento della doppia elica

30. Quale delle seguenti alternative riporta correttamente i processi di maturazione del filamento di mRNa trascritto?

A. Sia negli eucarioti che nei procarioti, i geni contengono introni ed esoni, quindi è necessario il processo di splicing

B. L'mRNA procariotico è già maturo dopo il processo di trascrizione
C. L'mRNA procariotico necessita dei processi di capping e poliadenilazione, ma non dello splicing
D. L'mRNA procariotico necessita dei processi di poliadenilazione e splicing, ma non del capping
E. Negli eucarioti al filamento viene aggiunto un "cappuccio" che protegge l'mRNA dalla degradazione, all'estremità 3'

31. Quale delle seguenti affermazioni sulla traduzione è corretta?

A. La traduzione, sia nei procarioti che negli eucarioti, avviene nel nucleo, per poi concludersi con la maturazione della proteina nel citosol
B. Prima di essere tradotto, nei procarioti l'mRNA trascritto deve essere traslocato dal nucleo al citoplasma
C. Sia nei procarioti che negli eucarioti avviene nel citosol
D. L'mRNA procariotico è monocistronico, mentre quello eucariotico è policistronico
E. Negli eucarioti i processi di trascrizione e traduzione sono accoppiati

32. Un virus:

A. Può avere una dimensione compresa fra 10 e 300 μm
B. È un essere vivente
C. È rivestito dal capside, costituito da lipidi e chiamato envelope
D. Si definisce fago se infetta i batteri
E. Ha sicuramento come materiale genico una molecola di RNA

33. I virus possono moltiplicarsi solo all'interno di una cellula ospite perché:

A. Non possiedono DNA
B. Non possiedono proteine
C. Sono privi di capacità biosintetica
D. Sono molto sensibili ai raggi UV
E. Nessuna delle precedenti

34. Quale affermazione riguardo ai virus è errata?

A. Il ciclo lisogeno è il ciclo di replicazione in cui il virus si riproduce nella cellula e poi la distrugge facendo uscire le nuove copie di virus
B. I virus non sono in grado di replicarsi autonomamente ma per farlo devono infettare una cellula
C. Sono tutti composti da un capside proteico
D. Il genoma può essere formato da RNA e DNA, generalmente a singola elica ma esistono anche virus con DNA o RNA a doppia elica
E. Interagiscono con recettori cellulari specific

35. Quale delle seguenti opzioni descrive meglio il ciclo lisogeno di un virus che infetta un batterio?

A. Il DNA del virus viene incluso in quello del batterio, successivamente le informazioni portate dal DNA del virus vengono trascritte e tradotte dal batterio, portando così a la proliferazione del virus all'interno della cellula ospite
B. Durante il ciclo avviene la sintesi delle proteine del capside, data dalle informazioni contenute nel DNA del virus, che porta alla creazione di elementi virali all'interno della cellula
C. Il materiale genetico del virus, dopo essere stato inglobato nel DNA del procariote, viene trascritto e tradotto solo in un secondo tempo, in modo che sia già avvenuta in precedenza una moltiplicazione del materiale genetico del virus
D. Prima del ciclo lisogeno, nel quale c'è la morte per lisi della cellula, avviene il ciclo litico, durante il quale avviene la divisione cellulare del procariote infetto
E. Il ciclo lisogeno è attuato dal batterio per infettare un virus, sfruttando la duplicazione del suo DNA all'interno del virus ospite

36. Indicare quale delle seguenti caratteristiche è comune a virus, procarioti ed eucarioti:

A. Possesso di un proprio programma genetico
B. Capacità di un proprio metabolismo autonomo
C. Possibilità di replicazione autonoma
D. Metabolismo prevalentemente aerobio
E. Riproduzione asessuata

BIOLOGIA

CORREZIONE COMMENTATA

1. All'interno della molecola di DNA non è presente l'uracile (Risposte A e D errate). L'adenina si accoppia sempre con la timina attraverso due legami idrogeno, mentre la citosina con la guanina attraverso tre legami idrogeno.
Risposta corretta C.

2. Secondo le regole di Chargaff, in una molecola di DNA, purine e pirimidine sono in rapporto 1:1 (%A + %G = %C + %T) e %A = %T e %G = %C. Se la percentuale di citosina è del 35% ne consegue che anche la percentuale di guanina è del 35%. Quindi guanina e citosina rappresentano il 70% delle basi presenti nella molecola di DNA e il restante 30% è equamente suddiviso tra adenina e timina. Di conseguenza la timina rappresenta il 15% delle basi azotate.
Risposta corretta A.

3. Innanzitutto possiamo escludere le risposte B e D, rispettivamente perché nell'RNA non c'è la timina mentre nel DNA non c'è l'uracile. Dato che in una molecola di DNA l'adenina si lega sempre alla timina, se un singolo filamento di DNA contiene per il 20% adenina, nel suo filamento complementare di DNA avremo il 20% di timina (risposta A ed E errate) e, di conseguenza, il 20% di uracile nell'RNA.
Risposta corretta C.

4. Le regole di Chargaff valgono esclusivamente per gli acidi nucleici a doppio filamento, quindi in questo caso, visto che il quesito propone quantità in percentuale di RNA, queste regole non possono essere applicate. Pertanto, non è possibile sapere quale sarà la percentuale delle basi azotate uracile e citosina.
Risposta corretta E.

5. Con il termine "telomero" si definisce la regione terminale di un cromosoma necessaria per la sua corretta replicazione e stabilità: protegge, infatti, le estremità cromosomiche dalla degradazione.
Risposta corretta A.

6. La doppia elica di DNA si avvolge intorno ad 8 istoni a formare un nucleosoma; diversi nucleosomi collegati dalla cromatina formano una struttura detta "collana di perle". La collana di perle, spiralizzando ulteriormente, forma una fibra di eterocromatina. Infine, l'eterocromatina, avvolgendosi su se stessa, forma prima il cromosoma interfasico (meno compatto) e poi quello metafasico (momento di maggior condensazione).
Risposta corretta A.

7. La duplicazione del DNA, detta anche replicazione, avviene nel nucleo. Le due eliche si separano gradualmente e ciascuna funge da stampo per la sintesi di un'elica complementare, uguale a quella precedente. Il processo termina con la formazione di due molecole di DNA identiche alla molecola madre.
Risposta corretta B.

8. La replicazione di un filamento di DNA porta alla formazione di due copie di DNA identici tra loro. Se si hanno tre cicli replicativi consecutivi, si formeranno ben otto copie di DNA tutte identiche tra loro.
Risposta corretta C.

9. Il genoma cellulare è organizzato sotto forma di cromatina, un complesso di proteine e acidi nucleici di cui il DNA è il principale componente. Questa disposizione si rende necessaria dal momento che il DNA di una cellula presenta una lunghezza di circa 2 m e non sarebbe possibile contenerlo all'interno di una struttura dal diametro ridotto come il nucleo. Tenendo presente che il grado di impacchettamento del DNA si modifica durante il ciclo cellulare e varia in base

alle regioni cromosomiche considerate, sappiamo che un primo livello di compattazione è reso possibile grazie alle proteine istoniche, che si legano al DNA carico negativamente formando il nucleosoma (riposta A errata), una struttura costituita da un ottamero di istoni avvolti dal DNA. La successione dei nucleosomi conferisce alla cromatina il tipico aspetto a "collana di perle". Il materiale genetico può presentarsi sotto forma di eucromatina (risposta D errata), che essendo leggermente condensata permette un'intensa attività di trascrizione per la sintesi proteica, oppure eterocromatina (risposta C errata), che contiene geni trascrizionalmente inattivi. Infine, i prioni sono degli agenti infettivi di natura proteica, responsabili di malattie che colpiscono il sistema nervoso umano e animale (risposta E errata).
Risposta corretta B.

10. Il dogma centrale della biologia si basa su tre processi: replicazione (o duplicazione) del DNA, trascrizione (cioè la sintesi di mRNA utilizzando come stampo un filamento di DNA) e traduzione del filamento di mRNA in proteina.
Risposta corretta A.

11. La topoisomerasi è un enzima che determina una diminuzione del grado di superavvolgimento del DNA (risposta A errata). L'elicasi, invece, è un enzima che agisce rompendo i legami a idrogeno instaurati fra le basi complementari per dividere i due filamenti di DNA, così che il processo di trascrizione possa iniziare (risposta B errata). La TATA binding protein o TBP è una proteina che si lega specificamente al TATA box. È un fondamentale fattore di trascrizione, indispensabile per assemblare la macchina di trascrizione eucariotica (risposta D errata). La RNA polimerasi III, invece, è un enzima situato nel nucleoplasma che sintetizza il tRNA e l'rRNA. La RNA polimerasi coinvolta nella trascrizione del DNA in mRNA è la RNA polimerasi II.
Risposta corretta C.

12. Poiché si tratta solo di un singolo filamento, non vi è alcun legame idrogeno tra le basi!
Risposta corretta E.

13. La maturazione dell'mRNA è un processo che avviene nel nucleo (risposta D errata) e attraverso cui il pre-mRNA viene trasformato in una molecola di mRNA matura.
Gli step attraverso cui avviene la maturazione sono:

- Capping: consiste nell'aggiunta di una 7-metilguanosina all'estremità 5' dell'RNA (risposta C errata)
- Poliadenilazione: consiste nell'aggiunta di un numero elevato di adenine all'estremità 3' della molecola di mRNA immaturo. (risposta B errata).
- Splicing: è un processo attraverso il quale gli introni (sequenze non codificanti dell'mRNA) vengono eliminati; i tratti restanti che includono le sequenze per la codifica delle proteine sono chiamati esoni (risposta E errata).

AUG è il codone di inizio che codifica per la metionina e non viene rimosso, perché è fondamentale per l'inizio della traduzione. La metionina, può essere, poi eliminata come modifica post-traduzionale della proteina appena sintetizzata.
Risposta corretta A.

14. Dopo la trascrizione, l'mRNA immaturo subisce delle modifiche (definite appunto post-trascrizionali) prima di passare nel citoplasma (risposte A e D errate). Lo splicing alternativo è il processo attraverso il quale, mediante l'esclusione parziale degli introni e un arrangiamento degli esoni, da uno stesso gene si possono ottenere diverse proteine, definite isoforme (risposta C errata).
Risposta corretta B.

15. Il filamento di mRNA trasferisce l'informazione genetica, racchiusa all'interno del DNA, dal nucleo al citoplasma, a livello dei ribosomi, dove avviene la traduzione e la sintesi delle catene polipeptidiche. Di conseguenza, il numero di mRNA presenti all'interno di una cellula eucariotica corrisponde al numero di proteine prodotte dalla cellula.
Risposta corretta E.

16. L' rRNA è sintetizzato nel nucleolo (opzione C), che si trova all'interno del nucleo. L'apparato di Golgi (opzione A), i ribosomi (opzione B), i lisosomi (opzione D) e le membrane del reticolo endoplasmatico liscio (opzione E) si trovano nel citoplasma e non sintetizzano rRNA (opzione A, B, D ed E errate).
Risposta corretta C.

17. Il tRNA ha la funzione di legare a sé gli aminoacidi specifici per il proprio anticodone e successivamente trasportarli all'interno dei ribosomi, dove, in base alla sequenza nucleotidica dell'mRNA, avvengono legami peptidici tra aminoacidi corrispondenti alla sequenza dei codoni.
Risposta corretta D.

18. Il tRNA è costituito da un solo filamento di nucleotidi; talvolta si possono trovare delle regioni, chiamate steli, in cui nucleotidi dello stesso filamento sono appaiati. All'estremità 3' del tRNA si lega l'aminoacido corrispondente all'anticodone. L'anticodone è una sequenza nucleotidica di tRNA che ha la funzione di riconoscere le sue basi complementari sul filamento di mRNA (codone) nei ribosomi, permettendo di associare ad ogni codone l'aminoacido che codifica.
Risposta corretta C.

19. La sintesi proteica è un processo biochimico attraverso il quale l'informazione genetica contenuta nell'mRNA (derivato dalla trascrizione del DNA) viene convertita in proteine. La sintesi proteica avviene nei ribosomi (opzione A e D errate) e non porta alla formazione di ATP (opzione C errata). La sintesi proteica avviene, con ritmi diversi, in tutte le fasi della vita, quindi non avviene esclusivamente durante l'embriogenesi (opzione E errata). La sequenza di aminoacidi che porta alla formazione di proteine è codificata dall'mRNA.
Risposta corretta B.

20. Per far sì che avvenga la sintesi proteica sono necessari un mRNA che contenga la sequenza nucleotidica (opzione A errata), un tRNA che trasporti un aminoacido corrispondente al suo anticodone (opzione B errata), un ribosoma sede della sintesi proteica (opzione C errata) e fattori di allungamento, proteine coinvolte nella traduzione (opzione E errata). Il centriolo, invece, è un organello che serve per la formazione del fuso mitotico.
Risposta corretta D.

21. Alla base della replicazione, dobbiamo tenere a mente che vige la regola di produrre nuove molecole di DNA che siano perfettamente identiche alla molecola madre. Di conseguenza, pur essendo definita come semi-conservativa, la replicazione dà, in assenza di errori, molecole di DNA uguali a quella di origine.
Risposta corretta A.

22. Sapendo che una delle differenze sostanziali tra DNA e RNA è la presenza rispettivamente di timina e uracile, queste due basi azotate non coesisteranno mai all'interno di una stessa tripletta.
Risposta corretta D.

23. Il codice genetico è una sorta di linguaggio molecolare, basato sull'ordine in cui si susseguono nella molecola di DNA i nucleotidi, i quali si differenziano per le quattro diverse basi azotate. Ogni sequenza composta da 3 nucleotidi (esone) codifica per uno specifico aminoacido.
Risposta corretta A.

24. I geni sono sequenze di DNA (risposta A, B C ed E errate) che contengono le informazioni fondamentali per la sintesi di proteine e RNA, quindi codificano per un prodotto funzionale.
Risposta corretta D.

25. I virus non sono considerabili come esseri viventi: si tratta infatti di parassiti che hanno bisogno di un organismo ospite all'interno del quale poter compiere il proprio ciclo replicativo (risposta D errata). Il contenuto genetico può essere sia sotto forma di DNA che RNA (risposta A errata), e viene protetto da una struttura proteica periferica detta capside (risposta B errata).

Alcuni virus possono portare all'interno dell'involucro degli enzimi e dei promotori, utili alla loro replicazione nell'ospite, come per esempio la trascrittasi inversa nel caso di HIV.
Risposta corretta C.

26. La duplicazione del DNA, anche detta replicazione, è un processo semi-conservativo che porta alla formazione di due molecole ex novo di DNA a partire da una molecola madre. Sebbene la topoisomerasi e la ligasi siano entrambe coinvolte in tale processo, l'enzima chiave è rappresentato dalla DNA polimerasi, che agisce polimerizzando il nuovo filamento in direzione 5'-3'.
Risposta corretta E.

27. L'operone lac è un tipico esempio di cluster di geni che vengono trascritti solo al bisogno, rappresenta quindi un esempio di operone catabolico inducibile (risposta A errata): "inducibile" perchè viene indotto dalla presenza di lattosio e "catabolico" perchè il lattosio induce la trascrizione degli enzimi responsabili al suo catabolismo (risposta B errata). Maggiore sarà la presenza di lattosio, quindi, maggiore sarà la presenza di enzimi adibiti al suo metabolismo. Gli operoni si trovano nei procarioti che sintetizzano mRNA policistronici, l'mRNA lac presenta quindi la trascrizione di tutti e tre i geni (risposta E errata).
Risposta corretta C.

28. In generale la regolazione procariotica avviene per pochi geni, difatti la maggioranza di questi è espressa costitutivamente (risposta A errata). Nei procarioti l'espressione genica è regolata da un'unità costituita da geni codificante per proteine e siti adiacenti di controllo (promotore e operatore) chiamata nel suo complesso operone. Negli eucarioti l'espressione genica è regolata a livello di unità costituita da una sequenza codificante una proteina e da siti adiacenti di controllo (risposta C corretta). Al contrario di quanto avviene nel DNA dei procarioti, i geni degli eucarioti, i cui prodotti hanno una correlazione funzionale, non sono raggruppati negli operoni (risposta B errata). Ciò rende più complessa la loro regolazione: per poter essere trascritti contemporaneamente questi geni devono contenere le stesse sequenze di regolazione, in grado di legarsi alle stesse proteine regolatrice. Negli eucarioti la regolazione avviene prima, dopo e durante sia trascrizione che traduzione. I procarioti, privi di nucleo, non possono interporre una barriera tra il processo di trascrizione e quello di traduzione, dacché i trascritti di mRNA vengono immediatamente a contatto con i ribosomi citoplasmatici che li traducono in proteine. Ciò significa che la regolazione può avvenire solo prima e durante la fase di trascrizione (risposta D errata).
Risposta corretta C.

29. La Replicazione del DNA è un complesso processo molecolare a cui partecipano diverse proteine ed enzimi. La topoisomerasi si occupa di modificare il grado di superavvolgimento della doppia elica (opzione E errata); l'elicasi apre i due filamenti di DNA, rompendo i legami a idrogeno presenti tra le basi (opzione A errata); la primasi ha la funzione di sintesi del primer (opzione B errata); la ligasi si occupa di legare fra loro i frammenti di Okazaki (opzione D errata) e le proteine SSB (single – strand binding protein) stabilizzano la molecola in conformazione aperta, impedendo il riappaiamento fra le basi, successivamente all'azione dell'elicasi.
Risposta corretta C.

30. Nei procarioti il processo di trascrizione avviene nel citoplasma, pertanto il filamento di mRNA neosintetizzato è immediatamente disponibile per la sintesi proteica e non necessita dei processi di maturazione, che avvengono invece nell'mRNA eucariotico (risposte C e D errate). Questo si verifica poiché, nel caso degli eucarioti, la trascrizione ha luogo nel nucleo mentre la traduzione avviene nel citoplasma, per cui sono necessarie delle modifiche chimiche dell'mRNA per consentire il suo spostamento nel citoplasma. L'mRNA degli eucarioti subisce i processi di capping, poliadenilazione e splicing. Nel primo caso si tratta dell'aggiunta di un "cappuccio" all'estremità 5' (risposta E errata) che protegge l'mRNA dalla degradazione, mentre la poliadenilazione prevede l'aggiunta di una coda di nucleotidi di adenina all'estremità 3'. Infine, poiché i geni degli eucarioti sono formati sia da sequenze codificanti che da sequenze non

codificanti (risposta A errata), durante il processo di splicing i frammenti non codificanti (introni) vengono rimossi, per consentire la fusione in sequenza degli esoni che formeranno l'mRNA maturo.
Risposta corretta B.

31. La traduzione, o sintesi proteica, è il processo grazie al quale l'informazione contenuta nell'mRNA viene espressa in proteine ed avviene nel citoplasma, a livello dei ribosomi (risposta A errata) sia nei procarioti che negli eucarioti. Una prima differenza è data dal fatto che nei procarioti i processi di trascrizione e traduzione sono accoppiati (risposta E errata), ovvero avvengono nella stessa area e in contemporanea; infatti già durante la formazione dell'mRNA un ribosoma si attacca al filamento e inizia a tradurre l'informazione in una proteina. Inoltre, poiché i procarioti sono privi di nucleo, non è necessario che il filamento trascritto si sposti dal nucleo al citoplasma per essere tradotto, come invece accade nelle cellule eucariotiche (risposta B errata). Infine, un'ulteriore differenza tra l'mRNA eucariotico e quello procariotico, che si riflette nel processo di traduzione, è che nel primo caso il filamento è monocistronico (risposta D errata), ovvero porta l'informazione per un solo gene, mentre nel secondo caso è policistronico, pertanto vi è la possibilità di tradurre più catene polipeptidiche diverse, in sequenza.
Risposta corretta C.

32. I virus hanno dimensioni comprese fra i 10 e i 300 nm (risposta A errata) e sono rivestiti dal capside, costituito da proteine. L'envelope è presente solo in alcuni virus, esternamente al capside, ed è formato da fosfolipidi (risposta C errata). I virus non possono essere considerati come forme di vita, in quanto non sono in grado di riprodursi autonomamente. Per riprodursi e sintetizzare le macromolecole necessarie per la loro sopravvivenza, devono sfruttare l'apparato biosintetico della cellula ospite (risposta B errata). Il materiale genetico di un virus può essere una singola molecola di RNA o DNA, a singolo o doppio filamento (risposta E errata). Infine, se la cellula infetta è un batterio, il virus è definito batteriofago (o, più semplicemente, "fago").
Risposta corretta D.

33. I virus NON possono essere considerati organismi viventi, costituiti da una o più cellule, in quanto non possiedono un apparato biosintetico e metabolico proprio; sono infatti definiti parassiti cellulari obbligati, ovvero devono sfruttare l'apparato biosintetico delle cellule parassitate per potersi replicare e per produrre le molecole a loro utili. Tuttavia, presentano sia un genoma (che può essere DNA o RNA) che proteine.
Risposta corretta C.

34. I virus sono strutture composte da genoma, che può essere formato da DNA o da RNA, a singolo o a doppio filamento (Risposta D errata). Il genoma è racchiuso in un capside proteico (Risposta C errata) che a sua volta può essere, in alcuni virus, circondato da un involucro fosfolipidico, detto envelope. Interagiscono con recettori cellulari specifici (Risposta E errata) che permettono loro di entrare nella cellula e riprodursi (Risposta B errata) tramite ciclo litico. Il ciclo lisogeno è dato dall'integrazione del DNA virale con il genoma cellulare.
Risposta corretta A.

35. Il ciclo lisogeno è uno dei due processi, insieme al ciclo litico, in contro a cui può andare il batterio dopo che è stato infettato da un virus (risposta E errata). Nel ciclo lisogeno il DNA del virus viene inglobato all'interno del DNA del batterio ospite, ma non viene subito trascritto e tradotto, in quanto il DNA virale mantiene molti dei suoi geni disattivati: i due processi, trascrizione e traduzione, avvengono soltanto dopo che la cellula è andata incontro a processi di divisione cellulare. Le risposte A e B quindi sono errate, in quanto si riferiscono al ciclo litico: in questo processo il DNA dopo essere stato inglobato, inizia subito ad essere trascritto e tradotto, portando così la cellula ospite a produrre le proteine del capside del virus e creando all'interno della cellula molto elementi virali. La risposta D è errata, in quanto nei due processi non avvengono i fenomeni menzionati e poiché il ciclo litico è successivo al processo lisogeno (dopo la divisione cellulare che avviene nel ciclo lisogeno, la cellula entra nel ciclo litico, fino ad arrivare alla morte cellulare).
Risposta corretta C.

36. I virus, a differenza dei procarioti e degli eucarioti, non sono cellule, in quanto non sono in grado di riprodursi autonomamente e non dispongono di apparato biosintetico e metabolico autonomo (risposta B errata); dunque per sopravvivere si comportano come parassiti nei confronti di cellule eucariotiche o procariotiche. L'unico aspetto che accomuna virus, procarioti ed eucarioti è la presenza di materiale genetico.
Risposta corretta A.

BIOLOGIA

3. Principi di biotecnologie

1. Analizzando l'esperimento di Griffith, quale affermazione riguardo la struttura del ceppo virulento del batterio "Streptococcus Pneumoniae", è corretta?

A. Nel ceppo R, in seguito al riscaldamento di quest'ultimo, è presente un capsula polisaccaridica mucosa, responsabile dell'insorgenza della polmonite
B. Successivamente al riscaldamento del ceppo virulento S, su quest'ultimo è presente una capsula polisaccaridica, responsabile della comparsa della polmonite
C. Nel ceppo virulento R del batterio della polmonite, la capsula poliammidica mucosa è responsabile della comparsa della malattia nel soggetto
D. Il ceppo R, dopo essere stato mischiato con il ceppo S riscaldato, acquista una capsula polisaccaridica mucosa che lo rende infettivo
E. Nel ceppo virulento S, la presenza di un capside polisaccaridico mucoso è responsabile dell'azione infettiva del batterio della polmonite

2. In un laboratorio di biologia, Giulia ha condotto due esperimenti su due colonie distinte di formiche; alla fine dei suoi esperimenti, annota i risultati:
- **Colonia 1: Formiche morte.**
- **Colonia 2: Formiche vive.**

Giulia si ricorda di aver inserito, all'interno delle colonie, batteri dei ceppi R ed S dello Streptococcus Pneumoniae, ma non si ricorda in quale colonia aveva inserito il ceppo R e in quale colonia il ceppo S; dai risultati, però, riesce a dedurre che cosa potrebbe aver inserito:

A. Colonia 1: Ceppo S scaldato; Colonia 2: Ceppo R scaldato + Ceppo S
B. Colonia 1: Ceppo R scaldato + Ceppo S; Colonia 2: Ceppo R scaldato
C. Colonia 1: Ceppo S scaldato; Colonia 2: Ceppo R scaldato
D. Colonia 1: Ceppo S; Colonia 2: Ceppo R + Ceppo S scaldato
E. Colonia 1: Ceppo S; Colonia 2: Ceppo R scaldato + Ceppo S

3. Nell'esperimento di Avery, in seguito a riscaldamento, il ceppo S viene trattato con una molecola. Dopo aver inserito il ceppo R in questa miscela, quest'ultimo non diventa virulento; la molecola che rende possibile ciò è la:

A. RNAasi, in quanto questa agisce distruggendo, all'interno del ceppo S, l'mRNA del gene codificante per la capsula polissacaridica mucosa
B. DNAasi, in quanto agisce andando a distruggere nel ceppo S il portatore dell'informazione genetica per la capsula polisaccaridica mucosa
C. Proteasi, in quanto distrugge proteine fondamentali per la biochimica del batterio virulento, causandone così la morte
D. DNAasi, in quanto agisce andando a eliminare il DNA del ceppo R, tra cui i geni per la capsula polisaccaridica mucosa
E. RNAasi, in quanto, distrugge i tRNA fondamentali per la "costruzione" delle proteine della capsula virulenta del ceppo R

4. In che modo si dimostrò, in modo totalmente definitivo, che il materiale genetico è il DNA?

A. Inseriscono all'interno di una provetta contenente il ceppo S di Streptococcus Pneumoniae, precedentemente scaldato, della DNAasi: questo enzima, andando a distruggere il DNA fa si che, se aggiunto alla provetta il ceppo R, quest'ultimo non diventi virulento
B. Mischiano il ceppo S virulento di Streptococcus Pneumoniae, precedentemente riscaldato, insieme al ceppo R innocuo: il fatto che quest'ultimo diventi virulento dimostra c'è stato un passaggio di DNA tra i due ceppi, tra cui anche i geni responsabili della polmonite
C. Marcano l'RNA e il DNA di un fagovirus T2, rispettivamente, con due isotopi pesanti diversi. Questi infatti erano le uniche due molecole che potevano contenere l'informazione genetica.
Successivamente, iniettano il virus all'interno di un batterio e centrifugano: osservano, grazie agli isotopi,

che solo il DNA si trova all'interno dei batteri

D. Inseriscono all'interno di una provetta contenente il ceppo S di Streptococcus Pneumoniae, precedentemente scaldato, della RNAasi: questo enzima, andando a distruggere l'RNA non permette di evitare il passaggio della virulenza da S a R. Si dimostra, così, che solo il DNA poteva essere responsabile della trasmissione

E. Marcano le proteine e il DNA di un fagovirus T2, rispettivamente, con due isotopi pesanti diversi.
Successivamente, iniettano il virus all'interno di un batterio e centrifugano: osservano, grazie agli isotopi, che solo il DNA si trova all'interno dei batteri

5. L'elettroforesi proteica è una tecnica di laboratorio usata per registrare, in caso di processi infiammatori, variazioni anomale nei livelli di proteine plasmatiche di un paziente. Perchè questa tecnica permette di raggiungere questo scopo?

A. Tramite l'elettroforesi, si sfrutta un campo elettrico per suddividere le proteine plasmatiche del paziente in base alla loro massa molecolare: si definiscono, così, le quantità effettive delle proteine

B. Tramite l'elettroforesi, si sfrutta un campo elettrico per suddividere le proteine plasmatiche di un campione di sangue in base alla loro quantità nel siero: si definiscono, a seconda di come si dispongono nella griglia, i vari tipi di proteine presenti nel plasma e la loro effettiva quantità

C. Tramite l'elettroforesi, si sfrutta un campo magnetico per suddividere le proteine plasmatiche del paziente in base alla loro lunghezza e, di conseguenza, alla loro massa molecolare: si definiscono, così, le quantità effettive delle proteine

D. Tramite l'elettroforesi, si sfrutta un campo magnetico per suddividere le proteine plasmatiche di un campione di sangue in base alla loro natura chimica: si definiscono, a seconda di come si dispongono nella griglia, i vari tipi di proteine presenti nel plasma e la loro effettiva quantità

E. Tramite l'elettroforesi, si sfrutta un campo magnetico o un campo elettrico per suddividere le proteine plasmatiche del paziente in base alla loro massa molecolare: si definiscono, così, le quantità effettive delle proteine

6. Durante l'elettroforesi il filamento di DNA inserito nel gel d'agarosio verso dove migra e per quale motivo?

A. Il filamento di DNA migra in proporzione al suo peso molecolare, senza avere una "meta" precisa: dal pozzetto, si porterà il più lontano possibile

B. Il filamento di DNA, a seconda che il pozzetto sia stato posto a l'anodo o al catodo, migra sempre verso l'elettrodo opposto

C. Il filamento di DNA, dato che presenta una carica positiva, migra verso il catodo

D. Il filamento di DNA, dato che presenta una carica negativa, migra verso l'anodo

E. Il filamento di DNA migra in proporzione alla sua lunghezza, senza avere una "meta" precisa: dal pozzetto, si porterà il più lontano possibile

7. In un laboratorio, la biologa Sofina isola un nuovo enzima di restrizione, chiamandolo "Lexi": quest'ultimo taglia in modo altamente specifico solamente una specifica sequenza palindromica; quale tra le seguenti sequenze potrebbe essere "tagliata" da Lexi?

A. 5'-GCATGC-3' (Metilata)
B. 5'-GCAAGC-3'
C. 5'-GCAAGC-3' (Metilata)
D. 5'-CGATCG-3'
E. 5'-GCATCG-3'

8. Un biologo ha un frammento di DNA (singolo filamento) è caratterizzato dalla sequenza "ATCCGTT"; successivamente lo tratta con specifici enzimi di restrizione, ottenendo due frammenti di DNA: "GTT" e "ATCC". Il biologo, non stanco, fa la stessa operazione con gli stessi enzimi su un altro frammento, ottenendo una determinata sequenza integra; quale sarà la sequenza nucleotidica dell'ultimo frammento di DNA utilizzato?

A. CGATTCGAAT
B. CCATCAGATC

BIOLOGIA

C. ATATATCGACG
D. TTACAGATTCG
E. ATCCATCCGC

9. Un test per verificare l'infezione da HIV consiste nel prelievo di un campione di sangue del paziente e nella separazione delle proteine contenute in esso; successivamente, tra queste ultime, con l'uso di sonde adeguate, si ricercano gli anticorpi HIV: di quali tecniche, quindi, ci si avvale per questo test diagnostico?

A. Elettroforesi e Northern Blot
B. Western Blot e Southern Blot
C. Elettroforesi e Western Blot
D. Elettroforesi e Southern Blot
E. Northern Blot e Western Blot

10. Dopo aver effettuato un elettroforesi di diversi frammenti di DNA, se ne vuole prelevare solamente un uno, caratterizzato da una sequenza nucleotidica specifica. Come si potrebbe intervenire per riuscirci?

A. Successivamente all'elettroforesi si cercano, all'interno del gel, tutti i frammenti che hanno lunghezza uguale alla sequenza cercata
B. Successivamente all'elettroforesi si trasferisce il DNA su una membrana; si inserisce una sonda fluorescente di DNA, composta da una sequenza complementare a quella cercata: questa quando troverà la sua sequenza complementare si appaierà, andando così a marcarla
C. Successivamente all'elettroforesi si cercano, all'interno del gel, tutti i frammenti che hanno peso molecolare uguale a quello della sequenza cercata
D. Successivamente all'elettroforesi si cercano, all'interno del gel, i frammenti che hanno lunghezza e peso molecolare uguale a quello della sequenza cercata
E. Si denatura il DNA presente nel gel e si trasferisce su una membrana; si inserisce una sonda fluorescente di DNA, composta da una sequenza complementare a quella cercata: questa quando troverà la sua sequenza complementare si appaierà, marcandola

11. Indica quale procedimento bisogna seguire nell'ibridazione:

A. Le bande di DNA vengono trasferite su un foglio di nitrocellulosa - DNA viene messo in contatto con la sonda - Si sciacqua il foglio - Si vede quali tratti risultano radioattivi - Si tratta il DNA in esame con enzimi di restrizione - Elettroforesi su gel
B. DNA viene messo in contatto con la sonda - Le bande di DNA vengono trasferite su un foglio di nitrocellulosa - Si sciacqua il foglio - Si vede quali tratti risultano radioattivi - Si tratta il DNA in esame con enzimi di restrizione - Elettroforesi su gel
C. Elettroforesi su gel - Le bande di DNA vengono trasferite su un foglio di nitrocellulosa - DNA viene messo in contatto con la sonda - Si sciacqua il foglio - Si tratta il DNA in esame con enzimi di restrizione - Si vede quali tratti risultano radioattivi
D. Elettroforesi su gel - Si sciacqua il foglio - Le bande di DNA vengono trasferite su un foglio di nitrocellulosa - Si tratta il DNA in esame con enzimi di restrizione - DNA viene messo in contatto con la sonda - Si vede quali tratti risultano radioattivi
E. Si tratta il DNA in esame con enzimi di restrizione - Elettroforesi su gel - Le bande di DNA vengono trasferite su un foglio di nitrocellulosa - DNA viene messo in contatto con la sonda - Si sciacqua il foglio - Si vede quali tratti risultano radioattivi

12. Per quale motivo nell'eseguire una PCR bisogna usare una Taq Polimerasi ("termostabile")?

A. Bisogna usare la Taq Polimerasi perchè riesce a lavorare, polimerizzando, anche a temperature elevatissime (circa 95 - 97 °C)
B. Bisogna usare una polimerasi termostabile poichè, rispetto alle altre RNA Pol, non si denatura nel momento in cui si raggiungono temperature elevate (circa 95 - 97 °C)
C. Bisogna usare la Taq Polimerasi perchè, rispetto alle altre DNA Pol, è l'unica che riesce a sintetizzare il nuovo filamento a partire dal primer termostabile
D. Bisogna usare la Taq Polimerasi perchè, rispetto alle altre RNA Pol, è l'unica che riesce a sintetizzare

il nuovo filamento a partire dal primer termostabile

E. Bisogna usare una polimerasi termostabile poichè, rispetto alle altre DNA Pol, non va incontro a denaturazione quando si raggiungono temperature elevate (circa 95 - 97 °C)

13. Per quale motivo durante la PCR, nel termociclatore, bisogna raggiungere una temperatura di circa 95 °C?

A. Raggiungere i 95 °C serve ad aprire i legami idrogeno presenti fra le basi complementari del DNA

B. Raggiungere i 95 °C serve ad aprire alcuni dei legami idrogeno presenti fra le basi complementari del DNA: è necessaria quindi l'elicasi riesce a inserirsi tra i due filamenti e a dividerli in modo definitivo

C. Raggiungere i 95 °C serve ad aprire i legami elettrostatici presenti fra le basi complementari del DNA

D. Raggiungere i 95 °C è necessario per far lavorare la Taq Polimerasi al massimo delle sue capacità

E. Raggiungere i 95 °C serve ad aprire i legami idrogeno presenti fra le basi complementari del DNA: la primasi riesce a inserirsi tra i due filamenti e sintetizzare i primer

14. Quale fra le seguenti affermazioni, riguardo ai primer usati nella PCR, è ERRATA?

A. Nella PCR, i due primer risultano fondamentali in quanto, già al secondo ciclo di amplificazione, si dispongono ai lati della sequenza da amplificare, inquadrando così la "finestra di amplificazione"

B. I due primer necessitano di una T di 60 °C per potersi appaiare al filamento

C. Le estremità 3' dei primer sono disposte in modo tale da NON "guardarsi": per questo motivo i due primer vengono chiamati "divergenti"

D. I due primer sono complementari alle sequenze nucleotidiche che si trovano accanto alla regione da amplificare

E. I due primer sulla doppia elica del DNA da amplificare si dispongono in modo da essere uno su un filamento e uno sull'altro

15. Nel genoma umano, su alcuni cromosomi, sono presenti delle sequenze di DNA che si ripetono tantissime volte in tandem: queste vengono chiamate "microsatelliti". Ogni individuo, nei due cromosomi omologhi, può avere un numero di ripetizioni diverso, a seconda di quante ne aveva il cromosoma che hanno ereditato dalla madre e dal padre. Per questo motivo, spesso, i microsatelliti sono sfruttati per il test di paternità. Come si potrebbe individuare il numero di ripetizioni all'interno dei microsatelliti?

A. Si sceglie un cromosoma contenente un polimorfismo; Si isola la sequenza e si amplifica con la PCR; Si fa fare ai frammenti amplificati una corsa elettroforetica per constatare l'effettiva lunghezza delle sequenze

B. Si sceglie un cromosoma contenente un polimorfismo; Si sequenzia con il metodo di Sanger; Si conta il numero di ripetizioni contenute

C. Si sceglie un cromosoma contenente un polimorfismo; Si usa il sequenziamento per trovare il microsatellite; Si isola la sequenza e si amplifica con la PCR; Si fa fare ai frammenti amplificati una corsa elettroforetica per constatare l'effettiva lunghezza delle sequenze

D. Si sceglie un cromosoma contenente un polimorfismo; Si isola la sequenza e si amplifica con la PCR; Si esegue un Southern Blot con sonde di DNA complementari a quelle che potrebbero essere le ripetizioni

E. Si sceglie un cromosoma contenente un polimorfismo; Si isola la sequenza; Si fa fare al frammento una corsa elettroforetica per constatare l'effettiva lunghezza delle sequenze

16. Si esegue il sequenziamento di Sanger su un tratto di DNA di un individuo: alla fine del processo si ottengono, tramite elettroforesi, diversi frammenti di DNA in posizioni diverse all'interno del gel; il genetista, a questo punto, riesce a risalire alla sequenza di DNA iniziale. Cosa deve ricordare il genetista per non sbagliare a leggere la sequenza?

A. Il genetista risale alla sequenza tenendo conto del fatto che, all'interno del gel i frammenti troncati molto prematuramente migrano di meno rispetto a quelli più lunghi

BIOLOGIA

B. Il genetista ricostruisce la sequenza tenendo conto che le pirimidine hanno un peso molecolare minore delle purine; per questo motivo, se, all'interno del gel, un frammento di DNA è migrato molto, vuol dire che avrà come terminatore una purina
C. Il genetista trova la sequenza del DNA tenendo conto che, all'interno del gel, i frammenti troncati molto prematuramente migrano di più rispetto a quelli più lunghi
D. Il genetista ricostruisce la sequenza tenendo conto che le purine pesano di più delle pirimidine: per questo motivo il frammento di DNA contenente più purine migra di meno all'interno del gel
E. Il genetista ricostruisce la sequenza tenendo conto che le pirimidine hanno un peso molecolare minore delle purine; per questo motivo, se, all'interno del gel, un frammento di DNA è migrato molto, vuol dire che avrà come terminatore una pirimidina

17. "Attraverso il sequenziamento di Sanger, si può determinare una sequenza di nucleotidi di un tratto più o meno incognito di RNA": questa affermazione è corretta?
A. Sì, si può procedere in modo tradizionale, solamente ricordando di inserire all'interno della provetta la RNA polimerasi e l'uracile
B. No, non è possibile sequenziare l'RNA in nessun modo in quanto non esistono dei terminatori di catena adatti a questo acido nucleico
C. Sì, si può sfruttare l'enzima "DNA Polimerasi" per creare un filamento cDNA a partire dall'RNA: a quel punto si procede sfruttando il metodo Sanger tradizionale
D. No, non è possibile sequenziare in nessun modo l'RNA in quanto la sua struttura a singolo filamento è molto instabile e andrebbe incontro ad auto-degradazione
E. Sì, si può sfruttare l'enzima "trascrittasi inversa" per creare un filamento di cDNA a partire dall'RNA: a quel punto si procede sfruttando il metodo Sanger tradizionale

18. Qual è stata l'innovazione nella procedura del sequenziamento di Sanger che ha reso possibile l'utilizzo di un'unica provetta?
A. Marcare, al posto del primer, i dNTP con quattro fluorocromi diversi: si ottengono, così, quattro diverse marcature, che non possono essere confuse anche se contenute nella stessa provetta
B. Marcare, al posto del primer, i ddNTP con un isotopo del P: si ottengono, così, quattro diverse marcature, che non possono essere confuse anche se contenute nella stessa provetta
C. Marcare, al posto del primer, le basi azotate con quattro diversi isotopi del P: si ottengono, così, quattro diverse marcature, che non possono essere confuse anche se contenute nella stessa provetta
D. Marcare, al posto del primer, i ddNTP con quattro fluorocromi diversi: si ottengono, così, quattro diverse marcature, che non possono essere confuse anche se contenute nella stessa provetta
E. Marcare, al posto del primer, i dNTP con quattro diversi isotopi del P: si ottengono, così, quattro diverse marcature, che non possono essere confuse anche se contenute nella stessa provetta

19. La Fibrosi Cistica (FC) è una malattia autosomica recessiva: quando un individuo ne è affetto, entrambi i geni CFTR ereditati presentano una delle mutazioni che causano la malattia. Un individuo si presenta da un genetista per capire con assoluta certezza se è un portatore sano della malattia; come si potrebbe agire?
A. Il genetista fa un'anamnesi familiare del paziente: costruisce un albero genealogico, guardando se ci sono mai stati casi di FC o possibili portatori sani
B. Il genetista fa una PCR del gene interessato: in questo modo può vedere se la sequenza del gene CFTR presenta una delle mutazioni responsabili dell'insorgenza della FC.
C. Il genetista denatura il tratto di DNA contenente il gene CFTR; successivamente ricorre all'uso di un Northern Blot, con una sonda specifica per il gene della FC

D. Il genetista fa una PCR del gene interessato: dopo aver creato diverse copie del gene, ricorre ad un sequenziamento, in modo da vedere l'eventuale presenza di una delle mutazioni responsabili della FC
E. Il genetista si limita a vedere se l'individuo presenta alcuni dei sintomi tipici della FC

20. Cosa NON è possibile fare con un'elettroforesi su gel?

A. Fare un test di paternità
B. Analizzare la resistenza agli antibiotici di un batterio
C. Individuare una mutazione puntiforme nel DNA
D. Analizzare la relazione evolutiva tra due specie
E. Stabilire se un gene è implicato nell'espressione di un altro gene o no

21. In quale di queste situazioni pensi possa essere più utile effettuare un sequenziamento genico secondo Sanger?

A. Per scoprire se Testino Busteri, tuo rivale nei test d'ingresso, è allergico al lassativo che vuoi mettergli nel caffè in pausa
B. Per scoprire se Dart Vader è davvero il padre di Luke, perché questo sarebbe l'unico modo
C. Per vedere se Carletto, il tuo compagno di calcetto, ha una mutazione sul gene q16p18 che gli ha permesso di vedere arrivare la palla prima di te e di segnare il goal della vittoria contro la Castelnovese nel torneo del tuo oratorio
D. Per scoprire se la leucemia da cui è affetto Giulietto, un bambino del tuo reparto, è dovuta ad una mutazione nota, come ad esempio la mutazione Philadelphia BCR- ABL1
E. Per permettere ad una cellula di escherichia coli di produrre insulina ricombinante

22. Si associno i seguenti termini alle definizioni più adeguate:
1) DNA Ricombinante
2) DNA Esogeno
3) Vettore
4) Vettore Ricombinante

A. 1) DNA creato in laboratorio, che può essere composto da 2 DNA distinti; 2) DNA che ingloba il DNA ricombinante; 3) DNA che viene inserito all'interno di un plasmide; 4) Sinonimo di DNA Ricombinante.
B. 1) DNA estratto da un batterio; 2) DNA che viene inserito all'interno di un vettore di clonaggio; 3) Plasmide o batteriofago; 4) Sinonimo di DNA ricombinante.
C. 1) DNA creato in laboratorio, che può essere composto da 2 DNA distinti; 2) DNA che viene inserito all'interno di un vettore di clonaggio; 3) Plasmide o fago; 4) Sinonimo di vettore.
D. 1) DNA creato in laboratorio, che può essere composto da 3 DNA distinti; 2) DNA che ingloba il DNA ricombinante; 3) Batterio; 4) Sinonimo di vettore.
E. 1) DNA creato in laboratorio, che può essere composto da 3 DNA distinti; 2) DNA che viene inserito all'interno di un vettore ricombinante; 3) Batterio; 4) Sinonimo di vettore.

23. Un biologo crea un plasmide contenente del DNA esogeno, codificante per una proteina; successivamente lo mescola insieme a delle cellule. Il biologo ha fatto un processo di:

A. Clonazione, poichè dentro alla cellula si creeranno tanti cloni della proteina codificata dal DNA esogeno
B. Transfezione, poichè introduce il vettore ricombinante all'interno di una cellula batterica
C. Trasformazione, poichè introduce il plasmide all'interno di alcuni batteriofagi
D. Transfezione, poichè introduce il plasmide all'interno di alcuni batteriofagi
E. Trasformazione, poichè introduce il vettore ricombinante all'interno di una cellula procariotica

24. Dopo aver inserito un plasmide ricombinante all'interno di una coltura batterica e che i batteri si sono replicati diverse volte, si vogliono isolare le cellule che presentano il plasmide ricombinante da quelle che non lo contengono. Come si potrebbe agire per raggiungere questo scopo?

A. Si verifica quali cellule producono la proteina codificata dal gene esogeno: a seconda di ciò, si riescono a dividere le cellule contenenti il DNA ricombinante da quelle che non lo possiedono
B. Non c'è bisogno di dividerle: tutte le cellule della coltura presenteranno il plasmide ricombinante
C. Si estraggono tutti i plasmidi dalla cellule batteriche, si denaturano e si mettono su una membrana di nitrocellulosa: successivamente si esegue Northern Blot, sfruttando una sonda di DNA caratterizzata da sequenza complementare a quella del DNA esogeno
D. Prima di fare l'esperimento, si marca il plasmide ricombinante con un isotopo pesante dello S; quest'ultimo, alla fine della riproduzione, farà da "marker", indicando le cellule che contengono il plasmide ricombinante, uguale a quello iniziale
E. Prima di fare l'esperimento, si inserisce all'interno del plasmide ricombinante anche un gene che lo rende resistente agli antibiotici; alla fine, per dividere le cellule, si mette la coltura batterica su una piastra contenente l'antibiotico: quelle che non muoiono saranno le cellule con DNA ricombinante

25. Perchè pensi che la tecnica del DNA ricombinante sia stata rivoluzionaria nella produzione di insulina come farmaco?

A. Perchè in questo modo è stato possibile produrre più velocemente molte copie dell'insulina che altrimenti, essendo un polisaccaride, sarebbe stato prodotto tramite un lungo processo di gluconeogenesi da parte di cellule umane
B. Perchè in questo modo è stato possibile produrre molte copie dell'insulina che, essendo un ormone, può essere prodotto solo a partire dalla traduzione dell'RNA umano: questo processo può essere normalmente fatto solo da cellule che possiedono una copia di quel gene
C. Perchè in questo modo è stato possibile produrre molte copie dell'insulina che, essendo un ormone, può essere prodotto solo a partire dalla traduzione del DNA umano: questo processo può essere normalmente fatto solo da cellule che possiedono una copia di quel gene
D. Perchè in questo modo è stato possibile produrre più velocemente molte copie dell'insulina che altrimenti, essendo un ormone, sarebbe stato prodotto tramite un lungo processo di traduzione di materiale genetico da parte di cellule batteriche
E. Perchè in questo modo è stato possibile produrre molte copie dell'insulina che, essendo polisaccaride, può essere prodotto solo a partire dalla traduzione del DNA umano: questo processo può essere normalmente fatto solo da cellule che possiedono una copia di quel gene

26. In un laboratorio si vogliono creare dei plasmidi per far produrre l'insulina in grandi quantità: quali passaggi occorrono per creare questo vettore?

A. Isolamento di un plasmide contenente il gene per l'insulina; isolamento, con uso di enzimi di restrizione, del gene per l'insulina; PCR per moltiplicare il gene; Riinserimento del gene in molti altri plasmidi, tramite la DNA Ligasi
B. Isolamento di un gene per l'insulina con uso di enzimi di restrizione; Moltiplicazione del gene; Sequenziamento di Sanger per verificare che sia il gene dell'insulina; Inserimento all'interno di una cellula batterica, in modo che si inserisca in un plasmide vettore
C. Isolamento di un gene per l'insulina con uso di enzimi di restrizione; Moltiplicazione del gene; Sequenziamento di Sanger per verificare che sia il gene dell'insulina; Taglio del plasmide con gli stessi enzimi di restrizione; Inserimento del gene all'interno di un plasmide con la DNA Ligasi
D. Isolamento di un gene per l'insulina con uso di enzimi di restrizione; Moltiplicazione del gene; Sequenziamento di Sanger per verificare che sia il gene dell'insulina; Inserimento all'interno di un plasmide con la DNA Ligasi

E. Isolamento di un gene per l'insulina con uso di enzimi di restrizione; Moltiplicazione del gene; Taglio del plasmide con gli stessi enzimi di restrizione; Inserimento del gene all'interno di un plasmide con la DNA Ligasi; Sequenziamento del plasmide per vedere che il gene sia stato inserito correttamente

27. Il biologo Danilo entra in laboratorio e, essendo un po' sbadato, urta il tavolo sul quale c'erano delle provette contenenti 2 tipi di plasmidi (R e F). Le provette avevano posate accanto le relative etichette, le quali indicavano il tipo di plasmide contenuto: in seguito all'urto, le etichette si sono mischiate. Come fa Danilo a rimetterle al posto giusto?

A. Danilo prende parte dei batteri da una provetta e li mette a contatto con un antibiotico: se sopravvivono saranno plasmidi R; successivamente, prende i batteri dall'altra provetta e vede se riescono a fare trasformazione: se ci fosse un riscontro positivo, saranno plasmidi F
B. Danilo prende parte dei batteri da una provetta e li mette a contatto con un antibiotico: se sopravvivono saranno plasmidi R; successivamente, prende i batteri dall'altra provetta e vede se riescono a fare coniugazione: se ci fosse un riscontro positivo, saranno plasmidi F
C. Danilo prende parte dei batteri da una provetta e li mette a contatto con un antibiotico: se sopravvivono saranno plasmidi F; successivamente, prende i batteri dall'altra provetta e vede se riescono a fare coniugazione: se ci fosse un riscontro positivo, saranno plasmidi R
D. Danilo prende parte dei batteri da una provetta e li mette a contatto con un patogeno: se sopravvivono saranno plasmidi R; successivamente, prende i batteri dall'altra provetta e vede se riescono a fare trasformazione: se ci fosse un riscontro positivo, saranno plasmidi F
E. Danilo prende parte dei batteri da una provetta e li mette a contatto con un patogeno: se sopravvivono saranno plasmidi F; successivamente, prende i batteri dall'altra provetta e vede se riescono a fare coniugazione: se ci fosse un riscontro positivo, saranno plasmidi R

28. Quale tra le seguenti è una caratteristica comune ai plasmidi e ai trasposoni?

A. Sono sequenze interne al DNA
B. Sono presenti unicamente nei procarioti
C. Possono creare, all'interno del genoma, delle mutazioni letali
D. Possono creare, all'interno del genoma, delle mutazioni non letali
E. Nessuna delle precedenti

29. Quale tra i seguenti NON può essere considerato un vettore ricombinante?

A. Plasmide batterico
B. Fago
C. Virus
D. Trasposone
E. Plasmide R

30. Nell'ambito delle biotecnologie, che cosa si intende per clonaggio?

A. La creazione asessuata, naturale o artificiale, di un secondo organismo vivente, o anche di una singola cellula, che ha tutte le caratteristiche genetiche del primo
B. La creazione sessuata, naturale o artificiale, di un secondo organismo vivente che ha tutte le caratteristiche genetiche del primo
C. Una serie di tecniche con le quali è possibile ottenere più copie di una determinata sequenza nucleotidica, non necessariamente di natura genica
D. Una serie di tecniche con le quali è possibile ottenere più copie di una determinata sequenza nucleotidica, necessariamente di natura genica
E. Una serie di tecniche con le quali è possibile ottenere una copia identica del corredo proteico di una cellula

31. Quali fra le seguenti affermazioni riguardo il clonaggio è errata?

A. Il clonaggio può avvenire sia sfruttando la transfezione, sia la trasformazione
B. A parità di tempo, gli effetti del clonaggio sono amplificati se le cellule ospiti si replicano velocemente
C. Il ciclo litico, in seguito alla

trasformazione, permette di creare moltissimi cloni del DNA ricombinante
D. In seguito al clonaggio, si creano dei cloni: questi sono geneticamente identici al DNA ricombinante di partenza
E. Usando i fagi come vettore per il clonaggio, si necessita di una cellula ospite che metta a disposizione il suo apparato biosintetico per la riproduzione del DNA ricombinante

32. Gli scienziati, per far avvenire il clonaggio con successo, sfruttano delle caratteristiche peculiari dei procarioti e dei loro costituenti; quale tra le seguenti NON è una di queste caratteristiche?
A. La capacità autoreplicativa dei batteri data dalla (sequenza di origine di duplicazione) Ori
B. La capacità di trasmissione genica orizzontale
C. La capacità dei plasmidi di inglobare DNA esogeno
D. Le piccolissime dimensioni dei plasmidi
E. La grande velocità con cui si replicano i batteri

33. Francesca ha una bellissima cagnolina barboncina di nome Ebu; la ragazza, però, non contenta, ne vorrebbe un'altra uguale: per questo motivo, una notte sogna di clonare la sua cagnolina, facendo nascere Ebu1. Che cosa ha dovuto fare Francesca per raggiungere il suo scopo?
A. Si preleva da Ebu una cellula staminale, da cui si estrae il nucleo
Da una cagnolina bassotto, si preleva una cellula uovo, privandola del suo nucleo. Successivamente, si inserisce il nucleo della cellula staminale all'interno della cellula uovo: questa si impianta all'interno della bassottina, che porta avanti la gestazione
B. Si preleva da Ebu una cellula somatica, da cui si estrae il nucleo.
Da un'altra barboncina, si preleva una cellula uovo, privandola del suo nucleo. Successivamente, si inserisce il nucleo della cellula somatica all'interno della cellula uovo: questa si impianta in Ube, che porta avanti la gestazione
C. Si preleva da Ebu una cellula emopoietica, da cui si estrae il nucleo. Da un'altra barboncina, si preleva una cellula uovo, privandola del suo nucleo. Successivamente, si inserisce il nucleo della cellula emopoietica all'interno della cellula uovo: questa si impianta in Ube, che porta avanti la gestazione
D. Si preleva da Ebu una cellula somatica, da cui si estrae il nucleo. Da una cagnolina bassotto, si preleva una cellula uovo, privandola del suo nucleo. Successivamente, si inserisce il nucleo della cellula somatica all'interno della cellula uovo: questa si impianta all'interno della bassottina, che porta avanti la gestazione
E. Si preleva da Ebu una cellula staminale, da cui si estrae il nucleo.
Da un'altra barboncina, si preleva una cellula uovo, privandola del suo nucleo. Successivamente, si inserisce il nucleo della cellula staminale all'interno della cellula uovo: questa si impianta in Ube, che porta avanti la gestazione

34. La clonazione ha permesso di scoprire una caratteristica fondamentale delle cellule: quale?
A. La cellula germinale, ad esempio, la cellula uovo, è multipotente
B. Una cellula differenziata contiene nel nucleo tutte le informazioni genetiche necessarie per permettere lo sviluppo di un embrione
C. La cellula staminale è totipotente
D. La cellula differenziata è multi-potente
E. La cellula germinale, ad esempio, la cellula uovo contiene nel nucleo tutte le informazioni genetiche necessarie per permettere lo sviluppo di un embrione

35. Quale delle seguenti affermazioni riguardo alla clonazione è ERRATA?
A. La clonazione permette di ottenere un individuo che è geneticamente identico a quello clonato
B. La pecora Dolly, ottenuta per clonazione, anche se appena nata, aveva delle cellule contenenti un patrimonio genetico "anziano"

C. Colui che dona la cellula uovo deve essere della stessa specie di colui che deve essere clonato
D. La cellula uovo, contenente il nucleo della cellula somatica differenziata, viene impiantata nell'organismo che deve essere clonato
E. La cellula somatica, anche se differenziata, risulta essere totipotente

36. Gli OGM sono "Organismi Geneticamente Modificati" in quanto contengono un patrimonio genetico modificato, a causa, ad esempio, dell'inserimento di un gene in più, esogeno: questo è reso possibile dalla creazione del DNA ricombinante. Quale delle seguenti affermazioni è corretta?
A. Gli OGM vengono sfruttati per la produzione massiva di un enzima
B. Gli OGM vengono sfruttati per la produzione massiva di ormoni
C. Gli animali OGM vengono sfruttati per la ricerca contro il cancro
D. Gli OGM vengono sfruttati per la produzione massiva di antibiotici
E. Tutte le affermazioni precedenti sono corrette

CORREZIONE COMMENTATA

1. Lo "Streptococcus Pneumoniae", il batterio della polmonite, è stato studiato da Griffith durante il suo esperimento sul "principio trasformante". Durante i suoi studi lo scienziato, scoprì che il batterio presentava due ceppi: uno innocuo, R (rough = ruvido) e uno virulento, S (smooth = liscio), provvisto di una capsula polisaccaridica mucosa (risposta E errata); quest'ultima, proteggendo il batterio da eventuali attacchi da parte del sistema immunitario dell'ospite, risultava essere responsabile della trasmissione della polmonite (risposta A e C errate). Griffith dimostra che, prendendo il ceppo S e riscaldandolo, il batterio (di questa linea) perde la capsula: risulta, così, essere innocuo (risposta B errata). Inoltre, lo scienziato nota che esiste un caso in cui il ceppo R può risultare infettivo: questa linea, infatti, se mischiata con la linea S precedentemente riscaldata, acquista da quest'ultima materiale genetico codificante per la capsula polisaccaridica (vera responsabile della malattia).
Risposta corretta D.

2. Per risolvere questo quesito bisogna tener conto degli esperimenti effettuati da Griffith sui batteri del ceppo R ed S dello Streptococcus Pneumoniae. Ogni qualvolta che viene inserito un ceppo S, NON scaldato, questo infetterà la colonia, provocandone la morte. L'unico caso in cui il ceppo S, se inserito da solo, non risulta patogeno è quando viene scaldato prima di essere inoculato: il calore, infatti, uccide i batteri (risposte A, C ed E errate). Il ceppo R, invece, in nessun caso, se inoculato da solo, risulta essere infettivo (risposta C errata). L'unico caso in cui il ceppo R risulta patogeno, è quando quest'ultimo viene mischiato con il ceppo S scaldato: i batteri di questa linea, infatti, una volta morti, passano al ceppo R il DNA codificante per i geni responsabili della malattia.
Risposta corretta B.

3. Avery, partendo dall'esperimento di Griffith, cerca di determinare la natura chimica del "principio trasformante". Per far ciò, inserisce all'interno della provetta contenente i batteri del ceppo S, precedentemente uccisi, 3 enzimi diversi: DNAasi, RNAasi e proteasi; questi tre provocano la distruzione, rispettivamente, del DNA, RNA e proteine (risposte D ed E errate). Avery rileva la mancata virulenza del ceppo solamente nella provetta contenente DNAasi: questo significa, che il DNA è il "principio trasformante", ovvero la molecola responsabile della trasmissione genetica della virulenza dai batteri S agli R (risposte A e C errate).
Risposta corretta B.

4. Nel risolvere questo esercizio, bisogna stare molto attenti al tranello posto nella domanda: si chiede, infatti, l'esperimento che dimostrò "in modo totalmente definitivo" che il materiale genetico fosse il DNA. In tutte le risposte, infatti, vengono descritti importanti esperimenti che nella storia della biologia contribuirono alla dimostrazione di questo: ma, l'ultimo, che fu accettato senza più obiezioni di alcun tipo e per il quale fu assegnato un nobel, fu quello di Hershey e Chase; in questo esperimento, i due biologi, grazie alla marcatura delle proteine e del DNA di un batteriofago T2, dimostrano che solamente quest'ultimo era passato all'interno del batteri infettati. In questo esperimento l'RNA non viene preso in considerazione, in quanto il batteriofago era composto solamente da proteine e DNA (risposta C errata). Nelle altre risposte vengono mostrati l'esperimento di Griffith (Risposta B errata) e quello di Avery (risposta A e D errate).
Risposta corretta E.

5. L'elettroforesi proteica è una tecnica di laboratorio che prevede l'uso di un campo elettrico per dividere le proteine in base alla loro massa, alla lunghezza e alla carica elettrica (risposta C, D ed E errata). In ambito medico, esistono grafici che riportano la quantità effettiva con cui, in condizioni fisiologiche, dovrebbero essere presenti le proteine plasmatiche. Successivamente, confrontando i risultati ottenuti con quelli "aspettati" si può capire se il paziente ha livelli corretti di proteine plasmatiche o, in altri casi, se ci potrebbero essere processi patologici in corso che ne alterano i valori.
L'elettroforesi non divide le proteine in base alla quantità con cui si presentano all'interno del

siero: l'elettroforesi, piuttosto, ha come fine quello di vedere con che quantità sono presenti all'interno del siero.
Risposta corretta A.

6. L'elettroforesi è un tecnica che sfrutta un campo elettrico per separare DNA e RNA, all'interno di un gel d'agarosio: il campo elettrico è creato da due elettrodi, un anodo e un catodo. A livello del catodo si pongono i "pozzetti": all'interno di questi si inseriscono i frammenti di acidi nucleici; da qua, nel momento in cui viene inserito un campo elettrico, a causa della carica negativa data dai gruppi fosfato, avrà inizio la loro "corsa elettroforetica" verso l'anodo, posto all'estremità opposta del gel (risposta B e C errate). I frammenti si muoveranno proporzionalmente alla loro lunghezza e al loro peso, ma, appunto, portandosi in ogni caso verso l'anodo (risposta A ed E errate).
Risposta corretta D.

7. Per risolvere questo esercizio bisogna, per prima cosa, saper riconoscere una sequenza palindromica: sul DNA, quest'ultima è una sequenza di basi azotate che, se lette in direzione 5'-3', risultano essere uguali a quelle lette in direzione 3'-5', sul filamento complementare. Scrivendo le sequenze di basi complementari a quelle fornite nelle risposte, solamente 5'-GCATGC-3' (Metilata) e 5'-CGATCG-3' risultano essere palindrome (risposta B, C e E errata). Nel quesito, inoltre, si chiede quale delle sequenze palindrome potrebbe essere tagliata dall'enzima "Lexi"; gli enzimi di restrizione, però, non riescono a riconoscere e, di conseguenza, a tagliare le sequenze metilate: questa modificazione, infatti, "protegge" il nucleotide bersaglio del taglio (risposta A errata).
Risposta corretta D.

8. Per risolvere questo quesito è fondamentale capire in che punto, nella sequenza nucleotidica fornita dal quesito, l'enzima di restrizione effettua il taglio: dato che la sequenza di partenza era "ATCCGTT" e che, alla fine dell'esperimento, si ottengono i frammenti "ATCC" e "GTT", si può dedurre che il taglio sia avvenuto tra le basi C e G. Successivamente, nel quesito si specifica che viene usata la stessa procedura e, di conseguenza, gli stessi enzimi di restrizione: considerando che alla fine dell'esperimento si ottiene il secondo filamento totalmente integro, si può dedurre che questo non contenga una sequenza con una C e una G vicine.
Risposta corretta B.

9. Per risolvere questo quesito non c'è bisogno di conoscere il test diagnostico: ci si può limitare a riconoscere, all'interno del testo del quesito, la descrizione di due tecniche di laboratorio; nella prima parte del test, quindi, si procede alla divisione delle proteine presenti all'interno del siero, tramite un elettroforesi proteica (risposte B ed E errate). Successivamente, per il riconoscimento degli anticorpi HIV all'interno delle proteine appena separate, si può ricorrere alla tecnica "Western Blot": quest'ultima infatti, al contrario del Northern e del Southern Blot (adatti, rispettivamente, per RNA e DNA), è specifica per il riconoscimento delle proteine, tra cui, quindi anche gli anticorpi (risposta A e D errate).
Risposta corretta C.

10. Per risolvere questo quesito bisogna avere in mente i diversi passaggi delle tecniche di laboratorio. Il quesito, infatti, chiede in quale modo si potrebbe trovare, in mezzo ad altri, un frammento di DNA caratterizzato da una "specifica" sequenza nucleotidica: per far ciò non basterebbe usare solo l'elettroforesi; infatti, questa tecnica permette solamente di dividere i frammenti in base alla loro lunghezza e al loro peso molecolare, ma senza dare informazioni specifiche riguardo le sequenze nucleotidiche contenute in esse. Ad esempio, potrebbero esserci due frammenti con lo stesso peso molecolare, ma composti da una diversa sequenza di basi azotate (risposte A, C e D errata). Quindi, per trovare la sequenza interessata, si potrebbe ricorrere all'utilizzo di una sonda fluorescente, di DNA complementare a quello cercato (Southern Blot): questa, legandosi alla sequenza complementare, lo marca. Però, per far sì che la sonda si leghi ai frammenti di DNA, quest'ultimi devono essere denaturati, in modo che risultino essere a singolo filamento (risposta B errata).
Risposta corretta E.

11. Per svolgere la tecnica di ibridazione si deve seguire il procedimento che segue. Si tratta il DNA in esame con enzimi di restrizione: i segmenti ottenuti si separano con elettroforesi su gel. Le bande identificate sul gel vengono trasferite su un foglio di nitrocellulosa e, qui, si denatura il DNA che le costituisce. A questo punto il DNA viene posto in contatto con la sonda marcata radioattivamente; dopo alcune ore di incubazione si sciacqua il foglio, in modo da eliminare tutte le molecole di DNA-sonda che non si sono legate ai frammenti presenti. A questo punto si va a vedere quali tratti di DNA risultano radioattivi.
Risposta corretta E.

12. Per risolvere il quesito bisogna tener conto dei vari processi della PCR e di ciò che necessita per avvenire: unendo queste nozioni, si potrebbe procedere per esclusione. Infatti, durante questa tecnica si vede l'utilizzo della Taq Polimerasi, una "speciale" DNA polimerasi, che risulta essere altamente resistente alla temperature elevate (risposta B e D errata): risulta così molto utile perchè, nel momento in cui si raggiungono temperature di 95 - 97 C°, fondamentali per aprire i due filamenti di DNA, la Taq Pol non va incontro a denaturazione, cosa che accadrebbe ad una polimerasi normale (risposta A errata). Inoltre, nella PCR non si riscontra l'utilizzo di primer "termostabili" (risposta C e D errata).
Risposta corretta E.

13. Durante la PCR è fondamentale raggiungere una T di 95 °C per denaturare il doppio filamento di DNA che si vuole amplificare; questa temperatura elevatissima, infatti, causa la rottura di tutti i legami idrogeno presenti tra le basi azotate complementari: la doppia elica si divide senza dover ricorrere ad un enzima come l'elicasi (risposta B, C e D errate). Questo processo risulta fondamentale per permettere l'inserimento (a 60 °C) dei primer creati artificialmente in laboratorio: questi vengono sviluppati appositamente per inquadrare in modo molto specifico il piccolo frammento di DNA da amplificare (risposta E errata).
Risposta corretta A.

14. Nella PCR, per ottimizzarla, si usano due primer che all'interno della doppia elica, NON si dispongono sullo stesso filamento, ma, bensì, su quelli opposti; inoltre, risultano essere complementari alle regioni fiancheggianti la sequenza che interessa amplificare (una regione riconosciuta sarà sul filamento superiore, mentre l'altra sequenza si troverà sul filamento inferiore); questa disposizione, al secondo ciclo di replicazione, sarà la chiave che permetterà ai primer di far amplificare solo ed esclusivamente la sequenza di interesse, la "finestra di amplificazione": questi infatti, disponendosi ai lati della sequenza da amplificare, è come se avessero "troncato" la replicazione.
I due primer inoltre, essendo disposti su due filamenti diversi, sono disposti in modo da avere i loro estremi 3' che si "guardano": per questo motivo sono detti "convergenti".
È importante ricordare che i primer, per riuscire a legarsi al filamento a loro competente, hanno bisogno di una temperatura di circa 60 °C.
Risposta corretta C.

15. Per risolvere questo quesito bisogna prestare attenzione alle informazioni fornite dal quesito riguardo i microsatelliti e applicare le nozioni apprese riguardo alle tecniche di laboratorio. I microsatelliti sono delle sequenze note, interne ad alcuni cromosomi, che possono solo variare nel numero di ripetizioni. Per andare ad identificare il numero di ripetizioni presenti in un microsatellite, si ricorre alla PCR: per prima cosa, si isola la sequenza conosciuta attraverso dei primer specifici per il microsatellite e, successivamente, si procede con l'amplificazione (risposte B, C ed E). Avvenuta la PCR, per determinare la lunghezza dei frammenti di DNA e, di conseguenza, il numero di ripetizioni contenute (infatti, più sono le ripetizioni, più il filamento sarà lungo), si effettua una corsa elettroforetica: a seconda di quanto migreranno all'interno del gel, si individuerà la lunghezza del frammento (risposte B e D errate).
Risposta corretta A.

16. Per risolvere il quesito bisogna unire le nozioni apprese sul sequenziamento di Sanger e sull'elettroforesi. Sanger, infatti, si avvale di questa tecnica per capire in quale posizione precisa

si trovano le basi azotate che compongono il DNA analizzato; nel sequenziamento, dopo aver prodotto dei frammenti di DNA (complementare a quello iniziale) e terminanti con una base nota (ddNTP), si fanno correre in un gel immerso in un campo elettrico: i frammenti come in una normale elettroforesi, più saranno corti e, di conseguenza, più leggeri, maggiormente migreranno all'interno del gel (risposta A e D errate). Per ricostruire la sequenza di DNA iniziale, si parte a leggere dal frammento di DNA che si trova più in basso: il ddNTP che lo termina sarà la base più vicina al primer (inserito inizialmente); di conseguenza, questa sarà anche la prima base del tratto di DNA analizzato. Per trovare il resto della sequenza si continua a leggere i ddNTP salendo verso l'alto, verso i frammenti più lunghi.
Nella lettura della corsa elettroforetica, il peso molecolare del ddNTP terminatore del frammento non incide sulla lunghezza del tragitto di quest'ultimo (risposta B ed E errate).
Risposta corretta C.

17. È importante ricordare, per la risoluzione di questo quesito, che non esistono macchine che effettuano il sequenziamento di Sanger direttamente a partire da una molecola di RNA, nemmeno inserendo tutti i componenti necessari per la polimerizzazione di quest'ultimo (risposta A, B e D errata): questa "mancanza", però, viene raggirata sfruttando il DNA complementare all'RNA; trasformando quest'ultimo, attraverso le trascrittasi inverse, in cDNA si può ricorrere alla tecnica tradizionale di Sanger (risposta C errata).
Risposta corretta E.

18. In questo quesito, per prima cosa, bisogna porre attenzione sulla scrittura dNTP e ddNTP: con la prima si intendono i deossinucleotidi, ovvero le basi azotate che vengono usate come monomeri per la costruzione del DNA; con la seconda, si intendono i dideossinucleotidi, basi azotate prive dell'-OH in posizione 5': per questo motivo sono dei terminatori della polimerizzazione, in quanto non permettono alla DNA polimerasi di fare ulteriori allungamenti. Nell'evoluzione del metodo di Sanger, non si marca più il primer iniziale, ma, bensì, i 4 ddNTP con 4 fluorocromi diversi: questo, distinguendoli l'uno dall'altro, permette di inserirli nella stessa provetta iniziale; successivamente, si fa la procedura tradizionale del metodo di Sanger: nella corsa elettroforetica, però, in questo caso ci sarà un apparato ottico che leggerà i colori, scrivendo direttamente la base azotata a cui sono associati.
Risposta corretta D.

19. Per risolvere questo esercizio è necessario ragionare sul risultato a cui portano le tecniche di laboratorio. Con la PCR si ottiene l'amplificazione del gene interessato, ma non la sequenza nucleotidica di cui è composto: per questo motivo, non si riuscirebbe a verificare la presenza o meno di una mutazione in quel gene (risposta B errata). Il Northern Blot, invece, viene sfruttato quando l'acido nucleico da analizzare è l'RNA (risposta C errata). In conclusione, il sequenziamento di Sanger è la tecnica che permette di identificare la sequenza nucleotidica che costituisce un gene di un individuo: a questo punto, avendo nota la sequenza, si possono andare a ricercare eventuali mutazioni. In questo caso, la precedente PCR, serve solo ad amplificare il materiale genetico su cui lavorare.
In questo caso, l'anamnesi familiare, per quanto possa rivelarsi utile al genetista, non può segnalare con assoluta certezza (richiesta dal quesito) se un individuo possa essere portatore sano di una malattia: può solo indicare delle probabilità (risposta A errata).
Risposta corretta D.

20. L'elettroforesi su gel è una tecnica usata per separare macromolecole, quali DNA, RNA e proteine. In questa tecnica, le molecole vengono separate in base alla loro dimensione e carica elettrica, criteri che alterano la loro capacità di farsi strada attraverso il gel: è possibile, quindi, differenziare per carica e peso molecolare le varie molecole che si stanno analizzando. L'elettroforesi vede numerose applicazioni: il confronto di alcune porzioni di DNA per i test di paternità, valutazione della resistenza agli antibiotici, valutazione delle relazioni evolutive tra diverse specie e individuare mutazioni puntiformi che cambiano quindi lievemente la struttura del DNA, ma non è in grado di stabilire l'interazione funzionale tra due geni.
Risposta corretta E.

21. Il sequenziamento secondo Sanger è una tecnica costosa, utile quando si vuole conoscere la sequenza nucleotidica di un un frammento di DNA di cui non si sà nulla. Quindi procedendo per ordine:

- Per sapere se Testino è allergico non è necessario sequenziare il suo DNA: basterebbe verificare, attraverso un prelievo di sangue, se ha delle immunoglobuline rivolte contro il lassativo;
- Per verificare la Paternità di Dart Vader, in linea teorica, potrebbe bastare anche solo una semplice analisi del gruppo sanguigno;
- Per scoprire se Giulietto ha una mutazione NOTA si effettua la tecnica FISH, che è utile per vedere se ci sono delle mutazione in un locus preciso di un cromosoma;
- Per permettere ad una cellula di escherichia di produrre insulina non è necessario fare un sequenziamento genico, ma, bensì, usare tecniche di ricombinazione genica;

Risposta corretta C.

22. Questo quesito mira alla conoscenza della terminologia specifica degli "strumenti" per il clonaggio. Uno dei protagonisti in queste tecnica è il "DNA ricombinante", un acido nucleico creato artificialmente in laboratorio grazie all'unione di "minimo" due DNA distinti (risposta A errata): uno sarà chiamato "DNA ricevente" o "Vettore", l'altro (quello inserito) sarà il "DNA esogeno" (risposte B e D errate). Importante da ricordare sono i tre sinonimi "Vettore", "Vettore Ricombinante" e "Vettore di clonaggio" (risposta A e B errate): questi possono essere, ad esempio, plasmidi e batteriofagi che inglobano, all'interno del loro DNA, il DNA esogeno di interesse; successivamente, saranno loro che invaderanno delle cellule di coltura, permettendo la duplicazione dell'informazione trasportata dal DNA esogeno (risposte A, D ed E errate).
Risposta corretta C.

23. Per risolvere questo quesito bisogna tenere a mente la differenza cruciale tra il processo di "transfezione" e di "trasformazione": la prima vede l'inserimento del vettore ricombinante/ DNA ricombinante (DNA vettore + DNA esogeno) all'interno di una cellula eucariotica tramite batteriofagi (risposta B e D errate); la seconda, invece, prevede l'inserimento del DNA ricombinante all'interno di una cellula batterica, perciò procariotica. Quindi, per rispondere al quesito si poteva ragionare sul tipo di cellule usate dal biologo: avendo usato un plasmide come vettore, è altamente probabile che le cellule usate per ospitarlo fossero cellule batteriche (anche perchè non c'erano altre alternative plausibili). Di conseguenza, il processo poteva essere solo di trasformazione.
Risposta corretta E.

24. Quando si mette un plasmide ricombinante all'interno di una coltura batterica, non è detto che tutte le cellule presenti lo incorporino e che, quindi, si "trasformino" (risposta B errata). Per riconoscere le "cellule trasformate", non risulta utile usare l'isotopo pesante dello zolfo: infatti, a causa delle abbondantissime replicazioni semiconservative fatte dalle cellule batteriche, dopo qualche generazione potrebbe capitare che il plasmide, anche se uguale a quello ricombinante, non presenti più la marcatura; questo metodo, in conclusione, non garantisce di trovare tutti i batteri trasformati (risposta D errata).
Inoltre, trovare tutte le cellule che producono la proteina codificata dal gene esogeno tra le numerosissime presenti nella coltura è poco fattibile, se non impossibile (risposta A errata).
Il metodo migliore, e più veloce, è quello che prevede l'utilizzo degli antibiotici: si inserisce all'interno del vettore un gene che conferisce resistenza ad un antibiotico. Quest'ultimo verrà inserito nella piastra: le uniche cellule che sopravviveranno saranno quelle contenenti il plasmide ricombinante.
Importante da ricordare è che il Northern Blot prevede il riconoscimento di sequenze di RNA, e non di DNA (risposta C errata). Il Southern Blot è un'altra tecnica che spesso viene utilizzata per trovare la sequenza di DNA esogeno all'interno dei batteri.
Risposta corretta E.

25. Un ormone è un trascritto proteico che, in quanto tale, può essere prodotto solo a partire dalla traduzione del gene, contenuto in cellule umane. La tecnica del DNA ricombinante ha

permesso, attraverso l'inoculazione di un virione caricato con un gene umano all'interno di un batterio, di sfruttare l'apparato traduzionale di quest'ultimo: questa tecnica risulta molto utile perchè, appunto, sfrutta l'apparato traduzionale di un organismo che è facilmente "coltivabile".
Risposta corretta C.

26. Per creare correttamente un plasmide ricombinante bisogna, per prima cosa, isolare il gene (tratto di DNA esogeno) che interessa inserire all'interno del plasmide: per far questo, si ricorre all'utilizzo di enzimi di restrizione specifici (risposta A errata). Successivamente, isolato il gene, ricorrendo alla PCR, se ne producono diverse copie, in modo da facilitarne l'utilizzo successivo. In seguito si ricorre alla tecnica del sequenziamento di Sanger: si controlla, così, che la sequenza nucleotidica sia effettivamente quella di interesse (risposta E errata). Nel caso in cui il riscontro fosse positivo, si può procedere all'inserimento del gene all'interno del plasmide: prima però è necessario creare nel plasmide "lo spazio" necessario per inserire il DNA esogeno; per questo motivo si deve ricorrere nuovamente all'uso degli enzimi di restrizione usati precedentemente: in questo modo si creeranno dei tagli complementari a quelli del gene, il quale, con l'intervento della DNA Ligasi, riuscirà a inserirsi in modo preciso (risposta D errata). Importante è ricordarsi che il gene NON viene inserito direttamente all'interno del DNA della cellula batterica: prima si inserisce all'interno del plasmide, il quale successivamente, per trasformazione, entrerà nel batterio risposta B errata).
Risposta corretta A.

BIOLOGIA

27. I plasmidi si possono dividere in sottoclassi a seconda dei geni che contengono: prendono il nome "R" nel caso in cui contengano geni che gli permettono di sopravvivere all'esposizione di un antibiotico; per questo motivo, per vedere se un plasmide appartiene a questa famiglia, basterebbe esporlo all'azione di un antibiotico e osservare se sopravvive o meno (risposte C ed E errate). Invece, prendono il nome "F", i plasmidi contenenti i geni per la "fertilità", che rendono il batterio capace di fare coniugazione: quest'ultimo è un processo che prevede la trasmissione di DNA tra due cellule batteriche che, grazie ai pili, si pongono a contatto tra di loro; per questo motivo, per vedere se un plasmide appartiene a questa famiglia, basterebbe vedere se, a contatto con un altro batterio, riuscirebbe a fare coniugazione (risposte A e D errate).
Risposta corretta B.

28. I plasmidi sono degli anelli di DNA (doppia elica) presenti all'interno del citoplasma dei procarioti (risposta A errata): risultano essere degli ottimi vettori ricombinanti nel processo del clonaggio; questi infatti riescono ad inserirsi all'interno di cellule ospiti, luogo in cui si replicheranno, grazie ad un meccanismo di "trasformazione".
I trasposoni, invece, sono sequenze interne al DNA, codificanti e in grado di migrare all'interno del genoma della stessa cellula: sono elementi propri sia dei procarioti, che degli eucarioti. Questi, potendosi spostare all'interno del genoma, potrebbero inserirsi in un luogo non adibito per loro: in alcuni casi si dispongono in mezzo ad altri geni andando a causare delle mutazioni, che possono risultare, in alcuni casi, letali, mentre in altri no (risposte C e D errate). Una caratteristica in comune tra i plasmidi e i trasposoni è il fatto che siano degli elementi genetici mobili: i plasmidi, però, possono migrare verso l'esterno, mentre i trasposoni possono migrare solamente all'interno della stessa cellula.
Risposta corretta E.

29. Esempi di vettori ricombinanti, possono essere plasmidi e fagi (virus) che inglobano, all'interno del loro DNA, il DNA esogeno di interesse (risposte A, B e C errate); successivamente, saranno loro che invaderanno delle cellule di coltura, ad esempio batteriche, permettendo la duplicazione dell'informazione trasportata dal DNA esogeno. Anche il plasmide R può essere sfruttato come vettore: è un plasmide che si differenzia dagli altri solo per la presenza di geni che gli forniscono resistenza agli antibiotici (risposta E errata).
Il trasposone, invece, è un elemento genetico che si può spostare all'interno della cellula a cui appartiene: in nessun modo, però, può inglobare al suo interno delle sequenze di DNA esogeno; di conseguenza, quindi, non può assumere caratteristiche da vettore ricombinante.
Risposta corretta D.

30. Per clonaggio si intende l'insieme delle tecniche con le quali è possibile ottenere più copie di una determinata sequenza nucleotidica, non necessariamente di natura genica: si può, infatti, clonare non solo un gene, ma anche una sequenza non codificante di DNA (risposta D errata). Importante da ricordare è la differenza tra clonaggio e clonazione: quest'ultima, infatti, è una riproduzione asessuata che porta alla nascita di un organismo geneticamente identico ad un altro (risposte A e B errate).
Risposta corretta C.

31. Il clonaggio è un processo che ha come scopo la produzione di una grande quantità di DNA ricombinante. Infatti plasmidi e batteriofagi, dopo essere entrati in una cellula ospite tramite, rispettivamente, trasformazione e transfezione, possono replicare in grandissime quantità se stessi e, di conseguenza, il DNA esogeno che contengono: i batteri, una volta ospitati, possono replicarsi in modo autonomo; i fagi, invece, essendo degli endosimbionti obbligati, per replicarsi hanno bisogno di sfruttare l'apparato biosintetico della cellula ospite. In entrambi casi, una volta replicato il DNA ricombinante e la cellula ospite, si creano dei "cloni": popolazioni cellulari o virali che contengono tutte il DNA ricombinante e che, per questo motivo, sono geneticamente identiche. Il processo appena descritto è amplificato se la cellula ospite si riproduce molto velocemente: si produrranno, infatti, tantissimi cloni in poco tempo. Nel clonaggio, la lisi della cellula avviene solamente nel caso in cui il vettore usato sia un batteriofago e che sia avvenuta, quindi, una transfezione: in questo caso, i cloni che si produrranno, saranno dei fagi che provocheranno la lisi della cellula.
Risposta corretta C.

32. Il clonaggio è un processo che ha come scopo la produzione di una grande quantità di DNA ricombinante. Per ottenere questo risultato si sfruttano alcune caratteristiche peculiari dei batteri: l'alta velocità con cui si riproducono, che, in pochissimo tempo, permette la formazione di tantissime cellule contenenti il plasmide ricombinante. Inoltre, ci si avvale della loro capacità di fare trasmissione genica orizzontale, ovvero il passaggio di materiale genetico ad una cellula NON figlia: questo, nel clonaggio, si può riscontrare nel passaggio dei plasmidi da una cellula batterica ad un'altra, appunto, non figlia. I plasmidi (costituenti dei procarioti) risultano ottimi per inglobare sequenze di DNA esogeno: questo è ottimizzato anche dalle loro piccole dimensioni, che li rendono altamente stabili. Inoltre, risulta fondamentale per l'avvenimento del clonaggio la capacità autoreplicativa dei plasmidi: questi, una volta inseriti all'interno di una cellula batterica, grazie alla sequenza Ori, sono capaci di riprodursi indipendentemente dal ciclo cellulare della cellula ospite.
Risposta corretta A.

33. Per risolvere questo esercizio bisogna conoscere i tre passaggi fondamentali della clonazione: isolamento, dal soggetto che si vuole clonare, di una cellula somatica, da cui si preleva il nucleo (risposte A, C ed E errate). Successivamente, si preleva da un altro soggetto della stessa specie (in questo caso, è importante che sia un cane, non interessa la razza), una cellula uovo: da questa si elimina il nucleo. In seguito, si inserisce il nucleo della cellula somatica del soggetto da clonare, all'interno della cellula uovo del "soggetto ospite": quest'ultimo viene chiamato così, proprio perchè sarà lui ad "ospitare" la cellula uovo creata e a portare avanti la gestazione.
Risposta corretta D.

34. La clonazione è un processo che permette di creare una copia geneticamente identica di un essere vivente: per creare questa "copia", si preleva una cellula somatica differenziata dall'essere che si vuole clonare: si estrae il nucleo della cellula e si impianta in una cellula uovo privata di nucleo, di un soggetto "ospite" (stessa specie del soggetto da clonare) che porterà avanti la gestazione; quindi, ci si rende conto che il nucleo contenente tutte le informazioni genetiche necessarie per lo sviluppo dell'embrione è quello della cellula somatica differenziata: si deduce, quindi, che questa, anche essendo una cellula differenziata/specializzata, è ancora totipotente: come le cellule staminali, contiene ancora tutte le informazioni necessarie per permettere lo sviluppo di un embrione.
Risposta corretta B.

35. La clonazione è un processo che permette di creare una copia geneticamente identica di un essere vivente: per creare questa "copia", si preleva una cellula somatica differenziata dall'essere che si vuole clonare: si estrae il nucleo della cellula e si impianta in una cellula uovo privata di nucleo, di un soggetto "ospite" (della stessa specie del soggetto da clonare) che porterà avanti la gestazione; quindi, il nucleo contenenente tutte le informazioni genetiche necessarie per lo sviluppo dell'embrione è quello della cellula somatica differenziata: si deduce, quindi, che questa, anche essendo una cellula differenziata/specializzata, è ancora totipotente come le cellule staminali.
Un limite del metodo di clonazione usato per Dolly è l'"invecchiamento precoce" del soggetto creato: infatti, prelevando il nucleo da una cellula già differenziata e adulta, in cui sono già avvenuti dei processi di invecchiamento, e inserendolo all'interno della cellula uovo, si viene a creare uno zigote artificiale pre-invecchiato; in conclusione, nell'organismo creato per clonazione ci sarà un'anticipazione dei processi di invecchiamento: la pecora Dolly invecchierà precocemente e morirà precocemente.
Risposta errata D.

36. Gli OGM vengono usati per svariatissimi scopi: uno di questi prevede lo sfruttamento dell'OGM per andare a produrre tantissime copie di ciò che è codificato dal gene inserito artificialmente; un esempio, è quello che prevede la produzione massiva dell'enzima insulina: per raggiungere questo scopo, vengono sfruttati OGM batterici, cellule procariotiche nelle quali sono stati inseriti plasmidi ricombinanti, contenenti il gene per l'insulina. Il batterio, presentando una grandissima velocità di replicazione, riesce a creare, in poco tempo, una vastissima quantità di copie dell'enzima, che, successivamente, può essere isolato, purificato e riutilizzato per altri scopi. In modo analogo, i procarioti vengono sfruttati anche per la produzione di antibiotici e ormoni. Gli OGM (soprattutto animali), inoltre, vengono spesso sfruttati nei laboratori di ricerca contro il cancro: per vedere gli effetti, ad esempio, di un chemioterapico, si creano, appunto, degli "animali geneticamente modificati", che presentano un DNA con delle sequenze simili a quelle che causano alcune patologie riscontrate nell'uomo.
Risposta corretta E.

4. Ciclo cellulare

1. Durante l'interfase:
- A. I DNA si replicano
- B. I nuclei scompaiono
- C. I cromosomi omologhi si accoppiano
- D. I cromosomi sono formati da due cromatidi evidenti
- E. La cellula si divide

2. Quale dei seguenti parametri non viene controllato nel check-point di G1 del ciclo cellulare?
- A. Dimensione della cellula
- B. Presenza di nutrienti
- C. Presenza di fattori di crescita
- D. Presenza di danni al DNA
- E. Nessuna delle precedenti

3. Attraverso una divisione mitotica da una cellula:
- A. Aploide si ottengono quattro cellule aploidi
- B. Aploide si ottengono due cellule diploidi
- C. Diploide si ottengono due cellule aploidi
- D. Diploide si ottengono due cellule diploidi
- E. Germinale si ottengono quattro cellule aploidi

4. La divisione mitotica porta:
- A. Alla duplicazione del DNA e al crossing over
- B. Alla formazione di due cellule con lo stesso patrimonio genetico
- C. Alla formazione dei gameti uovo e spermatozoo
- D. Alla migrazione di un cromosoma per ciascuna tetrade nelle due cellule figlie
- E. Al dimezzamento del patrimonio genetico

5. Dalla divisione mitotica di una cellula somatica della specie umana si originano:
- A. Due cellule con un corredo di 46 cromosomi ciascuna
- B. Due cellule con 23 cromosomi ciascuna
- C. Una cellula con 48 cromosomi ed una con 44 cromosomi
- D. Due cellule con un corredo di 48 cromosomi ciascuna
- E. Una cellula con 46 cromosomi ed una senza cromosomi

6. Quale affermazione è VERA per il processo mitotico?
- A. Tutte le cellule hanno almeno un centriolo a cui si ancora un fuso mitotico
- B. I cromosomi si duplicano durante l'anafase
- C. È lo stesso processo della divisione riduzionale
- D. Il fuso mitotico si forma prima della duplicazione dei cromosomi
- E. Per poter migrare ai poli opposti i cromosomi devono avere i cinetocori

7. Indica in quale fase della mitosi si riorganizza l'involucro nucleare:
- A. Profase
- B. Prometafase
- C. Metafase
- D. Anafase
- E. Telofase

8. La sequenza CORRETTA delle fasi della mitosi è:
- A. Profase, prometafase, metafase, anafase, telofase
- B. Metafase, prometafase, telofase, profase, anafase
- C. Profase, prometafase, anafase, metafase, telofase
- D. Prometafase, metafase, telofase, anafase, profase
- E. Anafase, profase, prometafase, meta fase, telofase

9. I cromatidi sono tenuti insieme da una regione chiamata:
- A. Fibra del fuso
- B. Pachitene
- C. Centromero
- D. Braccio acrocentrico
- E. Acrosoma

10. Cos'è il cinetocore?
- A. La porzione dei cromatidi fratelli che li tiene uniti a formare un cromosoma bicromatidico
- B. Struttura dalla quale origina il fuso mitotico
- C. Struttura proteica che aggancia i microtubuli del fuso mitotico al cromosoma
- D. Zona della cellula da cui si diparte l'aster

E. Proteina che si occupa dello scambio di porzioni cromatidiche tra cromosomi omologhi durante il crossing-over

11. Qual è la definizione di "centrosoma"?

A. È la regione centrale di un cromosoma
B. È un organulo cilindrico che si posiziona ai poli della cellula durante la mitosi
C. È una regione di citoplasma che si duplica in fase S e da cui ha origine il fuso mitotico
D. È l'elemento del cromatidio a cui si legano i microtubuli
E. È un organello che si trova nel nucleo

12. Se in una piastra metafasica di una cellula diploide sono presenti in totale 72 cromatidi, quante sono le coppie di cromosomi omologhi presenti?

A. 18
B. 36
C. 38
D. 72
E. 144

13. Una tetrade è formata da:

A. Un singolo cromosoma omologo
B. Un cromosoma duplicato
C. Una coppia di cromatidi
D. Una coppia di cromosomi omologhi
E. L'insieme delle cellule che si ottengono alla fine della meiosi

14. La meiosi è:

A. Un processo di degenerazione cellulare
B. Una fase della mitosi
C. Un processo grazie al quale tutti i gameti contengono gli stessi geni
D. Un processo grazie al quale il numero dei cromosomi viene dimezzato
E. Un processo che si osserva esclusivamente nella genesi delle cellule uovo

15. Il risultato della meiosi comporta:

A. La formazione di cellule aploidi
B. La formazione di una cellula diploide
C. La formazione di due cellule diploidi
D. La formazione dello zigote
E. La sintesi del nucleolo

16. Quale delle seguenti definizioni di crossing-over è CORRETTA?

A. È lo scambio di materiale genetico tra cromosomi omologhi
B. È il rimescolamento di materiale genetico proveniente da due specie diverse
C. È il processo mediante il quale coppie di cromosomi vengono orientate durante la prima divisione meiotica
D. È il meccanismo attraverso il quale da una cellula diploide si originano due cellule aploidi
E. È il meccanismo con cui si inattiva un cromosoma X

17. Durante la profase I in che fase si possono individuare i chiasmi?

A. Zigotene
B. Pachitene
C. Diacinesi
D. Leptotene
E. Diplotene

18. Al termine della prima divisione meiotica si ottiene:

A. Un numero diploide di cromosomi presente in ciascuna cellula figlia
B. Un corredo aploide di DNA presente in ciascuna cellula figlia
C. La separazione dei cromatidi fratelli di ciascun cromosoma omologo
D. L'appaiamento dei cromosomi omologhi
E. Quattro cellule aploidi

19. Durante la seconda divisione meiotica si realizza:

A. La formazione delle tetradi
B. La terminalizzazione dei chiasmi
C. La separazione dei cromosomi omologhi
D. La separazione dei cromatidi
E. Il crossing-over

20. In seguito a divisione meiotica una cellula diploide con 16 cromosomi darà cellule con:

A. 4 cromosomi
B. 16 cromosomi
C. 2 cromosomi
D. 32 cromosomi
E. 8 cromosomi

21. Sia una cellula con 2n = 20. Considerando l'anafase della prima divisione meiotica e l'anafase della mitosi, quale delle seguenti affermazioni è CORRETTA?

A. Nell'anafase mitotica migrano ai poli 10 cromosomi per parte
B. Nell'anafase meiotica migrano ai poli 20 cromosomi per parte
C. Nell'anafase meiotica si separano i cromatidi
D. Nell'anafase mitotica migrano ai poli 10 cromatidi per parte

BIOLOGIA

E. Nell'anafase meiotica migrano ai poli 10 cromosomi per parte

22. Stabilito come "n" il corredo cromosomico in una cellula aploide e "c" il numero di cromatidi in una cellula aploide, quali sono i valori di "n" e "c" in metafase della meiosi I e della meiosi II?

A. Metafase I: 2n, 2c; metafase II: n, 2c
B. Metafase I: 2n, c; metafase II: n, c
C. Metafase I: 2n, 2c; metafase II: n, c
D. Metafase I: 2n, 4c; metafase II: n, c
E. Metafase I: 2n, 4c; metafase II: n, 2c

23. Una differenza tra meiosi e mitosi è che:

A. Durante la meiosi il DNA non si è replicato
B. Il DNA è maggiormente replicato in meiosi piuttosto che in mitosi
C. I cromosomi omologhi si appaiano nella meiosi ma non nella mitosi
D. La meiosi precede immediatamente la fecondazione
E. La meiosi si verifica solo negli organismi aploidi

24. Quale, dei seguenti enzimi, catalizza una reazione che sembra andare contro il dogma centrale della biologia?

A. tRNA
B. DNA polimerasi II
C. Telomerasi
D. RNA polimerasi
E. Elicasi

25. Nell'apoptosi, cioè la morte cellulare programmata, quale di questi organelli dà il via all'intero processo?

A. L'apparato di Golgi
B. Il mitocondrio
C. Il reticolo endoplasmatico rugoso
D. Il vacuolo
E. I perossisomi

26. Quale di queste cellule presenta, nell'uomo, un corredo cromosomico aploide?

A. Eritrocito
B. Linfocito
C. Spermatozoo
D. Ovogonio
E. Spermatogonio

27. Il maschio, nella specie umana, ha corredo cromosomico di 46 cromosomi, tra i quali un cromosoma X ed un cromosoma Y. I suoi gameti sono:

A. Soltanto cellule con 22 cromosomi ed un cromosoma Y
B. Soltanto cellule con 22 cromosomi ed un cromosoma X
C. Soltanto cellule con 46 cromosomi, tra i quali X ed Y
D. Cellule con 22 cromosomi più un X e cellule con 22 cromosomi più un Y
E. Cellule con 23 cromosomi più un X o un Y

28. Una cellula uovo differisce da uno spermatozoo in quanto essa:

A. Possiede mitocondri
B. Non possiede citoplasma
C. Possiede un corredo aploide di cromosomi
D. È un prodotto della meiosi
E. Ha molte più riserve energetiche

29. I globuli polari si formano durante:

A. Il fototropismo
B. L'oogenesi
C. La spermatogenesi
D. Lo stadio di profase
E. La fecondazione

30. Il numero di gameti che si formano dalla meiosi nella femmina è:

A. 1
B. 2
C. 3
D. 4
E. 8

31. Nella gametogenesi femminile, per meiosi, vengono prodotti:

A. Quattro cellule uovo
B. Due cellule uovo e due globuli polari
C. Una cellula uovo e tre globuli polari
D. Una cellula uovo e un globulo polare
E. Una cellula aploide e tre diploidi

32. In seguito alla maturazione di uno spermatocita primario a spermatozoo si ottengono:

A. Due gameti con 23 autosomi
B. Due gameti con 22 autosomi
C. Quattro gameti con 23 autosomi
D. Quattro gameti con 22 autosomi
E. Quattro gameti con 22 cromosomi

33. Nel liquido spermatico di una sola eiaculazione di un uomo sessualmente maturo sono presenti circa $4 \cdot 10^8$ spermatozoi. Quanti spermatociti di primo ordine

hanno subito la meiosi per produrre un numero così elevato di spermatozoi?

A. 10^8
B. $16 \cdot 10^8$
C. $4 \cdot 10^{32}$
D. 10^4
E. $4 \cdot 10^4$

34. Quale fra i seguenti eventi rappresenta l'evento caratteristico della riproduzione sessuata?

A. Ricombinazione genica
B. Separazione dei cromatidi fratelli
C. Divisione equazionale
D. Inattivazione del cromosoma X
E. Allineamento dei cromosomi sulla piastra metafasica

35. Quale tra i seguenti processi è tipico della riproduzione sessuale e permette di mantenere costante il numero di cromosomi nella specie?

A. Meiosi e mitosi
B. Mitosi e fecondazione
C. Meiosi e divisione citoplasmatica
D. Mitosi e divisione citoplasmatica
E. Meiosi e fecondazione

36. Un organismo che si riproduce in modo asessuato genera dei figli che normalmente sono:

A. Geneticamente identici
B. Geneticamente migliori dei genitori
C. Più adatti al loro ambiente
D. Capaci di sopravvivere più a lungo
E. Con una variabilità genetica più elevata

CORREZIONE COMMENTATA

1. L'interfase è lo stadio della vita cellulare durante il quale la cellula si prepara ad entrare in mitosi o meiosi. Tutti gli eventi elencati nelle risposte B, C, D ed E avvengono durante uno di questi due processi, quando l'interfase si è già verificata.
Risposta corretta A.

2. I check-point sono 3 punti, durante il ciclo cellulare, a livello dei quali la cellula compie dei controlli su se stessa per verificare di potersi replicare correttamente durante la fase di mitosi/meiosi. I check-point avvengono in 3 momenti diversi: alla fine della fase G1, alla fine della fase G2 e durante la fase M (durante la metafase, per verificare che i fusi mitotici si siano correttamente agganciati ai cinetocori di ciascun cromosoma). Durante il check-point della fase G1 vengono controllati tutti i parametri riportati dalle opzioni del quesito.
Risposta corretta E.

3. La mitosi è il processo grazie al quale le cellule somatiche (diploidi) si replicano, permettendo al nostro organismo di crescere. Data questa premessa, è possibile scartare le alternative A, B ed E, in quanto fanno riferimento a cellule aploidi o germinali. Anche l'opzione C non è corretta, poiché alla fine del processo mitotico si ottengono due cellule diploidi e non aploidi.
Risposta corretta D.

4. La mitosi è il processo di replicazione delle cellule somatiche, che permette al nostro organismo di crescere. Le alternative A, C, D ed E riguardano invece la meiosi, ovvero il processo che porta alla formazione di quattro cellule aploidi da una diploide.
Risposta corretta B.

5. La mitosi è il processo grazie al quale le cellule somatiche del nostro corpo si riproducono mantenendo lo stesso corredo cromosomico, premessa non compatibile con la risposta B. In particolare, la specie umana è dotata di 46 cromosomi e, dalla divisione mitotica, si ottengono due cellule figlie; sulla base di ciò possono essere eliminate anche le alternative C, D ed E.
Risposta corretta A.

6. Per poter effettuare la mitosi è necessario che le cellule abbiano 4 centrioli, due per ogni aster, per cui la risposta A può essere esclusa. I cromosomi si duplicano durante una fase del ciclo cellulare chiamata interfase, che avviene prima della mitosi, quindi anche la risposta B è errata. La fase riduzionale, conosciuta anche come prima divisione meiotica, è un passaggio esclusivo della meiosi, per cui la risposta C non è corretta. Infine, il fuso mitotico si forma nella profase della mitosi, motivo per cui anche la risposta D è errata.
Risposta corretta E.

7. L'involucro nucleare si riorganizza nell'ultima fase della mitosi, la telofase, in quanto prima è necessario che avvenga la divisione nucleare della cellula madre, per poi permettere al nucleo delle cellule figlie di ricomporsi.
Risposta corretta E.

8. La mitosi è un processo di duplicazione cellulare che viene diviso in fasi per meglio riferirsi ai fenomeni in serie che avvengono al suo interno. La corretta sequenza di fasi è: profase, prometafase, metafase, anafase, telofase. Per ricordare la corretta sequenza delle fasi della mitosi (che sono uguali a quelle della meiosi) si può usare questa mnemofrase, in cui le iniziali di ogni parola corrispondono alle iniziali delle fasi: "Poldo Mangia Al Tavolo". La Prometafase inoltre avviene prima della metafase (Pro = prima).
Risposta corretta A.

9. Tutte le risposte elencate indicano particolari organelli cellulari coinvolti nella replicazione cellulare, quindi è facile confondersi. Tuttavia, occorre ricordarsi che i cromosomi sono uniti AL CENTRO in una regione chiamata centromero.
Risposta corretta C.

10. Il cinetocore è la struttura proteica che si trova a livello del centromero a cui si agganciano i microtubuli del fuso mitotico. Non bisogna fare confusione con il centromero, zona dei cromatidi che li tiene uniti tra loro (risposta A errata), con i centrioli, strutture che si posizionano ai poli della cellula in replicazione e da cui originano i microtubuli (risposta B errata), con il centrosoma, area della cellula dove si trovano i centrioli e da cui si diparte l'aster (risposta D errata).
Risposta corretta C.

11. Il centrosoma è una regione di citoplasma che contiene due centrioli, si duplica in fase S e dà origine al fuso mitotico. La risposta A si riferisce al centromero; la risposta B al centriolo; la risposta D al cinetocore.
Risposta corretta C.

12. Ciascun cromosoma, che normalmente si trova in forma monocromatidica, si replica prima della mitosi o della meiosi, diventando bicromatidico. Dividendo per due il numero 72 si ottiene quindi il numero di cromosomi bicromatidici totali, che è uguale a 36. Tuttavia, il quesito richiede di indicare il numero di coppie di omologhi: per ricavarlo è sufficiente dividere nuovamente per due il numero ottenuto: il risultato è quindi 18.
Risposta corretta A.

13. La tetrade è una particolare struttura che si forma durante la profase della meiosi I, è formata da due cromosomi omologhi vicini. È detta tetrade dal momento che entrambi i cromosomi sono formati da due cromatidi e quindi la struttura complessiva è composta da quattro unità. La tetrade nello specifico si forma durante lo zigotene, i cromosomi sono vicini in modo da creare le sinapsi che permettono successivamente che avvenga il crossing over durante il pachitene. La risposta A è quindi errata, l'opzione B è corretta dal momento che entrambi i cromosomi sono formati da due cromatidi, ma è generica e non definisce una tetrade, così come la risposta C. L'insieme delle cellule che si ottengono dalla meiosi è rappresentato dai gameti (risposta E errata).
Risposta corretta D.

14. La meiosi è il processo che porta alla formazione di 4 cellule aploidi a partire da una cellula diploide. Non è un processo di degenerazione cellulare (risposta A errata), non è parte della mitosi ma rappresenta come essa una delle vie di duplicazione cellulare (risposta B errata). Alla fine della meiosi vengono formati gameti che contengono geni diversi in base a come sono stati suddivisi gli omologhi in anafase (risposta C errata). Non avviene solo per formare cellule uovo ma anche spermatozoi e perciò la risposta E è sbagliata.
Risposta corretta D.

15. La meiosi è il processo che porta alla formazione di gameti aploidi e che riguarda solo le cellule germinali. La formazione delle cellule aploidi avviene a partire da cellule diploidi che quindi ne rappresentano la cellula madre e non il prodotto (risposte B e C errate). Lo zigote è la cellula che si ottiene con la fecondazione, ovvero tramite la fusione dei gameti maschile e femminile (risposta D errata). Il nucleolo è una zona del nucleo in cui vengono sintetizzati gli rRNA che andranno a costituire la struttura dei ribosomi (risposta E errata).
Risposta corretta A.

16. Il crossing over è un processo appartenente alla meiosi I in cui i cromosomi omologhi si scambiano del materiale genetico, aumentando la variabilità genetica dei gameti. Rappresenta un modo di rimescolare il materiale genetico tra i vari individui della stessa specie (risposta B errata); il processo con cui gli omologhi si orientano uno accanto all'altro durante la profase I è detto formazione delle tetradi (risposta C errata). Il meccanismo con cui da cellula diploide si formano cellule aploidi è detto meiosi (risposta D errata), il meccanismo con cui il cromosoma X si condensa è detto "lyonizzazione" (risposta E errata).
Risposta corretta A.

17. In questa domanda è importante ricordare la definizione di chiasma e l'ordine delle sottofasi della profase I della meiosi in modo da poter andare per esclusione. Per ricordarsi l'ordine esiste

la mnemofrase: LE ZIe PAzze DI DIAna (Leptotene, Zigotene, Pachitene, Diplotene, Diacinesi). A questo punto se ci si ricorda che il crossing over avviene durante il pachitene possiamo dedurre che i chiasmi, cioè i punti di contatto tra i cromosomi dopo il crossing over (le connessioni prima del crossing over sono dette sinapsi), saranno individuati nel Diplotene (la quarta fase) perché nella quinta i cromosomi si separano.
Risposta corretta E.

18. Al termine della prima divisione meiotica si ottengono due cellule con corredo aploide ma i cui cromosomi sono formati da due cromatidi identici (risposta A errata). La separazione dei cromatidi fratelli avviene durante l'anafase II (risposta C errata). L'appaiamento dei cromosomi omologhi avviene durante la profase I sotto forma di tetradi (risposta D errata). Le quattro cellule aploidi vengono prodotte dopo la seconda divisione meiotica (risposta E errata).
Risposta corretta B.

19. La meiosi II è un processo molto simile alla mitosi, che prevede infatti una semplice divisione cellulare con separazione dei cromatidi fratelli. Le tetradi (opzione A), la terminalizzazione dei chiasmi (opzione B) e il crossing-over (opzione E) si formano durante la profase I, la separazione degli omologhi (opzione C) avviene in anafase I.
Risposta corretta D.

20. La meiosi è un processo che permette ad una cellula con contenuto diploide di dividersi in quattro con contenuto aploide. Nonostante con la divisione completa si ottengano cellule aploidi, il numero totale dei cromosomi in ogni cellula non sarà ¼ della cellula originale, ma solo la metà, perché prima dell'inizio della meiosi la quantità di DNA viene replicata.
Risposta corretta E.

21. Una cellula diploide con 20 cromosomi, dopo la fase S, in cui avviene la replicazione del DNA, avrà 40 cromosomi. Durante l'anafase della mitosi avviene la separazione dei cromatidi fratelli, dunque 20 cromatidi migrano ad un polo della cellula ed altri 20 migrano al polo opposto (risposte A e D errate). Durante l'anafase della prima divisione meiotica, invece, si separano i cromosomi omologhi (risposta C errata), ciascuno dei quali è bicromatidico: 10 cromosomi migrano ad un polo della cellula e gli altri 10 migrano al polo opposto (risposta B errata).
Risposta corretta E.

22. Nella metafase della meiosi I la cellula ha corredo cromosomico diploide (2n) e contenuto di DNA raddoppiato, in quanto è stato duplicato in fase S (4c). Nella metafase della meiosi II il corredo cromosomico è aploide, in quanto durante l'anafase I sono stati separati i cromosomi omologhi (n), ma ogni cromosoma è ancora composto da due cromatidi fratelli (2c).
Risposta corretta E.

23. Il DNA si replica allo stesso modo prima di meiosi e mitosi durante l'interfase (risposte A e B errate). Sappiamo inoltre che la meiosi dà origine a cellule aploidi ma non avviene solo negli organismi aploidi (l'uomo infatti è un organismo diploide), quindi anche la risposta E è errata. La risposta D è errata in quanto la fecondazione può avvenire anche dopo molto tempo la meiosi, come nel caso degli spermatozoi.
Risposta corretta C.

24. Le DNA polimerasi sono enzimi in grado di sintetizzare un filamento di DNA a partire da un filamento stampo fatto anch'esso di DNA (risposta B errata). La RNA polimerasi, invece, è in grado di sintetizzare un filamento di mRNA a partire da uno stampo di DNA (risposta D errata). L'elicasi permette di rompere i ponti a idrogeno tra i 2 filamenti di DNA, per favorirne la duplicazione (risposta E errata). Il tRNA permette solo il legame con gli amminoacidi e con l'RNA messaggero maturo (risposta A errata). La telomerasi, infine, è un enzima che sintetizza il DNA telomerico, a partire da una sequenza di RNA proprio, in modo da poter conservare il DNA telomerico. Sembra opporsi dunque al dogma centrale della biologia, poiché produce DNA a partire da RNA e non viceversa.
Risposta corretta C.

25. Il mitocondrio funziona da centrale per la ricezione degli stimoli apoptotici. Questi stimoli determinano l'apertura di un canale tra le due membrane mitocondriali, con conseguente ingresso massivo di liquidi, che porteranno allo scoppio dello stesso mitocondrio. In questo modo viene liberata la molecola AIF (Apoptosis Inducing Factor) che innesca l'apoptosi nella cellula.
Risposta corretta B.

26. Le cellule con un corredo cromosomico aploide sono i prodotti della mitosi e vengono detti gameti, ovvero oociti e spermatidi che grazie ad alcune modificazioni nella struttura esterna diventano spermatozoi. Gli eritrociti, ovvero i globuli rossi, non hanno nucleo e quindi non hanno neanche un corredo cromosomico (risposta A errata). I linfociti invece, cellule specializzate nelle risposte immunitarie, sono a tutti gli effetti delle cellule somatiche e quindi diploidi (risposta B errata). Oogonio e spermatogonio invece sono cellule precursori di oociti e spermatozoi: queste particolari cellule non hanno ancora effettuato una meiosi completa e quindi il loro corredo cromosomico è ancora diploide (opzioni D ed E errata).
Risposta corretta C.

27. Nella specie umana si hanno 22 coppie di cromosomi somatici (anche detti autosomi) e una coppia di cromosomi sessuali, che nel maschio corrisponde alla coppia XY; nei gameti invece il numero di cromosomi è dimezzato. Il testo della domanda dice che il soggetto in questione ha un cromosoma X e uno Y (è quindi un maschio); di conseguenza, il 50% degli spermatozoi generati avranno il cromosoma X e il restante 50% l'Y. Ogni gamete contiene 22 autosomi e un cromosoma sessuale per un totale di 23 cromosomi.
Risposta corretta D.

28. La cellula uovo e lo spermatozoo sono, rispettivamente, il gamete femminile e il gamete maschile; derivano entrambi da processi di divisione meiotica facenti parte della gametogenesi. I due gameti presentano un corredo cromosomico aploide, che nell'uomo corrisponde a 23 cromosomi. Entrambe le cellule possiedono un nucleo, un citoplasma e dei mitocondri (risposte A e B errate), anche se quelli dello spermatozoo vengono persi al momento della fecondazione. L'ovocita è più grande dello spermatozoo e contiene una maggior quantità di citoplasma e, dunque, di riserve energetiche.
Risposta corretta E.

29. I globuli polari sono le cellule che si formano durante l'oogenesi insieme all'oocita. Dal momento che citoplasma e organelli della cellula madre sono sufficienti a formare solo una cellula funzionale, ovvero l'oocita, le altre tre cellule che si formano dalla meiosi vanno incontro a morte e vengono dette globuli polari. Il fototropismo, opzione A, è il processo per cui una pianta cresce nella direzione della luce solare e non ha alcuna attinenza con la domanda. La spermatogenesi produce quattro spermatidi attivi (risposta C errata); lo stadio di profase è lo stadio iniziale di meiosi e mitosi e forma una cellula in metafase (risposta D errata); la fecondazione è il processo di fusione dei gameti (risposta E errata).
Risposta corretta B.

30. Grazie alla meiosi si ottengono 4 cellule figlie con corredo cromosomico aploide. Nella donna, però, tre di queste degenerano e non arrivano alla maturazione, diventando i cosiddetti "globuli polari". Dalla meiosi femminile si ottiene quindi un solo gamete funzionante.
Risposta corretta A.

31. La meiosi di solito porta alla formazione di quattro cellule figlie aploidi. Nella gametogenesi femminile, però, tre di queste degenerano, andando a formare i cosiddetti "globuli polari". Di conseguenza, dalla ovogenesi si ottiene un solo gamete funzionante, la cellula uovo, e tre globuli polari.
Risposta corretta C.

32. Dalla maturazione di uno spermatocita primario si ottengono quattro spermatidi, grazie alla divisione meiotica. Gli spermatidi maturano poi in spermatozoi, i gameti maschili, ciascuno contenente 23 cromosomi, di cui 22 autosomi e un cromosoma sessuale (X o Y).
Risposta corretta D.

33. A differenza della meiosi femminile, nell'uomo tutte le cellule che derivano dallo spermatocita primario diventano spermatozoi. Lo spermatocita primario si divide due volte, prima in spermatocita secondario e poi in spermatide, e va incontro a maturazione prima di diventare spermatozoo: per la produzione di $4 \cdot 10^8$ spermatozoi saranno quindi coinvolti 10^8 spermatociti primari.
Risposta corretta A.

34. La riproduzione sessuata consente, agli organismi che la effettuano, la ricombinazione genica, che incrementa la variabilità del genoma: questo permette alla specie di avere diversi vantaggi, tra i quali la minor incidenza di malattie genetiche e l'evoluzione della specie stessa. La ricombinazione genica avviene grazie alla fusione del patrimonio genetico di due individui diversi, al momento della fecondazione, e grazie al crossing over. Tra le alternative proposte, le risposte B, C, D ed E indicano dei processi che permettono la riproduzione sessuata e sono correlati ad essa, ma non ne rappresentano l'evento caratteristico.
Risposta corretta A.

35. La riproduzione sessuata è un meccanismo di riproduzione, tipico di alcuni organismi viventi, che aumenta la variabilità genetica tra gli individui tramite il riassortimento genico, il quale avviene con la fusione dei cromosomi dei gameti maschili con quelli dei gameti femminili. Dal momento che si ha la fusione di due cellule, è fondamentale che queste abbiano un numero di cromosomi dimezzato, così da mantenere costante il numero di cromosomi della specie. Il meccanismo di duplicazione che forma cellule aploidi è la meiosi, quindi le opzioni che contengono la mitosi sono errate (risposte B e D errate). La fecondazione è il processo di fusione tra i due gameti.
Risposta corretta E.

36. La riproduzione sessuale è vantaggiosa perché produce organismi con un DNA vario, permettendo l'evoluzione della specie e una minor probabilità di malattie genetiche. Al contrario, la riproduzione asessuata avviene senza rimescolamento genetico: gli organismi derivanti da questa riproduzione saranno dunque geneticamente tutti uguali.
Risposta corretta A.

5. Genetica

1. Gli alleli:

A. Sono sempre uguali per ogni gene
B. Sono presenti sempre in triplice copia per un gene
C. Sono sequenze di RNA implicate nella determinazione del fenotipo
D. Possono essere recessivi, dominanti o co-dominanti
E. Si manifestano sempre fenotipicamente

2. Per omozigote si intende un individuo che:

A. Manifesta una caratteristica dominante
B. Ha due alleli uguali per una determinata caratteristica
C. Manifesta una caratteristica recessiva
D. Ha due coppie identiche di alleli per una caratteristica
E. Ha tutte le coppie di alleli uguali

3. I geni esplicano la loro azione mediante la produzione di:

A. Lipidi
B. Glucidi
C. Proteine
D. Vacuoli
E. Cromosomi

4. Incrociando due individui che possiedono genotipo AaBBCcdd e aabbCcDd, qual è la probabilità di ottenere individui omozigoti recessivi per tutti e quattro i geni?

A. ½
B. ¼
C. 3/8
D. 1/8
E. 0

5. Incrociando due individui eterozigoti AaBbCc quale sarà la percentuale di individui aventi lo stesso fenotipo dei genitori?

A. 50%
B. 25%
C. 75%
D. 42 %
E. 100%

6. Le leggi di Mendel riguardano:

A. L'evoluzione della specie
B. Il progresso della razza umana
C. L'ereditarietà dei caratteri negli organismi diploidi
D. La trasmissione dei caratteri legati al sesso
E. La frequenza di comparsa di nuove mutazioni

7. Ad una neonata viene diagnosticata alla nascita una patologia mitocondriale, tale per cui alcune delle sue cellule non presentano mitocondri. Quale risultato diretto è possibile aspettarsi in caso di una loro assenza?

A. Sintetizzare le proteine
B. Produrre quantità sostanziali di ATP
C. Impacchettare le proteine sintetizzate sui ribosomi fissi
D. Riprodursi
E. Comunicare con le cellule vicine

8. Lo scambio di geni tra cromosomi omologhi è detto:

A. Poliploidia
B. Cromatidio
C. Crossing-over
D. Test cross
E. Mutazione

9. In genetica che tecnica si utilizza per identificare con certezza il genotipo di un individuo con fenotipo dominante?

A. Quadrato di Punnet
B. Test di complementazione
C. Test cross
D. Albero genealogico
E. Nessuna delle precedenti

10. Due geni A e B, localizzati in loci vicini nel cromosoma 21, al momento della meiosi generalmente:

A. Assortiscono indipendentemente
B. Si avvicinano
C. Si distribuiscono nella stessa cellula figlia
D. Si allontanano
E. Si distribuiscono in cellule diverse

11. I gruppi sanguigni sono un esempio di:

A. Pleiotropia
B. Poliemia
C. Poliallelia
D. Dominanza incompleta
E. Epistasi

12. Un individuo è vittima di un incidente e si rende necessaria una trasfusione. Il gruppo sanguigno della vittima è A, ma non

BIOLOGIA

è disponibile sangue di gruppo A.
Quale dei seguenti gruppi sanguigni può essere usato in sostituzione, senza causare gravi rischi per la vittima?

A. Solo AB
B. Solo 0
C. AB, B o 0
D. Solo B
E. Solo AB o B

13. La seconda generazione filiale di un incrocio tra due esemplari di pollo dell'Andalusia, uno omozigote bianco (aa) e uno omozigote nero (AA), è composta circa per il 22% da polli bianchi, per il 21% da polli neri e per il 57% da polli grigi. Come è chiamato il fenomeno che spiega la comparsa di polli grigi?

A. Alleli multipli
B. Codominanza
C. Dominanza incompleta
D. Epistasi
E. Pleiotropia

14. I cromosomi sessuali presenti in una cellula somatica umana sono:

A. 1
B. 2
C. 23
D. 46
E. 92

15. Quale fattore inizialmente determina se un nuovo essere umano sarà un maschio o una femmina?

A. Il tipo di cellula uovo che viene fecondata
B. Il tipo di spermatozoo fecondante
C. La modalità della fecondazione
D. L'epoca dell'ovulazione
E. La modalità di sviluppo delle gonadi

16. Qual è la probabilità che una coppia, dopo quattro figlie femmine, abbia un figlio maschio?

A. 100%
B. 75%
C. 50%
D. 25%
E. Nessuna

17. Un individuo di sesso maschile riceve il corredo genetico legato al cromosoma X:

A. Dalla madre
B. Dal padre
C. Non ha il cromosoma X
D. Non è possibile prevederlo
E. Non lo riceve, si forma per delezione del cromosoma Y

18. Il cariotipo è:

A. Il corredo cromosomico caratteristico di ogni specie
B. L'insieme dei caratteri fisici di un individuo
C. Il corredo cromosomico dei gameti maturi
D. Un corredo cromosomico anomalo
E. Il corredo cromosomico aploide

19. Il patrimonio genetico di tutte le cellule somatiche di un organismo umano è:

A. Aploide
B. Diploide
C. Composto da acido ribonucleico
D. Tetraploide
E. Diverso da tessuto a tessuto

20. In un organismo sessuato una cellula aploide differisce da una cellula diploide perché contiene una quantità:

A. Doppia di DNA
B. Doppia di RNA
C. Dimezzata di RNA
D. Dimezzata di DNA
E. Dimezzata di proteine

21. Rispetto al numero di cromosomi presente in un gamete, il numero dei cromosomi presenti nello zigote alla fecondazione è:

A. Doppio
B. Dimezzato
C. Invariato
D. Quadruplo
E. Aploide

22. Quale delle seguenti affermazioni è errata?

A. Il corpo di Barr è il cromosoma X attivo nelle cellule di un individuo di sesso femminile
B. Il mosaicismo è la coesistenza di cellule con diverso patrimonio genetico nello stesso organismo
C. L'eterocromatina è una porzione del genoma altamente condensata e non codificante per proteine
D. Il mosaicismo può riguardare sia il DNA nucleare che quello mitocondriale
E. Nessuna delle precedenti

23. La corea di Huntington è una malattia autosomica dominante: se una portatrice sana di daltonismo (malattia X-linked recessiva) ed un uomo affetto da corea di Huntington (nato da un padre che non presenta la malattia) hanno un bambino, qual è la probabilità che il figlio nato sia un maschio totalmente sano?

A. 1/6
B. 12,5%
C. 25%
D. 1/4
E. 1/9

24. Quale tra le seguenti è una caratteristica di una malattia genetica autosomica recessiva?

A. Il 50% dei figli di una madre eterozigote affetta saranno affetti
B. I genitori degli affetti possono essere portatori asintomatici
C. Gli affetti hanno almeno un genitore affetto
D. Sono colpiti solo gli individui di sesso maschile
E. Ha prevalenza più elevata negli individui di sesso femminile

25. Qual è la probabilità che il/la figlio/a di una coppia formata da una madre portatrice sana e da un padre non affetto da fibrosi cistica, ma a sua volta figlio di una coppia di portatori, (malattia autosomica recessiva) nasca malato?

A. 1/4
B. 1/6
C. 0
D. 1/2
E. 2/3

26. Un uomo daltonico (malattia X-linked recessiva) sposa una donna non daltonica della quale non conosciamo il genotipo. Quale tra le seguenti affermazioni è vera?

A. Certamente nascerà almeno una figlia daltonica
B. Solo i figli maschi potranno essere daltonici
C. Le figlie se non daltoniche saranno portatrici sane
D. La probabilità che nasca un figlio maschio sano è del 50%, indipendentemente dal genotipo materno
E. Tutti i maschi saranno portatori sani

27. Nella specie umana, una malattia legata al cromosoma Y verrà trasmessa:

A. A tutti i figli indistintamente
B. Solo ai figli di sesso maschile
C. Solo alle figlie
D. Dipende dal caso
E. A nessuno dei figli

28. Giovanni, portatore di fibrosi cistica, aspetta un figlio da Teresa, affetta da fibrosi cistica. Sapendo che Giovanni è di gruppo sanguigno AB Rh+ (omozigote) e Teresa B Rh- (eterozigote), qual è la probabilità complessiva che il figlio sia maschio, portatore di fibrosi cistica e gruppo AB Rh+?

A. 1/16
B. 1/32
C. 1/8
D. 1/4
E. 1/2

29. La fonte principale della variabilità genetica è la:

A. Mutazione
B. Partenogenesi
C. Riproduzione agamica
D. Clonazione
E. Selezione

30. La riproduzione asessuale porta alla formazione di individui:

A. 1/2 diversi; 1/2 uguali
B. Tutti geneticamente uguali
C. 3/4 uguali; 1/4 diversi
D. 1/3 uguali; 2/3 diversi
E. Comunicare con le cellule vicine

31. Per mutazione si intende:

A. Qualsiasi cambiamento della sequenza del DNA
B. Qualsiasi cambiamento a livello di RNA
C. Qualsiasi cambiamento a livello della sequenza amminoacidica
D. Solo un cambiamento nella sequenza del DNA che provoca l'alterazione di una proteina
E. Solo un cambiamento della sequenza del DNA responsabile della comparsa di una caratteristica peggiorativa

32. Le mutazioni sono:

A. Finalizzate al miglioramento della specie
B. Finalizzate all'annientamento della specie
C. Dipendenti da incroci genetici
D. Casuali
E. Dipendenti dai genitori

33. Quale malattia NON è causata da una non-disgiunzione dei cromosomi durante la meiosi?

A. Sindrome di Patau
B. Sindrome di Edwards
C. Sindrome di Turner
D. Sindrome dell'X fragile
E. Sindrome di Down

34. Il linfoma di Burkitt, un tumore riguardante i linfociti B maturi, è nel 90% dei casi causato da una mutazione cromosomica in cui una porzione del cromosoma 8 (in cui è presente il gene c-myc) si porta all'interno del cromosoma 14 e, allo stesso tempo, un pezzettino del cromosoma 14 si porta sul cromosoma 8. A seguito di questa mutazione infatti il gene c-myc viene a trovarsi vicino ad alcuni geni che codificano per le catene pesanti delle immunoglobuline, causando una loro anomala produzione. Questo tipo di mutazione rappresenta una:

A. Delezione
B. Traslocazione
C. Inserzione
D. Duplicazione
E. Inversione

35. Per cariotipo si intende:

A. Il meccanismo di formazione della matrice mitocondriale
B. L'insieme delle caratteristiche di forma, dimensione e numero dei cromosomi di un organismo
C. Il numero totale dei mitocondri nell'uomo
D. Il numero esatto di denti di un organismo
E. Nessuna delle precedenti è corretta

36. La mutazione che modifica l'mRNA UUUUACGAGAGA in UUUUACUAGAGA è denominata:

A. Mutazione sinonima
B. Inserzione
C. Mutazione nonsenso
D. Mutazione missenso
E. Delezione

CORREZIONE COMMENTATA

1. Gli alleli vengono definiti come le alternanze fenotipiche di un gene: si tratta quindi di sequenze di DNA che fanno parte dei cromosomi (risposta C errata). Essi sono presenti in duplice copia per ogni gene, uno per ogni cromosoma omologo (risposta B errata). Considerando un gene (es. colore del seme di una pianta) i due alleli possono essere uguali (verde- verde) oppure diversi (verde – giallo), in questo caso si ha una condizione di eterozigosi (risposta A errata). Nel momento in cui i due alleli siano diversi, solo uno dei due determina il fenotipo; quest'ultimo viene definito allele dominante, l'altro è invece l'allele recessivo (risposta E errata). Inoltre è possibile che due alleli siano co-dominanti tra di loro, in questo caso si manifestano entrambi.
Risposta corretta D.

2. Per omozigote si intende un individuo avente per un dato carattere (risposta E errata) una coppia di alleli uguali (risposta D errata), siano essi dominanti (risposta A errata) o recessivi.
Risposta corretta B.

3. I geni corrispondono a porzioni di genoma localizzate in precise posizioni (loci) all'interno della sequenza di DNA e contengono le informazioni necessarie per codificare in ultima istanza molecole funzionali, come RNA o proteine. Ricordando il dogma centrale della biologia: DNA → RNA → proteine, i geni esplicano la loro azione mediante la produzione di proteine.
Risposta corretta C.

4. Per risolvere questo quesito bisogna costruire quattro quadrati di Punnet (uno per ogni gene), calcolare la probabilità di ottenere un individuo omozigote recessivo per il singolo gene e moltiplicare le quattro probabilità ottenute tra di loro. Ci si accorge però che per quanto riguarda il gene B è impossibile ottenere un individuo omozigote recessivo, perché da questo incrocio si ottengono solo soggetti eterozigoti (Bb). Di conseguenza la probabilità di ottenere un individuo omozigote recessivo per tutti e quattro i geni è 0.
Risposta corretta E.

5. Facendo il quadrato di Punnet (Aa x Aa) per il gene A si nota che 3/4 dei figli avranno fenotipo identico a quello dei genitori (cioè fenotipo dominante); stesso discorso vale per i geni B e C.
Possiamo ottenere la percentuale degli individui con fenotipo dominante per tutti e 3 i caratteri facendo 3/4 (gene A) · 3/4 (gene B) · 3/4 (gene C), cioè (3/4)3 · 100.
Risposta corretta D.

6. Le 3 leggi di Mendel riguardano la trasmissione dei caratteri ereditari negli organismi diploidi. Il monaco Gregor Mendel ipotizzò queste leggi studiando gli incroci tra le piante di pisum sativum.
Risposta corretta C.

7. I mitocondri sono considerati come la centrale energetica della cellula, in quanto la maggior parte dell'ATP viene sintetizzata nella catena respiratoria. Di conseguenza, ci aspettiamo che le cellule della paziente prive di mitocondri non siano in grado di produrre quantità sostanziali di ATP, se non dalla glicolisi
Risposta corretta B.

8. Lo scambio dei geni tra cromosomi omologhi è detto crossing-over.
Con poliploidia si intende la condizione in cui in una cellula si trovano più di due patrimoni aploidi completi: si parla infatti di cellule 3n, 4n, etc. (risposta A errata).
Il cromatidio è l'unità base del cromosoma. Un cromosoma in fase G1 è composto da un solo cromatidio, durante la fase S raddoppia il proprio patrimonio e si trova ad essere formato da 2 cromatidi. Dopo la mitosi o la meiosi II, torna ad essere formato da un solo cromatidio (risposta B errata).
Il test cross è un test usato in genetica per verificare il genotipo di organismo a fenotipo dominante (risposta D errata).

Con mutazione infine, si intende un'alterazione del genoma della cellula. A seconda dell'entità, della sede e del tipo di alterazione, si riconoscono mutazioni diverse (risposta E errata).
Risposta corretta C.

9. Il quadrato di Punnet è un diagramma utilizzato in genetica per determinare la probabilità con cui si manifestano i diversi fenotipi derivati dall'incrocio di diversi genotipi (risposta A. errata). Il test di complementazione si usa invece per valutare se due mutazioni per lo stesso carattere sono portate dallo stesso gene o meno (risposta B errata). L'albero genealogico si usa per fare ricostruzioni genetiche riguardanti le affinità a malattie o a determinati caratteri. Il test cross è invece proprio la tecnica cercata, in quanto consente di individuare il genotipo di un fenotipo dominante, incrociandolo con un individuo omozigote recessivo. Se la prole presenta tutta fenotipo dominante l'organismo di cui si vuole determinare il genotipo è omozigote dominante, se invece è sia dominante che recessiva l'organismo è eterozigote.
Risposta corretta C.

10. La probabilità che due geni presenti sullo stesso cromosoma, al momento della meiosi, segreghino all'interno della stessa cellula figlia, dipende dalla possibilità che siano separati al momento del crossing-over. Tuttavia, la probabilità che due geni sullo stesso cromosoma siano separati a seguito del crossing-over, è inversamente proporzionale alla loro distanza: più sono vicini, più sarà difficile che vengano separati. Siccome i geni A e B del quesito si trovano in loci vicini, è molto difficile che vengano separati dal crossing-over, dunque possiamo supporre con buona probabilità che vadano a finire nella stessa cellula figlia.
Risposta corretta C.

11. Si definisce pleiotropia l'influenza di un singolo allele su diversi aspetti fenotipici non direttamente collegati tra loro (risposta A errata).
La poliemia è una condizione in cui si ha un aumento anormale della massa sanguigna (risposta B errata).
Si parla di dominanza incompleta quando entrambi i geni relativi ad un determinato carattere vengono espressi contemporaneamente, e non si ha un rapporto dominanza-recessività. In questi casi si arriva ad avere un fenotipo intermedio tra quelli portati, indipendentemente dai due geni (risposta D errata).
Infine si parla di epistasi, quando il fenotipo portato da un gene prevale su quello portato da un altro, al di fuori della coppia genica classica. I due geni si trovano su loci diversi, magari anche su cromosomi diversi, eppure presentano una relazione simile a quella delle coppie di geni dominanti-recessivi (risposta E errata).
Nel sistema AB0 si osserva codominanza nel caso del gruppo AB, poiché nessuno dei due alleli (IA,IB) è dominante rispetto all'altro, ma compaiono entrambi negli eterozigoti. A differenza di quanto accade nella dominanza incompleta, non ottengo un fenotipo intermedio tra quelli portati dai due geni, ma entrambi i fenotipi si manifestano in maniera completa e "dominante".
Non essendoci questa opzione, la più corretta tra opzioni di risposta è poliallelia, ossia la presenza di più varianti alleliche diverse di un singolo gene. Questa caratteristica però non è esclusiva dei soli gruppi sanguigni, ma appartiene a tutti (o quasi) i geni esistenti.
Risposta corretta C.

12. Il sangue di gruppo A ha antigeni A sulla superficie del globulo rosso e anticorpi anti B, il gruppo B ha antigeni B sulla superficie del globulo rosso e anticorpi anti A, mentre il gruppo AB ha entrambi gli antigeni e nessun anticorpo. Se ad un paziente di gruppo A si trasfondesse sangue di gruppo B o AB, l'organismo del paziente produrrebbe anticorpi contro gli antigeni (provocando coagulazione e trombosi intravascolare), in questi due casi anti-B. Invece, il sangue di gruppo 0, definito donatore universale, non ha antigeni sulla superficie dei globuli rossi, quindi non causa reazione immunitaria da parte di soggetti con gruppi sanguigni diversi (A, B e AB).
Risposta corretta B.

13. Il fenomeno che spiega la comparsa di individui nelle generazioni filiali con fenotipo intermedio (grigio) rispetto al fenotipo dominante e recessivo è detto dominanza incompleta.

Infatti entrambi gli alleli si manifestano fenotipicamente e il risultato è un fenotipo intermedio tra l'allele dominante e recessivo.
Risposta corretta C.

14. Una cellula somatica umana sana dell'organismo contiene 23 coppie di cromosomi, la ventitreesima coppia è data dai cromosomi sessuali, che nel maschio sono XY e nella femmina XX. Dunque, poiché nelle cellule somatiche sono presenti in coppia, i cromosomi sessuali sono 2. I cromosomi sessuali sono singoli in una cellula aploide umana, quali cellula uovo e spermatozoo, ma mentre la cellula uovo contiene solo cromosomi X, lo spermatozoo può avere il cromosoma sessuale X oppure Y. Il numero 23 è proprio del numero di cromosomi aploide di una cellula, mentre 46 rappresenta il numero di cromosomi di una cellula diploide.
Risposta corretta B.

15. Come già accennato, il sesso del nascituro è determinato dalla coppia di eterosomi portati dai gameti. La cellula uovo porta sempre il cromosoma X, mentre lo spermatozoo può portare sia la X che la Y. Va da sé che il sesso del bambino dipende dallo spermatozoo coinvolto nella fecondazione.
Risposta corretta B.

16. La probabilità che un figlio sia maschio o femmina è indipendente dal sesso dei figli precedenti. La probabilità che un figlio sia maschio o femmina è SEMPRE pari al 50%.
Risposta corretta C.

17. Un individuo di sesso maschile riceve il cromosoma Y dallo spermatozoo, che determina il sesso maschile e il cromosoma X dalla cellula uovo: il cromosoma X e Y costituiscono la coppia di cromosomi sessuali. Ugualmente, un individuo di sesso femminile riceve un cromosoma X dalla madre e un cromosoma X dal padre.
Risposta corretta A.

18. Il cariotipo è l'intero corredo cromosomico caratteristico di ogni specie. Nel caso della specie umana il cariotipo corrisponde a 23 coppie di cromosomi omologhi, di cui 23 cromosomi di origine materna e 23 di origine paterna. Il corredo cromosomico aploide, ossia quello costituito solo dai 23 cromosomi materni o paterni, si trova nei gameti maturi (risposte C ed E errate), le cellule deputate alla riproduzione sessuata. Il cariotipo può essere normale, quando una cellula presenta il corretto numero di cromosomi, oppure anomalo (risposta D errata), quando questo numero non viene mantenuto. Infine l'insieme dei caratteri fisici di un individuo (risposta B errata) è definito fenotipo.
Risposta corretta A.

19. Le cellule somatiche di un organismo contengono una stessa quantità di cromosomi di derivazione materna e paterna. Nel caso dell'essere umano, le cellule somatiche contengono 23 cromosomi di origine materna e 23 cromosomi di origine paterna, per un totale di $23 \cdot 2 = 46$ cromosomi. Pertanto il patrimonio genetico è diploide, indicato con 2n. Al contrario nei gameti, che nella specie umana sono gli spermatozoi e la cellula uovo, l'informazione genetica è contenuta in soli 23 cromosomi, pertanto il patrimonio genetico è aploide, o n (risposta A errata). Si parla invece di patrimonio genetico tetraploide quando una cellula somatica si trova ad avere quattro set di cromosomi, al posto di due. Nell'uomo questa condizione non è fisiologica, e non è compatibile con la vita (risposta D errata).
Infine il patrimonio genetico è composto da acido desossiribonucleico (DNA), non da acido ribonucleico (RNA), ed è uguale in tutte le cellule di un organismo.
Risposta corretta B.

20. Una cellula avente cromosomi rappresentati solo una volta è definita "aploide", mentre con "diploide" si intende una cellula avente cromosomi rappresentati due volte.
Una cellula aploide quindi ha metà dei cromosomi di una diploide, ossia metà del DNA. Le risposte C ed E, metà dell'RNA e delle proteine, possono trarre in inganno, ma sono errate. La presenza

di queste due molecole infatti dipende non solo dal patrimonio genetico di una cellula, ma anche dalla sua funzione e dal suo stadio di vita cellulare.
Risposta corretta D.

21. Il gamete femminile, la cellula uovo, contiene 23 cromosomi (corredo cromosomico aploide). Anche il gamete maschile, lo spermatozoo, contiene 23 cromosomi. Cellula uovo e spermatozoo uniscono il loro patrimonio gen co nel corso della fecondazione, andando a formare lo zigote: la prima cellula somatica del nuovo organismo, avente 46 cromosomi (corredo cromosomico diploide).
Risposta corretta A.

22. Il corpo di Barr è il cromosoma X inattivo nelle cellule di un individuo di sesso femminile. Il mosaicismo è un fenomeno in cui all'interno di un organismo sono presenti linee cellulari che presentano patrimonio genetico differente. Queste differenze possono riguardare sia il DNA mitocondriale (eteroplasmia) che quello nucleare (risposte B e D errate). L'eterocromatina rappresenta la forma condensata della cromatina, inattiva trascrizionalmente (risposta C errata).
Risposta corretta A.

23. Ricostruiamo il quadrato di Punnet per il daltonismo:

	X	X
X	XX	Xx
Y	XY	xY

Poiché il daltonismo è una malattia recessiva legata ai cromosomi sessuali, la probabilità che nasca un figlio maschio sano è ¼.
Analizziamo ora il decorso de la corea di Huntington, una malattia autosomica dominante. Essendo sana, la madre avrà necessariamente un genotipo omozigote recessivo. Il padre affetto, invece, essendo nato da un padre sano sarà inevitabilmente eterozigote. Costruiamo quindi il quadrato di Punnet per la corea di Huntington:

	a	a
A	Aa	Aa
a	aa	aa

Da esso possiamo dedurre che la probabilità di avere un figlio sano è di 1/2. Quindi, per trovare la probabilità che il figlio nasca maschio e totalmente sano, moltiplichiamo le singole probabilità tra loro: $1/2 \cdot 1/4 = 1/8 = 12{,}5\%$.
Risposta corretta B.

24. La risposta A è errata in quanto è riconducibile alla caratteristica tipica di una malattia dominante, sia autosomica che X-linked. Le malattie genetiche autosomiche recessive si manifestano solamente in omozigosi e, perché ciò sia possibile, è necessario che i genitori siano entrambi o affetti, o portatori sani (risposa B errata). La risposta C è errata perché rispecchia il caso di una malattia dominante. La D e la E invece sono errate perché in caso di una malattia autosomica possono essere colpiti entrambi i sessi con ugual frequenza (sono le malattie recessive legate all'X a colpire con più frequenza gli uomini).
Risposta corretta B.

25. Perché il figlio sia malato è necessario che entrambi i genitori siano dei portatori sani. La madre lo è, mentre non siamo certi del genotipo paterno. Il padre, non essendo affetto ed essendo figlio di due portatori, può essere sia sano (probabilità 1/3) che portatore sano (probabilità 2/3). Ragioniamo sui

terzi perché, sapendo che è sano, escludiamo la casella omozigote recessivo dal quadrato di Punnet. Per poter trasmettere la malattia quindi, deve essere portatore sano.
La probabilità che il figlio sia affetto quindi è data dalla moltiplicazione delle singole probabilità:
- 1/2 (probabilità di ereditare il gene malato della madre)
- 2/3 (probabilità che il padre sia malato)
- 1/2 (probabilità di ereditare il gene malato dal padre) = 1/6.

Risposta corretta B.

26. Il daltonismo è una malattia X-linked recessiva: nelle donne si manifesterà solo in omozigosi recessiva, mentre nei maschi in emizigosi. La donna, non essendo daltonica, può essere sia portatrice sana (XdX) che sana (XX). Per rispondere alla domanda bisogna costruire due quadrati di Punnet, uno per ogni possibile genotipo materno. La risposta A è sbagliata perché in entrambi i casi c'è la possibilità che nasca una figlia fenotipicamente sana (portatrice sana). La risposta B è sbagliata perché se la madre fosse portatrice sana, potrebbero nascere anche femmine daltoniche. La risposta D è sbagliata perché rispecchia solamente il caso della madre portatrice. La risposta E è errata poiché i maschi affetti da malattia X-linked non potranno mai essere portatori, ma sempre affetti. La risposta C è corretta perché se la madre fosse sana le figlie nascerebbero tutte portatrici, in quanto erediterebbero la X dal padre, mentre se la madre fosse portatrice le femmine se non daltoniche nascerebbero portatrici.
Risposta corretta C.

27. Se uno spermatozoo contiene al suo interno il cromosoma Y, il figlio che nascerà da esso sarà maschio. Ragionando nei termini della domanda, solo i figli maschi, visto che ereditano il cromosoma Y, saranno affetti dalla patologia.
Risposta corretta B.

28. Questo quesito, apparentemente difficile, può essere risolto analizzando i caratteri singolarmente. Parlando di fibrosi cistica bisogna ricordare che si tratta di una malattia autosomica recessiva, per cui il marito portatore sarà eterozigote Aa, mentre la moglie malata omozigote aa.
La probabilità che il figlio sia portatore è di 1/2.
Sistema AB0: il marito è AB, la moglie B0, quindi la prole potrebbe essere: AB, A0, BB, B0.
La probabilità che il figlio sia di gruppo AB è di 1/4
Sistema Rh: un soggetto Rh+ può avere due genotipi, cioè DD o Dd mentre un soggetto Rh- può essere solo di genotipo dd. Dato che il padre è omozigote dominante per il carattere, la probabilità quindi di avere un figlio Rh+ è uguale a 1 (tutti i figli risultano eterozigoti Dd).
Sesso: la probabilità che il primo figlio sia maschio è di 1/2 .
Tramutando matematicamente il quesito, si tratta di una probabilità composta, i cui eventi sono indipendenti tra di loro, quindi la probabilità totale è data dal prodotto delle singole probabilità:
$1/2 \cdot 1/4 \cdot 1 \cdot 1/2 = 1/16$.
Risposta corretta A.

29. La partenogenesi è un tipo di riproduzione agamica, ovvero asessuata, in cui lo sviluppo della cellula uovo avviene senza che questa sia stata fecondata. Quindi, proprio come tutti i tipi di riproduzione asessuata, non comporta la fusione di due gameti e dunque neanche un rimescolamento del materiale genetico (risposta B errata). In genetica la clonazione è la tecnica di produzione di copie geneticamente identiche ad un organismo di partenza (risposta D errata). La selezione naturale è il meccanismo attraverso il quale si ha una progressiva riduzione degli individui meno adatti all'ambiente in cui vivono; non provoca direttamente variabilità genica, ma favorisce la sopravvivenza dei genomi più adatti all'ambiente (risposta E errata). Le mutazioni A) sono delle modifiche nella sequenza nucleotidica di un genoma, hanno dunque un impatto a livello genotipico e a seconda della mutazione possono influenzare anche il fenotipo. Sono alla base della variabilità genetica perché permettono la nascita di nuove varianti alleliche.
Risposta corretta A.

30. La riproduzione asessuata, anche detta vegetativa, non risente della stessa variabilità della riproduzione sessuata: per questo motivo, in assenza di mutazioni, si avrà una prole identica

all'organismo madre.
Risposta corretta B.

31. Per mutazione si intende una modifica della sequenza di DNA che può trasmettersi con la trascrizione all'RNA, fino ad ottenere delle proteine mutate. In alcuni casi, ma non sempre, una mutazione può essere responsabile dell'espressione delle malattie.
Risposta corretta A.

32. Per mutazione si intende una alterazione del DNA che si verifica in modo casuale. Queste alterazioni possono portare benefici, deficit oppure non influenzare in nessun modo l'organismo. Nel primo caso verranno selezionate positivamente dalla selezione naturale, nel secondo negativamente (mentre nel terzo non la impatteranno in nessun modo).
Risposta corretta D.

33. La sindrome di Down, di Patau e di Edwards sono patologie causate da trisomie rispettivamente 21, 13, 18. La sindrome di Turner invece è invece una rara malattia genetica che colpisce le donne, le quali, invece di avere la normale coppia di cromosomi sessuali XX, presentano una monosomia X0. Le già citate patologie sono quindi dovute a mutazioni di tipo genomico con variazione del numero di cromosomi e trovano principalmente la loro origine in un errato appaiamento durante la meiosi. Dunque per esclusione la risposta corretta è la sindrome dell'X-fragile.
Risposta corretta D.

34. Questo tipo di mutazione è un esempio tipico di una traslocazione, infatti vi è uno scambio di materiale genetico tra due cromosomi non omologhi, in questo caso tra l'8 e il 14.
Risposta corretta B.

35. Al fini della ricerca e della diagnosi, in alcuni casi si effettua il cariotipo, ovvero un'analisi dell'assetto cromosomico dell'organismo in termini di numero, forma e dimensione. Dal punto di vista pratico si tratta di una microfotografia dei cromosomi, bloccati all'inizio dello stadio di metafase della mitosi, ordinati in coppie di omologhi o in sequenza.
Risposta corretta B.

36. La mutazione avvenuta in quel tratto di mRNA, non è sicuramente di inserzione o delezione perché il numero di nucleotidi è lo stesso. È chiamata mutazione nonsenso poiché il codone GAG, che codifica la glicina, viene sostituito dal codone UAG, un codone di stop, che blocca la traduzione e fa sì che la proteina prodotta sia tronca. I codoni di stop sono UAA, UGA, UAG.
Risposta corretta C.

6. Bioenergetica

1. Per quanto riguarda la respirazione cellulare:

A. Considerando una molecola di glucosio dal ciclo di Krebs si ottengono 6 NADH, 2 $FADH_2$, 2 ATP
B. Prima dell'immissione nel ciclo di Krebs il piruvato viene ridotto ad acetil-CoA
C. Avviene per intero nella camera mitocondriale interna
D. I complessidella catena respiratoria sono situati nella matrice mitocondriale
E. Il ciclo di Calvin produce 2 molecole di gliceraldeide-3-fosfato

2. Nella cellula l'ATP ha la funzione di:

A. Riserva di energia chimica
B. Attivatore e trasportatore di proteine
C. Attivatore di qualsiasi tipo di enzima
D. Riserva di fosfati organici ed inorganici
E. Svolge tutte queste funzioni

3. L'energia necessaria ai processi di biosintesi e alle diverse attività meccaniche delle cellule deriva:

A. Solo dalle reazioni cataboliche
B. Solo dalle reazioni anaboliche
C. Sia dalle reazioni cataboliche che anaboliche
D. Dalle reazioni digestive
E. Da nessuna delle reazioni menzionate

4. La principale struttura deputata allo svolgimento della respirazione cellulare completa è:

A. Il cloroplasto
B. Il nucleo
C. Il nucleolo
D. Il mitocondrio
E. L'alveolo

5. La respirazione aerobia è un processo durante il quale si produce:

A. Glucosio
B. Acqua e anidride carbonica
C. Alcool etilico
D. Acido lattico
E. Ossigeno

6. Quale delle seguenti affermazioni sulla glicolisi è corretta?

A. Avviene nel nucleo delle cellule eucariotiche
B. Non avviene nei procarioti
C. Non avviene nelle cellule che compiono la fotosintesi
D. Porta alla formazione netta di 4 molecole di ATP per molecola di glucosio
E. Può avvenire in assenza di ossigeno

7. La glucochinasi è un enzima che fosforila il glucosio a glucosio-6-fosfato, il quale viene quindi demolito a piruvato.
Se ne deduce che tale enzima è attivo:

A. Nella matrice mitocondriale
B. Nella camera mitocondriale esterna
C. Nel nucleo
D. Nel citoplasma
E. Nello spazio interstiziale

8. La tappa di passaggio dalla glicolisi al ciclo di Krebs è la trasformazione:

A. Del glucosio in piruvato
B. Del piruvato in glucosio
C. Del piruvato in acetil-CoA
D. Dell'acetil-CoA in piruvato
E. Dell'acido ossalacetico in acido citrico

9. Quale fra questi processi avviene a livello della matrice mitocondriale?

A. Fosforilazione ossidativa
B. Glicolisi
C. Via dei pentoso fosfati
D. Catena di trasporto degli elettroni
E. Formazione di ossalacetato

10. Quale di queste sostanze è prodotta nel ciclo di Krebs?

A. Acetil-coenzima A
B. Acido piruvico
C. Glucosio
D. Anidride carbonica
E. Ossigeno

11. A proposito del ciclo di Krebs è corretto affermare che:

A. Ha anche funzione anabolica
B. È detto anche ciclo del fumarato
C. La prima reazione è rappresentata dall'attivazione del piruvato ad acetil-CoA
D. Tra i prodotti finali c'è il lattato
E. Può svolgersi anche in anaerobiosi a patto che in contemporanea si svolga anche la glicolisi

BIOLOGIA

12. Dove si trovano gli enzimi che attuano la catena di trasporto degli elettroni della respirazione cellulare?

A. Nel nucleolo
B. Nel citoplasma
C. Nella matrice mitocondriale
D. Legati alla membrana mitocondriale esterna
E. Legati alla membrana mitocondriale interna

13. L'ossigeno che gli organismi assorbono dall'ambiente è utilizzato direttamente:

A. Nella catena di trasporto degli elettroni
B. Nel ciclo di Krebs
C. Nella fotosintesi clorofilliana
D. Nella fermentazione lattica
E. Nella sintesi proteica

14. Qual è il compito dell'ATP sintasi, durante la fosforilazione ossidativa?

A. Creare un gradiente protonico a cavallo della membrana mitocondriale
B. Sfruttando il flusso di protoni, fornire energia per la sintesi di ATP a partire da ADP e fosfato
C. Agire insieme all'enzima RuBisCO nella fase luce-indipendente
D. Ricavare energia a partire da ATP
E. Nessuna delle precedenti

15. Quante molecole di ATP, NADH e FADH2 vengono prodotte a seguito della completa ossidazione di due molecole di glucosio?

A. 20, 4, 8
B. 2, 4, 10
C. 8, 20, 4
D. 76, 4, 20
E. 72, 20, 4

16. La respirazione anaerobica è un processo attraverso il quale:

A. Si forma glucosio a partire da anidride carbonica e acqua
B. Si demolisce glucosio per produrre 2 molecole di ATP
C. Si produce acetil-CoA a partire da glucosio
D. Si forma glucosio in assenza di ossigeno
E. Si ottengono 36 - 38 molecole di ATP

17. Nel metabolismo energetico delle cellule eucariotiche:

A. La fosforilazione ossidativa produce la maggior parte dell'ATP di una cellula
B. La fosforilazione ossidativa avviene sulla membrana esterna dei mitocondri
C. Nelle prime reazioni d'investimento della glicolisi si producono due molecole di ATP
D. La fermentazione lattica produce acido lattico e CO_2
E. In un ciclo di Krebs si producono tre molecole di $FADH_2$ e una di NADH

18. Qual è lo scopo della fermentazione alcolica?

A. Permettere la rigenerazione di NAD^+ ossidato che vada a supportare la conversione del glucosio in piruvato con la produzione di 2 molecole di ATP
B. Permettere la rigenerazione di NADH ridotto che vada a supportare la conversione del glucosio in piruvato con la produzione di 2 molecole di ATP
C. Permettere la rigenerazione di NADH ridotto che vada a supportare la conversione del glucosio in piruvato con la produzione di 6 molecole di ATP
D. Permettere la rigenerazione di NAD^+ ridotto che vada a supportare la conversione del glucosio in piruvato con la produzione di 2 molecole di ATP e la produzione di etanolo che può essere riutilizzato come fonte energetica
E. Permettere la rigenerazione di NAD^+ ossidato che vada a supportare la conversione del glucosio in piruvato con la produzione di 2 molecole di ATP e la produzione di etanolo che può essere riutilizzato come fonte energetica

19. Quali sono i prodotti fondamentali della fotosintesi clorofiliana?

A. Acqua e glucosio
B. Glucosio e ossigeno
C. Ossigeno, glucosio e idrogeno
D. Ossigeno, glucosio e acqua
E. Acqua e anidride carbonica

20. Quale dei seguenti processi biochimici avviene esclusivamente nei cloroplasti?

A. La fotosintesi clorofilliana
B. La fosforilazione ossidativa
C. La trascrizione inversa dell'RNA
D. La respirazione
E. La glicolisi

21. Nelle reazioni luce-dipendenti della fotosintesi, l'energia degli elettroni eccitati viene utilizzata per produrre:

A. NADH e anidride carbonica

B. NADPH e ATP
C. Acqua e anidride carbonica
D. Saccarosio
E. Ossigeno e anidride carbonica

22. La principale funzione della clorofilla è:
A. La respirazione cellulare
B. La sintesi dei cloroplasti
C. L'organicazione del carbonio
D. Il ciclo dell'azoto
E. La sintesi delle proteine

23. Il principale processo che avviene durante la fase luce-indipendente della fotosintesi clorofilliana è:
A. L'idrolisi dell'acqua
B. L'ossidazione del RUBP
C. La fissazione dell'ossigeno
D. La sintesi di glucosio
E. La sintesi di ATP

24. L'ossigeno che si libera nell'atmosfera in conseguenza dell'attività fotosintetica delle piante verdi deriva dal seguente processo:
A. Fotolisi di acqua
B. Ossidazione di glucosio
C. Riduzione di anidride carbonica
D. Riduzione di biossido di azoto
E. Ossidazione di vari tipi di zuccheri

25. Le piante verdi sono organismi viventi di grandissima importanza biologica perché possono:
A. Sintetizzare le proteine senza spendere energia chimica
B. Cedere all'ambiente parte dell'ossigeno liberato dalla fotosintesi clorofilliana
C. Trasfromare l'energia luminosa in energia chimica producendo molecole di acqua e anidride carbonica
D. Utilizzare direttamente l'energia solare per sintetizzare le proprie proteine
E. Idrolizzare i glucidi utilizzando l'energia solare

26. I principali prodotti della fase luce-indipendente (oscura) del processo fotosintetico sono:
A. Glucosio, NADPH e ATP
B. CO_2, $NADP^+$ e ADP
C. Glucosio, CO_2, $NADP^+$ e ADP
D. Glucosio, $NADP^+$ e ADP
E. Ossigeno, CO_2 e glucosio

27. Quale processo biochimico utilizza gli amminoacidi per sintetizzare glucosio?
A. Glicogenolisi
B. Glicogenosintesi
C. Gluconeogenesi
D. Ciclo di Krebs
E. Decarbossilazione ossidativa

28. L'AMP ciclico (cAMP), derivato dell'ATP, è:
A. Una molecola inutile per le cellule
B. Una molecola che svolge funzioni di secondo messaggero
C. La principale fonte di energia della cellula
D. Una molecola implicata nella sintesi di acetil-CoA
E. Una molecola che svolge funzioni recettoriali

29. Quale dei seguenti processi è esclusivamente anabolico?
A. Glicolisi
B. Fotosintesi
C. Glicogenolisi
D. Ciclo di Krebs
E. Degradazione dell'emoglobina

30. L'ATP si forma durante:
A. Decarbossilazione ossidativa
B. Fermentazione lattica
C. Fermentazione alcolica
D. Seconda fase della glicolisi
E. Ciclo di Calvin

31. Considerando i seguenti processi biochimici, in quale si produce la maggior quantità di NADH?
A. Il ciclo di Calvin
B. Il ciclo di Krebs
C. La fosforilazione ossidativa
D. La glicolisi
E. La sintesi delle proteine

32. Quali delle seguenti vie metaboliche ha lo scopo di aumentare la glicemia?
A. Gluconeogenesi
B. Glicolisi
C. Glicogenosintesi
D. Glucagone
E. β-ossidazione

33. Parlando del metabolismo del glicogeno quale affermazione è corretta?
A. È un omopolisaccaride a struttura strettamente lineare
B. La sua funzione è quella di rappresentare una riserva immediata di glucosio per l'organismo insieme ai trigliceridi

C. La sua sintesi avviene tramite la via metabolica detta gluconeogenesi
D. Nell'uomo si trova soprattutto a livello del fegato e a livello osseo
E. Si differenza dalla cellulosa solo per il tipo di legame tra le molecole di glucosio

34. Le sostanze contenute negli alimenti vengono trasformate nell'organismo e la loro degradazione biologica avviene, in genere, con liberazione di energia.
Quali delle seguenti classi di sostanze produce, nella degradazione, la maggior quantità di energia a parità di massa?

A. Proteine
B. Zuccheri
C. Vitamine
D. Lipidi
E. Etanolo

35. Il metabolita azotato finale degli amminoacidi è:

A. Lo ione ammonio
B. Ammoniaca
C. Urea
D. Acido urico
E. Tutte le precedenti

36. Per β-ossidazione si intende:

A. La scissione dei trigliceridi da cui si ottengono acidi grassi liberi e glicerolo
B. L'ossidazione del glucosio in acido piruvico
C. La conversione del piruvato in lattato
D. La biosintesi del glucosio a partire da sostanze non glucidiche
E. La degradazione degli acidi grassi con produzione di acetil-CoA

CORREZIONE COMMENTATA

1. Prima dell'immissione nel ciclo di Krebs, il piruvato viene ossidato ad Acetil-CoA (risposta B errata). La respirazione cellulare, tenendo conto della glicolisi, inizia nel citoplasma per poi continuare in varie parti del mitocondrio (risposta C errata). Gli enzimi della catena respiratoria sono situati nella camera mitocondriale interna. I complessi della catena respiratoria sono situati a cavallo della membrana mitocondriale interna (risposta D errata). Il Ciclo di Calvin appartiene alla fotosintesi (risposta E errata).
Risposta corretta A.

2. L'adenosintrifosfato (ATP) è una molecola che presenta due legami anidridici, la cui idrolisi libera molta energia. Quest'ultima viene impiegata per i processi anabolici e per l'attivazione di alcuni enzimi, non tutti (risposta C errata). La molecola, essendo costituita da 3 gruppi Pi (fosfato inorganico), si può intendere come "riserva di fosfati inorganici", ma non organici (risposta D errata). L'ATP non ha funzione di trasporto proteico (risposta B errata).
Risposta corretta A.

3. Le reazioni cataboliche, scindendo molecole organiche in prodotti più semplici, liberano energia. Le reazioni anaboliche, invece, sintetizzano le biomolecule partendo da precursori semplici grazie all'energia liberata dalla reazioni cataboliche. Quindi, i processi biosintetici (o anabolici) essendo processi endoergonici, necessitano di energia proveniente da ATP, NADH e $FADH_2$. Questa energia viene prodotta durante le reazioni ossidative (o cataboliche), che sono esoergoniche.
Risposta corretta A.

4. Il centro fondamentale della respirazione cellulare completa è il mitocondrio. Le cellule senza mitocondri sfruttano solo vie metaboliche anaerobiche.
Risposta corretta D.

5. Per rispondere alla domanda basta ricordare la formula della respirazione cellulare (esattamente opposta a quella della fotosintesi clorofilliana): $C_6H_{12}O_6 + 6O_2 \rightleftharpoons 6CO_2 + 6H_2O +$ 36 ATP.
Risposta corretta B.

6. La glicolisi è una via catabolica che avviene nel citoplasma (risposta A errata) in aerobiosi o in anaerobiosi, sia nelle cellule procariotiche sia nelle eucariotiche, inclusa la cellula vegetale (risposte B e C errate). Durante la glicolisi si formano 2 piruvati, 4 ATP e 2 NADH per glucosio, ma la resa netta di ATP è di 2 molecole, in quanto 2 ATP vengono consumati durante la fase di investimento (risposta D errata).
Risposta corretta E.

7. La glicolisi, via catabolica che trasforma il glucosio in piruvato e che presenta il glucosio-6-fosfato come intermedio, avviene nel citoplasma. Nel mitocondrio invece si svolgono la decarbossilazione ossidativa (camera esterna), il ciclo di Krebs (matrice) e la catena di trasporto degli elettroni (membrana interna).
Risposta corretta D.

8. Il primo reagente del ciclo di Krebs è l'acetil-CoA, molecola che si forma nello spazio intermembrana mitocondriale a partire dal piruvato prodotto dalla glicolisi. La via metabolica che porta alla conversione del glucosio in piruvato è la glicolisi (risposta A errata); la via che porta alla conversione del piruvato in glucosio è la gluconeogenesi (risposta B errata); la sintesi di citrato a partire da ossalacetato e acetil-CoA è la prima reazione del Ciclo di Krebs (risposta E errata).
Risposta corretta C.

9. In particolare, la glicolisi e la via dei pentoso fosfati (via metabolica alternativa alla glicolisi) avvengono nel citosol (risposte B e C errate); la decarbossilazione ossidativa e il ciclo di Krebs si svolgono nella matrice mitocondriale; infine, la catena di trasporto degli elettroni e la fosforilazione ossidativa si svolgono in corrispondenza della membrana mitocondriale interna (risposte A e D errate). Per rispondere correttamente si poteva procedere per esclusione o ricordare che la formazione dell'ossalacetato è l'ultima tappa del ciclo di Krebs, in quanto l'ossalacetato è uno dei reagenti (l'altro è l'acetil-CoA).
Risposta corretta E.

10. L'acetil-CoA è un reagente fondamentale per la produzione del citrato (ossalacetato + acetil-CoA → citrato), primo reagente dell'intero ciclo (risposta A errata). L'acido piruvico è un prodotto della glicolisi, necessario per la sintesi dell'acetil-CoA (risposta B errata). Il glucosio è il primo reagente della glicolisi, necessario per la produzione dell'acido piruvico (risposta C errata). La presenza di ossigenoè necessaria per lo svolgimento del ciclo di Krebs, ma NON è un reagente (risposta E errata). I prodotti del ciclo di Krebs sono il GTP, l'anidride carbonica, il NADH ed il $FADH_2$.
Risposta corretta D.

11. Il ciclo di Krebs è detto anche ciclo degli acidi tricarbossilici o dell'acido citrico (risposta B errata). La prima reazione avviene tra ossalacetato e acetil-CoA (risposta C errata). I prodotti finali, a partire da un piruvato, sono: 3 NADH, 1 $FADH_2$, 1 ATP e 2 CO_2 (risposta D errata). Si svolge solo in presenza di ossigeno (risposta E errata).
Risposta corretta A.

12. Gli enzimi della catena di trasporto degli elettroni sono una serie di proteine trasportatrici legati alla membrana mitocondriale interna. I complessi proteici ricevono elettroni dai coenzimi ridotti NADH e $FADH_2$, con lo scopo di creare un gradiente protonico nello spazio intermembrana del mitocondrio. Ogni proteina di trasporto fa passare gli elettroni a un livello energetico sempre più basso, cosicchè l'energia persa gradualmente venga sfruttata per produrre ATP. L'ultimo trasportatore della catena cede gli elettroni all'ossigeno, l'accettore finale, che viene ridotto ad acqua.
Risposta corretta E.

13. L'ossigeno, fondamentale per la riuscita della respirazione cellulare, è l'accettore ultimo di elettroni della catena respiratoria. Bisogna ricordare che, seppure l'ossigeno non sia un reagente del ciclo di Krebs, è fondamentale per la riuscita del ciclo stesso.
Risposta corretta A.

14. Durante la catena di trasporto degli elettroni, i complessi proteici della membrana mitocondriale interna portano alla formazione di un gradiente H^+ a cavallo della membrana.
Sfruttando il flusso di protoni H^+ che ritornano nella matrice mitocondriale, come fosse una turbina, l'ATP sintasi genera energia per permettere la reazione tra ADP e gruppo fosfato per creare ATP.
Risposta corretta B.

15. A partire da una molecola di glucosio si producono 4 ATP, 10 NADH e 2 $FADH_2$. Moltiplichiamo per 2 e otteniamo 8 ATP, 20 NADH e 4 $FADH_2$. Le risposte D ed E riportano i valori finali della quantità di ATP a seguito della conversione di NADH e $FADH_2$.
Risposta corretta C.

16. La respirazione anaerobica o fermentazione lattica consta di due fasi: la glicolisi, che produce 2 ATP e 2 NADH, e la riossidazione, che riossida il coenzima NADH in NAD^+.
Risposta corretta B.

17. Nelle cellule eucariotiche la quota maggiore di ATP deriva dalla fosforilazione ossidativa, un processo che avviene a cavallo della membrana mitocondriale interna (risposta B errata).

Per quanto riguarda la glicolisi vede principalmente due fasi: una prima fase di investimento energetico, in cui sono consumate 2 molecole di ATP, e una seconda fase in cui sono prodotte 4 molecole di ATP (risposta C errata). In assenza di ossigeno, si instaura il processo di fermentazione lattica, con lo scopo di ripristinare i coenzimi; questa reazione porta quindi alla formazione di lattato e NAD^+ (risposta D errata). Infine, è importante ricordare i prodotti del ciclo di Krebs, che risultano essere 3 NADH, 2 CO_2, 1 $FADH_2$ e 1 GTP (risposta E errata).
Risposta corretta A.

18. La fermentazione alcolica è un processo che avviene in condizioni di anaerobiosi, ovvero quando l'ossigeno non è abbastanza sufficiente da permettere un completo processo di respirazione cellulare. Il suo scopo è dunque quello di supportare la semplice glicolisi, ovvero l'unico processo che, in caso di anaerobiosi, esita nella produzione di energia sotto forma di ATP, seppur poca (2 molecole di ATP). Ciò avviene grazie alla continua rigenerazione di NAD^+ ossidato che andrà a ridursi durante l'ossidazione del glucosio a piruvato.
Risposta corretta A.

19. I prodotti della fotosintesi clorofilliana possono essere dedotti dalla reazione globale: $6CO_2 + 6H_2O \rightleftharpoons C_6H_{12}O_6 + 6O_2$. Acqua e anidride carbonica sono I prodotti della respirazione cellulare.
Risposta corretta B.

20. Il principale processo biochimico che avviene nel cloroplasto è la fotosintesi clorofilliana: fase luce-dipendente sulla membrana dei tilacoidi; fase luce indipendente nello stroma del cloroplasto.
Risposta corretta A.

21. Nella fase luce-dipendente (o luminosa) della fotosintesi, l'energia luminosa viene sfruttata dai fotosistemi per produrre un gradiente elettrochimico (del tutto simile a quello della respirazione cellulare), sfruttato per la sintesi di NADPH e ATP.
Risposta corretta B.

22. La clorofilla, contenuta nei cloroplasti, è una molecola importante per il corretto svolgimento della fotosintesi clorofilliana: è implicata nell'organicazione del carbonio, cioè nella conversione del carbonio inorganico dell'anidride carbonica nel carbonio organico del glucosio.
Risposta corretta C.

23. La fase luce-indipendente della fotosintesi clorofilliana è un processo che avviene a livello dello stroma del cloroplasto e ha la funzione di sintetizzare glucosio partendo da ATP e NADPH, sintetizzati a loro volta nella fase luce-dipendente della fotosintesi.
Risposta corretta D.

24. Nella fotosintesi clorofilliana, l'energia luminosa viene sfruttata per la fotolisi dell'acqua, che libera molecole di ossigeno e ioni idruro per la riduzione del $NADP^+$.
Risposta corretta A.

25. L'energia luminosa si trasforma in energia chimica producendo ossigeno e glucosio a partire da acqua e anidride carbonica, che sono invece i reagenti: $6CO_2 + 6H_2O \rightleftharpoons C_6H_{12}O_6 + O_2$. Le piante hanno grande importanza biologica perché possono cedere all'ambiente parte dell'ossigeno prodotto dalla fotosintesi.
Risposta corretta B.

26. La fase luce-indipendente (oscura) della fotosintesi clorofilliana prevede il consumo del NADPH e dell'ATP prodotto nella fase luce-dipendente (luminosa) per sintetizzare il glucosio. Il consumo di NADPH e di ATP implica la liberazione di $NADP^+$, ADP e Pi.
Risposta corretta D.

27. La gluconeogenesi è un insieme di reazioni biochimiche necessarie per sintetizzare glucosio a partire da amminoacidi corporei o da altre molecole. La glicogenolisi, invece, è un processo metabolico che degrada molecole di glicogeno fino ad ottenere il monosaccaride di glucosio (risposta A errata). La glicogenosintesi è l'opposto della glicogenolisi, cioè converte il glucosio per ottenere glicogeno (risposta B errata). Il ciclo di Krebs e la decarbossilazione ossidativa fanno parte della respirazione cellulare (risposte D ed E errate).
Risposta corretta C.

28. Il cAMP è un secondo messaggero sintetizzato da parte dell'adenilato ciclasi. Gli effetti del cAMP sono mediati attraverso l'attivazione della protein-kinasi A (PKA); il cAMP, inoltre, media anche effetti su recettori-canale che riconoscono ed agganciano tale molecola regolando così il flusso ionico.
Risposta corretta B.

29. I processi di tipo anabolico consistono nella sintesi di molecole complesse a partire da molecole più semplici. Glicolisi e glicogenolisi e degradazione dell'emoglobina sono processi catabolici, impiegati per la degradazione di glucosio, glicogeno ed emoglobina (risposte A, C ed E errate). Il ciclo di Krebs rappresenta una via anfibolica, ovvero sia catabolica che anabolica, a seconda delle necessità della cellula (risposta D errata). La fotosintesi è un processo interamente anabolico che permette la sintesi di glucosio a partire da anidride carbonica ed acqua.
Risposta corretta B.

30. La decarbossilazione ossidativa è un processo di conversione del piruvato in acetil-CoA, senza ricavo di ATP (risposta A errata). Durante le fermentazioni non si ha produzione di ATP, in quanto lo scopo è la riossidazione del NADH (risposte B e C errate). Il ciclo di Calvin è un processo che avviene nella fase luce-indipendente, durante il quale vengono utilizzati ATP e NADPH per sintetizzare glucosio (risposta E errata). La glicolisi è suddivisibile in due fasi, la prima prevede l'utilizzo di due molecole di ATP, la seconda ha come prodotto 4 molecole di ATP.
Risposta corretta D.

31. La via metabolica che porta alla formazione della maggior quantità di NADH è il ciclo di Krebs (un ciclo porta alla formazione di 3 molecole di NADH); la glicolisi porta alla formazione netta di 2 molecole di NADH (risposta D errata), mentre il ciclo di Calvin, la fosforilazione ossidativa e la sintesi proteica non portano alla sintesi di NADH (risposte A, C ed E errate).
Risposta corretta B.

32. Il glucagone aumenta la glicemia, tuttavia non è una via metabolica ma un ormone (risposta D errata). La β-ossidazione è una via metabolica che porta alla degradazione degli acidi grassi (risposta E errata). La glicogenosintesi ha lo scopo di produrre il glicogeno, un polisaccaride, sfruttando il glucosio presente nel sangue, abbassando così la glicemia (risposta C errata). Anche la glicolisi utilizza il glucosio presente nel sangue (risposta B errata). Infine, la gluconeogenesi è il processo inverso alla glicolisi ed ha lo scopo, in particolari situazioni di carenza, di produrre glucosio a partire da precursori non saccaridici come piruvato, lattato e amminoacidi.
Risposta corretta A.

33. Il glicogeno è un omopolisaccaride ramificato (risposta A errata), formato dalla polimerizzazione di molecole di glucosio. Rappresenta l'unica scorta di glucosio dell'organismo (risposta B errata) e nell'uomo si trova soprattutto in fegato e muscolo (risposta D errata). Viene prodotto tramite glicogenosintesi (risposta C errata).
Risposta corretta E.

34. La degradazione di glucidi e proteine, per ogni grammo di sostanza, porta alla liberazione di 4 kcal (risposte A e B errate); la degradazione dell'etanolo 7 kcal/g (risposta E errata); la degradazione delle vitamine non libera energia (risposta C errata); la degradazione dei lipidi 9 kcal/g.
Risposta corretta D.

35. La degradazione delle proteine nel nostro corpo porta alla formazione di diversi amminoacidi: il metabolita azotato finale degli amminoacidi deriva dal gruppo amminico. L'ammoniaca e lo ione ammonio sono dei metaboliti intermedi della degradazione degli amminoacidi (opzioni A e B errate) tossici per l'organismo che vengono degradati ulteriormente in urea, la quale viene in seguito espulsa grazie alle urine. L'acido urico è invece un metabolita delle purine, anche questo secreto attraverso le urine, ma non ha nulla a che vedere con gli amminoacidi.
Risposta corretta C.

36. Il processo metabolico da cui si ottengono acidi grassi liberi e glicerolo, grazie alla scissione di trigliceridi, prende il nome di lipolisi (risposta A errata), mentre nella glicolisi aerobia avviene la parziale ossidazione del glucosio in acido piruvico (risposta B errata). Durante la fermentazione lattica avviene la riduzione del piruvato a lattato (risposta C errata), infine la sintesi biologica del glucosio a partire da sostanze diverse dai carboidrati prende il nome di gluconeogenesi (risposta D errata). La β-ossidazione è una via catabolica in cui la degradazione degli acidi grassi ottenuti con lipolisi porta alla produzione di acetil-CoA, che entrerà nel ciclo di Krebs.
Risposta corretta E.

7. Istologia e Embriologia

1. Il termine "tessuto" in biologia ha il seguente significato:

A. Un involucro duro che riveste il corpo degli insetti e che viene periodicamente sostituito
B. Un insieme di organi che svolgono funzioni simili
C. Un insieme di cellule simili aventi la stessa funzione
D. L'insieme di tutte le cellule di uno stesso organo
E. Un insieme di cellule ad attività riproduttiva

2. Nei mammiferi l'oogenesi differisce dalla spermatogenesi per il fatto che:

A. Il DNA delle cellule germinali è diviso in modo disuguale fra le cellule figlie
B. Ciascuna cellula germinale produce soltanto un gamete
C. Si accumula materiale nel sacco vitellino
D. Le risposte A e B sono entrambe vere
E. Le risposte A, B e C sono tutte vere

3. Nell'uomo, la determinazione del sesso avviene:

A. Prima della fecondazione
B. Dopo la fecondazione
C. Al momento della fecondazione
D. Al momento della nascita
E. Al momento della maturità sessuale

4. Due gemelli presentano alla nascita lo stesso sesso. Quale delle seguenti affermazioni è VERA?

A. Sono senz'altro monoovulari
B. Sono senz'altro biovulari
C. Possono essere sia monoovulari sia biovulari
D. Hanno lo stesso patrimonio genetico
E. La fecondazione è avvenuta sicuramente da un unico spermatozoo

5. I gemelli monozigoti (identici) derivano dall'unione di:

A. Un uovo e uno spermatozoo
B. Un uovo e due spermatozoi
C. Due uova e uno spermatozoo
D. Due uova e due spermatozoi
E. Un uovo e molti spermatozoi

6. L'embrione umano si sviluppa normalmente:

A. Nell'ovaio
B. Nelle trombe uterine
C. Nello spessore della parete addominale
D. Nello spessore della parete uterina
E. Nella vagina

7. Durante la segmentazione, fino allo stadio di blastula, cosa avviene dopo ciascuna divisione?

A. Aumenta la massa totale delle cellule
B. Diminuisce la massa totale delle cellule
C. Aumenta la massa media delle singole cellule
D. Diminuisce la massa media delle singole cellule
E. Diminuisce il numero totale delle cellule

8. Quale fra le seguenti affermazioni in merito ai gemelli, è corretta?

A. Quelli monozigoti hanno necessariamente lo stesso sesso
B. Sia quelli omozigoti che quei eterozigoti, hanno necessariamente lo stesso sesso genotipo
C. I gemelli eterozigoti hanno fenotipo diverso ma genotipo identico
D. I gemelli monozigoti hanno lo stesso fenotipo ma possono avere genotipo diverso
E. I gemelli eterozigoti nascono da cellule uovo diverse fecondate dallo stesso spermatozoo

9. Indica quale delle seguenti è la corretta successione delle tappe iniziali dello sviluppo embrionale:

A. Segmentazione - fecondazione - blastula - morula – gastrula
B. Fecondazione - morula - segmentazione - blastula - gastrula
C. Fecondazione - segmentazione - meiosi - blastula – gastrula
D. Fecondazione - segmentazione - gastrula - blastula – morula
E. Fecondazione - segmentazione - morula - blastula - gastrula

10. Per zigote si intende:

A. Una fase della divisione meiotica

B. La cellula derivata dalla fusione del gamete maschile con quello femminile
C. Il pronucleo maschile
D. Il pronucleo femminile
E. L'embrione quando si trova allo stadio di otto cellule

11. La blastocisti:
A. Si sviluppa all'interno dell'ovaio
B. Si forma durante la gastrulazione
C. Precede lo sviluppo della morula
D. Si impianta nella mucosa uterina
E. Si sviluppa nelle tube uterine

12. L'embrione di un mammifero prende l'ossigeno:
A. Dal sangue della madre
B. Dai polmoni della madre
C. Dal liquido amniotico
D. Dall'ossidazione degli alimenti che la madre assume
E. Dal diaframma

13. La placenta è:
A. Il liquido entro cui si sviluppa l'embrione
B. Un ormone prodotto dall'embrione
C. L'organo di connessione tra madre e feto
D. Una vitamina prodotta in gravidanza
E. L'enzima salivare dei bambini

14. Quale tra i seguenti organi deriva dall'ectoderma?
A. Vescica
B. Rene
C. Midollare del surrene
D. Pancreas
E. Corticale del surrene

15. Le membrane che rivestono la superficie interna di organi o cavità che comunicano con l'esterno sono dette membrane:
A. Mucose
B. Sierose
C. Epiteliali
D. Endoteliali
E. Linfatiche

16. L'epidermide:
A. È un epitelio semplice cheratinizzato
B. Presenta superficialmente cellule epiteliali cilindriche
C. È costituita da due strati: basale e corneo
D. Ha origine mesodermica
E. Presenta nello strato basale cellule cellule staminali responsabili dell'attività proliferativa

17. La cheratina è:
A. Una proteina non fibrosa delle membrane cellulari
B. Un pigmento della pelle
C. Una proteina fibrosa dello strato corneo dell'epidermide
D. La principale componente dell'esoscheletro degli insetti, formata da chitina
E. Costituente delle membrane nucleari

18. Una ghiandola si definisce endocrina quando:
A. È situata all'interno della cavità addominale
B. Il prodotto di secrezione viene riversato direttamente nel sangue
C. Il prodotto di secrezione viene riversato nel sistema linfatico
D. È fornita nel suo interno di un condotto escretore
E. Secerne sostanze all'interno dell'apparato digerente

19. Le ghiandole sebacee:
A. Si trovano in corrispondenza dei bulbi piliferi e originano dell'ipoderma
B. Sono ghiandole a secrezione olocrina
C. Usano gli stessi dotti delle ghiandole sudoripare
D. Sono ghiandole unicellulari
E. Secernono un prodotto di natura glicoproteica

20. Quale tra le seguenti opzioni NON appartiene al tessuto connettivo propriamente detto?
A. Fibrillare lasso
B. Reticolare
C. Mucoso maturo
D. Pigmentato
E. Cartilagineo

21. Quali tra le seguenti parti del corpo contengono lo stesso tipo di cartilagine?
A. Naso e orecchio
B. Naso e ginocchio
C. Orecchio e sinfisi pubica
D. Sinfisi pubica e naso
E. Ginocchio e orecchio

22. La cartilagine elastica:
A. È la cartilagine più diffusa nel corpo umano adulto
B. È la cartilagine più diffusa nel neonato, che verrà presto sostituita da tessuto osseo

C. È localizzata nel padiglione auricolare
D. Contiene prevalentemente fibre collagene
E. Non contiene condrociti

23. In un'articolazione mobile i due capi articolari che vengono a contatto sono rivestiti da:
A. Tessuto elastico
B. Tessuto sinoviale
C. Periostio
D. Tessuto fibroso
E. Tessuto cutaneo

24. Quale affermazione riguardo il tessuto osseo lamellare spugnoso è FALSA?
A. Contiene trabecole ossee
B. Le lamelle sono organizzate in osteoni
C. Nelle ossa piatte prende il nome di diploe
D. È la sede dell'emopoiesi
E. Delimita uno spazio contenente midollo osseo

25. Non sono considerate cellule labili:
A. Condroblasti
B. Cheratinociti
C. Cellule del tessuto epiteliale intestinale
D. Epatociti
E. Neuroni

26. I globuli rossi dell'uomo sono cellule:
A. Aploidi
B. Polinucleate
C. Mononucleate
D. Anucleate
E. Poliploidi

27. Il diametro dei globuli rossi è dell'ordine di:
A. Pochi micrometri
B. Un millimetro
C. Pochi nanometri
D. Decimi di centimetri
E. Nessuna delle precedenti

28. Gli eritrociti, dopo la nascita, sono prodotti:
A. Nella milza
B. Nel fegato
C. Nel cuore
D. Nel midollo osseo
E. Nel sangue

29. A differenza delle arterie, solo le vene possiedono:
A. Elastina
B. Endotelio
C. Muscolatura liscia
D. Tessuto connettivo
E. Valvole

30. Quali fra le seguenti caratteristiche è propria delle cellule epiteliali?
A. Generano una corrente elettrica
B. Sono in grado di contrarsi
C. Hanno un'abbondante matrice cellulare
D. Alcune svolgono un ruolo secretorio
E. Si trovano sulla superficie corporea

31. Durante la vita fetale viene espressa un'emoglobina di tipo "fetale", capace di ossigenarsi a spese dell'emoglobina adulta presente nel sangue materno. L'emoglobina fetale ha quindi:
A. Peso molecolare superiore all'emoglobina dell'adulto
B. Punto isoelettrico superiore all'emoglobina dell'adulto
C. Affinità per l'ossigeno superiore all'emoglobina dell'adulto
D. Affinità per la CO_2 superiore all'emoglobina dell'adulto
E. Velocità di trasporto nei capillari molto alta

32. A quale delle strutture sotto elencate corrisponde la descrizione: "unità strutturale molecolare composta da sarcomeri"?
A. Miofibrilla
B. Sarcolemma
C. Actina
D. Giunzione neuro-muscolare
E. Miosina

33. Nei muscoli volontari vi sono due tipi di fibre: alcune, dette rosse, sono utilizzate per contrazioni lente ma persistenti e sono ricche di mitocondri; altre, dette pallide, sono utilizzate per contrazioni rapide ma assai affaticanti. Si può dedurre che:
A. Le fibre rosse ricavano l'energia per la contrazione da processi fermentativi
B. Le fibre pallide sotto grande sforzo attuano il ciclo di Krebs, producendo acido lattico
C. Le fibre rosse utilizzano molto ossigeno
D. Le fibre pallide ricavano energia per via aerobia

E. La capillarizzazione delle fibre pallide è maggiore di quella delle fibre rosse

34. Per quale caratteristica una cellula nervosa differisce da tutte le altre cellule?

A. Per il suo metabolismo enzimatico
B. Per l'incapacità di dividersi ulteriormente
C. Per il contenuto di aminoacidi
D. Per l'alta attività trascrizionale
E. Per l'alto consumo di energia

35. Cosa sono le cellule di Schwann?

A. Sono fibroblasti modificati
B. Sono dei caratteristici neuroni conduttori
C. Sono cellule che avvolgono l'assone
D. Sono cellule deputate al nutrimento dell'assone
E. Sono cellule epiteliali trasformate

36. Quale delle seguenti affermazioni sul neurone è FALSA?

A. I dendriti sono un sistema di ricezione degli impulsi
B. L'assone è ricco di ribosomi
C. L'assone e il suo rivestimento gliale formano la fibra nervosa
D. L'assone contiene fasci di microtubuli
E. La porzione terminale dell'assone partecipa alla formazione delle sinapsi

CORREZIONE COMMENTATA

1. L'insieme di organi che svolgono funzioni simili forma un apparato o sistema (risposta B errata). Il tessuto è invece definito come un insieme di cellule che svolgono la stessa funzione. L'insieme di cellule di uno stesso organo non si definisce tessuto, perchè un organo può essere formato da più tipi di tessuti (risposta D errata).
Risposta corretta C.

2. Nei mammiferi, mentre la spermatogenesi porta alla formazione di 4 spermatozoi potenzialmente pronti a fecondare, l'oogenesi produce una sola cellula uovo potenzialmente fecondabile e 3 globuli polari. Questo processo non comporta, però, una disuguaglianza nella suddivisione del DNA nelle cellule figlie (risposta A errata, dunque si escludono anche D ed E). Il sacco vitellino è una struttura che non c'entra con l'oogenesi, poichè interviene per nutrire l'embrione nei suoi primi stadi di sviluppo (risposta C errata).
Risposta corretta B.

3. Nel genere umano la determinazione del sesso avviene al momento della fecondazione, in quanto una cellula uovo (X) viene fecondata o da uno spermatozoo portatore del cromosoma X, o da uno portatore del cromosoma Y. L'individuo che nascerà potrà quindi avere corredo XX (femmina) o XY (maschio). Prima della fecondazione è impossibile, perchè lo spermatozoo e la cellula uovo devono incontrarsi per dare origine allo zigote (risposta A errata). Tutte le altre risposte (B, D ed E) sono errate perchè riportano eventi successivi alla fecondazione, quando la determinazione del sesso è già avvenuta.
Risposta corretta C.

4. I gemelli monoovulari hanno sempre lo stesso sesso, perchè derivano da una divisione post-zigotica di un singolo zigote. I gemelli biovulari, essendo il prodotto della fecondazione di due diverse uova da parte di due diversi spermatozoi, possono avere sia sesso uguale che sesso differente (risposte A, B, E errate). Due gemelli con lo stesso sesso non hanno obbligatoriamente lo stesso patrimonio genetico in quanto possono essere biovulari (risposta D errata).
Risposta corretta C.

5. I gemelli monozigoti, o monoovulari, derivano dallo stesso zigote. Le prime 8 cellule del prodotto del concepimento sono totipotenti: ogni cellula, separandosi dalle altre, può potenzialmente dare origine a un individuo completo.
Risposta corretta A.

6. La fecondazione avviene, di norma, nell'ampolla delle tube di falloppio, da cui si ha lo zigote. Questo prolifera e, una volta giunto allo stadio di blastocisti, si annida all'interno dell'endometrio materno (strato interno della parete uterina), dove continuerà a svilupparsi nel periodo di vita intrauterina.
Risposta corretta D.

7. Durante la segmentazione, processo che inizia subito dopo la fecondazione, lo zigote prolifera e si divide in cellule (chiamate blastomeri) che aumentano progressivamente in quantità, ma diminuiscono di dimensioni, mantenendo così nella totalità il volume iniziale (risposte A, B, C ed E errate).
Risposta corretta D.

8. I gemelli omozigoti sono anche detti gemelli monovulari o identici. Si formano quando un solo ovocita fecondato da un solo spermatozoo, prima di raggiungere l'utero, si separa in due o più parti indipendenti fra di loro, ma in grado ciascuna di formare un individuo completo. I gemelli monozigoti sono sempre dello stesso sesso e si assomigliano tanto che in genere si fatica a distinguerli. Il loro patrimonio genetico è identico.
Risposta corretta A.

9. Dopo la fecondazione, lo zigote va incontro a un processo di segmentazione che dura circa 3 giorni (risposta A errata), al termine dei quali si ha la compattazione e la formazione della morula (risposte B, C e D errate). Questa, entrando nella cavità dell'utero diviene blastula (o blastocisti nel genere umano), la quale va incontro al processo di gastrulazione dando vita alla gastrula.
Risposta corretta E.

10. Lo zigote è la cellula che si viene a formare con la fecondazione, data dalla fusione del pronucleo dello spermatozoo con quello della cellula uovo. L'embrione allo stadio di 8 cellule prende il nome di morula (risposta E errata).
Risposta corretta B.

11. Nell'ovaio si ha la maturazione della cellula uovo e nelle tube uterine (o tube di Falloppio) avviene la fecondazione (risposte A e E errate). La blastocisti si sviluppa dopo la morula e prima della gastrulazione, processo con il quale si crea la gastrula (risposte B e C errate). La gastrula corrisponde alla blastocisti una volta entrata nell'utero, dove si impianta nell'endometrio, la mucosa della parete uterina.
Risposta corretta D.

12. Nei mammiferi, gli scambi gassosi avvengono per diffusione passiva all'interno della placenta, dove l'ossigeno, come le sostanze nutritive, passa dal sangue materno a quello fetale.
Risposta corretta A.

13. Il liquido entro cui si sviluppa l'embrione è il liquido amniotico (risposta A errata). La placenta è invece l'organo di connessione tra madre e feto, tramite il quale avvengono gli scambi gassosi e di sostanze nutritive. Essa stessa, producendo estrogeni e progesterone, è una ghiandola endocrina. Le altre risposte non hanno senso.
Risposta corretta C.

14. L'unico tra i seguenti organi che deriva dall'ectoderma è la midollare del surrene. La corticale del surrene proviene, insieme al rene, dal mesoderma (risposta E e B errate). Invece la vescica ed il pancreas originano dall'endoderma (risposta A e D errate).
Risposta corretta C.

15. Le membrane che rivestono gli organi e le cavità comunicanti con l'esterno prendono il nome di mucose. A livello istologico consta di un epitelio, rivolto verso la superficie libera e di un sottostante strato di connettivo eventualmente contenente fibre muscolari e linfociti.
Risposta corretta A.

16. L'epidermide è un epitelio pavimentoso, composto, cheratinizzato, di origine ectodermica costituito da 4-5 strati (risposte A, C e D errate) . Superficialmente le cellule sono denominate corneociti o lamelle cornee, per la loro forma appiattita (risposta B errata). Lo strato basale, o germinativo, si caratterizza per la presenza di cellule di forma cilindrica o cubica, responsabili dell'attività proliferativa.
Risposta corretta E.

17. La cheratina è una proteina filamentosa contenuta nelle cellule dello strato corneo dell'epidermide, strato più esterno costituito da cellule anucleate.
Risposta corretta C.

18. Una ghiandola endocrina è una ghiandola che riversa il suo secreto direttamente nel circolo sanguigno. Il condotto escretore è invece tipico delle ghiandole esocrine.
Risposta corretta B.

19. Le ghiandole sebacee originano nel derma (risposta A errata) ed usano spesso lo stesso lume dei bulbi piliferi, non delle ghiandole sudoripare (risposta C errata). Inoltre, sono ghiandole pluricellulari (risposta D errata) e secernono un prodotto di natura lipidica (risposta E errata).

Le ghiandole sebacee sono effettivamente a secrezione olocrina: ciò significa che la cellula si riempie di secreto, dopodiché va incontro a lisi per permetterne la fuoriuscita.
Risposta corretta B.

20. Il tessuto fibrillare lasso è il tessuto che costituisce tipicamente lo stroma degli organi parenchimatosi, la tonaca sottomucosa degli organi cavi comunicanti con l'esterno e le tonache più interne dei vasi sanguigni (risposta A errata). Il connettivo reticolare è rintracciabile a livello di midollo osseo e linfonodi (risposta B errata); il pigmentato a livello dell'iride (risposta D errata). Il tessuto mucoso maturo si trova a livello della polpa dentaria e nel cordone ombelicale, dove prende il nome di gelatina di Wharton (risposta C errata). L'unico connettivo a non fare parte dei propriamente detti è il tessuto cartilagineo, che si classifica tra i connettivi di sostegno.
Risposta corretta E.

21. Esistono tre diversi tipi di cartilagine: elastica, ialina e fibrosa. La cartilagine ialina è tipica del naso e delle articolazioni, tra cui il ginocchio. L'orecchio contiene invece cartilagine elastica, mentre la sinfisi pubica è costituita da cartilagine di tipo fibroso. Naso e ginocchio contengono quindi lo stesso tipo di cartilagine.
Risposta corretta B.

22. La cartilagine più diffusa nel corpo umano è la cartilagine ialina, che costituisce la prima bozza di scheletro ed è prevalentemente formata da fibre di collagene (risposte A, B e D errate). I condrociti, benchè scarsi, sono contenuti nella cartilagine elastica (risposta E errata).
Risposta corretta C.

23. La membrana sinoviale, che tappezza internamente la capsula articolare, delimita lo spazio articolare immerso nel liquido vischioso che essa stessa produce, denominato liquido sinoviale. Riveste le porzioni ossee contenute nella cavità articolare, fatta eccezione per le cartilagini di incrostazione, a livello dei capi articolari, sprovviste anche di pericondrio. Il tessuto sinoviale delimita, così, una cavità chiusa, nota come cavità articolare.
Risposta corretta B.

24. Il tessuto osseo spugnoso si presenta come un reticolo tridimensionale costituito da trabecole ossee (risposta A errata). Le lamelle ossee sono organizzate in modo irregolare e presentano lacune in cui sono accolti gli osteociti. All'interno degli spazi delimitati dalle trabecole si trova il midollo osseo rosso, che è responsabile dell'emopoiesi (risposte D ed E errate). È presente a livello delle epifisi delle ossa lunghe, delle ossa corte e delle ossa piatte, dove prende il nome di diploe (risposta C errata).
Risposta corretta B.

25. Il termine labile indica la maggior parte delle cellule del nostro corpo, in particolare quelle che vanno incontro a un continuo turnover. Le cellule perenni, al contrario, non possono essere rimpiazzate, neanche in caso di danno. L'esempio classico di cellula perenne è il neurone.
Risposta corretta E.

26. I globuli rossi, o eritrociti, prima di essere immessi nel circolo sanguigno, subiscono un processo di maturazione che comporta, tra le altre cose, la perdita del nucleo e di numerosi organelli citoplasmatici. Sono quindi cellule anucleate.
Risposta corretta D.

27. I globuli rossi possiedono un diametro di 7,5 μm e uno spessore di 2 μm ai lati e 1 μm al centro. Le piccole dimensioni permettono loro di passare anche attraverso i capillari più stretti.
Risposta corretta A.

28. Durante la vita fetale il fegato provvede all'emopoiesi (creazione delle cellule del sangue), ma dopo la nascita questo compito è svolto dal midollo osseo rosso, contenuto nelle porzioni di tessuto osseo spugnoso delle ossa piatte e delle epifisi delle ossa lunghe. La milza è deputata invece all'emocateresi, processo di distruzione degli eritrociti.
Risposta corretta D.

29. La funzione delle arterie è di portare il sangue ossigenato dal cuore verso tutti i distretti del corpo, mentre quella delle vene è di riportare il sangue dalle sedi periferiche verso il cuore. Al loro interno le vene sono dotate di alcune unità funzionali chiamate valvole, che rappresentano il vero meccanismo anti reflusso per opporsi alla forza di gravità, che spingerebbe il sangue con una caduta libera nei distretti più declivi del corpo quando assumiamo la stazione eretta o deambuliamo.
Risposta corretta E.

30. Il tessuto epiteliale può essere considerato come un vero e proprio "rivestimento" dei principali organi che garantiscono le funzioni della digestione, della respirazione, ma anche della riproduzione e della escrezione. Alcune risultano essere specializzate nella secrezione e entrano quindi a costituire le ghiandole.
Risposta corretta D.

31. L'emoglobina è una proteina composta da 4 catene proteiche uguali a 2 a 2. L'emoglobina fetale mantiene questa struttura, ma si differenzia da quella adulta per uno dei due tipi di catene presenti. Queste conferiscono all'emoglobina fetale (HbF) una maggiore affinità per l'ossigeno. Anche non conoscendo la risposta, ci si può giungere per esclusione: nessuna delle altre opzioni comporta una maggiore ossigenazione dell'emoglobina fetale rispetto a quella adulta.
Risposta corretta C.

32. Il sarcolemma è il plasmalemma della cellula muscolare (risposta B errata). L'actina e la miosina sono i 2 tipi di filamenti coinvolti nella contrazione del sarcomero (risposte C ed E errate). La giunzione neuro-muscolare, o placca motrice, è la sinapsi che permette la trasmissione dell'impulso nervoso al muscolo (risposta D errata). Infine, la micfibrilla è, dopo il sarcomero stesso, la più piccola unità funzionale presente nel muscolo ed è formata appunto da sarcomeri.
Risposta corretta A.

33. Le fibre pallide, come scritto nel testo, sono quelle che permettono una contrazione tempestiva, intensa e poco duratura, per cui si procurano energia per via anaerobia tramite processi fermentativi che portano alla formazione di acido lattico (risposte B e D errate). Le fibre rosse, al contrario, permettono una contrazione lenta, poco intensa, e prolungata e di conseguenza traggono energia per via aerobia, cosa che è confermata anche dalla presenza di numerosi mitocondri. Per questo sono anche molto capillarizzate, in modo da avere O2 sempre a disposizione (risposte A e E errate).
Risposta corretta C.

34. Tutte le caratteristiche elencate nelle opzioni delle risposte sono attribuibili alle cellule nervose, ma l'unica che le distingue da tutti gli altri tipi di cellule è il fatto che non possano andare incontro a mitosi.
Risposta corretta B.

35. Le cellule di Schwann sono cellule di sostegno appartenenti alla neuroglia periferica del SNP. Il loro compito è quello di circondare i prolungamenti neuronali e isolarli dalle cellule adiacenti e dalla matrice extracellulare.
Risposta corretta C.

36. Il neurone è costituito dai dendriti, che ricevono gli impulsi da altri neuroni (risposta A errata), dal corpo cellulare e dall'assone, che conduce l'impulso per lunghe distanze e con la sua parte terminale costituisce le sinapsi (risposta E errata). Sono proprio i fasci di assoni rivestiti dalla glia a formare i nervi (risposta C errata). Proprio per la loro importante funzione di conduzione dell'impulso, gli assoni contengono molti microtubuli (risposta D errata). L'unica opzione falsa è la B, in quanto gli assoni non contengono i ribosomi poichè non sono sede della sintesi proteica.
Risposta corretta B.

8. Anatomia e Fisiologia

1. Qual è normalmente il volume del sangue circolante in un uomo adulto di corporatura media?

A. 2 litri
B. 1 litro
C. 5 litri
D. 10 litri
E. 12 litri

2. La pressione del sangue ha un valore medio compreso tra 80/120. La minima corrisponde alla:

A. Sistole atriale
B. Diastole atriale
C. Sistole ventricolare
D. Diastole ventricolare
E. Chiusura delle valvole a nido di rondine

3. Il termine sistole indica:

A. Il sistema di conduzione del cuore
B. L'impulso elettrico generato dal miocardio
C. La distensione del miocardio
D. La contrazione del miocardio
E. Il battito cardiaco

4. I capillari sono elementi importanti nella circolazione del sangue perché in essi ha luogo:

A. Un forte aumento nella spinta del sangue
B. Lo scambio di materia tra sangue e cellule
C. La detossificazione di sostanze esogene
D. La produzione dei globuli rossi
E. La produzione dei globuli bianchi

5. Quale delle seguenti arterie non origina direttamente dall'arco aortico?

A. Arteria carotide sinistra
B. Arteria succlavia sinistra
C. Arteria anonima
D. Arteria carotide destra
E. Aorta discendente

6. Il sistema linfatico:

A. Filtra il sangue
B. Trasporta gli ormoni ai diversi distretti corporei
C. Ha funzione emopoietica
D. Raccoglie i fluidi interstiziali e li riporta al circolo generale
E. Filtra il sangue e trasporta gli ormoni ai diversi distretti corporei

7. Quale, tra le opzioni, NON presenta mai una funzione emopoietica?

A. Milza
B. Midollo
C. Sacco vitellino
D. Fegato
E. Placenta

8. In seguito a splenectomia quale organo diviene responsabile dell'emocateresi?

A. Milza
B. Rene
C. Fegato
D. Midollo osseo
E. Cuore

9. Gli scambi respiratori avvengono:

A. Nei bronchi
B. Negli alveoli polmonari
C. Nella trachea
D. Nei bronchioli respiratori
E. Nella laringe

10. Quale delle seguenti è la sequenza corretta del percorso che fa una molecola di ossigeno che viene inspirata?

A. Naso - laringe - faringe - trachea
B. Faringe - trachea - polmoni - bronchi
C. Naso - bocca - alveoli - bronchioli
D. Bocca - laringe - trachea - bronchi
E. Laringe - esofago - trachea - bronchi

11. L'organo della fonazione è rappresentato da:

A. Trachea
B. Laringe
C. Faringe
D. Cavità buccale
E. Polmoni

12. Quale dei seguenti gas ha la stessa concentrazione nell'aria inspirata e nell'aria espirata?

A. Vapore acqueo
B. Biossido di carbonio
C. Ossigeno
D. Azoto
E. Nessuno di questi

13. La mioglobina:

A. Serve per il trasferimento degli zuccheri
B. È una proteina della cellula muscolare
C. È una lipoproteina che trasporta particolari trigliceridi
D. È una proteina contenuta nei globuli rossi
E. È una proteina contrattile

14. Il cardias è:

A. Una membrana che avvolge il ventricolo sinistro del cuore
B. Una ghiandola endocrina
C. Una valvola che controlla l'entrata del bolo alimentare nello stomaco
D. Una valvola che controlla l'uscita del contenuto gastrico
E. Il muscolo cardiaco

15. Il fondo gastrico è quella porzione dello stomaco che si colloca:

A. Nella parte inferiore dello stomaco, a sinistra del cardias
B. Nella parte inferiore dello stomaco, a sinistra del piloro
C. Nella parte superiore dello stomaco, a sinistra del cardias
D. Nella parte superiore dello stomaco, a sinistra del piloro
E. Nella parte centro-laterale dello stomaco

16. I principali prodotti della digestione che vengono assorbiti a livello dei villi intestinali sono:

A. Glucosio, aminoacidi, sali e grassi emulsionati
B. Glicogeno, proteine e acidi grassi
C. Vitamine e proteine
D. Ormoni, aminoacidi e grassi neutri
E. Acqua, zuccheri, proteine e grassi

17. Indicare tra le seguenti affermazioni quella ERRATA. Nell'uomo il fegato:

A. È un organo impari
B. Produce bile
C. Secerne insulina
D. Riceve il sangue dal sistema portale
E. Si trova nella cavità addominale

18. Dalle analisi del sangue di un individuo risulta che il tasso di trigliceridi è particolarmente alto. Ciò significa che:

A. C'è una parziale alterazione del metabolismo epatico
B. I villi intestinali non riescono ad assorbire l'eccesso di trigliceridi
C. La pressione del sangue è bassa
D. È in atto una patologia renale
E. L'individuo è diabetico

19. La pepsina è un enzima che agisce scindendo:

A. Le proteine in peptidi a pH basso
B. Le proteine in peptidi a pH alto
C. I lipidi a pH basso
D. I lipidi a pH alto
E. Gli zuccheri a pH neutro

20. Il pancreas si può definire un organo con funzione di:

A. Riserva di grassi
B. Ghiandola
C. Sostegno
D. Difesa
E. Filtro del sangue

21. La ptialina è:

A. Un enzima contenuto nella saliva per la digestione degli amidi
B. Un enzima del succo intestinale per la digestione dei glucidi
C. Un ormone intestinale
D. Una sostanza che favorisce la coagulazione del sangue
E. Un enzima del succo gastrico per la digestione delle proteine

22. L'uretra:

A. È un segmento delle vie genitali femminili
B. Veicola l'urina dai reni alla vescica
C. Veicola l'urina dalla vescica all'esterno del corpo
D. È una sostanza di scarto azotata
E. Congiunge l'utero alle ovaie

23. Il passaggio di acqua e soluti dal lume dei tubuli renali ai capillari peritubulari è definito:

A. Filtrazione
B. Escrezione
C. Secrezione
D. Riassorbimento
E. Idrolisi

24. L'azoto in eccesso viene espulso dall'organismo principalmente mediante l'escrezione di una sostanza più complessa, quale?

A. Urina

B. Ammoniaca
C. Urea
D. Aminoacidi
E. Acido urico

25. Per escrezione si intende:
A. Il processo di denaturazione delle proteine
B. L'immissione nel sangue di fattori legati al metabolismo del calcio
C. La produzione di ormoni agenti sul riassorbimento a livello renale
D. L'eliminazione di rifiuti e sostanze in eccesso dall'ambiente interno
E. Il riassorbimento delle sostanze prodotte

26. Gli ureteri:
A. Uniscono direttamente i reni all'uretra
B. Veicolano l'urina dai reni alla vescica
C. Trasportano gli spermatozoi dalle vescichette seminali all'uretra
D. Uniscono le ovaie all'utero
E. Appartengono all'apparato riproduttivo maschile

27. La gonade è:
A. Un organo impari
B. Un organo adibito alla produzione dei gameti
C. Una parte dell'articolazione del gomito
D. Un ormone prodotto dalla placenta
E. Una ghiandola salivare maggiore

28. Nella specie umana per caratteri sessuali secondari NON si intende:
A. La crescita dei genitali esterni
B. L'apparato genitale di genere
C. Il timbro della voce
D. La distribuzione dei peli
E. L'allargamento delle spalle

29. Il cardias è:
A. L'orifizio che congiunge esofago e stomaco
B. Il canale attraverso cui l'esofago si congiunge con lo stomaco
C. Il muscolo cardiaco
D. L'orifizio che congiunge stomaco e duodeno
E. Una membrana che avvolge il ventricolo sinistro del cuore

30. I dotti deferenti fanno parte:
A. Dell'apparato uropoietico
B. Dell'apparato riproduttivo maschile
C. Dell'apparato riproduttivo femminile
D. Del sistema canalicolare epatico
E. Del sistema midollare renale

31. Indicare quale tra le seguenti sequenze è ESATTA:
A. Canale dell'epididimo → dotto deferente → dotto eiaculatore → prostata
B. Dotto deferente → canale dell'epididimo → prostata → dotto eiaculatore
C. Dotto eiaculatore → dotto deferente → canale dell'epididimo → prostata
D. Dotto eiaculatore → prostata → dotto deferente → canale dell'epididimo
E. Canale dell'epididimo → dotto eiaculatore → dotto deferente → prostata

32. Gli spermatozoi vengono prodotti:
A. Nella prostata
B. Nei tubuli seminiferi
C. Nelle vescichette seminali
D. Nell'uretra
E. Nella vagina

33. La prostata è una ghiandola annessa:
A. Alla vescica maschile
B. Alle vie urinarie
C. Alle vie spermatiche
D. All'ultimo tratto di intestino crasso maschile
E. Alle ovaie

34. Quale tra i seguenti vasi trasporta sangue ossigenato?
A. Vena polmonare e arteria polmonare
B. Vena polmonare
C. Arteria renale
D. Vena polmonare e arteria renale
E. Arteria polmonare e arteria renale

35. Il miometrio fa parte della parete:
A. Uterina
B. Cardiaca
C. Gastrica
D. Vasale
E. Intestinale

36. La placenta è:
A. Una tonaca uterina
B. Un annesso fetale
C. Un segmento embrionale
D. Una ghiandola esocrina
E. Un organo dell'apparato riproduttore maschile

37. I gameti femminili maturano:
- A. Nell'utero
- B. Nell'ovaio
- C. Nel timo
- D. Nelle ghiandole surrenali
- E. Nella vagina

38. Generalmente, nella specie umana, la fecondazione avviene:
- A. Nella vagina
- B. Nell'utero
- C. Nelle tube uterine
- D. Nell'ovaio
- E. Nell'uretra

39. In una donna, con un ciclo mestruale della normale durata di 28 giorni, l'ovulazione avviene:
- A. Al 1° giorno del ciclo
- B. Al 7° giorno del ciclo
- C. Al 14° giorno del ciclo
- D. Al 21° giorno del ciclo
- E. Al 28° giorno del ciclo

40. Quale di questi organi NON è una ghiandola a secrezione interna?
- A. Pancreas insulare
- B. Surreni
- C. Tiroide
- D. Ipofisi
- E. Prostata

41. Si definisce ormone:
- A. Una sostanza prodotta in un distretto dell'organismo con effetti specifici su altri distretti
- B. Una proteina con funzione di catalizzatore
- C. Qualsiasi secreto ghiandolare
- D. Una proteina basica associata al DNA
- E. Una proteina intrinseca della membrana plasmatica

42. Quale, tra questi ormoni, stimola e mantiene le attività metaboliche?
- A. Ossitocina
- B. Calcitonina
- C. Tiroxina
- D. Vasopressina
- E. ADH

43. Se la glicemia nel sangue è bassa, le cellule pancreatiche delle isole di Langerhans:
- A. Secernono una maggior quantità di glucagone
- B. Secernono una maggior quantità di insulina
- C. Secernono una maggior quantità di adrenalina
- D. Secernono una maggior quantità di succhi pancreatici
- E. Sospendono la produzione di ormoni

44. Tra gli organi che seguono, quale ha una funzione ghiandolare anficrina?
- A. Il pancreas
- B. Il polmone
- C. Le ghiandole sebacee
- D. Il midollo spinale
- E. La milza

45. L'ormone adrenalina è secreto:
- A. Dalle paratiroidi
- B. Dalla corteccia surrenale
- C. Dall'ipofisi
- D. Dalla tiroide
- E. Dalla midollare del surrene

46. Gli ormoni operano un controllo della funzione renale. Quale tra questi stimola il riassorbimento del sodio:
- A. La tiroxina
- B. L'aldosterone
- C. Il cortisolo
- D. L'insulina
- E. Il glucagone

47. Quali dei seguenti abbinamenti NON è corretto?
- A. Angiotensina - fegato
- B. Peptide natriuretico cerebrale - encefalo
- C. Gastrina - stomaco
- D. Somatostatina - pancreas
- E. Vasopressina - ipotalamo

48. La rodopsina è una proteina presente principalmente:
- A. Nelle fibre muscolari
- B. Nei melanociti
- C. Nei bastoncelli retinici
- D. Negli eritoblasti
- E. Negli eritrociti

49. Le vie nervose afferenti sono:
- A. Sensitive
- B. Motorie
- C. Miste
- D. Solo simpatiche
- E. Autonome

50. I dendriti trasmettono l'impulso nervoso:
- A. In senso centripeto, verso il pirenoforo

BIOLOGIA

B. In senso centrifuge
C. Alternativamente nei due sensi
D. In modo variabile secondo lo stimolo
E. Dal pirenoforo verso i bottoni sinaptici

51. Quale affermazione sul potenziale d'azione è corretta?
A. Non può essere graduato in ampiezza né in frequenza ma si propaga a distanza senza decremento
B. Non può essere modulato in ampiezza ma può essere modulato in frequenza, si propaga a distanza senza decremento
C. Può essere graduato in ampiezza ma non può esserlo in frequenza, subisce un decremento all'allontanarsi dal punto di generazione
D. Può essere graduato sia in ampiezza che in frequenza ma subisce una riduzione man mano che si allontana dal punto di generazione
E. Dipende dal tipo di stimolo che lo attiva, i neurotrasmettitori eccitatori creano un potenziale d'azione diverso da quelli inibitori

52. I canali semicircolari si trovano:
A. Nel testicolo
B. Nella laringe
C. Nell'orecchio interno
D. Nelle ghiandole salivari
E. Nel fegato

53. Il midollo spinale:
A. Costituisce parte integrante del Sistema Nervoso Centrale e da lui originano i nervi periferici
B. Connette l'encefalo con il resto del corpo
C. Potenzia le reazioni nelle situazioni di stress
D. È un aggregato di cellule nervose esterno al sistema nervoso centrale
E. Permette le reazioni involontarie

54. Che cosa indicano rispettivamente i termini "miosi" e "midriasi"?
A. Dilatazione e costrizione pupillare
B. Apertura e chiusura del piloro
C. Chiusura e apertura della valvola mitrale
D. Costrizione e dilatazione pupillare
E. Chiusura e apertura del cardias

55. Quali sono i componenti dell'occhio che, sequenzialmente, incontrerebbe un raggio di luce che penetra dall'esterno?
A. Cornea, cristallino, umor vitreo, retina
B. Cornea, canali semicircolari, cristallino, retina
C. Cristallino, cornea, umor vitreo, retina
D. Cristallino, cornea, umor acqueo, umor vitreo
E. Cristallino, umor acqueo, umor vitreo, retina

56. In quale delle seguenti strutture dell'occhio si forma l'immagine?
A. Retina
B. Corpo ciliare
C. Congiuntiva
D. Sclera
E. Iride

57. L'acetilcolina è un neurotrasmettitore che:
A. Agisce solo a livello di SNC
B. Impedisce alla noradrenalina di legarsi ai propri recettori
C. Viene liberato in seguito ad un impulso nervoso
D. Agisce solo a livello della placca neuromuscolare
E. Viene riciclata nelle terminazioni nervose presinaptiche

58. Per ritmo circadiano si intende:
A. Svolgimento di determinate funzioni a intervalli di 24 ore
B. La capacità di adattarsi a un ritmo definito
C. La capacità di compiere un intero ciclo riproduttivo in 24 ore
D. La capacità degli animali polari di adattarsi ai ritmi particolari di luce-buio presenti nelle regioni nordiche
E. La ripetizione di comportamenti a ritmi approssimativamente costanti

59. Il gastrocnemio è:
A. Un componente della parete dello stomaco
B. Un muscolo della gamba
C. La parte iniziale del duodeno
D. Un farmaco antiulcera
E. Un osso del piede

60. Lo sternocleidomastoideo fa parte dei muscoli:
A. Masticatori
B. Dell'avambraccio
C. Dell'anca
D. Del collo
E. Della gamba

61. L'anconeo è:
A. Un muscolo dell'avambraccio
B. Un osso del torace
C. Un muscolo dell'arto inferiore
D. Una membrana interossea
E. Un osso del carpo

62. Durante la contrazione del muscolo scheletrico, quali filamenti si accorciano?
A. Miosina
B. Collagene
C. Actina
D. Tropomiosina
E. Nessuno dei precedenti

63. Perché la contrazione della fibra muscolare possa avvenire è indispensabile la disponibilità di:
A. Glucosio
B. Acido lattico
C. ATP
D. NADH + H^+
E. Nessuna delle molecole elencate

64. Il principale componente della matrice ossea è:
A. Solfato di calcio
B. Fosfato di calcio
C. Carbonato di sodio
D. Cloruro di calcio
E. Carbonato di potassio

65. Lo sfenoide é:
A. Un osso della base del cranio
B. L'ultima vertebra sacrale
C. Una ghiandola endocrina del torace
D. Un osso di forma quadrangolare tra le cavità orbitarie e l'osso frontale
E. Un ormone necessario per a digestione dei lipidi

66. Per foro ovale si intende:
A. Un foro che nel cuore fetale permette al sangue di passare dall'atrio destro all'atrio sinistro
B. Un orifizio del tratto intestinale
C. Un canale del cranio
D. Uno dei vasi cardiaci più importante
E. Un canale alla base del cranio in cui passano nervi e vasi sanguigni

67. Quante sono le ossa del carpo?
A. 6
B. 9
C. 8
D. 11
E. 10

68. Nel movimento di abduzione l'arto viene:
A. Avvicinato al tronco
B. Allontanato dal tronco
C. Proiettato posteriormente
D. Proiettato anteriormente
E. Ruotato

69. Quale regione della colonna vertebrale è composta da cinque corpi vertebrali fusi insieme?
A. Cervicale
B. Toracica
C. Lombare
D. Sacrale
E. Coccigea

70. Quale delle seguenti ossa fa parte dell'arto superiore?
A. Ulna
B. Sfenoide
C. Astragalo
D. Ileo
E. Tibia

71. La diartrosi è:
A. Un tipo di articolazione tra due segmenti ossei
B. Una patologia articolare
C. Un'indagine diagnostica atta a sondare la cavità articolare
D. La degenerazione di un'articolazione
E. Un ispessimento della parete delle arterie

72. Il deficit di vitamina D durante l'età infantile provoca:
A. Sordità permanente
B. Scorbuto
C. Rachitismo
D. Emorragie
E. Ipertensione arteriosa

CORREZIONE COMMENTATA

1. Per uomo adulto di corporatura media ci si riferisce ad un soggetto che pesa intorno ai 70 kg. Considerando che la quantità di sangue equivale a circa il 7% del peso corporeo, in questo caso allora corrisponderà a circa 5 kg.
Risposta corretta C.

2. Il valore minimo della pressione sanguigna, 80 mmHg, corrisponde alla fase di rilassamento dei ventricoli, ovvero alla loro diastole. Le valvole a nido di rondine (opzione E), dislocate lungo il percorso delle vene maggiori, impediscono il reflusso del sangue venoso nella direzione sbagliata e non sono coinvolte nella misurazione della pressione sanguigna.
Risposta corretta D.

3. La sistole, contrapposta alla diastole, si riferisce alla fase di contrazione del cuore, e quindi del miocardio. Più precisamente, indica la contrazione dei ventricoli, ovvero il momento in cui il sangue viene pompato dai ventricoli nelle arterie. Il battito cardiaco, invece, è costituito da due toni, che corrispondono ai momenti di chiusura delle valvole.
Risposta corretta D.

4. Sia i globuli rossi che i leucociti vengono prodotti dal midollo osseo (risposte D e E errate). Il flusso sanguigno, una volta che arriva nel letto capillare, viene rallentato poiché passa in vasi dal diametro molto stretto (risposta A errata). La detossificazione delle sostanze esogene avviene all'interno delle cellule nel fegato (risposta C errata). Nei capillari le cellule non scambiano solamente gas con il sangue ma anche materia come sostanze nutritive, ormoni, ecc.
Risposta corretta B.

5. L'unica arteria che non origina direttamente dall'arco aortico è la carotide destra che, come la succlavia di destra, rappresenta un ramo dell'arteria anonima.
Risposta corretta D.

6. Il sistema linfatico non funge da filtro del sangue (risposta A errata); a differenza del sangue, non trasporta gli ormoni (risposte B e E errate); non svolge funzione ematopoietica, ovvero di produzione di elementi corpuscolati del sangue, la quale avviene invece nel midollo osseo (risposta C errata).
Risposta corretta D.

7. L'emopoiesi, ovvero il processo di formazione delle cellule del sangue, viene svolto da organi diversi a seconda del periodo della vita. Nell'embrione questa funzione è affidata al sacco vitellino, struttura di origine mesenchimale, per poi passare dal settimo mese alla nascita a fegato, milza e midollo. La placenta è un annesso fetale che permette lo scambio di metaboliti e cataboliti tra sangue materno e fetale.
Risposta corretta E.

8. L'emocateresi consiste nella degradazione fisiologica di globuli rossi invecchiati da parte di macrofagi all'interno della milza. In seguito a splenectomia, cioè asportazione della milza, questo processo avviene a livello del fegato.
Risposta corretta C.

9. L'aria inspirata transita nelle vie respiratorie, che includono la laringe, la trachea, i bronchi e i bronchioli. I bronchioli terminali si ramificano in due bronchioli respiratori, dai quali originano gli alveoli, piccole sfere a fondo cieco avvolte dai capillari polmonari e sede degli scambi di gas respiratori tra il sangue e l'atmosfera.
Risposta corretta B.

10. Il corretto percorso dell'aria in inspirazione è naso (o bocca), faringe, laringe, trachea, bronchi principali, polmoni, bronchioli ed infine alveoli.
Risposta corretta D.

11. La fonazione è quel processo per cui si produce un suono per mezzo degli organi vocali; nell'uomo questo è rappresentato dalle corde vocali che sono poste nella laringe, l'organo che collega la faringe (posta superiormente) alla trachea (posta inferiormente).
Risposta corretta B.

12. Il vapore acqueo non è un gas, ma uno stato fisico dell'acqua (risposta A errata). Il biossido di carbonio e l'ossigeno cambiano concentrazione: nell'aria espirata sarà maggiore la concentrazione di anidride carbonica rispetto a quella di ossigeno, nell'aria inspirata viceversa (risposte B e C errate). L'azoto molecolare che viene inspirato non viene utilizzato nei processi biologici dell'organismo umano.
Risposta corretta D.

13. La mioglobina è una proteina contenuta nel tessuto muscolare dove, avendo una struttura simile a quella dell'emoglobina del globulo rosso, svolge la funzione di apportare ossigeno per la contrazione muscolare. Essa non ha caratteristiche contrattili.
Risposta corretta B.

14. Il cardias non deve essere confuso con una struttura appartenente al cuore (risposte A ed E errate), e non è nemmeno una ghiandola (risposta B errata). È l'orifizio superiore che mette in comunicazione l'esofago con lo stomaco; la valvola che controlla l'uscita del contenuto gastrico, si chiama piloro (risposta D errata).
Risposta corretta C.

15. Lo stomaco può essere suddiviso in 4 porzioni anatomiche: fondo, corpo, antro e piloro. Il fondo dello stomaco è la porzione più alta dello stomaco, situata a sinistra del cardias.
Risposta corretta C.

16. Bisogna procedere per esclusione. Il glicogeno rappresenta la forma di immagazzinamento del glucosio a livello epatico e muscolare. Le proteine non possono essere assorbite a livello dei villi intestinali poiché sono complessi macromolecolari, mentre i villi assorbono le singole molecole costituenti degli alimenti (risposte B, C ed E errate). Gli ormoni non sono assorbiti a livello dei villi, ma immessi nel circolo sanguigno dal nostro organismo stesso (risposta D errata).
Risposta corretta A.

17. Il fegato è un organo impari collocato a destra nella cavità addominale, filtra il sangue venoso e produce bile (risposte A, B, D, E errate). NON è deputato alla secrezione di insulina, ormone immesso nel circolo sanguigno dal pancreas endocrino.
Risposta corretta C.

18. Si procede per esclusione: il diabete è correlato alla glicemia e non al livello di trigliceridi (risposta E errata). I trigliceridi in circolo nel sangue non influiscono sulla sua pressione (risposta C errata) e non sono connessi direttamente con alcuna patologia renale (risposta D errata). Se i villi intestinali non riuscissero ad assorbire i trigliceridi questi sarebbero abbondanti nelle feci e non nel sangue (risposta B errata).
Risposta corretta A.

19. La pepsina è un enzima gastrico, attivo a pH basso, che ha la funzione di scindere i legami peptidici delle proteine.
Risposta corretta A.

20. Un esempio di organo con funzione di difesa è l'epidermide (risposta D errata); uno che rappresenta una riserva di grassi è il tessuto adiposo (risposta A errata); uno che possiede la funzione di sostegno è dato dalle ossa (risposta C errata); l'organo che possiede la funzione di filtro sanguigno è il rene (risposta E errata).
Risposta corretta B.

21. La ptialina è un enzima contenuto nella saliva che è in grado di scindere polisaccaridi ad alto peso molecolare in molecole più semplici. L'enzima che agisce nello stomaco per la digestione delle proteine è la pepsina (risposta E errata), mentre un enzima per la digestione dei glucidi è l'amilasi (risposta B errata).
Risposta corretta A.

22. L'uretra è il condotto che collega la vescica all'esterno dell'organismo e consente la minzione. È importante non confonderla con l'uretere, condotto che unisce il rene alla vescica (opzione B errata); con l'urea e l'acido urico, sostanze azotate di scarto (opzione D errata). L'uretra è un tratto dell'apparato urinario in condivisione con le vie genitali maschili, non femminili (opzione A errata).
Risposta corretta C.

23. Il passaggio del plasma dai capillari glomerulari alla capsula di Bowman viene definito *filtrazione* (risposta A errata). Il passaggio di acqua e soluti dall'interstizio al lume dei tubuli renali viene definito escrezione (risposta B errata). La secrezione è invece la fuoriuscita di un prodotto biochimico da una cellula verso uno spazio corporeo interno ed è tipica dei tessuti ghiandolari (risposta C errata). L'idrolisi è un processo biochimico di rottura di una molecola polimerica che prevede l'introduzione di una molecola di acqua tra le unità (risposta E errata). Il processo di riassorbimento indica il ritorno di una sostanza liquida e dei soluti da una cavità organica verso le vie sanguigne o linfatiche. A livello renale, il riassorbimento indica il ritorno di acqua e soluti dal lume tubulare verso i capillari peritubulari.
Risposta corretta D.

24. L'urea, l'acido urico, l'ammoniaca e gli amminoacidi sono tutti composti azotati naturalmente presenti nell'organismo. L'urea, prodotto di scarto del metabolismo amminoacidico, è il principale mezzo di eliminazione dell'azoto.
Risposta corretta C.

25. L'escrezione è un processo fisiologico di secrezione rivolta verso l'esterno dell'organismo mediante particolari organi e meccanismi biochimici: questi eliminano dall'organismo le sostanze inutili e/o tossiche derivate dal metabolismo cellulare e tissutale. Gli organi preposti a tale eliminazione vengono denominati emuntori, tra essi figurano la cute, i reni, l'intestino, l'apparato respiratorio, il pancreas e il fegato.
Risposta corretta D.

26. Gli ureteri sono i condotti compresi tra le pelvi renali e la vescica. Tra i reni e l'uretra non vi è un collegamento diretto: l'urina transita in sequenza dalla pelvi, dall'uretere e dalla vescica (risposta A errata). Le vescichette seminali sono unite all'uretra dai dotti eiaculatori, che trasportano anche gli spermatozoi, i quali provengono però dal dotto deferente (risposta C errata). Le ovaie sono unite all'utero dalle tube uterine, sede della fecondazione (risposta D errata). È l'uretra il tratto delle vie urinarie in condivisione con le vie genitali maschili (risposta E errata).
Risposta corretta B.

27. La gonade è per definizione l'organo adibito alla produzione dei gameti, forme mature e fecondanti delle cellule della linea germinale. Nelle femmine è rappresentato dall'ovaio, dove maturano le cellule uovo, nei maschi è rappresentato dal testicolo, dove maturano gli spermatozoi. Le gonadi sono organi pari e simmetrici (risposta A errata) e hanno anche un'importante funzione endocrina di secrezione degli ormoni sessuali.
Risposta corretta B.

28. I caratteri sessuali secondari sono le caratteristiche sviluppate durante la pubertà a seguito dell'aumento della produzione degli ormoni sessuali, con lo scopo di portare a compimento la maturazione sessuale dell'individuo. Tra questi caratteri si individuano la modificazione del timbro della voce nei maschi; la diversa distribuzione di peli e tessuto adiposo nelle femmine. L'unico carattere sessuale primario è l'apparato genitale di genere, che fin dalla nascita distingue maschi e femmine.
Risposta corretta B.

29. Il cardias costituisce la regione di confine tra stomaco ed esofago distale: si tratta di una zona funzionale dell'esofago distale in cui le pressioni sono solitamente elevate e tali da permettere il passaggio del cibo e non permettere la patologica comparsa di reflusso. Si tratta quindi non di un canale, bensì dell'orifizio superiore dello stomaco.
Risposta corretta A.

30. Il dotto deferente è un canale pari e simmetrico che origina dalla coda dell'epididimo, percorre il canale inguinale, e prosegue nel dotto eiaculatore, il quale accoglie il secreto della vescichetta seminale e si apre nell'uretra. Pertanto, i dotti deferenti appartengono all'apparato riproduttivo maschile e ne compongono parte delle vie spermatiche.
Risposta corretta B.

31. Gli spermatozoi lasciano il testicolo attraverso la rete testis e completano il loro sviluppo nell'epididimo. Quest'ultimo prosegue con il dotto deferente, che confluisce, insieme alla vescichetta seminale, nel dotto eiaculatore. I dotti eiaculatori penetrano nella prostata e confluiscono nell'uretra a livello dei collicoli seminali.
Risposta corretta A.

32. Ogni testicolo è composto da centinaia di tubuli seminiferi strettamente aggrovigliati e sede della spermatogenesi. La funzione principale della prostata è quella di produrre ed emettere il liquido prostatico, uno dei costituenti dello sperma (risposta A errata). La funzione delle vescichette seminali è quella di produrre un liquido ricco di fruttosio che costituisce il 70% dello sperma (risposta C errata). Lo sperma transita nell'uretra maschile durante l'eiaculazione (risposta D errata) e viene depositato nella vagina (risposta E errata).
Risposta corretta B.

33. La prostata è una ghiandola dell'apparato genitale maschile collocata inferiormente alla vescica. Essa produce il liquido prostatico, costituente dello sperma, e accoglie nel suo parenchima il passaggio dell'uretra in uscita dalla vescica e dei dotti eiaculatori, che sboccano nell'uretra a livello dei collicoli seminali.
Risposta corretta C.

34. Le vene cave portano al cuore di destra il sangue deossigenato, di ritorno dalla circolazione sistemica. A partire dal ventricolo destro parte il tronco polmonare che dividendosi nelle arterie polmonari, condurrà il sangue fino ai polmoni, dove per gradiente pressorio verrà persa anidride carbonica e si arricchirà di ossigeno. Il sangue ossigenato è quindi riportato al cuore dalle vene polmonari, e quindi distribuito al corpo tramite il circolo sistemico.
Risposta corretta D.

35. Il miometrio è la tonaca muscolare dell'utero. Il prefisso *mio* indica elementi appartenenti alla categoria del tessuto muscolare; negli organi cavi degli apparati respiratorio, digerente e urinario lo strato di tessuto muscolare liscio viene denominato semplicemente *tonaca muscolare* (risposte C e E errate), nei vasi sanguigni lo strato di tessuto muscolare liscio in commistione con fibre elastiche viene denominato *tonaca media* (risposta D errata), nel cuore lo strato di tessuto muscolare striato cardiaco viene denominato *miocardio* (risposta B errata).
Risposta corretta A.

36. La placenta è l'annesso fetale che consente lo scambio di gas e sostanze nutrienti tra le circolazioni materna e fetale. La placenta NON consente lo scambio di sangue tra la madre e il feto, ma permette solo lo scambio di alcune sostanze, tra le quali l'ossigeno, l'anidride carbonica, le immunoglobuline e i substrati riducenti per il metabolismo fetale.
Risposta corretta B.

37. Il gamete femminile, la cellula uovo, matura a livello dell'ovaio. Ogni mese un gruppo di ovociti primari inizia a maturare fino a raggiungere lo stadio di ovocita secondario. Poi, uno degli ovociti continua il processo maturativo mentre gli altri ovociti attivati degenerano. Quindi ha

BIOLOGIA

luogo l'ovulazione: l'ovocita viene espulso dall'ovaio e catturato dalla tuba uterina di Falloppio. In essa avviene eventualmente la fecondazione e la formazione dello zigote, che dopo alcuni giorni si impianta nella parete uterina. Generalmente, solo un ovocita primario completa il processo maturativo, ma in casi eccezionali possono essere più di uno.
Risposta corretta B.

38. La fecondazione avviene generalmente nelle tube uterine di Falloppio, dove l'ovulo espulso dall'ovaio incontra lo spermatozoo risalito dall'utero. Lo zigote prodotto dalla fecondazione migra lungo le tube fino al fondo dell'utero, nella cui parete si impianta.
Risposta corretta C.

39. Nel primo giorno del ciclo mestruale i follicoli ovarici si preparano alla maturazione (risposta A errata). Durante il settimo giorno uno di questi diviene follicolo maturo (risposta B errata). Intorno al quattordicesimo giorno avviene l'ovulazione. Nel ventunesimo giorno è in pieno sviluppo il corpo luteo (risposta D errata), il quale, nel caso non sia avvenuta la fecondazione nel 28° giorno, si trasformerà in corpo albicante (risposta E errata).
Risposta corretta C.

40. *Ghiandola a secrezione interna* è un sinonimo di *ghiandola endocrina*. L'unica ghiandola, tra quelle elencate, che non è endocrina è la prostata, la quale partecipa alla produzione del liquido prostatico, che non viene riversato nel sangue ma "all'esterno": di conseguenza è una ghiandola esocrina.
Risposta corretta E.

41. Un ormone è una molecola che ha la funzione di inviare segnali di regolazione del metabolismo agendo o sulla stessa cellula che lo ha prodotto, o su cellule vicine a questa, o su cellule lontane.
Risposta corretta A.

42. Si può procedere per esclusione. L'ossitocina viene secreta per aumentare le contrazioni muscolari dell'utero (risposta A errata). La calcitonina abbassa la calcemia (risposta B errata). La vasopressina, nota anche come ADH, ha la funzione di aumentare la pressione sanguigna (risposte D ed E errate).
Risposta corretta C.

43. L'adrenalina non è secreta dal pancreas endocrino, ma dalla midollare del surrene (risposta C errata). I succhi pancreatici secreti dalla componente esocrina del pancreas non regolano la glicemia (risposta D errata). Quest'ultima è regolata da due ormoni: l'insulina, utilizzata per abbassare la glicemia (risposta B errata), e il glucagone, per alzarla. Nel caso di carenza di glucosio nel sangue non si osserverà la sospensione di produzione degli ormoni (risposta E errata), bensì la produzione di glucagone.
Risposta corretta A.

44. Si definisce anficrina una ghiandola che riversa i suoi secreti sia a livello di un lume, sia all'interno del circolo ematico. Tra le scelte proposte solo il pancreas ha questa duplice funzione, basti pensare a insulina e glucagone riversati nel circolo e amilasi pancreatica riversata nell'intestino.
Risposta corretta A.

45. L'ormone adrenalina, insieme alla noradrenalina, viene secreto dalla parte midollare della ghiandola surrenale. La parte corticale di questa ghiandola endocrina secerne mineralcorticoidi, glucocorticoidi e ormoni sessuali.
Risposta corretta E.

46. La tiroxina è coinvolta nel metabolismo del glucosio e nella termogenesi (risposta A errata). Il cortisolo contrasta le infiammazioni (risposta C errata). L'insulina diminuisce la glicemia (risposta D errata), mentre il glucagone la aumenta (risposta E errata). L'aldosterone, invece, agisce a livello renale, sul tubulo distale, aumentando l'assorbimento di sodio.
Risposta corretta B.

47. Ognuno dei seguenti abbinamenti segue la logica ormone- sito di origine. L'angiotensina è un ormone che crea vasocostrizione ed è prodotto dal fegato per l'azione della renina (risposta A errata). La gastrina è un ormone prodotto nello stomaco e stimola la secrezione gastrica (risposta C errata), mentre la somatostatina è un ormone prodotto dalle isole δ di Langerhans e rallenta le funzioni dell'apparato gastroenterico, compreso il rilascio di insulina e glucagone (risposta D errata). La vasopressina (ADH) viene prodotta dall'ipotalamo e ha una funzione antidiuretica e ipertensiva (risposta E errata), mentre il peptide natriuretico cerebrale è un ormone prodotto a livello del cuore e ha come bersaglio il rene; esso si lega e attiva i recettori del peptide natriuretico atriale, abbassando la quantità di acqua, sodio e potassio.
Risposta corretta B.

48. La rodopsina è una proteina di membrana dotata di 7 domini transmembrana ad α-elica e si trova principalmente nelle cellule a bastoncello della retina, che permettono la vista in bianco e nero.
Risposta corretta C.

49. Per vie nervose afferenti, o sensitive, si intende l'insieme di assoni che porta un impulso dalla periferia al sistema nervoso centrale. Si differenziano dalle vie efferenti, o motorie, poiché queste ultime trasportano un segnale dal SNC alla periferia.
Risposta corretta A.

50. I dendriti trasmettono sempre l'impulso nervoso in senso centripeto, dalle giunzioni sinaptiche al corpo del neurone. Gli assoni, invece, si occupano sempre degli stimoli in uscita, lavorando in senso centrifugo. Notare che le risposte B ed E sono identiche. Il pirenoforo è il corpo cellulare, dove è situato il nucleo.
Risposta corretta A.

51. Il potenziale d'azione ha delle caratteristiche molto precise ed è sempre uguale in ampiezza (risposta C errata), ovvero non può essere modulato uno volta superata la soglia di attivazione, al contrario dei potenziali graduati che invece non raggiungendo la soglia di attivazione del potenziale hanno ampiezze dipendenti dall'entità dello stimolo. Può invece essere modulato in frequenza (risposta A errata). Caratteristica del potenziale d'azione è il mantenersi di intensità (ampiezza) costante per tutto il suo percorso di propagazione garantendo uno stimolo finale pari a quello di origine (risposta D errata). I neurotrasmettitori eccitatori portano all'apertura dei canali Na^+ mentre gli inibitori portano ad iperpolarizzazione della cellula rendendo più difficile l'attivazione della stessa, l'opzione non ha senso (risposta E errata).
Risposta corretta B.

52. I canali semicircolari sono parte dell'orecchio interno. Si tratta di tre strutture deputate a percepire la posizione della testa e le accelerazioni che questa subisce.
Risposta corretta C.

53. Il midollo spinale, contenuto all'interno del canale vertebrale, fa parte del sistema nervoso centrale, insieme all'encefalo. Quest'ultimo, costituito dagli organi nervosi contenuti all'interno della scatola cranica, non è connesso con il resto del corpo attraverso il midollo spinale (risposta B errata), ma sono i nervi che da esso derivano che connettono l'encefalo con la periferia.
Risposta corretta A.

54. I termini miosi e midriasi indicano rispettivamente la costrizione e la dilatazione pupillare, che possono avvenire per cause fisiologiche, patologiche e farmacologiche.
Risposta corretta D.

55. La cornea permettere il passaggio della luce verso le strutture interne dell'occhio ed ha il compito di proteggere l'organo da agenti esterni: deve dunque occupare una posizione superficiale (risposte C e D errate). La luce viene poi indirizzata dal cristallino (una lente con il compito di mettere a fuoco i raggi luminosi) alla retina (l'involucro più interno dell'occhio), dopo

aver attraversato l'umor acqueo, prima del cristallino, e l'umor vitreo che riempie il bulbo oculare (risposta E errata). I canali semicircolari sono invece componenti dell'orecchio interno per il mantenimento dell'equilibrio (risposta B errata).
Risposta corretta A.

56. La congiuntiva è una sottile membrana mucosa che ha la funzione di proteggere il bulbo oculare (risposta C errata). La sclera è la membrana fibrosa bianca che riveste tutto l'occhio eccetto la porzione anteriore occupata dalla cornea (risposta D errata). L'iride è la membrana muscolare pigmentata con funzione di diaframma (risposta E errata). Il corpo ciliare è quella struttura che attraverso dei legamenti tiene sospeso il cristallino (risposta B errata). La retina, invece, è il foglietto che contiene i fotorecettori, sul quale si può formare l'immagine.
Risposta corretta A.

57. L'acetilcolina è responsabile della trasmissione nervosa sia nel SNC che nel SNP, quindi non agisce solamente a livello della placca neuromuscolare (risposte A e D errate). Non è un antagonista della noradrenalina (risposta B errata). Nelle terminazioni presinaptiche viene degradata e non riciclata (risposta E errata).
Risposta corretta C.

58. Il ritmo circadiano è lo svolgimento ripetitivo di alcune funzioni nell'arco delle 24 ore. Per esempio, le secrezioni di cortisolo, melatonina e altre sostanze biologiche del nostro organismo seguono un ritmo circadiano.
Risposta corretta A.

59. Il muscolo gastrocnemio è il più superficiale dei muscoli della regione posteriore della gamba. Le opzioni A, C e D inducono a pensare allo stomaco, ma in questo caso il prefisso *gastro* è un termine che si riferisce al concetto di *ventre* o *corpo muscolare*.
Risposta corretta B.

60. Il nome *sternocleidomastoideo* fornisce numerosi indizi sulle sue inserzioni, quindi sulla sua posizione: le componenti *sterno-*, *cleido-*, e *mastoideo* si riferiscono rispettivamente allo sterno, alla clavicola e al processo mastoideo dell'osso temporale. Un muscolo che si inserisce superiormente sulla testa e inferiormente sul torace è necessariamente un muscolo del collo.
Risposta corretta D.

61. L'anconeo è un muscolo dell'avambraccio, adibito alla sua estensione ed alla stabilizzazione del gomito nei movimenti di pronazione e supinazione.
Risposta corretta A.

62. I filamenti di miosina e quelli di actina, durante la contrazione del muscolo scheletrico, non modificano le proprie dimensioni; scivolano, infatti, l'uno sull'altro accorciando la lunghezza complessiva del sarcomero (risposte A e C errate). Il collagene è la principale proteina del tessuto connettivo (risposta B errata). La tropomiosina è una proteina filamentosa che, assieme alla troponina, impedisce il legame dell'actina con la miosina (risposta D errata).
Risposta corretta E.

63. Gli elementi necessari per la contrazione muscolare sono l'ATP (1 molecola per far contrarre il sarcomero e 1 per rilassarlo) e gli ioni $Ca2^+$, i quali segnalano alla troponina di liberare il sito attivo per il legame delle teste di miosina sull'actina. Il glucosio permette la produzione di ATP, ma non è indispensabile alla contrazione. L'acido lattico si viene a formare, invece, durante una contrazione intensa che sfrutta vie anaboliche anaerobie. Il NADH + H^+ non è coinvolto in questo processo.
Risposta corretta C.

64. Il principale componente della matrice inorganica dell'osso è il fosfato di calcio, associato in minor percentuale al carbonato di calcio.
Risposta corretta B.

65. Lo sfenoide è un osso del neurocranio, impari e mediano, che compone la base del cranio. È peculiare per la sua forma a *farfalla*. A livello della sua parete superiore, denominata *sella turcica*, è accolta l'ipofisi. Le vertebre sacrali sono fuse nell'adulto nell'osso sacro (risposta B errata). L'osso compreso tra le cavità orbitarie e l'osso frontale è l'etmoide (risposta D errata).
Risposta corretta A.

66. Il foro ovale è un foro che nel cuore fetale permette al sangue di passare dall'atrio destro all'atrio sinistro, bypassando il circolo polmonare. Il sangue ossigenato arriva, infatti, al feto dalla madre attraverso la vena ombelicale.
Risposta corretta A.

67. Il carpo è l'insieme di 8 ossa che, in ogni mano, prende posto tra le estremità inferiori di radio e ulna e le estremità iniziali dei 5 metacarpi. Note anche come ossa carpali, le ossa che costituiscono il carpo sono: lo scafoide, il semilunare, il piramidale, il pisiforme, il trapezio, il trapezoide, il capitato e l'uncinato. Mnemotecnica TB: Se Sei Peter Pan Trova Tu Capitano Uncino.
Risposta corretta C.

68. L'abduzione è allontanamento di un arto da un piano o asse o punto di riferimento, mentre l'adduzione è un movimento che avvicina un arto alla linea mediana del corpo.
Risposta corretta B.

69. L'osso sacro è un unico osso formato da cinque segmenti vertebrali che si fondono tra loro nei primi 25 anni di vita. Esso ha forma piramidale rovesciata a base quadrangolare. Il coccige è l'osso terminale della colonna vertebrale, composto da tre o quattro elementi vertebrali rudimentali. Le altre regioni della colonna vertebrale sono composte da corpi vertebrali singoli.
Risposta corretta D.

70. L'ulna e il radio formano lo scheletro osseo dell'avambraccio; la prima è posta medialmente, mentre il secondo è laterale. Lo sfenoide è un osso che compone la base cranica (risposta B errata). L'astragalo è un osso del tarso (risposta C errata). L'ileo compone insieme all'ischio e al pube l'osso dell'anca (risposta D errata). La tibia e il perone formano lo scheletro osseo della gamba (risposta E errata).
Risposta corretta A.

71. La diartrosi è un'articolazione mobile formata da due estremità ossee rivestite di cartilagine, da una cavità delimitata dalla membrana sinoviale, da una capsula articolare e dai legamenti. Sono diartrosi le articolazioni del gomito, del ginocchio, della spalla, dell'anca, del polso e della caviglia.
Risposta corretta A.

72. Il quesito può trarre in inganno per la presenza di due condizioni causate entrambe da deficit vitaminici: lo scorbuto (risposta B), causato da deficit di vitamina C, e il rachitismo da deficit di vitamina D (risposta C). Se si pensa al ruolo nel metabolismo del calcio della vitamina D, si riesce ad intuire come il deficit di questa possa causare una condizione di alterazioni dello sviluppo osseo nell'infante.
Risposta corretta C.

BIOLOGIA

9. Immunologia

1. Quale tra i seguenti organi è un centro linfoide primario?
- A. Milza
- B. Timo
- C. MALT
- D. Tiroide
- E. Linfonodo

2. Perché midollo osseo e timo sono definiti organi linfoidi primari?
- A. Perché le cellule primordiali dell'immunità, che si formano del sangue, si recano in questi distretti prima di poter maturare e diventare cellule effettrici
- B. Perché le cellule primordiali dell'immunità si generano in questi distretti e maturano qui prima di diventare cellule effettrici
- C. Perché storicamente sono stati i primi organi linfoidi ad essere scoperti e studiati
- D. Perché sono anatomicamente più grandi degli organi linfoidi secondari, che sono i linfonodi periferici
- E. Perché la risposta immunitaria si svolge principalmente in questi organi, mentre nei secondari avvengono solo risposte contro patogeni più innocui

3. Quale affermazione è vera a proposito dei linfonodi:
- A. La zona midollare, più profonda, è a diretto contatto con la zona corticale, più superficiale
- B. Il centro germinativo è costituito prevalentemente da cellule B
- C. Sono organi linfoidi primari
- D. Servono a filtrare il sangue proveniente dai tessuti
- E. Permettono esclusivamente lo sviluppo della risposta immunitaria cellulo-mediata

4. Il sistema linfatico:
- A. È composto solo da linfa
- B. Fa parte esclusivamente del sistema immunitario
- C. Non comprende gli organi linfoidi
- D. È un sistema di circolo organizzato e chiuso
- E. Permette di restituire al circolo ciò che non viene drenato a livello venoso

5. Quali tra i seguenti credi possa essere la formula leucocitaria più probabile in un'infezione batterica?
- A. N 90%, L 10%, M 5%, E 3%, B 1%
- B. N 65%, L 25%, M 5%, E 3%, B 1%
- C. N 60%, L 21%, M 5%, E 10%, B 1%
- D. N 45%, L 50%, M 5%, E 3%, B 1%
- E. N 65%, L 25%, M 10%, E 3%, B 1%

6. Quali delle seguenti cellule derivano sia dal progenitore mieloide che da quello linfoide?
- A. Cellule B
- B. Monociti e macrofagi
- C. Cellule presentanti l'antigene
- D. Neutrofili
- E. Eritrociti

7. Le cellule T:
- A. Si generano a partire dal progenitore linfoide nel midollo spinale
- B. Terminano la loro maturazione a livello dei linfonodi
- C. Riconoscono gli antigeni solo se presentati su MHC di classe I
- D. Possono essere di tipo helper
- E. Non partecipano alla formazione di una memoria immunologica, di competenza dei B

8. L'HIV attacca in particolare le cellule CD4+, impedendo a queste di svolgere la loro funzione correttamente. Quali cellule infetta dunque L'HIV?
- A. Linfociti T citotossici
- B. Linfociti B
- C. Linfociti T helper
- D. Plasmacellule
- E. Granulociti

9. L'estrema diversità che si riscontra tra gli anticorpi si deve a:
- A. Attività degli anticorpi monoclonali
- B. Splicing di molecole proteiche
- C. Attività delle cellule T citotossiche
- D. Riorganizzazione di alcuni segmenti genici
- E. Notevole aspecificità

10. A proposito degli eosinofili, quale delle seguenti affermazioni è corretta?
- A. Hanno un nucleo sferico che occupa la maggior parte della cellula

B. Sono i leucociti più rappresentati nel sangue
C. Sono importanti in caso di infezione virale
D. Dispongono di granuli al loro interno
E. Nessuna delle precedenti

11. In quale tipo di risposta immunitaria sono coinvolti i mastociti?
A. Risposta antiparassitaria
B. Risposta antibatterica
C. Risposta di ipersensibilità
D. Risposta antifungina
E. Nessuna delle precedenti

12. I macrofagi sono cellule dell'immunità innata che si trovano nei tessuti. A seconda del tessuto in cui sono localizzati, vengono chiamati in modo differente. Quali dei seguenti nomi viene usato per indicare i macrofagi residenti nel fegato?
A. Osteoclasti
B. Cellule di Kupffer
C. Microglia
D. Monociti
E. Cellule di Langhans

13. I linfociti NK sono una classe di cellule citotossiche del sistema immunitario:
A. Importanti nel riconoscimento e nella distruzione di cellule tumorali o infettate da virus
B. Che fanno parte dell'immunità innata
C. Che derivano dalle cellule staminali linfoidi
D. Che contengono piccoli granuli citoplasmatici con proteine speciali come la perforina e delle proteasi note come granzimi
E. Tutte le opzioni precedenti sono corrette

14. Cosa sono i monociti?
A. Cellule precursori dei linfociti, con attività macrofagica
B. Cellule precursori dei macrofagi, con attività macrofagica
C. Cellule precursori dei neutrofili, senza attività macrofagica
D. Cellule precursori dei macrofagi, senza attività macrofagica
E. Cellule precursori dei linfociti, senza attività macrofagica

15. Di quale di queste cellule si ha probabilmente una diminuzione dell'attività se in un individuo vi è incapacità di spegnere correttamente la risposta immunitaria?
A. Linfociti B
B. Linfociti NK
C. Cellule dendritiche
D. Linfociti T regolatori
E. Tutte le precedenti

16. Ferruccio, no vax convinto, sceglie di partire per la Cina senza effettuare alcun tipo di vaccinazione. Al suo ritorno, in seguito a qualche acciacco, scopre di aver contratto l'epatite C e, vista la gravità del suo quadro clinico, viene messo in lista per il trapianto. Per non andare incontro a un rigetto, avendo già trovato un donatore con un gruppo sanguigno compatibile, viene effettuata la tipizzazione antigenica. Quale cellula NON può essere utile a tale fine?
A. Eritrociti
B. Epatociti
C. Globuli bianchi
D. Cellule della mucosa buccale
E. Nessuna delle precedenti

17. Quale dei seguenti tipi di cellule è un fagocita?
A. Mastocita
B. Linfocita T
C. Neutrofilo
D. Cellula Natural Killer
E. Plasmacellula

18. Quali tra i seguenti sono i fagociti?
A. Monociti, macrofagi, neutrofili
B. Monociti, eosinofili, neutrofili
C. Monociti, macrofagi, basofili
D. Linfociti NK, macrofagi, neutrofili
E. Eosinofili, basofili, neutrofili

19. Quale dei seguenti appaiamenti è errato?
A. Neutrofili - rilascio di istamina e altri mediatori
B. Linfociti NK - lisi di cellule infette
C. Mastociti - stimolazione del processo infiammatorio mediante rilascio di mediatori
D. Immunoglobuline - neutralizzazione di tossine
E. Eosinofili - difesa da infezioni parassitarie

20. Quale delle seguenti cellule si attiva subito contro un'infezione mai incontrata prima?
A. Linfocita B
B. Linfocita T helper

BIOLOGIA

C. Linfocita NK
D. Cellula della memoria
E. Plasmacellula

21. Cos'è il sistema del complemento?
A. Un sistema di glucidi che permette il potenziamento dell'azione citotossica delle immunoglobuline
B. Un sistema di immunoglobuline che permette il potenziamento dell'azione citotossica dei neutrofili
C. Un sistema di proteine prodotte dai linfociti T che facilita l'azione fagocitaria a cellule come i neutrofili
D. È il nome del complesso sistema costituito dalle cellule dell'immunità adattativa che agiscono in un'azione coordinata verso i patogeni
E. Un sistema di proteine prodotte dal fegato che facilita l'azione fagocitaria a cellule come i neutrofili

22. Quale di questi elementi prende parte all'immunità adattativa:
A. Macrofagi
B. Cellule Natural Killer
C. Linfociti B
D. Sistema del complemento
E. Lisozima

23. A proposito di immunità non specifica, quale opzione è corretta?
A. All'interno di essa troviamo dei recettori che riconoscono strutture non eucariotiche attivando le cellule immunitarie
B. Una volta venuti a contatto con il morbillo, è essa la responsabile dell'immunizzazione permanente nei confronti della malattia
C. Ne fanno parte i linfociti T ma non i linfociti B, infatti i B producono anticorpi mentre i T non li producono
D. I granulociti si dividono in basofili, neutrofili ed eosinofili, i basofili sono quelli maggiormente rappresentati nel sangue
E. I monociti che migrano nella milza prendono il nome di cellule di Kupffer

24. Quale tra le seguenti affermazioni sull'immunità è corretta?
A. L'immunità si divide in innata e avanzata
B. La memoria immunologica è caratteristica dell'immunità adattativa
C. L'immunità innata è veloce e specifica
D. L'immunità innata comprende i linfociti T helper
E. L'immunità adattativa è veloce e specifica

25. Quale delle seguenti affermazioni sugli anticorpi è errata:
A. Sono prodotti dalle plasmacellule
B. Gli anticorpi della classe IgE partecipano ad alcune risposte allergiche
C. Sono formati sempre da tre catene polipeptidiche che assumono la forma di una Y
D. Sono altamente specifici per l'antigene
E. Gli anticorpi della classe delle IgG sono i più abbondanti nel corso della risposta secondaria

26. Quale delle seguenti affermazioni sulla struttura degli anticorpi è corretta?
A. Sono molecole asimmetriche, costituite da 3 catene pesanti e 2 catene leggere
B. Sono molecole simmetriche, costituite da 2 catene pesanti e 2 catene leggere
C. Sono molecole simmetriche, costituite da 4 catene pesanti e 4 catene leggere
D. Sono molecole asimmetriche, costituite da 2 catene pesanti e 2 catene leggere
E. Sono molecole asimmetriche, costituite da 2 catene pesanti e 3 catene leggere

27. Quali delle seguenti cellule sono responsabili della produzione massiva di anticorpi?
A. Plasmacellule
B. Granulociti basofili
C. Cellule B della memoria
D. Linfociti T killer
E. Linfociti T helper

28. Che cos'è l'opsonizzazione?
A. Il processo di differenziazione del progenitore mieloide nel midollo osseo rosso
B. Il processo attraverso cui gli anticorpi e le proteine del complemento ricoprono l'antigene facilitandone la fagocitosi da parte dei fagociti
C. Il processo attraverso cui i linfociti B sono attivati da linfociti T helper e si dividono in plasmacellule e cellule della memoria
D. Il processo che permette il riconosci-

mento delle cellule tumorali da parte dei basofili.

E. La presentazione dell'antigene da parte dei fagociti sulla membrana insieme al MHC II

29. Con quali meccanismi gli anticorpi bloccano la funzione del patogeno?

A. Opsonizzazione e fagocitosi
B. Attivazione del complemento
C. Citotossicità cellulare anticorpo dipendente
D. Tutti questi meccanismi
E. Nessuno di questi meccanismi

30. Quale associazione anticorpo-funzione principale è errata:

A. IgA - immunità delle mucose
B. IgE - ipersensibilità immediata
C. IgD - difesa contro gli elminti
D. IgG - opsonizzazione, attivazione del complemento, immunità neonatale
E. IgM - risposta immunitaria primaria

31. Qual è la principale funzione delle IgM?

A. Attivazione del complemento
B. Attivazione della fagocitosi
C. Produzione di anticorpi
D. Produzione di antigeni
E. Funzione anti-infiammatoria

32. In quale di questi distretti avviene generalmente l'attivazione del linfocita B?

A. Linfonodo
B. Midollo osseo
C. Timo
D. Fegato
E. Liquor

33. Testino Busteri, dopo aver brillantemente passato il test di Medicina, essersi laureato ed essere diventato un microbiologo di fama internazionale, decide di andare su Marte in cerca di organismi viventi sconosciuti al genere umano. Su Marte, viene infettato dal nuovo batterio Staphylococcus Busteris. In quale dei seguenti casi vedremo immediatamente in azione i linfociti T helper nel suo corpo?

A. Se il batterio gli causa un tumore, contro il quale agiscono i linfociti T Helper, perché costituito da molecole antigenicamente sconosciute al sistema immunitario di Testino
B. Se il batterio ha gli stessi antigeni dello Staphylococcus aureus, contro il quale l'organismo di Testino combatte da anni a causa di un'infezione cronica
C. Se il batterio infetta i globuli rossi di Testino
D. Il batterio, essendo alieno, non può infettare Testino
E. Se il batterio gli causa una gastroenterite fulminante

34. Quale dei seguenti processi meglio descrive un processo immunitario classico?

A. Il patogeno viene riconosciuto da un linfocita B che lo fagocita ed espone sulla sua membrana, grazie all'MHC I, i suo antigeni. Questi vengono riconosciuti grazie all'MHC II dei linfociti T, che allertano l'immunità adattativa
B. Il patogeno viene riconosciuto da un linfocita T citotossico che lo fagocita ed espone sulla sua membrana, grazie all'MHC I, i suoi antigeni. Questi vengono riconosciuti grazie all'MHC I dei linfociti T, che allertano l'immunità adattativa
C. Il patogeno viene riconosciuto da un macrofago che lo fagocita ed espone sulla sua membrana, grazie all'MHC II, i suoi antigeni. Questi vengono riconosciuti grazie all'MHC I dei linfociti B, che allertano l'immunità adattativa
D. Il patogeno viene riconosciuto da una cellula dendritica che lo fagocita ed espone sulla sua membrana, grazie all'MHC II, i suoi antigeni. Questi vengono riconosciuti grazie a TCR dai linfociti T, che si attivano
E. Il patogeno viene riconosciuto da un linfocita B che lo fagocita ed espone sulla sua membrana, grazie all'MHC II, i suoi antigeni. Questi vengono riconosciuti grazie all'MHC I dei linfociti T, che allertano l'immunità adattativa

35. Quale delle seguenti affermazioni è corretta?

A. I fagociti sono un insieme di proteine plasmatiche che si attivano con un processo a cascata enzimatica in presenza di batteri
B. Le plasmacellule sono responsabili della produzione di antigeni nell'organismo
C. Le immunoglobuline sono prodotte dai linfociti T helper

BIOLOGIA

D. Le cellule della memoria fanno parte dell'immunità innata
E. I monociti vengono prodotti a livello del midollo osseo

36. Qual è il corretto principio di funzionamento dei vaccini?

A. L'inoculazione di un antigene attenuato, contenuto all'interno del vaccino, fa produrre al sistema immunitario linfociti B della memoria che in caso di secondo contatto con l'antigene saranno già pronti a produrre Ig specifiche
B. L'inoculazione di un antigene attenuato, contenuto all'interno del vaccino, fa produrre al sistema immunitario linfociti T della memoria che in caso di secondo contatto con l'antigene saranno già pronti a produrre Ig specifiche.
C. L'inoculazione d'immunoglobuline, contenute all'interno del vaccino, fa produrre al sistema immunitario linfociti T della memoria che in caso di secondo contatto con le Ig saranno già pronti a produrre antigeni specifici
D. L'inoculazione d'immunoglobuline, contenute all'interno del vaccino, fa produrre al sistema immunitario linfociti T della memoria che in caso di secondo contatto con le Ig saranno già pronti a produrre antigeni specifici
E. L'inoculazione di immunoglobuline, contenute all'interno del vaccino, permette all'organismo di combattere per sempre il patogeno penetrato all'interno dell'organismo, impedendo alla malattia di degenerare

CORREZIONE COMMENTATA

1. I centri linfoidi primari sono le sedi di produzione e sviluppo dei linfociti. Milza, MALT e linfonodi sono classificati come centri linfoidi secondari, popolati dai linfociti maturi, i quali avviano la risposta immunitaria adattativa (risposte A, C ed E errate). La tiroide non è un centro primario né secondario, bensì una ghiandola endocrina (risposta D errata). L'unico centro primario tra quelli elencati è il timo.
Risposta corretta B.

2. Midollo osseo e timo sono definiti organi linfoidi primari in quanto rappresentano le sedi di produzione (midollo osseo) e maturazione (timo). I linfociti maturi migrano negli organi secondari e diventano cellule effettrici quando viene innescata una risposta immunitaria adattativa. In particolare, i linfociti B nascono e maturano nel midollo osseo, mentre i linfociti T nascono nel midollo osseo ma terminano la maturazione nel timo.
Risposta corretta B.

3. I linfonodi sono organi linfoidi secondari, accolgono cioè i linfociti maturi e avviano la risposta adattativa (risposta C errata). Essi permettono lo sviluppo di una risposta immunitaria sia umorale che cellulare (risposta E errata). La funzione primaria dei linfonodi è filtrare la linfa proveniente dai tessuti per permettere il ricircolo delle cellule dendritiche che hanno catturato l'antigene e degli antigeni stessi al loro interno (risposta D errata). Il parenchima dei linfonodi può essere diviso in tre zone che, dall'esterno all'interno, sono zona corticale, zona paracorticale e zona midollare (risposta A errata). La zona corticale presenta follicoli linfoidi formati da un centro germinativo, interno, e da una zona mantellare, esterna. Il centro germinativo è costituito prevalentemente da linfociti B e da un numero minore di macrofagi, cellule dendritiche e linfociti T.
Risposta corretta B.

4. Il sistema linfatico è costituito da organi linfoidi, vasi linfatici e linfa (risposta A e C errata). A differenza del sistema cardiovascolare, il sistema linfatico non è un sistema chiuso, ma con origini a fondo cieco (risposta D errata). Il sistema linfoide fa parte del sistema circolatorio e del sistema immunitario (risposta B errata); comprende una rete di vasi linfatici che trasportano la linfa verso la vena cava superiore. Le funzioni principali del sistema linfatico sono quelle di garantire un percorso alternativo di ritorno al sangue per i liquidi in eccesso che ristagnano a livello dell'interstizio e di difesa nel sistema immunitario.
Risposta corretta E.

5. In caso di infezione batterica, le prime cellule ad aumentare saranno i neutrofili, mentre i linfociti aumenteranno soprattutto in caso di infezione virale. Gli eosinofili invece risultano più spesso aumentati in caso di parassitosi, mentre i basofili sono coinvolti nelle reazioni di ipersensibilità.
Risposta corretta A.

6. I monociti-macrofagi, i neutrofili e gli eritrociti derivano dal progenitore mieloide (risposta B, D, E errate), mentre i linfociti B derivano dal progenitore linfoide (risposta A errata). Le *antigen presenting cells* (APC) sono cellule accomunate dalla funzione di presentare gli antigeni ai linfociti T CD4+ e includono le cellule dendritiche (DC) e i macrofagi, che derivano dal progenitore mieloide, e i linfociti B, che derivano dal progenitore linfoide.
Risposta corretta C.

7. I linfociti T derivano dal progenitore linfoide nel midollo osseo (risposta A errata); vanno incontro a maturazione e selezione all'interno del timo: solo le cellule T in grado scaturire reazioni immunitarie e di riconoscere gli antigeni estranei all'organismo sopravvivono (risposta B errata). Esistono principalmente due tipi di linfociti T: helper e citotossici (risposta D corretta). I primi riconoscono gli antigeni quando questi vengono presentati da MHC di classe II mentre i secondi quando sono presentati da MHC di classe I (risposta C errata). I linfociti T sono molto importanti per la formazione di una memoria immunologica (risposta E errata).
Risposta corretta D.

8. L'HIV è un virus particolarmente dannoso per l'organismo umano in quanto, pur non provocando esso direttamente la morte dell'organismo, l'individuo muore invece a causa di infezioni opportunistiche che l'organismo non riesce a debellare. Ciò avviene poiché vengono meno i linfociti T helper, cellule CD4+, che normalmente sono responsabili di regolare finemente la risposta immunitaria. Il recettore CD4 è espresso anche dai macrofagi, che costituiscono un reservoir (serbatoio) del virus.
Risposta corretta C.

9. L'elevata variabilità tra i diversi anticorpi si deve ad un processo di ricombinazione somatica. In questo processo intervengono degli enzimi che prendono il nome di ricombinasi: effettuando un "taglia-incolla" e selezionando una e una sola regione per tipo in modo casuale si generano un gran numero combinazioni possibili e una diversità combinatoriale elevatissima (dell'ordine del milione).
Risposta corretta D.

10. I granulociti eosinofili hanno forma tondeggiante e presentano un nucleo formato da due lobi legati fra loro da un sottile filo di cromatina (risposta A errata), al contrario dei linfociti, il cui volume è occupato quasi interamente da un nucleo voluminoso e tondeggiante. I granulociti eosinofili sono coinvolti nella risposta contro gli elminti e nelle reazioni allergiche (risposta C errata) e presentano dei granuli che contengono sia fattori per la risposta antiparassitaria che fattori in grado di contrastare l'azione basofila. Sono poco rappresentati nel plasma, infatti sono circa il 4% (risposta B errata).
Risposta corretta D.

11. I mastociti intervengono nella genesi delle reazioni di ipersensibilità e anafilattiche. Essi dispongono di granuli contenenti alcuni messaggeri chimici tra cui l'istamina, che dilatano i vasi del distretto in cui vengono liberati aumentando il flusso ematico e richiamando cellule immunitarie.
Risposta corretta C.

12. Gli osteoclasti sono i macrofagi residenti nelle ossa (risposta A errata); la microglia include i macrofagi del sistema nervoso centrale (risposta C errata); i monociti sono i macrofagi inattivi nel sangue (risposta D errata); le cellule di Langhans sono cellule giganti coinvolte nella risposta infiammatoria cronica (risposta E errata); le cellule di Kupffer si trovano invece nel fregato.
Risposta corretta B.

13. I linfociti NK sono una classe di cellule importanti nel riconoscimento e nella distruzione di cellule tumorali o infette da virus, essi rientrano nei meccanismi dell'immunità innata ma derivano dalle cellule staminali linfoidi. Al loro interno, essi dispongono di granuli contenenti la perforina, in grado di ledere le membrane delle cellule malate, e i granzimi, proteasi in grado di digerire e uccidere tali cellule.
Risposta corretta E.

14. I monociti sono delle cellule circolanti precursori dei macrofagi, e acquisiscono questa denominazione una volta raggiunto il sito infiammatorio e differenziati. Nonostante siano cellule precursori, hanno comunque attività macrofagica e quindi agiscono direttamente sui patogeni.
Risposta corretta B.

15. Le cellule implicate nello spegnimento della risposta immunitaria sono i linfociti T regolatori, di conseguenza in caso di un loro malfunzionamento la risposta si manterrà nel tempo causando danni all'organismo.
Risposta corretta D.

16. Gli antigeni leucocitari umani (HLA, per *human leukocyte antigens*), noti anche come MHC, sono proteine specializzate presenti sulla superficie di tutte le cellule dell'organismo, eccetto i globuli rossi.
Risposta corretta A.

17. Il mastocita è una cellula dell'immunità innata, contenente granuli di istamina, che viene rilasciata in seguito a segnali precisi, il suo ruolo è quello di esercitare una potente azione di stimolazione del processo infiammatorio attraverso la liberazione di mediatori neoformati (risposta A errata). I linfociti B, T e NK appartengono all'immunità adattativa, la quale interviene soltanto quando le altre linee di difesa non sono riuscite a contrastare efficacemente il patogeno. Essa si sovrappone all'immunità innata potenziando la risposta immunitaria: le citochine infiammatorie richiamano linfociti nella sede della reazione immunitaria e questi ultimi rilasciano poi le proprie citochine alimentando e potenziando la risposta infiammatoria specifica (risposte B e D errate). Quando un linfocita B incontra il proprio antigene, prolifera diverse volte dando origine a cellule figlie dette cloni, i quali si attivano in plasmacellule che sintetizzano in gran quantità gli anticorpi specifici per l'agente patogeno; gli anticorpi prodotti dalle plasmacellule, noti anche come immunoglobuline, si legano agli antigeni segnalandone la pericolosità alle cellule preposte alla loro distruzione (risposta E errata). I neutrofili sono i globuli bianchi più numerosi del corpo umano, sono dotati di una notevole attività fagica, che permette loro di inglobare e uccidere da cinque a venti batteri nel corso della vita (che mediamente dura uno o due giorni).
Risposta corretta C.

18. Le cellule con specifica funzione fagocitaria o fagociti professionali sono tre: monociti, da cui poi derivano i macrofagi a livello periferico, i macrofagi stessi e i neutrofili. La funzione dei basofili e degli eosinofili è invece quella di rilasciare dei granuli con all'interno sostanze che favoriscono la reazione infiammatoria e che a seconda della loro affinità tintoriale legano meglio coloranti basici o acidi.
Risposta corretta A.

19. I neutrofili sono la categoria maggiormente rappresentata tra i granulociti e partecipano a meccanismi di difesa. Una volta portato a termine il processo di fagocitosi, queste cellule vanno incontro a degenerazione, diventando il costituente cellulare principale del pus. Sono quindi degradati ed eliminati dai macrofagi. Il rilascio di istamina è invece da attribuirsi ai mastociti.
Risposta corretta A.

20. Le cellule subito attive contro un insulto ai danni dell'organismo sono le cellule dell'immunità innata, tra cui i linfociti *natural killer*. Anche i linfociti della memoria si attivano immediatamente, ma soltanto quando l'organismo è già venuto a contatto col patogeno in passato.
Risposta corretta C

21. Il sistema del complemento è un complesso di proteine (risposta A e D errate) prodotte dal fegato (risposta B e C errate) che costituiscono l'immunità umorale assieme alle immunoglobuline. Esso agisce sia con un'azione direttamente citotossica, sia opsonizzando i patogeni, ovvero rendendoli più "appetibili" e riconoscibili per le cellule ad azione macrofagica come i neutrofili.
Risposta corretta E.

22. Tutti gli elementi presenti prendono parte ai meccanismi di immunità innata ad eccezione dei linfociti B, che invece hanno un ruolo primario nell'immunità adattativa, producendo anticorpi contro uno specifico antigene. I linfociti B, dividendosi per mitosi, producono una plasmacellula e una cellula della memoria: la prima secerne una grande quantità di anticorpi; la seconda ha la capacità di sopravvivere anche per tutta la vita dell'individuo andando a costituire la memoria immunologica.
Risposta corretta C.

23. L'immunità permanente nei confronti di alcuni microrganismi (tra cui il virus del morbillo) è a carico dell'immunità specifica (adattativa), che produce cellule della memoria (risposta B errata). Tutti i linfociti, eccetto i NK, fanno parte dell'immunità specifica in quanto maturano e proliferano in risposta al contatto con lo specifico antigene corrispondente al loro recettore (risposta C errata). I granulociti maggiormente rappresentati nel sangue sono i neutrofili, i quali sono anche i leucociti maggiormente rappresentati nella formula leucocitaria (risposta D errata). Le cellule di Kupffer sono i macrofagi del fegato (risposta E errata). Sulla superficie e all'interno

delle cellule del sistema immunitario innato sono presenti dei recettori (chiamati Toll-like receptors) fondamentali nel riconoscere in modo aspecifico strutture tipicamente microbiche e quindi fondamentali nell'attivazione dell'immunità innata.
Risposta corretta A.

24. L'immunità è divisa in immunità innata, che provvede a una risposta rapida e aspecifica, e immunità adattativa, lenta ma specifica (Risposte A, C ed E errate). Tra i componenti dell'immunità adattativa vi sono linfociti T, citotossici e helper, e linfociti B, che danno origine a plasmacellule e cellule della memoria (Risposta D errata).
Risposta corretta B.

25. Gli anticorpi appartengono a una classe di proteine definite immunoglobuline.
Sono prodotti in grande quantità a partire dalle plasmacellule e sono altamente specifici (risposte A e D errate). Le IgG, oltre a conferire immunità passiva al feto, vengono prodotte in grande quantità durante la risposta immunitaria secondaria dove risultano essere effettivamente l'anticorpo più abbondante mentre le IgE partecipano alle risposte allergiche (risposte E e B errate). Le immunoglobuline assumono forma di Y ma sono formate da quattro catene polipeptidiche.
Risposta corretta C.

26. Gli anticorpi sono una famiglia di glicoproteine del siero fondamentali per la risposta immunitaria specifica. Essi possiedono una struttura quaternaria che conferisce loro una caratteristica forma a "Y", che presenta due siti di legame specifici per un determinato antigene. La molecola di un anticorpo è simmetricamente costituita da 4 catene polipeptidiche, di cui 2 sono leggere e 2 pesanti, inoltre ognuna di esse è formata da una porzione variabile e una porzione costante.
Risposta corretta B.

27. Nel corso della risposta umorale mediata dagli anticorpi, i linfociti B venuti a contatto con l'antigene e stimolati dai linfociti T helper, si vanno a differenziare in plasmacellule (che secernono gli anticorpi in quantità massiva) e in cellule B della memoria, che sopravvivono a lungo e producono modiche quantità di anticorpi. I linfociti T citotossici sono invece appartenenti all'immunità cellulo-mediata e particolarmente importanti nel riconoscimento e distruzione di cellule tumorali o infette da virus. I granulociti basofili sono invece leucociti deputati alle risposte allergiche.
Risposta corretta A.

28. L'emopoiesi è il processo che porta alla formazione e alla maturazione degli elementi corpuscolati del sangue a partire dai loro precursori (risposta A errata). Le risposte E e C si riferiscono a processi rispettivamente dell'immunità innata e adattativa ma che non sono definiti come opsonizzazione. Infine, i basofili non sono coinvolti nel riconoscimento e nell'eliminazione delle cellule tumorali (risposta D errata).
Risposta corretta B.

29. Gli anticorpi sono in grado di eliminare i microbi mediante meccanismi diretti come la neutralizzazione, l'immobilizzazione e la formazione di immunocomplessi o indiretti quali l'attivazione delle proteine del complemento, l'opsonizzazione e la citotossicità cellulo-mediata anticorpo dipendente (ADCC).
Risposta corretta D.

30. Le IgD si ritrovano soltanto sulla superficie dei linfociti B immaturi, assieme alle IgM, e hanno come unica funzione nota quella di attivare i linfociti B e di promuovere la loro maturazione verso lo stadio di plasmacellule quando vengono a contatto con l'antigene per il quale sono specifiche. Non si ritrovano IgD libere nel plasma se non in tracce. Tutte le altre associazioni sono corrette.
Risposta corretta C.

31. Le IgM hanno il compito di captare gli antigeni circolanti per trasmettere il segnale di attivazione all'interno dei linfociti. Tali anticorpi vengono sintetizzati nelle risposte immunitarie in una fase precoce: sono, infatti, i primi in ordine temporale a essere secreti. La loro funzione non è quella di agevolare la fagocitosi da parte delle cellule immunitarie ma di attivare il complemento.
Risposta corretta A.

32. I linfociti B circolano tra gli organi linfoidi secondari in attesa di essere attivati tramite contatto con l'antigene. L'attivazione avviene quindi molto spesso nei linfonodi o nella milza.
Risposta corretta A.

33. I linfociti T helper sono cellule dell'immunità adattativa dell'organismo e possono svolgere la loro funzione solo in seguito a presentazione antigenica da parte delle *antigen presenting cells* (APC). Di conseguenza, saranno attivi solo a seguito di un primo contatto del sistema immunitario con l'antigene. Inoltre, essi possono agire immediatamente qualora l'organismo sia già venuto a contatto e si sia già immunizzato nei confronti di antigeni pressoché identici al nuovo batterio.
Risposta corretta B.

34. L'MHC II è un complesso proteico necessario alle cellule che espongono l'antigene (APC, come ad esempio cellule dendritiche o macrofagi) per svolgere il proprio compito di esposizione antigenica. Gli antigeni non self vengono poi riconosciuti, grazie all'MHC II, anche dai recettori specifici dei linfociti T helper, che attivano i meccanismi dell'immunità adattativa, la quale produce difese specifiche contro il patogeno.
Risposta corretta D.

35. Le plasmacellule sono prodotte in seguito all'attivazione dei linfociti B e sono responsabili della produzione di anticorpi (risposta B errata), molecole che si legano a uno specifico antigene per disattivarlo; sono chiamati anche *immunoglobuline* (risposta C errata). Le cellule della memoria fanno parte dell'immunità adattativa (risposta D errata), si tratta di particolari linfociti in grado di produrre anticorpi specifici nei confronti di un determinato antigene, per ottenere una risposta immunitaria più rapida nel caso in cui esso dovesse ripresentarsi. I fagociti, invece, sono particolari globuli bianchi in grado di ingerire e distruggere batteri e frammenti cellulari (risposta A errata), tuttavia non si attivano con un processo a cascata enzimatica in presenza di batteri: questa reazione riguarda le proteine del complemento. Infine, i monociti sono una tipologia di leucociti capaci di fagocitosi e prodotti a livello del midollo osseo.
Risposta corretta E.

36. I vaccini attivi funzionano in quanto permettono all'organismo di produrre linfociti B della memoria, i quali a loro volta produrranno in caso di infezione, immunoglobuline già perfezionate contro il patogeno. La risposta immunitaria in questo caso sarà quindi più rapida e più precisa, e dunque più efficace, nel combattere il patogeno. La risposta E descrive il principio della vaccinazione passiva, ossia l'inoculazione di anticorpi già formati; la difesa fornita da questa pratica non dura in modo indefinito, ma è limitata dall'emivita degli anticorpi.
Risposta corretta A.

10. Evoluzione e Tassonomia

1. Quale tra le seguenti opzioni NON è un elemento all'interno della Teoria dell'Evoluzione per selezione naturale?

A. Competizione per cibo e ambiente
B. Variazione tra le specie
C. Ereditarietà di caratteristiche acquisite
D. Sopravvivenza e riproduzione
E. Tutte le precedenti

2. Una qualsiasi variazione che porta ad un aumento della sopravvivenza di un organismo in un determinato ambiente viene definita:

A. Variazione
B. Caratteristica
C. Adattamento
D. Competizione
E. Struttura vestigiale

3. Un gruppo di topi viene separato dalla comparsa di un torrente. Nel tempo i topi che si trovano nella sponda settentrionale diventano più piccoli e chiari, mentre quelli che si trovano sulla sponda meridionale diventano più grandi e scuri. Si tratta di un esempio di:

A. Divergenza
B. Omologia
C. Gigantificazione
D. Melanismo industriale
E. Bioevoluzione

4. Quale tra le seguenti opzioni è più probabile che porti all'evoluzione di due specie differenti?

A. Selezione divergente
B. Selezione stabilizzatrice
C. Anagenesi
D. Selezione direzionale
E. Selezione artificiale

5. La popolazione Amish presenta al suo interno un'alta incidenza di polidattilia (presenza di dita sovrannumerarie) rispetto al resto della popolazione. La causa di questa differenza può essere spiegata da:

A. Selezione direzionale
B. Selezione divergente
C. Effetto collo di bottiglia
D. Effetto del fondatore
E. Tutte le precedenti

6. Alcune specie di zanzare Anopheles vivono in acque salmastre, alcune in acque dolci correnti e altre in acque stagnanti. Quale tipo di barriera riproduttiva potrebbe essere ragione di separazione tra le specie considerate?

A. Isolamento temporale
B. Isolamento post-zigotico
C. Isolamento sessuale
D. Isolamento per habitat
E. Non sono presenti barriere riproduttive, le specie possono continuare ad incrociarsi

7. La fitness è un parametro che misura:

A. Longevità
B. Successo riproduttivo
C. Salute fisica
D. Dimensione di popolazione
E. Sterilità degli ibridi

8. Quale equazione descrive l'Equilibrio di Hardy-Weinberg?

A. p+q=1
B. p2+2pq+q2=1
C. p+2pq+q2=1
D. p2+2pq+q=1
E. p2+2pq+q3=1

9. Per deriva genetica si intende la componente dell'evoluzione di una specie dovuta a fattori casuali. Risulta più facilmente visibile in una popolazione che:

A. Ha un basso tasso di mutazioni
B. Ha dimensioni ridotte
C. Ha un pool genico ridotto
D. Presenta selezione naturale in corso
E. Si riproduce in modo asessuato

10. Gli organismi vengono classificati nei regni secondo:

A. Modalità di riproduzione
B. Dimensioni
C. Numero di cellule che li compongono e modalità di approvvigionamento di nutrienti
D. Presenza o assenza di mitocondri
E. Possibilità di movimento

11. Tutti gli organismi parte del regno animali sono:

A. Eucarioti
B. Multicellulari

C. Eterotrofi
D. A riproduzione generalmente sessuata
E. Tutte le precedenti

12. In quali organismi viventi è possibile trovare la struttura anatomica detta ventriglio?
A. Solo nei pesci
B. Solo negli insetti
C. Solo negli uccelli
D. Negli insetti e nei pesci
E. Negli insetti e negli uccelli

13. È possibile suddividere l'intestino dei ruminanti in:
A. Rumine, reticolo e omaso
B. Rumine, reticolo, omaso e abomaso
C. Rumine e tenue
D. Tenue e crasso
E. Abomaso, tenue e crasso

14. Quali legami chimici vengono tipicamente scissi dagli enzimi prodotti dai microrganismi presenti nel rumine?
A. Legami β(1 → 4) glucosidici dell'amido
B. Legami β (1 → 4) glucosidici della cellulosa
C. Legami β (1 → 4) glucosidici dell'amido
D. Legami β (1 → 4) glucosidici della cellulosa
E. Legami peptidici

15. Quale tra le seguenti affermazioni riguardanti gli stigmi è ERRATA:
A. Sono aperture tegumentali per mezzo delle quali la rete interna di trasporto comunica con l'ambiente esterno
B. Sono un elemento di differenziazione fra insetti e vertebrati
C. Negli insetti sono al massimo dieci paia, suddivise tra il settore toracico e addominale
D. Sono delle semplici aperture in continuità con il sistema circolatorio aperto
E. Non hanno mai rapporto con l'apparato digerente

16. In quali tra i seguenti organismi è possibile trovare l'emolinfa?
A. Molluschi
B. Monere
C. Funghi
D. Celenterati
E. Ciclostomi

17. Quali tra i seguenti cordati NON concentrano le scorie azotate come cristalli di acido urico?
A. Condroitti
B. Rettili
C. Mammiferi
D. Uccelli
E. Osteitti

18. A quali strutture anatomiche dei vertebrati possono essere associati i tubuli di Malpighi degli insetti?
A. Neuroni olfattivi
B. Vasi sanguigni
C. Reni
D. Muscoli scheletrici
E. Polmoni

19. Quali tra le seguenti sostanze costituiscono l' esoscheletro di alcuni invertebrati?
A. Cheratina
B. Solfato di calcio e chitina
C. Cheratina e chitina
D. Carbonato di calcio e chitina
E. Solfato di calcio e cheratina

CORREZIONE COMMENTATA

1. La Teoria dell'Evoluzione per selezione naturale formulata da Darwin si basa sulla competizione tra specie e tra gli individui all'interno delle specie. Secondo lo scienziato l'adattamento risulta essere fondamentale per assicurare la sopravvivenza nell'ambiente e la riproduzione. L'ereditarietà delle caratteristiche acquisite, sostenuta da Lamarck, non ha a che fare con la domanda.
Risposta corretta C.

2. Con il termine adattamento si intende qualsiasi caratteristica di una specie che ne migliori le capacità di sopravvivenza in un determinato ambiente. La competizione viene definita ecologicamente come un tipo di competizione tra individui appartenenti alla stessa specie (risposta D errata), mentre le strutture vestigiali sono degli elementi anatomici del corpo umano (e di altri animali) che nel corso dell'evoluzione hanno perso la loro funzione originaria, senza però sparire completamente (risposta E errata).
Risposta corretta C.

3. L'instaurazione di una barriera geografica per la popolazione di topi rappresenta la causa di un processo evolutivo che prende il nome di divergenza: in questo caso la barriera tende a rendere due specie sempre più diverse rispetto a un determinato tratto. Il carattere che va incontro a divergenza evolutiva tra le specie può essere morfologico o molecolare, e ha origine da un antenato comune.
Risposta corretta A.

4. La selezione naturale agisce direttamente sul fenotipo e indirettamente sul genotipo, per cui si distinguono selezione stabilizzatrice (tende a produrre popolazione uniforme, risposta B errata), direzionale (tende a far prevalere individui con una caratteristica fenotipica estrema, risposta D errata) e divergente (tendenza a far prevalere forme fenotipiche estreme, eliminando tutte le forme intermedie). La divergenza porta a una diversificazione, ovvero un aumento nella variazione dei tratti fenotipici presenti in una specie.
Risposta corretta A.

5. Nell'esercizio viene un esempio di effetto del fondatore, ovvero un effetto tale per cui un ristretto numero di individui viene isolato in un ambiente e dà conseguentemente origine ad una nuova popolazione con specifiche caratteristiche. Ne risulta che si avrà una maggiore incidenza di condizioni come la polidattilia presentata in questo caso.
Risposta corretta D.

6. A seconda del diverso habitat in cui vivono le popolazioni considerate, avremo isolamento che funge di fatto da barriera riproduttiva.
Risposta corretta D.

7. La fitness si definisce come misura del successo riproduttivo. Per calcolarla basta prendere il numero di discendenti di uno o più individui. Si possono quindi impostare calcoli, stime e predizioni. Per esempio, si può dimostrare che la frequenza di un carattere (trasmissibile) è destinata a crescere nella popolazione, se la fitness media di individui accomunati da quel carattere è maggiore della fitness media della popolazione.
Risposta corretta B.

8. L'equazione di Hardy-Weinberg è descritta nella seconda opzione.
Risposta corretta B.

9. Una popolazione all'interno della quale il tasso di mutazioni è basso, sarà scarsamente visibile la deriva genetica (risposta A errata), così come in presenza di pool genico ridotto (risposta C errata), selezione naturale in corso (risposta D errata) e nel caso in cui la riproduzione avvenga in modo asessuato: ricordiamo che la riproduzione sessuata fornisce grandissima variabilità (risposta E errata). Ne risulta che un cambiamento, all'interno di una popolazione piccola, sia maggiormente individuabile e percentualmente importante.
Risposta corretta B.

10. La classificazione ideata da Whittaker per gli organismi viventi si basa su tre criteri: il tipo di cellula che caratterizza l'essere, il tipo di organizzazione cellulare e la tipologia di nutrizione.
Risposta corretta C.

11. Tra le opzioni sono proposti tutte caratteristiche appartenenti al regno animale.
Risposta corretta E.

12. Il ventriglio è una porzione dell'apparato digerente degli insetti, degli anellidi, dei molluschi e degli arcosauri, ovvero i discendenti dei dinosauri, cioè coccodrilli e uccelli. La triturazione del cibo avviene mediante una robusta muscolatura e alcune placche situate nella sua parete interna.
Risposta corretta E.

13. I ruminanti sono mammiferi, e come tali hanno un intestino suddivisibile in due porzioni: tenue e crasso. Rumine, reticolo e omaso sono tre prestomaci (i primi due sono una dilatazione dell'esofago), mentre l'abomaso è lo stomaco vero e proprio.
Risposta corretta D.

14. A differenza della maggior parte dei mammiferi, che sono incapaci di digerire la cellulosa i ruminanti sono in grado di trarre energia da essa. Sono però i microrganismi (batteri, protozoi e muffe) presenti nel microambiente ruminale che scindono i legami β(1→4) glucosidici, grazie alla produzione di un'apposita β-glicosidasi, e riducono i polisaccaridi della cellulosa in monosaccaridi di glucosio, che poi viene reso disponibile per l'animale sotto forma di acidi grassi tramite un processo di fermentazione.
Risposta corretta B.

15. Gli stigmi sono aperture esterne sul tegumento degli insetti e degli aracnidi che consentono la comunicazione diretta delle trachee, organi dell'apparato respiratorio deputati alla diffusione dell'ossigeno ai tessuti, con l'ambiente esterno. Non hanno nessuna comunicazione con altri apparati, in quanto unicamente deputati alla veicolazione dell'aria verso i tessuti. Negli insetti sono presenti nei settori toracico e addominale, ma non in quello cefalico.
Risposta corretta D.

16. L'emolinfa degli artropodi (ragni, crostacei e insetti), dei molluschi e di alcuni anellidi, è un tessuto fluido che svolge funzioni analoghe a quelle del sangue e della linfa dei vertebrati. A differenza del sangue è però priva di eritrociti e, nella generalità degli insetti, di proteine respiratorie riconducibili all'emoglobina. Si compone di una porzione liquida (plasma) e di una cellulare.
Risposta corretta A.

17. A differenza dei pesci (che assumono il tipico colore argenteo accumulando cristalli di acido urico nelle scaglie prima di eliminarlo), dei rettili e degli uccelli che espellono i cristalli di acido urico tramite il guano, i mammiferi concentrano le scorie azotate sotto forma di urea prima di espellerla come urina.
Risposta corretta C.

18. I tubuli di Malpighi o tubi malpighiani sono organi assimilabili ai reni dei vertebrati e localizzati nella cavità addominale. Si presentano come tubuli sottili a fondo cieco che drenano direttamente l'acido urico nell'intestino.
Risposta corretta C.

19. L'esoscheletro è una struttura di rivestimento e sostegno esterna tipica di alcuni molluschi e degli artropodi (insetti, crostacei e aracnidi). In particolare, è costituito da carbonato di calcio nei molluschi e da chitina negli artropodi. La cheratina, invece, è una proteina filamentosa ricca di zolfo molto resistente, che costituisce lo strato corneo dell'epidermide di molti vertebrati.
Risposta corretta D.

CHIMICA

Chimica: 12 domande che possono fare la differenza. Spesso ci si concentra su biologia, trascurando la parte di chimica, perché... "è impossibile", "la odio", "è meglio puntare sul resto". Niente di più sbagliato. La chimica del test è molto meno nozionistica di quanto si possa pensare, e bastano davvero poche conoscenze per riuscire a svolgere gran parte degli esercizi.
E potrebbero essere proprio quei 12 quiz di chimica (18 punti), lasciati in bianco dai più, a darti la manciata di punti necessaria a farti salire in graduatoria.

Il programma di chimica è sicuramente vasto, ma puoi focalizzare la tua attenzione su specifici argomenti:

- tavola periodica;
- reazioni chimiche di base (redox specialmente);
- acidi e basi;
- calcolo del pH;
- esercizi di stechiometria;
- gruppi funzionali e composti elementari di chimica organica.

Dovrai imparare quali sono gli esercizi più ricorrenti e avere la capacità di svolgerli il più velocemente possibile. Il traguardo è raggiungibile solo con tanta pratica, perciò...ammazzati di quiz. In quest'ottica gli esercizi che troverai nelle prossime pagine, tutti provvisti di correzioni commentate, potranno esserti di grande aiuto e guidarti nella comprensione della tanto temuta chimica.

Amate la chimica e lei amerà voi.

0. Misure e grandezze

1. Quale delle seguenti è una grandezza intrinseca ed estensiva?

A. Volume
B. Velocità
C. Densità
D. Pressione
E. Temperatura

2. Quale dei seguenti gruppi di grandezze fisiche comprende solo grandezze fondamenta-li (e non derivate) del Sistema Internazionale?

A. Corrente elettrica, massa, lunghezza e tempo
B. Resistenza elettrica, lunghezza, massa e tempo
C. Lunghezza, tempo, massa e forza
D. Lunghezza, massa, temperatura e forza
E. Temperatura, corrente elettrica, calore e tempo

3. Due corpi di uguale densità devono necessariamente avere:

A. Stessa massa
B. Stesso volume
C. Massa e volume proporzionali
D. Massa e volume inversamente proporzionali
E. Nessuna delle precedenti

4. La densità di un gas:

A. Diminuisce con l'aumentare della temperatura
B. Diminuisce con l'aumentare della pressione
C. Aumenta con l'aumentare della temperatura
D. È indipendente dalla pressione
E. È indipendente dalla temperatura

5. A quanti centilitri (*cL*) corrispondono $5 \cdot 10^{-1}$ Mg di acqua?

A. $5 \cdot 10^3$ cL
B. 5 cL
C. 50000 cL
D. 0,5 cL
E. $5 \cdot 10^2$ cL

6. Quale delle seguenti NON è una grandezza fisica fondamentale?

A. Quantità di sostanza
B. Intensità luminosa
C. Temperatura termodinamica
D. Peso
E. Intensità di corrente elettrica

7. A quanti mm^3 corrispondono 0,5 ML?

A. $5 \cdot 10^{11}$
B. $5 \cdot 10^{12}$
C. 0,5
D. $0{,}5 \cdot 10^6$
E. 5

8. Un micrometro corrisponde a:

A. 10^{-6} m
B. 10^6 m
C. 10^{-4} m
D. 10^4 m
E. 10^{-9} m

9. Quanti millimetri cubi sono contenuti in un millilitro?

A. 1
B. 10
C. 100
D. 1000
E. 10000

10. Nel corso del passaggio di stato da acqua a ghiaccio la temperatura:

A. Resta costante e l'acqua assorbe calore
B. Aumenta e l'acqua assorbe calore
C. Resta costante e l'acqua cede calore
D. Aumenta e l'acqua cede calore
E. Diminuisce e l'acqua cede calore

11. Il passaggio diretto dallo stato solido allo stato di vapore è detto:

A. Solidificazione
B. Vaporizzazione
C. Sublimazione
D. Brinamento
E. Fusione

12. Come viene chiamato il passaggio di stato da liquido a vapore?

A. Sublimazione
B. Brinamento
C. Fusione
D. Evaporazione
E. Liquefazione

13. Quale dei seguenti sistemi NON è eterogeneo?

A. Schiuma
B. Nebbia

C. Fumo
D. Emulsione
E. Soluzione

14. Indicare quale delle seguenti associazioni "materia – tecnica di separazione" è errata:
A. Pigmenti delle foglie – Cromatografia
B. Sospensione di acqua e sabbia – Filtrazione
C. Acqua e olio – Centrifugazione
D. Vino – Distillazione
E. Sangue – Distillazione

15. Quale dei seguenti è il binomio "tipologia di miscela- miscela" errato?
A. Lega - Acciaio
B. Emulsione - Burro
C. Miscela gassosa - Aria
D. Gel - Formaggio
E. Lega - Oro

16. Un liquido:
A. Possiede forma e volume propri
B. Possiede volume proprio, ma non forma propria
C. Non possiede né forma né volume propri
D. Può andare incontro a un processo di sublimazione
E. Ha in genere una comprimibilità molto alta

17. Quale delle seguenti affermazioni riguardanti la classificazione della materia è errata?
A. Le leghe metalliche fanno parte dei miscugli omogenei
B. Le emulsioni fanno parte dei miscugli eterogenei
C. Il latte è un miscuglio eterogeneo
D. I colloidi sono sistemi con caratteristiche intermedie tra miscugli eterogenei e omogenei
E. Una soluzione è un miscuglio eterogeneo formato da un solvente ed un soluto

18. Quale dei seguenti materiali non può essere separato né tramite mezzi fisici né tramite mezzi chimici?
A. Oro
B. H_2O
C. Zucchero
D. Aria
E. NaCl

19. Un liquido bolle:
A. Quando la tensione di vapore è zero
B. Quando è in evaporazione
C. Quando la temperatura oltrepassa i 100 °C
D. Quando si formano abbondanti bollicine a 100 °C
E. Quando la tensione di vapore eguaglia la pressione atmosferica

20. La temperatura di fusione dell'acqua è la temperatura alla quale:
A. Il ghiaccio si trasforma in gas
B. Il vapor acqueo si condensa
C. L'acqua liquida diventa vapore
D. L'acqua liquida congela
E. Coesistono i tre stati liquido, solido e aeriforme

CORREZIONE COMMENTATA

1. Una grandezza è la proprietà di un fenomeno o di una sostanza che può essere definita qualitativamente e determinata quantitativamente (ovvero misurata). Le grandezze si possono classificare in quattro tipologie: intrinseche, quando non dipendono dal sistema di riferimento scelto (pressione, volume); estrinseche, quando dipendono dal sistema di riferimento scelto (velocità, giacitura); estensive, quando dipendono dalla quantità di materia del sistema (volume, entalpia, entropia); intensive, quando non dipendono dalla quantità di materia del sistema (pressione, temperatura, densità).
Il quesito richiede di trovare la grandezza sia estensiva che intrinseca. È possibile ragionare per esclusione: si possono eliminare con certezza le opzioni densità (opzione C), pressione (opzione D), temperatura (opzione E) perché corrispondono a grandezze intensive. Inoltre, la velocità è una grandezza estrinseca e perciò è anch'essa da escludere (opzione B). L'unica grandezza che è sia estensiva che intrinseca è il volume.
Risposta corretta A.

2. Anche questa è una domanda prettamente nozionistica. Le grandezze fondamentali del SI sono:

Lunghezza	Metro	m
Massa	Chilogrammo	kg
Tempo	Secondo	s
Corrente elettrica	Ampere	A
Temperatura	Kelvin	K
Quantità di sostanza	Mole	Mol
Luminosità	Candela	cd

L'unica delle risposte in cui sono presenti solo grandezze fondamentali è l'opzione A (corrente elettrica, massa, lunghezza e tempo). Invece la resistenza elettrica, la forza e il calore sono grandezze derivate.
Risposta corretta A.

3. Questo quesito nozionistico richiede una buona conoscenza delle unità di misura. La densità di una sostanza è definita come il rapporto tra la sua massa e il suo volume: $d = m/V$. Dunque, due corpi hanno stessa densità se hanno massa e volume direttamente proporzionali tra di loro: per esempio un oggetto di massa 2m e volume 2V avrà la stessa densità di un oggetto di massa m e volume V, infatti $2m/2v = m/v$.
Risposta corretta C.

4. Per risolvere questo esercizio è necessario conoscere le leggi dei gas ideali e alcuni capisaldi della fisica. In particolare, è necessario ricordare l'equazione di stato dei gas perfetti: $PV = nRT$. Da questa legge sappiamo che un aumento di temperatura è direttamente proporzionale ad un aumento di volume, a pressione costante. La correlazione tra volume e densità è data dalla seguente legge fisica: densità = massa/volume. Da ciò deduciamo che un aumento di volume del gas, a parità di massa, è inversamente proporzionale alla densità dello stesso gas e quindi si traduce in una diminuzione della sua densità. L'opzione C indica un aumento di temperatura, che si traduce necessariamente in un aumento di volume (risposta C errata). L'opzione B invece, indica un aumento di pressione il quale, seguendo il precedente schema di ragionamento si traduce in una diminuzione del volume del gas, intuibile dall'equazione di stato dei gas ideali: $V = (nRT)/P$ (risposta B errata). Di conseguenza una diminuzione del volume porterebbe ad un aumento di densità del gas. Le precedenti spiegazioni escludono anche le opzioni D ed E, poiché la densità è dipendente sia dalla pressione che dalla temperatura (risposte D ed E errate).
Risposta corretta A.

5. Per risolvere questo quesito è necessaria una buona conoscenza delle unità di conversione e delle equivalenze tra le varie grandezze fisiche. Nello studio della chimica e della fisica, specialmente ai fini del test, è necessario che lo studente sia in grado di convertire un'unità di misura da un multiplo ad un altro.
Essendo a conoscenza del fatto che 1 L di acqua corrisponde ad 1 Kg di acqua, si deve convertire la massa data da Mg in Kg. 1 Mg corrisponde a 10^3 Kg, pertanto $5 \cdot 10^{-1}$ Mg corrispondono a $5 \cdot 10^2$ Kg. Seguendo il concetto espresso precedentemente, $5 \cdot 10^2$ Kg corrispondono a $5 \cdot 10^2$ L di acqua. Considerando ora, che 1 L corrisponde a $1 \cdot 10^2$ cL, si può convertire il volume di acqua in centilitri: $5 \cdot 10^2$ L corrispondono a $5 \cdot 10^4$ cL, ovvero 50000 cL.
Risposta corretta C.

6. Questa è una domanda prettamente nozionistica. Nel SI (Sistema internazionale) adottato in Italia le grandezze fondamentali sono 7 e da esse derivano tutte le altre. Esse sono:

Intensità di corrente elettrica (opzione E errata);
Intensità luminosa (opzione B errata);
Lunghezza;
Massa;
Quantità di sostanza (opzione A errata);
Temperatura termodinamica (opzione C errata);
Intervallo di tempo.

È molto importante ricordare che massa e peso sono due grandezze fisiche diverse, infatti la massa è una delle grandezze fondamentali e si misura in *Kg*, il peso invece è una forza e si misura in Newton. La relazione che lega le due grandezze è descritta dal secondo principio della dinamica per cui $P = m \cdot g$. Il peso è quindi l'unica opzione che non corrisponde ad una delle grandezze fondamentali.
Risposta corretta D.

7. Per rispondere a questo quesito è necessario conoscere molto bene le unità di misura e possedere una buona competenza delle equivalenze.
Sappiamo che 1 L=1 dm^3. Sarà quindi necessario convertire 0,5 ML in L.
Procediamo per step:

Se 1 ML = 10^6 L allora 0,5 ML = $5 \cdot 10^{-1}$ ML = $5 \cdot 10^5$L
Se 1 L = 1 dm^3 allora $5 \cdot 10^5$ L = $5 \cdot 10^5$ dm^3
Se 1 dm^3 = 10^6 mm^3 allora $5 \cdot 10^5$ dm^3 = $5 \cdot 10^{11}$ mm^3

Risposta corretta A.

8. Questo quesito molto nozionistico sulle unità di conversione, richiede la conoscenza delle unità di conversione e la competenza nelle equivalenze. Un micrometro corrisponde a 10^{-6} m, ovvero 0,000001 m (opzione A corretta). Invece 10^6 m (opzione B) corrispondono a un megametro, 10^{-4} m (opzione C) e 10^4 m (opzione D) corrispondono rispettivamente a 0,0001 e a 10000. Infine, 10^{-9} m (opzione E) corrisponde a un nanometro.
Risposta corretta A.

9. Per rispondere a questo quesito è necessaria una buona abilità nelle equazioni e una buona conoscenza delle unità di conversione. Essendo a conoscenza dell'equivalenza per cui 1 L = 1dm^3, per risolvere l'esercizio bisogna iniziare trasformando il valore di un millilitro in litro: 1 mL = 10^{-3} L. Data la prima equivalenza tra litri e decimetri cubi, sappiamo che 1 mL equivale a 10^{-3} dm^3.
A questo punto basta trasformare il valore dei dm^3 in mm^3: se 1 dm^3 = 10^6 mm^3, allora 10^{-3} dm^3 = $10^6 \cdot 10^{-3}$ mm^3= 10^3 mm^3.
Risposta corretta D.

10. Questo esercizio riguarda i passaggi di stato, uno dei primi argomenti che si incontra studiando la chimica. Un passaggio di stato consiste nel cambiamento da uno stato fisico ad un altro quando si sottopone la materia a variazione di pressione o temperatura. Durante un qualsiasi passaggio di stato la temperatura del sistema rimane costante (risposte B, D, E errate) fino a quando la sostanza non è passata completamente nello stato successivo. Infatti, poi la temperatura cambia.

Si parla di calore latente, come dice la parola, "non si vede", durante il passaggio di stato. In questo particolare passaggio di stato avviene un processo di solidificazione, quindi si passa da uno stato liquido, l'acqua, ad uno stato solido, il ghiaccio. Per quanto riguarda il calore, invece, esso si modifica: per permettere il passaggio da acqua a ghiaccio, si devono formare dei nuovi legami idrogeno tra le molecole di H_2O in modo da far assumere una struttura solida all'acqua. La formazione di nuovi legami è un processo esotermico che libera energia, mentre la rottura di legami richiede sempre l'aggiunta di calore.
Risposta corretta C.

11. Per la risoluzione di questo quesito era richiesta una buona conoscenza dei passaggi di stato della materia. Per definizione, infatti, il passaggio di stato che permette la transizione dallo stato solido allo stato di vapore si chiama sublimazione. Le altre opzioni, invece, consideravano altre situazioni: la solidificazione è il passaggio di stato da liquido a solido (risposta A errata), la vaporizzazione è il passaggio da liquido a gassoso (opzione B errata), il brinamento da gassoso a solido (opzione D errata) e la fusione da solido a liquido (opzione E errata).
Risposta corretta C.

12. Per la risoluzione di questo quesito era richiesta una buona conoscenza dei passaggi di stato della materia. Come già trattato nella domanda precedente, il passaggio di stato che trasforma una sostanza da liquido a vapore o gas prende il nome di evaporazione o vaporizzazione. Tutte le altre opzioni erano errate: la sublimazione corrisponde al passaggio di stato da solido ad aeriforme (opzione A errata), il brinamento al passaggio da gassoso a solido (opzione E errata), la fusione da solido a liquido (opzione C errata), la liquefazione o fusione da solido a liquido (opzione E errata).
Risposta corretta D.

13. Per rispondere al seguente quesito è necessario fare chiarezza sul concetto di sistema omogeneo ed eterogeneo. Premettendo che la fase è definita come una porzione di materia fisicamente distinguibile e delimitata che ha proprietà intensive uniformi; il sistema è una porzione di materia che può essere costituita da più fasi. I sistemi si dividono in omogenei ed eterogenei: i sistemi omogenei sono costituiti da una sola fase e i sistemi eterogenei da due o più fasi.
Analizzando un'opzione per volta è possibile definire la natura di ciascun sistema proposto: la schiuma è un sistema eterogeneo perché formata da gas disperso in un liquido (opzione A errata). La nebbia è un miscuglio eterogeneo di piccolissime gocce d'acqua nell'aria (opzione B errata). Il fumo è formato da particelle solide sparse in un gas (opzione C errata). L'emulsione è semplicemente il miscuglio eterogeneo di due sostanze immiscibili agitate vigorosamente tra loro (opzione D errata). Infine, una soluzione è per definizione un sistema omogeneo in cui sono contenute una, due o più sostanze allo stato solido/liquido/gassoso.
Risposta corretta E.

14. Le tecniche di separazione della materia sono uno strumento utile per verificarne la composizione. A seconda della tipologia di miscuglio preso in esame, si utilizzeranno tecniche differenti che sfrutteranno alcune proprietà fisiche. La centrifugazione è una tecnica che va a sfruttare le differenti densità delle sostanze presenti nel miscuglio; è quindi una tecnica che si può utilizzare per separare acqua e olio (opzione C errata) e nella pratica clinica è una tecnica standardizzata per la separazione del sangue in plasma e frazione corpuscolata. La filtrazione è una tecnica di separazione che può essere utilizzata per separare una sostanza in fase solida dal liquido in cui è dispersa; può essere utilizzata quindi per separare una sospensione di acqua e sabbia (opzione B errata). La cromatografia è una tecnica di separazione basata sulla diversa velocità di migrazione con cui più sostanze posizionate su un supporto vengono trasportate da un fluido detto eluente; può essere utilizzata per separare i pigmenti che danno la colorazione alle foglie (opzione A errata). La distillazione, infine, è una tecnica di separazione che sfrutta la diversa volatilità delle sostanze (entrambe liquide) che compongono un miscuglio: minore è la temperatura di ebollizione di una sostanza, più velocemente essa si porterà in fase gassosa; utilizzando questa tecnica si possono separare le componenti del vino, ovvero acqua e alcool

(opzione D errata), ma non si può separare il sangue, in quanto all'interno si ha una parte liquida e una corpuscolata. Infatti, come detto precedentemente la tecnica di separazione corrispondente al sangue è la centrifugazione.
Risposta corretta E.

15. Le miscele si dividono in omogenee o eterogenee a seconda del numero di fasi da cui sono composte: le omogenee sono composte da una sola fase e le eterogenee da due o più fasi. Le miscele eterogenee sono composte da una fase dispersa e una fase continua.
La domanda chiede di valutare il binomio tipologia di miscela - miscela errato. Per risolvere questo quesito è necessario analizzare una risposta alla volta e valutare la correttezza dell'accoppiamento. Le emulsioni sono tipologie di miscele eterogenee i cui esempi sono burro e maionese che presentano come fase dispersa un liquido e come fase continua un altro liquido (opzione B errata). Un'altra tipologia di miscela eterogenea è quella dei gel con fase dispersa, il liquido e fase continua, il solido; un esempio molto particolare di miscela è il formaggio (opzione D errata). L'aria è una tipologia di miscela gassosa (opzione C errata). Le leghe sono soluzioni fatte di due o più elementi, un esempio è l'acciaio (lega ferro-carbonio) (opzione A errata). L'oro non è una lega, ma un elemento puro.
Risposta corretta E.

16. Ogni stato fisico ha delle caratteristiche proprie, come volume, forma, comprimibilità, lucentezza, etc... in base al tipo di sostanza che si prende in esame. Per questa domanda conviene andare per esclusione basandosi anche su delle nozioni acquisite dalla vita quotidiana. Un liquido per definizione è incomprimibile (risposta E errata); non può andare incontro a sublimazione, poiché questo processo descrive il passaggio direttamento dallo stato solido allo stato gassoso (risposta D errata). Infine, il liquido non ha una forma propria, infatti assume la forma di qualsiasi recipiente in cui lo si mette; mentre possiede un volume proprio, a differenza dei gas i quali occupano sempre tutto lo spazio disponibile (basti pensare che l'acqua in bottiglia non occupa sempre tutta la bottiglia, perchè ha un volume definito).
Risposta corretta B.

17. I miscugli sono sistemi di materia formati da due o più sostanze pure, hanno composizione chimica variabile e possono essere divisi in miscugli omogenei ed eterogenei.
I miscugli omogenei si presentano in un'unica fase, ne fanno parte le leghe metalliche (opzione A errata), le soluzioni e le miscele gassose.
I miscugli eterogenei si presentano in due o più fasi che sono chimicamente e fisicamente distinguibili. Ne fanno parte nebbie, fumi, sospensioni, emulsioni (opzione B errata) e schiume. Un esempio è il latte, infatti al microscopio si notano le goccioline di grasso immerse nel liquido (opzione C errata).
I colloidi sono sistemi con caratteristiche intermedie tra miscugli omogenei ed eterogenei. Il colloide è formato da una sostanza uniforme, definita fase disperdente, in cui si trovano disperse (e NON disciolte come nelle soluzioni) le particelle di una sostanza, definita fase dispersa (opzione D errata).
Infine, una soluzione (vedi: capitolo 7 "Le soluzioni") è formata da un solvente ed un soluto, ma non fa parte dei miscugli eterogenei, bensì dei miscugli omogenei.
Risposta corretta E.

18. Questo esercizio nozionistico richiede una buona conoscenza della classificazione della materia e delle sue caratteristiche.
La materia si può suddividere in base alle tecniche di separazione: se i materiali si separano tramite mezzi fisici sono dei miscugli, di cui ne è un esempio l'aria (opzione D errata), se invece non è possibile separarli tramite mezzi fisici sono delle sostanze pure.
A loro volta le sostanze pure possono essere divise tramite mezzi chimici: se è possibile, appartengono al gruppo dei composti, come ad esempio l'acqua (opzione B errata), lo zucchero (opzione C errata) e il cloruro di sodio (opzione E errata); se le sostanze non possono essere separate chimicamente sono degli elementi, come ad esempio l'oro. L'oro, quindi, non può essere separato né fisicamente né chimicamente.
Risposta corretta A.

19. La tensione di vapore è una delle quattro proprietà colligative ed è una proprietà molto importante dei liquidi. Viene definita come la pressione esercitata dalle molecole in fase gassosa sulle molecole in fase in liquida in condizioni di equilibrio dinamico. Il vapore che viene liberato da un liquido surriscaldato esercita una pressione sulla superficie del restante liquido (un esempio quotidiano: il vapore che si forma sotto il coperchio della pentola mentre si mette l'acqua per la pasta a bollire). Essendo questo sempre presente, non può essere pari a 0 (risposta A errata). Si deve ricordare inoltre, che evaporazione non è sinonimo di ebollizione (risposta B errata), poichè l'evaporazione è il passaggio da liquido a vapore che avviene a qualsiasi temperatura e coinvolge solo lo strato superficiale del liquido. Invece, l'ebollizione avviene alla temperatura di 100 °C e la temperatura rimane costante fino a che non si è completato il passaggio di stato nell'intero volume del liquido (risposta C errata). L'ebollizione avviene quando la pressione di vapore e la pressione atmosferica si eguagliano e quindi il passaggio di stato può avvenire in tutta la massa del liquido.
Risposta corretta E.

20. La temperatura di fusione dell'acqua non è solo la temperatura alla quale il ghiaccio si fonde e diventa liquido, ma è anche la temperatura a cui avviene il passaggio di stato inverso, quindi la solidificazione, in cui il liquido diventa ghiaccio. I passaggi di stato tra il vapore e il liquido e viceversa avvengono ad una temperatura di ebollizione (risposte B e C errate). Il passaggio di stato tra ghiaccio e gas è la sublimazione (risposta A errata). Infine il punto in cui coesistono i tre stati è detto punto triplo (risposta E errata).
Risposta corretta D.

CHIMICA

1. Dai composti della materia alla tavola periodica

1. Quale tra le seguenti affermazioni è corretta?
- A. Gli isotopi dell'idrogeno sono tutti stabili
- B. L'anione Cl^- ha un raggio atomico minore del catione Cl^+
- C. La carica di un elettrone è in valore assoluto uguale alla carica di due protoni
- D. È possibile che un elemento non abbia neutroni all'interno del suo nucleo
- E. L'energia di ionizzazione è assente nei gas nobili

2. Il numero atomico di un atomo di un elemento allo stato fondamentale:
- A. È identico per ogni suo nuclide isotopo
- B. Corrisponde alla somma del n° di protoni e neutroni dell'isotopo più abbondante dell'elemento
- C. Corrisponde al n° di neutroni del suo nuclide più abbondante
- D. Corrisponde al suo numero di ossidazione
- E. Varia al variare della composizione isotopica dell'elemento

3. Quale delle seguenti opzioni rappresenta la sequenza corretta di neutroni, protoni ed elettroni contenuti nell'isotopo ^{37}Cl?
- A. 37; 17; 17
- B. 20; 17; 17
- C. 17; 37; 17
- D. 17; 17; 20
- E. 17; 35; 17

4. Si definiscono isotopi:
- A. Atomi con uguale numero atomico e uguale numero di massa
- B. Atomi con uguale numero atomico e diverso numero di elettroni
- C. Atomi con uguale numero atomico e diverso numero di massa
- D. Atomi con diverso numero atomico e uguale numero di massa
- E. Nessuna delle precedenti

5. Un atomo che ha perso un elettrone è definito:
- A. Nuclide radioattivo
- B. Anione
- C. Zwitterione
- D. Catione
- E. Isotopo stabile

6. Un atomo ha numero di massa 18 e numero atomico 8; i neutroni contenuti nel suo nucleo sono:
- A. 2
- B. 18
- C. 8
- D. 10
- E. 26

7. L'atomo di selenio Se, con un numero di massa 80 e numero atomico 34, contiene nel nucleo:
- A. 46 protoni e 34 neutroni
- B. 17 protoni e 80 neutroni
- C. 17 protoni e 63 neutroni
- D. 34 protoni e 46 neutroni
- E. 94 neutroni e 46 protoni

8. Quale formula utilizzo per calcolare il numero di neutroni presenti in un nucleone?
- A. $A - Z$
- B. $A + Z$
- C. $A \cdot B$
- D. A / Z
- E. Nessuna delle precedenti

9. L'elettrone:
- A. È una particella che si trova nel nucleo atomico
- B. Ha massa simile a quella dei neutroni
- C. Ha carica elettrica positiva
- D. Può essere ceduto dagli ioni negativi
- E. Ha massa superiore a quella del protone

10. Carbonio 12 e 14 differiscono in quanto il secondo possiede:
- A. Due nucleoni in più
- B. Due neutroni in più
- C. Due nucleoni in meno
- D. Due elettroni in più
- E. Due protoni in più

11. Quale di questi binomi "isotopo ^{A}X – numero di neutroni" è errato?
- A. ^{32}Na – 22 neutroni
- B. ^{3}H – 2 neutroni
- C. ^{41}K – 23 neutroni

D. ^{18}O – 10 neutroni
E. ^{22}F – 13 neutroni

12. L'atomo di sodio e l'atomo di potassio:
A. Appartengono al secondo gruppo della tavola periodica
B. Possiedono lo stesso numero di protoni
C. Appartengono allo stesso periodo della tavola periodica
D. Possiedono lo stesso numero di elettroni nei rispettivi livelli esterni
E. Sono dei non metalli

13. Quale delle seguenti associazioni è corretta?
A. B = berillio
B. Mn = magnesio
C. Br = boro
D. Si = zolfo
E. Nessuno

14. A quale gruppo appartengono S e Se?
A. Sesto
B. Quinto
C. Terzo
D. Settimo
E. Quarto

15. Quale tra i seguenti elementi è un semimetallo?
A. Zn
B. Se
C. Ni
D. B
E. Ga

16. Quale dei seguenti elementi non è un metallo alcalino-terroso?
A. Mg
B. Sr
C. K
D. Be
E. Ca

17. Quale tra i seguenti elementi non è un metallo di transizione?
A. Cr
B. Zn
C. Cu
D. Al
E. Mn

18. Per quale dei seguenti elementi è caratteristica la formazione di ioni colorati?
A. Metalli alcalino terrosi
B. Elementi di transizione
C. Alogeni
D. Neon
E. Metalli alcalini

19. Le proprietà chimiche degli elementi di uno stesso gruppo dipendono dal numero di:
A. Elettroni totali
B. Neutroni
C. Protoni di valenza
D. Elettroni di valenza
E. Livelli energetici esterni

20. Gli elementi di transizione:
A. Hanno un carattere metallico
B. Hanno elevata elettronegatività
C. Sono molto instabili
D. Hanno proprietà intermedie tra metalli e non metalli
E. Formano ossidi acidi

21. Nel sistema periodico degli elementi gli atomi Li, Na, K:
A. Hanno uguale elettronegatività
B. Hanno un elettrone nell'orbitale p esterno
C. Formano anioni
D. Hanno lo stesso numero di neutroni
E. Nessuna delle precedenti

22. L'affinità elettronica è:
A. Un'energia
B. La tendenza di un atomo a rilasciare elettroni
C. Sempre compresa tra 321 e 676 Kcal/mol
D. La tendenza di un atomo a ionizzarsi
E. La tendenza di un atomo ad attrarre gli elettroni di legame

23. L' elettronegatività è:
A. La capacità di un atomo di cedere elettroni
B. La capacità di un atomo di attrarre gli elettroni
C. Una proprietà intrinseca degli elettroni
D. Una proprietà intrinseca dei neutroni
E. L'energia necessaria per strappare un elettrone da un atomo

24. Quale tra questi elementi ha la più bassa energia di ionizzazione?
A. Mg
B. Na
C. P
D. Cl
E. S

25. L'elemento F:

A. Ha raggio atomico superiore a Br
B. È poco elettronegativo
C. È presente in forma biatomica
D. Ha una bassa energia di ionizzazione
E. Ha parziale carattere metallico

26. Un elemento con elevata energia di ionizzazione:

A. Ha una bassa elettronegatività
B. È probabilmente un metallo di transizione
C. È probabilmente un metallo alcalino
D. Si ionizza spontaneamente
E. Ha un basso valore del raggio atomico

27. Sapendo che il numero atomico di un dato elemento è 16, indicare quale dei seguenti valori è quello corrispondente al suo numero di ossidazione massimo:

A. + 3
B. + 4
C. + 5
D. + 6
E. + 7

28. Qual è il numero di ossidazione del cromo nello ione $Cr_2O_7^{2-}$?

A. +5
B. +6
C. +3
D. +2
E. -2

29. Qual è il numero di ossidazione del fosforo in H_3PO_4?

A. +1
B. +7
C. +5
D. +3
E. -1

30. La somma algebrica dei numeri di ossidazione di tutti gli atomi contenuti in un anione bivalente è:

A. -2
B. +2
C. 0
D. -4
E. È indefinibile perché dipende dalla natura dell'anione

CORREZIONE COMMENTATA

1. Per rispondere a questa domanda è necessaria una buona conoscenza sui composti e gli elementi chimici.
È richiesto di individuare l'affermazione corretta, quindi è consigliabile analizzare tutte le opzioni, una per volta.
Partendo dall'opzione A si può affermare che gli isotopi stabili dell'idrogeno sono i prozio, il deuterio e il trizio. Essi sono presenti in natura, mentre gli isotopi che vanno dal numero di massa 4 al numero di massa 7 sono altamente instabili con un'emivita di un millesimo di secondo (opzione A errata).
Il raggio atomico è una proprietà della tavola periodica, ed equivale alla metà della distanza tra i nuclei di atomi contigui, in questo caso ci ritroviamo con un anione e un catione dello stesso elemento. È risaputo che l'anione Cl^- ha un raggio atomico maggiore del catione Cl^- poiché quest'ultimo possiede un elettrone in meno e, tendenzialmente, i cationi sono più piccoli anche del loro atomo neutro (opzione B errata).
La carica di un elettrone equivale a $-1{,}6 \cdot 10^{-19}$ C, mentre la carica di un protone equivale a $+1{,}6 \cdot 10^{-19}$ C. In valore assoluto quindi la carica di un elettrone equivale alla carica di un protone (opzione C errata).
L'energia di ionizzazione, altra proprietà della tavola periodica, equivale alla quantità minima di energia necessaria per strappare un elettrone a un atomo isolato (cioè in forma gassosa), formando uno ione con carica positiva (catione) ed è presente all'interno dei gas nobili (opzione E errata).
La risposta corretta è la D poiché l'isotopo dell'idrogeno, il prozio, non presenta nessun neutrone all'interno del nucleo.
Risposta corretta D.

2. Questa domanda è abbastanza nozionistica, quindi è importante conoscere bene le definizioni: il numero atomico, il cui simbolo è Z, ed è il numero dei protoni presenti nel nucleo; il numero si massa, il cui simbolo è A, ed è la somma di protoni e neutroni contenuti nel nucleo; mentre un isotopo è un atomo che presenta numero di massa diverso rispetto ad un altro atomo dello stesso elemento, quindi hanno lo stesso numero di protoni e diverso numero di neutroni. Un nuclide, invece, indica ciascuna specie atomica caratterizzata da un numero atomico e da un numero di massa e da un determinato stato elettronico. Isotopi di un certo elemento sono nuclidi che hanno tutti lo stesso numero atomico, ma possono avere un diverso numero di neutroni.
Risposta corretta A.

3. Per risolvere questo quesito è necessario conoscere la definizione di isotopo: è un atomo dello stesso elemento chimico con numero atomico uguale, ma diverso numero di massa perché ha un numero di neutroni differente. Il cloro raffigurato nella tavola periodica ha numero di massa 35 e numero atomico 17.
Ciò significa che l'isotopo, che ha come numero di massa 37, ha 2 neutroni in più.
Il numero di neutroni si ricava sottraendo dal numero di massa il numero di protoni (ovvero il numero atomico). L'isotopo ^{37}Cl contiene 37 – 17 = 20 neutroni.
Il numero di elettroni è 17, in quanto gli elettroni sono presenti nella stessa quantità dei protoni in un atomo neutro.
Risposta corretta B.

4. Gli isotopi sono atomi che hanno lo stesso numero atomico, quindi numero di protoni nel nucleo, ma diverso numero di massa, cioè la somma di protoni e neutroni nel nucleo; questo perchè varia sempre il numero di neutroni. Il numero di elettroni non è coinvolto nelle variazioni di numero atomico o massa.
Risposta corretta C.

5. Questa domanda molto nozionistica prova a valutare cosa accade ad un atomo a cui viene tolto un elettrone. Si procede analizzando tutte le opzioni, una alla volta.

CHIMICA

Ogni specie atomica, con il nucleo formato da un determinato numero di protoni e di neutroni, è chiamata "nuclide". Un nuclide radioattivo è un nuclide instabile che decade emettendo radiazioni (opzione A errata). Lo zwitterione è una molecola elettricamente neutra che presenta cariche negative o positive localizzate (opzione C errata). Un isotopo è un atomo avente numero di massa diverso rispetto ad un altro atomo dello stesso elemento in quanto possiede numero diverso di neutroni (opzione E errata). L'unico dubbio si viene a creare tra anione e catione, ma l'anione è un atomo che non ha perso un elettrone, bensì lo ha acquistato (opzione B errata). L'unica risposta corretta è quindi catione, che si ottiene proprio quando un atomo perde un elettrone.
Risposta corretta D.

6. Il numero atomico corrisponde al numero di protoni nel nucleo, quindi in questo caso l'atomo possiede 8 protoni. Il numero di massa invece corrisponde alla somma di protoni e neutroni. Sapendo quindi che la somma di protoni e neutroni è pari a 18 e i protoni sono 8, i neutroni contenuti nel nucleo dell'atomo sono pari a 10.
Risposta corretta D.

7. Il numero di massa (A) è dato dalla somma dei protoni e dei neutroni presenti nel nucleo di un dato atomo. Il numero atomico (Z), invece, corrisponde al numero di protoni presenti nel nucleo dell'atomo. Sapendo che il numero di protoni del selenio Se è 34 e che il numero di massa è 80, si deve sottrarre al numero di massa il numero dei protoni in modo da ottenere il numero dei neutroni: 80 – 34 = 46.
Risposta corretta D.

8. Per rispondere a questo quesito è necessario conoscere il significato di nucleoni: esse sono le particelle subatomiche componenti del nucleo, quali protoni e neutroni. Dato che "A" corrisponde al numero di massa, ovvero alla somma di protoni e neutroni (nucleoni) e "Z" al numero atomico, ovvero il numero di protoni presenti nel nucleo dell'atomo, allora la loro differenza (A – Z) darà il numero esatto di neutroni presenti nel nucleone.
Risposta corretta A.

9. L'elettrone è una particella che si muove attorno al nucleo, al contrario di neutroni e protoni che si trovano all'interno (risposta A errata). Ha una carica negativa e una massa pari a $9,1 \cdot 10^{-31}$ kg, mentre i neutroni e i protoni hanno massa simile pari a $1,6 \cdot 10^{-27}$ (risposte B, C ed E errate). Dato che gli anioni, ioni negativi, possiedono un numero di elettroni maggiore di quello dei protoni, possono cedere elettroni ad altri atomi variando il loro numero di elettroni e la loro carica.
Risposta corretta D.

10. Per rispondere a questo quesito deve essere chiaro il concetto di isotopo. Carbonio 12 e 14 sono due isotopi, cioè atomi dello stesso elemento che differiscono per il numero di neutroni presenti nel nucleo. Siccome appartengono allo stesso elemento, il numero di protoni (che è unico per ciascun elemento) non varia (opzione E errata). Inoltre, in uno stesso elemento siccome non varia il numero di protoni non varia nemmeno quello di elettroni in quanto si stanno considerando atomi neutri (opzione D errata). L'unica opzione corretta è la B, in quanto effettivamente, per definizione, due isotopi variano per il numero di neutroni che costituiscono il nucleo. Bisogna prestare attenzione e non farsi trarre in inganno dall'opzione A, due nucleoni in più, in quanto anche se i neutroni sono effettivamente dei nucleoni, bisogna sempre preoccuparsi di scegliere la risposta più giusta di tutte. Infatti, i nucleoni non comprendono solamente i neutroni, ma anche i protoni. Pertanto, l'opzione B, protoni, è sicuramente più precisa.
Risposta corretta B.

11. La risoluzione di questa domanda richiede un'ottima conoscenza della tavola periodica. Lo studio per il test di medicina richiede un accurato interesse nello studio di alcuni gruppi della tavola periodica, in particolare i gruppi 1, 2, 13, 14, 15, 16, 17, 18. Conoscendo questi gruppi è possibile dedurre i numeri atomici degli elementi che vi appartengono, che indicano il numero di protoni presenti nel nucleo dell'atomo.
Inoltre, può essere necessario ricordare anche i numeri di massa di alcuni elementi, come

ad esempio per risolvere questo quesito. La domanda richiede di trovare il binomio isotopo – numero di neutroni errato.
Per ottenere la risposta esatta bisogna sottrarre al numero di massa proposto il numero di protoni presenti nell'elemento, in maniera tale da trovare il numero di neutroni presenti nel nucleo.
Analizzando una risposta alla volta:

^{32}Na: il sodio presenta 11 protoni, 32 - 11 = 21 neutroni;
^{3}H: l'idrogeno presenta 1 protone, 3 - 1 = 2 neutroni;
^{41}K: il potassio presenta 19 protoni, 41 - 19 = 22 neutroni;
^{18}O: l'ossigeno presenta 8 protoni, 18 - 8 = 10 neutroni;
^{22}F: il fluoro presenta 9 protoni, 22 - 9 = 13 neutroni.

Risposta corretta C.

12. Per svolgere questo esercizio è necessario conoscere molto bene la tavola periodica. Il sodio e il potassio si trovano entrambi nel primo gruppo (Ho Libri Nascosti Ke ho Rubato a Casa di Francesca). Questo vuol dire che non appartengono al secondo gruppo (Bere Magma Causa Surriscaldamento Basta Ragionare) e non appartengono neanche allo stesso periodo (risposte A e C errate). Se possedessero lo stesso numero di protoni avrebbero lo stesso numero atomico quindi sarebbero per forza degli isotopi, invece sono due elementi distinti (risposta B errata). Il primo gruppo è anche detto gruppo dei metalli alcalini, non sono quindi dei non metalli (risposta E errata). Una cosa importante da ricordare è la seguente: tutti gli elementi che appartengono allo stesso gruppo possiedono lo stesso numero di elettroni di valenza, ovvero gli elettroni nei livelli esterni.
Risposta corretta D.

13. Questa domanda è molto nozionistica e richiede una buona conoscenza della tavola periodica. Durante il test è molto importante ricordare a memoria una buona parte della tavola periodica e i rispettivi simboli e posizione di ciascun elemento. In questo caso è necessario individuare l'associazione "simbolo dell'elemento – nome dell'elemento" corretto. Analizzando le risposte si potevano escludere B = boro poichè Be = berillio (opzione A errata), Mn = manganese poichè Mg = magnesio (opzione B errata), Br = bromo poiché B = boro (opzione C errata), Si = silicio poichè S = zolfo (opzione D errata).
Risposta corretta E.

14. Anche per rispondere a questo quesito è necessaria una buona conoscenza della tavola periodica. Può essere molto utile utilizzare delle mnemofrasi per ricordare gli elementi che compongono i vari gruppi. In particolare, lo zolfo ed il selenio appartengono al sesto gruppo. È consigliabile utilizzare l'acronimo "CNOSSe", il quale indica carbonio, azoto e ossigeno, che si susseguono nello stesso periodo e ossigeno, zolfo e selenio che si trovano nello stesso gruppo. Diventa facile ottenere la risposta dal momento che il carbonio appartiene al quarto gruppo e partendo da quest'ultimo è possibile spostarsi sulla tavola periodica facilitandosi usando l'acronimo per arrivare ai due elementi di interesse.
Risposta corretta A.

15. Come le precedenti, anche questa domanda richiede una buona conoscenza della tavola periodica. In particolare, i semimetalli sono una classe di elementi che si trova tra i metalli e i non metalli nella tavola periodica. Hanno caratteristiche intermedie tra metalli e non metalli. I semimetalli sono: boro (B), silicio (Si), germanio (Ge), arsenico (As), antimonio (Sb), tellurio (Te), polonio (Po) e astato (At). Quindi, al contrario degli altri che sono dei metalli (opzioni A, B, C, E errate), il boro è l'unico semi metallo presente nella domanda.
Risposta corretta D.

16. Per ricordarsi gli elementi di un gruppo o di un periodo si possono utilizzare mnemofrasi come "bere magma causa surriscaldamento, basta ragionare", che indica l'ordine dall'alto verso il basso del gruppo dei metalli alcalino terrosi (2A): berillio (Be), magnesio (Mg), calcio (Ca), stronzio (Sr), bario (Ba), radio (Ra). Il nostro consiglio è di inventarne di nuove e di proprie affinchè si riesca a

ricordarle meglio, ma si possono anche utilizzare quelle che già esistono, che si possono trovare facilmente sui nostri libri o sul web. Nel quesito in questione risulta evidente come il potassio K non sia compreso nel secondo gruppo.
Risposta corretta C.

17. Per prepararsi correttamente al test è utile ricordare anche alcuni dei metalli di transizione, in particolare quelli del quarto periodo. È utile utilizzare la seguente mnemofrase: "**Sc**ot**Ti** **V**uol **Cr**eare **ManFe**sti di **CoNi**gli **Cu**cinati con **Zn**zare". Questa indica: scandio (Sc), titanio (Ti), vanadio (V), cromo (Cr), manganese (Mn), ferro (Fe), cobalto (Co), nichel (Ni), rame (Cu), zinco (Zn). L'alluminio (Al) è un metallo, ma non rientra nel blocco dei metalli di transizione, appartiene infatti al terzo gruppo. Attenzione poi a non confondere il manganese (Mn), un metallo di transizione, con il magnesio (Mg), un metallo del secondo gruppo.
Risposta corretta D.

18. Questa domanda è molto nozionistica e specifica. Riguarda caratteristiche molto peculiari dei metalli di transizione. Il neon è utilizzato per produrre lampade che emettono luce colorata, ma ciò non riguarda la formazione di ioni da parte di questo elemento, che, essendo un gas nobile, non forma ioni (opzione D errata). La formazione di ioni colorati si ottiene invece dalla ionizzazione del cosiddetto complesso chimico, un composto in cui un atomo centrale, che è un elemento di transizione, lega un numero di altre specie chimiche superiore al suo numero di ossidazione. Quando i legami tra l'atomo centrale e le altre specie chimiche, che si instaurano dall'interazione tra orbitali d dell'elemento di transizione e gli s o p, si rompono per effetto della ionizzazione, essi producono un'energia sotto forma di radiazioni elettromagnetiche tali da avere diverse lunghezze d'onda nello spettro del visibile. Per questo molti ioni, il cui atomo centrale è un metallo di transizione, derivanti dal complesso chimico, sono colorati.
Risposta corretta B.

19. Per risolvere questo quesito nozionistico è richiesta una buona conoscenza delle proprietà periodiche della tavola periodica. Gli elementi di uno stesso gruppo hanno stesso comportamento chimico in virtù dello stesso numero di elettroni che orbitano nell'orbitale più esterno, ossia di elettroni di valenza. Questi infatti vanno a determinare le 5 proprietà periodiche, che sono: raggio atomico, energia di ionizzazione, affinità elettronica, elettronegatività e carattere metallico. Si potrebbe considerare l'opzione A corretta, ovvero gli elettroni totali, ma la D è la più corretta in quanto gli elettroni occupanti gli altri orbitali in realtà non vanno ad interessare le proprietà chimiche degli elementi. In questo caso, come in numerosi altri, è richiesto di scegliere la risposta più corretta: infatti, nonostante siano presenti due risposte possibili, una delle due è più adatta alla risoluzione del quesito.
Risposta corretta D.

20. Questa domanda è molto nozionistica e richiede un'ottima conoscenza della tavola periodica e in particolare degli elementi di transizione e delle loro caratteristiche e proprietà. Questi elementi hanno proprietà metalliche, pertanto non formano ossidi acidi, come fanno i non metalli, ma ossidi basici (opzione E errata) (vedi: capitolo 4 "La nomenclatura"). L'opzione D è sbagliata perchè si riferisce ai semimetalli: infatti, sono proprio questi ultimi ad avere caratteristiche a metà tra metalli e non metalli. L'opzione C è da scartare, perchè esistono sia metalli di transizione stabili che instabili ed è scorretto dire che siano tutti molto instabili. Infine, occupando le posizioni inferiori della tavola periodica, risulta evidente come questi elementi non abbiano un'alta elettronegatività, ma bassa (opzione B errata). Era quindi possibile raggiungere la conclusione corretta ragionando per esclusione o più semplicemente essendo a conoscenza del fatto che gli elementi di transizione hanno un accentuato carattere metallico.
Risposta corretta A.

21. Posto che gli elementi considerati appartengono tutti al primo gruppo (è possibile ricordarselo utlizzando la mnemofrase "**H**o **Li**bri **Na**scosti **K**e ho **Rb**ato a **Cs**a di **Fr**ancesca"), si possono analizzare tutte le opzioni una alla volta.
L'opzione A è errata perchè l'elettronegatività decresce lungo il gruppo e non è uguale per tutti i

suoi elementi.
L'opzione B è errata perchè gli elementi del primo gruppo possiedono tutti un elettrone nell'orbitale s più esterno e non nell'orbitale p, che si riempie solo quando l'orbitale s ha saturato i suoi due spazi.
Anche l'opzione C è errata poichè gli elementi del primo gruppo tendono a perdere l'elettrone più esterno, per cui, quando avviene, la carica complessiva risulta essere positiva, quindi formano cationi.
Infine, l'opzione D è errata perché gli elementi proposti hanno diverso numero di protoni e quindi anche un diverso numero di neutroni (escludendo eventuali isotopi).
Risposta corretta E.

22. Si definisce affinità elettronica l'energia espressa in Kcal/mol (o KJ/mol) liberata da un atomo allo stato gassoso quando accetta un elettrone. Essa è quindi un'energia, come afferma l'opzione A, che è la risposta corretta. Analizzando le altre opzioni era possibile confermarne l'erroneità.
L'opzione C è errata, perchè l'affinità elettronica non oscilla tra i valori proposti.
L'opzione E corrisponde alla definizione di elettronegatività.
Le opzioni B e D si riferiscono in modo impreciso all'energia di ionizzazione, ovvero la quantità minima di energia necessaria per strappare un elettrone a un atomo isolato (cioè in forma gassosa), formando uno ione con carica positiva (catione).
Risposta corretta A.

23. Si definisce elettronegatività la tendenza di un atomo ad attrarre gli elettroni di legame di un altro atomo.
Essa è una proprietà dell'atomo e non dei suoi costituenti elettroni e neutroni (opzioni C e D errate).
La capacità di un atomo di cedere elettroni è la definizione di capacità di ossidarsi (opzione A errata).
L'energia necessaria per strappare un elettrone da un atomo è errata in quanto è la definizione dell'energia di ionizzazione (opzione E errata).
Risposta corretta B.

24. L'affinità elettronica corrisponde alla quantità di energia assorbita o rilasciata quando un elettrone viene aggiunto ad un atomo neutro isolato a formare uno ione con carica negativa (anione).
Essa aumenta lungo il periodo e diminuisce lungo il gruppo (aumenta da sinistra a destra e dal basso verso l'alto). Dal momento che Mg, Na, P, Cl e S appartengono tutti al terzo periodo, bisogna individuare quale di questi appartiene al gruppo più a sinistra. Il sodio (Na) si trova nel primo gruppo e quindi ha elettronegatività minore di tutti (mnemofrase: Ho Libri Nascosti Ke Rubai a Casa di Franci).
Risposta corretta B.

25. Il fluoro è un non metallo (opzione E errata). Siccome elettronegatività ed energia di ionizzazione aumentano lungo il periodo e diminuiscono lungo il gruppo, non possono essere basse nel fluoro che occupa la penultima posizione del proprio periodo e la prima del proprio gruppo (opzioni B, D errate).
Il raggio atomico invece aumenta lungo il gruppo, quindi F avrà raggio atomico minore rispetto a Br, in quanto quest'ultimo è nel suo stesso gruppo ma due periodi più in basso (opzione A errata).
Il fluoro d'altra parte è una delle molecole presenti in forma biatomica e omonucleare (formata da due atomi dello stesso elemento).
Risposta corretta C.

26. Questo quesito richiede una buona conoscenza delle proprietà della tavola periodica e delle proprietà periodiche degli elementi. L'energia di ionizzazione è la quantità minima di energia necessaria per strappare un elettrone a un atomo isolato (cioè in forma gassosa), formando uno ione con carica positiva (catione). Essa aumenta progressivamente.
Un atomo che si ionizza spontaneamente non ha bisogno di ricevere un'elevata quantità di

CHIMICA

energia per ionizzarsi (opzione D errata).
L'energia di ionizzazione aumenta lungo il periodo e decresce lungo il gruppo, quindi un elemento con elevata energia di ionizzazione probabilmente non appartiene ai primi gruppi e nemmeno agli elementi di transizione (opzioni B, C errate).
Infine, questa proprietà varia come l'affinità elettronica e l'elettronegatività, che in questo caso sono ugualmente alte (opzione A errata), e in modo opposto al raggio atomico, che in questo caso sarà preferenzialmente basso.
Risposta corretta E.

27. Questa è una domanda nozionistica. Al fine di svolgere un buon test può tornare molto utile ricordare a memoria una buona parte della tavola periodica. Ricordandosi infatti i gruppi della tavola periodica si conclude che l'elemento con numero atomico 16 è lo zolfo S, che appartiene al sesto gruppo.
Il fatto che appartenga a un gruppo pari è importante perché nella maggior parte dei casi gli elementi appartenenti ad esso hanno numeri di ossidazione pari. Quelli dello zolfo infatti sono: -2, +2, +4, +6.
Può essere utile ricordare che tutti gli elementi appartenenti al sesto gruppo condividono alcuni numeri di ossidazione, quali +2, +4 e +6.
Risposta corretta D.

28. Per calcolare il numero di ossidazione di un dato elemento presente in un composto basta ricordare i seguenti passaggi:

- si deve prima di tutto controllare qual è la carica complessiva del composto stesso; in questo caso è pari a -2 (all'apice), quindi la somma dei singoli numeri di ossidazione degli elementi che compongono il composto deve essere pari a -2;
- valutare il n.o per ogni elemento: il n.o deve essere moltiplicato per il pedice dell'elemento, sapendo che il numero di ossidazione dell'ossigeno è pari a -2, lo si deve moltiplicare per il suo pedice: $-2 \cdot 7 = -14$.

A questo punto conoscendo la carica complessiva e la carica dell'ossigeno, si può ricavare quella del cromo impostando la seguente equazione: $Cr \cdot 2 + (-14) = -2 \rightarrow Cr = +6$
Risposta corretta B.

29. Per rispondere a questo quesito è necessario essere in grado di assegnare i numeri di ossidazione ai vari atomi. La molecola presa in esame è neutra ed è opportuno ricordare che la somma dei numeri di ossidazione degli atomi che la compongono deve necessariamente fare 0 (per gli ioni, invece, la somma non sarà 0 ma pari alla carica elettrica complessiva della molecola). Per trovare il numero di ossidazione di P nella molecola H_3PO_4 bisogna prima di tutto considerare i numeri di ossidazione dell'ossigeno e dell'idrogeno: H ha numero di ossidazione +1, mentre O ha numero di ossidazione -2. A questo punto si deve moltiplicare il numero di ossidazione di un elemento per il suo numero di atomi. Sono presenti tre atomi di idrogeno: $3 \cdot (+1) = +3$ e quattro atomi di ossigeno: $4 \cdot (-2) = -8$. Infine, considerando che il valore sommatorio dei numeri di ossidazione deve essere uguale a 0, il numero di ossidazione del fosforo (P), indicato come *x* nella seguente equazione, lo si ricava facendo $3 + x - 8 = 0$. Il risultato sarà quindi +5.
Risposta corretta C.

30. In chimica, il numero di ossidazione di un atomo in una sostanza è definito come la differenza tra il numero di elettroni di valenza dell'atomo considerato e il numero di elettroni che mantiene dopo aver assegnato tutti gli elettroni di legame all'atomo più elettronegativo di ogni coppia. In un composto chimico privo di carica la somma dei numeri di ossidazione degli elementi che lo compongono deve essere 0. Nel caso di un anione si ha uno squilibrio di cariche negative (opzione E errata), quindi la somma dei numeri di ossidazione sarà inferiore a 0 (opzioni B e C errate). La dicitura ione bivalente indica che le cariche negative sono 2 e quindi la somma dei numeri di ossidazione degli elementi che formano lo ione sarà -2 (opzione D errata).
Risposta corretta A.

2. Teoria atomica

1. Quale delle seguenti è una delle differenze principali fra la teoria atomica di Bohr e il principio di Heisenberg?

A. La teoria di Heisenberg prevede l'utilizzo di un modello ondulatorio, quella di Bohr non ha un modello ben definito
B. Bohr parla di orbitale come una traiettoria non ben definita, Heinsenberg parla di orbita come una zona di probabilità in cui trovare l'elettrone
C. Bohr riprende molto il modello di Rutherford, Heisenberg non lo considera
D. Quello che realmente cambia fra le due teorie è la formula matematica di base
E. Heisenberg non definisce l'orbitale come una traiettoria ben definita, come sostiene Bohr, ma come una zona di probabilità in cui si troverà l'elettrone

2. A quale numero quantico fa riferimento la legge di Pauli?

A. A tutti e quattro i numeri quantici
B. Principalmente a "n" e "m"
C. Solo al numero quantico magnetico "m"
D. Solo al numero quantico di spin "s"
E. Non fa riferimento ai numeri quantici

3. L'equazione di Schrödinger:

A. Calcola la velocità dell'elettrone attorno al nucleo
B. Calcola il diametro dell'orbitale dell'elettrone attorno al nucleo
C. È la dimostrazione del modello atomico di Thomson
D. Individua lo spazio dove c'è maggior possibilità di trovare l'elettrone attorno al nucleo
E. Calcola la posizione dell'elettrone nel suo moto attorno al nucleo

4. Quale delle seguenti affermazioni riguardanti le teorie atomiche è corretta?

A. Il modello atomico di Thomson sostiene che ci sia un nucleo centrale contenente tutta la massa e cariche negative puntiformi poste a grande distanza
B. Il modello atomico di Rutherford sostiene l'esistenza di una carica positiva omogeneamente distribuita con elettroni incastonati
C. Il modello atomico di Bohr sostiene che gli elettroni si collocano in orbitali atomici, definiti da numeri quantici
D. Il modello atomico di Schrödinger sostiene che gli elettroni si muovono intorno al nucleo su orbite circolari quantizzate
E. Nessuna delle precedenti

5. Quanti elettroni possono essere contenuti al massimo in un orbitale?

A. 2
B. 32
C. 18
D. 8
E. Dipende dal tipo di orbitale

6. Gli orbitali atomici sono:

A. Orbite in cui si muovono i neutroni
B. Zone di spazio attorno al nucleo entro cui è probabile trovare uno o due elettroni
C. Zone spaziali occupate dal nucleo
D. Traiettorie percorse dagli atomi nel loro moto
E. Spazi contenenti un elettrone spaiato che ha sempre spin positivo

7. Nella configurazione elettronica, il numero quantico secondario nel seguente esempio: $1s^2 2s^2$, è indicato da:

A. Il numero "2" posto all'apice della seconda lettera "s"
B. Il numero "2" antecedente alla seconda lettera "s"
C. Genericamente dai numeri prima delle lettere
D. Genericamente dalle lettere che seguono i numeri
E. Il numero quantico secondario non è indicato nella configurazione elettronica

8. Quale tra le seguenti configurazione elettroniche esterne è tipica degli atomi F, Cl e Br, appartenenti al gruppo degli alogeni?

A. s^2
B. s^2p^6
C. s^2p^5

CHIMICA

D. s^2p^3
E. s^1

9. Quale delle seguenti opzioni completa correttamente la seguente frase: "L'energia di un orbitale..."?
A. Aumenta al crescere del numero quantico principale
B. Dipende solo dal numero quantico secondario
C. Diminuisce al crescere del numero quantico principale
D. Non dipende dal valore del numero quantico principale
E. Dipende solo dal numero quantico di spin

10. Quale delle seguenti composizioni di numeri quantici non è possibile?
A. $n=1; l=0; m_l=0; m_s=1/2$
B. $n=3; l=2; m_l=-2; m_s=1/2$
C. $n=5; l=1; m_l=-2; m_s=1/2$
D. $n=2; l=1; m_l=0; m_s=1/2$
E. Tutte le precedenti sono possibili

11. A quale numero quantico secondario corrisponde il sottolivello d?
A. 0
B. 1
C. 2
D. 3
E. 4

12. L'elemento con configurazione elettronica $1s^22s^22p^63s^23p^64s^2$ è un:
A. Metallo alcalino terroso
B. Alogeno
C. Gas Nobile
D. Metallo alcalino
E. Elemento di transizione

13. In relazione alla configurazione elettronica degli atomi, quale di queste affermazioni è corretta?
A. Esistono massimo 6 livelli energetici
B. La configurazione elettronica esterna è quella degli ultimi due livelli energetici
C. Gli elettroni iniziano a riempire gli orbitali partendo da quelli meno energetici
D. L'orbitale f può contenere massimo 5 coppie di elettroni
E. La configurazione elettronica degli elementi in un gruppo è la stessa

14. Quale tra queste è la configurazione elettronica di Cl?
A. $1s^22s^22p^63s^23p^4$
B. $1s^32s^32p^63s^33p^5$
C. $1s^22s^22p^63s^23d^{10}3p^5$
D. $1s^22s^22p^63s^23p^5$
E. $1s^22s^22p^63s^23d^{10}3p^4$

15. La configurazione elettronica totale dello ione fluoruro F^- è:
A. $1s^22s^22p^5$
B. $1s^22s^22p^4$
C. $1s^22s^22p^6$
D. $1s^22s^22p^53s^1$
E. $1s^22s^22p^53s^2$

16. Il principio di esclusione di Pauli afferma che in un atomo non ci possono essere due elettroni caratterizzati:
A. Dalla stessa quaterna di numeri quantici
B. Dallo stesso valore del numero quantico principale, del numero quantico secondario e numero di spin
C. Dallo stesso valore del numero quantico magnetico
D. Dalla stessa terna di numeri quantici n, l, m_l.
E. Nessuna delle precedenti

17. Qual è la configurazione elettronica dell'elemento "Sb"?
A. $[Kr]4d^{10}5s^25p^3$
B. $[Ar]4d^{10}5s^25p^3$
C. $[Kr]4d^{10}5s^25p^4$
D. $1s^22s^22p^63s^23p^63d^{10}4s^24p^64d^{10}5s^25p^2$
E. $[Kr]4d^95s^25p^3$

18. A quale elemento corrisponde la seguente configurazione elettronica: $1s^22s^22p^63s^23p^63d^{10}4s^24p^65s^25p^5$?
A. Iodio
B. Bromo
C. Astato
D. Tellurio
E. Nessuno dei precedenti

19. Quale tra le seguenti è la configurazione elettronica del calcio?
A. $1s^22s^22p^63s^23p^64s^1$
B. $1s^22s^22p^63s^23p^64s^23d^{10}4p^65s^1$
C. $1s^22s^22p^63s^23p^64s^2$
D. $1s^22s^22p^63s^23p^64s^23d^{10}4p^65s^2$
E. $1s^22s^22p^63s^2$

20. "Gli elettroni occupano tutti gli orbitali dello stesso sottolivello prima di accoppiarsi fra loro in uno stesso orbitale." A quale regola o principio corrisponde questo enunciato?

A. Principio di Aufbau
B. Principio di esclusione di Pauli
C. Regola di Hund
D. Modello di Bohr
E. Nessuna delle precedenti

21. Quale dei seguenti elementi della tavola periodica NON fa parte del blocco p?

A. Radio
B. Boro
C. Tellurio
D. Argon
E. Tallio

22. Quale dei seguenti elementi della tavola periodica appartiene al blocco f?

A. Titanio
B. Ferro
C. Nichel
D. Rame
E. Nessuno dei precedenti

23. Qual è l'ibridazione dello zolfo nella molecola SO_2?

A. Sp^3
B. Sp^2
C. Sp
D. Ibridazione di Steligss
E. Nessuna delle precedenti

24. La molecola di HCN:

A. È ibridata sp^2 con un totale di due legami σ e uno π
B. È ibridata sp^2 con un totale di due legami σ e due π
C. È ibridata sp con un totale di due legami σ e due π
D. È ibridata sp con un totale di due legami σ e uno π
E. Non ha bisogno di ibridazione

25. Qual è la forma geometrica di una ibridazione sp^2?

A. Tetraedrica
B. Quadrata
C. Cubica
D. Cilindrica
E. Triangolare planare

26. Quali tra le seguenti molecole NON è polare?

A. NH_3
B. H_2O
C. HCl
D. CO_2
E. CH_3OH

27. Quale delle seguenti è la coppia "ibridazione – angolo di legame" corretta secondo il VSEPR?

A. sp^3 – 120°
B. sp^2 – 109,5°
C. sp – 120°
D. sp^3 – 109,5°
E. sp^2 – 180°

28. Quale delle seguenti affermazioni è ERRATA?

A. Due coppie di legame nel guscio di valenza si respingono e formano una struttura lineare
B. La geometria di una molecola con due coppie elettroniche libere e due coppie di legame si definisce piegata
C. Nella teoria VSEPR i legami covalenti doppi sono considerati come un legame singolo e i legami covalenti tripli come un legame doppio
D. Le coppie elettroniche libere richiedono più spazio di quelle condivise
E. La forma assunta da una molecola con 3 coppie di legame e 0 coppie libere è simmetrica

29. La teoria VSEPR afferma che quando un atomo forma legami covalenti:

A. Tutti i suoi elettroni si respingono e si dispongono il più possibile lontano fra loro
B. I suoi elettroni respingono gli elettroni di un altro atomo e si dispongono il più lontano possibile
C. Le coppie di elettroni nel guscio più esterno si dispongono il più vicino possibile tra loro
D. Le coppie di elettroni nel guscio più esterno si dispongono il più lontano possibile tra loro
E. I domini elettronici tendono a disporsi il più vicino possibile scambiandosi anche elettroni

30. Una sola delle molecole sottoindicate non ha alcun doppietto elettronico libero. Quale?

A. Metano
B. Acido cloridrico
C. Ammoniaca
D. Acqua
E. Idrogeno solforato

CHIMICA

CORREZIONE COMMENTATA

1. Ci sono diverse teorie atomiche, che dal 1800 si sono succedute nel panorama della Fisica, con lo scopo di arrivare alla definizione migliore dell'atomo.

Il modello di Bohr si definisce "quantistico" ed è pertanto ben caratterizzato dal suo ideatore (opzione A errata). Esso si basa sull'idea che l'elettrone circoli attorno a traiettorie ben definite matematicamente, denominate "orbite" e sostiene che per passare da un'orbita all'altra l'elettrone emetta o riceva pacchetti di energia definiti "quanti" (opzione B errata). Rutherford, invece, sostiene che al centro dell'atomo siano presenti cariche positive, mentre le negative siano poste a distanza molto ampia; a detta di ciò non si può affermare che Heisenberg non abbia considerato questa teoria, né tantomeno Bohr, infatti le teorie di entrambi sono sviluppi delle precedenti (opzione C errata).

Heisenberg afferma, per il principio di indeterminazione, che non è possibile definire posizione e velocità dell'elettrone contemporaneamente, ma che esistono invece zone dove c'è un'alta probabilità di trovare l'elettrone. La risposta D è parzialmente esatta ma molto imprecisa: la formula matematica è altresì diversa, ma non fa la differenza netta tra le due teorie (opzione D errata). La differenza tra Bohr e Heisenberg è pertanto ben espressa dall'opzione E.

Risposta corretta E.

2. Questa è una domanda molto nozionistica. Il principio di Pauli afferma che elettroni diversi di un atomo non possono avere tutti e quattro i numeri quantici uguali. Questo equivale a dire che ogni orbitale può contenere al massimo 2 elettroni con spin opposti.

Lo spin è definito dal numero quantico "s" e vale ±1/2. Infatti, se oltre ai numeri quantici "n", "l" e "ml", anche il numero quantico "s" fosse uguale, i due elettroni avrebbero tutti e quattro i numeri quantici identici e sarebbero, di fatto, lo stesso elettrone.

Risposta corretta D.

3. Questo quesito è estremamente teorico e nozionistico. L'equazione di Shrödinger non è altro che una vera e propria funzione, chiamata anche funzione d'onda, che se risolta ci consente di identificare la zona dove è più probabile riscontrare una densità di cariche negative (elettroni) attorno al nucleo. Non ne calcola la velocità, non la posizione e non valuta nemmeno il diametro dell'orbitale (opzioni A, B, E errate).

Non si tratta nemmeno della dimostrazione del modello atomico di Thomson poiché quest'ultimo sosteneva che l'atomo fosse un'omogenea carica positiva con elettroni carichi negativamente sparsi, incastrati come uvette nel panettone (opzione C errata).

Secondo il modello atomico (ondulatorio) di Schrödinger (a cui collaborarono anche Heisenberg e De Broglie) gli elettroni si collocano in orbitali atomici, definiti da numeri quantici. Non sono traiettorie ben definite, come le orbite, ma delle "zone di alta probabilità in cui è possibile trovare l'elettrone".

Risposta corretta D.

4. Questo quesito molto nozionistico richiede una buona conoscenza delle quattro teorie atomiche. Di seguito sono enunciate in ordine cronologico.

- Il modello atomico di Thomson ("a panettone") sostiene l'esistenza di una carica positiva omogeneamente distribuita con elettroni incastonati. Opzione A errata.
- Il modello atomico di Rutherford ("planetario") sostiene che ci sia un nucleo centrale contenente tutta la massa e cariche negative puntiformi poste a grande distanza. Opzione B errata.
- Il modello atomico di Bohr ("quantistico") sostiene che gli elettroni si muovono intorno al nucleo su orbite circolari quantizzate. Le orbite sono traiettorie ben definite. Opzione C errata.
- Il modello atomico di Schrödinger ("ondulatorio") sostiene che gli elettroni si collocano in orbitali atomici, definiti da numeri quantici. Non sono traiettorie ben definite, come le orbite, ma delle "zone di alta probabilità in cui è possibile trovare l'elettrone". Opzione D errata.

Tutte le teorie proposte nell'esercizio esistono, ma non sono correttamente abbinate al nome del rispettivo teorico. Pertanto, nessuna delle opzioni è effettivamente corretta.
Risposta corretta E.

5. Il quesito va a verificare le conoscenze riguardanti la configurazione elettronica e le regole sulle quali essa si fonda. In particolare, in questo caso, è molto importante conoscere il principio di esclusione di Pauli, il quale enuncia che elettroni diversi di un atomo non possono avere tutti e quattro i numeri quantici uguali. Questo vuol dire che ogni orbitale può contenere al massimo due elettroni con spin opposti in quanto il numero quantico principale, secondario e magnetico dovranno essere obbligatoriamente uguali in quanto definiscono l'orbitale stesso nel quale sono contenuti i due elettroni, rappresentando rispettivamente la sua energia, forma e orientamento. E' il quarto numero quantico, cioè quello di spin, che può variare e assume solo due valori: +½ e -½, e va così ad identificare i due elettroni presenti nell'orbitale (risposte B, C e D errate). Questo vale per ogni orbitale indistintamente (Risposta E errata).
Risposta corretta A.

6. Questa domanda è molto nozionistica e considera il concetto di orbitali. Si analizzino tutte le possibili opzioni.
I neutroni si trovano all'interno del nucleo insieme ai protoni, pertanto non si trovano negli orbitali atomici (opzione A errata).
Il nucleo, la parte centrale dell'atomo, non viaggia negli orbitali (opzione C errata).
Gli orbitali atomici sono funzioni d'onda in cui è probabile trovare uno o due elettroni. Pertanto, sono gli elettroni coloro che occupano gli orbitali e non l'atomo nel suo insieme a percorrerlo (opzione D errata).
Un orbitale può essere vuoto, contenere un elettrone spaiato o essere occupato da una coppia; nel caso in cui ci sia un elettrone singolo, esso può avere spin sia negativo che positivo (opzione E errata).
Gli orbitali sono quindi definiti come regioni di spazio attorno al nucleo entro cui si ha la massima probabilità di trovare uno o due elettroni (principio di indeterminazione di Heisenberg).
Risposta corretta B.

7. Per rispondere a questa domanda è necessaria una buona conoscenza dei numeri quantici e del concetto di configurazione elettronica. Il numero quantico secondario (l) indica la forma dell'orbitale e per un certo valore di "n" assume tutti i valori compresi tra "0" e "n - 1".
Nella configurazione elettronica è indicato da delle lettere, che per l'appunto indicano il sottolivello, cioè il tipo di orbitale. In particolare, per l = 0 l'orbitale è indicato dalla lettera "s"; per l = 1 dalla lettera "p"; per l = 2 dalla lettera "d"; per l = 3 dalla lettera "f".
Risposta corretta D.

8. La configurazione elettronica è definita dalla disposizione degli elettroni negli orbitali atomici e si fonda sul principio di Aufbau, sul principio di esclusioni di Pauli e sulla regola di Hund. In questo caso il quesito è teso a verificare le conoscenze pratiche riguardanti la configurazione elettronica e, in particolare, la configurazione elettronica esterna, ovvero la configurazione successiva a quella dell'ultimo gas nobile superato nella tavola periodica. E' necessario sapere che gli alogeni, appartenendo al VII gruppo A, fanno parte del blocco p (risposte A ed E errate). Inoltre, gli apici indicano gli elettroni presenti in determinato sottolivello energetico, sommando quelli dei vari sottolivelli della configurazione elettronica esterna si ottengono così gli elettroni presenti nel livello energetico più esterno e, dunque, gli elettroni di valenza. Gli alogeni hanno sette elettroni di valenza, dunque la loro configurazione elettronica esterna sarà s^2p^5 (perchè il sottolivello s può contenere al massimo 2 elettroni) e non s^2p^6 tipica dei gas nobili (risposta B errata) o s^2p^3 tipica degli elementi del V gruppo A.
Risposta corretta C.

9. L'obiettivo del quesito è quello di testare la conoscenza dei numeri quantici, cioè di quei numeri che descrivono le proprietà dell'elettrone, oltre alla forma, l'energia e l'orientamento dell'orbitale nel quale si trova quel preciso elettrone. Addentrandosi nello specifico, il numero quantico

CHIMICA

principale (n) rappresenta l'energia e le dimensioni dell'orbitale, maggiore è l'energia, maggiore è il valore di n (risposte B, C, D ed E errate); il numero quantico secondario (l) rappresenta la forma dell'orbitale che varia da sferica nel caso l = 0, bilobata nel caso in cui l = 1 e forme più complesse se l = 2, 3. Il numero quantico magnetico (m_s) indica l'orientamento dell'orbitale e corrisponde al numero degli orbitali presenti in un determinato sottolivello energetico; l'ultimo numero quantico è il numero quantico di spin che non si riferisce più all'orbitale, bensì ai due elettroni che contiene ed indica il verso di rotazione che l'elettrone assume all'interno dell'orbitale. È importante ricordare che elettroni diversi che appartengono ad uno stesso orbitale non possono avere tutti e quattro i numeri quantici uguali, andando a differire proprio per il numero quantico magnetico di spin che descrive l'elettrone e non l'orbitale che lo contiene e può assumere solo due valori: +½ e -½.
Risposta corretta A.

10. Per risolvere questa domanda è necessaria una buona conoscenza dei numeri quantici. Essi sono dei numeri che vanno a specificare il valore di una proprietà dell'elettrone, come lo stato energetico o la tipologia di un orbitale in cui potrebbe trovarsi un elettrone.
I numeri quantici sono quattro:

- numero quantico principale (n): indica il livello energetico dell'elettrone e può assumere tutti i valori da 1 a infinito;
- numero quantico secondario (l): indica la forma dell'orbitale e può assumere valori compresi tra 0 e (n-1);
- numero quantico magnetico (m_l): indica l'orientamento dell'orbitale e può assumere valori compresi tra -l, 0, +l;
- numero quantico di spin (m_s): indica il verso di rotazione dell'elettrone e può assumere solo due valori ±1/2.

Ad un numero quantico principale pari a 5 possono corrispondere ben 5 numeri quantici secondari: 0, 1, 2, 3, 4. Il numero quantico secondario scelto nell'opzione C è l = 1. A questo, possono essere associati solo 3 numeri quantici magnetici: -1, 0, +1 pertanto, ml = -2 non può essere associato ad un valore di l = 1. L'unica opzione non possibile è quindi la C.
Risposta corretta C.

11. Questo è un quesito molto nozionistico riguardante i numeri quantici. Il numero quantico secondario indica la forma dell'orbitale e corrisponde al sottolivello. La forma assunta dagli orbitali varia dalla più semplice sferica (orbitali s), a quella bilobata sui tre assi (orbitali p), fino alle sagome più complesse (orbitali d ed f).
Assume valori da 0 a (n-1) e ciascun valore corrisponde ad un tipo di sottolivello:

- l=0 corrisponde al sottolivello s;
- l=1 corrisponde al sottolivello p;
- l=2 corrisponde al sottolivello d;
- l=3 corrisponde al sottolivello f.

Risposta corretta C.

12. Per rispondere a questo quesito è necessaria una buona conoscenza del modello atomico, degli orbitali e del concetto di configurazione elettronica. La configurazione elettronica corrisponde alla disposizione degli elettroni negli orbitali atomici. Gli elettroni di valenza, gli elettroni nello strato più esterno, sono il fattore determinante per l'unicità chimica dell'elemento.
In esercizi come questo può tornare molto utile ricordare che tutti gli atomi dello stesso gruppo hanno la stessa configurazione elettronica esterna ad eccezione del numero atomico n, per questo hanno proprietà chimiche simili. Il gruppo di appartenenza di un elemento è indicato dall'orbitale più esterno e dal numero di elettroni in esso contenuti. Pertanto, analizzando la configurazione proposta si può facilmente ricavare il gruppo di appartenenza dell'elemento trattato. Di seguito sono elencate le configurazioni elettroniche degli elementi dei gruppi principali:

- 1A: s^1
- 2A: s^2
- 3A: s^2p^1
- 4A: s^2p^2

- 5A: s^2p^3
- 6A: s^2p^4
- 7A: s^2p^5
- 8A: s^2p^6

Nel caso specifico la configurazione elettronica in questione è $1s^22s^22p^63s^23p^64s^2$. L'orbitale più esterno, s^2, contiene due elettroni, il che permette di dedurre che l'elemento appartenga al secondo gruppo, ossia quello dei metalli alcalino terrosi.
Risposta corretta A.

13. Per risolvere questo quesito è necessaria una buona conoscenza della tavola periodica. Esistono tanti livelli energetici quanti sono i periodi della tavola periodica, ossia 7 e non 6 (opzione A errata). La "configurazione elettronica esterna" si riferisce alla configurazione elettronica dell'ultimo livello energetico e non delle ultime due (opzione B errata). L'orbitale f può contenere 14 elettroni, ossia 7 coppie e non 5 (opzione D errata). L'opzione E è errata perchè tra gli elementi di uno stesso gruppo resta invariata solo la configurazione elettronica esterna, ma i livelli energetici cambiano. L'opzione C invece si riferisce al fatto che gli elettroni iniziano a riempire gli orbitali con meno energia per dare maggior stabilità all'atomo.
Risposta corretta C.

14. Per risolvere questo quesito sono necessari una buona conoscenza della tavola periodica e della configurazione elettronica. Prima di tutto è fondamentale riuscire a ricavare la posizione del cloro (Cl) nella tavola periodica. Cl appartiene al 7° gruppo e 3° periodo e ha 17 elettroni. Si possono intraprendere due strade: la prima presuppone la conoscenza del numero atomico del cloro, ossia 17. Siccome in un atomo neutro il numero dei protoni è uguale a quello degli elettroni, basta sommare gli esponenti degli orbitali e vedere quale opzione dà come risultato 17. Un modo più rapido presuppone la conoscenza del fatto che il cloro appartiene al penultimo gruppo degli alogeni e che quindi gli manca un solo elettrone per completare l'orbitale p e per essere stabile. Conoscendo la configurazione elettronica degli alogeni si può quindi dedurre subito quella del cloro, in quanto tutti gli elementi del 7° gruppo si esprimono con la seguente configurazione: s^2p^5. Inoltre, si può facilmente dedurre che se il cloro è nel 3° periodo, esso è posizionato prima degli elementi di transizione e quindi nella configurazione elettronica non presenterà l'orbitale d. Dunque, le opzioni C e E sono errate.
L'opzione A è errata poiché mancano 2 elettroni per completare l'ottetto.
L'opzione B è errata perché gli orbitali s possono contenere solo 2 elettroni.
Risposta corretta D.

15. Per risolvere questo quesito è necessario possedere una buona conoscenza della tavola periodica e della configurazione elettronica.
Prima di tutto è necessario ricordare che il fluoro ha numero atomico 9, per cui lo ione fluoruro, che è un anione monovalente, ha un elettrone in più.
Questi 10 elettroni vanno disposti seguendo l'ordine di riempimento degli orbitali.
È importante riempire gli orbitali seguendo il principio di Aufbau, secondo cui gli orbitali sono riempiti partendo da quelli a minima energia (quindi partendo dai livelli energetici più bassi). Si ricordi che gli orbitali "s" contengono un massimo di 2 elettroni, gli orbitali "p" ne contengono 6 e gli orbitali "d" ne contengono 10.
Si parte riempendo l'orbitale a minor energia, cioè 1s con 2 elettroni.
Si riempie poi l'orbitale 2s con altri 2 elettroni.
Infine, i 6 elettroni rimasti si vanno a disporre nell'orbitale 2p.
La configurazione elettronica finale sarà $1s^22s^2p^6$.
Risposta corretta C.

16. Questo è un quesito teorico che riguarda una delle colonne portanti della chimica inorganica: il principio di esclusione di Pauli. Ai fini del test, questa regola va assolutamente conosciuta a memoria. Questo principio sostiene che elettroni diversi di un atomo non possono avere tutti e quattro i numeri quantici uguali. Equivale a dire che ogni orbitale può contenere al massimo 2 elettroni con spin opposti.

Analizzando le opzioni proposte dall'esercizio se ne posso escludere alcune.
L'opzione B è errata perché due elettroni con stesso numero quantico principale e secondario possono avere lo stesso numero di spin, a patto che abbiano numero quantico magnetico differente.
L'opzione D è errata perché due elettroni possono avere numero quantico principale (n), secondario (l) e magnetico (ml), a patto che abbiamo numero di spin differente.
L'opzione C è errata perché due elettroni possono avere lo stesso valore quantico magnetico, se almeno uno degli altri numeri quantici è differente.
Risposta corretta A.

17. Per risolvere questo quesito è necessaria una buona conoscenza della tavola periodica e delle configurazioni elettroniche degli elementi.
Sb è il simbolo dell'antimonio ed appartiene al 5° gruppo e al 5° periodo. Per ricordarne l'ubicazione è utile utilizzare la mnemofrase per il quinto gruppo: "**N**on **P**osso **As**coltare **Sb**ito **Bi**anca" (azoto, fosforo, arsenico, antimonio, bismuto).
È fondamentale sapere che ciascun gruppo possiede una configurazione elettronica esterna uguale per ogni elemento che lo compone. Gli elementi del quinto gruppo hanno 5 elettroni di valenza e pertanto hanno configurazione elettronica esterna s^2p^3.
Il periodo indica il livello energetico di appartenenza di un elemento, dunque Sb, appartenendo al 5° periodo, ha come numero quantico principale massimo 5.
È inoltre di fondamentale importanza il significato del gas nobile tra parentesi quadre (come ad esempio [Kr]): la prima parte della configurazione elettronica viene abbreviata inserendo tra parentesi il gas nobile che precede l'elemento sulla tavola periodica. Nel caso dell'antimonio, il gas nobile che lo precede è il kripton [Kr]. A partire dal kripton che ha configurazione elettronica $1s^22s^22p^63s^23p^63d^{10}4s^24p^6$, è necessario aggiungere gli elettroni che occupano il 5° periodo, fino al raggiungimento della configurazione elettronica dell'antimonio. Pertanto, si aggiungono: i due elettroni del primo e del secondo gruppo, $5s^2$; i dieci elettroni degli elementi di transizione, che occupano l'orbitale 4d: $4d^{10}$ ed infine si aggiungono gli ultimi 3 elettroni mancanti nell'orbitale p, $5p^3$. La configurazione elettronica finale dell'antimonio è $[Kr]4d^{10}5s^25p^3$.
Risposta corretta A.

18. Per risolvere questo quesito è necessaria una buona conoscenza della configurazione elettronica degli elementi. È fondamentale ricordare che per il riempimento degli orbitali si deve seguire il principio di Aufbau, che viene applicato per determinare la configurazione elettronica di un atomo, molecola o ione. Secondo questo principio un atomo è "costruito" da un progressivo riempimento degli orbitali con gli elettroni. L'ordine in cui gli orbitali vengono riempiti è il seguente: 1s, 2s, 2p, 3s, 3p, 4s, 3d, 4p, 5s, 4d, 5p, 6s, 4f, 5d, ecc...
Se si osserva il quesito salta subito all'occhio che nonostante sia presente il sottolivello 5p, non compare il 4d che, secondo la regola prima citata, deve essere occupato prima. Il sottolivello 4d infatti ha un'energia minore rispetto a 5p. Non esistono elementi in cui il sottolivello 5p è stato riempito prima del 4d.
Risposta corretta E.

19. Per risolvere questo quesito è necessaria una buona conoscenza della tavola periodica e della configurazione elettronica degli elementi.
Prima di tutto è necessario saper localizzare l'elemento sulla tavola periodica. A questo scopo può tornare utile la mnemofrase del secondo gruppo "Bere Magma Causa Surriscaldamento Basta Ragionare" (berillio, magnesio, calcio, stronzio, bario, radio), che ci permette di individuare il calcio: secondo gruppo, quarto periodo.
A questo punto si possono seguire due processi per svolgere il quesito: una volta ricavato il numero atomico di un determinato elemento, che corrisponde alla quantità di protoni o elettroni che lo compongono, basta sommare gli apici della configurazione elettronica e vedere quale delle opzioni raggiunge questo valore. Il calcio possiede 20 elettroni, pertanto, solo l'opzione C raggiunge "20" sommando tutti i suoi apici.
Il secondo processo, invece, è basato sulla conoscenza del fatto che il calcio ha solo due elettroni di valenza e quindi configurazione elettronica esterna s^2 (opzioni A e B errate) e che si trova prima

degli elementi di transizione, perciò non avrà nella sua configurazione elettronica il sottolivello d (opzioni B e D errate). Inoltre, sapendo che si trova nel 4° periodo, il suo livello energetico è pari a 4 e quindi il numero quantico principale massimo che raggiunge è 4 e non 3 (opzione E errata). La configurazione elettronica del calcio è $1s^2 2s^2 2p^6 3s^2 3p^6 4s^2$.
Risposta corretta C.

20. Questo è un quesito molto nozionistico riguardante le regole che determinano la disposizione degli elettroni negli orbitali atomici.
La configurazione elettronica di un atomo si fonda principalmente su tre regole:

- principio di Aufbau che afferma che gli orbitali sono riempiti partendo da quelli a minima energia (opzione A errata);
- principio di esclusione di Pauli che afferma che elettroni diversi di un atomo non possono avere tutti e quattro i numeri quantici uguali (opzione B errata);
- principio di Hund che afferma che gli elettroni occupano tutti gli orbitali dello stesso sottolivello prima di accoppiarsi fra loro in uno stesso orbitale.

Il modello di Bohr non è correlato a questo argomento, in quanto corrisponde ad una delle quattro teorie atomiche (opzione D errata).
Risposta corretta C.

21. Per rispondere a questo quesito è necessario conoscere la relazione tra struttura elettronica, posizione e proprietà. La tavola periodica, oltre a ordinare gli elementi per numero atomico crescente, fornisce anche una rappresentazione grafica dei numeri quantici, descritti più avanti, nel seguente modo:

- sette periodi corrispondenti ai sette livelli energetici, espressi dal numero quantico principale "n1 - 7";
- quattro blocchi che raggruppano gli elementi che riempiono come orbitali di valenza rispettivamente s, d, p ed f (numeri quantici secondari che descrivono la forma dell'orbitale atomico).

Infatti, i gruppi 1 e 2 della tavola periodica prendono il nome di blocco s, poiché l'ultimo sottolivello energetico riempito è il blocco s, dato che hanno solo 1 o 2 elettroni di valenza (rispettivamente hanno configurazione elettronica esterna s^1 e s^2).
I gruppi che vanno dal 13 al 18 prendono il nome di blocco p, i metalli di transizione prendono il nome di blocco d, i lantanidi e gli attinidi fanno parte del blocco f.
Quindi, per risolvere questo quesito bisogna saper disporre gli elementi proposti nella tavola periodica e, una volta a conoscenza del loro gruppo di appartenenza, riconoscere quali di questi non appartengono al gruppo p. Il boro (B) appartiene al gruppo 13, il tellurio al gruppo 16, l'argon al gruppo 18 e il tallio (Tl) al gruppo 13.
L'unico elemento che non appartiene al blocco p è il radio, che fa parte del gruppo II della tavola periodica e quindi del blocco s.
Risposta corretta A.

22. Per rispondere a questo quesito sono necessarie una buona conoscenza della tavola periodica e delle configurazioni elettroniche degli elementi. La tavola periodica, oltre ad ordinare gli elementi per numero atomico crescente, fornisce anche una rappresentazione grafica dei numeri quantici: sette periodi corrispondenti ai sette livelli energetici e quattro blocchi che raggruppano gli elementi che riempiono come orbitali di valenza rispettivamente s, d, p ed f.
Il 1° e 2° gruppo appartengono al "blocco s", i gruppi dal 13° al 18° appartengono al "blocco p", gli elementi di transizione appartengono al "blocco d" e gli elementi di transizione interna appartengono al "blocco f".
Conoscendo questa suddivisione, per risolvere il quesito era necessario saper localizzare gli elementi proposti sulla tavola periodica.
Tutti gli elementi delle opzioni appartengono al 4° periodo e sono tutti elementi di transizione. È possibile ricordarli tramite una comoda mnemofrase: "**Sc**ot**Ti** **V**uol **Cr**eare **Mn**i**Fe**sti di **Co**N**i**gli **Cu**cinati con **Zn**zare" (scandio, titanio, vanadio, cromo, manganese, ferro, cobalto, nichel, rame, zinco).

Come affermato precedentemente gli elementi di transizione appartengono al gruppo d e perciò tutte le opzioni proposte sono errate.
Risposta corretta E.

23. L'ibridazione (o ibridizzazione) degli orbitali atomici è il processo con cui gli orbitali facenti parte del guscio elettronico più esterno di un atomo, si riarrangiano tra loro restituendo un uguale numero di orbitali atomici (detti, a questo punto, "ibridi") identici tra loro sia per la forma che per energia.
Gli orbitali si dispongono nello spazio tridimensionale secondo un criterio di ottimizzazione della loro divergenza angolare.
Conosciamo tre tipi di ibridazioni: sp, sp^2 e sp^3 (vedi: capitolo 10.1 "La chimica del carbonio").
Si differenziano in base all'angolo di legame che formano:

- sp^3: forma un angolo di legame di 109,5°;
- sp^2: forma un angolo di 120°;
- sp: forma un 180°.

Per capire quale delle seguenti ibridazioni assume lo zolfo nella molecola di anidride solforosa bisogna analizzare bene gli atomi che la compongono. Sia lo zolfo (S) che l'ossigeno presentano 6 elettroni di valenza. L'atomo di zolfo lega due dei suoi elettroni, con un legame covalente, a due elettroni dell'atomo di ossigeno. Gli atomi di O sono due, pertanto vengono occupati 4 elettroni di S. I due elettroni rimanenti occupano uno stesso orbitale formando un doppietto. La forma degli orbitali dell'atomo di zolfo è quindi una geometria triangolare planare. Questo avviene perché, nonostante lo zolfo formi solo due legami, il doppietto elettronico applica una repulsione nei confronti dei due atomi di ossigeno. L'angolo di legame che forma è di 119° e non di 120°, ma nonostante questo, la sua ibridazione viene comunque considerata di tipologia sp^2.
L'ibridazione di Steligss (opzione D), nonostante il nome molto simpatico e divertente, non esiste.
Risposta corretta B.

24. Questo esercizio può essere risolto in due modi, entrambi richiedono che si rifletta sulla struttura della molecola HCN: in particolare, HCN è una molecola lineare in cui il carbonio forma un legame triplo (σ, π, π) con N e un legame semplice (σ) con H.
Il primo metodo di ragionamento è basato prettamente sulla teoria. La presenza di un legame triplo e di un legame singolo implica almeno due orbitali non ibridi che formino il legame π (che appunto è dato dalla sovrapposizione di due orbitali non ibridi), condizione soddisfatta solo dall'ibridazione di tipo "sp".
Il secondo metodo prevede il conteggio dei legami presenti: in questo caso sono solo due (1 legame singolo e 1 legame triplo, che si conta come uno), per cui si può dedurre che si tratti di una ibridazione "sp", senza apici.
Questo ragionamento prevede quindi che ogni legame, che sia triplo, doppio, singolo o anche doppietto libero, venga contato comunque come uno. Pertanto, molto pragmaticamente, si sommano i legami presenti e così si può dedurre il tipo di ibridazione presente e vengono attribuiti gli apici corretti alla dicitura "sp". Si avrà ibridazione "sp" se sono presenti due legami, "sp^2" se sono presenti 3 legami, "sp^3" se sono presenti quattro legami (vedi: capitolo 10.1 "La chimica del carbonio").
Risposta corretta C.

25. Per rispondere a questa domanda molto teorica è necessaria una buona conoscenza della geometria delle molecole.
In questo genere di quesiti è consigliato procedere analizzando tutte le opzioni una per volta.
La struttura tetraedrica è tipica dei composti ibridati sp^3, come nel caso del metano CH_4 (opzione A errata).
La struttura quadrata è tipica invece dei composti pentatomici con un atomo centrale, come IF_5 con geometria piramidale a base quadrata (opzione B errata).
Le strutture cubiche o cilindriche non vengono prese in considerazione dalla teoria VSEPR. VSEPR è l'acronimo inglese per Valence Shell Electron Pair Repulsion (oppure, in linguaggio nostrano, Teoria della Repulsione delle Coppie Elettroniche dello Strato di Valenza) e serve a definire la disposizione spaziale delle molecole/ioni poliatomici, assumendo che gli elementi

legati o i doppietti elettronici isolati, respingendosi, si dispongano alla massima distanza consentita (opzioni C e D errate).
Dalla sovrapposizione tra un orbitale "s" con due orbitali di tipo "p" si ottengono 3 orbitali ibridi detti orbitali "sp^2" che si dispongono su un piano formando angoli di 120° l'uno dall'altro. La geometria è quindi triangolare planare, come nel caso di BF_3.
Risposta corretta E.

26. Una molecola si definisce polare quando su di essa è apprezzabile una separazione di cariche parziali. Per individuare la polarità bisogna tenere in considerazione elettronegatività, eventuali doppietti elettronici spaiati, e, come metodo di rapida risoluzione, la simmetria che la molecola assume. Nel caso in cui sia possibile tracciare un asse di simmetria la molecola sarà apolare, nel caso contrario polare.
Procedendo per esclusione, l'opzione A indica l'ammoniaca; i tre idrogeni presenti nella molecola andranno a legarsi all'azoto, con un totale di tre coppie di elettroni di legame impiegati. L'azoto tuttavia fa parte del quinto gruppo della tavola periodica, quindi avrà cinque elettroni nello strato più esterno; poiché tre saranno occupati nel legame con gli idrogeni, un doppietto rimarrà spaiato, rendendo la molecola asimmetrica e quindi polare (risposta A errata). Per quanto riguarda l'opzione B, l'ossigeno fa parte del sesto gruppo della tavola periodica e quindi, poiché due elettroni saranno impegnati nel legame con gli idrogeni, quattro elettroni rimarranno spaiati. Si avranno quindi due doppietti elettronici che rendono la molecola asimmetrica con un angolo di legame di 104,5°. La molecola è polare (risposta B errata). L'opzione C è l'acido cloridrico in cui il cloro è molto più elettronegativo dell'idrogeno; a causa di questa differenza di elettronegatività, gli elettroni di legame saranno attratti con più forza dal cloro rispetto all'idrogeno, quindi si creerà una carica parziale negativa al cloro. La molecola sarà un dipolo, quindi polare (risposta C errata). L'opzione E presenta un alcol, il metanolo, che non presenta assi di simmetria in quanto è legata a tre idrogeni e un gruppo alcolico (-OH). La molecola sarà dunque polare (risposta E errata). L'opzione D, infine, presenta l'anidride carbonica. Questa molecola è lineare, con quattro elettroni impiegati nel legame tra il carbonio e gli ossigeni, a formare due doppi legami. I doppietti liberi degli ossigeni si dispongono dalla parte opposta rispetto ai legami e, considerando il carbonio, si nota che è possibile tracciare un asse di simmetria, quindi la molecola è apolare.
Risposta corretta D.

27. VSEPR è l'acronimo inglese per Valence Shell Electron Pair Repulsion e serve a definire la disposizione spaziale delle molecole/ioni poliatomici, assumendo che gli elementi legati o i doppietti elettronici isolati, respingendosi, si dispongano alla massima distanza consentita.
Bisogna tenere a mente che ciascuna tipologia di ibridazione è correlata ad una rispettiva disposizione geometrica dei legami nella molecola.
In particolare, gli angoli di legame tipici per ciascun tipo di ibridazione sono:

- l'ibridazione sp^3 presenta un angolo di legame di 109,5°;
- l'ibridazione sp^2 presenta un angolo di legame di 120°;
- l'ibridazione sp presenta un angolo di legame di 180°.

Risposta corretta D.

28. È necessario fare molta attenzione per risolvere questo quesito, perché bisogna indicare la risposta sbagliata e non quella corretta.
Si procede analizzando un'opzione per volta.
Due coppie di legame si dispongono sempre quanto più distanti è possibile, per cui se sono presenti solamente due coppie, si disporranno esattamente all'opposto, dando una forma lineare, con angolo di 180° (opzione A errata).
La geometria piegata è per esempio quella dell'acqua: sono presenti due coppie di legame, tra H e O, e due coppie di doppietti liberi sull'ossigeno (opzione B errata).
I doppietti liberi sono molto ingombranti per gli atomi centrali, per cui richiedono sempre maggiore spazio (opzione D errata).
La dicitura "simmetrica" nella teoria VSEPR non esiste, tuttavia la presenza di 3 coppie che formano un legame attorno a un atomo suggerisce che si dispongano formando un'angolatura uguale attorno ad esso, come in un triangolo equilatero nella forma trigonale planare (opzione E errata).

La risposta C afferma che i legami tripli sono considerati come un legame doppio e i doppi come singoli, ma nella teoria VSEPR non si fanno discriminazioni: i doppi e i tripli legami si considerano come un legame semplice in quanto la nuvola elettronica del legame multiplo ha un'unica direzione e l'effetto è lo stesso di un'unica coppia.
Risposta corretta C.

29. La teoria VSEPR si basa sul principio che le coppie di elettroni, sia di legame sia doppietti elettronici liberi, si respingano reciprocamente, e si dispongano perciò nello spazio in modo da essere il più lontano possibile tra loro. Gli elettroni coinvolti sono solamente quelli dello strato più esterno, non tutti gli elettroni dell'atomo (opzione A errata).
Quando un atomo forma un legame covalente con un altro, condivide un elettrone che viaggia all'interno di un orbitale, che si ottiene dalla fusione degli orbitali atomici dei due atomi che formano il legame (opzione B errata).
Chiaramente con questo concetto non si vuole lasciare intendere che i domini elettronici si scambino elettroni, in quanto ogni elettrone è impegnato a formare il proprio legame covalente (opzione E errata).
Gli elettroni impegnati a formare i legami covalenti cercheranno di distanziarsi il più possibile e non di avvicinarsi (opzione C errata).
Risposta corretta D.

30. Per capire quale molecola non presenti doppietti elettronici liberi, si deve procedere prendendo in considerazione le strutture di Lewis dei composti indicati.
L'acido cloridrico *HCl* è dotato di ben tre doppietti liberi sull'atomo di cloro, in quanto l'atomo di Cl impegna solo uno dei suoi sette elettroni di valenza nel legame covalente con l'elettrone dell'idrogeno (opzione B errata).
L'ammoniaca di formula NH_3 è una famosa base di Lewis (vedi capitolo 8 "Acidi e basi") dotata di un doppietto libero sull'azoto, in quanto impegna solo tre dei suoi cinque elettroni nei legami covalenti con i tre elettroni dei tre atomi di idrogeno (opzione C errata).
L'acqua ha due doppietti liberi sull'ossigeno, infatti esso utilizza solo due dei suoi sei elettroni per formare due legami covalenti con gli elettroni dei due atomi di idrogeno (opzione D errata).
L'idrogeno solforato H_2S ha due doppietti elettronici sullo zolfo, che impiega solo due elettroni dei suoi sei per i legami con gli atomi di idrogeno (opzione E errata).
Solo il metano CH_4 è privo di doppietti elettronici liberi.
Risposta corretta A.

3. Legami chimici

1. Quale fra i seguenti legami forti è il più debole?

A. Legame idrogeno
B. Forze di Debye
C. Forze di London
D. Interazioni dipolo permanente – dipolo permanente
E. Nessuna delle precedenti

2. Nelle seguenti opzioni sono riportati una molecola, l'ibridazione e i legami da lei formati. Quale opzione descrive il giusto accoppiamento tra molecola, ibridazione e legame?

A. $BeCl_2$; sp; 3 legami semplici
B. BF_3; sp^2; 3 legami semplici
C. $BeCl_2$; sp^2; 2 legami semplici
D. BF_3; sp^3, 3 legami semplici e un doppietto libero
E. NH_3; sp^4; 4 legami semplici

3. In quale tra le seguenti molecole/composti vengono condivise più di due coppie di elettroni?

A. NO_2
B. KCl
C. CaO_2
D. NO
E. BeO_2

4. Stabilire l'ordine corretto di forza di legame:

A. Legami intermolecolari > Legame ionico > Legame covalente
B. Legame covalente > Legame metallico > Legame ionico
C. Legame dativo > Legame ionico > Legame covalente
D. Legame ionico > Legame a idrogeno > Forze di van der Waals
E. Forze di London > Forze di van der Waals > Legame a idrogeno

5. Come può essere definito un legame triplo?

A. Un legame che può avvenire solamente tra tre atomi dello stesso elemento
B. Un legame che può avvenire solamente tra atomi di tre elementi diversi
C. Un legame derivante dalla compartecipazione di tre coppie di elettroni
D. Un legame tra tre molecole
E. Un legame derivante dalla compartecipazione di tre coppie di protoni

6. Per raggiungere la configurazione più stabile, gli elementi:

A. Si combinano tra loro tramite legami intramolecolari
B. Si combinano tra loro tramite legami intermolecolari
C. Si legano ai gas nobili
D. Si legano agli elementi del primo gruppo
E. Nessuna delle precedenti

7. Per elettroni di valenza si intendono:

A. Gli elettroni che orbitano nel primo livello energetico
B. Gli elettroni di legame che si assegnano all'elemento più elettronegativo
C. Gli elettroni che si trovano nell'ultimo livello energetico
D. Gli elettroni che sono presenti all'interno di un catione
E. Gli elettroni che sono presenti all'interno di un anione

8. Quale delle seguenti affermazioni riguardo ai legami chimici NON è corretta?

A. Possono essere sia direzionali che adirezionali
B. Il legame covalente è più forte del legame ionico
C. I legami forti sono intermolecolari
D. Il legame ionico è più forte del legame idrogeno
E. Tutte le precedenti

9. Il legame covalente si genera dalla compartecipazione di:

A. Almeno due elettroni fra due atomi
B. Almeno due protoni fra due atomi
C. Elettroni e protoni fra due atomi
D. Almeno due doppietti elettronici fra due atomi
E. Cariche positive e negative

10. Il legame che si forma tra un metallo alcalino e un alogeno è:

A. Ionico
B. Covalente puro
C. Dativo
D. Metallico
E. Covalente polarizzato

CHIMICA

11. Indicare quale delle seguenti molecole contiene un singolo legame covalente puro:

A. NaCl
B. CO
C. HCl
D. Cl_2
E. N_2

12. Il cesio è il metallo alcalino più elettropositivo, il fluoro l'alogeno più elettronegativo. Gli atomi di questi due elementi che legami possono formare?

A. Formano legami ionici
B. Formano legami covalenti
C. Formano legami idrogeno
D. Non possono formare legami in quanto sono troppo lontani sulla tavola periodica
E. Formano sia legami covalenti, sia legami idrogeno

13. Se una sostanza X si scioglie in esano ma non in acqua, la molecola X è:

A. Polare
B. Ionica
C. Idratata
D. Apolare
E. Dativa

14. Perché l'H_2O bolle a temperatura più alta rispetto all'H_2S?

A. Non contiene legami a idrogeno che sono presenti nel H_2S
B. Contiene legami covalenti
C. Contiene legami a idrogeno che non sono presenti nel H_2S
D. L'acqua ha il punto di ebollizione più alto rispetto a tutte le altre sostanze
E. È un acido più forte dell'H_2S

15. Il legame chimico presente fra due atomi di carbonio appartenenti a una catena idrocarburica satura (che presenta solo legami semplici tra i carboni) è sempre:

A. Ionico
B. Covalente
C. Dativo
D. Metallico
E. Polarizzato

16. Di cosa sono il risultato i legami covalenti polari presenti all'interno delle molecole d'acqua?

A. Dell'interazione tra due atomi con carica opposta
B. Dell'interazione tra due atomi di idrogeno
C. Dell'interazione tra un atomo di idrogeno e un atomo di ossigeno
D. Della massa degli atomi di idrogeno e ossigeno
E. Non ci sono legami covalenti polari nelle molecole d'acqua

17. Quale delle seguenti proprietà del legame ionico è errata?

A. Non è un legame direzionale
B. È un legame in cui anioni e cationi possono formare un reticolo cristallino lino ordinato
C. Si forma sempre tra elementi del primo gruppo e del settimo gruppo
D. In NaCl il cloro raggiunge la stabilità elettronica dell'argon
E. Nessuna delle precedenti

18. Il legame covalente:

A. Si può instaurare tra elementi del primo e settimo gruppo
B. Non è un legame direzionale
C. Esiste solo di due tipi: apolare e polare
D. Non si instaura tra elementi con elettronegatività simile
E. Nessuna delle precedenti

19. Indicare la differenza di elettronegatività del legame metallico:

A. $\Delta E = 0,4 < x < 0$
B. $\Delta E = 0,4 < x < 1,9$
C. $\Delta E = x < 0,4$
D. $\Delta E = x > 1,9$
E. Nessuna delle precedenti

20. Quale tra i seguenti composti può contenere due legami ionici?

A. KCl
B. KF
C. $CaCl_2$
D. NO_2
E. H_2S

21. I legami intramolecolari:

A. Non si possono formare tra due elementi uguali
B. Possono formarsi anche tra più di due elementi
C. Sono di tre tipi: Interazione dipolo-dipolo, forze di London, forze di Debye
D. Non si formano tra gli elementi del VII gruppo
E. Nessuna delle precedenti

22. Il legame covalente polare:
- A. Si forma tra due atomi che presentano una ΔE compresa tra 0.9 e 1.4
- B. Si forma tra due elementi uguali
- C. Si forma solo tra due semimetalli
- D. Si forma solo tra i gas nobili
- E. È presente nell'ammoniaca

23. Quale delle seguenti molecole NON presenta un legame covalente?
- A. NH_4^+
- B. H_3O^+
- C. H_2O
- D. CH_4
- E. CaF_2

24. Quale coppia può legarsi attraverso una forza di Debye?
- A. $BeCl_2$ - $BeCl_2$
- B. NH_3 - CH_4
- C. H_2O - H_2O
- D. CH_3Cl - CH_3Cl
- E. CH_3Cl - H_2O

25. Con il termine forze di van der Waals si intendono:
- A. Le forze dipolo permanente - dipolo permanente, dipolo permanente - dipolo indotto, dipolo indotto - dipolo indotto
- B. Le forze dipolo permanente - dipolo permanente, dipolo permanente - dipolo indotto
- C. La forza dipolo permanente - dipolo permanente
- D. La forza dipolo permanente - dipolo indotto
- E. Le forze dipolo permanente - dipolo permanente, dipolo indotto - dipolo indotto

26. Il legame (o ponte) a idrogeno:
- A. È un legame forte
- B. È presente nell'acqua allo stato solido e a quello liquido
- C. È un legame covalente debole
- D. È presente nel cicloesano
- E. Si stabilisce fra molecole apolari

27. Quale fra questi composti possiede legami polari?
- A. H_2
- B. CH_4
- C. HCl
- D. Br_2
- E. NaCl

28. Tra quali delle seguenti coppie possono instaurarsi solo forze di London?
- A. C_2H_6 - CH_4
- B. HBr - CH_4
- C. H_2O - H_2O
- D. BF_3 - CH_3Cl
- E. HCl - CH_4

29. Le forze di London:
- A. Sono legami intramolecolari
- B. Sono delle interazioni dipolo istantaneo dipolo indotto
- C. Sono interazioni tra dipolo permanente e dipolo indotto
- D. Sono interazioni dipolo-dipolo
- E. Non fanno parte delle forze di van der Waals

30. Le forze di Debye:
- A. Sono le interazioni dipolo permanente e dipolo indotto nei legami intramolecolari
- B. È un tipo di legame intermolecolare
- C. Si formano tipicamente tra idrogeno e fluoro
- D. Si formano tipicamente tra idrogeno e azoto
- E. Si formano tipicamente tra idrogeno e ossigeno

CORREZIONE COMMENTATA

1. Questo è un quesito molto nozionistico riguardante la forza di legame.
I legami chimici si dividono in due grandi gruppi: i legami intramolecolari o legami forti e i legami intermolecolari o legami deboli.
Fanno parte dei legami forti, in ordine dal più forte al più debole: il legame covalente, il legame ionico e il legame metallico.
Fanno invece parte dei legami deboli: i legami idrogeno e le forze di van der Waals. Dal più forte al più debole sono:

- legami idrogeno;
- interazione dipolo permanente - dipolo permanente;
- forze di Debye;
- forze di London.

Nonostante l'apparente semplicità dell'esercizio, in realtà è necessario prestare molta attenzione al fatto che nella domanda è richiesto di indicare il più debole tra i legami forti, ma tra le opzioni sono proposte solo tipologie di legame deboli. La risposta corretta è quindi nessuna delle precedenti.
Risposta corretta E.

2. Questo esercizio cerca di verificare più nozioni in una sola domanda. Per rispondere correttamente a questo quesito bisogna saper governare le regole dei legami chimici e le ibridazioni. È molto utile, prima di iniziare a svolgere l'esercizio, disegnare le molecole che propone il quesito: BF_3, $BeCl_2$ e NH_3.
Una volta disegnate le molecole, l'esercizio si semplifica molto.
Per capire l'ibridazione basta seguire le seguenti regole: si indica con dominio quando un atomo forma un legame con un altro atomo. È importante comprendere che un legame semplice corrisponde ad un dominio e anche un legame doppio o triplo corrisponde sempre ad uno solo.
È possibile differenziare le tre tipologie di ibridazioni in base al numero di domini presenti (vedi: capitolo 10 "La chimica del carbonio"):

- 4 domini = sp^3;
- 3 domini = sp^2;
- 2 domini = sp.

Un doppietto si conta come dominio.
Consolidate queste informazioni si procede nell'analisi delle opzioni:

- $BeCl_2$ è una molecola lineare: il berillio appartiene al secondo gruppo, quindi lega 2 atomi di cloro formando un angolo di 180°. Di conseguenza ha 2 domini, quindi ibridazione sp (opzioni A e C errate).
- NH_3 è l'ammoniaca: l'azoto (5° gruppo) lega tramite 3 legami semplici 3 atomi di idrogeno e posside un doppietto libero. Di conseguenza ci sono 4 domini (3 legami semplici + 1 doppietto) quindi una ibridazione sp^3 (opzione E errata).
- BF_3 è un acido di Lewis: lega 3 atomi di fluoro tramite un legame semplice e in questo modo ha 6 elettroni di legame.
  Secondo la regola dell'ottetto dovrebbe avere un doppietto libero, però in questo caso non lo ha e possiede quindi un orbitale libero (opzione D errata). Per questo motivo viene definito come acido di Lewis, infatti è in grado di accettare degli elettroni. Di conseguenza BF_3 forma 3 legami semplici, ha quindi 3 domini e ha ibridazione sp^2.

Risposta corretta B.

3. L'esercizio richiede quali dei seguenti composti presenta più di due legami covalenti.
Prima di procedere è necessario conoscere bene il concetto alla base di legame covalente: affinchè un legame sia covalente, la differenza di elettronegatività tra i due atomi che lo formano deve essere minore di 1,7/1,9. Si parla invece di legame ionico quando la differenza di elettronegatività tra i due atomi è maggiore di 1,7/1,9.
Procedendo per esclusione, si possono escludere KCl, CaO_2, BeO_2 perché non sono presenti legami covalenti ma sono presenti legami ionici, infatti la differenza di elettronegatività tra i due elementi è maggiore di 1,9 in tutti e tre i casi. La ΔE dei tre composti è infatti rispettivamente pari

a 2,34 per il cloruro di potassio, 2,44 per l'ossido di calcio e 2,13 per l'ossido di berillio (opzioni B, C, E errate).
Sia il monossido di azoto (NO) che il diossido di azoto (NO_2) presentano dei legami covalenti poiché la loro differenza di elettronegatività è minore di 1,9. Infatti, la ΔE di entrambi i composti è pari a 0,4.
La domanda chiede qual è la molecola in cui vengono condivise più di due coppie di elettroni (quindi si sta cercando la molecola con più di un legame doppio), poiché il monossido di azoto presenta soltanto un legame doppio quindi mette in condivisione due coppie di elettroni, la risposta corretta è NO_2 in quanto essa presenta due legami doppi, quindi mette in condivisione quattro coppie di elettroni.
Risposta corretta A.

4. I legami si possono classificare sulla base di due caratteristiche: la differenza di elettronegatività e l'energia di legame.
Questo quesito richiede di ordinare correttamente i legami in base alla loro forza.
Di seguito sono indicati i legami in ordine decrescente (dal più forte al più debole): legame covalente > legame ionico > legame metallico > legame a ponte di idrogeno > forze di van der Waals.
Risposta corretta D.

5. Il quesito è posto in modo da poter verificare le conoscenze teoriche riguardanti i legami chimici, in particolare quelli tripli. Quando due atomi instaurano un legame, ognuno di essi mette in compartecipazione almeno una coppia di elettroni (risposta E errata). In base al numero di elettroni condivisi da ogni atomo possiamo classificare i legami in tre categorie: i legami singoli in cui viene condivisa una coppia di elettroni, i legami doppi in cui vengono condivise due coppie di elettroni, e i legami tripli in cui vengono ne vengono condivise tre. Si definisce quindi triplo legame, un legame tra due atomi (risposte A, B e D errate), ciascuno dei quali mette in compartecipazione con l'altro tre elettroni di valenza, ovvero tre elettroni situati nel guscio più esterno dell'atomo.
Risposta corretta C.

6. Ogni atomo tende ad assumere una configurazione stabile, cioè a raggiungere la configurazione del gas nobile più vicino, con otto elettroni a livello dell'anello esterno, fatta eccezione per l'idrogeno che cerca di raggiungere due elettroni nel livello più esterno.
I legami intermolecolari si formano tra le molecole che compongono la materia e la loro presenza influenza notevolmente gli stati di aggregazione della materia stessa (opzione B errata).
Gli elementi non si combinano con i gas nobili perché quest'ultimi non reagiscono o reagiscono molto raramente, poiché hanno già raggiunto la stabilità elettronica (opzione C errata).
È vero che alcuni elementi possono legarsi con elementi del I gruppo per raggiungere la stabilità elettronica, ma non è corretto affermare che, in generale, tutti gli elementi della tavola periodica possono o devono legarsi agli elementi del I gruppo per raggiungere l'ottetto (opzione D errata).
La risposta corretta è la A, infatti gli elementi della tavola periodica si combinano tra di loro tramite legami intramolecolari per raggiungere la stabilità elettronica. I legami intramolecolari sono il legame covalente, il legame ionico e il legame metallico.
Risposta corretta A.

7. Quesito prettamente nozionistico; per elettroni di valenza si intendono gli elettroni che si trovano nell'ultimo livello energetico, da non confondere con il numero di ossidazione che indica gli elettroni di legame che si assegnano all'elemento più elettronegativo (opzione B errata). Le risposte A, D ed E sono fuorvianti e prive di senso.
Risposta corretta C.

8. In questo quesito vengono verificate le conoscenze base riguardanti le differenze e la forza dei vari legami chimici.
Quest'ultimi possono essere divisi in legami intramolecolari, cioè legami i legami che si formano tra gli atomi all'interno di una molecola e vengono classificati come legami forti, e in legami intermolecolari, cioè legami che si creano tra le molecole e vengono classificati come legami deboli. Già dalla divisione è possibile intuire che i legami intramolecolari, tra cui troviamo i legami

CHIMICA

in ordine di forza decrescente: covalente, ionico e metallico (Risposta B errata), siano più forti dei legami intermolecolari, di cui fanno parte i legami idrogeno e le forze di Van der Waals di natura elettrostatica (Risposta D errata). Esistono poi, sia legami chimici di tipo adirezionale, come il legame ionico, e legami direzionali, come il legame covalente (risposte A errata).
Risposta corretta C.

9. Un legame chimico coinvolge sempre e soltanto gli elettroni, mentre i protoni e i neutroni (chiamati insieme nucleoni perché si trovano nel nucleo) non vengono coinvolti. Il legame covalente è, nello specifico, un legame in cui vengono condivisi dagli atomi in questione degli elettroni.
L'opzione B è errata in quanto, come precedentemente affermato, non sono mai i protoni a formare un legame.
L'opzione C, "elettroni e protoni", è errata per lo stesso motivo.
L'opzione D è errata perché per formare un legame covalente serve una coppia di elettroni che provengono ciascuno da uno dei due atomi che formano il legame. È errato, quindi, affermare che per formare un legame covalente siano necessari due doppietti elettronici, cioè quattro elettroni.
Nell'opzione E con cariche positive e negative si intendono ioni che formano un composto ionico, ad esempio NaCl (vedi CC della domanda 2), attraverso un legame ionico, cioè un legame dove gli atomi hanno una differenza di elettronegatività elevatissima (maggiore di 1,7). In questi casi l'atomo meno elettronegativo perde il suo elettrone diventando un catione (Na^+) e lo cede all'atomo più elettronegativo che diventa un anione (Cl^-). L'alternativa corretta è quindi la A: bastano due elettroni fra due atomi. Un esempio lampante è dato dalla molecola di Cl_2, in cui viene coinvolto per ciascun atomo un solo elettrone.
Risposta corretta A.

10. Per rispondere a questa domanda bisogna conoscere le proprietà e soprattutto la struttura degli elementi della tavola periodica. Per ricordarsi i metalli alcalini che appartengono al I gruppo è utile questa mnemofrase: **H**o **Li**bri **Na**scosti **K**e ho **Rub**ato a **C**a**s**a di **Fr**ancesca (idrogeno, litio, sodio, potassio, rubidio, cesio e francio) (vedi: capitolo 1 "Composti ed elementi").
Vengono definiti alcalino-terrosi gli elementi del II gruppo; gli alogeni appartengono al gruppo VII e sono: fluoro, cloro, bromo, iodio, astato.
Il legame covalente puro si forma tra due atomi con elettronegatività uguale o molto simile, per esempio O_2, (opzione B errata).
Il legame dativo si forma tra due atomi, in cui uno ha già raggiunto la stabilità e mette in compartecipazione un intero doppietto elettronico con l'altro atomo, che invece non condivide alcun elettrone. In questo caso, né un metallo alcalino né un alogeno dispongono di un doppietto libero o di un orbitale libero per due elettroni. Infatti, solitamente il legame dativo coinvolge non metalli, come per esempio nella molecola NH_4^+, in cui è presente un doppietto libero sull'N che lega l'H formando il catione ammonio (opzione C errata).
Il legame metallico, che è un legame particolare in cui sono coinvolti i metalli, in questo caso non può esserci, in quanto sono coinvolti gli alogeni, che sono dei non metalli (opzione D errata).
Il legame covalente polarizzato avviene tra atomi che hanno una differenza di elettronegatività superiore a 0,4 e inferiore a 1,7: tra alogeni e metalli alcalini la differenza è maggiore (opzione E errata).
L'unico legame che andrà a formarsi è un legame di tipo ionico. Esso si forma nei casi in cui la differenza di elettronegatività tra gli elementi è superiore a 1,7/1,9.
Risposta corretta A.

11. Per rispondere a questa domanda è necessaria una buona conoscenza dei legami intramolecolari e delle loro proprietà. Un legame covalente polare puro si forma quando la differenza di elettronegatività tra i due atomi è compresa tra 0 e 0,4.
In questo genere di quesito si procede analizzando i legami proposti per ogni opzione: NaCl contiene due atomi che hanno una elevata differenza di elettronegatività, in quanto il sodio appartiene al I gruppo e il cloro al VII, pertanto formano un legame ionico (opzione A errata).
Il monossido di carbonio CO dell'opzione B presenta due atomi che hanno una differenza di elettronegatività bassa, infatti il carbonio del gruppo IV e l'ossigeno del gruppo VI sono vicini.

Nonostante ciò la differenza di elettronegatività tra carbonio e ossigeno non è sufficientemente piccola per formare un legame covalente puro, bensì essi formano un legame covalente polare. Infatti, in questa molecola è presente un triplo legame, formato da due covalenti polari e uno dativo (opzione B errata).
L'acido cloridrico, HCl, forma un legame covalente, ma non puro, bensì polare, in quanto la differenza di elettronegatività è compresa tra 0,4 e 1,7) (opzione C errata).
Le ultime due opzioni da valutare sono la D e la E, in cui sono proposti dei composti formati da due atomi uguali. La differenza di elettronegatività in entrambi i casi sarà pari a 0, pertanto vi sarà la formazione di un legame covalente puro. La domanda però chiede di indicare il legame covalente singolo puro. Si può quindi escludere N_2 dell'ultima alternativa, poiché presenta un legame triplo anche se puro (opzione E errata), mentre in Cl_2 il legame è covalente puro e singolo.
Risposta corretta D.

12. L'obiettivo del quesito è quello di testare le conoscenze teoriche e pratiche riguardanti i legami chimici. Un atomo elettropositivo è un atomo che ha la tendenza a cedere uno o più elettroni trasformandosi in uno ione carico positivamente, cioè un catione; un atomo elettronegativo, invece, ha la tendenza ad attrarre a sé gli elettroni di legame e, nel caso la differenza di elettronegatività tra i due atomi sia superiore a 1,7, strappa l'elettrone andando a formare uno ione carico negativamente, cioè un anione. Sulla tavola periodica gli elementi elettropositivi si trovano al lato opposto rispetto agli elementi molto elettronegativi. È importante ricordare che l'elettronegatività cresce da sinistra a destra lungo il periodo e dal basso verso l'altro lungo il gruppo, infatti il Cesio appartiene al I gruppo A, mentre il Fluoro, che è l'elemento più elettronegativo, appartiene al VII gruppo A. Tra questi elementi si instaurerà un legame intramolecolare, cioè tra due atomi, e non intermolecolare, cioè tra due molecole, come i legami idrogeno (risposte C e E errate). Per capire quale tipo di legame forte si può instaurare è necessario considerare le rispettive elettronegatività: se la differenza tra esse è minore di 0,4 allora il legame è considerato covalente puro, se varia tra lo 0,4 e l'1,7 è definito covalente polare, se è maggiore di 1,7 è un legame ionico . Tuttavia per risolvere l'esercizio non è necessario conoscere i valori di elettronegatività di tutti gli elementi della tavola periodica, basta ragionare sulla loro posizione. Il cesio è l'elemento con elettronegatività minore, mentre il Fluoro è quello con elettronegatività maggiore. La loro differenza di elettronegatività sarà sicuramente superiore a 1,7, quindi il legame intramolecolare che si instaurerà sarà di tipo ionico (risposte B e D errate).
Risposta corretta A.

13. Per risolvere questo quesito è necessaria una buona conoscenza del concetto di polarità. Per capire se una sostanza si scioglie in un'altra bisogna seguire la regola "il simile scioglie il simile". Questo concetto chimico è di fondamentale importanza, in quanto sostiene che una sostanza polare sia incline a sciogliersi in una sostanza altrettanto polare, mentre una sostanza apolare in un solvente apolare.
Non conoscendo la natura della sostanza X, si può provare a dedurne la natura concentrandosi sulla natura e le caratteristiche delle sostanze "esano" e "acqua".
L'acqua è una molecola con una forma angolata, avendo due doppietti liberi (cioè due coppie di elettroni) sull'ossigeno che spingono i due idrogeni più vicini tra loro, pertanto è una molecola polare, con elettronegatività maggiore sull'ossigeno. Essa presenta quindi un dipolo negativo sull'ossigeno e un dipolo positivo sui due idrogeni.
L'esano è un idrocarburo alcano lineare con formula C_6H_{14}, perfettamente apolare.
La sostanza X si scioglie nell'esano, quindi in una molecola apolare.
Seguendo il concetto esposto prima, la sostanza X avrà natura simile a quella della sostanza in cui si scioglie, ovvero sarà apolare.
A questo punto segue un'accurata analisi della natura delle sostanze proposte nelle opzioni.
L'opzione A "polare" è errata.
L'opzione B "ionica" non ha significato per quanto riguarda la solubilità (opzione B errata), così come le opzioni C "idratata", cioè legata a una molecola di acqua (opzione C errata).
L'opzione E "dativa", cioè una molecola che dona un doppietto elettronico a un'altra molecola con un orbitale vuoto, non fornisce alcuna informazione riguardo la solubilità (opzione E errata).

CHIMICA

L'opzione D "apolare" risponde perfettamente al quesito, infatti, essendo X solubile nell'esano apolare, sarà anch'essa apolare.
Risposta corretta D.

14. La temperatura di ebollizione di una data sostanza dipende principalmente dalla forza dei suoi legami intermolecolari (risposta B errata), cioè legami deboli, e non dell'acidità o basicità delle rispettive molecole (risposta E errata). Infatti, il passaggio di stato da liquido ad aeriforme avviene rompendo i legami intermolecolari tra le molecole della sostanza, questi legami sono i legami idrogeno e le forze di Van der Waals. Per sapere quale sostanza avrà la temperatura di ebollizione più alta dovremo capire se H_2O e H_2S possiedono legami intermolecolari e, nel caso fossero in grado di crearli, quale delle due sostanze crea il legame debole più forte. I legami intermolecolari più forti sono i legami idrogeno che si instaurano tra un atomo di idrogeno e un atomo molto elettronegativo di fluoro, ossigeno o azoto (per ricordarli è utile usare la mnemofrase "FON"). Possiamo, quindi, dedurre che l'acqua ha temperatura di ebollizione più alta di H_2S poiché riesce a creare legami a idrogeno tra le varie molecole, cosa che l'acido solfidrico non può fare (risposta A errata).
Risposta corretta C.

15. Si parla di catena idrocarburica satura per intendere una catena di atomi di carbonio che è composta solamente da legami singoli. Il legame che si instaura tra gli atomi di carbonio è permesso dall'ibridazione sp^3 dello stesso, che consente all'atomo di formare quattro legami covalenti semplici o con altri carboni della catena organica o eventualmente con dei sostituenti diversi.
Il quesito richiedeva di specificare la natura del legame tra due carboni: esso può essere solamente covalente puro, in quanto due atomi di carbonio che si legano hanno una differenza di elettronegatività pari a zero. Come precedentemente evidenziato, infatti, un legame covalente si dice puro quando la differenza di elettronegatività dei due atomi che lo formano è minore di 0,4.
Risposta corretta B.

16. I legami intramolecolari sono i legami che si creano tra atomi di una stessa molecola e sono considerati legami forti, si differenziano dai legami intermolecolari che vengono a formarsi tra le molecole e sono considerati deboli. In particolare, i legami di tipo covalente polare si instaurano tra due atomi che hanno una differenza di elettronegatività compresa tra 0,4 e 1,7/1,9. I legami covalenti polari non sono dovuti alla massa degli atomi tra i quali si instaurano (risposta D errata) e non si instaurano tra atomi di carica opposta, in quanto questo tipo di legame è definito come legame ionico (risposta A errata). Nel caso dell'acqua sono presenti due legami intramolecolari: un ossigeno si lega con due atomi di idrogeno. L'elettronegatività dell'ossigeno è 3,44 mentre quella dell'idrogeno è 2,2.
Essendo la differenza di elettronegatività tra ossigeno e idrogeno pari a 1,2, il legame intramolecolare è di tipo covalente polare (risposte B e E errate). Nel caso fosse superiore a 1,7/1,9 sarebbe un legame ionico, se fosse minore di 0,4 sarebbe un legame covalente puro.
Risposta corretta C.

17. Per risolvere questo esercizio è molto importante accorgersi che richiede di ritrovare la risposta errata.
Per la risoluzione di questa domanda, è necessario conoscere molto bene i legami chimici, in particolare il legame ionico. Il legame ionico è un legame intramolecolare che si forma quando la differenza di elettronegatività tra i due elementi è superiore a 1,9.
A differenza del legame covalente che si produce lungo la direzione stabilita dagli orbitali di legame, il legame ionico non è direzionale. L'attrazione tra cariche di segno opposto infatti, non si sviluppa in un'unica direzione ma agisce con ugual forza in tutte le direzioni (opzione A errata).
Il legame ionico è un legame in cui anioni e cationi possono formare un reticolo cristallino ordinato (opzione B errata).
In NaCl il cloro raggiunge la stabilità elettronica dell'argon strappando un elettrone al sodio, il quale, perdendo un elettrone, raggiunge la stabilità elettronica del neon (opzione D errata).
La risposta corretta è la C, infatti il legame ionico non si forma sempre tra elementi del primo

e del settimo gruppo, poiché all'interno del primo gruppo è presente l'idrogeno che presenta un'elettronegatività maggiore rispetto ai metalli alcalini (2,2) e che forma dei legami di tipo covalente con gli alogeni. Un esempio è l'acido cloridrico, in cui idrogeno e cloro sono legati da un legame covalente polare.
Risposta corretta C.

18. Il legame covalente è un tipo di legame intramolecolare che si instaura tra due atomi che mettono in compartecipazione una coppia di elettroni.
Spazialmente tale concetto si può indicare come una concreta zona dello spazio occupata con un'alta probabilità dagli elettroni condivisi tra due atomi. Il valore dell'energia di legame varia a seconda della direzione in cui esso si estende, pertanto è un legame direzionale (opzione B errata).
Sono presenti tre tipi di legame covalente: legame covalente puro o apolare, legame covalente polare o eteropolare e legame covalente dativo o di coordinazione (opzione C errata).
Il legame covalente si instaura quando la differenza di elettronegatività è compresa tra 0 e 1,7/1,9, oltre questo valore si parla di legame ionico (opzione D errata).
Tendenzialmente, tra gli atomi del primo gruppo e quelli del settimo gruppo, data l'elevata differenza di elettronegatività, si instaurano dei legami ionici. Un'esempio è il cloruro di sodio NaCl. Nonostante ciò, è un'eccezione la presenza di idrogeno (H), che appartiene al primo gruppo, ma possiede un valore di elettronegatività molto alto, 2.2 Questo elemento, pertanto, instaura legami covalenti con gli elementi del settimo gruppo.
Risposta corretta A.

19. Questo quesito nozionistico richiede un'accurata conoscenza dei legami intramolecolari. I legami forti vengono classificati in base alla differenza di elettronegatività esistente fra gli atomi che partecipano al legame:

- se la differenza di elettronegatività presente tra i due atomi che formano il legame è minore di 0,4, il legame che si forma è di tipo covalente puro;
- se la differenza di elettronegatività è compresa tra 0,4 e 1,7/1,9, il legame che si forma è di tipo covalente polare;
- se la differenza di elettronegatività è superiore di 1,7/1,9 allora il legame è di tipo ionico.

La consistenza di un metallo fa pensare che gli atomi siano uniti da legami forti, non si tratta però di legami covalenti in quanto i metalli hanno bassa elettronegatività e bassa energia di ionizzazione. Essi infatti sono composti che tendono a cedere facilmente gli elettroni di valenza portando alla formazione di cationi.
Il legame metallico non presenta differenza di elettronegatività, quindi non è paragonabile da questo punto di vista al legame ionico o covalente. Esso infatti è un legame particolare in cui sono coinvolti i metalli, i quali si trasformano in cationi positivi, permettendo agli elettroni del guscio di valenza di girare liberi nella "nube metallica". È quindi un legame dato dall'attrazione che si forma tra gli ioni metallici di carica positiva e gli elettroni negativi che ruotano attorno e permettono l'impacchettamento del cristallo metallico.
Risposta corretta E.

20. Per risolvere questo quesito è necessaria una buona conoscenza dei legami forti e in particolare il legame ionico.
L'esercizio richiede quali dei seguenti composti presenta almeno due legami ionici.
Si procede per esclusione: si possono escludere H_2S e NO_2 perché non sono presenti legami ionici ma solo legami covalenti, infatti la differenza di elettronegatività tra gli elementi che compongono le due molecole è minore di 1,9.
ΔE_{H2S} = 2,58 - 2,20 = 0,38; ΔE_{NO2} = 3,44 - 3,04 = 0,40 (opzioni D ed E errate).
Per quanto riguarda le altre molecole proposte, sono tutte formate da elementi con differenze di elettronegatività abbastanza alte da formare dei legami ionici. A questo punto, quindi, basta individuare in quali di queste molecole sono presenti ben due legami ionici. Il cloruro di potassio KCl e il floruro di potassio KF presentano soltanto un legame ionico, mentre il cloruro di calcio $CaCl_2$ presenta due legami ionici.
Risposta corretta C.

21. Questo quesito molto nozionistico richiede una buona conoscenza dei legami forti. I legami intramolecolari, o forti, si dividono in tre grandi tipologie: il legame ionico, il legame covalente e il legame metallico (opzione C errata).
Si possono instaurare tra elementi uguali, determinando la formazione di molecole biatomiche presenti sulla terra come H_2, F_2, O_2. Questi legami possono quindi instaurarsi anche tra elementi dello stesso tipo e di qualunque gruppo, anche del VII (opzioni A, D errate).
I legami intramolecolari possono instaurarsi anche tra più di due elementi, come accade nel caso di sali ternari, idrossidi e acidi.
Risposta corretta B.

22. Il legame covalente è una tipologia di interazione intramolecolare che si instaura tra due atomi che mettono in compartecipazione una coppia di elettroni. Si tratta quindi di una condivisione biunivoca di elettroni.
Ci sono tre tipologie di legami covalenti:

- apolare o puro o omeopolare;
- polare o eteropolare;
- dativo.

Il legame covalente polare si instaura tra due elementi che hanno una differenza di elettronegatività compresa tra 0,4 e 1,9 (opzione A errata).
Se due elementi sono uguali si ha una differenza di elettronegatività pari a 0 e si forma un legame covalente puro (opzione B errata).
Il legame covalente polare può instaurarsi tra diversi elementi della tavola periodica non solo tra semimetalli (opzione C errata).
È errato affermare che si possano instaurare solo tra gas nobili, poiché questi elementi tendono a non reagire con nessun elemento e in generale a reagire molto raramente (opzione D errata).
La risposta corretta è la E perché la differenza di elettronegatività nell'ammoniaca tra l'azoto e l'idrogeno è compresa tra 0,4 e 1,9, pertanto sono presenti dei legami covalenti polari tra questi due elementi. $\Delta E_{NH3} = 3,04 - 2,2 = 0,84$.
Risposta corretta E.

23. Il legame covalente è un legame che si instaura tra due atomi che mettono in compartecipazione una coppia di elettroni. Si tratta quindi di una condivisione biunivoca di elettroni.
Ci sono tre tipologie di legami covalenti:

- apolare o puro;
- polare o eteropolare;
- dativo.

In NH_4^+ e in H_3O^+ è presente un legame covalente dativo. Si tratta di un legame che si forma tra due atomi, di cui uno dei due ha già raggiunto l'ottetto nel suo ultimo orbitale e presenta almeno un doppietto elettronico solitario, mentre l'altro presenta un orbitale vuoto. In questa situazione il legame si formerà grazie alla messa in condivisione del doppietto solitario di uno dei due atomi che si andrà a collocare all'interno dell'orbitale vuoto dell'altro atomo (opzioni A, B errate).
In H_2O è presente un legame covalente polare, in quanto la differenza di elettronegatività tra ossigeno e idrogeno è compresa tra 0,4 e 1,7/1,9 (opzione C errata).
In CH_4, invece, è presente un legame covalente puro, in quanto la differenza di elettronegatività tra carbonio e idrogeno è inferiore a 0,4 (opzione D errata).
La risposta corretta è la E, infatti nel fluoruro di calcio (CaF_2) sono presenti due legami di tipo ionico.
Risposta corretta E.

24. Per risolvere questo quesito è necessaria una buona conoscenza delle forze intermolecolari. Le forze di Debye sono proprio una tipologia di legami deboli.
Nelle forze di Debye si stabilisce un'induzione elettrostatica in cui le molecole polari attraverso i loro dipoli permanenti inducono la formazione di dipoli in molecole apolari.
Pertanto, per risolvere il quesito, bisogna analizzare la polarità delle molecole.
Nell'opzione A il cloruro di berillio ha una geometria lineare con angolo di legame di 180° (vedi:

capitolo 2 "La teoria atomica"), pertanto risulta una molecola apolare; tra due molecole apolari si generano le forze di London o interazioni dipolo istantaneo-dipolo indotto (opzione A errata).
L'acqua, opzione C, presenta anch'essa un doppietto libero sull'ossigeno, risulta quindi una molecola polare, creando una forza dipolo-dipolo con un'altra molecola d'acqua o legami idrogeno (opzione C errata).
Il clorometano dell'opzione D per il fatto di avere un sostituente diverso rispetto al metano, è polare, pertanto non forma una forza di Debye ma un'interazione dipolo-dipolo (opzione D errata).
L'opzione E presenta una coppia di molecole polari, come nell'opzione precedente, pertanto non corrisponde alla definizione richiesta (opzione E errata).
La risposta B presenta ammoniaca e metano: l'ammoniaca è una molecola polare in quanto presenta un doppietto libero sull'azoto e ha una geometria piramidale trigonale; mentre il metano ha una forma tetraedrica, risultando apolare. Queste due molecole sono adatte alla formazione di forze di Debye.
Risposta corretta B.

25. Le forze di van der Waals includono tre tipi diversi di interazioni intermolecolari.
- Dipolo permanente - dipolo permanente: si formano quando due dipoli si attraggono tra loro mediante forze di natura elettrostatica. In questa interazione l'estremità positiva di una molecola è quindi attratta dall'estremità negativa dell'altra molecola.
- Interazioni tra dipolo permanente e dipolo indotto o forze di Debye: si stabilisce un'induzione elettrostatica in cui le molecole polari attraverso i loro dipoli permanenti inducono la formazione di dipoli in molecole neutre apolari. Ad esempio, molecole polari come l'acqua inducono un dipolo in molecole che non hanno dipoli permanenti, come l'O_2.
- Interazioni dipolo istantaneo/indotto o forze di London: si formano quando per brevi istanti si accumulano elettroni soltanto da una parte della molecola, creando un dipolo istantaneo che scompare all'allontanarsi delle molecole fra loro. Questo dipolo istantaneo induce poi la formazione di un dipolo (indotto) nell'altra molecola. È l'unica forza intermolecolare che permette a due molecole apolari di avvicinarsi tra loro.

L'unica alternativa che conteneva le corrette interazioni era la A.
Risposta corretta A.

26. Il legame idrogeno fa parte dei legami intermolecolari e si stabilisce tra un atomo di H e un atomo tra fluoro, ossigeno e azoto (sigla "FON"), che sono fortemente elettronegativi. Rientrando tra le forze intermolecolari, il legame idrogeno non è un legame forte, bensì debole (opzione A errata).
Va comunque sottolineato che tra le forze intermolecolari è il legame più forte. Facendo parte di queste, non è ovviamente neanche un legame covalente debole, che è forte e intramolecolare (opzione C errata).
Il cicloesano è un cicloalcano di formula C_6H_{12} (vedi: capitolo 10 "La chimica del carbonio"). Esso, quindi, non presenta nessun atomo tra F, O o N come è richiesto per la formazione del legame a idrogeno (opzione D errata). Rimangono le alternative B ed E, che si escludono a vicenda, in quanto l'acqua è una molecola polare, che peraltro contiene un H, e il legame che forma con altre molecole di acqua è proprio il ponte a idrogeno, per le proprietà spiegate prima. Quindi il ponte a idrogeno non si forma tra molecole apolari, bensì polari, ed è presente in acqua liquida o ghiaccio (opzione E errata).
Risposta corretta B.

27. Per risolvere questo quesito è richiesta una buona conoscenza del concetto di polarità. Un legame covalente polare si instaura tra una coppia di due atomi con una differenza di elettronegatività compresa fra 0,4 e 1,7/1,9.
Chiaramente i gas biatomici hanno una differenza di elettronegatività uguale a 0, in quanto sono formati da due atomi dello stesso elemento. Questo genere di molecole presenta quindi legami covalenti puri, come nel caso di H_2 e Br_2 (opzioni A e D errate). Il metano (CH_4) è il più

semplice degli alcani, e come tutti gli alcani è apolare. Il carbonio, infatti, forma quattro legami con quattro atomi di idrogeno che, disponendosi con angoli di legame di 109,5°, mantengono la nube elettronica centrata sull'atomo di carbonio (opzione B errata).
NaCl è un sale in cui esistono solo legami ionici (opzione E errata).
Andando per esclusione rimane solamente l'acido cloridrico, molecola con un legame covalente polare. Infatti, la differenza di elettronegatività presente tra idrogeno e cloro è pari a 0,8.
Risposta corretta C.

28. Per risolvere questo quesito è necessaria una buona conoscenza dei legami deboli e del concetto di polarità.
Il concetto di polarità interviene nei casi in cui tra due atomi si instaura un legame covalente polare. Quest'ultimo si forma tra due atomi che presentano una ΔE compresa tra 0,4 e 1,9. In questo caso, dal momento che uno dei due elementi presenta un'elettronegatività preponderante rispetto all'altro, la nube elettronica sarà spostata maggiormente verso l'atomo più elettronegativo, causando una delocalizzazione elettronica che porterà alla formazione di cariche parziali indicate come "δ+" e "δ-".
Per quanto riguarda invece le forze di London, esse fanno parte dei legami intermolecolari e sono legami molto deboli.
Si formano quando per brevi istanti si accumulano elettroni soltanto da una parte della molecola, creando un dipolo istantaneo che scompare all'allontanarsi delle molecole fra loro. Questo dipolo istantaneo induce poi la formazione di un dipolo (indotto) nell'altra molecola. È l'unica forza intermolecolare che permette a due molecole apolari di avvicinarsi tra loro.
Per risolvere questo quesito è quindi molto utile analizzare le varie coppie e valutare in quale di queste figurano due molecole apolari, tra cui quindi possono esistere solo interazioni dipolo istantaneo – dipolo indotto (anche conosciute come forze di London).
Nell'opzione A sono presenti due alcani: etano e metano. Essi sono entrambi due molecole organiche apolari per definizione. Queste due molecole sono molto poco reattive e l'unica interazione che può verificarsi tra loro è rappresentata proprio dalle forze di London.
Tutte le altre opzioni sono errate poiché nessuna presenta due molecole apolari. L'opzione B, presenta il metano, molecola organica apolare, in coppia con l'acido bromidrico, molecola fortemente polare; l'opzione C presenta due molecole di acqua (polare), tra cui possono instaurarsi interazioni dipolo-dipolo e legami idrogeno; l'opzione D presenta il trifluoruro di boro, molecola apolare e il cloro-metano, molecola organica polare; l'opzione E, infine, presenta l'acido cloridrico, molecola molto polare e il metano, molecola apolare.
Risposta corretta A.

29. Per rispondere a questo quesito è necessario conoscere bene i legami intramolecolari. Le forze di London sono dei legami intermolecolari (opzione A errata) che si formano tra le molecole che compongono la materia. La loro presenza influenza notevolmente gli stati di aggregazione della materia stessa.
Fanno parte delle forze di van der Waals (opzione E errata) che riguardano le interazioni di molecole e si suddividono in tre tipologie:
- interazioni dipolo-dipolo;
- interazioni tra dipolo permanente-dipolo indotto o forze di Debye ;
- interazioni dipolo istantaneo dipolo indotto o forze di London.

In particolare, le forze di London si formano quando per brevi istanti si accumulano elettroni soltanto da una parte della molecola, creando un dipolo istantaneo che scompare all'allontanarsi delle molecole fra loro. Questo dipolo istantaneo induce poi la formazione di un dipolo (indotto) nell'altra molecola.
Risposta corretta B.

30. Le forze di Debye sono le interazioni dipolo permanente e dipolo indotto nei legami intermolecolari, non nei legami intramolecolari (opzione A errata).
In questa tipologia di legami si stabilisce un'induzione elettrostatica in cui le molecole polari attraverso i loro dipoli permanenti inducono la formazione di dipoli in molecole neutre apolari.
Ad esempio, molecole polari come l'acqua inducono un dipolo in molecole che non hanno dipoli

permanenti, come l'ossigeno bivalente.
Le opzioni C, D ed E sono fuorvianti in quanto il legame che si forma tra di loro è di tipo covalente, pertanto la risposta corretta è la B, le forze di Debye sono un tipo di legame intermolecolare.
Risposta corretta B.

CHIMICA

4. Composti inorganici

1. L'ossido di potassio reagendo con l'acqua forma:
- A. Un sale
- B. Una base
- C. Potassio libero
- D. Non reagisce
- E. Un acido

2. Per ottenere un metallo allo stato di elemento da un minerale che lo contiene sotto forma di ossido, quale tra le seguenti trasformazioni chimiche si deve effettuare?
- A. Ossidazione
- B. Neutralizzazione
- C. Acidificazione
- D. Riduzione
- E. Distillazione frazionata

3. Partendo da un metallo, quali delle seguenti associazioni "reazione - prodotto" è corretta?
- A. Idrogenazione - idracido
- B. Idratazione - anidride
- C. Idratazione - idrossido
- D. Idrogenazione - idruro
- E. Combustione - ossido basico

4. Quali sono i corretti passaggi di reazione per ottenere un ossiacido a partire da un non metallo?
- A. Idratazione → Ossidazione
- B. Ossidazione → Idratazione
- C. Ossidazione → Idrogenazione
- D. Idratazione → Idrogenazione
- E. Ossidazione → Ossidazione

5. Individuare l'opzione errata:
- A. Il numero di ossidazione dell'idrogeno è pari a -1 negli idruri e pari a +1 negli idracidi
- B. L'ossigeno può avere come numero di ossidazione -1, -2 e +2
- C. I metalli alcalini hanno numero di ossidazione pari a +1
- D. Il fluoro in qualsiasi composto si trovi ha come numero di ossidazione sempre -1
- E. L'alluminio ha lo stesso numero di ossidazione del boro

6. Quale dei seguenti elementi, quando compone un ossido basico, ha numero di ossidazione maggiore?
- A. Na
- B. P
- C. Al
- D. Li
- E. S

7. Qual è la corretta nomenclatura tradizionale del composto CuO?
- A. Anidride rameosa
- B. Ossido rameico
- C. Ossido rameoso
- D. Anidride rameica
- E. Ossido di rame

8. Un idrossido:
- A. Si chiama così perché contiene una o più molecole di acqua
- B. È il prodotto di reazione tra un'anidride e un ossido
- C. È ciò che si ottiene mettendo un acido in acqua
- D. È il prodotto di idratazione di un ossido basico
- E. È sempre una base forte

9. Secondo la reazione di neutralizzazione (non bilanciata): H_2CO_3 + idrossido $\rightleftharpoons$ $CaCO_3 + H_2O$. Qual è la formula bruta e il nome dell'idrossido che reagisce con l'acido carbonico?
- A. CaOH - idrossido di calcio
- B. $Ca(OH)_3$ - triidrossido di calcio
- C. CaO - monoidrossido di calcio
- D. $Ca(OH)_2$ - idrossido di calcio
- E. $Ca_2(OH)$ - idrossido calcio

10. Individuare, tra quelle proposte, la formula bruta corretta dell'anidride clorica.
- A. Cl_2O_7
- B. Cl_2O_3
- C. C_2O_5
- D. HClO
- E. Cl_2O_5

11. Indicare quale elemento appartenente ai non metalli ha il numero di ossidazione più basso nei seguenti composti:
- A. N_2O_5 - Anidride nitrica
- B. CO_2 - Anidride carbonica
- C. Cl_2O_5 - Anidride clorica
- D. Ga_2O_3 - Anidride gallica
- E. SO_3 - Anidride solforica

12. Negli ossiacidi inorganici:

A. L'atomo di idrogeno è sempre legato all'atomo centrale
B. L'atomo di idrogeno dissociabile presenta un legame ionico
C. L'atomo di idrogeno dissociabile presenta un legame covalente
D. Il legame tra l'ossigeno e l'idrogeno è un legame a idrogeno
E. L'atomo centrale è un metallo

13. Indicare l'ossiacido tra i composti proposti:

A. H_3BO_3
B. HNaO
C. H_2S
D. PbO_2
E. NaClO

14. Quali delle seguenti coppie composto-formula bruta è corretta?

A. HPO_3, acido metafosforico
B. HPO_4, acido fosforico
C. H_3PO_4, acido metafosforico
D. H_3PO_3, acido fosforico
E. Nessuna delle precedenti

15. Qual è il nome corretto del composto dalla cui reazione origina HIO_4?

A. Anidride iodica
B. Ossido periodico
C. Anidride periodica
D. Anidride iperiodica
E. Ossido iodico

16. Qual è la corretta nomenclatura IUPAC per $H_4P_2O_7$?

A. Eptaossofosfato
B. Acido eptaossofosforico (V)
C. Acido esaossofosforico (V)
D. Fosfato acido (V)
E. Acido eptaossofosforoso

17. Indicare il nome corretto del composto CaH_2 e la reazione con la quale è stato formato a partire dal metallo:

A. Acido calcidrico – idratazione
B. Idruro calcico – idrogenazione
C. Idruro di calcio – idrogenazione
D. Acido calcico – idrogenazione
E. Idruro calcioso – idratazione

18. Qual è la corretta nomenclatura IUPAC del composto H_2S?

A. Solfuro di diidrogeno
B. Acido solfidrico
C. Solfato di idrogeno
D. Acido solforoso
E. Monosolfuro idrogenato

19. Indicare la corretta nomenclatura tradizionale del composto PCl_5:

A. Cloruro fosforico
B. Fosfato di pentacloro
C. Cloruro fosforoso
D. Pentaclorato di fosforo
E. Pentacloruro di fosforo

20. Qual è la formula corretta del prodotto della reazione tra idrossido di gallio e acido solfidrico?

A. GaH_3
B. GaS_3
C. Ga_2HS
D. Ga_2S_3
E. $S(OH)_2$

21. Quale di questi NON è un sale binario o ternario?

A. $FeSO_4$
B. KHS
C. Cl_2O_7
D. Li_2S
E. Na_2SO_4

22. Come si chiama il composto con formula bruta $Sn(ClO)_2$?

A. Cloruro stannoso
B. Cloruro ossidato di stagno
C. Ipoclorato stannoso
D. Diclorato stannico
E. Ipoclorito stannoso

23. Il composto $Fe(NO_2)_3$ si chiama:

A. Nitrito ferroso
B. Nitrato ferrico
C. Nitrito ferrico
D. Nitrato ferroso
E. Cianuro ferrico

24. Quali fra i seguenti composti indicano in ordine il nitrato di calcio e il nitrito di sodio?

A. $Ca(NO_3)_2$ – $NaNO_2$
B. $Ca(NO_3)_2$ – $NaNO_5$
C. $Ca_3(NO_2)_2$ – $NaNO_2$
D. $Ca(NO_3)_2$ – $NaNO_3$
E. $CaNO_2$ – $NaNO_2$

25. La formula del bicarbonato di calcio è:

A. $CaCO_3$
B. $Ca(HCO_3)_2$
C. $CaHCO_3$

CHIMICA

D. $Ca_3(CO_3)_2$
E. $CaH(CO_3)_2$

26. Qual è la formula dell'idrogenosolfato di rubidio?

A. $RbHSO_4$
B. $HRuO_4$
C. Rb_2HSO_4
D. RbHS
E. $RuHSO_4$

27. A quale formula corrisponde il bicarbonato di ammonio?

A. $NH_4(CO_3)_2$
B. $(NH_4)_2HCO_3$
C. $(NH_4)HCO_3$
D. $(NH_4)_3CO_3$
E. $NH_4(HCO_3)_2$

28. Un alogeno, il bromo, ha valenza 5 e subisce inizialmente una reazione di ossidazione, poi una reazione di idratazione e infine una reazione di neutralizzazione con l'idrossido di potassio. Stabilire la nomenclatura in ordine di reazione:

A. Anidride bromica, Acido bromico, Bromato di potassio
B. Anidride bromica, Acido bromico, Bromuro di potassio
C. Anidride perbromica, Acido bromico, Bromato di potassio
D. Anidride bromica, Acido bromoso, Bromuro di potassio
E. Anidride ipobromosa, Acido ipobromoso, Bromato di potassio

29. Quale delle seguenti opzioni indica, nell'ordine, acido solforico, nitrato rameico, idrossido ferrico?

A. H_2SO_4, $Cu(NO_3)_2$, $Fe(OH)_3$
B. H_2SO_4, $Cu(NO_3)$, $Fe(OH)_3$
C. H_2SO_3, $Cu(NO_3)_2$, $Fe(OH)_2$
D. H_2SO_3, $Cu(NO_2)_2$, FeOH
E. H_2SO_3, $Cu(NO_3)_2$, $Fe(OH)_3$

30. Quale serie di composti è costituita, in ordine, da un ossido acido, un ossiacido, un sale acido e un idracido?

A. H_2CO_3, CO_2, KH_2PO_4, HCN
B. CO, H_2SO_3, $C_6H_{14}O$, HS
C. Cl_2O_7, H_2CO_3, $NaHCO_3$, HI
D. H_2O, HClO, LiH_2PO_3, HCl
E. Na_2O, OH^-, H_2S, HF

CORREZIONE COMMENTATA

1. Parlando dei composti inorganici, un ossido basico si ottiene da un metallo aggiungendo ossigeno. Attraverso una reazione di idratazione, si arriva poi ad ottenere un idrossido. L'ossido di potassio ha come formula K_2O (perché il numero di ossidazione del potassio è +1 mentre quello dell'ossigeno è +2) e quando incontra H_2O è in grado di reagire (risposta D errata). La reazione tra ossido basico ed acqua non può dare come prodotto un sale; infatti esso ha come formula di base: metallo + non metallo + ossigeno, mentre ciò che otterremo è un idrossido con formula di base KOH (risposta A errata). Nei reagenti, il potassio si trova sotto forma di ossido e per riottenerlo allo stato libero servirebbe una reazione di riduzione, non di idratazione (risposta C errata). Dalla reazione descritta si ottiene un idrossido, in particolare KOH, che essendo un idrossido di un metallo del primo gruppo sarà una base forte (vedi: capitolo 8 – Acidi e Basi), completamente dissociata in soluzione negli ioni K^+ e OH^- (risposta E errata). La risposta cercata sarà quindi la B.
Risposta corretta B.

2. Il quesito chiede di ottenere un metallo allo stato di elemento partendo da un minerale che lo ha al suo interno sotto forma di ossido. Si tratta di una domanda prettamente teorica. La reazione tra ossigeno e metallo ha come prodotto un ossido basico di formula generica M_xO_y in cui l'ossigeno ha numero di ossidazione -2. Possiamo porre come numero di ossidazione del metallo +2; ne consegue che per ottenere il metallo allo stato elementare è necessaria una riduzione da +2 a 0. A questo scopo sono sicuramente fuori luogo reazioni di neutralizzazione (risposta B errata) e di acidificazione (risposta C errata). La distillazione frazionata è un'operazione che serve a separare due o più sostanze tra loro differenti, ma questo avviene sul principio della loro differente volatilità, opzione non praticabile visto che stiamo considerando un minerale allo stato solido (risposta E errata). Essendo necessaria una riduzione, certamente si deve escludere il suo opposto, ossia un'ossidazione, che infatti comporterebbe l'aumento del N.O. (risposta A errata).
Risposta corretta D.

3. La risoluzione di questo quesito richiede una buona conoscenza della nomenclatura inorganica e delle reazioni che portano da un composto all'altro. Procediamo per esclusione e valutiamo tutte le risposte. L'opzione A presenta una reazione di idrogenazione che porta ad un idracido; questa formulazione è errata, perché a partire da un metallo una reazione di idrogenazione porta ad un idruro (risposta A errata). L'opzione B presenta una reazione di idratazione che porta ad un'anidride; questa formulazione è sbagliata perché le anidridi originano dai non metalli in seguito a una reazione di ossidazione (risposta B errata). L'opzione C presenta una reazione di idratazione che porta ad un idrossido; questa formulazione è errata perché, sebbene l'idrossido sia composto da un metallo insieme a gruppi OH, per ottenerlo è necessario partire da un ossido basico e non da un metallo (risposta C errata). L'opzione E presenta una reazione di combustione che porta ad un ossido basico; questa formulazione è errata perché la reazione di combustione è propria degli idrocarburi (vedi: Capitolo 10 – La chimica del carbonio) e porta a formazione di acqua e anidride carbonica (risposta E errata). L'opzione D è l'unica corretta, in quanto presenta una reazione di idrogenazione che porta ad un idruro che, come detto sopra, è una formulazione corretta.
Risposta corretta D.

4. Per risolvere questo quesito è necessaria una buona conoscenza della nomenclatura inorganica e si devono conoscere i passaggi di reazione che portano da un composto all'altro. Per arrivare ad un ossiacido partendo da un non metallo è necessario passare dallo stato di anidride. Un non metallo diventa anidride tramite ossidazione (risposte A e D errate). A questo punto, per arrivare a un ossiacido è necessaria una reazione di idratazione, cioè di aggiunta di acqua.
Risposta corretta B.

5. Prima di iniziare con la risoluzione dell'esercizio è necessario notare che il quesito chiede di individuare la risposta ERRATA. Il numero di ossidazione dell'idrogeno è pari a -1 negli idruri, perché l'idrogeno ha un'elettronegatività relativamente alta e quindi quando si trova in un composto con metalli viene ad avere un'elettronegatività maggiore, di conseguenza tutti gli

CHIMICA

elettroni di legame sarebbero assegnati all'H (definizione di elettronegatività). L'idrogeno, nel resto dei composti, ha numero di ossidazione +1: questo avviene anche in composti quali gli idracidi. L'opzione A è quindi concettualmente corretta (risposta A errata). L'ossigeno può avere come numeri di ossidazione i tre elencati: assume -1 nei perossidi (H_2O_2), +2 nei composti con elementi più elettronegativi (nei composti con il fluoro, elemento più elettronegativo della tavola periodica, mentre assume -2 in tutti gli altri composti. L'opzione B è quindi concettualmente corretta (risposta B errata). I metalli alcalini sono i metalli del primo gruppo della tavola periodica e il loro stato di ossidazione è pari a +1, perché tendono a perdere l'elettrone che possiedono nello strato di valenza per raggiungere l'ottetto. L'opzione C è quindi concettualmente corretta (risposta C errata). Sia l'alluminio che il boro si trovano nel 13° gruppo, di conseguenza il loro numero di ossidazione caratteristico è +3. L'opzione E è quindi concettualmente corretta (risposta E errata). Infine, il fluoro ha come unico stato di ossidazione -1; tuttavia, in forma biatomica F_2 assume il valore "0" a causa della stessa elettronegatività tra i due atomi di fluoro (vedi: capitolo 1.3 – Numero di ossidazione). L'opzione D è quindi concettualmente errata. Attenzione, sullo stesso ragionamento dell'opzione D, anche le opzioni A e B possono sembrare errate; la discriminante è che nella risposta D viene usata la parola "sempre".
Risposta corretta D.

6. Per risolvere il quesito è importante innanzitutto comprendere quale sia la richiesta: ci viene chiesto di individuare, in un ossido basico, il composto con N.O. maggiore. Su questa prima informazione possiamo già escludere due opzioni, in quanto per formare gli ossidi basici è necessario un metallo e l'ossigeno: escluderemo quindi il fosforo e lo zolfo (risposte B ed E errate). Il sodio e il litio fanno parte del primo gruppo della tavola periodica, quindi hanno entrambi numero di ossidazione +1 negli ossidi basici. L'alluminio fa invece parte del tredicesimo gruppo della tavola periodica e nei composti con l'ossigeno ha numero di ossidazione +3 (vedi: Capitolo 1.3 – Numero di ossidazione).
Risposta corretta C.

7. Per nominare correttamente il composto è necessaria una buona conoscenza della nomenclatura tradizionale. Il composto CuO è formato da un metallo di transizione e da un ossigeno; questa struttura è propria degli ossidi basici, quindi possiamo escludere tutte le nomenclature che indicano le anidridi (risposta A e D errate). A questo punto è necessario concentrarsi sui numeri di ossidazione: i n.o. del rame possono essere +1 oppure +2, di conseguenza la nomenclatura "ossido di rame" è errata perché si dovrà necessariamente aggiungere un suffisso (risposta E errata). Nel composto il rame possiede n.o. +2, perché è preso una volta e deve controbilanciare il n.o. dell'ossigeno che è -2. Il suffisso da utilizzare sarà quindi "-ico" e la nomenclatura corretta sarà: ossido rameico.
Risposta corretta B.

8. Il quesito tratta di composti inorganici, in particolare di idrossidi, che hanno una formula bruta caratteristica: $M(OH)_n$ (metallo-ossigeno-idrogeno). Un idrossido si ottiene dopo aver idratato un ossido basico, a sua volta originato dalla reazione tra un metallo e ossigeno. La reazione tra anidride e ossido è una delle diverse reazioni possibili per la formazione di sali (risposta B errata). Mettendo un acido in acqua si ottiene una soluzione acida, non un idrossido (risposta C errata). Il nome idrossido sottintende la presenza di un processo di idratazione, ma non indica che all'interno della molecola siano presenti una o più molecole di H_2O (risposta A errata). Un idrossido non è sempre una base forte (vedi: capitolo 8 – Acidi e Basi), perché le basi forti sono per definizione gli idrossidi dei metalli del primo e secondo gruppo escluso quello del Be; da questa definizione è chiaro che vengano esclusi alcuni metalli, ad esempio quelli di transizione (risposta E errata). Il processo di idratazione è una reazione che avviene tra un ossido basico e l'acqua.
Risposta corretta D.

9. Per risolvere il quesito, è importante innanzitutto completare la reazione facendo attenzione alla conservazione della massa. L'idrossido che dobbiamo ricercare è quello del calcio, informazione dedotta dal fatto che tra i prodotti si forma il carbonato di calcio $CaCO_3$. Il calcio ha

n.o. +2 perché appartiene al gruppo dei metalli alcalino-terrosi (2° gruppo della tavola periodica) e nell'idrossido lo ione OH^- deve quindi essere preso due volte perché la molecola sia neutra: $Ca(OH)_2$. Il nome di questa molecola è "idrossido di calcio", perché il calcio possiede un unico numero di ossidazione. La reazione completa in questo modo sarà: $H_2CO_3 + Ca(OH)_2 \rightleftharpoons CaCO_3 + H_2O$, che bilanciando diventerà $H_2CO_3 + Ca(OH)_2 \rightleftharpoons CaCO_3 + 2H_2O$.
Risposta corretta D.

10. Per ricostruire correttamente la formula bruta del composto è necessario innanzitutto analizzare le parole: "anidride" indica un composto formato da non metallo e ossigeno (risposta D errata), mentre "clorica" indica che dovrà essere preso il cloro nel suo massimo numero di ossidazione. Attenzione! Il cloro ha quattro numeri di ossidazione, quindi nella sua nomenclatura sono presenti anche i prefissi "per-" e "ipo-" e, nel caso in cui il n.o. da prendere dovesse essere il massimo (+7) avremmo "perclorica" al posto di "clorica"; ne consegue che il n.o. del cloro dovrà essere quello subito inferiore (+5). Ponendo ora gli elementi all'interno della molecola avremo Cl_2O_5, poiché la somma algebrica delle cariche della molecola deve essere zero (l'ossigeno ha n.o. -2): $+5 \cdot 2 + (-2) \cdot 5 = 0$. Attenzione al fatto che nella risposta C è presente il carbonio e non il cloro (risposta C errata).
Risposta corretta E.

11. I requisiti fondamentali per svolgere correttamente questo esercizio sono: riconoscere un elemento appartenente alla categoria dei non metalli da uno appartenente alla categoria dei metalli o dei semimetalli; saper ricavare i numeri di ossidazione dei vari elementi all'interno di un composto. L'anidride nitrica contiene l'azoto che è un non metallo e il suo numero di ossidazione è pari a +5, perché è preso 2 volte e deve controbilanciare la carica totale data dagli atomi di ossigeno: $-2 \cdot 5 = -10$. L'anidride carbonica contiene il carbonio, anch'esso un non metallo, e il suo numero di ossidazione è pari a +4 perché è preso una volta e deve controbilanciare la carica totale degli atomi di ossigeno: $-2 \cdot 2 = -4$. L'anidride clorica contiene il non metallo cloro e il suo numero di ossidazione è pari a +5, perché è preso due volte e deve controbilanciare la carica totale degli atomi di ossigeno: $-2 \cdot 5 = -10$. Il numero di ossidazione del gallio è pari a +3 perché deve controbilanciare la carica totale degli atomi di ossigeno: $-2 \cdot 3 = -6$. Tuttavia, l'anidride gallica non esiste: Ga_2O_3 è un ossido basico chiamato ossido di gallio; il gallio è infatti un metallo e non un non metallo che appartiene al terzo gruppo della tavola periodica (risposta D errata). L'ultimo composto è l'anidride solforica, che è formata dallo zolfo, un non metallo, e dall'ossigeno; lo zolfo ha numero di ossidazione pari a +6 per controbilanciare la carica totale degli atomi di ossigeno: $-2 \cdot 3 = -6$. Alla luce dei numeri di ossidazione dei non metalli, ricavati nelle varie anidridi, il carbonio è l'elemento con il numero di ossidazione inferiore.
Risposta corretta B.

12. Gli ossiacidi sono composti ternari formati da un atomo di idrogeno, un non metallo e un ossigeno. In queste molecole l'idrogeno non deve necessariamente legarsi all'atomo centrale (risposta A errata). Non può essere presente un legame a idrogeno (vedi: Capitolo 3 – Legami chimici) all'interno della struttura della molecola perché questo è INTERmolecolare e non INTRAmolecolare (risposta D errata). L'atomo centrale negli ossiacidi è un non-metallo, non un metallo, perché deriva dall'idratazione di un'anidride (risposta E errata). Infine, l'atomo di idrogeno dissociabile non presenta un legame ionico (risposta B errata), bensì il legame che caratterizza la struttura molecolare degli ossiacidi, ossia il legame covalente.
Risposta corretta C.

13. Un ossiacido è un composto inorganico con una struttura ben precisa: è composto da idrogeno, non metallo e ossigeno. Osservando le opzioni sopra elencate, l'unica che rispetta questa definizione è la A: si tratta infatti dell'acido borico. Analizzando le altre opzioni, avremo che la risposta B presenta un idrossido, precisamente l'idrossido di sodio (scritto in modo errato per confondere ma il sodio è un non metallo quindi non possono esserci ambiguità), la cui formulazione è metallo + gruppo OH (risposta B errata). La risposta C presenta un idracido, precisamente l'acido solfidrico, la cui formulazione è idrogeno + alogeno o zolfo (risposta C errata). La risposta D presenta un ossido basico, precisamente il diossido di piombo, con formulazione

metallo + ossigeno (risposta D errata). La risposta E, infine, presenta un sale ternario, l'ipoclorito di sodio, con formulazione metallo + non metallo + ossigeno (risposta E errata).
Risposta corretta A.

14. Tutti i composti inorganici proposti nelle opzioni sono composti da fosforo (P) e sono classificati all'interno della categoria dei poliacidi. Questa tipologia di composti è caratterizzata dal fatto che la nomenclatura varia a seconda di quante molecole d'acqua vengono addizionate durante la reazione di formazione dell'acido. Fanno parte di questa categoria gli elementi fosforo, arsenico e silicio. Il fosforo e l'arsenico possono legare una, due o tre molecole di acqua alle anidridi, e le nomenclature saranno rispettivamente "acido" "meta-/piro-/orto-" - nome dell'elemento - "-ico/-oso". Il silicio invece può formare acidi addizionando una o due molecole d'acqua all'anidride, formando gli "acidi" "meta-/orto-" - silic - "-ico/-oso". Focalizzandoci sul fosforo, l'acido metafosforico si ottiene dalla reazione tra l'anidride fosforica e una molecola d'acqua $P_2O_5 + H_2O \rightarrow H_2P_2O_6 \rightarrow 2HPO_3$ (risposta C errata). L'acido pirofosforico si ottiene dalla reazione tra l'anidride fosforica e due molecole d'acqua $P_2O_5 + 2H_2O \rightarrow H_4P_2O_6 \rightarrow 2H_2PO_3$.
L'acido ortofosforico, detto anche acido fosforico, si ottiene invece dalla reazione tra l'anidride fosforica e tre molecole d'acqua $P_2O_5 + 3H_2O \rightarrow H_6P_2O_8 \rightarrow 2H_3PO_4$ (risposte B e D errate).
Risposta corretta A.

15. HIO_4 è un ossiacido, perché composto da un non metallo, in particolare lo iodio (un alogeno), dall'idrogeno e dall'ossigeno. Un ossiacido deriva da un'anidride attraverso una reazione di idratazione (risposte B ed E errate). Per risalire all'anidride è necessario innanzitutto risalire al nome dell'ossiacido e per fare questo serve conoscere il n.o. dello iodio. L'idrogeno ha numero di ossidazione +1 e l'ossigeno -2; per determinare il n.o. dello iodio si può impostare l'equazione seguente: $+1 + x + (-2) \cdot 4 = 0$, perché la somma algebrica dei numeri di ossidazione della molecola neutra deve fare zero. Di conseguenza il numero di ossidazione dello iodio sarà +7, il massimo che può assumere. La molecola prenderà quindi il nome di "acido periodico", poichè assumendo il numero di ossidazione più alto tra i quattro, presenterà il prefisso per- e il suffisso -ico. L'acido periodico deriverà quindi dall'anidride in cui lo iodio ha n.o. +7, cioè I_2O_7, l'anidride periodica.
Risposta corretta C.

16. La nomenclatura IUPAC può sembrare complessa da comprendere, ma una volta capito il meccanismo si utilizzano sempre i medesimi passaggi. Per tutti gli ossiacidi è prevista la desinenza *-ico* e opportuni prefissi per indicare il numero di atomi di ossigeno, seguiti dalla porzione *-osso-*. Inoltre, è importante indicare alla fine della nomenclatura lo stato di ossidazione del fosforo, usando il numero romano tra parentesi (risposte A ed E errate). Il n.o. del fosforo nel composto si ottiene tramite la risoluzione dell'equazione: $+ 1 \cdot 4 + x \cdot 2 + (-2) \cdot 7 = 0$, ricordiamo che il n.o. dell'idrogeno è +1 mentre quello dell'ossigeno è -2. Il n.o. del fosforo è quindi +5 e sarà indicato nella nomenclatura come (V). A questo punto è possibile comporre il nome della molecola: sarà "acido", "epta-osso-" perché sono presenti sette ossigeni, "fosfor-ico" perché le desinenze di tutti gli ossiacidi per la IUPAC sono in -ico, e lo stato di ossidazione (V). La nomenclatura corretta sarà quindi: acido eptaossofosforico (V).
Risposta corretta B.

17. Il composto CaH_2 è formato da un metallo e dall'idrogeno: questo tipo di composto si definisce idruro. Sulla base di questa affermazione possiamo quindi escludere l'opzione A e l'opzione D, poiché la prima riporta quella che sarebbe la nomenclatura di un idracido, mentre la seconda riporta la nomenclatura di un ossiacido (risposte A e D errate). La nomenclatura corretta degli idruri è composta dalla la parola "idruro" e, siccome il calcio ha solo un numero di ossidazione (+2), sarà seguita semplicemente da "di calcio" (risposte B ed E errate). La reazione tramite la quale si ottiene un idruro a partire da un metallo è una reazione di idrogenazione, cioè l'aggiunta di idrogeni.
Risposta corretta C.

18. La nomenclatura IUPAC ha delle modalità differenti da quella tradizionale, per cui è necessario conoscere le differenze tra le due per riuscire a individuare quella corretta. La prima

prevede l'utilizzo di prefissi numerali greci (mono, di, tri, etc.) per indicare i rapporti numerici fra gli atomi che costituiscono la molecola; mentre quella tradizionale prevede l'uso di prefissi (ipo-, per-, etc.) e suffissi (-oso, -ico). La nomenclatura IUPAC degli idracidi prevede l'utilizzo del suffisso -uro per l'elemento del VI o VII gruppo, nel nostro caso lo zolfo, seguito dal termine "di idrogeno", insieme ad un prefisso che indica la quantità di idrogeni presenti all'interno della molecola; in questo caso sono due, di conseguenza il prefisso sarà di-. Il nome corretto della molecola sarà quindi: "solfuro di diidrogeno". Anche "acido solfidrico" è corretto ma si tratta di nomenclatura tradizionale e non IUPAC, come richiesto dall'esercizio.
Risposta corretta A.

19. Il composto indicato dal quesito è un sale binario, composto per definizione da un metallo e da un non metallo. Per la costituzione di questa nomenclatura si prende il nome del non metallo e vi si aggiunge il suffisso -uro: "cloruro". In secondo luogo, è necessario considerare i numeri di ossidazione dei vari elementi: il cloro ha numero di ossidazione -1 mentre il fosforo ha numero di ossidazione +5 perché deve controbilanciare la carica del cloro che è preso 5 volte: $(-1) \cdot 5 + 5 = 0$. Il n.o. +5 è il maggiore che il fosforo può assumere, avrà quindi il suffisso -ico; la nomenclatura corretta sarà dunque "cloruro fosforico". La risposta E presenta una nomenclatura corretta ma si tratta di IUPAC, mentre la domanda richiedeva quella tradizionale.
Risposta corretta A.

20. La reazione tra un idrossido e un idracido porta alla formazione di un sale binario e di acqua. In questo caso, l'acqua non appare tra le risposte, quindi il prodotto che dobbiamo ricercare è il sale. Scriviamo innanzitutto le formule corrette a partire dalle nomenclature: l'idrossido di gallio è un composto formato da un metallo e il gruppo OH preso x volte per bilanciare la molecola; il gallio appartiene al 13° gruppo della tavola periodica, per cui ha n.o. +3 e di conseguenza la formula bruta sarà $Ga(OH)_3$. L'acido solfidrico è invece un idracido, composto da zolfo e idrogeno, con formula H_2S perché l'idrogeno deve controbilanciare il n.o. de lo zolfo (-2). Scriviamo ora la reazione: $2Ga(OH)_3 + 3H_2S \rightleftharpoons Ga_2S_3 + 6H_2O$. Visti i numeri di ossidazione dello zolfo (-2) e del gallio (+3) è necessario che la loro somma sia zero: $(-2) \cdot 3 + 3 \cdot 2 = 0$; serviranno quindi 2 atomi di gallio e 3 atomi di zolfo. Il sale binario ottenuto avrà quindi formula Ga_2S_3 e si chiamerà solfuro di gallio.
Risposta corretta D.

21. Un sale binario è un composto formato da un metallo e un non metallo. Un sale ternario è composto da un metallo, non metallo e ossigeno. Nell'opzione A, che presenta il solfato ferroso, il ferro è un metallo, lo zolfo è un non metallo e in più abbiamo l'ossigeno: si tratta quindi di un sale ternario (risposta A errata). Nell'opzione B, che presenta il solfuro acido di potassio, il potassio è un metallo alcalino, l'idrogeno e lo zolfo sono non metalli: ciò che si forma è un sale ternario acido (risposta B errata). Nell'opzione D, che presenta il solfuro di litio, il litio è un metallo alcalino e lo zolfo è un non metallo: il composto rientra quindi nei sali binari (risposta D errata). Nell'opzione E, che presenta il solfato di sodio, il sodio è un metallo alcalino, lo zolfo è un non metallo e in aggiunta abbiamo l'ossigeno: si tratta quindi di un sale ternario (risposta E errata). Nell'opzione C abbiamo invece l'anidride perclorica, si tratta dell'unico composto che non rientra nella categoria di sale; si tratta infatti di un ossido acido, composto da non metallo (il cloro) e ossigeno.
Risposta corretta C.

22. Il sale ternario deriva dall'acido HClO, cioè l'acido ipocloroso. Per passare dalla nomenclatura dell'ossiacido a quella del sale è necessario seguire una regola, che può essere riassunta dalla mnemofrase: "il morOSO è partITO, l'amICO è tornATO". Poiché il cloro in questo composto ha numero di ossidazione +1, ci troviamo davanti al n.o. minore che può possedere: la nomenclatura dell'ossiacido avrà un prefisso ipo- e un suffisso -oso, mentre lo ione manterrà il prefisso ipo- e varierà il suffisso in -ito. Lo ione sarà quindi ipoclorito (ClO^-). La seconda parte della nomenclatura è invece definita dal metallo. In questo caso lo stagno possiede numero di ossidazione +2 (calcolato secondo somma algebrica in modo che la molecola sia neutra), che è il n.o. minore che l'elemento può assumere. Di conseguenza, la seconda parte della nomenclatura dovrà possedere il suffisso -oso. Riassumendo, la nomenclatura tradizionale del composto sarà: ipoclorito stannoso.
Risposta corretta E.

23. Negli esercizi di nomenclatura ci torna utilissimo utilizzare la mnemofrase che permette di ricordare la trasformazione delle desinenze degli anioni durante il passaggio da anidridi ad acidi: "il morOSO è partITO, l'amICO è tornATO". Lo ione nitrito NO_2^- deriva dall'acido nitroso HNO_2 dove N ha numero di ossidazione +3 (il suo massimo numero di ossidazione è +5, caso in cui prenderebbe il nome di acido nitrico e quindi di ione nitrato). Capiamo allora che il ferro nella molecola $Fe(NO_2)_3$ ha numero di ossidazione +3. Per denominare la seconda porzione della nomenclatura dobbiamo ricordare che con il n.o. più alto si deve utilizzare il suffisso -ico. Secondo le regole citate prima chiameremo il nostro composto nitrito ferrico (si tratta di nomenclatura tradizionale).
Risposta corretta C.

24. Per risolvere questo quesito è necessario conoscere la nomenclatura e ricordare la seguente mnemofrase "Il morOSO è partITO, l'amICO è tornATO". Questa tecnica serve per non dimenticare che i sali che presentano il suffisso ATO, come nitrato di calcio, derivano dallo ione derivante dall'acido dello stesso elemento nel quale esso ha numero di ossidazione maggiore e in cui ha suffisso ICO; invece, i sali con suffisso ITO, come il nitrito di sodio, derivano dall'acido dello stesso elemento in cui esso ha numero di ossidazione minore e suffisso OSO. Gli acidi, a loro volta, derivano dalle anidridi corrispondenti, per cui avremo "acido -ico" che deriva da "anidride -ica" e "acido -oso" che deriva da "anidride -osa". Partendo quindi dal nitrato di calcio, esso deriva dall'acido nitrico, che deriva a sua volta dall'anidride nitrica. L'anidride nitrica è un ossido acido in cui l'azoto ha n.o. maggiore possibile +5, per cui, bilanciando la molecola avremo: N_2O_5. Attraverso una reazione di idratazione otterremo l'acido nitrico: $N_2O_5 + H_2O \rightleftharpoons H_2N_2O_6 \rightleftharpoons 2HNO_3$, da cui origina lo ione nitrato, con la seguente reazione di dissociazione: $HNO_3 \rightleftharpoons H^+ + NO_3^-$. Lo ione calcio ha una carica positiva di +2 e crea il sale neutralizzando le cariche con due ioni nitrato, formando il nitrato di calcio $Ca(NO_3)_2$. Il nitrito di sodio invece deriva dall'acido nitroso, che deriva a sua volta dall'anidride nitrosa. L'anidride nitrosa è composta dall'azoto con numero di ossidazione +3, per cui bilanciando la molecola avremo N_2O_3. Attraverso una reazione di idratazione si arriva all'acido nitroso: $N_2O_3 + H_2O \rightleftharpoons H_2N_2O_6 \rightleftharpoons 2HNO_3$, da cui origina lo ione nitrito, secondo la seguente reazione: $HNO_2 \rightleftharpoons H^+ + NO_2$. Lo ione sodio ha una carica positiva +1 che si neutralizza con quella di uno ione nitrito formando il sale nitrito di sodio $NaNO_2^-$.
Risposta corretta A.

25. Il composto in questione è un sale. Nei composti inorganici esso può essere binario o ternario. I sali binari sono formati da un metallo e un non metallo, mentre i ternari da metallo, non metallo e ossigeno e si possono ottenere con diversi tipi di reazione, ad esempio quella tra un idrossido e un ossiacido. Per arrivare alla formula bruta concentriamoci inizialmente sulla prima parola; "bicarbonato" indica la presenza dello ione carbonato che deriva dall'acido carbonico H_2CO_3 (seguendo la mnemofrase "il morOSO è partITO, l'amICO è tornATO" il suffisso -ato deriva da un acido con suffisso -ico). La presenza del prefisso bi- indica che l'acido carbonico durante la dissociazione ha mantenuto un H^+; lo ione bicarbonato avrà quindi formula HCO_3^-. In seguito, è necessario aggiungere il calcio alla molecola. Il calcio appartiene al secondo gruppo della tavola periodica e ha quindi numero di ossidazione +2. Per bilanciare la molecola si useranno quindi due idrogenocarbonati e la formula bruta corretta sarà $Ca(HCO_3)_2$.
Risposta corretta B.

26. L'idrogenosolfato di rubidio fa parte dei composti ionici che contengono ioni poliatomici. Lo ione idrogenosolfato deriva dall'acido solforico H_2SO_4 (ricordiamo la mnemofrase "il morOSO è partITO, l'amICO è tornATO") a cui è stato tolto un idrogeno, per questo assume una carica negativa di -1 e diventa lo ione HSO_4^-. Per risalire alla formula dell'acido solforico, si deve consideare che esso deriva dall'anidride solforica per aggiunta di acqua, secondo la formula $SO_3 + H_2O \rightleftharpoons H_2SO_4$ (l'anidride solforica ha formula SO_3 perché il n.o. dello zolfo è +6). Il rubidio, che troviamo come Rb sulla tavola periodica (risposte B ed E errate), appartiene al gruppo dei metalli alcalini, quindi avrà numero di ossidazione +1. Per far sì che l'idrogenosolfato di rubidio risulti neutro, la formula dovrà essere necessariamente $RbHSO_4$.
Risposta corretta A.

27. Per rispondere correttamente è necessario conoscere sia la nomenclatura che la carica degli ioni coinvolti. Lo ione idrogenocarbonato, o bicarbonato, è HCO_3^-; esso deriva dall'acido carbonico (ricordiamo la mnemofrase "il morOSO è partITO, l'amICO è tornATO"), che a sua volta si ottiene per idratazione dell'anidride carbonica. Essendo bicarbonato, lo ione manterrà un idrogeno all'interno della formula bruta. Lo ione ammonio è NH_4^+. Si tratta in questo caso di una tipologia di nomenclatura tradizionale che va a definire come ammoniaca il composto NH_3 e come ione ammonio il composto che deriva dall'addizione dell'ammoniaca con uno ione H^+. Ne consegue che la molecola, dovendo essere complessivamente neutra, sarà formata da uno ione bicarbonato e da uno ione ammonio, che avendo carica opposta (-1 e +1), la annullano.
Risposta corretta C.

28. Il bromo, essendo un alogeno (appartenente al 17° gruppo, vedi: Capitolo 1.2.1 – La Tavola Periodica), presenta quattro stati di ossidazione quando si lega con l'ossigeno: +1, +3, +5, +7. Quando il bromo ha valenza +5 si lega con l'ossigeno per formare l'anidride bromica Br_2O_5; l'anidride perbromica è Br_2O_7, un ossido acido in cui il bromo ha n.o. +7, il massimo possibile, mentre l'anidride ipobromosa è Br_2O, un ossido acido in cui il bromo ha n.o. +1, il minimo che può possedere (risposte C ed E errate). Successivamente se aggiungessimo una molecola d'acqua all'anidride bromica si verrebbe a formare un composto ternario, l'acido bromico, secondo la reazione $Br_2O_5 + H_2O \rightleftharpoons H_2Br_2O_6 \rightleftharpoons HBrO_3$. Si tratta di un ossiacido, e la nomenclatura definisce che passando da una "anidride -ica" si ottiene un "acido -ico" (risposta D errata). Una volta formato l'acido bromico, esso viene fatto reagire con una base forte per produrre un sale, secondo la reazione di neutralizzazione: $HBrO_3 + KOH \rightleftharpoons KBrO_3 + H_2O$. Si ha la formazione del sale di potassio, che prende il nome di bromato di potassio perché lo ione passando da "acido -ico" ha il suffisso -ato (ricordiamo la mnemofrase "il morOSO è partITO, l'amICO è tornATO"), di conseguenza avremo lo "ione bromato" al quale aggiungiamo "di potassio" perché il potassio ha solo un numero di ossidazione; non si può definire bromuro di potassio perché quella utilizzata sarebbe la nomenclatura dei sali binari, e quindi avrebbe formulazione KBr (risposta B errata).
Risposta corretta A.

29. Per ricavare le formule richieste in questo esercizio è necessaria una buona conoscenza della nomenclatura organica. Innanzitutto, per ottenere l'acido solforico si parte dall'anidride solforica, che è SO_3 poiché il suffisso -ica è dato al n.o. maggiore dello zolfo, in questo caso +6. Per ottenere l'acido solforico si aggiunge una molecola di acqua all'anidride, secondo la reazione $SO_3 + H_2O \rightleftharpoons H_2SO_4$. Per ottenere il nitrato rameico, per prima cosa bisogna notare che il suffisso -ato indica un sale derivato da un idracido che ha suffisso -ico (N.B. ricorda la mnemofrase "il morOSO è partITO, l'amICO è tornATO"), che a sua volta deriverà da un'anidride con suffisso -ica. L'anidride di partenza sarà quindi l'anidride nitrica N_2O_5 (il n.o. dell'azoto deve essere +5) e l'acido nitrico si otterrà secondo la reazione $N_2O_5 + H_2O \rightleftharpoons H_2N_2O_6 \rightleftharpoons 2HNO_3$. Da qui, si può ottenere lo ione nitrato (togliendo l'idrogeno) che sarà NO_3^- e ad esso sarà unito il rame con n.o. +2, poiché si dovrà avere il suffisso -ico. Il nitrato rameico avrà quindi formula $Cu(NO_3)_2$, per far sì che la molecola sia neutra. L'idrossido ferrico, infine, sarà composto dal ferro preso con n.o. +3 (perché si deve avere il n.o. più alto per il suffisso -ico) e lo ione idrossido OH^-, quindi la formula finale, affinché la molecola sia neutra, sarà $Fe(OH)_3$. L'unica opzione che riporta correttamente tutte le formule è la A.
Risposta corretta A.

30. Un ossido acido (o anidride) è un composto binario costituito da ossigeno legato a un non metallo. Gli ossiacidi sono composti ternari costituiti da atomi di idrogeno, da un non metallo e da ossigeno. I sali acidi sono sali quaternari, costituiti da un metallo, un non metallo, un idrogeno e un ossigeno, derivanti dalla parziale dissociazione dell'ossiacido da cui derivano. Gli idracidi sono acidi binari composti da idrogeno insieme a un non metallo del gruppo 6 e 7 (ossia un alogeno), oppure insieme a zolfo, selenio, tellurio, azoto o un gruppo cianidrico. L'unica opzione che rispetta la successione dei composti è l'opzione C.
Risposta corretta C.

5. Unità di misura dell'atomo, stechiometria

1. Qual è l'unità di misura usata per esprimere il peso atomico relativo?
A. g
B. kg
C. mg
D. ng
E. Nessuna delle precedenti

2. L'unità di misura delle masse atomiche è pari a:
A. Un grammoatomo
B. Massa dell'atomo di idrogeno in quanto è l'atomo di massa minore
C. 1/16 della massa di un atomo di ossigeno
D. 1/16 della massa di un atomo di carbonio
E. 1/12 della massa di un atomo di carbonio

3. Quante moli di glucosio ci sono in 900 g di tale sostanza?
A. 38
B. 150
C. 75
D. 5
E. 50

4. Quanti atomi sono contenuti in 0,1 moli di ossigeno molecolare?
A. $6{,}023 \cdot 10^{22}$
B. $6{,}023 \cdot 10^{23}$
C. $12{,}044 \cdot 10^{23}$
D. $12{,}044 \cdot 10^{22}$
E. $12{,}023 \cdot 10^{22}$

5. Una mole di $Ba_3(PO_4)_2$ pesa 601,96 g e contiene:
A. $6{,}023 \cdot 10^{22}$ molecole
B. $12{,}046 \cdot 10^{22}$ molecole
C. $0{,}6 \cdot 10^{23}$ molecole
D. $1{,}81 \cdot 10^{24}$ atomi di bario
E. $1{,}2 \cdot 10^{23}$ atomi di fosforo

6. Sapendo che il peso molecolare dell'acqua è 18 g/mol, quante moli di acqua sono presenti in 100 mL?
A. 5,5 mol
B. 8,5 mol
C. 16,5 mol
D. 2,5 mol
E. 11 mol

7. Cosa indica il numero di Avogadro?
A. Il numero di atomi presenti in un litro d'acqua
B. Il numero atomico di una sostanza
C. Il numero di molecole presenti in una mole
D. Il numero di grammi di carbonio presenti in una mole
E. Il numero atomico del carbonio

8. Quanti grammi di ossigeno sono contenuti in 10 moli di acqua?
A. 8 g
B. 16 g
C. 80 g
D. 160 g
E. 320 g

9. Quanti atomi di H sono contenuti in 9,8 g di acido fosforico?
[P.M. P = 31 g/mol]
A. $1{,}806 \cdot 10^{23}$
B. $6{,}022 \cdot 10^{22}$
C. $1{,}806 \cdot 10^{22}$
D. $6{,}022 \cdot 10^{23}$
E. $1{,}2 \cdot 10^{23}$

10. Quanti grammi pesano 11,2 L di CH_4 a condizioni standard?
A. 4
B. 8
C. 10
D. 11
E. 16

11. Quale tra le seguenti opzioni è la corretta definizione di mole?
A. La mole è la quantità di sostanza contenente un numero di atomi pari alla massa molare
B. La mole è il rapporto tra massa molare e i chilogrammi della sostanza
C. La mole è la quantità di sostanza contenente un numero di molecole pari alla molalità della soluzione
D. La mole è la quantità di sostanza contenente un numero di entità elementari pari al numero di Avogadro
E. La mole è il rapporto tra volume di soluto e volume di soluzione

12. Quanti atomi di azoto sono contenuti in 160 g di nitrato di ammonio?
[P.M. N = 14 g/mol]

A. $9{,}9363 \cdot 10^{23}$
B. $6{,}022 \cdot 10^{23}$
C. $12{,}044 \cdot 10^{23}$
D. $24{,}088 \cdot 10^{23}$
E. 2

13. Secondo Avogadro: "volumi uguali di gas diversi, nelle stesse condizioni di temperatura e pressione..." Come potrebbe continuare la frase?

A. Contengono sempre lo stesso numero di molecole
B. Hanno la stessa massa
C. Presentano diverso numero di atomi
D. Hanno sempre lo stesso numero di ioni
E. Nessuna delle precedenti

14. A cosa corrisponde il numero $6{,}022 \cdot 10^{23}$?

A. Alla costante dei gas perfetti
B. Al numero di atomi contenuti in uno ione
C. Al numero quantico principale
D. Al numero di molecole contenute in una mole di sostanza
E. Non esiste

15. Un composto non puro presenta all'analisi i seguenti risultati: C = 36% H = 9% O = 48%.
Il peso molecolare del composto è 186 g/mol. Determinare la formula molecolare. Approssimare per difetto.
[P.M. C = 12 g/mol; H = 1 g/mol; O = 16 g/mol]

A. $C_6H_{12}O_6$
B. $C_6H_{18}O_6$
C. $C_6H_{14}O_6$
D. $C_8H_{16}O_8$
E. $C_6H_{12}O_8$

16. Un composto presenta all'analisi i seguenti risultati: H = 3% P = 36% O = 50%, la restante percentuale non viene riconosciuta. Determinare la formula minima del composto basandosi solo sulle percentuali ottenute dall'analisi, approssimando i risultati:
[P.M. P = 39 g/mol; O = 16 g/mol; H = 1 g/mol]

A. HPO_3
B. H_3PO_2
C. $H_3P_2O_3$
D. HPO
E. Nessuna delle precedenti

17. Se si fanno reagire 4 g di idrogeno con 160 g di ossigeno, quante moli di acqua si ottengono?

A. 4
B. 10
C. 2
D. 5
E. 164

18. Sapendo che il peso atomico del ferro è 55, dello zolfo è 32 e dell'ossigeno è 16, quante moli si ottengono facendo reagire 55 g di ferro con acido solforico in eccesso?

A. 0,1 mol di solfato ferrico
B. 0,5 mol di solfato ferrico
C. 1,0 mol di solfato ferrico
D. 2,0 mol di solfato ferrico
E. 0,33 mol di solfato ferrico

19. Elisa, studentessa di chimica, sta analizzando alcuni campioni di magnesio, zolfo e silicio. Per ciascun elemento ha a disposizione 4 g. Quale campione conterrà il maggior numero di molecole?
[P.M. Mg = 24 g/mol; Si = 28 g/mol; S = 32 g/mol]

A. Silicio
B. Magnesio
C. Silicio e zolfo
D. Zolfo
E. Magnesio e Silicio

20. Quante molecole sono presenti in 18 g di glucosio?
[P.M. $C_6H_{12}O_6$ = 180 g/mol]

A. $6{,}02 \cdot 10^{23}$
B. $3{,}42 \cdot 10^{24}$
C. $6{,}02 \cdot 10^{22}$
D. $6{,}02 \cdot 10^{24}$
E. $3{,}42 \cdot 10^{22}$

21. Un composto ha formula minima C_2H_5O. Qual è la sua formula molecolare, sapendo che ha una massa molare pari 135 g/mol?

A. $C_{12}H_3O_6$
B. $C_4H_{10}O_2$
C. $C_8H_7O_2$
D. CH_2O
E. $C_6H_{15}O_3$

22. 6 moli di magnesio vengono fatte reagire con 4 moli di arsenico, secondo la reazione da bilanciare: $Mg + As \rightleftharpoons Mg_3As_2$.
Quanti grammi di Mg_3As_2 si ottengono dalla reazione?
[P.M. Mg = 24 g/mol; As = 75 g/mol]

A. 127 g
B. 482 g
C. 89 g
D. 444 g
E. 380 g

23. Bilanciare la seguente reazione: KNO_3 + Al + KOH + $H_2O \rightleftharpoons NH_3$ + $KAlO_2$

A. 4,8,5,2 → 3,4
B. 4,8,3,2 → 3,4
C. 2,8,3,2 → 2,8
D. 3,8,5,2 → 3,8
E. 6,4,10,2 → 6,8

24. Bilanciare la seguente reazione e determinare il coefficiente d:
$aK_3PO_4 + bMg(NO_3)_2 \rightleftharpoons cMg_3(PO_4)_2 + dKNO_3$

A. 3
B. 4
C. 1
D. 5
E. 6

25. Bilanciare la seguente reazione e attribuire i corretti coefficienti stechiometrici:
$aBCl_3 + bP_4 + cH_2 \rightleftharpoons dBP + eHCl$

A. 4,1,6, → 4,12
B. 4,2,3, → 4,4
C. 3,1,6, → 4,6
D. 5,3,3, → 6,4
E. 6,1,4, → 4,12

26. Stabilire, dopo aver bilanciato, quanti atomi di ossigeno sono contenuti in totale all'interno della reazione seguente:
$Sn + xHNO_3 \rightleftharpoons ySnO_2 + 4NO_2 + zH_2O$

A. 18
B. 22
C. 24
D. 26
E. 28

27. Quali valori devono assumere i coefficienti stechiometrici affinché la seguente reazione risulti bilanciata?
$K_2Cr_2O_7 + SO_2 + H_2SO_4 \rightarrow Cr_2(SO_4)_3 + K_2SO_4 + H_2O$

A. 1, 3, 1 → 1, 1, 1
B. 1, 2, 1 → 1, 2, 1
C. 2, 1, 1 → 2, 1, 2
D. 1, 3, 1 → 1, 1, 2
E. 1, 3, 1 → 1, 3, 1

28. Bilanciare la seguente reazione:
$a\,C_4H_{10} + b\,O_2 \rightleftharpoons c\,CO_2 + d\,H_2O$

A. a: 2, b: 7, c: 4, d: 5
B. a: 4, b: 23, c: 12, d: 10
C. a: 2, b: 13, c: 8, d: 10
D. a: 1, b: 7, c: 4, d: 5
E. Nessuna delle precedenti

29. Quali valori devono assumere a, b e c affinché la seguente reazione risulti bilanciata?
$a\,FeS + 7O_2 \rightleftharpoons b\,Fe_2O_3 + c\,SO_2$

A. a: 3, b: 2, c: 2
B. a: 2, b: 4, c: 1
C. a: 3, b: 1, c: 5
D. a: 4, b: 1, c: 3
E. a: 4, b: 2, c: 4

30. Per trasformare 56 g di ossido di calcio in idrossido di calcio bisogna utilizzare 18 g di acqua. Quanti grammi di acqua sono necessari per trasformare 25 g di ossido di calcio?

A. 8,03 g
B. 77,63 g
C. 2,24 Kg
D. 40,32 g
E. 3,11 Kg

31. Il bilanciamento di una reazione chimica consente di capire:

A. La velocità di formazione dei prodotti
B. Il rapporto ponderale tra i reagenti
C. La spontaneità della reazione
D. La velocità di degradazione dei reagenti
E. Nessuna delle precedenti

32. Carlo, il tecnico di laboratorio del liceo, vuole preparare del solfuro ferroso. Per ottenere il composto è necessario far reagire ferro e zolfo nelle proporzioni di 10 g : 5,7 g. Quale legge ponderale sta applicando Carlo?

A. Dalton
B. Pauli
C. Legge della conservazione della massa
D. Proust
E. Lavoisier

33. Quale delle seguenti affermazioni è errata?

A. La legge delle proporzioni definite e costanti è stata scritta da Proust
B. Secondo la legge della conservazione dellamassa il numero di atomi presenti nei reagenti è uguale al numero di atomi presenti nei prodotti
C. La legge di Lavoisier viene utilizzata per

il riempimento degli orbitali degeneri

D. Secondo la legge di Dalton carbonio e ossigeno reagiscono tra loro secondo rapporti di combinazione diversi per formare monossido di carbonio e diossido di carbonio

E. In un qualsiasi composto è definito e costante il rapporto tra le masse degli elementi che lo formano

34. Dopo aver adeguatamente bilanciato la seguente reazione, calcolarne la resa sapendo che si sono ottenute 6 moli di prodotto da 6 moli di P_4 e 12 moli di Cl_2.

$P_4 + Cl_2 \rightleftharpoons PCl_3$

A. 133%
B. 25%
C. 70%
D. 75%
E. 50%

35. L'ammoniaca può essere sintetizzata facendo reagire NO ed idrogeno secondo la reazione (già bilanciata): $2NO + 5H_2 \rightleftharpoons 2NH_3 + 2H_2O$. Partendo da 90 g di NO e 30 g di idrogeno, trovare la resa teorica dell'ammoniaca in grammi.

A. 37 g
B. 2 g
C. 435 g
D. 87 g
E. 51 g

CHIMICA

CORREZIONE COMMENTATA

1. La massa atomica relativa (o peso atomico relativo) è una grandezza fisica adimensionale data dal rapporto tra la massa media degli atomi di un elemento e l'unità di massa atomica unificata (u), quindi tutte le risposte contenenti un'unità di misura sono errate.
Risposta corretta E.

2. L'unità di massa atomica (u.m.a) è un'unità di misura che determina la massa dell'atomo; essa viene introdotta perché le masse degli atomi misurate in chilogrammi o in grammi hanno valori molto piccoli e ciò non è utile da un punto di vista pratico. L'u.m.a. si definisce come 1/12 della massa dell'atomo ^{12}C, ed è relativa per ogni elemento, cioè ogni elemento ha la propria. L'u.m.a. si trova indicata nella tavola periodica.
Risposta corretta E.

3. Innanzitutto calcoliamo il peso molecolare del glucosio. Sappiamo che il glucosio ha come formula molecolare $C_6H_{12}O_6$ e basterà quindi sommare la massa molare degli elementi che compongono il glucosio, ovvero C = 12 g/mol; H = 1 g/mol; O = 16 g/mol.
Avremo quindi MM = 12 · 6 + 12 + 16 · 6 = 180 g/mol (per il test può essere utile ricordarsi la MM del glucosio, per evitare di dover svolgere conti al test). A questo punto per trovare le moli di glucosio bisogna usare la formula: n(mol) = m(g)/M(mol/l) quindi (900 g)/(180 g/mol) = 5 mol.
Risposta corretta D.

4. Per calcolare il numero di molecole contenute in 0,1 mol è sufficiente moltiplicare il numero di moli per il numero di Avogadro, secondo la formula: $Np = N \cdot n = 0{,}1 \cdot 6{,}022 \cdot 10^{23} = 6{,}022 \cdot 10^{22}$, questo numero indica però il numero di molecole di O_2 e non il numero di atomi di ossigeno.
Poiché ci viene detto che l'ossigeno si trova in forma molecolare (biatomica) e quindi in natura contiene 2 atomi di ossigeno basterà utilizzare la formula $N_{atomi} = Np \cdot i = 6{,}022 \cdot 10^{22} \cdot 2 = 12{,}044 \cdot 10^{22}$. Il risultato rappresenta quindi il numero di atomi contenuti in 0,1 moli di ossigeno molecolare.
Risposta corretta D.

5. In questo esercizio è molto efficace procedere per esclusione, dato che la risposta non è immediata: è certo che una mole di $Ba_3(PO_4)_2$ contiene $6{,}022 \cdot 10^{23}$ particelle (numero di Avogadro) (risposte A, B e C errate). Avendo escluso già tre opzioni, l'unica cosa che si può fare è calcolare il numero di atomi di fosforo contenuti all'interno di $Ba_3(PO_4)_2$. Per quanto riguarda il numero di atomi di fosforo, è necessario moltiplicare per due il numero di Avogadro perché all'interno del composto il fosforo è preso due volte: $N_{atomi\ fosforo} = Np \cdot i = 6{,}022 \cdot 10^{23} \cdot 2 = 12{,}044 \cdot 10^{23}$ (risposta E errata). A questo punto rimangono solo gli atomi di bario da calcolare: in questo caso, si moltiplica il numero di Avogadro per tre. Quindi $N_{atomi\ bario} = Np \cdot i = 6{,}022 \cdot 10^{23} \cdot 3 = 1{,}8 \cdot 10^{24}$.
Risposta corretta D.

6. Tenendo in considerazione che la densità dell'acqua, ovvero il rapporto tra massa e volume, equivale ad 1 g/mL (Vedi: Capitolo 0 – Misure e grandezze), si può ricavare la massa dell'acqua tramite la formula inversa della densità d = m/V. Di conseguenza avremo: m = d · V = 100 mL · 1 g/mL= 100 g. Una volta ottenuti i grammi è sufficiente calcolare il numero di moli secondo la formula n = m/PM. Quindi, tenendo a mente che il PM dell'acqua è 18, avremo: n = (100 g)/(18 g/mol) = 5,5 mol.
Risposta corretta A.

7. Il numero di Avogadro è un aspetto fondamentale della chimica, compreso nel più ampio concetto di mole. La mole è una delle sette grandezze fondamentali del SI ed è l'unità di misura della quantità di sostanza.
Il numero di Avogadro corrisponde al numero di particelle elementari, atomi o molecole contenute in una mole di sostanza e il suo valore è costante e pari a $6{,}022 \cdot 10^{23}$. Infatti una mole di qualsiasi sostanza presenta esattamente un numero di Avogadro di particelle (risposta A e D errate). E' importante non confondere il numero di atomi o molecole con il numero atomico:

il numero atomico infatti esprime il numero di protoni presenti nel nucleo di un atomo e viene indicato con la lettera "Z" (risposte B ed E errate).
Risposta corretta C.

8. L'acqua possiede formula bruta H_2O e, siccome l'ossigeno è preso una volta sola, possiamo dire che il numero di moli di acqua è uguale al numero di moli di ossigeno in essa contenute. Di conseguenza, in 10 moli di acqua sono contenute 10 moli di ossigeno. A questo punto, basterà semplicemente calcolare i grammi di ossigeno utilizzando la formula inversa $m = n \cdot M = 10$ mol $\cdot$ 16 g/mol = 160 g.
Risposta corretta D.

9. L'acido fosforico è anche denominato acido ortofosforico, cioè un poliacido del fosforo (Vedi: Capitolo 4.2.3 – Anidridi e ossiacidi) che si ottiene sommando all'anidride forforica P_2O_5, 3 molecole di H_2O. Svolgendo la reazione si ottiene che l'acido fosforico avrà formula bruta H_3PO_4. A questo punto si calcola la massa molare di H_3PO_4, ricordando che la massa atomica dell'idrogeno è 1 g/mol e quella dell'ossigeno è 16 g/mol (quella del fosforo ci viene fornita dal testo); avremo quindi PM = 3 g/mol + 31 g/mol + 16 · 4 g/mol = 98 g/mol. Ora possiamo ricavare il numero di moli: n = m/PM = (9,8 g)/(98 g/mol) = 0,1 mol. Per definizione, una mole di sostanza contiene $6{,}022 \cdot 10^{23}$ (numero di Avogadro) di particelle, nel nostro caso di molecole. Impostando una proporzione possiamo calcolare quante molecole sono presenti in 0,1 mol del composto: 1 mol : $6{,}022 \cdot 10^{23}$ = 0,1 mol : x → x = $6{,}022 \cdot 10^{22}$. Ora, per determinare il numero di atomi di idrogeno bisogna moltiplicare questo risultato per 3: $6{,}022 \cdot 10^{22} \cdot 3 = 1{,}8066 \cdot 10^{23}$ atomi di H.
Risposta corretta A.

10. Calcoliamo come prima cosa la massa molare di CH_4 = 12 g/mol + 4 g/mol = 16 g/mol. Sappiamo, grazie al principio di Avogadro che una mole di gas in condizioni standard occupa 22,4 L. Se CH_4 occupa solo 11,2 L, ovvero la metà della capacità di una mole di gas a condizioni standard, anche il numero di moli sarà dimezzato, ovvero sarà uguale a 0,5 mol (anche una proporzione può essere utile alla risoluzione del quesito). A questo punto basterà utilizzare la formula inversa del calcolo delle moli per ottenere i grammi di CH_4: m = n · M = 0,5 mol · 16 g/mol = 8 g.
Risposta corretta B.

11. La mole è uno dei concetti più importanti della chimica, è infatti una delle sette grandezze fondamentali del SI ed è l'unità di misura della quantità di sostanza. Una mole contiene un numero di particelle elementari, atomi o molecole pari al numero di Avogadro, il cui valore è costante e uguale a $6{,}022 \cdot 10^{23}$ (risposte A e C errate).
La concentrazione percentuale volume / volume indica i millilitri di soluto in 100 mL di soluzione totale ed è una delle grandezze utilizzate per descrivere le soluzioni (risposta E errata). La mole è invece espressa dal rapporto tra i grammi della sostanza e la sua massa molare (risposta B errata). La sua formula è: n (mol) = m (g) / MM (g / mol).
Risposta corretta D.

12. Per risolvere l'esercizio è necessario trovare la formula del nitrato di ammonio (vedi: capitolo 4.2.6 – Sali Ternari). Sappiamo che lo ione nitrato è NO_3^-, poiché deriva dall'acido nitrico (ricorda la mnemofrase "il morOSO è partITO, l'amICO è tornATO") che avrà formula HNO_3 perché deriva dall'idratazione dell'anidride nitrica secondo la formula: $N_2O_5 + H_2O \rightarrow H_2N_2O_6 \rightarrow 2HNO_3$.
Lo ione ammonio sarà invece NH_4^+ derivato dall'assunzione di uno ione H^+ da parte dell'ammoniaca; di conseguenza, la formula del nitrato di ammonio sarà NH_4NO_3. Dopodiché, dobbiamo calcolare la massa molare di NH_4NO_3 sommando le masse atomiche degli elementi che figurano nella molecola (è necessario ricordare che la massa atomica dell'ossigeno è 16 g/mol mentre quella dell'idrogeno è 1 g/mol); quindi avremo PM = 14 · 2 + 4 + 16 · 3 = 80 g/mol.
A questo punto troviamo le moli di nitrato di ammonio dividendo la massa del composto per il suo peso molecolare: n = m/PM = 160 g/mol 80 g/mol = 2 mol. Sappiamo che una mole di sostanza contiene $6{,}022 \cdot 10^{23}$ (un numero di Avogadro) di particelle, nel nostro caso quindi avremo 2 · $6{,}022 \cdot 10^{23} = 12{,}044 \cdot 10^{23}$ molecole di NH_4NO_3. Per determinare quanti atomi di azoto sono presenti dobbiamo moltiplicare questo risultato per il numero di azoti presenti nella formula. Vedendo che ci sono due azoti, possiamo dedurre che il risultato finale sarà $2 \cdot 12{,}044 \cdot 10^{23}$=

$24{,}088 \cdot 10^{23}$ atomi di azoto.
Risposta corretta D.

13. Per risolvere il quesito è necessaria una buona conoscenza del principio di Avogadro, un concetto fondamentale per comprendere il comportamento dei gas e strettamente collegato al concetto di mole. Il principio di Avogadro afferma che: nelle medesime condizioni di pressione e temperatura, volumi uguali di gas diversi contengono lo stesso numero di molecole (e conseguentemente numero di moli). La mole è infatti la quantità di sostanza che contiene un numero di Avogadro di particelle elementari, atomi o molecole. Conoscere questo principio è particolarmente importante perché ci consente di capire che 1 mole di gas occupa sempre un volume di 22,4 L in condizioni standard (temperatura 0° e pressione 1 atm).
Risposta corretta A.

14. Il quesito è molto nozionistico e richiede la conoscenza del concetto di mole. La mole è l'unità di misura della quantità sostanza e contiene un numero di particelle elementari, atomi o molecole pari al numero di Avogadro. Questo vuol dire che 1 mole di qualsiasi sostanza presenta esattamente un numero di Avogadro di particelle (risposta B errata). La costante dei gas perfetti viene invece indicata con "R" e può assumere due valori. Corrisponde a 0,0821, se la pressione è espressa in atmosfere e il volume in litri. Mentre è pari a 8,314, se la pressione è espressa in Pascal e il volume in metri cubi (risposta A errata). È inoltre importante non confondere il numero di Avogadro con "n", ovvero il numero quantico principale, utilizzato per descrivere le caratteristiche di un orbitale. Il numero quantico principale può assumere valori da 1 a infinito (risposta C errata). Il valore del numero di Avogadro è invece costante e è pari a $6{,}022 \cdot 10^{23}$.
Risposta corretta D.

15. La formula minima indica quali elementi costituiscono la molecola o il composto e qual è il rapporto minimo tra essi. La formula molecolare invece indica gli elementi presenti e il numero esatto di atomi di ciascun elemento nella molecola.
Per determinare la formula minima bisogna trasformare le percentuali in grammi, essendo un composto non puro, le percentuali non raggiungeranno il 100%.
36% = 36 g di C; 9% = 9 g di H; 48% = 48 g di O.
Calcoliamo innanzitutto il numero di moli: C = 36 g / 12 g/mol = 3 mol; H = 9 g / 1 g/mol = 9 mol; O = 48 g / 16 g/mol = 3 mol.
Dopo aver trovato il numero di moli per ricavare gli indici numerici della formula minima è sufficiente dividere il numero di moli di ciascun elemento per il più piccolo valore trovato (in questo caso 3): C = 3 / 3 = 1; H = 9 / 3 = 3; O = 3 / 3 = 1.
Di conseguenza, la formula minima sarà CH_3O.
A questo punto si calcola la massa molare di CH_3O = 12 g/mol + 3 g/mol + 16 g/mol = 31 g/mol.
Si determina la formula molecolare: (PM composto molecolare)/(PM formula minima)=186 g/mol / 31 g/mol = 6
Di conseguenza sarà sufficiente moltiplicare la formula minima per 6 per ottenere $C_6H_{18}O_6$.
Risposta corretta B.

16. Per determinare la formula minima bisogna trasformare le percentuali in grammi: 3 % = 3 g di H; 36 % = 36 g di P; 50 % = 50 g di O. Si utilizzano valori comodi per semplificare i calcoli.
A questo punto è necessario calcolare le moli degli atomi: H = 3 g / 1 g/mol = 3 mol; P = 36 g / 31 g/mol = 1,13 mol; O = 50 g / 16 g/mol = 3,12 mol.
Dopo aver trovato il numero di moli, per ricavare gli indici numerici della formula minima basta dividere il numero di moli di ciascun elemento per il più piccolo valore trovato (in questo caso 1,13): H = 3 / 1,13 = 2,65 → 3; P = 1,13 / 1,13 = 1; O = 3,12 / 1,13 = 2,76 → 3.
Attenzione ad approssimare i risultati come ci viene detto dalla consegna dell'esercizio. La formula minima sarà quindi H_3PO_3.
Risposta corretta E.

17. Scriviamo la reazione chimica: $2H_2 + O_2 \rightarrow 2H_2O$
Sappiamo che H ha peso molecolare 1 g/mol mentre O_2 16 g/mol. Per calcolare le moli usiamo la stessa formula dell'esercizio precedente: n = m/MM, quindi nH_2 = (4 g)/(2 g/mol)=2 mol mentre

nO_2 = (160 g)/(32 g/mol)=5 mol. A questo punto sarà necessario trovare il reagente limitante: il metodo più veloce da applicare è quello di dividere il numero di moli per il coefficiente stechiometrico e individuare quale dei due valori è il minore. In questo caso abbiamo 2/2 = 1 per l'idrogeno e 5/1 = 5 per l'ossigeno; di conseguenza il reagente limitante di questa reazione è l'idrogeno. A questo punto valutiamo i rapporti stechiometrici: l'idrogeno sta in rapporto all'acqua di 2 : 2, riducibile ad 1 : 1. Di conseguenza il numero di moli dell'idrogeno sarà uguale al numero di moli dell'acqua: 2 mol.
Risposta corretta C.

18. In questo esercizio ci viene chiesto di trovare le moli di solfato ferrico prodotte in una reazione nella quale si ha acido solforico in eccesso. La prima cosa da fare è scrivere la reazione bilanciata: $3H_2SO_4 + 2Fe \rightleftharpoons Fe_2(SO_4)_3 + 3H_2$. Dal testo è specificato che ci sono 55 grammi di ferro e che questo è il reagente limitante. Quindi, si trovano le moli di ferro n = (55 g)/(55 g/mol) = 1 mole. A questo punto si imposta una proporzione con i coefficienti stechiometrici della reazione per determinare quante moli di solfato ferrico si ottengono dalla reazione. 1 : x = 2 : 1 = 0,5.
Si ottengono quindi 0,5 moli di solfato ferrico.
Risposta corretta B.

19. Ci troviamo di fronte ad un esercizio che riguarda la mole. È' importante ricordare che la mole di una qualsiasi sostanza contiene esattamente un numero di Avogadro di molecole, quindi a un maggior numero di moli corrisponde un maggior numero di molecole. Questo significa che per risolvere il quesito è sufficiente trovare il numero di moli delle tre sostanze e confrontarli. Calcoliamo il numero di moli per ogni elemento secondo la formula n = m / MM, dove m è la massa in g dell'elemento e MM la massa molare fornita dal testo.

- n di Mg = 4 g / 24 g/mol = 0,17 mol
- n di Si = 4 g / 28 g/mol = 0,14 mol
- n di S = 4 g / 32 g/mol = 0,12 mol

Il magnesio presenta il maggior numero di moli, di conseguenza è l'elemento che conterrà il maggior numero di molecole.
Risposta corretta B.

20. Ci troviamo di fronte ad un esercizio che riguarda la mole. Procediamo per step:

- Per trovare il numero di molecole è necessario conoscere le moli di glucosio. Il testo fornisce sia la massa in grammi che la massa molare del composto. Calcoliamo quindi il numero di moli secondo la formula:
  n = m / MM = 18 g / 180 g/mol = 0,1 mol
- Una volta ottenute le moli di $C_6H_{12}O_6$ possiamo ricavare il numero di molecole presenti in 0,1 moli applicando la seguente proporzione:
  1 mol : $6{,}022 \cdot 10^{23}$ = 0,1 mol : x molecole
  x molecole = 0,1 mol$\cdot 6{,}022 \cdot 10^{23}$ molecole / 1 mol = $6{,}022 \cdot 10^{22}$ molecole.

Risposta corretta C.

21. Per risolvere l'esercizio bisogna conoscere la differenza tra formula minima e formula molecolare di un composto. La formula minima esprime il rapporto minimo con cui gli elementi si uniscono per formare una molecola. Invece la formula molecolare indica gli elementi presenti e il numero esatto di atomi di ciascun elemento nella molecola. La formula molecolare è dunque un multiplo della formula minima (risposte C e D errate).
Per trovare la formula molecolare procediamo per step:

- Essendo un multiplo, è necessario trovare l'indice numerico per il quale moltiplicare tutti gli elementi della formula minima, che viene fornita dal testo. L'indice numerico è dato dal rapporto fra la MM del composto (135 g/mol) e la MM della formula minima.
  Calcoliamo quindi la MM di C_2H_5O: MM = $(12 \cdot 2) + (1 \cdot 5) + 16 = 45$ g/mol.
- Poi procediamo con il calcolo dell'indice numerico:
  indice = 135 g/mol / 45 g/mol = 3
- Infine moltiplichiamo la formula minima per 3 e otteniamo $C_6H_{15}O_3$

Risposta corretta E.

22. Per risolvere l'esercizio è necessario innanzitutto bilanciare la reazione: 3 Mg + 2 As → Mg_3 As_2. A questo punto è necessario trovare il reagente limitante, per cui valuteremo i rapporti tra le moli dei reagenti con i loro coefficienti stechiometrici: per il magnesio avremo 6 mol / 3 = 2, mentre per quanto riguarda l'arsenico avremo 4 mol / 2 = 2. I rapporti sono uguali, quindi non esiste un reagente limitante perché entrambi si consumano completamente durante la reazione. Potremo quindi procedere con i calcoli considerando indifferentemente magnesio o arsenico. Consideriamo i rapporti stechiometrici tra magnesio e il Mg_3As_2, essi stanno in rapporto di 3 : 1. Possiamo adesso impostare la proporzione: 3 : 6 mol = 1 : x mol → x = 6 mol / 3 = 2 mol di Mg_3As_2. Infine, possiamo calcolare la massa del prodotto utilizzando la formula inversa: m = n · PM = 2 mol · (24 · 3 + 75 · 2) g/mol = 444 g.
Risposta corretta D.

23. Questa tipologia di esercizi può essere risolta attraverso due metodi, si può procedere empiricamente oppure attraverso un metodo più logico. Seguendo il primo metodo, il più veloce tra i due, si inseriscono i coefficienti elencati nelle risposte all'interno della reazione e in seguito si controlla se la legge di conservazione della massa è rispettata. Seguendo il secondo metodo invece, si procede per esclusione osservando i coefficienti; le risposte A e B, che riportano KNO_3 e $KAlO_2$ con lo stesso coefficiente sono da scartare a priori dal momento che il potassio, sempre con pedice 1, è presente in due composti diversi nei reagenti e in uno solo nei prodotti (risposte A e B errate). Considerando poi che l'alluminio è presente solo una volta, si deve controllare che il coefficiente dell'alluminio in quanto tale nei reagenti sia uguale al coefficiente davanti a $KAlO_3$: solo le risposte C e D rispondono a tale requisito. Giunti ad avere solo due risposte possibili, si può procedere per esclusione provandole entrambe.
Risposta corretta D.

24. Procediamo passo per passo: innanzitutto bilanciamo il magnesio, dato nei prodotti esso è preso tre volte; di conseguenza iniziamo a porre il coefficiente stechiometrico "3" al posto della lettera "b". A questo punto si può bilanciare l'azoto: nei reagenti abbiamo 3 · 2 = 6 atomi di azoto, quindi mettiamo al posto della "d" un 6. Ora, è sicuro che nei prodotti ci siano anche 6 atomi di potassio, quindi nei reagenti si sostituisce la "a" con un 2 in modo tale da avere 2 · 3 = 6 atomi di potassio. Ora non resta altro che bilanciare il fosforo: nei reagenti ci sono 2 atomi di fosforo e nei prodotti sono già presenti due atomi di fosforo. Quindi la "c" assume valore = 1. Ora è bene controllare il numero di ossigeni, per essere sicuri che la reazione sia bilanciata correttamente: nei reagenti ci sono 26 atomi, mentre nei prodotti anche. La reazione correttamente bilanciata sarà quindi $2K_3PO_4 + 3Mg(NO_3)_2 \rightarrow Mg_3(PO_4)_2 + 6KNO_3$.
Risposta corretta E.

25. La reazione può essere bilanciata secondo due metodi: il metodo empirico o il metodo delle semireazioni (si tratta infatti di una redox). Usando il metodo empirico si possono escludere due opzioni come prima cosa, perché osservando i pedici, notiamo che il coefficiente stechiometrico di P_4 deve essere il quadruplo del coefficiente di BP (risposte B e D errate). In seguito, consideriamo che i coefficienti di BCl_3 e di BP devono essere uguali, si possono quindi escludere le opzioni C ed E (risposte C ed E errate). Il metodo delle semireazioni è leggermente più macchinoso; si scrivono le semireazioni $P_4 + 12e^- \rightarrow BP$ (gli elettroni scambiati sono 12 perché nei reagenti P è preso 4 volte e scambia 3 elettroni) e $H_2 \rightarrow HCl + 2e^-$. Per equiparare lo scambio di elettroni si dovrà moltiplicare la seconda semireazione per 6 (con l'attenzione però che HCl dovrà avere come coefficiente stechiometrico 12, perché nei reagenti H è preso due volte mentre nei prodotti solo una). Si ottiene così la seguente reazione: $aBCl_3 + bP_4 + 6H_2 \rightleftharpoons dBP + 12HCl$. A questo punto possiamo bilanciare nel metodo tradizionale, e troviamo che la risposta corretta è la A.
Risposta corretta A.

26. Si tratta di una redox ma, siccome ci sono stati già forniti dei coefficienti stechiometrici corretti, possiamo bilanciare nel modo tradizionale. Si bilancia la reazione partendo dall'azoto: al posto di "x" nei reagenti si inserisce il coefficente "4", visto quanto si trova nei prodotti. Dopodiché si nota che lo stagno è presente solo una volta nei reagenti, quindi bisognerà sostituire nei prodotti il coefficiente stechiometrico "y" con "1". Basterà, infine aggiungere il coefficiente "4" al posto di

"z" per bilanciare gli idrogeni. Calcoliamo il numero di atomi di ossigeno presenti nella reazione: nei reagenti e nei prodotti sono presenti 12 atomi di O (la reazione è bilanciata correttamente), quindi in totale sono presenti 24 atomi di ossigeno nella reazione.
Risposta corretta C.

27. Il bilanciamento è una tipologia di esercizio che può essere risolta attraverso due metodi: possiamo procedere empiricamente oppure utilizzando un metodo più logico. Il metodo empirico consiste nel sostituire all'interno della reazione i coefficienti stechiometrici presentati nelle risposte, controllando che la legge sulla conservazione della massa (legge di Lavoisier) sia rispettata. Bisogna infatti verificare che il numero di atomi presente nei reagenti sia uguale al numero di atomi presenti nei prodotti. Se si preferisce utilizzare il secondo metodo, procediamo per step:

- Iniziamo bilanciando i metalli: 2 atomi di K a sx e 2 a dx → lasciamo 1 davanti a $K_2Cr_2O_7$ e a K_2SO_4
  in questo modo abbiamo anche 2 atomi di Cr a sx e 2 a dx → mettiamo 1 davanti a $Cr_2(SO_4)_3$
- Proseguiamo bilanciando i non metalli: 1 + 1 = 2 atomi S a sx e (3 · 1) +1 = 4 a dx → scriviamo 3 davanti a SO_2
- Contiamo ora gli atomi di ossigeno: 7 + (3 · 2) + 4 = 17 a sx e (3 · 4) + 4 + 1 = 17 a dx → mettiamo 1 davanti a H_2SO_4 e H_2O
- Ora verifichiamo che anche gli atomi di idrogeno siano corretti: 2 a sx → 2 a dx

La reazione bilanciata risulta quindi: $1K_2Cr_2O_7 + 3SO_2 + 1H_2SO_4 \rightarrow 1Cr_2(SO_4)_3 + 1\,K_2SO_4 - 1H_2O$
Normalmente se il coefficiente stechiometrico ha valore 1, viene omesso.
Risposta corretta A.

28. Per risolvere i bilanciamenti il metodo più rapido è sicuramente il metodo empirico. Esso consiste nel sostituire all'interno della reazione i coefficienti stechiometrici forniti dalle risposte e verificando che la legge di conservazione della massa sia rispettata. Applicando questo metodo si giungeva rapidamente alla risposta corretta, cioè l'opzione C. In alternativa al metodo empirico, si può ragionare a logica: dalla reazione si nota che i coefficienti c ed a dovranno necessariamente essere l'uno il quadruplo dell'altro, perché il carbonio nei reagenti è preso quattro volte mentre nei prodotti è preso una volta. Di conseguenza si potevano escludere queste opzioni a priori (Risposte A e B errate). A questo punto si dovevano sostituire la metà delle opzioni all'interno dell'equazione. L'equazione corretta risulta quindi: $2C_4H_{10} + 13O_2 \rightleftharpoons 8CO_2 + 10H_2O$.
Risposta corretta C.

29. Il quesito può essere risolto in vari modi, seguendo il metodo empirico o con un metodo più matematico; in entrambi i casi, dovrà essere rispettata la legge di conservazione della massa di Lavoisier. Se si sceglie di seguire il metodo empirico è necessario considerare le opzioni proposte: si procederà sostituendo i valori fino a trovare la risposta corretta. Scegliendo invece di seguire il metodo matematico, si può notare che per bilanciare l'equazione, il coefficiente a deve essere il doppio del coefficiente b, dato che nei prodotti non abbiamo Fe ma Fe_2. In questo modo possiamo già escludere tutte le opzioni tranne la E, dove a = 2b.
Risposta corretta E.

30. Per comprendere questo quesito di stechiometria è necessario conoscere le legge ponderali, in particolar modo la "Legge delle proporzioni definite e costanti" enunciata da Proust. Proust afferma che in un determinato composto chimico gli elementi che lo costituiscono stanno tra loro in proporzioni di massa definite e costanti.
Dal testo dell'esercizio possiamo capire che: per ottenere idrossido di calcio è necessario far reagire acqua e ossido di calcio nel rapporto di 18 g : 56 g. Per calcolare i grammi di acqua necessari a trasformare 25 g di ossido calcio, è quindi sufficiente applicare la seguente proporzione:
18 g di H_2O : 56 g di CaO = x g di H_2O : 25 g di CaO
x g = 18 g · 25 g / 56 g = 8,03 g
È importante controllare sempre che anche l'unità di misura sia corretta! Potevamo infatti escludere subito le opzioni che non presentavano i g (risposte C ed E errate).
Risposta corretta A.

31. Il quesito è molto nozionistico e per risolverlo è necessaria una buona conoscenza della stechiometria. Il bilanciamento stechiometrico permette di capire quali sono i rapporti che intercorrono tra i prodotti e i reagenti, applicando indirettamente la legge della conservazione della massa o di Lavoisier. Questa afferma che: in una reazione chimica, la somma delle masse dei reagenti è sempre uguale alla somma delle masse dei prodotti. Ciò significa che la materia non si crea e non si distrugge, ma si trasforma.
La velocità di reazione misura la rapidità con cui i reagenti si trasformano in prodotti ed è definita come la variazione della concentrazione dei reagenti o dei prodotti in un intervallo di tempo (risposte A e D errate). La spontaneità di una reazione è invece descritta dalla variazione di energia libera di Gibbs (risposta C errata).
È importante ricordare che in un bilanciamento ciò che viene modificato è il coefficiente stechiometrico, in modo tale che il numero di atomi presenti nei reagenti sia uguale al numero di atomi presente nei prodotti.
Risposta corretta B.

32. Il quesito è prettamente nozionistico e richiede la conoscenza delle leggi ponderali, che permettono di capire come affrontare gli esercizi di stechiometria. La legge di Dalton o "Legge delle proporzioni multiple" afferma che: se due elementi si combinano tra loro per formare più di un composto, le quantità in massa di uno, che si combinano con una quantità fissa dell'altro, stanno tra loro in rapporti esprimibili attraverso numeri interi, in genere piccoli. Pensiamo ad esempio all'azoto e all'ossigeno; questi due elementi reagiscono tra loro secondo rapporti di combinazione diversi per formare ossido nitroso e ossido nitrico (risposta A errata).
Il principio di esclusione di Pauli non appartiene alle leggi ponderali, ma è una delle tre regole su cui si basa la disposizione degli elettroni negli orbitali atomici, insieme al principio di Aufbau e alla regola di Hund. Il principio di Pauli sostiene che elettroni diversi di un atomo non possono avere tutti e quattro i numeri quantici uguali. Ciò significa che ogni orbitale può contenere al massimo 2 elettroni con spin opposti (risposta B errata).
La legge di Lavoisier o "Legge della conservazione della massa" afferma che: in una reazione chimica, la somma delle masse dei reagenti è sempre uguale alla somma delle masse dei prodotti. Questo equivale a dire che la materia non si crea e non si distrugge, ma si trasforma (risposte C ed E errate). La legge delle proporzioni definite e costanti afferma che: quando due o più elementi reagiscono per formare un determinato composto, si combinano sempre secondo proporzioni di massa definite e costanti. Questa legge è stata scritta da Proust.
Risposta corretta D.

33. Per rispondere correttamente al quesito è molto importante accorgersi che viene richiesto di individuare la risposta errata. L'esercizio richiede una buona conoscenza delle leggi ponderali, fondamentali per poter risolvere gli esercizi di stechiometria. La legge delle proporzioni definite e costanti di Proust afferma che: gli elementi che compongono un determinato composto stanno tra loro in proporzioni di massa definite e costanti (risposte A ed E errate). La legge delle proporzioni multiple di Dalton enuncia che: se due elementi reagiscono tra loro per formare due o più composti, le quantità in massa di uno che si combinano con una quantità fissa dell'altro, stanno tra loro in rapporti esprimibili mediante numeri interi e piccoli. Carbonio e ossigeno ne sono infatti un esempio (risposta D errata). La legge della conservazione della massa o legge di Lavoisier invece viene applicata indirettamente durante il bilanciamento di una reazione (risposta B errata). Lavoisier afferma che in una reazione chimica, la somma delle masse dei reagenti è sempre uguale alla somma delle masse dei prodotti. È importante non confondere le leggi ponderali con le regole su cui si basa la configurazione elettronica di un atomo, ovvero il principio di Aufbau, il principio di esclusione di Pauli e la regola di Hund.
Risposta corretta C.

34. Come prima cosa è necessario bilanciare la reazione: $P_4 + 6Cl_2 \rightleftharpoons 4PCl_3$. Per calcolare la resa teorica, che in questo esercizio corrisponde alle moli di PCl_3 ottenute teoricamente dalla reazione, si deve trovare il reagente limitante; questo è il reagente che si consuma per primo all'interno della reazione e che quindi va a determinare quante moli di prodotto si formeranno.
Un modo rapido per calcolare il reagente limitante è fare il rapporto tra il numero di moli e il

coefficiente stechiometrico corrispondente sia per P_4 che per Cl_2; di conseguenza, per P_4 avremo 6/1 = 6, mentre per Cl_2 12/6 = 2.
Il reagente limitante sarà quindi Cl_2 e a partire da questo calcoleremo le moli di PCl_3, prendendo in considerazione i rapporti stechiometrici; poiché Cl_2 sta in rapporto di 6 : 4 con PCl_3, possiamo scrivere: 6 : 12 mol = 4 : x mol → x = 12 · 4/6 = 8 mol.
La resa percentuale si calcola come $R_{reale}/R_{teorica}$ · 100 = 6 mol/8 mol · 100 = 75%.
Risposta corretta D.

35. Per risolvere questo esercizio dobbiamo trovare il reagente limitante, cioè quel reagente che si consuma per primo e va a definire quante moli di prodotto saranno ottenute durante la reazione. Innanzitutto calcoliamo le moli dei due reagenti: NO ha peso molecolare PM = (14 + 16) g/mol = 30 g/mol e le sue moli corrisponderanno a n = m/PM = 90 g/30 g/mol = 3 mol; H_2 ha invece peso molecolare PM = 1 g/mol + 1 g/mol = 2 g/mol e le sue moli corrisponderanno a n = m/PM = 30 g/2 g/mol = 15 mol. Attenzione! È importante ricordare il peso molecolare dei principali elementi della tavola periodica. A questo punto, per individuare il reagente limitante, è necessario dividere il numero di moli per il coefficiente stechiometrico del reagente: per NO avremo 3 / 2 = 1,5, mentre per H_2 avremo 15 / 5 = 3. Il valore minore è quello del NO, quindi questo sarà il nostro reagente limitante. A questo punto andiamo a considerare i rapporti stechiometrici: NO e NH_3 si trovano in rapporto 2 : 2, che è assimilabile a 1 : 1, quindi le moli di NO saranno uguali a quelle di NH_3.
Calcoliamo infine la resa teorica della reazione, cioè la massa dell'ammoniaca che si dovrebbe teoricamente ottenere dalla reazione: si utilizzerà la formula m = n · PM = 3 mol · (14 + 1 + 1 + 1) g/mol = 51 g.
Risposta corretta E.

CHIMICA

6. Reazioni chimiche, equilibrio e cinetica

1. Data la seguente reazione: $KNO_3 + NaOH \rightleftharpoons NaNO_3 + KOH$
Indicare la classe di reazione che la rappresenta:

A. Neutralizzazione
B. Doppio scambio
C. Scambio semplice
D. Sintesi
E. Scambio acido-base

2. Indicare la coppia "tipologia di reazione – reazione" corretta:

A. Scambio semplice – $2NaOH + H_2SO_4 \rightleftharpoons Na_2SO_4 + 2H_2O$
B. Doppio scambio – $Na_2CO_3 + 2HCl \rightarrow \rightleftharpoons 2NaCl + CO_2 + H_2O$
C. Decomposizione – $N_2 + 3H_2 \rightleftharpoons 2NH_3$
D. Sintesi – $NaOH + HCl \rightleftharpoons NaCl$
E. Doppio scambio – $Zn + H_2SO_4 \rightleftharpoons ZnSO_4 + H_2$

3. Individuare l'affermazione errata:

A. La reazione di decomposizione porta alla formazione di due o più prodotti a partire da un composto
B. La reazione di sintesi porta alla formazione di uno o più prodotti
C. Nelle reazioni di scambio semplice, se un elemento non è abbastanza reattivo non riesce a scalzare l'elemento nel composto
D. Nelle reazioni di doppio scambio i due reagenti si scambiano gli elementi
E. Una reazione di neutralizzazione non può essere una reazione di decomposizione

4. Il riducente in una qualsiasi reazione di ossido-riduzione:

A. Assume sempre protoni
B. Assume sempre ossigeno
C. Cede sempre ossigeno
D. Assume sempre idrogeno
E. Cede sempre elettroni

5. Una reazione di ossido-riduzione è caratterizzata dal fatto che:

A. Un prodotto viene frazionato in più parti
B. Uno o più elementi di una sostanza si trasformano in altri elementi a più basso peso atomico
C. Uno o più elementi modificano il loro stato di ossidazione
D. Un elemento aumenta il proprio numero di ossidazione
E. Si ha una diminuzione del peso molecolare del reagente

6. Un elemento la cui formula elettronica sia $1s^2\ 2s^2\ 2p^6\ 3s^1$ si comporta come:

A. Un forte riducente
B. Un forte ossidante
C. Un elemento inerte
D. Un potente elettrofilo
E. Un acido forte

7. Quale delle seguenti rappresentazioni di reazioni di ossido-riduzione è corretta?

A. $Mg \rightleftharpoons Mg^+$
B. $F^- - 2e^- \rightleftharpoons F$
C. $Ba^+ \rightleftharpoons Ba$
D. $Cl^- + 1e^- \rightleftharpoons Cl^{2-}$
E. $Pb^{2+} + 1e^- \rightleftharpoons Pb$

8. Quale delle seguenti reazioni NON è una reazione di ossidoriduzione?

A. $MnCl_2 + HNO_3 + HCl \rightleftharpoons 2NO + 3MnCl_4 + 4H_2O$
B. $K_2Cr_2O_7 + H_2O + S \rightleftharpoons SO_2 + KOH + Cr_2O_3$
C. $Al_2O_3 + H_2SO_4 \rightleftharpoons Al_2(SO_4)_3 + H_2O$
D. $Cr_2O7_2^- + Fe^{2+} + H^+ \rightleftharpoons Fe^{3+} + Cr^{3+} + H_2O$
E. Nessuna delle precedenti

9. L'anione cromato $(CrO_4)^{2-}$ si trasforma nel catione Cr^{3+} e in questa reazione l'atomo Cr:

A. Passa da numero di ossidazione +6 a +3 e si riduce
B. Passa da numero di ossidazione +6 a +3 e si ossida
C. Passa da numero di ossidazione -2 a +3 e si riduce
D. Passa da numero di ossidazione -2 a +3 e si ossida
E. Non subisce variazioni del numero di ossidazione

10. Nella seguente reazione $K_2Cr_2O_7 + H_2O_2 + H_2SO_4 \rightleftharpoons Cr_2(SO_4)_3 + O_2$
indicare quale elemento si comporta come ossidante:

A. Potassio
B. Zolfo
C. Ossigeno
D. Cromo
E. Idrogeno

11. Che tipologia di reazione è $NaCl + AgNO_3 \rightarrow AgCl + NaNO_3$?

A. Ossidoriduzione
B. Scambio semplice
C. Doppio scambio
D. Decomposizione
E. Sintesi

12. Nella reazione $KMnO_4 + FeSO_4 + H_2SO_4 \rightleftharpoons MnSO_4 + Fe_2(SO_4)_3 + K_2SO_4$ dove avviene la reazione di ossidazione e come cambiano i numeri di ossidazione?

A. $Fe^{+2} \rightarrow Fe^{+3}$
B. $Fe^{+3} \rightarrow Fe^{+2}$
C. $Mn^{+7} \rightarrow Mn^{+2}$
D. $Mn^{+2} \rightarrow Mn^{+3}$
E. $Mn^{+7} \rightarrow Fe^{+2}$

13. Determinare quale di queste reazioni è una reazione di ossidoriduzione ed identificare l'agente ossidante e l'agente riducente:

$2Mg + O_2 \rightleftharpoons 2MgO$
$2HBr + Ca(OH)_2 \rightleftharpoons 2H_2O + CaBr_2$
$Cl_2 + 2OH^- \rightleftharpoons Cl^- + ClO^- + H_2O$

A. (a) redox, ossidante = O_2, riducente = Mg; (b) non redox; (c) redox, ossidante = Cl, riducente = H
B. (a) redox, ossidante = Mg, riducente = O_2; (b) non redox, (c) redox, ossidante = H, riducente = Cl
C. (a) redox, ossidante = O_2, riducente = Mg; (b) non redox; (c) redox, ossidante = Cl, riducente = Cl
D. (a) redox, ossidante = Mg, riducente = O_2; (b) non redox; (c) redox, ossidante = Cl, riducente = Cl
E. (a) redox, ossidante = Mg, riducente = O_2; (b) redox, ossidante = Br, riducente = Ca (c) redox, ossidante = Cl, riducente = Cl

14. Una reazione si definisce endotermica quando:

A. Avviene con assorbimento di calore
B. Avviene con sviluppo di calore
C. Si trova all'equilibrio
D. Presenta una velocità di reazione elevata
E. Non può avvenire a temperatura ambiente

15. Quale delle seguenti affermazioni è corretta?

A. Una reazione endotermica non può mai essere spontanea
B. L'entropia indica la quantità di calore che viene scambiata da un sistema all'altro
C. L'energia libera di Gibbs indica lo stato d'ordine della reazione
D. Una reazione esotermica ha $\Delta S > 0$
E. Una reazione esotermica può essere non spontanea

16. Nella seguente reazione all'equilibrio: $2X_{(g)} + 3Y_{(g)} \leftrightharpoons 3Z_{(g)} + W_{(g)}$ Cosa provocherebbe uno spostamento dell'equilibrio verso destra?

A. Un aumentando di W
B. Una riduzione di X
C. L'aggiunta di un catalizzatore
D. Un aumento della pressione
E. Tutte le precedenti

17. In una reazione all'equilibrio:

A. I reagenti diminuiscono progressivamente fino ad esaurirsi
B. La temperatura non ha effetto sulla K_{eq}
C. La quantità dei prodotti non può mai superare la quantità dei reagenti
D. La velocità è zero
E. Le concentrazioni di prodotti e reagenti non variano nel tempo

18. La costante di equilibrio di una reazione chimica è costante:

A. Al variare della temperatura
B. A temperatura costante
C. Al variare del volume
D. Al variare della pressione
E. Sempre

19. Considerando la seguente reazione esotermica: $N_2(g) + 3H_2(g) \rightleftharpoons 2NH_3(s)$
Quale delle seguenti modifiche ci permette di spostare l'equilibrio verso destra?

A. Abbassando la temperatura
B. Aggiungendo NH_3
C. Togliendo N_2
D. Diminuendo la pressione
E. Aggiungendo un catalizzatore

20. Considerando la seguente reazione all'equilibrio, quale affermazione è sicuramente errata?
$A + B + Q \rightleftharpoons AB$

A. Con un abbassamento della temperatura l'equilibrio si sposta a destra
B. La reazione ha $\Delta H > 0$
C. La reazione potrebbe avere $\Delta G > 0$
D. Un aumento della temperatura favorisce la reazione
E. La reazione potrebbe avere $\Delta G < 0$

21. Nella seguente reazione chimica: $FeCl_2$ + $Na_2CO_3 \rightleftharpoons FeCO_3 + 2NaCl$

Indicare quale opzione provocherebbe sicuramente uno spostamento dell'equilibrio chimico verso sinistra:

A. Aggiunta di $FeCl_2$ e di $FeCO_3$
B. Sottrazione di NaCl
C. Aggiunta di $FeCO_3$
D. Aggiunta di $FeCO_3$ e di Na_2CO_3
E. Sottrazione di un eventuale catalizzatore

22. Su basi cinetiche la pressione di un gas è determinata da uno dei seguenti elementi. Scegli l'UNICO assolutamente CORRETTO:

A. La massa delle particelle
B. Il numero di urti delle particelle del gas tra loro
C. La somma del numero degli urti delle particelle del gas tra loro e sulle pareti del recipiente
D. Il numero degli urti e delle particelle del gas sulle pareti del recipiente che avvengono con una energia superiore all'energia cinetica media
E. Il numero di urti delle particelle del gas sulle pareti del recipiente

23. Nella reazione all'equilibrio $2CH_4(g) + O_2(g) \rightleftharpoons 2CO(g) + 4H_2(g)$ cosa succede quando aumenta la pressione?

A. Non si ha alcun effetto sull'equilibrio
B. L'equilibrio viene spostato a destra
C. La reazione inversa è favorita
D. Aumenta la produzione solo di ossigeno allo stato gassoso
E. Aumenta la produzione di monossido di carbonio

24. Quale delle seguenti affermazioni riguardanti l'equilibrio di reazione è esatta?

A. Se una reazione è esotermica sarà favorita da una diminuzione della temperatura
B. La costante di equilibrio può variare in seguito alla presenza di un catalizzatore
C. Se una reazione è endotermica sarà favorita dall'aumento di reagenti, se è esotermica no
D. La concentrazione ha un'influenza sulla posizione dell'equilibrio di reazione solo se la temperatura è costante
E. Le variazioni di pressione influenzano la posizione dell'equilibrio solo delle reazioni che avvengono in soluzione

25. Gli enzimi catalizzano le reazioni chimiche. Questo significa che:

A. Accelerano le reazioni aumentando la probabilità di collisione tra i reagenti
B. Forniscono energia ai reagenti
C. Sottraggono energia ai reagenti
D. Con l'intervento di un catalizzatore, i reagenti richiedono una maggiore quantità di energia per raggiungere lo stato di transizione
E. Aumentano la temperatura delle reazioni

26. Quale delle seguenti affermazioni relative alla velocità di reazione è errata:?

A. La sua unità di misura è mol s^{-1} l^{-1}
B. La velocità di reazione non rimane costante nel tempo
C. La temperatura influenza la velocità solo delle reazioni gassose
D. La velocità di reazioni chimiche che avvengono nel nostro corpo è influenzata da catalizzatori detti enzimi
E. La velocità di una reazione chimica corrisponde alla velocità con cui i reagenti mutano in prodotti

27. Quale dei seguenti fattori NON influenza sempre la velocità di una reazione?

A. Temperatura
B. Caratteristiche intrinseche dei reagenti di venire a contatto tra di loro
C. Concentrazione dei reagenti
D. Pressione
E. Presenza di catalizzatore

28. Lo stato di transizione:

A. Non viene raggiunto in assenza di catalizzatore
B. Possiede energia più bassa rispetto a quella dei reagenti
C. È caratterizzato da elevata instabilità
D. Viene assunto dai prodotti della reazione
E. Viene raggiunto attraverso una riduzione di energia dei reagenti

29. Osservando la seguente reazione, quale delle seguenti affermazioni è errata?
$CaCO_3 + 2HCl \rightleftharpoons CaCl_2 + CO_2 + H_2O$

A. Non si ha variazione nei numeri di ossidazione
B. Si tratta di una reazione di doppio scambio

C. Con una perdita di carbonato di calcio l'equilibrio della reazione si sposta a sinistra
D. Poiché ci sono tre prodotti a fronte di due reagenti, un aumento di pressione sposta l'equilibrio verso sinistra
E. Aumentando la temperatura, la velocità di reazione aumenta

30. Riguardo ad una reazione endoergonica è corretto affermare che:

A. È sempre endotermica
B. La pressione non modifica mai l'equilibrio della reazione
C. La sua velocità diminuisce all'aumentare della temperatura
D. Può essere esotermica
E. Diminuendo i reagenti l'equilibrio non viene spostato

CHIMICA

CORREZIONE COMMENTATA

1. Osserviamo la reazione fornita dal testo del quesito: $KNO_3 + NaOH \rightleftharpoons NaNO_3 + KOH$. Tra i reagenti riconosciamo rispettivamente i seguenti composti: il nitrato di potassio (sale derivante dall'acido nitrico) e l'idrossido di sodio (base molto forte). Tra i prodotti invece riconosciamo i seguenti composti: il nitrato di sodio (che in soluzione rilascia due ioni spettatori derivanti da un acido e da una base forte, non modificando quindi il pH della soluzione) e l'idrossido di potassio (una base forte). Si può quindi notare come il pH rimanga basico sia prima che dopo la reazione (vedi capitolo 8 - Acidi e basi). Nonostante la somiglianza della reazione presente nel quesito con la reazione di neutralizzazione che coinvolge l'acido nitrico e l'idrossido di sodio, non si tratta in questo caso di una reazione di neutralizzazione; questo tipo di reazioni ha per definizione come reagenti un acido e una base, e si assiste alla formazione di acqua e sale come prodotti; è quindi evidente che non sia il caso della reazione proposta, in quanto i composti nei reagenti e nei prodotti conservano la loro natura di sale derivante da acido forte e di base forte (risposta A errata). Si può facilmente dedurre che abbiamo di fronte una reazione di doppio scambio, poiché si ha scambio di elementi tra i due composti. Vista la struttura della reazione possono essere escluse le opzioni C e D: la sintesi porta a formazione di un unico prodotto, mentre la reazione di scambio semplice è una reazione in cui un elemento libero reagisce con un composto sostituendo uno dei componenti (risposte C e D errate). Infine la risposta E è errata perché la reazione di scambio acido-base non esiste.
Risposta corretta B.

2. Per risolvere il quesito proposto dobbiamo innanzitutto avere ben chiare le tipologie di reazioni. La reazione di sintesi è una reazione in cui da due reagenti si va a formare un solo prodotto: $A + B \rightarrow C$. La risposta D propone quella che a prima vista potrebbe sembrare una reazione di sintesi, ma che in realtà non lo è: essa è infatti scritta in modo errato, in quanto non rispetta il principio di conservazione della massa di Lavoisier (vedi capitolo 5.4 - Stechiometria), perché abbiamo la "sparizione" di una molecola di acqua. La reazione scritta correttamente sarebbe: $NaOH + HCl \rightleftharpoons NaCl + H_2O$ (risposta D errata). La reazione di decomposizione è una reazione in cui da un reagente si passa ad avere due prodotti: $AB \rightarrow A + B$. La risposta C associa invece ad una reazione di decomposizione una reazione che ha la struttura di una reazione di sintesi (Risposta C errata). La reazione di scambio semplice è una reazione in cui un elemento libero reagisce con un composto sostituendo uno dei componenti: $A + BC \rightarrow B + AC$. La risposta A propone una reazione che è invece di doppio scambio, poiché entrambi i reagenti si scambiano vicendevolmente i componenti (risposta A errata). La reazione di doppio scambio è, infine, una reazione in cui si ha scambio vicendevole di elementi tra due composti: $AB + CD \rightarrow AD + BC$. Tra le due opzioni rimaste, quella corretta è la B, poiché la E rispecchia la definizione di reazione di scambio semplice (risposta E errata). La risposta B poteva trarre in inganno: da due reagenti si formano infatti tre prodotti. Tuttavia, ciò non contrasta con la definizione di reazione di doppio scambio poiché avviene comunque scambio di un ossigeno (da Na_2CO_3) con un cloro (da HCl).
Risposta corretta B.

3. Il quesito qui proposto è prettamente teorico, e il modo più veloce per risolverlo è quello di procedere per esclusione. È necessario notare innanzitutto che il quesito richiede di trovare l'affermazione ERRATA. L'opzione A è corretta perché riporta esattamente la definizione di reazione di decomposizione, che può essere schematizzata come: $AB \rightarrow A + B$ (risposta A errata). L'opzione C indica una diretta conseguenza della definizione di reazione di scambio semplice, in cui un elemento più reattivo scalza quello meno reattivo presente nel composto. Nel caso l'elemento sia meno reattivo di quello del composto, non è possibile che la reazione avvenga (risposta C errata). L'opzione D è corretta in quanto riporta la definizione di reazione di doppio scambio, che si schematizza come: $AB + CD \rightarrow AD + BC$ (risposta D errata). La reazione di neutralizzazione è per definizione una reazione in cui un acido e una base reagiscono andando a formare un sale e acqua. A causa della struttura di questa reazione, essa non può essere una reazione di decomposizione, che ha invece struttura $AB \rightarrow A + B$ (risposta E errata). La risposta da ricercare era la B, che infatti è concettualmente errata, perché per definizione la reazione di sintesi porta alla formazione di un solo prodotto a partire da due o più reagenti.
Risposta corretta B.

4. Per risolvere il quesito, è necessario conoscere il significato del termine "riducente"; il riducente è l'elemento che induce una riduzione in un altro elemento. Per imparare il meccanismo delle ossidoriduzioni, è utile ricordare la mnemofrase "O.P.E.R.A.", cioè "chi si Ossida Perde Elettroni, chi si Riduce li Acquista". La mnemofrase esplicita il funzionamento delle redox e quindi se una specie chimica è detta riducente, allora significa che si ossida e che perde elettroni (la carica della specie chimica idealmente è più positiva e quindi si assiste ad un aumento del numero di ossidazione). Il riducente si ossida per cedere elettroni all'elemento che si riduce (e che quindi li assume). La risposta A è errata perché un atomo può scambiare elettroni o possedere un numero diverso di neutroni (isotopo), ma il numero di protoni rimane fisso per ogni elemento (risposta A errata). Le opzioni B, C e D sono tutte e tre errate: gli scambi di ossigeno e idrogeno in sé non contraddistinguono necessariamente una reazione di ossidoriduzione (risposte B, C e D).
Risposta corretta E.

5. In una reazione di ossido-riduzione gli elementi variano il loro numero di ossidazione scambiandosi elettroni (vedi: capitolo 1.3 – Numero di ossidazione). L'opzione D potrebbe essere vera considerando il caso particolare, ma risulta incompleta quando la richiesta è di una definizione generale (risposta D errata). Le opzioni A, B ed E sono totalmente errate; per quanto riguarda l'opzione A, non ha senso parlare di frazionamento del prodotto perché una redox si riconosce confrontando i numeri di ossidazione di elementi dei prodotti e dei reagenti (risposta A errata). Analizzando invece le risposte B ed E, esse sono errate perché una redox non presuppone una diminuzione del peso atomico e del peso molecolare dei composti (risposte B ed E errate). La risposta corretta è quindi la C, che corrisponde alla definizione generale di redox.
Risposta corretta C.

6. Contando gli elettroni presenti nella configurazione riportata nel testo del quesito, si può ricavare che il composto in esame è il sodio (appartenente al primo gruppo della tavola periodica). Infatti, l'ultimo orbitale del suo ultimo livello energetico (l'orbitale s) non è saturato: appartenendo al primo gruppo della tavola periodica (vedi: capitolo 1.2 -Tavola periodica) ha un solo elettrone nell'orbitale elettronico esterno. Ricordando le proprietà della tavola periodica, l'elemento in esame ha un'energia di ionizzazione molto bassa e di conseguenza è necessaria una scarsa quantità di energia per allontanare un suo elettrone: l'elemento tenderà a perdere un elettrone. Tenendo a mente la mnemofrase "O.P.E.R.A" ("chi si Ossida Perde Elettroni, chi si Riduce li Acquista") tale elemento si comporta come un forte riducente, perché tende a cedere l'ultimo elettrone, e quindi si ossida. Dalla precedente spiegazione si può dedurre che le opzioni B e D sono errate rispettivamente perché una specie ossidante si riduce e quindi acquista elettroni, mentre un elettrofilo per definizione è avido di elettroni (risposte B e D errate). Anche l'opzione C è errata, poiché gli elementi comunemente detti inerti sono i gas nobili, mentre il sodio è un elemento del primo gruppo (risposta C errata). Infine, può essere esclusa anche l'opzione E visto che il sodio non ha il comportamento tipico degli acidi forti ma, al contrario, tende a formare una base forte, cioè l'idrossido di sodio NaOH (risposta E errata).
Risposta corretta A.

7. Aggiungere degli elettroni ad un atomo significa dare più cariche negative, per cui, al contrario, togliendo elettroni la carica dell'atomo risulterà meno negativa. Sia la reazione con il magnesio che quella con il bario non hanno segnati gli elettroni che devono essere persi o acquisiti per il passaggio di carica, quindi le formulazioni corrette dovrebbero essere: $Mg \rightarrow Mg^+ + 1e^-$ e $Ba^+ + 1e^- \rightarrow Ba$ (risposte A e C errate). Per quanto riguarda la reazione con il fluoro, esso possiede una carica negativa, quindi se gli venissero tolti due elettroni esso dovrebbe risultare come uno ione con una carica positiva: $F^- - 2e^- \rightarrow F^+$ (risposta B errata). Nella reazione con il piombo, esso è presente come un catione con due cariche positive, quindi se assumesse un elettrone esso dovrebbe risultare come uno ione con una carica positiva. La reazione corretta sarebbe quindi: $Pb^{2+} + 1e^- \rightarrow Pb^+$ (risposta E errata). Infine, la reazione con il cloro risulta essere l'unica corretta: infatti, aggiungendo un elettrone all'anione con una carica negativa, si ottiene un anione con due cariche negative.
Risposta corretta D.

8. Una redox è una reazione caratterizzata dal fatto che gli elementi partecipanti cambiano numero

di ossidazione. Solitamente si tratta dell'ossidazione di un elemento, e quindi la perdita di elettroni, contemporanea alla riduzione di un altro elemento, che assume gli elettroni persi. A questo proposito ricordiamo la mnemofrase "chi si Ossida Perde Elettroni, chi si Riduce li Acquista".
Per risolvere al meglio questo esercizio bisogna calcolare i n.o. di tutti gli elementi delle reazioni. Procediamo per esclusione: l'opzione A vede una variazione del numero di ossidazione del manganese, che passa da +2 a +4, perdendo elettroni e ossidandosi. Contemporaneamente l'azoto passa da +5 a +2, assumendo elettroni e quindi riducendosi (risposta A errata). L'opzione B vede una variazione del numero di ossidazione del cromo, che passa da +6 a +3, assumendo elettroni e quindi riducendosi. Contemporaneamente lo zolfo passa da 0 (stato monoatomico) a +4, perdendo elettroni e quindi ossidandosi (risposta B errata). L'opzione D vede una variazione del numero di ossidazione del cromo che passa da +6 a +3 (la carica dello ione monoatomico corrisponde al n.o. dell'elemento), che assume elettroni riducendosi. Contemporaneamente il ferro passa da +2 a +3 (entrambe sono le cariche dello ione monoatomico), perdendo elettroni e quindi ossidandosi (risposta D errata). Infine, l'opzione C non vede variazione nei n.o.: l'alluminio rimane +3 in tutti i composti, lo zolfo rimane +6, l'idrogeno rimane +1 e l'ossigeno rimane -2.
Risposta corretta C.

9. L'anione cromato deriva dall'acido cromico H_2CrO_4 che in soluzione si dissocia liberando due ioni H^+. Per la risoluzione del quesito non è necessario fare il passaggio precedente, ma è sufficiente riuscire a ricavare il numero di ossidazione di Cr prima nello ione cromato e poi nel catione e infine confrontarli. Partiamo dallo ione cromato: la carica totale, come indicato in apice, è pari a -2, quindi la somma algebrica dei numeri di ossidazione degli atomi di ossigeno e di quelli dell'atomo di cromo dovrà risultare -2. Sappiamo che il numero di ossidazione di un atomo di ossigeno, tranne in rari casi, è pari a -2, ed avendo 4 atomi di ossigeno il numero di ossidazione totale degli atomi di ossigeno sarà pari a $(-2) \cdot 4 = -8$. Con una semplice equazione ($X-8=-2$) si ricava il numero di ossidazione del cromo, che sarà pari a +6.
Passiamo ora al calcolo del numero di ossidazione del catione Cr^{3+}; il numero di ossidazione per tale ione coincide con la carica indicata in apice, e sarà quindi +3. Il numero di ossidazione passa da +6 a +3, e quindi diminuisce; la diminuzione del numero di ossidazione è data dall'assunzione di elettroni, e di conseguenza ci troviamo davanti ad una riduzione (Ricordiamo la mnemofrase "O.P.E.R.A.": "chi si Ossida Perde Elettroni, chi si Riduce il Acquista").
Risposta corretta A.

10. Si comporta come ossidante una specie chimica che acquista elettroni da un'altra specie chimica; come si può dedurre dal termine "ossidante", esso fa ossidare e di conseguenza si riduce. Dalla mnemofrase "O.P.E.R.A." ("chi si Ossida Perde Elettroni, chi si Riduce li Acquista") si ricorda che una specie chimica che si riduce acquista elettroni, quindi diminuisce il suo numero di ossidazione (n.o.). La richiesta dell'esercizio è di individuare l'elemento che nel passaggio da reagente a prodotto abbassa il proprio numero di ossidazione. Procediamo allora partendo dai numeri di ossidazione che conosciamo per certi: O = -2, K = +1, H = +1. A questo punto possiamo ricavare i numeri di ossidazione di S e Cr: nei reagenti Cr = +6 e S = +6; nei prodotti Cr = +3 e S = +6. Possiamo notare come Cr è l'elemento che si è ridotto, comportandosi da ossidante (risposta D corretta), mentre S non ha variato il suo numero di ossidazione. Notiamo come l'elemento che invece si è ossidato è l'ossigeno, il cui numero di ossidazione passa da -2 nei reagenti (in particolare in $K_2Cr_2O_7$) a 0 nei prodotti (in O_2). Notiamo anche che in H_2O_2 il numero di ossidazione dell'ossigeno è -1, ma nel passaggio dai reagenti ai prodotti il n.o. aumenta quindi l'ossigeno anche in questi composti si ossida.
Le opzioni A ed E sono errate, infatti per entrambe le specie chimiche il numero di ossidazione rimane pari a +1. L'opzione B è errata perché lo zolfo non varia il suo numero di ossidazione (+6), infatti si trova sempre legato all'ossigeno nello ione solfato (SO_4^{2-}). L'opzione C è errata perché l'ossigeno, come abbiamo detto precedentemente, si ossida in entrambi i composti, comportandosi da riducente.
Risposta corretta D.

11. Per risolvere il quesito bisogna conoscere le varie tipologie di reazione. Una reazione di sintesi porta alla formazione di un solo prodotto a partire da due o più reagenti, può essere quindi schematizzata come: $A + B \rightarrow C$ (risposta E errata). In una reazione di decomposizione invece un reagente consente la formazione di due o più prodotti, secondo lo schema: AB → A + B (risposta D errata). Mentre la reazione di scambio semplice è un processo in cui un elemento libero reagisce con un composto sostituendo uno dei due componenti: A + BC → B + AC (risposta B errata). Inoltre, in una reazione di ossidoriduzione, alcuni elementi (non necessariamente tutti) cambiano il loro numero di ossidazione nel passare da reagenti a prodotti. Nella reazione proposta dal quesito non avviene nessuna variazione dei numeri di ossidazione (risposta A errata).

In $NaCl + AgNO_3 \rightarrow AgCl + NaNO_3$ abbiamo due composti (cloruro di sodio e nitrato di argento) che si scambiano gli elementi formando due nuovi composti (cloruro di argento e nitrato di sodio), è infatti una reazione di doppio scambio.

Risposta corretta C.

12. Prima di iniziare ad assegnare i numeri di ossidazione ai composti della reazione si può considerare la definizione di ossidazione; quando un elemento si ossida il suo numero di ossidazione aumenta. Di conseguenza, possiamo escludere tutte le opzioni tranne la A e la D (risposte B, C ed E errate). Possiamo ora andare a dare i numeri di ossidazione ai vari elementi. La risposta cercata è quella che riguarda il ferro: esso inizialmente ha +2 quando è legato con un singolo ione solfato, nel solfato ferroso, poiché lo ione solfato ha carica complessiva -2; in seguito esso assume il n.o. +3, quando è legato con tre ioni solfato, che complessivamente hanno da bilanciare una carica pari a -2·3=-6.

Risposta corretta A.

13. Come prima cosa dobbiamo concentrarci sulla nomenclatura è importante ricordare che l'agente riducente è la specie chimica che si ossida (aumenta il suo numero di ossidazione), perde elettroni e fa ridurre l'altra specie che li assume, mentre l'agente ossidante è la specie chimica che si riduce (diminuisce il suo numero di ossidazione), acquista elettroni fa ossidare l'altra specie nella reazione. La reazione (a) è una reazione redox poiché il magnesio aumenta il suo numero di ossidazione da 0 a +2 mentre l'ossigeno diminuisce il proprio numero di ossidazione da 0 a -2. Quindi, il magnesio si ossida e sarà l'agente riducente; mentre l'ossigeno si riduce e sarà l'agente ossidante (risposte B, D, E errate). La reazione (b) non è una reazione redox in quanto nessuno degli atomi subisce una variazione nel numero di ossidazione. La reazione (c) è, infine, una reazione redox particolare, ovvero una dismutazione redox: il cloro è l'unica specie chimica che varia il suo numero di ossidazione e dunque sarà allo stesso tempo sia il riducente che l'ossidante (Risposta A errata).

Risposta corretta C.

14. Una reazione è definita endotermica quando necessita di calore per avvenire: A + B + Q → C + D, il calore viene quindi indicato come un reagente della reazione. L'opzione B è errata in quanto una reazione che avviene con sviluppo di calore viene detta esotermica (risposta B errata). Anche l'opzione C risulta errata in quanto una reazione endotermica non è necessariamente all'equilibrio (risposta C errata). La risposta D risulta invece errata perché etichetta una reazione endotermica come se fosse sempre veloce; la velocità di una reazione endotermica aumenta con un aumento di temperatura, e quindi un aumento dell'agitazione delle particelle, ma non è necessariamente una reazione veloce (risposta D errata). La risposta E infine risulta errata concettualmente, poiché visto che ogni reazione può avvenire a una determinata temperatura che può anche coincidere con la temperatura ambiente (risposta E errata).

Risposta corretta A.

15. Si tratta di un quesito prettamente teorico, per cui bisogna avere solide nozioni di termodinamica. Procediamo per esclusione: l'opzione A è errata perché il fatto che una reazione sia endotermica non implica necessariamente che l'energia libera di Gibbs sia maggiore di zero. Considerando la formula $\Delta G = \Delta H - T \cdot \Delta S$, se il termine $-T \cdot \Delta S$ è maggiore in valore assoluto rispetto a ΔH, l'energia libera di Gibbs risulta minore di zero e quindi la reazione è spontanea (risposta A errata). L'opzione B confonde entalpia con entropia: l'entalpia è infatti la quantità di calore scambiato, mentre l'entropia indica la tendenza del sistema al disordine (risposta B errata). L'opzione C confonde invece l'energia libera di Gibbs con l'entropia: ΔG definisce infatti la variazione di energia libera della reazione (risposta C errata). L'opzione D è errata perché

una reazione esotermica ha un $\Delta H < 0$ per definizione, ma non indica nulla riguardo l'entropia (risposta D errata). L'opzione E è l'unica corretta: il fatto che una reazione sia endotermica implica solo che ΔH sia minore di zero, ma con un valore di entropia (ΔS) sufficientemente negativo la somma algebrica dell'energia libera potrebbe avere un valore positivo. La reazione può essere quindi non spontanea.
Risposta corretta E.

16. Per questa tipologia di esercizi è necessaria la conoscenza del concetto di equilibrio di reazione e dei fattori che possono modificarlo. Secondo il Principio di Le Chatelier, l'equilibrio chimico può essere perturbato da variazioni di temperatura, pressione e concentrazione. L'aggiunta di un catalizzatore abbassa l'energia di attivazione, con conseguente aumento della velocità di reazione, ma non è un fattore che influenza l'equilibrio (risposta C errata). Considerando invece le variazioni di concentrazione, l'aumento dei prodotti e la diminuzione dei reagenti, spostano l'equilibrio verso sinistra (risposte A e B errate). Mentre, per quanto riguarda la pressione, influenza solamente le sostanze in forma gassosa. Questo significa che bisogna escludere i composti non gassosi. All'aumentare della pressione, l'equilibrio si sposta dalla parte della reazione con meno molecole, mentre al diminuire della pressione, l'equilibrio si sposta dal lato della reazione con più molecole. Il numero di molecole coincide con il coefficiente stechiometrico delle varie sostanze. Nella reazione proposta tutti gli elementi sono in fase gassosa e abbiamo 5 molecole nei reagenti e 4 molecole nei prodotti. Di conseguenza un aumento della pressione determina uno spostamento dell'equilibrio verso destra, invece la diminuzione della pressione comporta uno spostamento verso sinistra.
Risposta corretta D.

17. Una reazione all'equilibrio è per definizione una reazione in cui la velocità della reazione diretta (quella che porta dai reagenti ai prodotti) è uguale alla velocità della reazione inversa (quella che porta dai prodotti ai reagenti). In questa tipologia di reazioni si arriverà ad una situazione in cui le concentrazioni dei reagenti non varieranno più in modo sensibile, e lo stesso vale per le concentrazioni dei prodotti. Di conseguenza non si arriverà mai ad un esaurimento dei reagenti, perché la reazione inversa continuerà ad avvenire, si definirà uno stato di equilibrio dinamico (risposta A errata). Nello stato di equilibrio dinamico, è possibile che le quantità finali di prodotti e reagenti siano differenti tra di loro, e quindi anche che i prodotti siano presenti in quantità maggiore dei reagenti; l'equilibrio definisce solo l'uguaglianza tra le velocità (risposta C errata). La costante di equilibrio, anch'essa per definizione, è costante a temperatura costante (risposta B errata). Come abbiamo specificato, le reazioni continuano ad avvenire, semplicemente avvengono alla stessa velocità: da ciò ne consegue che la velocità non potrà essere uguale a zero (risposta D errata). Per i motivi che abbiamo citato sopra, l'unica risposta corretta era la E.
Risposta corretta E.

18. La costante di equilibrio di una reazione si definisce come il rapporto tra le concentrazioni dei prodotti e quelle dei reagenti, ciascuna elevata al proprio coefficiente stechiometrico: $k = ([C]^c \cdot [D]^d)/([A]^a \cdot [B]^b)$. La costante di equilibrio indica se la reazione è spostata verso i reagenti (se la k è minore di 1) oppure spostata verso i prodotti (se la k è maggiore di 1). La costante di equilibrio dipende solamente dalle variazioni di temperatura: quindi a temperatura costante la costante di equilibrio di una reazione è costante. Di conseguenza, le opzioni A ed E risultano errate, poiché entrambe contraddicono quanto appena detto. Anche le opzioni C e D non sono corrette, infatti sia una variazione del volume che una variazione della pressione non influiscono sulla costante di equilibrio.
Risposta corretta B.

19. Per prima cosa osserviamo la reazione: si tratta di una reazione di sintesi, poiché si parte da due reagenti e si ottiene un solo prodotto, esotermica e avente i reagenti in forma gassosa e il prodotto in fase solida. Il passo successivo per il corretto svolgimento dell'esercizio è ricordarsi che negli esercizi sulle reazioni e sull'equilibrio il calore va trattato come se fosse un reagente o un prodotto; nel caso di una reazione esotermica, il calore viene trattato come un prodotto. Di conseguenza, una diminuzione di calore si traduce in una diminuzione dei prodotti, con conseguente spostamento dell'equilibrio verso destra per il Principio di Le Chatelier (risposta A corretta). La risposta B indica un aumento di prodotto che si traduce in uno spostamento

dell'equilibrio verso sinistra (risposta B errata). Lo stesso vale per una diminuzione di reagente (opzione C), che per il Principio di Le Chatelier, riporterebbe l'equilibrio verso sinistra (risposta C errata). Anche la risposta D è errata: i prodotti infatti non sono in fase gassosa, di conseguenza non è applicabile il principio di Le Chatelier sulla pressione. Si ricorda che tale principio, che stabilisce che un aumento di pressione sposta l'equilibrio verso il lato in cui sono presenti meno moli, è applicabile solamente nel caso tutti i componenti della reazione siano in fase gassosa e la reazione sia all'equilibrio (risposta D errata). Infine, l'opzione E indica la presenza di un catalizzatore, il quale aumenta la velocità della reazione senza andare però a modificarne l'equilibrio (risposta E errata).
Risposta corretta A.

20. Per la corretta risoluzione del quesito è necessario notare che esso richiede la risposta ERRATA. La reazione generica che viene presentata è una reazione endotermica, cioè una reazione che avviene con assunzione di calore (rappresentato infatti tra i reagenti). Una reazione endotermica ha per definizione $\Delta H > 0$, perché i prodotti presentano entalpia maggiore dei reagenti (risposta B errata). La reazione fornita è generica, non sappiamo quindi quale sia il valore della sua entropia (ΔS), per cui l'energia libera di Gibbs potrebbe essere sia maggiore che minore di zero (risposte C ed E errate). Infine, poiché per avvenire la reazione necessita che le sia fornito calore, un aumento della temperatura va a favorirla; questo avviene perché il calore è considerato come un reagente ed una sua aggiunta sposta l'equilibrio verso i prodotti (risposta D errata). Un abbassamento della temperatura invece è equivalente a una deplezione di uno dei reagenti, per cui l'equilibrio si sposta a sinistra.
Risposta corretta A.

21. L'esercizio prevede una buona conoscenza dell'equilibrio di reazione e dei fattori che ne possono provocare una variazione. Il Principio di Le Chatelier è la legge che regola le variazioni dell'equilibrio chimico; tale principio afferma che una perturbazione dell'equilibrio fa reagire il sistema spostandolo verso la direzione che tende a ridurre al minimo l'effetto della perturbazione stessa, cercando di ripristinare le condizioni originarie. Perché l'equilibrio si sposti verso sinistra attraverso la variazione della concentrazione delle specie chimiche devono essere aggiunti dei prodotti oppure devono essere sottratti dei reagenti. L'opzione C risulta infatti corretta proprio perché ipotizza un aumento della concentrazione dei prodotti che si tradurrebbe inevitabilmente in uno spostamento dell'equilibrio verso sinistra. L'opzione B presenta una sottrazione di prodotto per cui, secondo il Principio di Le Chatelier, essa provocherebbe una maggior produzione di NaCl, con un conseguente spostamento dell'equilibrio verso destra (risposta B errata). Le risposte A e D prevedono una diminuzione o un aumento sia dei reagenti che dei prodotti contemporaneamente, senza specificarne la quantità di uno e dell'altro, di conseguenza non si può essere certi della direzione in cui sarà spostato l'equilibrio (risposte A e D errate). Infine, la risposta E presenta la sottrazione di un catalizzatore, il quale influisce unicamente sulla velocità di una reazione ma non ne modifica l'equilibrio (risposta E errata).
Risposta corretta C.

22. La domanda presuppone che si conosca l'equazione di stato dei gas perfetti: $PV = nRT$ (vedi: Mate&Fisica per approfondire). Essa descrive il comportamento dei gas a temperatura, pressione o volume costante in una trasformazione. Riferendoci a questa equazione, si può dire che la pressione di un gas perfetto, o ideale, dipende dalla temperatura, dal volume del gas e dal suo numero di moli (e quindi dalla sua massa, che ricordiamo essere $n \cdot PM$). Le opzioni B, C, D ed E sono errate, perché la pressione di un gas non dipende dagli urti delle sue particelle contro le pareti o dalla sua natura.
Risposta corretta A.

23. La reazione che abbiamo davanti avviene in fase gassosa, e poiché c'è differenza tra il numero di moli dei reagenti e quello dei prodotti, possiamo avere la certezza che un aumento di pressione avrà un effetto sull'equilibrio (risposta A errata). A questo punto dobbiamo contare le molecole, sommando i coefficienti stechiometrici sia dei reagenti che dei prodotti: i reagenti saranno 2 + 1 = 3, mentre i prodotti saranno 2 + 4 = 6. Sappiamo che un aumento di pressione porta ad uno spostamento dell'equilibrio verso il lato della reazione con un minor numero di molecole,

quindi nel nostro caso verso i reagenti. L'equilibrio sarà quindi spostato a sinistra (risposta B errata). L'opzione E è errata perché viene favorita la produzione di reagenti, mentre il CO è un prodotto (risposta E errata). L'opzione D è errata perché incompleta: non viene infatti prodotto solo l'ossigeno, ma viene prodotto anche il metano (risposta D errata). Da ciò che abbiamo detto possiamo quindi confermare quanto scritto nell'opzione C: viene favorita la reazione inversa, cioè quella che dai prodotti porta ai reagenti.
Risposta corretta C.

24. Questo quesito è prettamente teorico. È richiesta una buona conoscenza del comportamento delle reazioni di equilibrio. Secondo il Principio di Le Chatelier l'equilibrio varia sulla base di temperatura, concentrazione e pressione. Se una reazione è esotermica essa è favorita da una diminuzione della T, se è endotermica, al contrario, è favorita da un aumento della T; questo concetto è comprensibile se si va a considerare il calore come un reagente o come un prodotto: nelle endotermiche sarà un reagente ($A + B + Q \rightarrow C + D$) mentre nelle esotermiche sarà un prodotto ($A + B \rightarrow C + D + Q$). La concentrazione provoca sempre una variazione della posizione dell'equilibrio, indipendentemente dal comportamento della temperatura (risposta D errata). In particolare, l'aumento dei reagenti e la diminuzione dei prodotti spostano l'equilibrio verso destra in tutte le reazioni, non solo nelle endotermiche (risposta C errata), mentre una diminuzione dei reagenti e un aumento dei prodotti provoca sempre uno spostamento dell'equilibrio verso sinistra. Anche le variazioni di pressione possono influenzare le reazioni di equilibrio, ma solo se avvengono tra gas e con differenza nel numero di moli tra i reagenti e i prodotti, non se avvengono in soluzione (risposta E errata). La presenza di un catalizzatore, invece, comporta l'abbassamento dell'energia di attivazione e una conseguente accelerazione della reazione, ma non varia minimamente la costante di equilibrio (risposta B errata).
Risposta corretta A.

25. Gli enzimi sono catalizzatori biologici (vedi: Biologia per approfondire) che aumentano la velocità della reazione su cui agiscono. Aumentano la velocità abbassando l'energia di attivazione della reazione, e alla fine della stessa il catalizzatore rimane inalterato e può essere riutilizzato. Le opzioni B e C non sono corrette in quanto i catalizzatori non forniscono né sottraggono energia ai reagenti, ma il loro meccanismo d'azione si basa, come detto precedentemente, sull'abbassare la soglia dell'energia di attivazione (risposte B e C errate). Nella risposta D l'azione del catalizzatore è esattamente l'opposto di quanto abbiamo affermato precedentemente; lo stato di transizione (o complesso attivato) corrisponde al momento della reazione in cui i reagenti rompono i loro legami per formarne di nuovi e diventare prodotti (risposta D errata). La risposta E considera l'aumento di temperatura correlandolo al meccanismo di azione dei catalizzatori. Tuttavia, la variazione di temperatura è totalmente slegata dal funzionamento di un catalizzatore, di conseguenza anche quest'ultima opzione risulta errata (risposta E errata).
Risposta corretta A.

26. Innanzitutto dobbiamo prestare attenzione al fatto che il quesito ci chiede di indicare l'affermazione errata. Sappiamo che la velocità di reazione consiste nella velocità con cui i reagenti si trasformano in prodotti, quindi l'opzione E è da scartare, poiché l'affermazione è corretta (risposta E errata). La continua formazione di prodotti a scapito del consumo di reagenti porta a un rallentamento della velocità di reazione, che arriverà alla fine a un valore costante; quindi la velocità della reazione non rimane costante nel tempo (risposta B errata). Anche l'opzione D riporta un'affermazione giusta: nel nostro organismo sono presenti catalizzatori, detti enzimi, che accelerano diverse reazioni (risposta D errata). L'unità di misura della velocità è quella riportata nella risposta A, quindi l'affermazione è corretta (risposta A errata). L'unica affermazione errata è presente nella risposta C, che asserisce che la temperatura influenzi la velocità solo nelle reazioni riguardanti specie chimiche gassose. L'affermazione precedente sarebbe stata valida se al posto della temperatura ci fosse stata la pressione. La temperatura invece influenza la velocità di qualsiasi tipo di reazione.
Risposta corretta C.

27. Le molecole dei reagenti possono scambiarsi gli atomi e formare prodotti solo se, urtandosi, vengono in reciproco contatto; quindi è la quantità di urti efficaci a influenzare la velocità di una reazione. La temperatura influisce sulla velocità di una reazione, infatti un aumento di temperatura stimola il moto delle particelle, aumentando la probabilità di interazione (risposta A errata). Sia la concentrazione di reagenti che caratteristiche intrinseche dei reagenti provocano un aumento di velocità, perché una maggiore concentrazione aumenta la probabilità di urto e le caratteristiche intrinseche dei prodotti possono aumentare la probabilità di un orientamento e un "incastro" corretto tra i reagenti (risposte B e C errate). Un catalizzatore aumenta la velocità di una qualsiasi reazione abbassando l'energia di attivazione (risposta E errata). L'unico fattore che non incide SEMPRE su la velocità di reazione è la pressione: essa incide solamente sulla velocità delle reazioni in cui sia reagenti che prodotti sono in fase gassosa.
Risposta corretta D.

28. Lo stato di transizione è una situazione transitoria che viene raggiunta dai reagenti di una reazione poco prima che essi vengano trasformati in prodotti. In questo stato i reagenti formano un complesso detto "attivato", non si tratta quindi di uno stato proprio dei prodotti (risposta D errata). Si tratta di uno stato che viene raggiunto in ogni reazione, indipendentemente dalla presenza del catalizzatore (risposta A errata). Questo stato possiede un'energia maggiore rispetto a quella dei reagenti, che viene definita energia di attivazione: di conseguenza dovrà essere fornita energia ai reagenti per raggiungerlo (risposte B ed E errate). Lo stato di transizione è una situazione caratterizzata da elevata instabilità.
Risposta corretta C.

29. Prima di iniziare la risoluzione del quesito è necessario notare che ci viene chiesto di indicare l'affermazione ERRATA. Procediamo per esclusione. La reazione proposta, anche se possiede due reagenti e tre prodotti, rientra nella categoria delle reazioni di doppio scambio; infatti, i due reagenti si "scambiano delle componenti" anche se poi si ha produzione di acqua come terzo prodotto (risposta B errata). La reazione non rientra nella categoria delle reazioni di ossidoriduzione, perché le specie chimiche dei composti non cambiano il proprio numero di ossidazione (risposta A errata). Quando si ha una diminuzione di uno tra reagenti o prodotti, l'equilibrio della reazione si sposterà: con una perdita del carbonato di calcio ($CaCO_3$, uno dei reagenti della reazione) l'equilibrio si sposta verso sinistra per compensare la perturbazione operata dall'esterno (risposta C errata). Un aumento della temperatura, indipendentemente dalla tipologia di reazione considerata, aumenta l'agitazione delle particelle dei composti portando ad un aumento degli urti tra molecole. Questo aumento fa sì che, per via statistica, ci sia un aumento degli urti efficaci che portano ad una maggiore produzione di prodotti. Di conseguenza, un aumento della temperatura aumenta la velocità della reazione (risposta E errata). Infine, un aumento di pressione nel contesto di questa reazione non provoca alcuno spostamento dell'equilibrio, anche se le moli sono differenti tra reagenti e prodotti; non tutti i membri di questa reazione sono in fase gassosa (ad esempio $CaCO_3$, carbonato di calcio, è infatti in fase solida) e di conseguenza una variazione di pressione non provoca perturbazione dell'equilibrio.
Risposta corretta D.

30. Una reazione endoergonica è per definizione una reazione non spontanea, il che vuol dire che la sua energia libera di Gibbs è maggiore di zero e che l'energia dei prodotti è maggiore rispetto a quella dei reagenti. Affinché l'energia libera di Gibbs sia maggiore di zero non è necessario che la reazione sia endotermica, perché se anche nella reazione $\Delta G = \Delta H - T \cdot \Delta S$ il ΔH fosse minore di zero (e la reazione fosse esotermica), sarebbe sufficiente che il prodotto $T \cdot \Delta S$ fosse minore di ΔH. In questo modo ΔG sarebbe comunque maggiore di zero per somma algebrica (risposta A errata). La pressione potrebbe modificare l'equilibrio di una reazione endoergonica, nel caso in cui essa si svolgesse in fase gassosa (risposta B errata). La velocità di una reazione dipende in modo direttamente proporzionale dalla temperatura, per cui aumenta all'aumentare della stessa (risposta C errata). Diminuendo i reagenti, in tutte le reazioni all'equilibrio, esso viene spostato verso sinistra, anche nelle reazioni endoergoniche (risposta E errata). Per i motivi elencati sopra, la risposta D è l'unica corretta.
Risposta corretta D.

7. Soluzioni acquose

1. Sono quasi sempre elettroliti forti:
A. Gli acidi
B. Gli esteri
C. Le basi
D. Sali solubili
E. Le anidridi

2. Quale delle seguenti sostanze è un elettrolita debole?
A. Cloruro di sodio
B. Acido solforico
C. Acido acetico
D. Idrossido di potassio
E. Solfato di potassio

3. Qual è la corretta dissociazione del solfato di sodio?
A. Na^+; SO_4^-
B. Na^{2+}; SO_4^{2-}
C. $2Na^+$; SO_4^{2-}
D. Na^{2+}; $2SO_4^-$
E. $4Na^{2+}$; SO_4^{2-}

4. In 500 mL di una soluzione acquosa sono presenti 2 g di NaOH (P.M. = 40 u.m.a.); la concentrazione della soluzione è:
A. 1 M
B. 0,1 M
C. 1 m
D. 0,1 m
E. 0,05 M

5. Quanti grammi di HCl (P.M. = 36) sono contenuti in 100 mL di una soluzione 1 M?
A. 2 g
B. 0,36 g
C. 3,6 g
D. 36 g
E. 0,25 g

6. Una soluzione $1{,}0 \cdot 10^{-7}$M di NaCl contiene:
A. $1{,}0 \cdot 10^{-7}$ g di NaCl in un litro
B. $1{,}0 \cdot 10^{-6}$ moli di NaCl in 10 litri
C. $1{,}0 \cdot 10^{-7}$ mg di NaCl in un litro
D. $1{,}0 \cdot 10^{-7}$ millimoli di NaCl in un litro
E. $1{,}0 \cdot 10^{-7}$moli di NaCl in un kg di acqua

7. La frazione molare:
A. Indica il rapporto fra le moli di solvente e le moli totali della soluzione
B. É direttamente proporzionale al numero di ioni in cui il soluto si dissocia in soluzione
C. Si calcola come la molarità
D. Esprime la concentrazione di una soluzione eterogenea
E. Quella relativa a una soluzione contenente 196 g di acido solforico (P.M. 98) e 3 moli di acqua è pari a ⅖

8. 20 grammi di NaOH sono disciolti in 480 mL di acqua, qual è la percentuale in massa del soluto?
A. 4,3 %
B. 4 %
C. 7,32 %
D. 3,2 %
E. 3,85 %

9. L'ossido di Calcio in soluzione acquosa forma:
A. Idruro di Calcio
B. Un Sale
C. Soluzione basica
D. Calcio libero
E. Soluzione basica

10. Prendendo in esame una determinata soluzione, nelle condizioni standard di temperatura e pressione, che cosa esprime la sua normalità?
A. Il suo stato di aggregazione
B. La tensione di vapore
C. La concentrazione
D. La tensione superficiale
E. La saturazione

11. Se 28 grammi di $CaCl_2$ vengono mescolati con 400 millilitri di acqua, qual è la molalità della soluzione? [P.M. Ca = 40 g/mol; Cl = 35 g/mol]
A. 0,625 M
B. 0,754 m
C. 0,625 m
D. 0,423 M
E. 0,1 M

12. È possibile neutralizzare 25 mL di soluzione 0,04 M di KOH utilizzando:
A. 25 mL di soluzione di H_2SO_4 0,04 M
B. 50 mL di soluzione di H_2SO_4 0,04 M
C. 20 mL di soluzione di H_2SO_4 0,04 M
D. 10 mL di soluzione di HCl 0,02 M
E. 50 mL di soluzione di HCl 0,01 M

13. A quale volume bisogna portare 25 mL di NaOH 2,5M per raggiungere una concentrazione di 0,5M?

A. 0,1 L
B. 325 mL
C. 0,2 L
D. 125 mL
E. 467 mL

14. Una soluzione A è ipertonica rispetto a una soluzione B se:

A. Separando le due soluzioni mediante una membrana semipermeabile, si instaura un flusso netto di solvente da B verso A
B. La soluzione A si trova a una temperatura maggiore rispetto alla soluzione
C. La soluzione A è più acida della soluzione B
D. Separando le due soluzioni mediante una membrana semipermeabile, si instaura un flusso netto di
E. I valori delle proprietà colligative della soluzione B sono maggiori di quelli della soluzione A

15. Vengono aggiunti 50 cL di acqua a una soluzione di $MnCl_2$ con volume pari a 15 dL e molarità pari a 3 M. Qual è la nuova concentrazione della soluzione?

A. 4 m
B. 2,25 M
C. 3 M
D. 2,25 m
E. 4 M

16. Due soluzioni, non elettrolitiche, separate da una membrana semipermeabile, si dicono isotoniche:

A. Se contengono esclusivamente sostanze differenti ma in concentrazioni uguali
B. In nessuno dei casi indicati nelle altre alternative
C. Se il soluto passa dalla soluzione più concentrata a quella più diluita
D. Se contengono la stessa sostanza in concentrazioni differenti
E. Se non si verifica alcuno spostamento di solvente

17. Il sale da cucina è il cloruro di sodio, NaCl, solubile in acqua liquida fino a una concentrazione massima di 348 g per kg di acqua a temperatura ambiente.
Se si prova a scioglierne ancora senza variare la temperatura:

A. Il sale in eccesso si raccoglie sul fondo del recipiente
B. Il sale in eccesso galleggia sulla superficie della soluzione
C. L'acqua comincia a bollire
D. L'acqua solidifica
E. Il sale evapora

18. Due soluzioni con uguale normalità contengono uguale numero di:

A. Grammi di soluto per litro di soluzione
B. Moli di soluto per litro di soluzione
C. Equivalenti di soluto per litro di soluzione
D. Equivalenti di soluto per kg di solvente
E. Equivalenti di solvente per kg di soluto

19. Molarità e normalità differiscono tra loro in quanto:

A. Solo la normalità dipende dalla Pressione
B. La prima è espressa in mol/L mentre la seconda in g/mol
C. La Temperatura influenza solo la molarità
D. La molarità corrisponde al rapporto tra moli di solvente e volume della soluzione mentre la normalità
E. Nessuna delle precedenti

20. Un grammo equivalente di $Ca(OH)_2$ è uguale a:

A. 1 mole
B. 0,5 moli
C. 2 moli
D. 4 moli
E. 0,33 moli

21. In acqua, un solvente polare, si scioglie meglio:

A. NaCl
B. Etere
C. Benzina
D. Grasso
E. Sapone

22. Se una soluzione è satura di un soluto:

A. Non può sciogliere altri soluti
B. La quantità di soluto è maggiore di quella del solvente
C. Non può disciogliere altro soluto alla stessa temperatura
D. Il soluto è gassoso
E. È una condizione che non viene praticamente mai raggiunta

CHIMICA

23. Triplicando il volume di una soluzione di cloruro di potassio aggiungendo acqua pura:

A. Il punto di ebollizione aumenta
B. Non si verifica alcuna variazione delle proprietà colligative della soluzione
C. Il punto di congelamento aumenta
D. Il punto di ebollizione diminuisce di 3 °C
E. Il punto di ebollizione aumenta

24. Individuare quale delle seguenti sostanze non è solubile nella benzina:

A. CH_4
B. SO_3
C. SO_2
D. CO_2
E. Olio

25. A 25°C la solubilità AgCl è di s = 1,3 · 10^{-5} M. Qual è il prodotto di solubilità del sale?

A. 1,7 · 10^{-10}
B. 2,3 · 10^{-10}
C. 3,4 · 10^{-5}
D. 1,8 · 10^{-5}
E. 1,1 · 10^{-6}

26. La solubilità in acqua dei carbonati e degli idrogenocarbonati dei metalli alcalini e alcalino-terrosi presenta notevoli differenze. I carbonati dei metalli appartenenti al primo gruppo sono molto più solubili dei rispettivi idrogenocarbonati, mentre per gli elementi del secondo gruppo accade il contrario. Quale delle seguenti affermazioni è deducibili dal brano?

A. $Rb(HCO_3)_2$ è meno solubile di Rb_2CO_3
B. $CaHCO_3$ è più solubile di $CaCO_3$
C. Na_2CO_3 è più solubile di $Na(HCO_3)_2$
D. Cs_2CO_3 è meno solubile di $CsHCO_3$
E. $K(HCO_3)_2$ è più solubile di $Li(HCO_3)_2$

27. Aumentando la pressione esterna su un liquido, il punto di ebollizione:

A. Dipende dalla quantità di liquido
B. Si abbassa
C. Si innalza
D. Non cambia
E. Dipende dalla tensione superficiale

28. Riguardo l'innalzamento ebullioscopico è scorretto affermare che:

A. La causa che lo provoca è la medesima scatenante l'abbassamento crioscopico
B. É direttamente proporzionale al coefficiente di Van't Hoff
C. Corrisponde alla differenza tra la temperatura di ebollizione della soluzione e quella del solvente puro
D. É una conseguenza dell' innalzamento della tensione di vapore della soluzione rispetto a quella del solvente
E. É una proprietà colligativa dipendente dalla molalità

29. Si prenda in esame una soluzione acquosa di cloruro di sodio: come varia il punto di congelamento della soluzione se viene raddoppiato il volume della soluzione per aggiunta di acqua pura?

A. Diminuisce
B. Aumenta
C. Non subisce variazioni
D. Non subisce variazioni solo se la pressione è costante
E. Aumenta di un valore pari al doppio della costante crioscopica dell'acqua

30. Quale membrana viene usata per mettere in evidenza la pressione osmotica?

A. Membrana permeabile
B. Membrana impermeabile
C. Membrana semipermeabile
D. Non si usano membrane speciali
E. Nessuna delle risposte precedenti

31. L'osmolarità di una soluzione:

A. È direttamente proporzionale al volume totale della soluzione
B. Dipende dal peso molecolare ma non dalla concentrazione dei soluti
C. È correlata al numero di particelle individuali nell'unità di volume, e non alla loro natura
D. Aumenta con la viscosità della soluzione
E. Diminuisce con il pH della soluzione

32. In quali delle seguenti soluzioni acquose la pressione osmotica risulterà maggiore?

A. Glucosio 1 M
B. Cloruro di sodio 0,6 M
C. Cloruro di calcio 0,5 M
D. Acido cloridrico 0,7 M
E. Saccarosio 1,4 M

33. Se si lascia evaporare a temperatura costante parte del solvente di una soluzione, la pressione osmotica della nuova soluzione:

A. Aumenta
B. Non varia
C. Diminuisce

D. Varia in relazione alla natura del soluto del solvente
E. Resta costante solo se il solvente è l'acqua

34. Quale coefficiente di Van't Hoff dovrebbe possedere una molecola affinché la sua pressione osmotica, nelle medesime condizioni di temperatura e volume, eguagli quella dell'acido perclorico?
A. 4
B. 2
C. 1
D. 5
E. 3

35. Quale fra le situazioni descritte è concorde con il concetto di osmosi:
A. Un globulo rosso in soluzione ipertonica tende ad assorbire acqua fino a lisare
B. La pressione osmotica è la forza necessaria a impedire lo spostamento delle molecole di soluto attraverso una membrana semipermeabile
C. Una cellula rimane in equilibrio solo se la pressione osmotica al suo interno eguaglia quella extracellulare
D. Una cellula in soluzione ipotonica tende a perdere acqua
E. È definita come il passaggio spontaneo di solvente da una soluzione più concentrata a quella meno concentrata attraverso una membrana semipermeabile

CORREZIONE COMMENTATA

1. Per definizione un elettrolita è una sostanza che in soluzione si dissocia in ioni. Un elettrolita si definisce forte quando dissocia completamente in ioni e la soluzione ha un'elevata conducibilità. Non tutti gli acidi come non tutte le basi sono elettroliti forti: gli acidi deboli e le basi deboli sono elettroliti deboli (risposte A e C errate). Gli esteri (vedi: capitolo 10 – La chimica del carbonio) con 3-5 atomi di carbonio sono solubili in acqua ma non si dissociano in ioni, così come le anidridi (risposte B ed E errate). Quasi tutti i sali, invece, dissociano bene in acqua e quindi sono elettroliti forti. Ricorda: esistono anche sali insolubili o almeno poco solubili in acqua come AgCl, i quali non sono sicuramente elettroliti forti. Il testo specifica però "sali solubili", che sono i sali di litio, sodio, potassio e ammonio, quindi si tratta dell'affermazione corretta.
Risposta corretta D.

2. Un elettrolita è un composto che in soluzione ionizza dando origine a particelle cariche elettricamente. Si definiscono elettroliti forti i composti che in soluzione ionizzano completamente (c'è corrispondenza con acidi e basi forti, ad esempio), mentre si definiscono elettroliti deboli i composti che in soluzione ionizzano solo in maniera parziale. Procediamo per esclusione: il cloruro di sodio è un composto ionico (NaCl) e in soluzione ionizza completamente dividendosi in Na^+ e Cl^- (risposta A errata); l'acido solforico H_2SO_4 è un acido forte, il che vuol dire che in soluzione dissocia completamente gli ioni H^+, dividendosi in H^+ e HSO_4^-, si tratta quindi di un elettrolita forte (risposta B errata); l'idrossido di potassio KOH è una base forte, perché si tratta di un idrossido con un metallo del primo gruppo e in soluzione dissocia completamente in K^+ e OH^-. Si tratta quindi di un elettrolita forte (risposta D errata). Il solfato di potassio è un sale ternario K_2SO_4, derivato dalla reazione di neutralizzazione tra idrossido di potassio e acido solforico, ionizza completamente in soluzione liberando due ioni spettatori $2K^+$ e SO_4^{2-}. Si tratta quindi di un elettrolita forte (risposta E errata). L'acido acetico, infine, è un acido debole CH_3COOH, che in soluzione ionizza solo parzialmente (vedi capitolo 8: Acidi e basi). Si tratta pertanto dell'unico elettrolita debole elencato.
Risposta corretta C.

3. Per risolvere correttamente il quesito è necessaria una buona conoscenza della nomenclatura inorganica e del comportamento di un sale in soluzione. Il solfato di sodio deriva dallo ione solfato SO_4^{2-}, che a sua volta deriva dalla dissociazione dell'acido solforico H_2SO_4 e dallo ione sodio Na^+. La formula bruta della molecola sarà quindi Na_2SO_4 e la sua dissociazione in soluzione porterà alla formazione di DUE ioni Na^+ e uno ione SO_4^{2-}. L'unica opzione che riportava la corretta dissociazione era la C.
Risposta corretta C.

4. La concentrazione di una soluzione può essere espressa in differenti modi, ma considerando i dati che ci vengono forniti dal testo la concentrazione richiesta è implicitamente la molarità (M). Sapendo che la formula della molarità è M = n/V, dobbiamo calcolare il numero di moli di NaOH. Sapendo che le moli si calcolano con la formula n = m/PM, è sufficiente inserire i dati nelle formule: n = 2 g/(40 g/mol) = 0,05mol. Di conseguenza la molarità sarà: M = 0,05mol / 0,5L = 0,1M.
Risposta corretta B.

5. Per la risoluzione di questo esercizio è sufficiente avere presente due formule fondamentali: quella della molarità e quella del numero di moli. Per prima cosa si ricava il numero di moli dalla molarità della soluzione, tramite la formula: M = n / V; di conseguenza avremo: n = M · V = 1 mol/L· 0,1L = 0,1 mol. A questo punto, per trovare i grammi di HCl si uilizzerà la formula: n = m / PM. Ricavando la massa avremo quindi: m = n · PM = 0,1mol · 36 g/mol= 3,6 g.
Risposta corretta C.

6. Per questo esercizio è necessario conoscere non solo la formula della molarità, ma è necessario avere in mente con precisione le unità di misura di questa. La molarità ha la seguente formula: M = n (mol di soluto) / V (L di soluzione). I grammi e i milligrammi non hanno alcun significato in questa formula, perché si parla, appunto di numero di moli e non di massa (risposte A e C errate).

È possibile ragionare in millimoli al posto delle moli, ma in questo caso sarebbe necessario convertire matematicamente anche i litri in millilitri; in caso contrario non tornano i calcoli (risposta D errata). Non è possibile, invece, ragionare in massa di soluzione, perché in tal caso non staremmo considerando la molarità (M) della soluzione, ma staremmo considerando la molalità (m); si conseguenza, affichè la risposta sia corretta, è necessario ragionare in volume di soluzione (risposta E errata). Consideare una soluzione di $1,0 \cdot 10^{-7}$ M di NaCl equivale ad avere $1,0 \cdot 10^{-6}$ moli di NaCl in 10 litri, infatti se andiamo a sostituire nell'equazione precedente: $1,0 \cdot 10^{-6}$ mol/(10 L) = $1,0 \cdot 10^{-7}$ M).
Risposta corretta B.

7. La frazione molare indica la concentrazione di una specie chimica in una soluzione omogenea e corrisponde al rapporto tra le moli di soluto e le moli totali della soluzione, ovvero: x = m solutom soluto + m solvente .
Grazie a questa definizione è possibile escludere tutte le opzioni tranne la E, in particolare si noti come la frazione molare venga influenzata esclusivamente da aspetti quantitativi e non dalla natura e dal grado di dissociazione della specie chimica coinvolta (risposta B errata).
Per un'ulteriore sicurezza si analizza la veridicità della risposta E:

1. Si calcolano le moli di H_2SO_4: n (mol) =P (g)/PM (g/mol) = 196 g/98 g/mol = 2 mol
2. Si calcola la frazione molare: x = m soluto/(m soluto + m solvente) = 22 + 3 = ⅖ .

Risposta corretta E.

8. La percentuale in massa è una tipologia di misura della concentrazione e si calcola come % m/m = g di soluto / g di soluzione. Per prima cosa bisogna sempre tenere a mente che 480 mL di acqua corrispondono a 480 g. Il testo fornisce i grammi di soluto, mentre i grammi di soluzione sono dati dai grammi di solvente (480 g) sommati ai grammi di soluto (20 g), quindi la massa totale sarà di 500 g. A questo punto si inseriscono i dati nella formula: % m/m = 20 g/500 g = $0,04 \cdot 100$ = 4 %.
Risposta corretta B.

9. L'ossido di Calcio CaO è un ossido basico (metallo + ossigeno) e in quanto tale, reagisce con l'acqua formando idrossidi.
In questo caso l'idrossido di calcio $Ca(OH)_2$, proprio per la presenza di due gruppi ossidrilici OH, garantisce la basicità della soluzione.
Ricorda: gli idruri sono composti formati dalla reazione fra i metalli e l'idrogeno, come CaH_2.
Risposta corretta C.

10. La normalità esprime il numero di equivalenti di un soluto in un litro di soluzione secondo la formula: N = soluto (eq) / soluzione (L). Gli equivalenti sono una misura alternativa della quantità di sostanza, ormai sostituiti dalle moli, e la loro definizione dipende dalla tipologia di sostanza che stiamo andando a considerare; un equivalente di un acido o di una base corrisponde alle moli di H^+ o di OH^- liberate in soluzione; un equivalente di un sale corrisponde alla quantità di specie ioniche (si considerano solo le specie negative o quelle positive) liberate dal sale stesso; un equivalente, per quanto riguarda i composti che prendono parte a una rezione di ossidoriduzione, corrisponde alla quantità di elettroni persi o acquisiti. Ad esempio, nel cloruro di calcio $CaCl_2 \rightarrow Ca^{2+} + 2Cl^-$ vengono liberate 2 cariche positive (o negative), di conseguenza saranno liberati due equivalenti (notiamo come questo numero sia differente a livello concettuale al coefficiente di van't Hoff, che invece sarebbe stato 3 in questo caso).
Risposta corretta C.

11. Per molalità si intende la concentrazione di una soluzione espressa dal numero di moli di soluto disciolte in un kg di solvente, dalla formula: m = n / kg. Bisogna innanzitutto calcolare le moli di $CaCl_2$ con la formula n = m / PM = 28 g / 110 g/mol= 0,25 mol. Il solvente è rappresentato dall'acqua e, dato che abbiamo noto il volume di 400 mL, possiamo ricavarne la massa sapendo che la densità dell'acqua equivale a 1 kg/L o in questo caso 1 g/mL; secondo la formula della densità avremo: d = m/V, e quindi m = d · V = 400 mL · 1 g/mL= 400 g = 0,4 kg. A questo punto calcoliamo la molalità, che sarà: m = n / kg = 0,25 mol / 0,4 kg = 0,625 m.
Risposta corretta C.

12. Ci troviamo di fronte ad un esercizio sulle soluzioni. Procediamo per step:

1. Trasformiamo gli mL in L: 25 mL = 0,025 L
2. Calcoliamo le moli di KOH con la formula: M= n (mol)/V(L) → n (mol) = M(mol/L) • V(L) = 0,04 M • 0,025 L = 0,001 mol
3. Per neutralizzare 0,001 mol di KOH avremo bisogno dello stesso numero di moli di acido, qualsiasi esso sia. Analizziamo tutte le opzioni.
   A. n (mol) = M(mol/L) • V(L) = 0,005 M • 0,2 L = 0,001 mol

RICORDA: se non avessimo trovato subito l'opzione corretta avremmo dovuto procedere analogamente per tutte le rimanenti.

Risposta corretta A.

13. Questo è un esercizio di diluizione, per il quale vale una semplice formula che permette di risolvere l'esercizio in modo rapido ed efficace: $M_1 \cdot V_1 = M_2 \cdot V_2$.
Conosciamo M_1, V_1, e M_2: abbiamo solo una variabile incognita, quindi basterà inserire i dati all'interno dell'equazione. Isoliamo l'incognita e svolgiamo il calcolo: $V_2 = M_1 \cdot V_1 / M_2$ = 2,5 M· 0,025 L / 0,5 M = 0,125 L.

Risposta corretta D.

14. Il quesito fa riferimento al concetto di osmosi, ovvero al flusso di solvente attraverso una membrana semipermeabile dalla soluzione più diluita a quella più concentrata.
Ora, una soluzione si definisce ipertonica rispetto ad un'altra se presenta una concentrazione maggiore di soluti (risposte B, C ed E errate). In questo caso, il flusso si sposterà dalla soluzione B verso la A.

Risposta corretta A.

15. Il quesito presenta una diluizione, perciò passando da una soluzione all'altra le moli del soluto disciolto rimangono costanti: $n_{iniziale} = n_{finale}$. Di conseguenza, poiché il numero di moli può essere considerato come n=M·V, tramite la formula inversa della molarità, possiamo scrivere: $M_{iniziale} \cdot V_{iniziale} = M_{finale} \cdot V_{finale}$. Il volume finale sarà dato dalla somma del volume iniziale e del volume di acqua aggiunto, quindi avremo 1,5 L + 0,5 L = 2 L. Risolvendo l'equazione per la molarità avremo: $M_2 = (M_1 \cdot V_1)/V_2$ = (3 M · 1,5 L)/2 L = 2,25 M. È importante notare che il risultato corretto è 2,25 M, e non 2,25 m, dove m indica la molalità e non la molarità richiesta.

Risposta corretta B.

16. Il quesito fa riferimento al concetto di osmosi, ovvero al flusso di solvente attraverso una membrana semipermeabile dalla soluzione più diluita a quella più concentrata (risposta C errata). Questa definizione non fa alcun riferimento alla natura delle specie chimiche coinvolte (risposta A ERRATA).
Se due soluzioni hanno lo stesso valore di pressione osmotica si dicono isotoniche e in questo caso non si verifica alcun movimento di solvente dall'una all'altra.

Risposta corretta E.

17. Il quesito proposto si riferisce alla solubilità e alla saturazione, definita come la quantità massima di soluto che può essere disciolta in una determinata quantità di solvente ad una temperatura specifica.
Raggiunto questo livello la soluzione è detta satura; ciò implica che tutto il soluto che verrà aggiunto da questo momento in poi non potrà reagire con il solvente, ma tenderà a depositarsi sul fondo dando luogo a un precipitato.
Le reazioni di precipitazione però, si possono formare anche per mescolamento di soluzioni diverse che danno luogo a composti insolubili come AgCl, $Ca(SO_4)_2$.
Da quanto appena detto si evince che, nel caso proposto dall'esercizio, il sale si deposita sul fondo del contenitore.

Risposta corretta A.

18. Per quanto la normalità sia ormai considerata obsoleta, è importante conoscerne la definizione: la normalità descrive il numero di equivalenti (di soluto) per litro di soluzione.

L'alternativa B è la definizione di molarità (risposta B errata). Le opzioni A, B, E non sono unità di misura rilevanti oppure sono sbagliate (risposte A, D ed E errate). L'unica alternativa che contiene la definizione corretta è la C.
Risposta corretta C.

19. Sia la molarità (M), che la normalità (N) sono indicatori della concentrazione delle soluzioni. La prima si esprime come il rapporto tra le moli di soluto e il volume della soluzione espresso in litri, pertanto l'unità di misura corrispondente è mol/L (risposta D errata).
La normalità invece, anche se ormai obsoleta, esprime il rapporto tra il n° equivalenti e il volume della soluzione espressa in L, quindi la sua unità di misura è neq/ L (risposta B errata).
A questo punto dobbiamo ragionare sul significato di queste due definizioni.
Per la legge dei gas perfetti ($PV = nRT$) si evince il rapporto di proporzionalità diretta e indiretta che il volume intrattiene rispettivamente con la temperatura e con la pressione.
Dato che sia la molarità, che la normalità dipendono dal volume della soluzione, si può concludere che anche le opzioni A e C sono errate.
Risposta corretta E.

20. Quando si parla di equivalente di una base, si vuole indicare la capacità della base di fornire una mole di OH^-. Quindi, dato che $Ca(OH)_2$ è in grado di donare $2OH^-$, gli equivalenti forniti sono due. Facendo una proporzione possiamo arrivare al risultato: se 1 mole di $Ca(OH)_2$ corrisponde a 2 equivalenti, un grammo equivalente corrisponderà a 0,5mol. 1 mol: 2 eq = x mol: 1 eq.
Risposta corretta B.

21. Secondo la regola "il simile scioglie il simile", in acqua (solvente polare) si scioglie al meglio un altro composto polare. Esaminiamo in ordine le varie opzioni. L'etere è un composto organico, caratterizzato dalla formula generica R–O–R (vedi: capitolo 10 – La chimica del carbonio), con bassa polarità data dall'ossigeno che viene contrastata dalla presenza delle due catene apolari R (risposta B errata). La benzina è una miscela, composta prevalentemente da idrocarburi paraffinici (cioè alcani), che essendo catene di carbonio e idrogeno sono fortemente apolari (risposta C errata). I grassi per definizione sono composti insolubili in acqua, quindi apolari; si tratta infatti di catene di carbonio e idrogeno, sature o insature, che in alcuni casi possono avere gruppi scarsamente polari, come nei fosfolipidi (risposta D errata). I saponi sono composti anfoteri, significa che hanno una componente polare e una apolare. Si tratta generalmente di sali di sodio o di potassio di acidi carbossilici alifatici a lunga catena. Si pensi quindi alla funzione dei saponi: si dispongono in acqua a formare micelle, in modo da esporre la loro parte polare e isolare quella apolare, sono scarsamente solubili in acqua (risposta E errata). Resta solo NaCl che NON è un composto polare, ma tutti i sali di litio, sodio, potassio e ammonio sono solubili. In questo caso NaCl si dissocia in acqua immediatamente in Na^+ e Cl^-.
Risposta corretta A.

22. Per definizione, una soluzione si definisce satura quando contiene la massima quantità di soluto possibile disciolto ad una data temperatura, senza che si formi un corpo di fondo (cioè un precipitato). Se si innalza la temperatura della soluzione satura (quindi si fornisce energia), il punto di saturazione della soluzione si innalza. L'alternativa A è errata, perché non è vero che non si possono più disciogliere altri soluti, semplicemente è necessario alzare la temperatura della soluzione (risposta A errata). La quantità di soluto di una soluzione non può mai essere maggiore della quantità della soluzione, perché questo va contro le definizioni di soluto e soluzione stesse (risposta B errata). Il soluto di una soluzione può essere gassoso, ma non necessariamente deve esserlo perché la soluzione venga definita satura (risposta D errata). La condizone di saturazione non è una situazione rara, viene raggiunta con facilità (risposta E errata). Una soluzione satura non è in grado, come detto prima, di disciogliere altro soluto alla stessa temperatura.
Risposta corretta C.

23. Per la risoluzione del quesito è necessaria una buona conoscenza delle proprietà colligative, riscontrabili nelle soluzioni contenenti un soluto non volatile, e sono: abbassamento della tensione di vapore, innalzamento del punto di ebollizione, abbassamento del punto di

congelamento e pressione osmotica.
Triplicando il volume di una soluzione di cloruro di potassio KCl, la concentrazione degli ioni costituenti questo sale sarà inferiore rispetto a quella della soluzione iniziale, determinando una variazione di tutte le proprietà sopra citate (risposta B errata):

- La pressione osmotica diminuisce (risposta A errata)
- Il punto di ebollizione cala, ma i dati forniti dal testo non permettono il calcolare l'entità della diminuzione (risposta D ed E errata)
- Il punto di congelamento si innalza.

Risposta corretta C.

24. I fattori che influenzano la solubilità sono tre: la natura del solvente e del soluto, la temperatura e la pressione. In questo quesito è necessario considerare solo la natura del solvente e del soluto, il cui principio generale da seguire è "Il simile scioglie il simile". La benzina è una sostanza apolare, per cui la risposta corretta dovrà coincidere con un composto polare. In particolare, in questo esercizio, è necessario ricordare la teoria VSEPR (vedi: capitolo 2.6.2), che va a definire la geometria delle molecole, la quale a sua volta andrà a definire la polarità. Analizzando le varie opzioni, CH_4 è un composto apolare; si tratta infatti di un composto in cui i legami sono tutti covalenti polari (C-H) ma in cui la dispozione degli atomi di H rende la molecola simmetrica. La molecola assume forma tetraedrica (risposta A errata). SO_3 è apolare per la disposizione dei 3 atomi di ossigeno, che si legano con 3 doppi legami all'atomo di zolfo, con forma trigonale planare (risposta B errata). CO_2 è apolare poiché i due dipoli dati dai due atomi di ossigeno si annullano per geometria: la molecola ha infatti geometria lineare (risposta D errata). L'olio è una sostanza apolare per eccellenza, poiché fa parte dei grassi, che per definizione sono strutture apolari. L'apolarità dell'olio è dovuta alla presenza degli acidi grassi internamente alle molecole, che possono essere saturi o insaturi (risposta E errata). SO_2 è invece polare, perché con la formazione dei legami abbiamo gli ossigeni che si legano con due doppi legami e lasciano libero un doppietto sullo zolfo. Secondo la teoria VSEPR la disposizione sarà angolare, con i due legami in basso e un doppietto libero al di sopra della molecola.
Risposta corretta C.

25. Il prodotto di solubilità indica il prodotto tra la costante di equilibrio per una reazione di dissociazione e la concentrazione del sale. In questo caso è definita da $Kps = [Ag^+] \cdot [Cl^-]$. Per risolvere l'esercizio è fondamentale scrivere la reazione di dissociazione per valutare i rapporti stechiometrici delle particelle ioniche: $AgCl \rightarrow Ag^+ + Cl^-$. Dalla reazione si può notare che i componenti reagiscono in rapporto 1 : 1, quindi se si indica la solubilità di AgCl, rappresenterà anche la concentrazione di Ag^+ e Cl^- (considerando che si dissocia completamente): $s = [Ag^+] = [Cl^-]$. Kps è quindi dato dal $s^2 = (1{,}3 \cdot 10^{-5})^2 = 1{,}7 \cdot 10^{-10}$.
Risposta corretta A.

26. Per rispondere correttamente al quesito bisogna individuare la risposta che NON può essere dedotta dal brano proposto, in cui si legge che per quanto riguarda i metalli alcalini (Li, Na, K, RB, Cs, Fr), i carbonati con formula generale M_2CO_3 sono più solubili degli idrogenocarbonati con formula generale $M(HCO_3)_2$, mentre per gli alcalino-terrosi (Be, Mg, Ca, Sr, Ba, Rg) accade esattamente l'opposto.
Quanto detto può essere schematizzato come segue:

- Solubilità M_2CO_3> solubilità $M(HCO_3)_2$ con M= Li, Na, K, Rb, Cs, Fr in accordo con le alternative A e C, che vanno quindi escluse
- Solubilità $M(HCO_3)_2$> solubilità M_2CO_3 con M= Be, Mg, Ca, Sr, Ba, Ra concorde con le alternative B ed E, che devono essere scartate.

Il testo invece non fa alcun confronto tra la solubilità di carbonati e idrogenocarbonati di elementi appartenenti allo stesso gruppo.
Risposta corretta D.

27. Il punto di ebollizione è definito come la temperatura alla quale la tensione di vapore del liquido diviene uguale alla pressione esterna. Se si aumenta la pressione esterna su un liquido vuol dire che viene esercitata una forza maggiore sulla sua superficie. Questo significa che,

prendendo come esempio la pentola dell'acqua che bolle, le molecole di solvente faranno più fatica ad evaporare proprio perché devono contrastare una forza maggiore. Quindi, all'aumentare della pressione si innalza anche il punto di ebollizione. Un esempio esplicativo della quotidianità è la pentola d'acqua in montagna (Trovi un approfondimento nel QR code in copertina del libro di teoria!): quando aumenta l'altitudine, come in montagna, la pressione diminuisce, infatti l'acqua comincia a bollire poco prima rispetto a quando si è in pianura (abbassamento del punto ebullioscopico). La risposta A è concettualmente errata, perché la temperatura di ebollizione è peculiare (a pressione costante) per ogni tipo di solvente. Ciò che varia rispetto alla massa del liquido è la quantità di calore latente che serve per rompere i legami intermolecolari; la temperatura e il calore sono però due concetti differenti (risposta A errata).
Risposta corretta C.

28. Per risolvere il quesito bisogna avere chiara in mente a definizione di innalzamento ebullioscopico e la differenza che lo distingue dall' abbassamento crioscopico.
Esse fanno parte delle proprietà colligative insieme all'abbassamento della tensione di vapore e della pressione osmotica (mnemofrase: proprietà COlligatiVE) e nello specifico, si riferiscono all'effetto prodotto dall'aggiunta di un solvente non volatile ad un solvente puro.
L'innalzamento ebullioscopico si riferisce all'aumento della temperatura di ebollizione e si calcola con la formula: $\Delta T_{eb} = m \cdot k_{eb} \cdot i$, mentre l'abbassamento crioscopico riguarda la diminuzione della temperatura di congelamento e si calcola con la formula $\Delta T_{cr} = m \cdot k_{cr} \cdot i$ (mnemofrase: TEMAKI).
Da queste due formule si evince anche il rapporto di proporzionalità diretta che sussiste tra innalzamento ebullioscopico e molalità, definita come il rapporto tra le moli di soluto e i Kg di solvente puro, esiste un rapporto di proporzionalità diretta.
Risposta corretta D.

29. Il punto crioscopico (o di congelamento) fa parte delle proprietà colligative, le quali dipendono solo dalla quantità del soluto e non dalla sua natura. Sia per quanto riguarda il punto di congelamento, che per quanto riguarda il punto di ebollizione, vale la seguente regola: se si aggiunge un soluto ad una soluzione, il suo punto crioscopico si abbassa (il punto di ebollizione invece si alza). Viceversa, nel caso di un'aggiunta di solvente alla soluzione, il punto crioscopico si innalzerà nuovamente (mentre il punto di ebollizione si abbasserà). Nel caso in cui fosse sorto il dubbio sull'alternativa E, non ci sono indicazioni precise su quanto aumenti o diminuisca il punto crioscopico alla variazione della quantità di soluto.
Risposta corretta B.

30. La pressione osmotica viene definita come la pressione che si deve esercitare sulla parete di una membrana semipermeabile per impedire il flusso di solvente da una soluzione meno concentrata ad una soluzione più concentrata. Per lo studio della pressione osmotica viene utilizzata quindi una membrana semipermeabile (Vedi: Biologia per approfondire), in modo tale che il passaggio sia consentito solo alle molecole di solvente e non a quelle di soluto. In ambito biologico, le cellule del nostro organismo sono costituite da membrane semipermeabili che permettono gli scambi selettivi tra ambiente extra e intra-cellulare e mantengono in equilibrio gli elettroliti e altre sostanze.
Risposta corretta C.

31. L'osmolarità si definisce come il numero totale di molecole e ioni presenti in un litro di soluzione, e rappresenta il numero di osmoli per litro di soluzione; l'osmole è l'unità di misura del numero di particelle che contribuiscono alla pressione osmotica della soluzione. Un'osmole corrisponde alla mole moltiplicata per il numero di particelle in cui il soluto si dissocia in soluzione: $osm = n \cdot i$, dove i viene definito "coefficiente di van't Hoff" e rappresenta il numero di ioni in cui l'elettrolita si dissocia in soluzione.
Procediamo per esclusione e analizziamo le opzioni. Per sapere quale relazione esiste tra osmolarità e volume, è sufficiente scrivere la formula dell'osmolarità, definita come numero di osmoli su volume di soluzione: Osmolarità = osm (mol)/V(L) = $n \cdot i/V$. Si ricava dunque che l'osmolarità è inversamente proporzionale al volume della soluzione (risposta A errata).
L'osmolarità dipende dalla concentrazione dei soluti, infatti, tenendo fede all'equazione sopra

CHIMICA

riportata, si può sostituire il rapporto tra il numero di moli e il volume con la molarità: osmolarità = n · i/V = M · i, per cui la risposta è errata (risposta B errata). L'osmolorità non è inoltre correlata al il pH o alla viscosità della soluzione, ma si tratta unicamente di un'espressione della concentrazione delle particelle osmoticamente attive nella soluzione (risposte D ed E errate). È importante ricordare che la pressione osmotica è una delle proprietà colligative, e per definizione queste non dipendono dalla natura dei composti, ma esclusivamente dalla quantità nell'unità di volume.
Risposta corretta C.

32. Sapendo che la formula della pressione osmotica che tiene conto della dissociazione dei composti in soluzione è $\pi = M \cdot R \cdot T \cdot i$, possiamo calcolare le rispettive pressioni osmotiche dei composti. In questo caso è possibile non tenere conto della costante R e della temperatura T in quanto sono costanti. Ricordiamo che i, detto coefficiente di van't Hoff" rappresenta il numero di ioni in cui l'elettrolita si dissocia in soluzione.
Avremo che: il glucosio non dissocia in soluzione quindi ha coefficiente $i = 1 \rightarrow \pi = 1$; NaCl dissocia in Na^+ e Cl^-, quindi ha coefficiente $i = 2 \rightarrow \pi = 1{,}2$; $CaCl_2$ si separa in Ca^{2+} e 2 Cl^- quindi ha coefficiente $i = 3 \rightarrow \pi = 1{,}5$; HI diventa H^+ e I^- quindi ha coefficiente $i = 2 \rightarrow \pi = 1{,}4$; il saccarosio non si dissocia in soluzione quindi ha coefficiente $i = 1 \rightarrow \pi = 1{,}4$.
La pressione osmotica risulta quindi maggiore nel cloruro di calcio.
Risposta corretta C.

33. Conoscendo ormai le formule della pressione osmotica e della molarità ($\pi = M \cdot R \cdot T \cdot i$ e $M = n / V$), si può dedurre che al diminuire del volume della soluzione (passando dallo stato liquido allo stato gassoso tramite evaporazione), la molarità aumenta secondo una relazione di proporzionalità inversa. Di conseguenza, contestualmente all'aumento della molarità, aumenterà anche la pressione osmotica, per proporzionalità diretta. Notiamo come la natura del solvente non vada in alcun modo ad influenzare la pressione osmotica, perché ragioniamo sempre in termini di concentrazione (risposte D ed E errate).
Risposta corretta A.

34. La pressione osmotica è la pressione idrostatica necessaria a impedire lo spostamento di un solvente puro in soluzione attraverso una membrana semipermeabile ed è calcolabile con la formula: $\pi = MRTi$, in cui M = molarità, R = costante dei gas, T = temperatura in K e i = coefficiente di van't Hoff (numero di dissociazione).
Pertanto, a parità di volume e temperatura, la pressione osmotica sarà determinata dal prodotto $n \cdot i$ (dove con n si indicano le moli), in quanto R e T sono delle costanti e nel calcolo della molarità $M = n/V$, anche il volume V rimane invariato.
Sapendo che in soluzione acquosa l'acido perclorico (n° ox di Cl=7) , corrispondente alla formula $HClO_4$, si scinde negli ioni H^+ e ClO_4^- si può affermare che il coefficiente di Van't Hoff deve essere uguale a 2.
Risposta corretta B.

35. Con il termine osmosi si intende il passaggio spontaneo di un solvente che, nei sistemi biologici solitamente è l'acqua, dalla soluzione più diluita a quella più concentrata attraverso una membrana semipermeabile (risposta E errata).
Questo movimento si protrae fino al raggiungimento dell'equilibrio, in cui le soluzioni sono ugualmente concentrate, e può essere contrastato o addirittura invertito dall'applicazione di una forza definita pressione osmotica. Quest'ultima impedisce lo spostamento delle molecole di solvente e non di soluto (risposta B errata)!
Nell'organismo le membrane plasmatiche si comportano come membrane semipermeabili: una cellula o un globulo rosso manterranno la propria conformazione fisiologica solo in soluzione isotonica.
In soluzione ipotonica tenderanno ad assorbire acqua fino a lisare (risposta D errata), mentre in una soluzione ipertonica tenderanno a perderne raggrinzendo, come accade alle nostre dita quando stiamo per troppo tempo in mare (risposta A errata).
Risposta corretta C.

8. Acidi e basi

1. Una base è una sostanza che:
- A. Acquista una coppia elettronica
- B. Ha disponibile un orbitale vuoto
- C. Ha un gusto amarognolo
- D. È capace di accettare elettroni
- E. È capace di accettare protoni

2. Una soluzione basica è caratterizzata:
- A. Dalla concentrazione degli ioni ossidrile inferiore a quella degli ioni idrogeno
- B. Dalla concentrazione di ioni ossidrile superiore a quella degli ioni idrogeno
- C. Dall'ossigeno disciolto ad una pressione uguale a quella atmosferica
- D. Dall'ossigeno disciolto ad una pressione inferiore a quella atmosferica
- E. Da un composto inorganico ossigenato

3. I sali sono composti che si formano dalla reazione di:
- A. Un ossidante e un riducente
- B. Un ossido ed un metallo
- C. Un non-metallo con ossigeno
- D. Un acido e una base
- E. Una base ed acqua

4. Un acido reagisce con una base per formare acqua e un sale. Questo processo è chiamato:
- A. Neutralizzazione
- B. Esterificazione
- C. Idrolisi
- D. Combustione
- E. Decalcificazione

5. Secondo la definizione di Brønsted-Lowry, indicare quale dei seguenti ioni può comportarsi soltanto come acido:
- A. NH_4^+
- B. PO_4^{3-}
- C. HPO_3^{2-}
- D. HPO_4^{2-}
- E. HSO_4^-

6. Quale delle seguenti opzioni è errata?
- A. Le teorie di Arrhenius, Brønsted - Lowry e di Lewis si ampliano a vicenda e tutte e tre definiscono acido e base in modo corretto, ma in situazioni diverse
- B. Zn^{2+} è un tipico acido di Lewis
- C. Secondo la teoria di Arrhenius, un acido dona sempre un protone
- D. Secondo Brønsted - Lowry un acido è una sostanza che dona un protone ad una base in grado di accettarlo
- E. Nessuna delle precedenti

7. Quale fra i seguenti composti/ioni è una base di Lewis?
- A. BF_3
- B. SO^{2-}
- C. HNO_3
- D. NaCl
- E. H^+

8. Quale fra i seguenti composti/ioni è sia un acido di Lewis che un acido di Brønsted?
- A. BCl_3
- B. HCl
- C. $FeCl_3$
- D. H^+
- E. CO_3^{2-}

9. Quale delle seguenti affermazioni su acidi e basi è errata?
- A. HNO_2 è un acido più debole di $HClO_4$ nonostante siano entrambi monoprotici
- B. Zn^{2+} può essere considerato un acido secondo Lewis
- C. Tutti gli idracidi (composti dell'idrogeno con gli alogeni) sono acidi forti
- D. L'acqua è un acido secondo Brønsted-Lowry
- E. I prodotti della reazione tra alogenuri alchilici e ammoniaca sono basi deboli

10. Individuare, tra le seguenti sostanze, l'acido forte:
- A. Acido acetico
- B. Acido carbonico
- C. Acido nitrico
- D. Acido oleico
- E. Idrossido di sodio

11. Quale di questi composti rende acida una soluzione acquosa?
- A. CO_2
- B. CH_4
- C. KBr
- D. NaOH
- E. NaCl

12. Quale dei seguenti composti è un acido di Lewis?

A. NH_3
B. CO_3^{2-}
C. OH^-
D. H_2SO_4
E. Nessuno dei precedenti

13. Quale delle seguenti triplette di acidi è disposta in ordine decrescente (da sinistra a destra) di forza acida?

A. Acido perclorico → acido solforico → acido nitrico
B. Acido acetico → acido nitroso → acido permanganico
C. Acido solforico → acido cianidrico → acido solforoso
D. Acido acetico → acido nitroso → acido nitrico
E. Acido cianidrico → acido cloroso → acido solforico

14. Disporre i seguenti acidi secondo la forza acida crescente; acido meno forte a sinistra, acido più forte a destra: X) $HClO_4$; Y) HNO_3; Z) HNO_2.

A. X < Y < Z
B. Z < Y < X
C. X < Z < Y
D. Y < X < Z
E. Z < X < Y

15. Sapendo che l'acido tricloroacetico è un acido forte e che l'acido benzoico è un acido debole, si potrà sicuramente dire che una soluzione di acido tricloroacetico è più acida di una soluzione di acido benzoico quando:

A. Le due soluzioni hanno la stessa concentrazione
B. Il volume della prima è almeno doppio di quello della seconda
C. La temperatura di entrambe è quella standard
D. La prima soluzione è più diluita della seconda
E. Sempre

16. Quale tra le seguenti molecole si comporta da acido secondo Lewis ma non secondo Arrhenius?

A. HCN
B. H_2XeO_4
C. H_3BO_3
D. CH_3SOH
E. BH_3

17. Ordinare i seguenti composti in ordine decrescente di acidità:

A. $HClO_4$, HI, HCl, CH_3COOH, NH_3
B. HBr, HI, HCl, NaOH, NH_3, HF
C. HI, HBr, HCl, $HClO_4$, CH_3COOH
D. HF, HCl, HBr, HI, $HClO_4$
E. Nessuna delle precedenti

18. Quale delle seguenti affermazioni riguardanti la forza degli acidi e delle basi è errata?

A. La soluzione di un acido forte, ad esempio l'acido nitrico, in acqua è descritta dalla seguente reazione: $HNO_3 \rightleftharpoons H^+ + NO_3^-$
B. La soluzione di un acido debole, ad esempio l'acido acetico, in acqua è descritta dalla seguente reazione: $CH_3COOH \rightleftharpoons CH_3COO^- + H^+$
C. Un acido o una base deboli possono essere definiti anche "elettroliti deboli"
D. HF è un acido molto debole perchè il fluoro, avendo un'elevatissima elettronegatività, attrae a sé l'idrogenione, il quale fa fatica ad essere donato
E. Nessuna delle precedenti

19. Indicare in quale dei seguenti equilibri l'acqua si comporta da acido:

A. $HCN + H_2O \rightleftharpoons H_3O^+ + CN^-$
B. $HCO_3^- + H_2O \rightleftharpoons OH^- + H_2CO_3$
C. $HBr + H_2O \rightleftharpoons H_3O^+ + Br^-$
D. $NH_4^+ + H_2O \rightleftharpoons H_3O^+ + NH_3$
E. $CH_3COOH + H_2O \rightleftharpoons H_3O^+ + CH_3COO^-$

20. Quale delle seguenti è una coppia acido/base coniugata?

A. I_2/I_3^-
B. H_2CO_3/CO_3^{2-}
C. $H_3PO_4/H_2PO_4^-$
D. H_2NO_3/NO_3^{2-}
E. H_2O/H^+

21. Quale fra le seguenti opzioni descrive la reazione di una sostanza che si comporta da acido trasformandosi nella propria base coniugata corretta? [$K_a HCO_3^- = 4{,}7 \times 10^{-11}$]

A. $H_2SO_3^- + H_2O \rightleftharpoons H_2SO_3 + OH^-$
B. $H_2CO_3 + H_2O \rightleftharpoons CO_3^{2-} + H_3O^+$
C. $SO_3^{2-} + H_2O \rightleftharpoons HSO_3^- + OH^-$
D. $HCO_3^- + H_2O \rightleftharpoons CO_3^{2-} + H_3O^+$
E. $H_2SO_4 + H_2O \rightleftharpoons HSO_4^- + H_3O^+$

22. Date le seguenti reazioni con le rispettive costanti di dissociazione acida, quale reazione è corretta?

A. $NH_3 + HCl \rightleftharpoons NH_2^- + H_2Cl$
($KaNH_3 = 5{,}56 \cdot 10^{-10}$; $KaHCl = 1{,}3 \cdot 10^6$)
B. $HPO_4^{2-} + HCO_3^- \rightleftharpoons H_2PO_4^- + CO_3^{2-}$
($K_aHPO_4^- = 4 \cdot 10^{-13}$; $K_aHCO_3^- = 4{,}7 \cdot 10^{-11}$)
C. $HClO_2 + HF \rightleftharpoons H_2ClO_2 + F^-$
($K_aHClO_2 = 1{,}1 \cdot 10^{-2}$; $K_aHF = 6{,}6 \cdot 10^{-4}$)
D. $CH_3COOH + HNO_2 \rightleftharpoons CH_3COO^- + H_2NO_2$
($K_aCH_3COOH = 1{,}8 \cdot 10^{-5}$; $K_aHNO_2 = 7{,}2 \cdot 10^{-4}$)
E. Nessuna delle precedenti

23. Quale delle seguenti NON è una coppia acido-base coniugata?
A. H_2SO_4/HSO_4^-
B. H_2O/OH^-
C. $H_2PO_4^-/HPO_4^{2-}$
D. HCl/Cl^-
E. Nessuna delle precedenti

24. Indicare quali fra questi acidi sono poliprotici:
HCl; HI; H_3PO_4; $HClO_4$; CH_3CH_2COOH; H_2S; $CH_3(COOH)_2$.
A. HCl, H_3PO_4, H_2S
B. H_3PO_4 e CH_3CH_2COOH
C. CH_3CH_2COOH, H_2S e HI
D. HI, $HClO_4$ e HCl
E. H_2S, H_3PO_4 e $CH_3(COOH)_2$

25. Individua quale delle seguenti triplette di acidi è disposta in ordine decrescente di acidità:
A. NH_3 - HF - H_2O
B. HNO_3 - H_2O -HF
C. H_2CO_3 - HCl - NH_3
D. HBr -NH_3 - H_2O
E. Nessuna delle precedenti

26. Quale delle seguenti reazioni è errata?
A. $HCl \rightleftharpoons H^+ + Cl^-$
B. $H_2SO_4 \rightleftharpoons H^+ + SO_4^{2-}$
C. $CH_3COOH \rightleftharpoons CH_3COO^- + H^+$
D. $H_3PO_4 \rightleftharpoons 3H^+ + PO_4^{3-}$
E. Nessuna delle precedenti

27. Indicare l'effetto di un acido forte su una cartina al tornasole.
A. La colora di rosso
B. Scioglie la cartina
C. La colora di verde
D. La colora di giallo
E. La colora di blu

28. Indicare l'opzione che riporta in modo corretto il numero di sostanze monoprotiche/monobasiche e diprotiche/dibasiche in questo elenco: $Ca(OH)_2$, NaOH, HCl, H_3PO_4, H_2SO_4, $Cu(OH)_2$, $CH_2CH_2(COOH)_2$.
A. 2,4
B. 2,5
C. 5,4
D. 5,2
E. 3,4

29. Un acido è detto poliprotico quando in acqua:
A. Può cedere più di un protone al solvente
B. É molto dissociato
C. É poco dissociato
D. Forma più ioni H^+
E. É costituito da un polimero

30. Si definisce una sostanza anfotera se:
A. È un dipolo
B. È un tensioattivo con una testa polare e una coda apolare
C. Ha un'estremità positiva e una negativa che attraggono protoni o elettroni
D. A seconda del partner di reazione può comportarsi da acido o da base
E. È sia un nucleofilo che un elettrofilo

31. Quale delle seguenti affermazioni sugli anfoteri è corretta?
A. Sono sostanze che in soluzione acquosa liberano sia ioni positivi sia ioni negativi
B. Essendo sostanze anfipatiche, possono sciogliersi sia in fase oleosa sia in fase acquosa
C. L'acqua in soluzione con l'ammoniaca si comporta secondo la reazione $H_2O + NH_3 \rightleftharpoons H_3O^+ + NH_2^-$
D. Lo ione $H_2PO_4^-$ è una specie anfotera
E. Nessuna delle precedenti

32. Una sola delle seguenti sostanze/ioni ha carattere anfotero. Quale?
A. HCO_3^-
B. H_2CO_3
C. CO^{2-}
D. H_2SO_4
E. NaCl

33. Indicare l'opzione che riporta correttamente il numero di acidi, basi e sostanze anfotere in questo elenco.
NaOH, $FeCl_3$, NH_3, NaCl, H_2O, HSO_4^-, HCO_3^-, HS^-
A. 1, 3, 2
B. 1, 2, 4
C. 2, 4, 3
D. 3, 2, 4
E. 4, 2, 1

CHIMICA

34. Indicare l'opzione che contiene sia la reazione che l'affermazione corretta:

A. $NH_4^+ + H_2O \rightleftharpoons NH_3 + H_3O^+$;
l'acqua agisce da acido

B. $H_2SO_4 + NaOH \rightleftharpoons Na_2SO_4 + H_2O$;
l'acido solforico è un anfotero

C. $HNO_3 + H_2O \rightleftharpoons NO_3^- + H_3O^+$;
l'acido nitrico è un acido forte e l'acqua agisce da base

D. $HSO_4^- + HCl \rightleftharpoons H_2SO_4 + Cl^-$; HCl;
è un anfotero

E. $H_2PO_4^- + OH^- \rightleftharpoons H_3PO_4$

35. Gli ossidi possono essere basici, acidi o anfoteri. Un esempio di ossido anfotero è l'ossido di zinco (n.o. Zn = +2). Quale opzione riporta correttamente il comportamento dell'ossido di zinco come base?

A. $ZnO + 2HCl \rightleftharpoons ZnCl_2 + H_2O$

B. $ZnO + H_2O + 2OH^- \rightleftharpoons [Zn(OH)_4]^{2-}$

C. $ZnO_2 + H_2O \rightleftharpoons Zn(OH)_3$

D. $Al_2O_3 + 3H_2O + 6H_3O^+ \rightleftharpoons 2[Al(H_2O)_6]^{3+}$

E. Nessuna delle precedenti

CORREZIONE COMMENTATA

1. Secondo Brønsted e Lowry un acido è una sostanza in grado di donare ioni H^+ ad una base che li possa accettare. Di conseguenza una base è definita come una specie in grado di accettare protoni. Analizziamo tutte le opzioni proposte. Una base non accetta elettroni, bensì protoni (risposte A e D errate). Una sostanza che ha un orbitale vuoto è per definizione un acido di Lewis: si tratta di una sostanza che può accettare degli elettroni avendo spazio nel suo orbitale, come ad esempio BF_3 → il boro forma 3 legami semplici con tre atomi di fluoro, ottenendo così 6 elettroni in totale. Non raggiunge l'ottetto e quindi ha ancora spazio per 2 elettroni (risposta B errata) (vedi: capitolo 2 "La teoria atomica"). Una base sicuramente non è definita dal fatto che ha un gusto amarognolo (risposta C errata). Di conseguenza l'unica opzione corretta è la E, infatti le basi accettano protoni da un acido in grado di donarli.
Risposta corretta E.

2. L'acidità o la basicità di una soluzione acquosa dipende dalla concentrazione di ioni H^+ e OH^-. Se $[H^+] > [OH^-]$ avrò un pH acido, se $[OH^-] > [H^+]$ avrò un pH basico. Questo significa che la quantità di ossigeno disciolto a pressioni diverse non va a caratterizzare la basicità di una soluzione, di conseguenza possiamo escludere 2 opzioni (risposte C e D errate). Anche la presenza di un composto inorganico ossigenato non influenza la basicità di una soluzione (risposta E errata). Affinchè una soluzione risulti basica, la concentrazione degli ioni ossidrile deve superare quella degli idrogenioni (risposta A errata).
Risposta corretta B.

3. La reazione che coinvolge un acido e una base è detta di neutralizzazione e ha come prodotti acqua e un sale: $NaOH + HCl \rightleftharpoons NaCl + H_2O$. Le altre opzioni sono facilmente escludibili in quanto non coinvolgono acidi. La reazione tra un ossidante e un riducente fa parte di un'ossidoriduzione (vedi: capitolo 6 "Le reazioni chimiche") che non produce alcun sale (riposta A errata). Un ossido e un metallo formano un ossido basico, il quale reagendo con l'acqua forma gli idrossidi (risposta B errata). I non-metalli con l'ossigeno formano gli ossidi acidi, i quali in acqua formano un ossiacido (risposta C errata) (vedi: capitolo 4 "La nomenclatura"). Mentre una base in acqua si dissocia nelle sue componenti ioniche, liberando ioni ossidrile (risposta E errata): $NH_3 + H_2O \rightarrow NH_4^+ + OH^-$.
Risposta corretta D.

4. Si tratta di conoscere le reazioni che corrispondono ai nomi proposti dal quesito. La reazione di esterificazione coinvolge un alcol e un acido, solitamente carbossilico, anche se esistono esteri di acidi inorganici, e forma un estere e l'acqua (risposta B errata). L'idrolisi è la reazione che avviene quando si solubilizza un sale in acqua (risposta C errata). La combustione coinvolge ossigeno e un combustibile (risposta D errata). La decalcificazione invece comporta la rimozione di calcio e non è pertinente per il quesito (risposta E errata). Viene detta neutralizzazione la tipica reazione fra un acido e una base a dare acqua e un sale.
Risposta corretta A.

5. Secondo la teoria di Brønsted e Lowry, un acido è una specie chimica capace di donare uno ione H^+ ad una base, la quale è in grado di accettare uno ione H^+ da un acido donatore. Una sostanza che si può comportare solo ed esclusivamente da acido, possiede un protone, ma non può accettare altri protoni oltre quello che già possiede. Sostanze che possono sia accettare sia donare protoni vengono definite anfotere. Verifichiamo tutte le opzioni. PO_4^{3-} è la prima sostanza che si può escludere, infatti non possiede degli H^+ da donare (risposta B errata). Le opzioni C, D ed E sono altrettanto da escludere in quanto è vero che possono donare uno ione idrogeno, ma è anche vero che avendo carica negativa possono accettarne altri (risposte C, D ed E errate).
Aquisto di protoni:
$HPO_3^{2-} + 2H^+ \rightarrow H_3PO_3$; $HPO_4^{2-} + 2H^+ \rightarrow H_3PO_4$; $HSO_4^- + H^+ \rightarrow H_2SO_4$
Perdita di protoni:
$HPO_3^{2-} \rightarrow PO_3^{3-} + H^+$; $HPO_4^{2-} \rightarrow PO_4^{3-} + H^+$; $HSO_4^- \rightarrow SO_4^{2-} + H^+$
L'unico composto in grado esclusivamente di donare un protone è lo ione ammonio NH_4^+, infatti

CHIMICA

ha carica positiva, questo significa che può soltanto donare il suo protone in eccesso: $NH_4^+ \rightleftharpoons NH_3 + H^+$.
Risposta corretta A.

6. Si tratta di una domanda molto nozionistica che va a valutare la conoscenza delle tre teorie sugli acidi e le basi. Il quesito ci chiede di trovare l'opzione ERRATA. Zn^{2+}è per definizione un acido di Lewis, infatti essendo carico positivamente può accettare un doppietto elettronico e comportarsi da elettrofilo (risposta B errata). L'opzione D descrive esattamente la teoria di Brønsted e Lowry, mettendo in relazione l'acido che dona ad una base che può accettare (risposta D errata). È assolutamente vero che le tre teorie non si escludono a vicenda e che sono tutte valide, ampliandosi a vicenda (risposta A errata). È importante ricordarsi che la teoria di Arrhenius descrive il comportamento di un acido e di una base SOLO ed esclusivamente in soluzione acquosa, come se fossero strettamente legate. Quindi per Arrhenius un acido è tale se dona protoni solo in soluzione acquosa, di conseguenza è l'opzione C la risposta giusta al quesito, rappresentando un'affermazione errata.
Risposta corretta C.

7. Una base di Lewis è un composto o ione che può donare una coppia elettronica ad un'altra specie detta acido di Lewis, in grado di accettarla. Un acido di Lewis ha un orbitale libero e può quindi accettare degli elettroni. Secondo questa definizione possiamo escludere BF_3, tipico acido di Lewis (risposta A errata). Anche il cloruro di sodio e l'acido nitrico non sono delle basi di Lewis, infatti non presentano doppietti liberi che possono donare (risposte C e D errate). Lo ione idrogeno è un caso estremo di acido di Lewis in quanto può solo accettare un doppietto elettronico (risposta E errata). L'unico composto che ha un doppietto disponibile è lo ione solfato SO_4^{2-}.
Risposta corretta B.

8. Un acido di Lewis è definito come una sostanza in grado di accettare un doppietto elettronico: quindi sostanze che non hanno l'ottetto completo e ioni positivi rientrano sotto questa definizione. Un acido di Brønsted invece è in grado di donare protoni ad una base che li possa accettare: quindi tutte quelle sostanze che hanno un idrogeno donabile nella formula sono acidi di Brønsted. Il quesito ci chiede di trovare una sostanza che possa rientrare in entrambe le definizioni. Verifichiamo tutte le opzioni.

- BCl_3 è un tipico acido di Lewis, ma non di Brønsted. Infatti non ha idrogenioni.
- HCl è un acido di Brønsted, ma non di Lewis. Infatti non abbiamo orbitali liberi.
- $FeCl_3$ è un acido di Lewis, ma non di Brønsted. Infatti non ha idrogenioni.
- H^+ è un acido sia di Lewis che di Brønsted. Infatti è sia uno ione positivo che può accettare degli elettroni, sia un idrogenione.
- CO_3^{2-} è sia una base di Lewis, sia di Brønsted.

Risposta corretta D.

9. Per risolvere questa tipologia di esercizio è consigliabile procedere per esclusione esaminando le varie opzioni. L'opzione A risulta essere vera, infatti entrambi gli acidi sono monoprotici (cioè possono rilasciare un solo ione H^+) e HNO_2 risulta essere più debole di $HClO_4$ perché quest'ultimo è un acido forte mentre il primo è debole. ATTENZIONE! Si possono riconoscere gli ossiacidi deboli da quelli forti facendo una semplice operazione di sottrazione tra il pedice dell'ossigeno e il pedice dell'idrogeno: se il risultato è minore di 2 l'acido è debole, mentre se il risultato è maggiore di 2 l'acido è forte (risposta A errata). L'opzione B risulta vera, perché gli acidi secondo Lewis sono quei composti in grado di accettare un doppietto elettronico e Zn^{2+} essendo uno ione che manca di due cariche negative, rientra perfettamente nella definizione (risposta B errata). L'opzione D risulta vera, perché l'acqua è un composto anfotero (si comporta sia da acido che da base) e rientra nella definizione di acido secondo Brønsted-Lowry, in quanto è in grado di rilasciare ioni H^+ (risposta D errata). L'opzione E risulta vera, perché i prodotti della reazione tra alogenuri alchilici e ammoniaca, cioè le ammine, sono basi deboli per definizione (risposta E errata). L'opzione C è l'unica falsa, infatti gli idracidi non sono tutti acidi forti, in quanto l'acido fluoridrico fa eccezione perché è un acido debole.
Risposta corretta C.

10. Come possiamo valutare la forza acida di una sostanza? La forza di un acido o di una base in soluzione acquosa può essere determinata in funzione del valore di una costante di dissociazione detta K_a nel primo caso e K_b nel secondo. Per acido o base forte si intendono quelle sostanze che dissociano completamente in soluzione, il cui valore delle costanti di dissociazione è > 1. Se la K_a < 1 allora si tratta di un acido debole che non dissocia completamente. Sapendo ciò, possiamo sicuramente escludere l'idrossido di sodio, essendo una base forte, dato che il quesito parla di acidi forti (risposta E errata). Per quanto riguarda gli acidi carbossilici, questi sono per definizione deboli, quindi acido acetico e acido oleico sono deboli (risposte A e D errate). Per valutare la forza degli ossiacidi, vale la seguente regola: se la differenza tra il numero di atomi di ossigeno e il numero di atomi di idrogeno è minore di 2, allora l'acido è debole; se la differenza è uguale o maggiore di 2, l'acido è considerato forte. Maggiore è la differenza, più forte sarà l'acido. Applicando questa regola, l'acido carbonico H_2CO_3 ha come differenza 3-2 = 1, quindi è un acido debole (risposta B errata). Fra gli acidi proposti l'unico forte è il l'acido nitrico con formula HNO_3, infatti la differenza tra atomi di ossigeno e di idrogeno è 3-1 = 2.
Quindi da tenere a mente:

- K_a > 1 acido forte (K_b > 1 base forte);
- Acidi carbossilici sempre deboli;
- Per gli ossiacidi: n°O - n°H ≥ 2 acido forte, n°O - n°H < 2 acido debole.

Risposta corretta C.

11. Fra i composti elencati bisogna trovare quello che rende la soluzione acida, quindi dobbiamo sapere come le sostanze proposte si comportano in soluzione acquosa. Partendo con NaOH, sappiamo che si tratta di una base forte, quindi in acqua darà un pH basico (risposta D errata). KBr e NaCl sono due sali che danno idrolisi neutra, provenendo entrambi da una base forte (KOH o NaOH) e da un acido forte (HBr o HCl) (risposte C ed E errate). Per quanto riguarda il metano CH_4 è un idrocarburo e quindi in acqua non ionizza e non si scinde in alcun modo (risposta B errata). CO_2 invece è un ossido acido (anidride) e reagisce con l'acqua secondo la reazione $CO_2 + H_2O \rightarrow H_2CO_3$ a dare l'acido carbonico, un acido che quindi abbassa il pH, pur essendo debole.
Risposta corretta A.

12. Secondo la teoria di Lewis si definisce acido qualsiasi sostanza in grado di accettare una coppia di elettroni e si definisce base qualsiasi sostanza in grado di cedere una coppia di elettroni non condivisi. Le basi di Lewis hanno comportamento nucelofilo, mentre gli acidi elettrofilo. Per capire se un composto è un acido o una base di Lewis è consigliabile disegnare le molecole e valutare se i comporti hanno la possibilità di accettare o donare doppietti elettronici. I composti CO_3^{2-} e OH^- sono degli esempi di base di Lewis perchè hanno una carica negativa e quindi la capacità di donare un doppietto elettronico (risposte B e C errate); NH_3 è una base di Lewis perchè ha la capacità di donare un doppietto elettronico formando lo ione ammonio NH_4^+ (risposta A errata). H_2SO_4 è una molecola satura di elettroni che non ha la possibilità di accettare una coppia di elettroni e quindi non dovrebbe rientrare fra gli acidi di Lewis, ma di Bronsted, che definisce acido una sostanza in grado di donare ioni H^+ ad una base; l'acido solforico quindi può fornire protoni e poiché il protone H^+ è un acido di Lewis, perchè può accettare una coppia di elettroni, così gli acidi di Bronsted possono rientrare indirettamente fra gli acidi di Lewis.
Risposta corretta D.

13. Per arrivare più velocemente alla risposta conviene escludere subito le opzioni più ovvie. Sapendo che gli acidi carbossilici sono per definizione tutti deboli e che anche l'acido cianidrico è debole, possiamo escludere già tre opzioni senza dover leggere tutta l'opzione (risposte B, D ed E errate). Rimangono due opzioni: A e C. Sicuramente sappiamo che l'acido solforico è un acido forte, infatti la differenza tra atomi di ossigeno e idrogeno è 2. Procedendo sequenzialmente individuiamo l'opzione A come corretta, in quanto troviamo tre acidi forti disposti per ordine di acidità. Infatti, l'acido solforico ha una K_a molto più alta dell'acido nitrico. Visto che per il test non bisogna sapere i valori delle costanti acide, è molto utile conoscere almeno l'ordine di acidità delle sostanze più importanti. La risposta C è errata in quanto l'acido cianidrico è molto più debole dell'acido solforoso.
Risposta corretta A.

14. Anche qui si tratta di valutare la forza acida delle sostanze proposte. Senza guardare le opzioni, ragioniamo sui tre composti proposti. Sicuramente l'acido perclorico è l'acido più forte in assoluto, quindi dovrà essere quello più a destra. Con solo questa informazione vediamo che l'unica opzione che soddisfa questo criterio è la B. Quindi avremmo già trovato la risposta corretta. Per scrupolo confrontiamo anche le altre due sostanze: l'acido nitrico è sicuramente più forte dell'acido nitroso, infatti il primo ha una differenza tra atomi di ossigeno e idrogeno di 2, mentre il secondo di 1. L'ordine esatto di acidità crescente è Z > Y > X.
Risposta corretta B.

15. Il quesito ci pone di fronte a questa situazione: dobbiamo confrontare due soluzioni, una contenete un acido forte e l'altra un acido debole. Si tratta quindi di valutare la forza acida e il loro comportamento in soluzione. Sicuramente se le due soluzioni contengono la stessa concentrazione di acido, quella che contiene l'acido tricloroacetico sarà più acida, in quanto l'acido forte dissocia completamente, mentre l'acido benzoico essendo debole dissocia parzialmente e renderà la soluzione meno debole. Non è tanto il volume delle soluzioni a definire l'acidità della soluzione, quanto più la concentrazione di acido presente. Infatti, posso avere un volume tanto maggiore di acido forte, ma decisamente meno concentrato, e quindi la soluzione con acido debole a minor volume, ma più concentrata potrebbe essere più acida (risposta B errata). Anche la temperatura non influisce sull'acidità, certo, aumenta l'agitazione termica, ma un acido debole non arriverà mai a dissociare completamente (risposta C errata). Se la soluzione con acido forte è più diluita, non necessariamente sarà comunque più acida della seconda soluzione contenente un acido debole. Dipende infatti da quanto è diluita (risposta D errata). Anche l'ultima opzione non è veritiera, come abbiamo visto ci sono più situazioni in cui la prima soluzione potrebbe non essere più acida della seconda (risposta E errata).
Risposta corretta A.

16. Esistono tre definizioni di acido e di base che non si escludono a vicenda: secondo Arrhenius un acido è una sostanza che libera ioni H^+ solo in ambiente acquoso; secondo Bronsted-Lowry un acido è invece una sostanza che dona ioni H^+ ad una base in grado di accettarli e infine secondo Lewis un acido è una sostanza che accetta un doppietto elettronico, detto anche elettrofilo. Analizzando le singole opzioni si può capire quali composti sono solo acidi di Arrhenius, Bronsted -Lowry e Lewis e quali composto corrispondono a più definizioni di acido. In particolare bisogna fare una precisazione, tutti gli acidi di Bronsted o di Arrhenius che donano H^+ sono indirettamente acidi di Lewis perchè H^+ è in grado di accettare un doppietto elettronico, diventando quindi un acido di Lewis.

L'acido cianidrico HCN può liberare H^+, pertanto si comporta sia come acido di Arrhenius che di Lewis (risposta A errata).

L'acido xenico altrettanto è in grado di liberare $2H^+$, quindi per lo stesso motivo dell'opzione A non è la risposta esatta (risposta B errata).

L'acido ortoborico libera $3H^+$, per cui è un acido si di Arrhenius che di Lewis (risposta C errata).

L'acido solfenico è un acido organico, in grado di liberare H^+ (risposta D errata).

L'unico acido secondo Lewis, quindi che può accettare un doppietto elettronico, ma che non può comportarsi da acido di Arrhenius quindi non può donare H^+ è quindi il borano, BH_3; questo perchè il boro in questo composto è ibridato sp_2 quindi presenta tre orbitali isoenergetici per i tre idrogeni e un orbitale vuoto non ibridato che accetta il doppietto elettronico.
Risposta corretta E.

17. Anche in questo esercizio si tratta di mettere in ordine decrescente di acidità le sostanze proposte. Per rispondere correttamente al quesito bisogna avere presente la scala di acidità. Inoltre, è utile sapere che per quanto riguarda gli idracidi, la loro acidità aumenta con il peso molecolare (oltre che con l'aumentare del raggio atomico), scendendo lungo un gruppo. Di conseguenza vale: HI>HBr>HCl>HF. Sapendo ciò si può escludere l'opzione B, in quanto HBr è meno forte di HI e l'opzione D, visto che HBr è più forte di HCl e HCl è più forte di HF (risposte B e D errate). Bisogna tenere a mente che l'acido perclorico è l'acido più forte, quindi è più acido degli idracidi (risposta C errata). La prima opzione invece descrive l'ordine corretto di acidità decrescente: infatti l'acido perclorico è il più forte, seguito dai due idracidi secondo il peso

molecolare. Troviamo poi l'acido acetico che come tutti gli acidi carbossilici è debole ed infine l'ammoniaca che essendo una base debole, risulta essere la meno acida di tutti.
Risposta corretta A.

18. Si tratta di un quesito nozionistico riguardo la forza di acidi e basi. Procediamo per esclusione. Un acido o una base vengono definiti forti quando dissociano completamente in acqua. Per questa loro proprietà possono essere anche definiti elettroliti forti, mentre acidi e basi deboli, dissociando solo parzialmente, sono degli elettroliti deboli (risposta C errata). HF è uno degli acidi più deboli, sicuramente il più debole tra gli idracidi. Questo è proprio dovuto all'elevata elettronegatività del fluoro che ostacola la cessione dell'idrogenione (risposta D errata).
Rimaniamo in dubbio tra le prime due opzioni: entrambe descrivono una reazione chimica corretta, tuttavia l'errore sta nella doppia freccia: infatti, l'acido nitrico essendo un acido forte dissocia completamente in acqua, quindi non si troverà in equilibrio, ma la reazione sarà spostata completamente verso destra, quindi verso i prodotti. La reazione sarebbe corretta se ci fosse una singola freccia: $HNO_3 \rightarrow H^+ + NO_3^-$. L'opzione B descrive la dissociazione incompleta dell'acido acetico (debole) ed è quindi giusto usare la doppia freccia che indica un equilibrio (risposta B errata).
Risposta corretta A.

19. L'acqua è una sostanza anfotera, quindi si può comportare da acido donando il suo idrogeno, oppure si può comportare da base accettando un idrogenione. Quando si comporta da acido si trasforma in ione OH^-, mentre quando si comporta da base si trasforma in H_3O^+. Per risolvere il quesito è sufficiente cercare la reazione in cui nei prodotti abbiamo lo ione ossidrile, indice del fatto che l'acqua ha donato un protone comportandosi da acido. L'unica opzione che soddisfa questo criterio è la B, infatti il bicarbonato ha una tendenza a comportarsi come base per diventare acido carbonico, quindi l'acqua si comporta da acido donandogli un protone.
Risposta corretta B.

20. In una reazione acido-base, l'acido, cedendo un protone H^-, si trasforma nella sua base coniugata, mentre la base, accettando un protone H^+, si trasforma nel suo acido coniugato. Una coppia acido/base coniugata differisce per la mancanza di uno ione idrogeno nella base coniugata. Questo ci permette di escludere la prima opzione, in quanto non è coinvolto uno ione idrogeno. Per quanto riguarda le opzioni B e D possiamo escludere perche vi è una differenza di due idrogenioni e non uno solo come da definizione. Inoltre, H_2NO_3 non esiste come sostanza (risposte B e D errate). Anche l'opzione E non è scritta correttamente, l'acqua da base diventa H_3O^+ e da acido OH^-. L'unica coppia acido – base coniugata corretta è l'acido fosforico/ ione diidrogenoortofosfato.
Risposta corretta C.

21. Si tratta di verificare le coppie acido-base proposte e valutare il comportamento da acido o base delle sostanze. Il testo ci chiede di trovare una sostanza che si comporti da acido, quindi andiamo ad escludere tutte le opzioni che presentano nei prodotti ioni ossidrile (indice di comportamento basico) (risposte A e C errate). In questo modo abbiamo già escluso due opzioni. Valutando solo le reazioni in cui nei prodotti sono presenti dei protoni, possiamo sicuramente escludere l'opzione B, in quando l'acido carbonico, pur comportandosi da acido, perde direttamente due ioni idrogeno. Ricordiamoci che una coppia acido-base coniugata differisce per solo un idrogeno, quindi la base coniugata corretta sarebbe l'idrogenobicarbonato (risposta B errata). Apparentemente le opzioni D ed E possono sembrare entrambe corrette, tuttavia il testo ci dà un ulteriore informazione, ovvero la costante acida dell'idrogenobicarbonato. È vero, a volte vengono date informazioni aggiuntive che non sono utili alla risoluzione dell'esercizio, ma non è questo il caso. Infatti, la reazione proposta nell'opzione D non avviene di fatto, perché se si confrontano le costanti acide dell'idrogenobicarbonato e dell'acqua ($K_a = 10^{-7}$), si osserva che l'acqua ha più tendenza rispetto all'idrogenocarbonato a comportarsi da acido. Quindi l'idrogenocarbonato tende a comportarsi da base (risposta D errata). L'unica opzione giusta è la E, infatti l'acido solforico si comporta da acido e si trasforma nella propria base coniugata HSO_4^-.
Risposta corretta E.

22. Il modo migliore per approcciare questo esercizio è sicuramente escludere le opzioni più semplici: la prima opzione descrive una semplice reazione tra una base debole NH_3 e l'acido forte HCl. Sicuramente è errata, in quando l'ammoniaca reagisce da base e quindi accetta gli idrogenioni dall'acido cloridrico, diventando così ione ammonio: $NH_3 + HCl \rightleftharpoons NH_4^+ + Cl^-$ (risposta A errata). Per verificare le altre opzioni bisogna confrontare le varie costanti di dissociazioni acida e verificare se la tendenza delle rispettive sostanze è stata rispettata. $HClO_2$ ha una costante maggiore di HF, quindi avrà più tendenza a comportarsi da acido e quindi a rilasciare il suo ione idrogeno. Di conseguenza si dovrebbe trasformare nella sua base coniugata ClO_2^-, mentre l'acido fluoridrico dovrebbe acquistare un protone (risposta C errata). Lo stesso discorso vale per l'opzione D, in cui l'acido acetico è meno forte rispetto all'acido nitroso, quindi avrà la tendenza a comportarsi da base e ad acquistare un protone dall'acido nitroso (risposta D errata). HPO_4^{2-}, avendo una costante acida più piccola rispetto all'idrogenocarbonato, tenderà a comportarsi da base e quindi ad acquistare un protone e a diventare la base coniugata $H_2PO_4^-$.
Risposta corretta B.

23. Una coppia acido/base coniugata differisce per la mancanza di uno ione idrogeno nella base coniugata. L'acido cedendo un protone si trasforma nella base coniugata, mentre la base accettando un protone si trasforma nell'acido coniugato. Osservando tutte le coppie proposte dal quesito, si noterà che sono tutte coppie acido-base coniugata corrette: è sempre stata rispettata la differenza di 1 idrogenione e le formule sono tutte giuste.
Risposta corretta E.

24. In base al numero di idrogeni dissociabili, gli acidi del tipo H_nA possono essere distinti in:
- monoprotici se $n = 1 \rightarrow$ la concentrazione di H^+ è uguale alla molarità dell'acido;
- poliprotici se $n > 1 \rightarrow$ la concentrazione di H^+ è uguale alla molarità dell'acido moltiplicata per il pedice n.

Secondo questa definizione, rientrano fra gli acidi poliprotici i seguenti dell'esercizio proposto: H_3PO_4, H_2S, e $CH_2(COOH)_2$. L'acido acetico vale come monoprotico, infatti pur avendo più atomi di idrogeno, quello che in soluzione viene liberato e determina il comportamento acido della sostanza è l'atomo di idrogeno legato al gruppo carbossilico.
Risposta corretta E.

25. Si tratta di una domanda nozionistica nella quale bisogna riconoscere acidi forti e acidi deboli. Procediamo per esclusione: l'ammoniaca (NH_3), che è una base debole sarà più basica dell'acido fluoridrico (HF) che è un acido debole (risposta A errata). L'acqua (H_2O) ha pH neutro ed è meno acida dell'acido fluoridrico che è un acido debole (risposta B errata). L'acido cloridrico (HCl) è un acido molto forte quindi con forza acida maggiore rispetto all'acido carbonico (H_2CO_3) debole per definizione (risposta C errata). L'ammoniaca (NH_3) essendo una base debole è un acido molto debole, addirittura più debole dell'acqua.
Risposta corretta E.

26. Per valutare se una reazione è corretta, bisogna verificare che i reagenti e i prodotti siano di numero uguale a destra e a sinistra, se le cariche sono bilanciate e se la freccia corrisponde al tipo di reazione. Sono tutte dissociazioni di acidi in acqua. La prima opzione è corretta: l'acido cloridrico è un acido forte quindi la freccia è singola, inoltre le cariche e i prodotti sono giusti (risposta A errata). Lo stesso discorso vale per la reazione di dissociazione dell'acido fosforico: le cariche sono bilanciate e lo è anche il numero di idrogeni che libera l'acido fosforico (risposta D errata). Per quanto riguarda l'acido acetico, essendo un acido debole, la reazione non avviene completamente ed è quindi giusto inserire la doppia freccia. Le cariche sono bilanciate (risposta C errata). Rimane l'acido solforico: l'errore nella reazione è nel numero di idrogenioni. L'acido solforico essendo un acido forte libera 2 ioni idrogeno e nella reazione, per essere corretta, doveva quindi essere presente un 2 davanti all'H^+: $2H^+$.
Risposta corretta B.

27. La cartina tornasole viene utilizzata nei laboratori chimici e si ottiene imbevendo una cartina assorbente con una miscela di molti coloranti naturali, ricavata da alcune specie di licheni che, a loro volta, la colorano in base all'ambiente (acido, neutro, basico) in cui si trovano, fornendo

un'indicazione approssimativa a riguardo.
Se immersa in ambiente alcalino (basico) la cartina si colora di blu (risposta E errata), in ambiente neutro si colora di verde chiaro (risposta C errata), in ambiente debolmente acido si colora di giallo (risposta D errata), in ambiente fortemente acido si colora di rosso.
Risposta corretta A.

28. Per questo esercizio bisogna saper riconoscere sostanze che sono in grado di liberare uno ione idrogeno o uno ione ossidrile e altre che possono liberare o due ioni idrogeno o due ioni ossidrile.
Vediamole una alla volta:

- $Ca(OH)_2$ libera 2 ioni ossidrile, quindi è dibasica;
- NaOH libera 1 ione ossidrile, quindi è monobasica;
- HCl libera 1 idrogenione, quindi è monoprotico;
- H_3PO_4 libera 3 idrogenioni, quindi è POLIprotico, non rientra nelle sostanze mono o diprotiche. Non va contato;
- H_2SO_4 libera 2 idrogenioni, quindi è diprotico;
- $Cu(OH)_2$ libera 2 ioni ossidrile, quindi è dibasico;
- $CH_2CH_2(COOH)_2$ libera 2 idrogenioni, in quanto possiede due gruppi carbossilici che possono reagire, quindi è diprotico.

Se contiamo le specie mono e le specie di, otteniamo: 2 sostanze che liberano uno ione e 4 sostanze che liberano due ioni.
Risposta corretta A.

29. Un acido secondo Arrhenius è una sostanza che, sciolta in acqua, provoca un aumento della concentrazione degli ioni H^+. La domanda fa riferimento agli acidi poliprotici, che si distinguono dai monoprotici perché sono in grado di dissociare più ioni H^+: essi vengono detti diprotici o triprotici in base al numero di protoni che possono cedere. Esempi di acidi poliprotici sono: H_2SO_4, H_3PO_4, H_2CO_3.
In riferimento alle opzioni proposte dall'esercizio si può affermare che gli acidi appena descritti non sono dei polimeri, ma delle molecole (risposta A errata), alcuni sono molto dissociati come nel caso degli acidi forti (H_2SO_4 ne è un esempio), altri invece sono poco dissociati come nel caso di H_3PO_4 e H_2CO_3 (risposte C e D errate).
Infine non formano più ioni H^+ (risposta D errata) ma al contrario possono cedere più di un protone al solvente per dissociazione ionica.
Risposta corretta E.

30. Una sostanza è anfotera quando in base al proprio partner di reazione si può comportare o da acido o da base. L'essere una sostanza anfotera non è legata al dipolo, al tensioattivo o all'avere cariche positive o negative alle estremità (risposte A, B e C errate). Anche la definizione di nucleofilo e elettrofilo non è collegata al comportamento anfotero (risposta E errata).
Risposta corretta D.

31. Un anfotero è una sostanza che a seconda del partner di reazione si può comportare o da acido o da base. Possiamo quindi escludere le opzioni A e B in quanto non pertinenti con la definizione (risposte A e B errate). L'acqua è un ottimo esempio di anfotero: infatti quando reagisce con una base si comporta da acido mentre quando reagisce con un acido si comporta da base. Reagendo con l'ammoniaca (una base), l'acqua si comporta da acido cedendo un idrogenione e diventando ione ossidrile: $H_2O + NH_3 \rightleftharpoons OH^- + NH_4^+$ (risposta C errata). Infine, lo ione $H_2PO_4^-$ è una specie anfotera, infatti un esempio di sostanze anfotere sono alcuni sali di acidi diprotici o poliprotici proprio come questo ione che può comportarsi sia da acido secondo Brønsted e Lowry cedendo uno ione H^+, che da base accettandone uno.
Risposta corretta D.

32. Una sostanza si dice anfotera quando può comportarsi o da acido, donando protoni, o da base, accettando protoni. Una sostanza anfotera deve quindi avere almeno un idrogenione da donare, e una carica negativa (o un orbitale libero) per accettare protoni. L'opzione E è escludibile

CHIMICA

perché si tratta di un sale, il cloruro di sodio (risposta E errata). Le opzioni B e D non possono fisicamente accettare ulteriori ioni idrogeno, infatti sono per definizione l'acido carbonico e l'acido solforico e possono solo donare protoni (risposte B e D errate). CO_3^{2-} a sua volta può solo accettare protoni, non avendo atomi di idrogeno nella sua formula, quindi può comportarsi solo da base (risposta C errata). Mentre il bicarbonato HCO_3^- è una sostanza anfotera: in ambiente basico si comporta da acido secondo la reazione $HCO_3^- \rightarrow CO_3^{2-} + H^+$, mentre in ambiente acido si comporta da base secondo la reazione $HCO_3^- + H^+ \rightarrow H_2CO_3$.
Risposta corretta A.

33. Il modo più veloce per risolvere il quesito è definire ogni sostanza proposta dal testo.
- NaOH è una base forte;
- $FeCl_3$ è un tipico acido di Lewis;
- NH_3 l'ammoniaca è una base debole;
- NaCl è un sale, quindi non è né una base, né un acido, né una sostanza anfotera. Non va contato
- H_2O è una sostanza anfotera;
- HSO_4^- è una sostanza anfotera ;
- HCO_3^- è una sostanza anfotera
- HS^- è una sostanza anfotera.

Se contiamo le varie specie otteniamo: 1 acido, 2 basi e 4 anfoteri.
Risposta corretta B.

34. Visto che l'esercizio ci chiede di verificare la correttezza della reazione e dell'affermazione, conviene prima di tutto controllare le reazioni in modo da escludere qualche opzione. Vediamo che la seconda reazione non è bilanciata, infatti abbiamo nei reagenti un atomo di sodio, mentre nei prodotti 2. Anche l'affermazione è sbagliata perché l'acido solforico si può comportare solo da acido (risposta B errata). L'opzione E riporta una reazione completamente sbagliata: per formare l'acido fosforico, lo ione diidrogenofosfato dovrebbe reagire con un idrogenione e non uno ione ossidrile (risposta E errata). In questo modo abbiamo escluso 2 opzioni. Rimangono l'opzione A, C e D. Nella prima reazione l'acqua (sostanza anfotera) reagisce con lo ione ammonio (un acido), comportandosi da base (risposta A errata). L'acido cloridrico è un acido e non una sostanza anfotera (risposta D errata). L'opzione C invece è corretta, la reazione è giusta come anche l'affermazione.
Risposta corretta C.

35. L'ossido di zinco ha come formula ZnO, infatti lo zinco ha numero di ossidazione +2 e l'ossigeno -2. Possiamo quindi escludere l'opzione C che riporta una formula sbagliata (risposta C errata). L'opzione D riporta una reazione corretta e dimostra come l'ossido di alluminio (un anfotero) si possa comportare da base. Nonostante questo la risposta non è inerente al testo che richiede il comportamento dell'ossido di zinco (risposta D errata). Le reazioni nelle opzioni A e B sono entrambe corrette, ma solo la prima descrive il comportamento dell'ossido di zinco come base che reagisce con l'acido cloridrico. La seconda opzione invece mostra il suo comportamento da acido in ambiente basico (risposta B errata).
Risposta corretta A.

9. Il pH e le soluzioni tampone

1. Il prodotto ionico dell'acqua è definito dalla formula:
A. $[H^+] \cdot [OH^-]$
B. $[H^+] \cdot [H^+]$
C. $[OH^-] \cdot [OH^-]$
D. $[H_2O] \cdot [H^+]$
E. $[H_2O] \cdot [H_2O]$

2. Quale delle seguenti soluzioni è più acida?
A. 0,3 M NaCl
B. 0,2 M NaOH
C. 0,3 M HCl
D. 1 M CH_3COOH
E. 0,5 M H_2CO_3

3. Come viene definito il pH?
A. L'esponente della potenza in base dieci che esprime la concentrazione degli ioni H^+, preso senza segno
B. Il logaritmo dell'inverso della concentrazione di ioni H^+ e OH^-
C. Il logaritmo del reciproco della concentrazione ossidrilionica
D. Il logaritmo dell'inverso della concentrazione di ioni H^+
E. Il logaritmo naturale della concentrazione di ioni H^+

4. A quale dei seguenti valori si avvicina maggiormente il pH di una soluzione acquosa 10^{-10} molare di HCl?
A. pH = 11
B. pH = 5
C. pH = 7
D. pH = 9
E. pH = 6

5. Quando si scioglie in acqua il composto NaOH in dosi considerevoli, il pH della soluzione ottenuta è sempre:
A. 7
B. < di 7
C. > di 7
D. Compreso fra 6 e 8
E. 8

6. Ciro ha mangiato un'arancia. Sapendo che gli acidi presenti nell'arancia sono deboli, e che l'acido cloridrico contenuto nel succo gastrico è forte, allora il pH (normalmente tra 2 e 3) del succo gastrico di Ciro dopo aver mangiato l'arancia:
A. Non si modifica
B. Diventa maggiore di 7
C. Si abbassa di almeno 1 unità
D. Diventa minore di 1
E. Diventa neutro

7. Addizionando 900 mL di acqua pura a 100 mL di soluzione di acido forte avente pH 4, il pH finale della soluzione è:
A. Invariato
B. Circa 3,9
C. 5
D. 3
E. 4,5

8. Una soluzione acquosa A contiene due moli per litro dell'acido forte HCl e una soluzione acquosa B contiene una mole per litro di HCl. Il pH della soluzione A:
A. È inferiore a quello della soluzione B
B. È superiore a quello della soluzione B
C. È uguale a quello della soluzione B
D. È comunque superiore a 1
E. Non è calcolabile

9. Quante moli per litro di ossidrilioni contiene l'acqua pura a 25 °C?
A. 0,00001 mol
B. 0,0000001 mol
C. 0,0000000001 mol
D. 0,000001 mol
E. 0,00000000000001 mol

10. Indicare quante moli di HCl sono presenti per litro in una soluzione di HCl a pH = 3.
A. 0,1 mol
B. 0,001 mol
C. 3 mol
D. 103 mol
E. 0,003 mol

11. La concentrazione dell'ossidrile in una soluzione è $1 \cdot 10^{-6}$.
Qual è il pH della soluzione?
A. 6
B. 7
C. 8
D. 9
E. 10^{-8}

CHIMICA

12. La concentrazione espressa in moli per litro di idrogenioni nel sangue è compresa fra?

A. 0,0000001 - 0,000001
B. 0,00000001 - 0,0000001
C. 0,000001 - 0,0000001
D. 0,00002 - 0,000002
E. 0,0000002 - 0,000002

13. Una soluzione di NaOH ha pOH = 3, supponendo che sia possibile, quanti grammi di NaOH bisogna togliere affinché si possa raggiungere un pH = 6?

A. Non è possibile raggiungere quel valore di pH
B. 0,04 g
C. $40 \cdot 10^{-11}$ g
D. $40 \cdot 10^{-5}$ g
E. $40 \cdot 10^{-6}$ g

14. Sapendo che il peso molecolare dell'idrossido di sodio è 40, il pH di una soluzione che contiene 4 g/L di esso è:

A. 7
B. 9
C. 13
D. 1
E. 10

15. Una soluzione di NaOH a 25 °C ha una concentrazione $2,7 \cdot 10^{-4}$ M.
Qual è il pH della soluzione?

A. 10,43
B. 1,043
C. 3,57
D. 1
E. 14

16. L'idrolisi salina è il fenomeno:

A. Dovuto al passaggio di corrente continua attraverso le soluzioni acquose dei sali
B. Corrispondente alla scissione in ioni di carica opposta dei componenti dei sali quando questi vengono posti in ambiente acquoso
C. Che provoca la formazione di soluzioni acide o basiche quando determinati tipi di sali, anche se stechiometricamente neutri, vengono disciolti in acqua
D. Della scissione dell'acqua a mezzo della corrente elettrica
E. Della scissione dell'acqua provocata dalla dissoluzione dei sali

17. Il bicarbonato di sodio sciolto in acqua dà una soluzione il cui pH è:

A. Basico
B. Neutro
C. Acido
D. Fortemente acido
E. Acido o basico a seconda della concentrazione

18. Il pH di una soluzione di NaOH 10^{-7} M sarà:

A. tra 7 e 7,5
B. tra 8,0 e 8,5
C. tra 5,5 e 6,0
D. tra 9,0 e 9,5
E. tra 6,5 e 7,0

19. Indicare l'opzione che riporta l'ordine corretto di idrolisi acida/ basica/ neutra dei seguenti sali:
NaCl, Na_2SO_4, CH_3COONa, NH_4NO_3, NH_4Cl

A. Neutra, neutra, basica, acida, acida
B. Neutra, basica, acida, neutra, neutra
C. Acida, acida, neutra, basica, basica
D. Neutra, basica, acida, neutra, acida
E. Nessuna delle precedenti

20. Quali fra le seguenti reazioni porta alla formazione di un sale che dà idrolisi basica?

A. $KOH + HCl \rightleftharpoons KCl + H_2O$
B. $H_2SO_4 + Cu(OH)_2 \rightleftharpoons CuSO_4 + 2H_2O$
C. $NaOH + H_2CO_3 \rightleftharpoons H_2O + NaHCO_3$
D. $HNO_3 + LiOH \rightleftharpoons LiNO_3 + H_2O$
E. $C_3H_8 + O_2 \rightleftharpoons CO_2 + H_2O$

21. In 100 mL di una soluzione di HCl 0,1 M vengono sciolte 0,01 moli di idrossido di sodio. Una sola delle seguenti affermazioni è corretta. Quale?

A. Il pH aumenta perché la soluzione è costituita da elettroliti forti
B. Il pH diminuisce perché la soluzione è costituita da elettroliti forti
C. Il pH aumenta perché la ionizzazione dell'acido cloridrico diminuisce
D. Il pH aumenta perché aumenta la concentrazione degli ossidrilioni
E. Il pH aumenta perché la soluzione è costituita da elettroliti di forza differente

22. Aggiungendo contemporaneamente 18 grammi di HCl (PM = 36) e 22 grammi di NaOH (PM = 40) a un litro di acqua, il pH risultante sarà:

A. Acido
B. Basico

C. Neutro
D. Compreso tra 2 e 5
E. Uguale a 5

23. Quale delle seguenti soluzioni acquose ha il pH più basso (a parità di concentrazione del soluto)?
A. NH_3 1 M
B. CH_3COOH 1 M
C. NaCl 1 M
D. HCl 1 M
E. NaOH 1 M

24. Che pH ha la soluzione che si ottiene facendo reagire 0,09 mol di acido cloridrico con 4g di idrossido di sodio considerando che il volume finale della soluzione è di 1 decilitro?
A. 1
B. 7
C. 9
D. 12
E. 13

25. Il pH di una soluzione NaOH 10^{-3} M è:
A. 3
B. 4
C. 7
D. 10
E. 11

26. Un acido è:
A. un composto chimico formato da uno o più ioni positivi legato ad uno o più ioni negativi
B. un composto chimico capace di diminuire il pH della soluzione nella quale è disciolto
C. un composto chimico contenente ossigeno
D. un composto chimico capace di aumentare il pH della soluzione nella quale è disciolto
E. un composto chimico contenente carbonio

27. Quando una soluzione contiene una concentrazione di ioni H^+ maggiore di quella degli ioni OH^-:
A. Ha pH = 14
B. è basica
C. è acida
D. Ha pH > 7
E. è una base forte

28. Il sistema tampone è formato da:
A. Acidi forti e basi forti
B. Acidi o basi deboli in parte salificati
C. Un acido debole aggiunto a NaCl
D. Un acido o una base debole neutralizzati
E. Soluzioni diluite di acidi deboli

29. Se un litro di una soluzione tampone formata da un acido debole ed un suo sale con una base forte viene diluito con acqua a 3 litri, il pH della soluzione ottenuta:
A. Diventa acido
B. Aumenta
C. Diminuisce
D. Resta invariato
E. Aumenta o diminuisce a seconda del volume della soluzione tampone

30. Il pH di una soluzione tampone di un acido debole corrisponde alla pK_a dell'acido quando:
A. È presente anche una base forte
B. È presente anche un acido forte
C. Non è mai possibile
D. La concentrazione dell'acido è uguale a quella del sale
E. La concentrazione del sale è maggiore di quella dell'acido

31. Quale delle seguenti coppie forma una soluzione tampone?
A. NH_3/NH_4Cl
B. CH_3COOH/HCl
C. HCl/NaOH
D. HI/I^-
E. Nessuna delle precedenti

32. Quale delle seguenti coppie forma un sistema tampone?
A. H_2SO_4/HSO_4^-
B. HCl/Cl^-
C. H_2CO_3/HCO_3^-
D. HF/NaF
E. $H_3PO_4/H_2PO_4^-$

33. Qual è il pH di una soluzione 0,07 M di acido acetico e 0,07 M di acetato di sodio? [$K_a = 10^{-5}$]
A. 4,7
B. 6
C. 5
D. 3,8
E. 7

CHIMICA

34. Una soluzione acquosa di sale da cucina ha pH pari a circa:

A. 5,5
B. 1
C. 0
D. 10
E. 7

35. Quale delle seguenti affermazioni è corretta?

A. Nel sangue il pH acido è mantenuto dal sistema tampone acido carbonico/bicarbonato
B. Un aumento di anidride carbonica non cambia l'equilibrio del tampone
C. La reazione che avviene nel sangue: $H_2O + CO_2 \rightleftharpoons H_2CO_3 \rightleftharpoons HCO_3^- + H^+$
D. Il tampone principale nel sangue è quello dei fosfati
E. Nessuna delle precedenti

36. Quale delle seguenti soluzioni acquose è acida?

A. Cloruro di potassio
B. Solfato di sodio
C. Acetato di sodio
D. Bicarbonato di sodio
E. Cloruro di ammonio

37. Sciogliendo in acqua una quantità arbitraria di citrato di sodio, si ottiene una soluzione:

A. Acida
B. Neutra
C. Dipende dalla quantità disciolta
D. Basica
E. Dipende dalla temperatura

38. Una soluzione di acido, il cui pH è 3,contiene 0,001 moli di un acido monoprotico per litro. Ciò significa che la soluzione:

A. Contiene un acido debole
B. Contiene un acido forte
C. Costituisce un sistema tampone
D. Contiene un acido triprotico
E. Contiene una miscela di acido forte e acido debole

CORREZIONE COMMENTATA

1. Il prodotto ionico dell'acqua è per definizione uguale al prodotto delle concentrazioni molari degli ioni H^+ e OH^- ed è costante al variare della temperatura. Descrive l'equilibrio in cui l'acqua si comporta da anfotero secondo la reazione $2H_2O \rightleftharpoons H_3O^+ + OH^-$.
Alla temperatura di 25 °C, il suo valore sperimentale risulta essere pari a $1{,}0 \cdot 10^{-14}$.
Risposta corretta A.

2. Basandoci su un volume di 1 L, possiamo considerare le concentrazioni date nelle opzioni come il numero di moli. A questo punto è sufficiente concentrarsi solo sulla sostanza in esame: dato che il testo ci chiede di individuare la soluzione più acida, possiamo escludere l'opzione che contiene la base forte NaOH (risposta B errata), come anche l'opzione che descrive una soluzione contenente il sale NaCl (risposta A errata). Rimaniamo con tre opzioni, di cui due riferite a soluzioni contenenti acidi deboli: l'acido acetico e l'acido carbonico, pur essendo in concentrazioni maggiori, sono molto deboli e quindi determineranno un pH meno acido rispetto all'acido cloridrico (risposte D ed E errate). Certamente se viene proposta una soluzione estremamente concentrata di acido debole, questa potrebbe essere più acida rispetto ad una contenente una quantità di acido forte molto diluito. Nel dubbio bisogna affidarsi alla formula per il calcolo del pH di acidi deboli:$[H^+] = \sqrt{K_a} \cdot [acido]$.
Risposta corretta C.

3. Il pH è una scala che permette di definire la concentrazione degli ioni idrogeno, misurando l'acidità delle soluzioni acquose in numeri decimali. La lettera "p" di "pH" rappresenta il logaritmo in base dieci ed il successivo cambio di segno del risultato ($p = -\log_{10}$), mentre la H rappresenta la concentrazione degli ioni idrogeno. Coincide quindi con l'esponente della concentrazione di ioni H^+ preso senza il segno. Tutte le altre definizioni di pH sono sbagliate.
Sicuramente escludiamo l'opzione che mette in relazione pH e ioni ossidrile, infatti il pH si calcola sulla base della concentrazione degli idrogenioni (risposta B errata). Anche l'ultima opzione è facilmente escludibile in quando non si tratta di un logaritmo naturale, bensì di un logaritmo in base 10 (risposta E errata). A questo punto bisogna escludere le due opzioni che parlando di logaritmo inverso: il logaritmo inverso di un numero è l'opposto del logaritmo del numero stesso e si riferisce alla formula $\log_a 1/x = -\log_a x$. Non è come dire "il logaritmo negativo della concentrazione degli idrogenioni" (risposte B e D errate).
Risposta corretta A.

4. Un acido forte in soluzione deve dare sempre un pH acido. Quando la concentrazione di un acido forte in soluzione acquosa è $\leq 10^{-7}$ M non è possibile usare la formula logaritmica per arrivare al risultato. Questo significa che l'acido è talmente diluito da non influire neppure sulla soluzione. Il pH pertanto sarà circa 7, infatti la concentrazione di 10^{-10} dell'acido è estremamente bassa. Un pH inferiore a 7 non sarebbe in grado di dare una concentrazione così bassa, mentre pH basici non possono essere determinati da un acido così forte come l'acido cloridrico.
Risposta corretta C.

5. NaOH è una base forte, quindi in soluzione determinerà sempre un pH basico, sicuramente maggiore di 7. Se si aggiunge una quantità di base forte estremamente diluita, il pH sarà vicino alla neutralità.
Risposta corretta C.

6. Il pH fortemente acido nello stomaco dovuto alla secrezione di acido cloridrico ha la funzione di attivare determinati enzimi, in modo da poter esplicare la propria funzione e iniziare a scindere determinati composti. È importante che questo pH non si alteri: quando acidi deboli (peraltro in modesta quantità, come quelli dell'arancia) vengono aggiunti ad una soluzione, in cui il pH è molto basso, non influiscono sullo stesso, se non di pochissimi decimali. Sicuramente il pH non può diventare alcalino o neutro se la soluzione contiene un acido molto forte (risposte B ed E errate), ma non raggiunge di certo un pH di 1 perché si aggiunge un acido debole (risposta D errata). Il dubbio poteva esserci sull'opzione C, tuttavia l'aggiunta di un acido debole non determinerà mai una variazione di una unità, al massimo di un decimale (risposta C errata).
Risposta corretta A.

7. Per risolvere l'esercizio basta utilizzare la formula $M_1 \cdot V_1 = M_2 \cdot V_2$, in quanto si tratta di un esercizio di diluizione. Questa formula si utilizza tutte le volte in cui si deve trovare la concentrazione di una soluzione che è stata diluita, come in questo caso. Consideriamo $M_2=10^{-4}$ M, $V_1=100$ mL, $V_2=V_1+900$ mL=1000 mL=1 L. Sostituendo, si ottiene che $M_1= 10^{-5}$ M. Ora che conosciamo la concentrazione, possiamo calcolare il valore del pH: $[H^+] = 10^{-pH} \rightarrow 10^{-5} = 10^{-pH} \rightarrow pH = 5$.
Risposta corretta C.

8. La soluzione A ha una concentrazione maggiore di idrogenioni perché presenta 2 mol/L di acido cloridrico, rispetto alla soluzione B, la quale presenta 1 mol/L dello stesso acido. Questo significa che per ogni litro di soluzione, nella prima abbiamo 2 moli di acido, mentre nella seconda solo 1 mole. Di conseguenza nella soluzione A si riscontra un pH più acido rispetto alla soluzione B e dunque più basso.
Risposta corretta A.

9. Il prodotto ionico dell'acqua vale $1 \cdot 10^{-14}$ e la concentrazione di ioni H^+ è uguale a quella degli ioni OH^-, ovvero 10^{-7}, corrispondente ad un pH neutro. Di conseguenza per risolvere questo esercizio è sufficiente contare il numero degli zero e scegliere l'opzione contenente 7 volte lo zero. La concentrazione di una sostanza si misura in moli su litro, pertanto si trovano 0.0000001 mol/L di H^+.
Risposta corretta B.

10. L'acido cloridrico è un acido forte, quindi dissociando completamente, tutti gli idrogenioni presenti in soluzione derivano dalla dissociazione dell'acido. Considerando la definizione di pH possiamo identificare la concentrazione di H^+, considerando che $[H^+] = 10^{-pH} = 10^{-3}$ M. Possiamo ottenere le moli con la formula $n = M \cdot V$ (vedi: capitolo 5 "Stechiometria"). Siccome il volume equivale a 1 litro il numero di moli coincide con la concentrazione, quindi 10^{-3}.
Risposta corretta B.

11. Avendo una soluzione contenente una base, prima di ricavare il pH bisogna calcolare il pOH dalla concentrazione degli ioni ossidrile. Il pOH è definito dalla formula $pOH = -\log[OH^-] \rightarrow [OH^-] = 10^{-pOH} \rightarrow pOH + pH = 14$. Se calcoliamo il pOH della soluzione proposta svolgendo la semplice operazione sopra descritta otteniamo 6. A questo punto possiamo ricavare il pH con il semplice calcolo $pOH + pH = 14 \rightarrow 14 - 6 = 8$.
Risposta corretta C.

12. Il pH del sangue, e di qualsiasi altro fluido, riflette la concentrazione degli idrogenioni in esso disciolti. In condizioni normali il sangue è leggermente alcalino, con un pH che varia entro limiti piuttosto ristretti, tra 7,35 e 7,45. Considerando una media di pH di 7,4 la concentrazione degli idrogenioni $[H+] = 10^{-pH} = 10^{-7,4}$. Questo valore è quindi compreso tra 10^{-7} e 10^{-8}.
Risposta corretta B.

13. Il quesito proposto può sembrare più difficile di com'è in realtà; infatti si tratta di una domanda trabocchetto. Una soluzione di NaOH con pOH = 3 corrisponde ad un valore di pH = 14 - 3 = 11. La concentrazione di NaOH però si calcola considerando il pOH, quindi $[OH^-] = 10^{-pOH} = 10^{-3}$. Leggendo bene la consegna della domanda però, ci viene chiesto di togliere da una soluzione basica una quantità di base tale per far diventare la soluzione acida. Questo non sarà mai possibile, poiché togliendo ioni ossidrile rilasciati si potrà al massimo tornare ad una situazione di neutralità, quindi un pH acido di 6 non potrà mai essere raggiunto.
Risposta corretta A.

14. Siccome NaOH è una base forte, dissocia completamente in soluzione acquosa secondo la reazione: $NaOH \rightarrow Na^+ + OH^-$. Con un litro di soluzione abbiamo 4 grammi di NaOH. Calcoliamo le moli secondo la formula $n = \frac{m}{P.M.} = \frac{4\,g}{40\frac{g}{mol}} = 0{,}1\ mol.$
Ora calcoliamo il pOH secondo la formula $pOH = -\log[OH^-]$ dove $[OH^-] = 0{,}1$ mol/L, pOH = 1.
Infine, calcoliamo il pH con la formula pH = 14 - pOH = 14 - 1 = 13.
Risposta corretta C.

15. Di primo acchito sembrerebbe essere necessaria la calcolatrice, ma approssimando il quesito è

facilmente risolvibile con una discreta capacità di calcolo. L'idrossido di sodio è un elettrolita forte che in acqua dissocia completamente liberando ioni ossidrile secondo la reazione $NaOH \rightarrow Na^+ - OH^-$. Ricordiamoci che il composto di partenza è una base, quindi attraverso la concentrazione della base data dal testo, possiamo ricavare il pOH applicando la formula $pOH = -\log[OH^-] = -\log 2,7 \cdot 10^{-4} = 3,57$. Per ottenere il pH è sufficiente sottrarre da 14 il pOH: pH = 14 - 3.57 = 10,43.
Non è necessario svolgere il calcolo completo del pH risolvendo il logaritmo. Infatti, basta guardare l'ordine di grandezza della concentrazione di OH^- e dedurre che il pOH corrisponde ad un valore che si aggira intorno al 4. il pH, di conseguenza, si aggirerà intorno al valore di 10. L'unica risposta plausibile è appunto la A.
Risposta corretta A.

16. Si definisce idrolisi salina il processo per il quale un sale quando reagisce con l'acqua determina la comparsa di ioni H^+ o ioni OH^- in soluzione. Infatti, essendo un sale formato da una base e da un acido, una volta posto in ambiente acquoso, dissocia, portando alla formazione degli ioni derivanti dalla base e dall'acido di partenza. Questi, compatibilmente alle possibilità offerte dalle loro costanti di dissociazioni acida/basica, reagiscono nuovamente con l'acqua andando a formare in parte l'elettrolita di partenza, provocando anche una liberazione di ioni OH^- e H^+. Il dubbio poteva essere riguardo la risposta C, ma non tutte le idrolisi saline alterano il pH, infatti un sale neutro derivante da un acido e da una base forti, come ad esempio NaCl, in soluzione acquosa a seguito della sua dissociazione non causa alterazione del pH.
Risposta corretta B.

17. Il bicarbonato di sodio $NaHCO_3$ è un sale di sodio dell'acido carbonico. In soluzione acquosa idrolizza completamente secondo la seguente reazione: $NaHCO_3 \rightarrow Na^+ + HCO_3^-$. Na^+ si comporta da ione spettatore, questo significa che non reagisce con l'acqua e "osserva senza coinvolgimento" quello che accade in soluzione; HCO_3^- invece, ha un comportamento molto particolare: esso è la base coniugata dell'acido carbonico H_2CO_3, il quale è un acido debole. Il bicarbonato è una sostanza anfotera, quindi bisogna confrontare la costante di dissociazione acida e basica: $K_a = 4,4 \cdot 10^{-11}$ è la tendenza del bicarbonato a comportarsi come acido, mentre $K_b = 2,2 \cdot 10^{-8}$ descrive la tendenza a comportarsi come base. Pertanto, il bicarbonato in soluzione è più spinto a comportarsi da base, avendo una costante di dissociazione basica più alta rispetto a quella acida, secondo la reazione $HCO_3^- + H_2O \rightarrow H_2CO_3 + OH^-$. La liberazione di ioni ossidrile quindi rende il pH basico.
Un metodo più veloce per risalire alla risposta corretta è guardare la provenienza del sale: infatti il bicarbonato di sodio deriva dalla base forte NaOH e dall'acido debole H_2CO_3, quindi il pH sarà determinato maggiormente dalla base e sarà alcalino.
Bisogna tenere a mente queste considerazioni:
- sale di base forte / acido forte → pH neutro;
- sale di base forte / acido debole → pH basico;
- sale di base debole / acido forte → pH acido;
- sale di base debole / acido debole → bisogna controllare le rispettive costanti di dissociazione.

Risposta corretta A.

18. Una base forte in soluzione deve dare sempre un pH basico. Quando la concentrazione è maggiore o uguale a 10^{-7} M non è possibile usare la formula logaritmica per arrivare al risultato. La base è talmente diluita che il pH si aggira tra 7 e 7,5, perché un pH superiore a 7,5 non potrebbe dare una concentrazione così bassa, mentre pH acidi non possono essere determinati da una base così forte.
Risposta corretta A.

19. Verifichiamo insieme la provenienza dei sali proposti dal quesito:
- NaCl deriva da NaOH e HCl, entrambi forti → idrolisi neutra;
- Na_2SO_4 deriva da 2NaOH e H_2SO_4, entrambi forti → idrolisi neutra;
- CH_3COONa deriva da CH_3COOH e NaOH, acido debole e base forte → idrolisi basica;
- NH_4NO_3 deriva da NH_3 e HNO_3, base debole e acido forte → idrolisi acida;
- NH_4Cl deriva da NH_3 e HCl, base debole e acido forte → idrolisi acida.

Di conseguenza l'ordine corretto è: neutra, neutra, basica, acida, acida.
Risposta corretta A.

20. Bisogna avere ben chiara la differenza tra sale acido/basico e sale che dà idrolisi acida/basica.

- Un sale è acido se contiene degli idrogeni residui dell'acido da cui deriva: $2H_2SO_4 + 2Na \rightarrow 2NaHSO_4 + H_2$;
- Un sale è basico se rimane legato ad un gruppo ossidrile: $Ca(OH)_2 + HCl \rightarrow Ca(OH)Cl + H_2$;
- Un sale dà idrolisi acida se deriva da un acido forte e una base debole (NH_4Cl);
- Un sale dà idrolisi basica se deriva da una base forte e un acido debole (CH3COONa).

Il quesito ci chiede quale delle reazioni porti alla formazione di un sale che dia idrolisi basica, quindi cerchiamo un sale che derivi da un acido debole e una base forte. Escludiamo subito l'opzione E, in quanto si tratta di una reazione di combustione (risposta E errata). Possiamo escludere le reazioni che coinvolgono basi forti e acidi forti, queste infatti formano dei sali che danno idrolisi neutra (o meglio non danno idrolisi). KCl, $CuSO_4$ e $LiNO_3$ sono tutti sali che derivano da una base e da un acido forti (risposte A, B e D errate). L'unica opzione corretta è quella contenente il bicarbonato di sodio: questo deriva dalla base forte idrossido di sodio e dall'acido carbonico, un acido debole.
Risposta corretta C.

21. Inizialmente abbiamo una soluzione contenente M = n/V → n = M · V = 0,1 M · 0,1 L = 0,01 mol.
Una soluzione che contiene 0,01 mol di acido forte avrà un pH acido secondo la formula $10^{-2} = 10^{-pH} \rightarrow pH = 2$. Qualsiasi aggiunta di una base a questa soluzione acida determinerà un aumento del pH, quindi possiamo escludere tutte le opzioni che suggeriscono una diminuzione di esso, infatti una diminuzione sarebbe data solo da un'aggiunta di un altro acido (risposta B errata). Se aggiungiamo una base altrettanto forte, come NaOH, questa dissocierà completamente: si vanno a liberare ioni ossidrile che andranno ad innalzare il pH. L'innalzamento del pH è dato solo ed esclusivamente dall'aumento di ioni ossidrile: la ionizzazione dell'acido rimane la stessa nonostante si aggiunga una base (risposta C errata); la soluzione dopo l'aggiunta è costituita da elettroliti di forza uguale, infatti abbiamo un acido forte e una base forte (risposta E errata). Che una soluzione sia costituita da elettroliti forti non spiega il perché il pH con l'aggiunta di una base aumenti, gli elettroliti forti determinano semplicemente una variazione del pH più importante (risposta A errata).
Risposta corretta D.

22. Per risolvere questo esercizio per prima cosa dobbiamo calcolare le moli dei composti in questione. Quando non sappiamo da dove partire negli esercizi di chimica, una cosa molto utile da fare è iniziare con il calcolo delle moli, le quali sono la chiave di ogni esercizio. Le moli si ottengono applicando la formula n = m/P.M..

$$n_{HCl} = \frac{18g}{36\frac{g}{mol}} = 0,5\ mol\,;\ n_{NaOH} = \frac{22g}{40\frac{g}{mol}} = 0,55\ mol.$$

Vi è quindi un debole eccesso di moli di base forte, quindi tutte le moli di acido vengono neutralizzate dagli ioni ossidrile. Rimarranno quindi 0,55 – 0,5 = 0,05 mol di base forte in soluzione. Per questo motivo la quantità di base restante dissocia in soluzione e rende il pH basico.
Risposta corretta B.

23. A parità di concentrazione possiamo notare che il pH dipende completamente dalla natura del composto o della molecola, una volta captata questa informazione si può procedere per esclusione: bisogna escludere subito NaOH e NH_3 perché essendo delle basi avranno un pH basico, quindi maggiore di 7 (risposta A ed E errate). NaCl è un sale neutro, che deriva dalla neutralizzazione di HCl e NaOH, quindi il pH sara neutro pH = 7. CH_3COOH è un acido organico, è il più acido tra tutti i composti organici ma rimane un acido debole, infatti ha un pH minore di 7 (risposta D errata). HCl è un acido forte e di conseguenza ha il pH più basso, infatti utilizzando la formula del pH di questa soluzione è pari a 0, quindi presenta il pH più basso.
Risposta corretta D.

24. Bilanciamo innanzitutto la reazione (vedi: capitolo 6 "Le reazioni chimiche"): HCl + NaOH → NaCl + H_2O. Vediamo che i rapporti fra i coefficienti di reazione sono unitari. 4 g di NaOH

corrispondono a 0,1 mol: le 0.09 mol di acido cloridrico vengono netralizzate da 0,09 mol di idrossido di sodio, quindi a reazione completa avanzano 0,1 – 0,09 = 0,01 mol di idrossido di sodio. Per calcolare il pH della soluzione dobbiamo prima calcolare la molarità degli ioni idrossido in soluzione che risulta essere 0,01/0,1 = 0,1 M. Il pOH sarà uguale a -log[OH^-] = 1. Il pH deriva dalla formula pH = 14 - pOH = 13.
Risposta corretta E.

25. Attenzione! La domanda può trarre in inganno, poiché chiede il pH e non il pOH. NaOH è una base forte, quindi in soluzione acquosa i suoi ioni si dissociano completamente, quindi possiamo calcolare subito il pOH. Procediamo per step:

1. Calcoliamo il pOH utilizzando la formula pOH = -log [OH^-] → pOH = 3.

A questo punto possiamo calcolare il pH utilizzando la formula inversa:

2. pH = 14 - pOH = 14 - 3 = 11

Risposta corretta E.

26. Quesito puramente nozionistico, a differenza di una base che è capace di aumentare il pH della soluzione nella quale è disciolto (risposta B errata), un acido per definizione è un composto chimico che è capace di diminuire il pH della soluzione nella quale è disciolto, esistono acidi che non contengono ossigeno come ad esempio HCl (risposta C errata) e non sono soltanto dei composti, infatti gli acidi possono essere delle molecole (risposta A errata).
Risposta corretta B.

27. Un aumento della concentrazione di ioni H^+ rispetto alla concentrazione degli ioni OH^- provoca un abbassamento del pH, facendolo diventare <7. Di conseguenza la soluzione sarà acida.
Risposta corretta C.

28. Si definisce soluzione tampone una soluzione che si oppone alla variazione del pH per aggiunte moderate di acidi o basi.
Si tratta generalmente di soluzioni di un acido debole e il suo sale con una base forte (per esempio il sistema acido acetico - acetato di sodio) o, viceversa, di una base debole e il suo sale con un acido forte (per esempio il sistema ammoniaca - cloruro d'ammonio).
L'unica opzione che comprende queste categorie è quella di acidi o basi deboli in parte salificati, essendo entrambi presenti in soluzione e in equilibrio fra di loro.
Risposta corretta B.

29. Premettendo che una soluzione tampone si opporrà sempre a piccole variazioni di pH, siano esse verso l'acidità o verso la basicità, aggiungendo una qualsiasi quantità di acqua ad una soluzione tampone il pH non varia, in quanto l'acqua è neutra.
Risposta corretta D.

30. Data una soluzione tampone di un acido debole, il suo pH è dato dalla formula $pH = pK_a + \log C_s/C_a$. Premesso ciò è evidente che il pH sarà uguale alla pK_a quando il logaritmo delle concentrazioni sarà uguale a zero, ossia se $C_s/C_a = 1$. Questa situazione si verifica quando sono uguali le concentrazioni di acido e sale.
Risposta corretta D.

31. Una soluzione tampone contiene un acido debole (o una base debole) e il suo sale. Tra le opzioni proposte, l'unica che contiene un acido debole e il suo sale è la prima opzione: infatti, l'ammoniaca è una base debole che con l'acido cloridrico forma il cloruro d'ammonio (sale).

- NH_3/NH_4Cl base debole/sale
- CH_3COOH/HCl acido debole/acido forte
- HCl/NaOH acido forte/base forte
- HI/I^- acido forte/base debole

Risposta corretta A.

32. Il quesito ci propone molte coppie acido-base coniugate, tuttavia affinchè si formi un sistema

CHIMICA

tampone, è necessario avere una base o un acido debole e il proprio sale. Una coppia acido-base coniugata da sola non forma un sistema tampone. Soltanto nell'opzione D troviamo l'acido debole HF e il suo sale, il fluoruro di sodio. Questo forma un sistema tampone.
Risposta corretta D.

33. Vediamo che si tratta di un sistema tampone, in quanto sono presenti un acido debole e il suo sale. Come prima cosa determiniamo la concentrazione degli idrogenioni tramite la formula $[H^+] = K_a \cdot C_a/C_s = 10^{-5} \cdot 0,07/0,07 = 10^{-5}$. Ora che abbiamo la concentrazione degli idrogenioni possiamo facilmente ricavare il pH: $[H^+] = 10^{-pH} \rightarrow pH = 5$. Un metodo più veloce per giungere al risultato è notare che la concentrazione dell'acido debole e del suo sale sono uguali, quindi la concentrazione degli idrogenioni è uguale alla costante di dissociazione acida.
Risposta corretta C.

34. Quesito puramente nozionistico. Il sale da cucina in chimica prende il nome di cloruro di sodio. La sua formula chimica è NaCl, esso deriva dalla reazione di neutralizzazione di un acido forte (HCl) e una base forte (NaOH) che formano NaCl e H_2O. Essendo un sale neutro il pH sarà uguale a 7.
Risposta corretta E.

35. Il pH del nostro sangue è leggermente basico (risposta A errata) e deve essere mantenuto rigorosamente tra 7,35 e 7,45. Questo è possibile grazie alla presenza del tampone acido carbonico/bicarbonato che è il principale tampone presente (risposta D errata). Avviene secondo l'equilibrio $H_2O + CO_2 \rightleftharpoons H_2CO_3 \rightleftharpoons HCO_3^- + H^+$, per cui un aumento dei reagenti, come ad esempio l'anidride carbonica, sposta l'equilibrio verso un ulteriore dissociazione dell'acido carbonico (risposta B errata) (vedi: capitolo 6.4 "Equilibrio di reazione").
Risposta corretta C.

36. Per arrivare alla soluzione corretta conviene scrivere le formule dei composti indicati. Nell'ordine:

- KCl - cloruro di potassio;
- Na_2SO_4 - solfato di sodio;
- CH_3COONa - acetato di sodio;
- $NaHCO_3$ - bicarbonato di sodio;
- NH_4Cl - cloruro di ammonio.

Sappiamo inoltre che un sale che deriva da acido e base forti dà idrolisi neutra e non modifica il pH di una soluzione, mentre quelli che derivano da acido forte e base debole o viceversa rendono rispettivamente una soluzione acida o basica. Questo premesso, possiamo escludere KCl e Na_2SO_4, in quanto derivano da acidi forti (HCl e H_2SO_4), e basi forti (KOH e NaOH) (risposte A e B errate). Per quanto riguarda l'acetato di sodio e il bicarbonato di sodio, entrambi provengono da un acido debole (acido acetico e acido carbonico) e dalla base forte idrossido di sodio. Quindi entrambi rendono una soluzione acquosa basica (risposte C e D errate). NH_4Cl deriva da una base debole, l'ammoniaca, e dall'acido cloridrico, un acido forte. Quindi la soluzione acquosa sarà acida.
Risposta corretta D.

37. Il citrato di sodio è un sale che dà idrolisi basica, in quanto deriva da un acido debole, l'acido citrico, che è carbossilico, e da una base forte di idrossido di sodio. Sciogliendosi in acqua darà origine ad una soluzione basica.
Risposta corretta D.

38. Apparentemente questo esercizio potrebbe sembrare molto difficile, ma una volta compreso il ragionamento che vi sta alla base, diventa più facile. Il pH si calcola con la formula $pH=-\log[H^+]$. Invertendo la formula vale: $[H^+]=10^{-pH}$. Se la mia soluzione ha un pH di 3, significa che la concentrazione degli ioni è $H^+=0,001$ mol/L. Il testo ci parla di una soluzione che contiene giusto 0,001 mol di acido monoprotico, ovvero un acido che dissocia completamente in rapporto 1:1, quindi è un acido forte. Questa relazione, $[H^+]=10^{-pH}$, vale solo per acidi forti.
Risposta corretta E.

10. La chimica del carbonio

1. Un atomo di carbonio è asimmetrico quando:
- A. Presenta ibridazione sp^2
- B. La molecola che lo contiene presenta diversi elementi di asimmetria
- C. È legato a quattro sostituenti diversi
- D. È legato ad altri quattro atomi di carbonio
- E. Presenta ibridazione sp

2. Che tipo di ibridazione presentano gli atomi di C nell'etere dimetilico?
- A. sp^3
- B. sp^2
- C. sp
- D. sp^3d^2
- E. Nessuna ibridazione

3. Quali tra i seguenti composti organici presentano almeno un carbonio con ibridazione sp^2?
- A. Eptanolo
- B. Propino
- C. Acido propionico
- D. Eptano
- E. Nessuna delle precedenti

4. Gli alcani a temperatura ambiente:
- A. Sono gas
- B. Sono liquidi
- C. Sono solidi
- D. Il loro stato fisico dipende dalla lunghezza della catena
- E. Il loro stato fisico dipende dalla lunghezza e dalla ramificazione della ca-catena

5. La temperatura di ebollizione di un alcano è:
- A. Crescente con la lunghezza della catena
- B. Invariante con la lunghezza della catena
- C. Crescente con la ramificazione della catena
- D. Decrescente con la lunghezza della catena
- E. Sempre maggiore di quella di un alchene

6. In un alchene il numero di atomi di carbonio è sempre uguale:
- A. Al numero di atomi di idrogeno
- B. Al doppio del numero di atomi di idrogeno
- C. Alla metà del numero di atomi di idrogeno
- D. Alla terza parte del numero di atomi di idrogeno
- E. Alla metà del numero di atomi di idrogeno aumentato di due

7. Quale fra questi non è un alchene?
- A. Etene
- B. Butene
- C. Isoprene
- D. Propene
- E. Acetilene

8. Quanti atomi di idrogeno possiede il 1,3-eptadiene?
- A. 8
- B. 10
- C. 12
- D. 14
- E. Nessuna delle precedenti

9. Quale tra le seguenti formule di idrocarburi rappresenta un alchino?
- A. $CH_3CH_2CH_3$
- B. CH_3CHCH_2
- C. $CHCCH_3$
- D. CH_2CH_2
- E. Nessuna delle precedenti

10. Il metino:
- A. Deriva dalla condensazione di un alchino e di un metano
- B. È l'alchino base
- C. Si ottiene per ossidazione del metano
- D. Si ottiene per ossidazione spinta del metano
- E. Non esiste

11. L'isoottano è poco solubile nell'etanolo perché:
- A. Fra le due molecole si stabiliscono legami H e apolari deboli
- B. Fra le due molecole si stabiliscono legami apolari deboli
- C. L'isoottano non è solubile in etanolo
- D. A temperatura ambiente e pressione atmosferica l'isoottano è gassoso e l'etanolo è liquido
- E. Fra le due molecole si stabiliscono legami H

12. Gli idrocarburi aromatici:

A. Hanno come formula bruta C_nH_{2n-6}
B. Sono composti lineari
C. Sono detti anche "arani"
D. Sono solo monociclici
E. Sono particolarmente instabili per il loro anello benzenico

13. Il bicarbonato di ammonio ha diverse applicazioni sia nell'industria alimentare, sia come regolatore di acidità. Qual è la sua formula chimica?

A. $NH_3H_2CO_3$
B. NH_4HCO_3
C. NH_3CO_3
D. $(NH_4)_2CO_3$
E. NH_2HCO_3

14. Quale delle seguenti affermazioni è errata?

A. Il cicloesano è un cicloalcano a sei atomi di carbonio
B. Il cicloesano si presenta in due conformazioni, a sedia e a barca, di cui quella a sedia è più stabile
C. Il cicloesano si presenta in due conformazioni, a sedia e a barca, di cui quella a barca è più stabile
D. I cicloalcani hanno la stessa formula generale degli alcheni (CnH_2n)
E. Nessuna delle precedenti

15. Il ciclopentano ha un numero di idrogeni pari:

A. Al pentano
B. Al pentino
C. Al benzene
D. Al pentene
E. Alla piridina

16. Benzene e cicloesano:

A. Sono idrocarburi alifatici
B. Sono idrocarburi ciclici aromatici
C. Hanno lo stesso numero di atomi di idrogeno
D. Hanno gli atomi di carbonio ibridati sp^2
E. Nessuna delle precedenti

17. Quale delle seguenti affermazioni non è corretta riguardo ai fenoli?

A. Sono dei composti aromatici
B. hanno un gruppo OH
C. hanno gli elettroni delocalizzati
D. sono alcani
E. Tutte le precedenti

18. Due composti organici isomeri hanno fra loro:

A. diversi elementi
B. la stessa concatenazione degli atomi di carbonio
C. diverse proprietà fisiche, le stesse proprietà chimiche
D. uguale peso molecolare
E. uguale temperatura di ebollizione

19. Quale dei seguenti isomeri presenta le medesime caratteristiche chimico-fisiche, ma differisce per il potere ottico rotatorio?

A. Isomeri
B. Diasteroisomeri
C. Enantiomeri
D. Isomeri strutturali
E. Isomeri conformazionali

20. Quanti stereoisomeri esistono della molecola 1-ammina-1-metil-2-propanolo?

A. 2
B. 4
C. 3
D. Non ne ha
E. Ha solo isomeri configurazionali

21. Quali fra questi isomeri sono convertibili l'uno nell'altro senza la rottura di legami?

A. Stereoisomeri conformazionali
B. Stereoisomeri configurazionali
C. Tutti gli stereoisomeri
D. Solo gli enantiomeri
E. Solo i diastereoisomeri

22. Quale delle seguenti opzioni definisce correttamente l'isotopo?

A. atomi con stesso numero atomico e stesso numero di massa
B. atomi con stesso numero atomico e diverso numero di massa
C. atomi con diverso numero atomico e diverso numero di massa
D. atomi con diverso numero atomico e stesso numero di massa
E. Nessuna delle precedenti

23. Quali dei seguenti composti NON sono tra loro isomeri?

A. 1-propanolo e 2-propanolo
B. Metilciclopropano e ciclobutano
C. Etanolo e estere dimetilico
D. 1-butino e ciclobutano
E. Pentano e 2,2-dimetilpropano

24. Cos'è una miscela racemica?

A. Una miscela di due enantiomeri
B. Una miscela di due diastereoisomeri
C. Una miscela di un enantiomero e un diastereoisomero
D. Una miscela di due isomeri
E. Una miscela di due isomeri conformazionali

25. Date le rappresentazioni delle strutture molecolari riportate in figura si può affermare che:

A 

B 

C 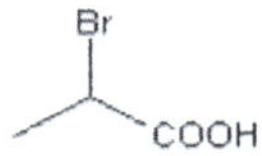

A. A è un alcano, B è un alchene, C è un alcol
B. A è un alcano, B è un alcol, C è un alchino
C. A è un alchene, B è un acido carbossilico, C è un alcol
D. A è un alcol, B è un alchene, C è un acido carbossilico
E. A è un alcano, B è un alchene, C è un acido carbossilico

26. Alcool n-propilico ed alcool isopropilico sono:

A. Isomeri di posizione
B. Isomeri ottici
C. Enantiomeri
D. Isomeri cis-trans
E. Non sono isomeri

27. Individuare l'opzione corretta:

A. Le proprietà fisiche sono determinate solo dal gruppo ossidrilico
B. Gli alcoli non sono derivati degli idrocarburi
C. Gli alcoli terziari sono legati a tre gruppi ossidrili
D. Gli alcoli quaternari sono legati a quattro atomi di carbonio
E. Gli alcoli sono sostanze anfotere, come l'acqua

28. La formula bruta dell'esanale è:

A. $C_6H_{14}O$
B. $C_6H_{12}O$
C. $C_6H_{10}O_2$
D. $C_6H_{10}O$
E. Uguale a quella del cicloesanone

29. Quale delle seguenti affermazioni in merito alle ammine è corretta?

A. le ammine sono basi forti
B. le ammine secondarie sono meno forti delle ammine terziarie
C. le ammine terziarie sono legate a un solo atomo di carbonio e a due atomi di idrogeno
D. l'ordine di basicità è: ammine secondarie > primarie > terziarie
E. Le ammine hanno il gruppo funzionale NH_4

30. Il composto C_3H_5N è:

A. Un sale di ammonio terziario
B. Un'ammina
C. Un'ammide
D. Un nitrile
E. Una nitrosammina

31. Quale coppia di composti è tenuta insieme da legami a idrogeno?

A. Etano – sodio metallico
B. Acqua – metano
C. Propano – butano
D. Etanolo – isopropanolo
E. Benzene – fenantrene

32. Quale tra le seguenti reazioni NON è tipica degli alcani?

A. Addizione elettrofila
B. Sostituzione
C. Deidrogenazione
D. Alogenazione
E. Ossidazione

33. Il nome del composto $CH_3(CH_2)_2CO_2H$ è:

A. acido butanoico
B. acido esanoico
C. acido pentanoico
D. etanoato di etile
E. acido propanoico

34. I saponi sono:

A. Il prodotto ricavato dall'idrolisi acida di un trigliceride
B. Sali di acidi grassi con metalli (Na, Ca, Fe, Cr)
C. Detergenti composti da due porzioni idrofile
D. Composti con un pH alcalino
E. Derivati di acidi grassi e eteri

35. Individuare la formula corretta dell'acido eptanoico:

A. $CH_3\text{-}(CH_2)_5\text{-}CO_2H$
B. $CH_3\text{-}CH_2\text{-}(CH_2)_5\text{-}COOH$

C. CH_2-$(CH_2)_4$-COOH
D. CH_3-$(CH_2)_4$-COOH
E. $(CH_2)_6$-CO_2H

36. Quale tra i seguenti gruppi funzionali darebbe la desinenza al nome di un composto polifunzionale?
A. Aldeide
B. Alcol
C. Acido carbossilico
D. Chetone
E. Alchino

37. Individuare il nome della seguente molecola: $CH_2OHCHCH_3CCH_3ClCOOH$:
A. Acido 6-idrossi esanoico
B. Acido 5-idrossi-4-metil pentanoico
C. Acido 1-idrossi-2,3-dimetil butanoico
D. Acido 2,3-dimetil-4-idrossi butanoico
E. Acido 2,3-dimetil-1-idrossi butanoico

38. Quale dei nomi proposti rispetta tutte le regole della nomenclatura delle molecole organiche non lineari?
A. Acido 4 - cloro - 2 - bromo - 2,5-dimetil-esanoico
B. Acido 2 - bromo - 4 - cloro - 2,5 -dimetil-esanoico
C. Acido 2,5 - dimetil - 2 - bromo - 4 - cloro - esanoico
D. Acidoesanoico-2-bromo-4-cloro-2,5 - dimetile
E. Acido 2,5 - dimetilesanoico - 2 - bromo - 4 - cloro

39. Rappresentando R e R' dei residui generici organici, quale dei seguenti composti è un chetone?
A. R-CHO
B. R-CH_2OH
C. R-CH_2-O-CH_3
D. R-CO-R'
E. R-COOR'

40. Quale delle seguenti reazioni rappresenta un'eliminazione?
A. $HCl + NaOH \rightleftharpoons NaCl + H_2O$
B. $CH_3CH_2Cl + OH^- \rightleftharpoons CH_2CH_2 + Cl^- + H_2O$
C. $CH_2CH_2 + H_2 \rightleftharpoons CH_3CH_3$
D. $RCH_2OH^- \rightleftharpoons RCHO$
E. Nessuna delle precedenti

41. Nelle reazioni dei composti organici:
A. Gli alchini tendono a fare reazioni di sostituzione che portano alla formazione di alcheni e successivamente alcani
B. Il benzene reagisce più facilmente con composti nucleofili rispetto a quelli elettrofili
C. Dall'ossidazione di un alcol secondario si ottiene un'aldeide
D. Un etere si può ottenere, con opportuni catalizzatori, dalla condensazione di due alcoli
E. Da un alcol secondario, con una forte ossidazione, si ottiene un acido carbossilico

42. Quando un alchene viene trasformato in un alcano, avviene una reazione denominata:
A. idrogenazione
B. ossidazione
C. deidrogenazione
D. deidratazione
E. alogenazione

43. Qual è il prodotto della reazione tra un alchene e Br_2?
A. Un alchene bromurato e acido bromidrico
B. Un dibromo alcano
C. Alcano e acido bromidrico
D. Non reagiscono perché il carbonio ha già formato 4 legami
E. Monobromo alcano e acido bromidrico

44. Dopo aver ridotto pesantemente un alchino ottengo un composto:
A. Ibridato sp^2
B. Ibridato sp^3
C. Senza idrogeni
D. Con il doppio degli idrogeni
E. Altamente reattivo alle idrogenazioni

45. Quale tra le seguenti molecole è maggiormente ossidata?
A. Metano
B. Butene
C. Propino
D. Eptene
E. Trietilammina

46. La combustione completa di un estere porta alla formazione di:
A. Anidride carbonica e alcol
B. un chetone e monossido di carbonio
C. un acido e anidride carbonica
D. anidride carbonica e acqua e calore
E. acqua e alcol

47. Nella reazione tra anidride acetica ed etanolo si forma:
A. Etere dietilico

B. Etilene
C. Acetato di metile
D. Acetato di etile
E. Anidride etanoica

48. L'etanolo per ossidazione blanda forma:
A. Aldeide acetica o etanale
B. Acetone
C. Aldeide formica o metanale
D. Acido acetico
E. Etano e ossigeno

49. Quale delle seguenti reazioni dà come prodotto un estere?
A. Etanolo + etere dietilico
B. Metanolo + etere dietilico
C. Etanolo + acido cloridrico
D. Butanolo + acido citrico
E. Acido salicilico + etere metilico

50. Cosa accade facendo reagire il 1-cicloesil-2-metil-4-ottene con acqua?
A. Si riduce il doppio legame a legame singolo
B. Si libera ossigeno
C. Non reagiscono
D. Si forma l'alcol
D. Si ossida la molecola

51. Quale tra le seguenti serie di composti è formata esclusivamente da alcheni?
A. Etilene, acetilene, propene, butene
B. Eptene, propene, butene, metano
C. Acetilene, propino, propene, butene
D. Etilene, propene, butene, pentano
E. Etilene, propene, pentene, ottene

52. Qual è il prodotto della reazione di addizione di acqua ad un alchene?
A. Alcol
B. Etere
C. Aldeide
D. Chetone
E. Alcano

53. Quanti atomi di H possiede il prodotto della reazione tra benzene e Cl_2 (più catalizzatore)?
A. Non reagiscono perché il benzene è chimicamente inerte
B. 5
C. 4
D. 7
E. 8

54. Quali delle seguenti sostanze forma, a seguito di una reazione di riduzione, il 2-propanolo?
A. L'etere etilico
B. Il propanone
C. La propanale
D. L'acido propionico
E. Nessuna delle precedenti

55. I fattori coinvolti nell'idrolisi delle ammidi sono:
A. Estere e ammina
B. Chetone e ammina
C. Acidi carbossilici, ammina e catalizzatori acidi o basici
D. Acido carbonico e ammina
E. Alcol e ammina

CORREZIONE COMMENTATA

1. Un carbonio è simmetrico se un piano passante per il centro lo divide in due parti specularmente uguali. È dunque evidente che se l'atomo di C risulta legato a 4 sostituenti o gruppi diversi non può presentare questa caratteristica e viene definito asimmetrico. Si tratta di un carbonio chirale.
Risposta corretta C.

2. Per risolvere gli esercizi sull'ibridazione è fondamentale saper disegnare le molecole chieste dal quesito. Come si può notare dall'immagine, nell'etere dimetilico ciascun atomo di carbonio è unito tramite un legame sigma semplice all'ossigeno e a tre atomi di idrogeno. Di conseguenza contiamo 4 domini (ovvero quattro legami semplici), questo corrisponde all'ibridazione sp^3. Un dominio corrisponde ad un tipo di legame: il legame semplice, il legame doppio, il legame triplo e il doppietto elettronico vengono considerati ciascuno un dominio. Ricordiamo le seguenti regole:

4 domini (4 legami semplici) → sp^3
3 domini (2 legami semplici e un doppio legame) → sp^2
2 domini (2 legami doppi o un triplo legame e un legame semplice) → sp

(vedi: capitolo 10.1 "la chimica del carbonio").
Risposta corretta A.

3. Procediamo per esclusione: sappiamo che l'ibridazione sp^2 è data da un carbonio che forma un legame doppio e due legami semplici. Gli alcani, avendo solo legami semplici, hanno ibridazione sp^3, quindi possiamo escludere subito l'eptano (risposta D errata). Anche l'eptanolo presenta solo legami singoli (risposta A errata). Il propino presenta due carboni con un triplo legame che avranno ibridazione sp (risposta B errata). L'unico composto organico che presenta un doppio legame è l'acido propionico, un acido carbossilico dove vi è un carbonio che lega un ossigeno attraverso un doppio legame e un gruppo OH tramite legame semplice.
Risposta corretta C.

4. Un alcano è un idrocarburo apolare caratterizzato generalmente da una bassa temperatura di ebollizione. È evidente che all'aumentare della lunghezza della catena, aumenta la superficie di reazione e quindi aumentano anche le interazioni idrofobiche tra gli atomi, aumentando di conseguenza la temperatura di ebollizione. Tra le molecole non polari, come gli alcani, si esercitano deboli forze attrattive note come forze di London. L'intensità di queste forze cresce con l'aumento delle dimensioni molecolari: è per questo motivo che lo stato fisico degli alcani passa gradualmente – al crescere del numero di atomi di C – da gassoso a liquido e infine solido. Inoltre, la ramificazione, a parità di atomi di carbonio, comporta un abbassamento della temperatura di ebollizione. Il motivo è legato ad una diminuizione dell'area superficiale della molecola, che a sua volta causa minore attrazione tra le molecole stesse.
Risposta corretta E.

5. Gli alcani sono degli idrocarburi saturi il cui punto di ebollizione varia all'aumentare della lunghezza e ramificazione della catena. Nello specifico: aumenta all'aumentare della lunghezza della catena carboniosa e diminuisce invece all'aumentare della ramificazione. Per ulteriori approfondimenti vedi la CC della domanda 4.
Risposta corretta A.

6. Per rispondere a questa domanda bastava disegnare un semplice etene. Ci si accorgeva immediatamente che il numero di idrogeni è doppio rispetto al numero di carboni. Quindi il numero di atomi di carbonio è sempre uguale alla metà del numero di atomi di idrogeno. Una soluzione alternativa per risolvere l'esercizio consiste nel ricordare la generica formula degli alcheni: C_nH_{2n}. La risposta E in particolare risulta errata visto che tale affermazione rispecchia la ...mula bruta degli alchini: C_nH_{2n-2}.
...ta corretta C.

...! Domanda trabocchetto: sono tutti alcheni tranne l'acetilene, che è il nome ...lchino più semplice, l'etino.

8. Per rispondere a questa domanda bisognava per prima cosa disegnare la molecola del 1,3-eptadiene: si tratta di un alchene con doppio legame in posizione 1 e 3. Dopodichè si devono contare gli atomi di idrogeno legati a tutti i carboni.
Un altro modo per arrivare alla soluzione, evitando di svolgere il disegno della molecola, è quello di partire dalla formula bruta dell'eptano C_7H_{16}. Sappiamo che per ogni doppio legame presente dobbiamo sottrarre 2 atomi di idrogeno. Il nostro composto ha 2 legami doppi quindi: 16 - (2 · 2) = 12.
Risposta corretta C.

9. Un alchino è un composto organico in cui è presente un triplo legame tra due atomi di carbonio. Le formule di struttura dei composti sono:

- $CH_3CH_2CH_3$ si tratta di un propano, abbiamo solo legami semplici;
- CH_3CHCH_2 si tratta di un propene, abbiamo un legame doppio;
- $CHCCH_3$ si tratta di un propanone, abbiamo un legame triplo;
- CH_2CH_2 si tratta di un etene, abbiamo un legame doppio.

Risposta corretta C.

10. Gli alchini sono idrocarburi caratterizzati dalla presenza di un triplo legame all'interno della catena carboniosa, di conseguenza queste molecole sono composte almeno da due atomi di carbonio. L'alchino più semplice sarà quindi l'etino, mentre il metino non esiste, essendo teoricamente composto solo da un atomo di carbonio.
Risposta corretta E.

11. Di primo impatto l'isoottano, essendo un idrocarburo apolare, sembra insolubile in tutti i solventi polari, come l'etanolo. Tuttavia, si deve considerare che l'etanolo possiede una parte alifatica nella molecola che è in grado di formare legami idrofobici apolari con l'isoottano: per tale motivo l'isoottano è poco solubile nell'etanolo. Ricorda: questa è una eccezione, e che il simile scioglie sempre il simile.
Risposta corretta B.

12. Gli idrocarburi aromatici sono composti organici ciclici (sia mono- che policiclici) (risposte B e D errate). Inoltre, vengono chiamati anche "areni" e non "arani"(risposta C errata). Infine, essendo composti da uno o più anelli benzenici, sono particolarmente stabili data la nube elettronica che circonda la molecola sul piano superiore ed inferiore (risposta E errata). Infine, la loro formula bruta è sempre C_nH_{2n-6} (hanno 3 doppi legami).
Risposta corretta A.

13. Per questo quesito è necessaria una buona conoscenza delle reazioni acido-base, ovvero dei sali. Il bicarbonato di ammonio è un sale acido che deriva dalla base debole ammoniaca (NH_3) e dall'acido debole acido carbonico (H_2CO_3).
Per ricavare la formula, bisogna sapere come si comportano i vari costituenti:

- H_2CO_3 essendo un acido (seppur debole), cede un H^+ trasformandosi nello ione bicarbonato HCO_3^-. Lo ione bicarbonato è la sua base coniugata ed è fondamentale nel nostro organismo per neutralizzare alcuni acidi e mantenere il pH nei range fisiologici.
- NH_3 essendo una base (seppur debole), accetta lo ione H^+ ceduto dall'acido, trasformandosi nello ione ammonio NH_4^+.
  I due ioni interagiscono tra di loro tramite forze elettrostatiche per formare il sale, secondo la seguente reazione: $NH_4^+ + HCO_3^- \rightarrow NH_4HCO_3 + H_2O$

Risposta corretta B.

14. Il cicloesano è il più comune cicloalcano, ovvero alcani che hanno una struttura ciclica. Questo comporta un ridotto numero di idrogeni, infatti possiedono la stessa formula generale degli alcheni C_nH_{2n} (risposta D errata). Come suggerisce la desinenza -esano, sono presenti sei atomi di carbonio legati tramite legami semplici (risposta A errata). Il cicloesano presenta due conformazioni: una a barca, in cui due atomi di idrogeno si trovano opposti l'uno all'altro; una a sedia, in cui due atomi di idrogeno sono più distanti tra di loro e si alternano (uno è rivolto verso l'alto, mentre l'altro e rivolto verso il basso). Essendo i due atomi di idrogeno nella conformazione a barca uno di fronte all'altro e quindi più vicini, vi è maggiore tensione sterica e quindi sarà

una struttura meno stabile. La conformazione a barca è meno stabile rispetto a quella a sedia (risposta B errata).
Risposta corretta C.

15. Il ciclopentano è un alcano ciclico a 5 atomi di carbonio. La sua formula bruta segue la regola dei cicloalcani, ovvero C_nH_{2n}. Il numero di atomi di idrogeno è quindi doppio rispetto a quello di atomi di carbonio, ovvero 10. La regola per la formula bruta dei cicloalcani è inoltre la stessa degli alcheni, pertanto il ciclopentano avrà lo stesso numero di idrogeni del pentene.
Risposta corretta D.

16. Il benzene C_6H_6 è un idrocarburo aromatico a 6 atomi di carbonio tutti ibridizzati sp^2, invece il cicloesano (C_6H_{12}) è un idrocarburo alifatico a 6 atomi di carbonio tutti ibridizzati sp^3 (risposte A, B e D errate). Inoltre, il cicloesano presenta il doppio degli atomi di idrogeno rispetto al benzene (risposta C errata).
Risposta corretta E.

17. I fenoli non vengono menzionati spesso, ma per risolvere questo esercizio non è necessaria una conoscenza approfondita degli stessi, ma è sufficiente procedere per esclusione.
I fenoli sono sostanze che derivano dagli idrocarburi aromatici (risposta A errata) e quindi hanno un anello aromatico in cui gli elettroni sono delocalizzati con i doppi legami che si alternano (risposta C errata). La differenza con un normale idrocarburo aromatico è che i fenoli hanno un gruppo OH, il quale ha sostituito un atomo di idrogeno (risposta B errata). Possiamo sicuramente escludere con certezza che si tratti di alcani (risposta D corretta), anche solo per il fatto di non averli mai sentiti nominare in quel contesto. O sono dei composti aromatici o sono degli alcani.
Risposta corretta D.

18. L'isomeria è un ampio argomento della chimica organica ed è ricorrente nei vari test di ingresso alle aree medico-scientifiche. Con isomeri si vuole definire quei composti che, pur avendo la stessa formula bruta, hanno diverse proprietà chimico-fisiche. Si distingue tra isomeri costituzionali, in cui cambia la concatenazione degli atomi di carbonio, e stereoisomeri, in cui cambia la conformazione spaziale.
Come già precedentemente detto, due isomeri differiscono per le proprietà chimico-fisiche, essendo gli atomi legati fra loro in modo diverso (risposta C errata). Avendo diverse proprietà fisiche, tra queste rientra anche la temperatura di ebollizione (risposta E errata). Essendo la formula bruta uguale, gli elementi che compongono i due isomeri devono per forza essere uguali (risposta A errata), tuttavia questo non significa che i gruppi funzionali siano uguali (isomeri di funzione). Anche la catena carboniosa sarà diversa e gli atomi di carbonio saranno legati in modo diverso (risposta B errata). L'unica opzione corretta è la D: infatti, avendo la stessa formula bruta, avremo gli stessi elementi in termini quantitativi e questo significa che i due isomeri avranno lo stesso peso molecolare.
Risposta corretta D.

19. Gli unici isomeri a presentare le stesse caratteristiche chimico-fisiche come punto di fusione e di ebollizione, ma a non avere lo stesso potere ottico rotatorio, sono gli enantiomeri. Infatti, una miscela racemica (miscela 1:1 di due enantiomeri di un composto chirale), ha potere ottico rotatorio pari a zero, dal momento che i due enantiomeri ruotano la luce polarizzata degli stessi gradi, ma in due direzioni opposte.
Risposta corretta C.

20. Con il termine stereoisomeri si intendono particolari isomeri che hanno la stessa connettività, ma differiscono per la loro disposizione spaziale. Per risolvere in modo rapido questo esercizio, bisognava riconoscere che si trattava di una molecola contenente due centri stereogenici, quindi il numero di stereoisomeri si poteva ricavare dalla formula 2^n, dove n = n° di centri stereogenici. Allora $2^2 = 4$ isomeri strutturali.
Risposta corretta B.

21. Gli stereoisomeri conformazionali sono gli unici isomeri convertibili gli uni negli altri senza la rottura di legami ma per semplice rotazione. Gli isomeri configurazionali sono convertibili solo rompendo legami chimici e scambiando di posizione gruppi legati ad un atomo di carbonio (risposta B errata); "Stereoisomeri" è una risposta troppo generica che comprende sia quelli conformazionali, sia quelli configurazionali (risposta C errata); l'opzione D è errata, perché due enantiomeri sono due isomeri configurazionali. Infine, anche l'opzione E non è corretta, perché i diastereoisomeri sono tutti negli stereoisomeri che non sono enantiomeri e rientrano negli stereoisomeri configurazionali.
Risposta corretta A.

22. Un isotopo è definito come un atomo di uno stesso elemento chimico avente uguale numero atomico e diverso numero di massa. Il numero atomico descrive il numero di protoni (e quindi di elettroni in un atomo neutro), mentre il numero di massa deriva dalla somma di protoni e neutroni. Quindi, quello che cambia in un isotopo è il numero di neutroni che risiedono nel nucleo. Un esempio tipico è il carbonio: si conosce il ^{12}C, ^{13}C e ^{14}C. Hanno tutti e tre 6 protoni (e elettroni) ma diverso numero di neutroni.
Risposta corretta B.

23. L'isomeria è il fenomeno per il quale due o più composti hanno stessa formula molecolare, ma presentano diversa formula di struttura e di conseguenza diverse proprietà fisiche-chimiche. Il metodo più veloce per risolvere l'esercizio è disegnare le molecole e in seguito verificare che le formule brute corrispondano tra i due composti. In particolare, 1-propanolo e 2-propanolo sono isomeri di posizione, cioè tra essi cambia la posizione del gruppo funzionale sulla catena principale (risposta A errata). Il metilciclopropano e il ciclobutano sono invece isomeri di catena, cioè tra di essi cambia il modo in cui gli atomi di carbonio sono concatenati tra loro (risposta B errata). L'1-butene e il ciclobutano sono due isomeri di gruppo funzionale, perché pur avendo la stessa formula bruta, uno contiene un doppio legame mentre l'altro è un composto ciclico (risposta D errata). Il pentano e il 2,2-dimetilpropano invece, sono isomeri di catena (risposta E errata). Gli unici a non essere isomeri sono i composti indicati dall'opzione C perché le formule brute si differenziano per un ossigeno (che si trova in più nell'estere per il gruppo R-COO-R').
Risposta corretta C.

24. Una miscela racemica è per definizione una miscela formata da due enantiomeri della stessa molecola, con potere ottico rotatorio pari a zero. Dato che il potere rotatorio dei due enantiomeri è uguale in valore assoluto, ma opposto in segno, un racemo non provoca alcuna rotazione del piano della luce polarizzata perché i contributi dei due opposti enantiomeri si annullano vicendevolmente. Si ottiene sempre un racemo da una reazione chimica quando un composto chirale viene sintetizzato a partire da composti achirali. È tuttavia possibile alterare il racemo, arricchendolo di uno dei due enantiomeri, introducendo asimmetria nel sistema, ad esempio utilizzando un catalizzatore chirale.
Risposta corretta A.

25. Per la risoluzione di questo esercizio non è necessario saper indicare l'intera nomenclatura della sostanza proposta, ma è sufficiente riconoscere il gruppo funzionale con maggiore priorità. Analizziamo le tre figure:

A. Si vede una catena carbossilica lineare (ad ogni angolo c'è un atomo di carbonio) senza doppi legami. Inoltre, è presente un gruppo OH all'estremità, il quale indica un gruppo ossidrile tipo degli alcoli.
B. La catena carbossilica presenta un doppio legame (tipico degli alcheni) senza gruppi funzionali aggiuntivi.
C. È possibile identificare un atomo di Bromo e un gruppo COOH, appartenente agli acidi carbossilici. L'atomo di Bromo non identifica nessun gruppo funzionale, è semplicemente un sostituente.

In ordine quindi abbiamo: alcol, alchene e acido carbossilico.
Risposta corretta D.

CHIMICA

26. L'alcol n-propilico e l'alcol isopropilico sono isomeri di posizione, in quanto hanno la stessa formula bruta ($CH_3CH_2CH_2OH$) ma differiscono tra loro poiché i loro atomi di carbonio sono legati nella catena in modo differente.
N.B. l'alcol isopropilico è il 2-propanolo, mentre l'alcol n-propilico è l'1-propanolo; si tratta di una tipologia di nomenclatura differente da quella canonica IUPAC, ma per il test può essere utile ricordare le corrispondenze.
Risposta corretta A.

27. Le proprietà fisiche sono determinate non solo dal gruppo ossidrilico, ma anche dal gruppo alchilico (risposta A errata). Gli alcoli sono derivati degli idrocarburi (risposta B errata). Gli alcoli si dividono in primari, secondari e terziari, a seconda che siano rispettivamente legati ad uno, due o tre atomi di carbonio; gli alcoli quaternari non esistono (risposte C e D errate). Gli alcoli a seconda delle condizioni in cui si trovano possono comportarsi da acidi e basi deboli.
Risposta corretta E.

28. Il metodo migliore per risolvere il quesito è disegnare la molecola proposta e contare quante volte sono presenti le varie specie atomiche. Innanzitutto, si disegna uno scheletro carbonioso composto da sei atomi di carbonio; la desinenza -ale indica che il composto è un'aldeide, quindi sul carbonio in posizione 1 si avrà un gruppo aldeidico; l'ultima cosa da fare per disegnare la molecola correttamente è saturare tutti i legami disponibili del carbonio con idrogeni. La formula dell'esanale è quindi $C_6H_{12}O$.
La risposta E è da escludere perché il cicloesanone, essendo un chetone ciclico, ha 2 idrogeni in meno rispetto all'esanale. La risposta C è errata perché la formula bruta ha due atomi di O. Le risposte A e D sono invece sbagliate perché hanno un numero di atomi di idrogeno errato.
Risposta corretta B.

29. Le ammine sono un gruppo funzionale molto importante in chimica organica e per questo devono essere chiari i concetti principali.
Sono sostanze caratterizzate dalla presenza del gruppo funzionale amminico $-NH_2$ (risposta E errata), il quale conferisce loro una debole basicità (risposta A errata). Per capire la loro basicità ci si riferisce alla pka: tanto più debole è l'acido coniugato (pka alta), tanto più basica sarà l'ammina. Come termine di riferimento si prende l'ammoniaca, essendo lo ione ammonio NH_4^+ (il suo acido coniugato), un acido forte, l'ammoniaca è una base molto debole.
Un altro concetto fondamentale per quanto riguarda la basicità delle ammine, è la classificazione in primarie, secondarie e terziarie in base al numero di atomi di carbonio che legano.
Le ammine primarie legano un solo atomo di carbonio, le ammine secondarie ne legano due mentre nelle ammine terziarie l'azoto è impegnato in tre legami con il carbonio (risposta C errata). Le ammine secondarie sono le più basiche di tutte (risposta B errata), infatti acquistano più facilmente un protone, rispetto alle ammine primarie. Le meno basiche di tutte sono le ammine terziarie in cui si osserva un'inversione di tendenza a causa di un maggiore ingombro sterico, il quale rende più difficile il comportamento da base.
Il corretto ordine di basicità crescente è il seguente: $NH_3 < R_3N < RNH_2 < R_2NH$ (risposta D corretta).
Risposta corretta D.

30. Per individuare la molecola dalla formula bruta è necessario disegnarla, in modo da essere certi che tutti i legami del carbonio siano saturati. Si inizia quindi con una catena carboniosa composta da tre atomi di carbonio, e in seguito si aggiunge l'azoto. C_3H_5N è un nitrile, in particolare il propionitrile. I nitrili sono composti organici caratterizzati dal gruppo funzionale $-C{\equiv}N$; si arriva al corretto disegno della formula tenendo presente che nella molecola gli idrogeni sono solo cinque, quindi non possono essere disposti in altro modo se non ponendo un triplo legame tra C e N. Un'ammide è formata da un carbonio legato ad un atomo di ossigeno tramite un doppio legame e ad un atomo di azoto (risposta C errata). Un'ammina ha come gruppo funzionale NH_2 (risposta B errata), mentre un sale d'ammonio terziario si forma secondo la seguente reazione: $R_3N + H_2O \rightleftharpoons R_3NH^+ + OH^-$, in cui i prodotti reagiscono per attrazione ionica (risposta A errata). La nitrosammina invece contiene il gruppo nitroso N=O legato all'azoto amminico.
Risposta corretta D.

31. I ponti ad idrogeno sono dei legami intermolecolari che si instaurano quando l'idrogeno è legato ad atomi fortemente elettronegativi (F, O, N). Le risposte A, C ed E sono da escludere, perché nessuna delle molecole coinvolte nei legami conta un atomo abbastanza elettronegativo che possa formare legami a idrogeno. La risposta B è errata perché il metano ha una pessima solubilità in acqua (in quanto apolare) e perciò non forma legami a ponte idrogeno. Etanolo e isopropanolo (risposta D) invece sono due alcoli caratterizzati da gruppi ossidrile che grazie alla presenza degli atomi di ossigeno instaurano legami a idrogeno.
Risposta corretta D.

32. Le reazioni in chimica organica sono di difficile comprensione, ma per il test è sufficiente ricondurre le nozioni principali a queste regole:

- Laddove ci sono legami doppi o tripli, c'è un'elevata concentrazione di cariche negative e tipicamente avvengono reazioni di addizione → si possono rompere i legami aggiungendo delle sostanze
- Da un alchino ottengo un alchene, mentre da un alchene ottengo un alcano.
- Laddove ci sono solo legami semplici, non è possibile addizionare nulla, quindi avvengono principalmente reazioni di sostituzione. Queste sono tipiche degli alcani.
- Secondo queste due regole è già possibile giungere alla soluzione: gli alcani danno reazioni di sostituzione (risposta B errata), mentre non danno reazioni di addizione (risposta A corretta).

Per completezza è sempre bene controllare anche le altre opzioni:

- Nella deidrogenazione si ha la rimozione di atomi di idrogeno e quindi la formazione di doppi legami: é la reazione che avviene nella trasformazione di un alcano in un alchene (risposta C errata).
- L'alogenazione consiste nella sostituzione di un atomo di idrogeno con un alogeno, anche questa tipica degli alcani (risposta D errata).
- Per quanto riguarda l'ossidazione (detta anche combustione) è una reazione che appartiene a qualsiasi composto chimico e i prodotti sono sempre $CO_2 + H_2O$ (risposta E errata).

Risposta corretta A.

33. Spesso può risultare difficile dover risalire dalla formula di struttura al nome di un composto, tuttavia se si seguono delle semplici regole risulta più facile.
Per risalire al nome del composto è consigliabile procedere per step e nel frattempo disegnarsi la molecola in modo completo:

- contare il numero di atomi di carbonio: in questo caso sono 4 (attenzione: CH_2 è preso due volte, quindi si contano due atomi di carbonio)
- Valutare i legami di ogni singolo atomo di carbonio (devono essere sempre quattro):
  - Il primo è legato a tre atomi di idrogeno e all'atomo di carbonio successivo
  - Il secondo è legato a due atomi di carbonio (quello precedente e quello successivo) e a due atomi di idrogeno
  - Il terzo è legato a due atomi di carbonio (quello precedente e quello successivo) e a due atomi di idrogeno
  - il quarto è legato a due atomi di ossigeno e uno di idrogeno → si tratta del gruppo funzionale dell'acido carbossilico
- a questo punto bisogna capire il gruppo funzionale, il quale è posto normalmente a una delle due estremità: in questo caso si tratta di un acido carbossilico. L'unico altro gruppo funzionale proposto nelle opzioni era un estere (eatonato di etile), tuttavia l'estere si presenta con un doppio legame con l'ossigeno e un legame semplice con l'ossigeno.
- controllare la presenza di eventuali catene laterali: in questo caso non ci sono
- Riassumere il tutto:
  - 4 atomi di carbonio → butan
  - gruppo funzionale acido carbossilico → acido -oico
  - e senza catene laterali

Si tratta di un semplice acido butanoico.
Risposta corretta A.

CHIMICA

34. I saponi sono detergenti costituiti da sali di sodio o di potassio degli acidi grassi a lunga catena (cioè composti da 10-18 atomi di carbonio). Essi si formano secondo il processo di saponificazione, che consiste nell'idrolisi basica dei trigliceridi (risposta A errata). I saponi sono sali di acidi grassi con metalli alcalini, soprattutto sodio e potassio, e non con qualsiasi tipo di metallo (risposta B errata). Dal punto di vista della struttura, i saponi sono molecole anfipatiche, che contengono sia una testa idrofila che una coda idrofobica (risposta C errata); come detto prima, è vero che i saponi sono derivati degli acidi grassi, ma non è corretto dire che derivino anche dagli eteri (risposta E errata).
La risposta corretta da ricercare è quindi quella proposta dall'opzione D, poiché in caso di dissociazione della molecola il pH della soluzione verrebbe ad essere alcalino, in quanto il sale è creato dalla reazione tra un acido debole e una base forte; la catena dell'acido grasso infatti, essendo un acido monocarbossilico, è un acido debole, mentre il metallo alcalino deriva da una base forte (gli idrossidi dei metalli alcalini sono sempre basi forti). Di conseguenza, in soluzione, l'acido debole tenderà a rimanere in forma indissociata, mentre la base forte tenderà a rimanere dissociata, causando un surplus di ioni OH^- nella soluzione e facendo virare il pH verso la basicità.
Risposta corretta D.

35. Per lo svolgimento corretto di questo quesito si consiglia di disegnare la formula: si tratta innanzitutto di un acido carbossilico (sia la dicitura "CO_2H" che "COOH" rappresentano il gruppo funzionale carbossilico). Il numero di atomi di carbonio presenti nella catena carboniosa è pari a 7 (risposte B, C, D errate). L'opzione E è errata in quanto non può esistere tale formula bruta.
Risposta corretta A.

36. Per composto polifunzionale si intende una molecola organica che possiede più gruppi funzionali di differente natura. La priorità esistente tra i gruppi funzionali nel dare la desinenza a un composto polifunzionale è la seguente:
- acido carbossilico;
- anidride;
- estere;
- ammide;
- aldeide;
- chetone;
- alcol;
- ammina;
- etere;
- alogenuro;
- alchino, alchene e alcano

Di conseguenza, essendo il gruppo carbossilico quello a maggiore priorità, il nostro composto avrà la parola "acido" davanti e la desinenza -ico alla fine della propria nomenclatura.
Risposta corretta C.

37. Per risolvere questo esercizio è necessario conoscere molto bene la nomenclatura organica. Il primo passaggio nella nomenclatura di una molecola organica è l'individuazione della catena di carbonio più lunga, contenente il gruppo funzionale più importante. Salta subito all'occhio la presenza di un acido carbossilico (COOH). Contando gli atomi di carbonio si nota che ce ne sono 6 di cui due che formano gruppi metili sostituenti. La catena principale sarà quindi a 4 carboni e si tratta di un acido butanoico. Questo ci permette di escludere le prime due opzioni (Risposte A e B errate). Si numerano i carboni della catena partendo dal carbonio legato all'ossigeno e al gruppo ossidrile. Seguendo questa tecnica si avranno due gruppi metili (CH_3), uno sul carbonio 2 e uno sul carbonio 3 e un gruppo ossidrile (OH^-) sul carbonio 4. Si ordinano i nomi dei sostituenti alfabeticamente ottenendo il nome completo della molecola: acido 2,3-dimetil-4-idrossi butanoico.
Risposta corretta D.

38. Per risolvere questo esercizio prettamente teorico si devono conoscere le regole di base della nomenclatura organica. Quando si va a nominare la molecola, si deve per prima cosa individuare la catena più lunga di atomi di carbonio e in seguito identificare i gruppi sostituenti sulla catena principale. Successivamente, si deve indicare la posizione di ogni sostituente con un numero, iniziando a numerare la catena in modo che il sostituente a priorità maggiore abbia la

numerazione minore possibile. In seguito, il nome della molecola verrà composto posizionando i nomi di tutti i sostituenti (correttamente numerati) in ordine alfabetico. Per quanto riguarda le priorità dei gruppi funzionali, si deve seguire una successione di priorità stabilita dalla teoria (da maggiore a minore): acido carbossilico, anidride, estere, ammide, aldeide, chetone, alcol, ammine, etere. Il gruppo funzionale a priorità maggiore sarà quello che darà la porzione finale della molecola. Secondo quest'ultima affermazione si può escludere subito la risposta D, in quanto "-esanoico" (essendo caratteristico dell'acido carbossilico, che ha priorità maggiore) deve essere messo alla fine. Analizzando le altre opzioni si nota che l'unica che rispetta l'ordine di priorità e alfabetico è la B.
Risposta corretta B.

39. É fondamentale per il test conoscere i principali gruppi funzionali della chimica organica. Spesso la formula generale, non indicando tutti i legami, può trarre in inganno, tuttavia, se si procede con ordine, si può giungere alla soluzione esatta.
Ricordando che il gruppo R indica dei residui organici generici (tipicamente catene carboniose laterali), bisogna focalizzarsi sui gruppi funzionali, i quali tendenzialmente si trovano alle estremità.

- R-CHO: questo indica un'aldeide, infatti si ha un atomo di carbonio legato ad un idrogeno e tramite un doppio legame ad un ossigeno (gruppo carbonile). Bisogna ricordarsi la sostanziale differenza con il chetone, il cui gruppo carbonilico non si trova all'estremità della catena, bensì al centro della molecola
- R-CH_2OH: si tratta di un alcol per la presenza del gruppo OH ossidrile
- R-CH_2-O-CH_3: questo indica un etere, il quale è caratterizzato da un atomo di ossigeno centrale legato a due atomi di carbonio
- R-CO-R': si tratta del gruppo carbonilico appartenente ad un chetone, infatti si trova al centro della molecola
- R-COOR': questa formula appartiene ad un estere, il quale è caratterizzato dall'atomo di carbonio legato tramite un legame doppio ad un atomo di ossigeno e tramite un legame semplice ad un altro atomo di ossigeno

Risposta corretta D.

40. In una reazione di eliminazione dal substrato di partenza vengono "eliminati" atomi o gruppi atomici che prendono il nome di gruppi uscenti, portando alla formazione di legami multipli. Si possono definire come le reazioni opposte a quelle di addizione. Alcuni esempi tipici di reazioni di eliminazione sono: la disidratazione dell'alcol e la deidrogenazione. L'opzione A rappresenta una reazione acido-base che porta alla formazione di un sale (vedi: capitolo 8 "Acidi e basi") (risposta A errata). L'opzione C presenta un alchene che reagisce con l'idrogeno: si tratta di un'addizione che porta alla formazione di un alcano (risposta C errata). Nell'opzione D viene proposta l'ossidazione di un generico alcol primario ad un'aldeide (risposta D errata). Nell'opzione B invece abbiamo un alogenuro alchilico con il cloro che reagisce con una base, in questo caso OH^-. In questa reazione un atomo di idrogeno reagisce con la base a formare una molecola d'acqua, quindi è sicuramente una disidratazione, inoltre esce il cloro che rimane sotto forma di ione nei prodotti. Questa viene definita come reazione di beta-eliminazione.
Risposta corretta B.

41. Si tratta di un quesito prettamente teorico, per cui per risolverlo è necessario avere in mente le principali reazioni dei composti citati. Gli alchini portano alla formazione di alcheni e successivamente alcani tramite l'addizione di idrogeno, o idrogenazione, e non tramite sostituzione (risposta A errata). Il benzene compie principalmente reazioni di sostituzione elettrofila, ossia con sostituenti elettrofili in quanto, perdendo un H^+ per liberare un legame, rimane una parziale carica negativa sull'anello (risposta B errata). Dall'ossidazione di un alcol secondario si ottiene un chetone, e non un'aldeide, che invece si ottiene dall'ossidazione di un alcol primario (risposta C errata). Da un'aldeide con un'ulteriore ossidazione si ottiene un acido carbossilico, mentre da un chetone, con un'ulteriore ossidazione, non si possono ottenere acidi carbossilici (risposta E errata). Infine, gli eteri possono essere ottenuti dalla condensazione, ossia con la perdita di una molecola d'acqua, di due alcoli.
Risposta corretta D.

42. Le reazioni in chimica organica possono risultare complesse, tuttavia ci sono delle semplici regole che possono aiutare nell'apprendimento.
La differenza tra un alcano e un alchene è la presenza di un doppio legame nel secondo. Il doppio legame prende il posto di due atomi di idrogeno. Infatti, se confrontiamo le formule generali, per l'alcano abbiamo C_nH_{2n+n}, mentre per gli alcheni abbiamo C_nH_{2n}. Quindi gli alcheni hanno 2 atomi di idrogeno in meno rispetto agli alcani; così come gli alchini (C_nH_{2n-2}) hanno 2 atomi di idrogeno in meno rispetto agli alcheni, e 4 in meno rispetto agli alcani.
Quando trasformo un alchene in un alcano devo sostanzialmente rompere il doppio legame e aggiungere 2 atomi di idrogeno e non toglierli (risposta C errata).
Un'ossidazione comporta la perdita di atomi di idrogeno, mentre una riduzione il suo acquisto (risposta B errata). L'alogenazione è l'aggiunta di elementi del settimo gruppo, quindi gli alogeni (risposta E errata), mentre la deidratazione è una reazione in cui avviene l'eliminazione di acqua, detta anche condensazione (risposta D errata). Quindi la reazione per passare da un alchene ad un alcano è l'idrogenazione, ovvero l'aggiunta di idrogeno.
Risposta corretta A.

43. Gli alcheni sono molecole altamente reattive alle alogenazioni. Infatti, nel caso in cui un alchene reagisca con una molecola biatomica di bromo, avvengono due reazioni di alogenazione, con conseguente formazione di un dibromo alcano. Per ottenere il monobromo alcano sarebbe necessaria un'unica reazione di alogenazione tramite l'utilizzo di acido bromidrico. Avendo noi però un doppio legame che quindi toglie a due atomi di carbonio un possibile legame con un idrogeno, addizionando Br_2 questo doppio legame si rompe e i due atomi di bromo vanno a posizionarsi ciascuno su un carbonio.
Risposta corretta B.

44. Innanzitutto è utile riportare il concetto di riduzione (vedi: capitolo 6.2 "Reazioni redox e bilanciamento"): tale processo consiste in una diminuzione del numero di ossidazione e in un aumento del numero di elettroni. Riducendo pesantemente un alchino, tramite idrogenazione catalitica, si ottiene l'alcano corrispondente che è dunque ibridato sp^3. Maggiore è il numero di idrogeni, più il composto sarà ridotto.
Risposta corretta B.

45. Considerando che l'ossidazione in chimica organica corrisponde alla perdita di atomi di idrogeno, gli alchini sono sicuramente la tipologia di composti più ossidata. Maggiore è il numero di idrogeni (minore è il numero di doppi o tripli legami), maggiore è il grado di riduzione. Può essere d'aiuto ricordare che nelle molecole organiche alifatiche il grado di ossidazione è: alchini > alcheni > alcani.
Risposta corretta C.

46. La combustione è una delle principali reazioni di chimica organica.
é fondamentale ricordarsi la seguente regola: qualsiasi reazione di combustione ha come prodotti CO_2 e H_2O e calore. Non importano i composti di partenza, i prodotti sono sempre quelli. Tuttavia bisogna ricordarsi di dover bilanciare la reazione, quindi sono le moli di prodotto a cambiare.
Risposta corretta D.

47. Per rispondere correttamente al quesito è necessario riconoscere correttamente le classi a cui appartengono i composti che vengono proposti. La reazione tra un'anidride, come l'anidride acetica, e un alcol, come l'etanolo, porta alla formazione di un estere e di un acido carbossilico.
Possiamo quindi escludere le risposte A, B ed E, perchè indicano rispettivamente un etere, un alchene e lo stesso composto di partenza (anidride acetica = anidride etanoica). Per quanto riguarda le risposte C e D, entrambe indicano degli esteri; tra le due la risposta corretta è la D, perchè i prodotti in questo tipo di reazione seguono il seguente schema: $CH_3\text{-}COOCO\text{-}CH_3$ + $R\text{-}OH \rightarrow CH_3COO\text{-}R + CH_3COOH$.
Quindi, poichè l'etanolo (indicato nello schema come R-OH) è composto da 2 atomi di carbonio, questi (indicati nei prodotti come R, catena carboniosa) andranno sommati ai 2 atomi di carbonio

del CH_3COO-R. Di conseguenza si formerà un estere con 4 atomi di carbonio, cioè l'acetato di etile.
Risposta corretta D.

48. Da un'ossidazione blanda di un alcol primario, come l'etanolo, si ottiene un'aldeide; si possono quindi escludere tutte le alternative tranne le risposte A e C, poiché indicano composti differenti. Tra le due, la risposta corretta è la A, perchè nell'etanolo sono presenti due atomi di carbonio così come nell'etanale.
Risposta corretta A.

49. Un estere si forma attraverso una reazione tra un alcol e un acido carbossilico, oppure in una reazione tra un alcol e un'anidride. Di conseguenza, per risolvere il quesito, si devono ricercare le classi di composti corrette tra le nomenclature proposte. La risposta corretta è quindi la D, l'unica che propone un alcol e un acido carbossilico. ATTENZIONE a non confondersi sulla risposta C, l'acido cloridrico non è un acido carbossilico, ma un acido inorganico!
Risposta corretta D.

50. Di primo impatto la reazione potrebbe ricordare una semplice addizione elettrofila dell'acqua al doppio legame presente nell'alchene proposto, dando quindi come prodotto l'alcol corrispondente. In realtà la sola addizione di acqua ad un alchene non provoca nessuna reazione; per ottenere un alcol come prodotto è necessaria la presenza di un acido forte con la funzione di catalizzatore; senza, i due composti non reagiscono.
Risposta corretta C.

51. Per la risoluzione di questo quesito è importante saper riconoscere gli alcheni in base alla loro desinenza, tuttavia è anche necessario conoscere delle nomenclature alternative a quelle IUPAC. Un alchene si contraddistingue per la desinenza -ene, mentre un alcano termina in -ano e un alchino in -ino. Tuttavia ci sono delle eccezioni. Infatti, l'acetilene, nonostante termini in -ene, non è un alchene, bensì è il più semplice degli alchini. Secondo la nomenclatura IUPAC viene denominato etino. Di conseguenza si potevano escludere tutte le opzioni contenenti acetilene (risposte A e C errate). Poi si poteva procedere escludendo le opzioni che includono degli alcani, come il metano e il pentano (risposte B e D errate). L'unica risposta che riporta quattro alcheni è la E.
Risposta corretta E.

52. Gli alcheni reagiscono con acqua in ambiente acido dando come prodotto gli alcoli. Si tratta di una reazione di addizione elettrofila che rispetta la legge di Markovnikov, che asserisce che l'elettrofilo si lega al carbonio coinvolto nel doppio legame e meno sostituito così da formare il carbocatione più sostituito e quindi più stabile. Un carbocatione è definito più stabile quando ha una buona possibilità di distribuire la carica positiva in eccesso sulla catena carboniosa, e questa è distribuita più efficientemente all'aumentare della sostituzione del carbonio che si considera; il carbonio più sostituito sarà quindi quello che subirà l'attacco del nucleofilo.
Risposta corretta A.

53. La reazione tra benzene, il quale è un composto altamente reattivo per la delocalizzazione degli elettroni (risposta A errata), Cl_2 e catalizzatore comporta l'alogenazione per sostituzione elettrofila, quindi l'aggiunta di un atomo di cloro. Questa aggiunta comporta la perdita di un atomo di idrogeno. Gli H in totale saranno quindi 5.
È importante ricordare: dato che il benzene possiede tre doppi legami, ci si potrebbe attendere che, come gli alcheni, dia reazioni di addizione elettrofila al doppio legame (come nel caso dell'addizione di cloro biatomico al cicloesene che produce trans-1,2-diclorocicloesano). Quando invece il benzene reagisce con Cl_2, non dà un'addizione elettrofila, bensì una sostituzione elettrofila aromatica, la quale richiede la presenza di un acido di Lewis come catalizzatore.
Risposta corretta B.

54. Il 2-propanolo è un alcool secondario. Gli alcoli secondari possono essere ottenuti attraverso la riduzione di chetoni, per cui dalla riduzione con idrogeno del propanone si ottiene il 2-propanolo. Se invece di un chetone si riducesse un'aldeide si otterrebbe un alcol primario

(risposta C errata). La riduzione di acidi carbossilici ad alcoli richiede l'utilizzo di reagenti molto forti ed è difficile da far avvenire (risposta D errata).
Risposta corretta B.

55. Si tratta di un quesito prettamente teorico, per risolverlo bisogna ricordare le reazioni caratteristiche delle ammidi. Le ammidi, categoria di composti organici con gruppo funzionale $RCONH_2$, sono caratterizzate dalla possibilità di dare sia un'idrolisi acida sia un'idrolisi basica (grazie alla presenza di catalizzatori acidi o basici). In linea teorica le due idrolisi danno come prodotti acidi carbossilici e ammina (risposta C corretta).
N.B. entrando più nel dettaglio, all'interno di un ambiente basico l'acido carbossilico che si forma dal processo di idrolisi è deprotonato, e quindi va a formare un anione carbossilato; questo potrebbe creare un sale dell'acido interagendo con un catione presente nell'ambiente (ad esempio Na^+ derivato dalla dissociazione di NaOH).
In un ambiente acido invece, l'ammina che si forma dal processo di idrolisi è protonata e va a formare lo ione ammonio. Questo ione, analogamente a quanto detto prima, potrebbe formare un sale dell'ammina.
Risposta corretta C.

11. Le molecole biologiche

1. Il saccarosio è:

A. Un disaccaride
B. Un polisaccaride
C. Un monosaccaride
D. Un oligosaccaride
E. Un trigliceride

2. Il fruttosio è:

A. Un aldoso a 5 atomi di carbonio
B. Un aldoso a 6 atomi di carbonio
C. Un chetoso a 5 atomi di carbonio
D. Un chetoso a 6 atomi di carbonio
E. Un polisaccaride contenuto nella frutta

3. Quali dei seguenti composti elencati sono epimeri tra loro?

A. D-ribosio e D-desossiribosio
B. D-eritrosio e L-eritrosio
C. D-glucosio e D-ribosio
D. D-galattosio e D-ribosio
E. D-galattosio e D-glucosio

4. I trigliceridi sono:

A. Lipidi
B. Alcoli trivalenti
C. Eteri
D. Alcoli terziari
E. Idrocarburi

5. Quale delle seguenti affermazioni riguardante i disaccaridi è corretta?

A. Il lattosio è un disaccaride che deriva dall'unione di due molecole di alfa-glucosio
B. Un disaccaride si forma secondo la reazione di condensazione di due monosaccaridi
C. Il legame glicosidico nei carboidrati si forma tra due gruppi carbossilici
D. Il galattosio è un epimero in 2 del glucosio
E. Nessuna delle precedenti

6. Quale delle seguenti affermazioni sugli acidi grassi è corretta?

A. Hanno almeno 6 atomi di carbonio
B. Sono lipidi
C. Possono avere sia una catena lineare sia ramificata
D. Non possono avere doppi legami
E. Non possono avere più di un gruppo carbossilico

7. Per quanto concerne i lipidi:

A. Sono solubili in solventi polari
B. Negli oli la catena alifatica è satura
C. I trigliceridi formati da una molecola di glicerolo legata rispettivamente a tre acidi grassi saturi formano i grassi
D. Il grado di saturazione degli acidi grassi non influisce sullo stato di aggregazione a temperatura ambiente
E. Nessuna delle precedenti

8. I fosfolipidi:

A. Sono formati da una molecola di glicerolo legata a due acidi grassi e a un gruppo fosfato
B. Sono i componenti principali delle pareti cellulari
C. Sono molecole anfotere
D. Fanno parte della classe dei carboidrati
E. Comprendono anche il colesterolo

9. Quale delle seguenti affermazioni è errata?

A. Gli amminoacidi neutri contengono un gruppo amminico e uno carbossilico
B. Gli amminoacidi acidi contengono un ulteriore gruppo carbossilico
C. Gli amminoacidi basici contengono un ulteriore gruppo amminico
D. Gli amminoacidi neutri si suddividono in carichi positivamente e negativamente
E. Gli amminoacidi sono i costituenti principali delle proteine

10. Le proteine sono macromolecole i cui monomeri sono:

A. Lipidi
B. Trigliceridi
C. Amminoacidi
D. Nucleotidi
E. Glucidi

CORREZIONE COMMENTATA

1. L'ambito delle molecole biologiche in chimica organica è abbastanza vasto, tuttavia è sufficiente ricordarsi i principali esponenti e qualche loro caratteristica. Gli zuccheri sono sicuramente fra i più importanti: si classificano in mono-, di-, oligo- e polisaccaridi in base alla loro complessità: i monosaccaridi sono zuccheri semplici, i disaccaridi sono costituiti da 2 unità monosaccaridiche, mentre gli oligo e i polisaccaridi da più unità disaccaridiche. Il saccarosio appartiene alla famiglia dei disaccaridi ed è quindi costituito da due unità monosaccaridiche: una molecola di glucosio e una di fruttosio. Il legame tra le due unità monosaccaridiche è presente tra il carbonio 1 del glucosio e il carbonio 2 del fruttosio. Il saccarosio è uno zucchero non riducente perché non ha gruppi anomerici liberi e quindi non può ridurre i liquidi.
Risposta corretta A.

2. Per risolvere il quesito bisogna conoscere quale sia il gruppo funzionale caratteristico del fruttosio, cioè il gruppo chetonico. Il fruttosio farà quindi parte della categoria dei chetosi. Il fruttosio è un isomero del glucosio, di conseguenza sono entrambi composti a sei atomi di carbonio.
ATTENZIONE a non confondersi, nella conformazione chiusa il fruttosio è un pentagono, ma è sempre composto da sei atomi di carbonio, solo che l'emiacetalizzazione avviene tra C2 e C5.
Risposta corretta D.

3. L'esercizio è risolvibile conoscendo le strutture degli zuccheri proposti. Si definiscono epimeri i diastereoisomeri che presentano una differente configurazione presso un solo stereocentro. D-ribosio e D-desossiribosio non si possono definire epimeri perché la configurazione dello stereocentro è differente anche a livello degli atomi che la compongono (manca un ossigeno in C2 del desossiribosio), cosa che non è prevista dalla definizione (risposta A errata). D-eritrosio e L-eritrosio non sono epimeri ma sono enantiomeri, cioè una coppia di entità molecolari che sono immagini speculari ciascuna dell'altra e non sovrapponibili (risposta B errata). D-glucosio e D-ribosio, così come D-galattosio e D-ribosio, non sono epimeri perché non hanno lo stesso numero di carboni e quindi non sono paragonabili tra loro (risposte C e D errate). D-galattosio e D-glucosio sono invece epimeri perché hanno lo stesso numero di carboni e la stessa configurazione in tutti gli stereocentri tranne che in uno (quello corrispondente al carbonio in 4).
Risposta corretta E.

4. La grande maggioranza dei lipidi, comunemente chiamati "grassi", è rappresentata dai trigliceridi e sono dei costituenti principali del nostro organismo. Svolgono svariate funzioni tra cui quella di protezione degli organi dagli urti, di riserva energetica e di isolamento termico. I trigliceridi derivano dalla esterificazione del glicerolo con tre molecole di acidi grassi. Il glicerolo è un alcol a tre atomi di carbonio con tre gruppi OH (risposta B errata). Di conseguenza vengono definiti in base al loro gruppo funzionale come esteri (risposte C, D, E errate).
Risposta corretta A.

5. Per risolvere questo quesito è necessario conoscere molto bene i carboidrati, come si formano e che struttura hanno. Per quanto questi argomenti siano anche affrontati in biologia, anche in chimica potrebbe saltare fuori una domanda al test. Innanzitutto, escludiamo l'opzione D, in quanto il galattosio è un epimero in 4, non in 2, del glucosio, questo significa che rispetto al glucosio, nel galattosio il gruppo OH in posizione C_4 è a sinistra (risposta D errata). Il lattosio si forma tra un beta-glucosio e un beta-galattosio (risposta A errata). I disaccaridi si formano grazie alla reazione di due monosaccaridi, i cui gruppi OH (non carbossilici) reagiscono tra di loro per eliminare una molecola d'acqua e formare un legame glicosidico (risposta C errata). Le reazioni in cui viene eliminata una molecola d'acqua vengono definite condensazioni.
Risposta corretta B.

6. Gli acidi grassi sono acidi monocarbossilici caratterizzati da una lunga catena idrocarburica (quindi 6 atomi di carbonio non rappresentano il limite) (risposta A errata). Gli acidi grassi non

possono essere considerati lipidi, ma sono degli acidi carbossilici che entrano a far parte, legati ad altre molecole, della classe lipidi (risposta B errata). Possono avere solo una catena lineare e quindi non ramificata (risposta C errata), in cui possono esserci doppi legami (Risposta D errata). La risposta corretta da individuare era quindi la E, poiché essendo monocarbossilici, non possono avere più di un gruppo carbossilico nella molecola.
Risposta corretta E.

7. I lipidi appartengono ad una classe eterogenea di composti accomunata dal fatto che sono sostanze insolubili in qualsiasi solvente polare, per via della loro spiccata idrofobicità (risposta A errata). Gli oli sono liquidi a temperatura ambiente grazie anche alla presenza di doppi legami nella catena alifatica, la quale è quindi detta insatura (risposta B errata). Il grado di saturazione degli acidi grassi determina lo stato di aggregazione a temperatura ambiente: i grassi, avendo una catena alifatica satura, sono solidi a temperatura ambiente mentre, come detto sopra, gli oli sono liquidi (risposta D errata). I trigliceridi sono formati da una molecola di glicerolo (un triolo) che si lega a tre acidi grassi: se questi sono saturi si formano dei grassi.
Risposta corretta C.

8. I fosfolipidi fanno parte dei lipidi (risposta D errata) e sono molecole anfipatiche e non anfotere (vedi: capitolo 8 "Acidi e Basi") ovvero hanno una testa polare e una coda apolare (risposta C errata). I fosfolipidi sono i componenti principali delle membrane cellulari e non delle pareti cellulari (risposta B errata) e per via della loro struttura vanno a creare un bilayer fosfolipidico in cui le teste sono rivolte verso l'esterno, mentre le code formano lo strato più interno. Il colesterolo fa parte della classe degli steroidi quindi non è un fosfolipide, anche se la sua presenza nella membrana è fondamentale per garantire la giusta fluidità del bilayer (risposta E errata). Un fosfolipide è formato da una molecola di glicerolo legata a due acidi grassi e a un gruppo fosfato.
Risposta corretta A.

9. Questa domanda si concentra sul comportamento degli amminoacidi in soluzione e sulla loro classificazione. Gli amminoacidi vengono suddivisi in: neutri, quando hanno un gruppo amminico e un gruppo carbossilico (risposta A errata); acidi, quando hanno un gruppo carbossilico in più (risposta B errata); basici, quando contengono un gruppo amminico in più (risposta C errata). L'unione di tanti amminoacidi forma una proteina (risposta E errata). Inoltre, gli amminoacidi neutri si suddividono in polari e apolari (non positivi e negativi).
Risposta corretta D.

10. Le proteine sono dei composti biologici che svolgono numerose funzioni di vitale importanza nel nostro organismo. Le proteine sono delle macromolecole che presentano quattro livelli di organizzazione:

- struttura primaria: è data dalla sequenza di amminoacidi legati fra loro tramite un legame peptidico. Gli amminoacidi, come dice la parola, sono composti da una parte amminica a carattere basico (NH_2) e una parte acida data dal gruppo funzionale degli acidi carbossilici (COOH).
- struttura secondaria: è data da legami ad idrogeno che portano al ripiegamento della struttura primaria a formare dei foglietti Beta e Alfa
- struttura terziaria: è la struttura tridimensionale complessiva che deriva dalle interazioni tra le catene laterali delle proteine; troviamo legami S-S, interazioni elettrostatiche, le forze di Van-der-Waals, ...
- struttura quaternaria è l'organizzazione spaziale di più subunità proteiche, le quali svolgono funzioni specifiche, ad es. l'emoglobina

I monomeri delle proteine sono gli amminoacidi, infatti vanno a determinare la struttura primaria. I trigliceridi sono i principali esponenti dei lipidi (risposte A e B errate), i nucleotidi vanno a costituire il DNA o RNA (risposta D errata), mentre i glucidi costituiscono gli zuccheri (risposta E errata).
Risposta corretta C.

CHIMICA

MATEMATICA & FISICA

Matematica e fisica: 8 domande su 60, da sempre collocata alla fine del test, e forse, proprio per questo, troppo spesso messa in secondo piano.

Se hai frequentato un liceo scientifico, nessun problema: il programma dell'ultimo anno va ben oltre quello che ti chiederà il test, puoi limitarti a ripassare quanto hai già appreso. Un consiglio per te: non sottovalutare l'importanza della pratica e del ripasso di argomenti che per quanto apparentemente semplici potrebbero risalire ad anni lontani della tua formazione ed esser quindi nascosti nei meandri della memoria.

Se vieni da un'altra scuola superiore: non fare l'errore di trascurare matematica e fisica.
Matematica è fondamentale, e in più avere dimestichezza con equazioni, proporzioni, calcolo rapido ti sarà di grandissimo aiuto in TUTTE le sezioni del test.
Non sono richieste conoscenze approfondite: si tratta solo di essere svegli e abituati a risolvere semplici esercizi.
Quanto a fisica, spesso le domande richiedono solo conoscenze teoriche di base o l'applicazione di formule che si ripetono sempre uguali e con la pratica possono diventare semplici automatismi.

Se ti senti un impedito cronico in queste materie, prova almeno a ricordarti principi e leggi fondamentali, il più delle volte sufficienti a svolgere esercizi solo apparentemente difficili.
Si tratta di ben 8 domande, poco meno di chimica, determinanti per racimolare qualche punto in più.

Al liceo ti hanno abituato ad esercizi ben più complessi, certo non a crocette. Tutto è alla tua portata.

Non perdere tempo in uno studio mnemonico a caso: fa' esercizi, studia lo stile dei test degli anni passati e capirai subito come fare. Perché chiedersi quanto sia probabile che studiare probabilità ti permetta di aumentare la tua probabilità di entrare? Non farti queste domande e concentrati! Va' a esercitarti!

M&F

“La matematica non sarà mai il mio mestiere.”

A. Venditti, *Notte prima degli esami*

“Che fisico!”

disse la moglie di Einstein la prima notte di matrimonio.

ACRONIMI TESTBUSTERS

Ecco solo alcuni degli acronimi TestBusters
per facilitare il tuo studio in Matematica e Fisica.

Wattela a **Faraday** nel **Coulomb** da un **Ohm** per **Volt** così t'**Ampère**.

I nomi dei principali fisici, e unità di misura, dell'elettromagnetismo, dal significato decisamente scurrile (Vattela a prendere ... da un uomo per volta così impari).

Il volume della sfera qual è? Quattro terzi, pi greco, erre trè.

(a mo di filastrocca). La formula del volume della sfera è $4/3 \cdot \pi \cdot r^3$

Un **VIR**il **PIV**ello

$V = iR \qquad P = iV$

Sono due formule importanti dell'elettrostatica. Ora non avrai più il rischio di confondere le grandezze in queste equazioni. Fai sempre attenzione alle unità di misura!

MATEMATICA

1. Potenze e radicali

1. Se indichiamo con P il prodotto di 0,018 · 0,0375, il risultato è compreso tra:

A. $10^{-5} < P < 10^{-4}$
B. $10^{-4} < P < 10^{-3}$
C. $10^{-3} < P < 10^{-2}$
D. $10^{-2} < P < 10^{-1}$
E. $P < 10^{-5}$

2. Il valore di $(3^{3/2} + 3^{1/3})^2 - 27 - 3^{2/3}$ è pari a:

A. $2 \cdot 3^{10/6}$
B. $2 \cdot 3^{11/6}$
C. $2 \cdot 3^{3/2}$
D. $2 \cdot 3^{4/5}$
E. $2 \cdot 3^{2/3}$

3. Il valore di $(500 - 1)^2$

A. $25 \cdot 10^4 - 499$
B. $25 \cdot 10^4 + 499$
C. $25 \cdot 10^4 - 501$
D. $25 \cdot 10^4 + 999$
E. $25 \cdot 10^4 - 999$

4. Quale delle seguenti disuguaglianze è FALSA?

A. $10^{100} < 100^{10}$
B. $10^{-100} < 100^{-10}$
C. $-10^{100} < -100^{10}$
D. $-10^{100} < 100^{10}$
E. $-100^{(-10)} < 10^{(-100)}$

5. Se $c^{3/2} = 27$, c è uguale a:

A. 6
B. 9
C. 18
D. 81
E. 40,5

6. Il valore di $2\sqrt{2} + \sqrt{18} - \sqrt{8} + \sqrt{72}$ è uguale a:

A. $8\sqrt{2}$
B. $6\sqrt{2} + 3\sqrt{3}$
C. $9\sqrt{2}$
D. $6\sqrt{3}$
E. $2\sqrt{3} + 3\sqrt{3}$

7. Individua le condizioni di esistenza per la seguente equazione $\sqrt{5a(a - 4)/(a^2 + 4)}$:

A. $a<0 \vee a\geq 2$
B. $\forall x \in R$
C. $a\geq 0$
D. $a\leq 0$ e $\vee$ $a\geq 4$
E. $a\geq 4$

8. Il valore di $\sqrt[n-3]{3^{3n-9}}$ è uguale a:

A. 3
B. $\sqrt{3}$
C. $\sqrt{27}$
D. 27
E. 9

9. Ordina dal più grande al più piccolo i seguenti valori: $\sqrt[3]{-27}$, 1/3, -1/3, $\sqrt[3]{-1/3}$

A. 1/3, $\sqrt[3]{-1/3}$, -1/3, $\sqrt[3]{-27}$
B. $\sqrt[3]{-27}$, 1/3, -1/3, $\sqrt[3]{-1/3}$
C. 1/3, -1/3, $\sqrt[3]{-27}$, $\sqrt[3]{-1/3}$
D. $\sqrt[3]{-27}$, 1/3, $\sqrt[3]{-1/3}$, -1/3
E. 1/3, -1/3, $\sqrt[3]{-1/3}$, $\sqrt[3]{-27}$

10. A cosa è uguale la seguente espressione: $(-8)^3/(-2)^2 - 8^3 + 128$?

A. -512
B. 80
C. 512
D. -320
E. -28

11. Quale di queste NON è una proprietà delle potenze?

A. $2^3 \cdot 2^2 = 2^5$
B. $2^3 \cdot 2^2 - 2 = 2^4$
C. $(2^3)^2 = 2^6$
D. $2^3 + 2^2 = 12$
E. $2^3 : 2^2 = 2$

12. Marco e Luca fanno una sfida a dadi per capire chi mangerà l'ultimo pasticcino. Il Dado ha 27 facce. Marco prende tutti i numeri divisibili per 3 mentre Luca sceglie tutti i numeri che moltiplicati per 3 danno un numero dispari. Con quali numeri vincerebbero sia Marco che Luca?

A. {3;9; 15; 21}
B. {3; 6; 9; 12; 15; 18; 21; 24; 27}
C. {3; 9; 15; 21; 27}
D. { 3; 9; 12}
E. {3; 9; 12; 15; 21; 27; 30}

13. Razionalizzare la seguente operazione con radicali: $\frac{7}{\sqrt{3}+\sqrt{5}} + \frac{8}{\sqrt{5}}$.

A. $\frac{51}{10}\sqrt{5} - \frac{7}{2}\sqrt{3}$
B. $\frac{7\sqrt{5}-7\sqrt{3}}{2} - \frac{8\sqrt{5}}{5}$
C. $\frac{8\sqrt{5}}{5} + \frac{7\sqrt{5}-7\sqrt{3}}{2}$
D. $\frac{51}{10}\sqrt{5} + \frac{7}{2}\sqrt{3}$
E. $\frac{7\sqrt{5}-7\sqrt{3}}{5} + \frac{8\sqrt{5}}{2}$

14. Quali condizioni devono verificarsi affinché $(a \cdot b)^n > 0$?

A. a e b concordi oppure a e b discordi
B. a e b discordi
C. a e b concordi solo se con esponente pari
D. a e b concordi, oppure a e b discordi con esponente dispari
E. a e b concordi, oppure a e b discordi con esponente pari

CORREZIONE COMMENTATA

1. Risolviamo l'esercizio scrivendo i due numeri sotto forma di potenze in base 10 → 0 018 = 18 · $10^{(-3)}$ e 0,0375 = 375 · $10^{(-4)}$. Quindi il loro prodotto sarà uguale a 18 · $10^{(-3)}$ · 375 · $10^{(-4)}$ = 6750 · $10^{(-7)}$ = 6,75 · $10^{(-4)}$ il quale è maggiore di $10^{(-4)}$ ma minore di $10^{(-3)}$.
Risposta corretta B.

2. Le soluzioni contengono tutte una potenza in base 3, quindi dobbiamo trasformare tutti i termini che non sono già in base 3 → $3^3 + 3^{(2/3)} + 2 \cdot 3^{(11/6)} - 3^3 - 3^{(2/3)} = 2 \cdot 3^{(11/6)}$.
Fate attenzione al quadrato del binomio: $(A + B)^2 = A^2 + B^2 + 2AB$!
Risposta corretta B.

3. Possiamo riscrivere 500 come $(5 \cdot 10^2)$ e in seguito eseguire il quadrato del binomio: $(5 \cdot 10^2 - 1)^2 = 25 \cdot 10^4 + 1 - 2 \cdot 1 \cdot 5 \cdot 10^2 = 25 \cdot 10^4 + 1 - 1000 = 25 \cdot 10^4 - 999$.
Risposta corretta E.

4. Per confrontare le disuguaglianze, dobbiamo trasformare tutti i termini in potenze con base 10, per cui $100^{(10)}$ diventa $(10^2)^{10} = 10^{20}$. Ricordando che nel caso di potenze elevate a un numero negativo, è maggiore la potenza con esponente minore, ci si accorge che tutte le risposte sono corrette, tranne la A: infatti $10^{100} > 10^{20}$.
Risposta corretta A.

5. Se eleviamo entrambi i termini ai lati dell'uguale per 2/3, si ottiene c: $c^{(3/2 \cdot 2/3)} = 27^{(2/3)}$, $c = 27^{(2/3)} = \sqrt[3]{27^2} = 3^2 = 9$.
Risposta corretta B.

6. Per risolvere questa espressione, inizialmente semplifichiamo le singole radici e poi le sommiamo perché tutte hanno la stessa radice. $2\sqrt{2} + \sqrt{3^2 \cdot 2} - \sqrt{2^3} + \sqrt{6^2 \cdot 2} = \sqrt{2} + 3\sqrt{2} - 2\sqrt{2} + 6\sqrt{2} = 9\sqrt{2}$.
Risposta corretta C.

7. La radice deve essere positiva poiché l'indice della radice è pari, quindi le C.E. sono formate dai valori che rendono il radicando ≥ 0 e il denominatore diverso da 0. Il denominatore è $a^2 + 4 > 0$ → $a^2 > -4$ quindi sarà sempre vero. Studiando il segno del numeratore, si pone $5a \geq 0$ → $a \geq 0$ e $a - 4 \geq 0$ → $a \geq 4$. Mettendo a sistema i risultati, le condizioni di esistenza sono $a \leq 0$ v $a \geq 4$.
(vedi capitolo 2.2. Introduzione alle equazioni: campo di esistenza).
Risposta corretta D.

8. Come prima cosa dobbiamo trasformare la radice in una potenza con esponente frazionario, avente come numeratore l'esponente del radicando e come denominatore l'indice della radice; successivamente semplifichiamo numeratore e denominatore della potenza ottenuta.

$$\sqrt[n-3]{3^{3n-9}} = 3^{\frac{3n-9}{n-3}} = 3^{\frac{3(n-3)}{n-3}} = 3^3 = 27.$$

Risposta corretta D.

9. 1/3 è il valore più grande perché è l'unico positivo; $\sqrt[3]{-27} = \sqrt[3]{-3^3} = -3$ quindi è il valore più piccolo; tra -1/3 e $\sqrt[3]{-1/3} = -1^{1/3}/3$ è più grande $-1^{1/3}/3$ perché una frazione negativa elevata ad un numero minore di 1 è sempre maggiore della stessa frazione elevata alla 1.
Risposta corretta E.

10. Per prima cosa, trasformiamo tutti i fattori in potenze del due: $\frac{(-2)^9}{(-2)^2} - 2^9 + 2^7$.

A questo punto possiamo applicare le proprietà delle potenze: $(-2)^7 - 2^9 + 2^7 = -2^9 = -512$.
Risposta corretta A.

11. Sono tutte proprietà delle potenze tranne la B: $2^3 \cdot 2^2 - 2 = 2^5 - 2 = 3^2 - 2 = 30$ che non è uguale a 2^4.
Risposta corretta B.

12. Marco vince con i numeri {3; 6; 9; 12; 15; 18; 21; 24; 27} mentre Luca con {1; 3; 5; 7; 9; 11; 13; 15; 17; 19; 21; 23; 25; 27} in quanto tutti i numeri dispari moltiplicati per 3 danno come risultato un numero dispari. Facendo l'intersezione (∩) tra i 2 insiemi si ottiene che con i numeri {3; 9; 15; 21; 27} risulterebbero vincenti sia Marco che Luca.
Risposta corretta C.

13. Per razionalizzare l'operazione proposta dobbiamo far sì che il denominatore non contenga radicali moltiplicando numeratore e denominatore per uno stesso numero. Per la prima frazione sfruttiamo il prodotto notevole $(a^2 - b^2) = (a+b)(a-b)$e otteniamo $\frac{7}{\sqrt{3}+\sqrt{5}} \cdot \frac{\sqrt{3}-\sqrt{5}}{\sqrt{3}-\sqrt{5}} = \frac{7\sqrt{3}-7\sqrt{5}}{3-5} = \frac{7\sqrt{5}-7\sqrt{3}}{2}$.
Invece per la seconda frazione moltiplichiamo sia numeratore che denominatore per $\sqrt{5}$ e otteniamo $\frac{8\sqrt{5}}{\sqrt{5}\sqrt{5}} = \frac{8\sqrt{5}}{5}$. Unendo i due risultati otteniamo $\frac{7\sqrt{5}-7\sqrt{3}}{2} + \frac{8\sqrt{5}}{5} = \frac{51}{10}\sqrt{5} - \frac{7}{2}\sqrt{3}$.
Risposta corretta A.

14. L'equazione proposta con le proprietà delle potenze può essere scritta: $a^n \cdot b^n$. Affinché l'equazione risulti positiva a e b possono essere concordi; infatti $(- \cdot -)^n$ oppure $(+ \cdot +)^n$ dà sempre un risultato positivo, indipendentemente dall' esponente n. A e b possono anche essere discordi, ma con l'esponente n pari.
Risposta corretta E.

2. Algebra classica

1. Per quali valori di x si verifica $x^2>36$?

A. $x>-6$
B. $x<-6$ e $x>6$
C. $-6<x<6$
D. $x>6$
E. Nessuno

2. Il logaritmo decimale di un numero può essere negativo?

A. Sì, per i numeri negativi
B. Sì, se il numero è minore della base 10
C. Sì, per i numeri positivi minori di 1
D. No, mai
E. Sì, se il numero è compreso fra + 1 e – 1

3. Qual è il coefficiente più elevato nello svolgimento del polinomio $(a+b)^6$?

A. 36
B. 30
C. 20
D. 26
E. 16

4. La radice cubica di un numero reale x, con $0<x<1$, risulta:

A. Un numero reale negativo
B. Un numero maggiore di x
C. Un numero minore di x
D. Non essere un numero reale
E. Un numero sempre maggiore di 1

5. Per $b>0$ e $c>0$, è $\log(b/c)=$

A. log b/log c , con c diverso da 1
B. log b - log c
C. log b + log c
D. $(1/c)\cdot\log b$
E. $b\cdot\log(1/c)$

6. La somma di due numeri x e y è 20. La loro differenza è 8; x e y valgono:

A. - 10 e 2
B. Non è possibile stabilirlo
C. 1/2 e 15/2
D. 1/2 e 39/2
E. 14 e 6

7. Un'equazione binomia è:

A. Un'equazione che ammette una duplice soluzione
B. Un'equazione che ammette una doppia denominazione
C. Un'equazione che può essere risolta secondo due differenti metodi
D. Un'equazione che comprende in tutto due termini, di cui almeno uno contiene l'incognita
E. Non esiste

8. Se l'equazione $x^2+ax+b=0$ ha soluzioni 5 e 1, il discriminante vale:

A. 4
B. 16
C. 56
D. 29
E. 6

9. Il quoziente tra i monomi $-4xy^5z$ e $-2xy^3z^{-3}$ risulta:

A. $2y^2z^4$
B. $2yz^{-2}$
C. $2y^2z^{-2}$
D. $-2y^2z^4$
E. $-2yz$

10. Il binomio di Newton con esponente n, sviluppato, contiene in genere:

A. Due termini
B. (n + 1) termini
C. n termini
D. Non è suscettibile di elaborazioni ulteriori
E. (n - 1) termini

11. Per i logaritmi naturali vale la proprietà:

A. Il logaritmo di una somma è uguale ai logaritmi degli addendi
B. Il logaritmo di un prodotto è uguale alla somma dei logaritmi dei fattori
C. Il logaritmo di una potenza è uguale alla somma dell'esponente più il logaritmo della base
D. La potenza del logaritmo di un numero è uguale al prodotto dell'esponente per il numero
E. I logaritmi naturali si calcolano dividendo i corrispondenti logaritmi decimali per 10/e

12. La somma di tre numeri è 1000. Il primo è due terzi del secondo e il secondo è tre quinti del terzo. I tre numeri sono:

A. 200; 300; 500
B. 200; 200; 600
C. 200; 400; 400
D. 500; 200; 300
E. 150; 300; 450

13. Il grado di un polinomio corrisponde:

A. Alla somma dei gradi di tutti i monomi addendi
B. Al minimo comune multiplo dei gradi dei monomi addendi
C. Al grado del monomio di grado minimo
D. Al grado del monomio di grado massimo
E. Al numero dei fattori letterali diversi tra loro

14. L'equazione $(3^{27}/3^{5}) \cdot (27^{5}/81^{9})$=

A. 3
B. 35
C. 37
D. 9
E. 27

15. Qual è la funzione inversa a $y = e^{2x+7} + 6$

A. $y = ln(x + 1) + 4$
B. $y = ln(2x - 7) + 6$
C. $y = ln(2x + 14) + 1$
D. $y = ln(2x + 7) - 6$
E. $y = \frac{\ln(x-6)}{2} - \frac{7}{2}$

16. La funzione $y = e^x$ è una funzione?

A. Pari
B. Dispari
C. Non si può sapere
D. Né pari né dispari
E. Sasso carta e forbice

17. Quanto valgono le parti intere dei logaritmi decimali dei numeri: 800; 80; 8; 82?

A. +2; +1; 0; +1
B. +2; +1; +1; +2
C. +2; +1; 0; 0
D. +2; +1; 0; +2
E. +3; +2; +1; +2

18. Calcolare il valore della x per cui: $5^{2x} = 1$

A. $x = 0$
B. $x = 1/2$
C. $x = 5$
D. $x = -1$
E. $x = 2$

19. Quale delle seguenti affermazioni riguardanti gli esponenziali è falsa?

A. Si esprime solitamente con $y = me^{kx} + q$
B. La funzione inversa è una logaritmica
C. È una funzione sempre pari
D. Il grafico di $y = e^{kx}$ passa sempre per il punto (0;1)
E. È una funzione iniettiva

20. Individuare i gradi delle seguenti proposte: $x^7 + y^3 + z + 84$; $(x^{12}y^3) + 12$:

A. Settimo e trentaseiesimo
B. Decimo e quindicesimo
C. Ventunesimo e trentaseiesimo
D. Settimo e quindicesimo
E. Decimo e trentaseiesimo

21. Aldo è in vacanza ad Amman con i suoi tre figli Mattia, Gerolamo e Vincenzo; all'ennesima litigata decide di venderli in cambio di cammelli. Sapendo che vendendo tutti e tre i figli ricaverebbe 18 cammelli, vendendo Mattia e Vincenzo ricaverebbe 11 cammelli e vendendo Vincenzo e Gerolamo ricaverebbe 13 cammelli trovare il valore dei tre figli:

A. Mattia= 5, Gerolamo= 7 e Vincenzo = 6
B. Mattia= 7, Gerolamo= 5 e Vincenzo = 6
C. Mattia= 6, Gerolamo= 7 e Vincenzo = 5
D. Mattia= 4, Gerolamo= 7 e Vincenzo = 8
E. Mattia= 3, Gerolamo= 8 e Vincenzo = 7

22. Trovare le condizioni che verificano la seguente disequazione $\frac{64a^3+48a^2b+12ab^2+b^3}{(-7)^4} > 0$

A. $a/4 > b$
B. $a > - b/4$
C. $a > - b/4$
D. $a < -b/4$
E. La disequazione è sempre verificata

CORREZIONE COMMENTATA

1. Il metodo più veloce ed intuitivo consiste nel ragionare per immagini: essendo di secondo grado, l'equazione ha ovviamente due soluzioni. Inoltre, la funzione avendo una x^2 positiva è una parabola verso l'alto, che possiede 2 punti di intersezione con l'asse delle ascisse in 6 e -6 quindi risposta corretta $x<-6 \vee x>6$. (vedi capitolo 4.5. Parabola)
Un altro metodo di risoluzione che possiamo usare è quello dello svolgimento della disequazione: $x^2>36 \rightarrow x^2 - 36>0 \rightarrow (x - 6)(x + 6)>0 \rightarrow x<-6 \vee x>6$.
Risposta corretta B.

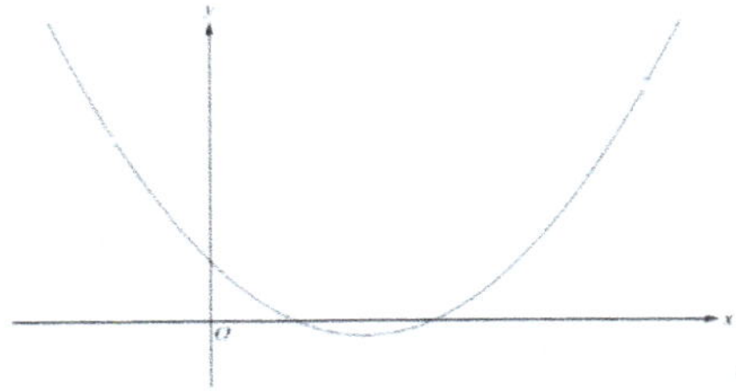

Esempio generico di un grafico di una funzione $y = ax^2 + bx + c$, con $a > 0$

2. Il logaritmo decimale è un'operazione matematica che permette di avere una risposta alla domanda "che esponente devo dare a 10 per avere il numero contenuto nel logaritmo?", di conseguenza il suo risultato può certamente essere negativo, poiché 10 può avere esponenti negativi, ad esempio 10^{-3} fa $1/1000 = 0{,}001$ di conseguenza $\log_{10}(0{,}001) = \log_{10}(10)^{-3} = -3$.
Risposta corretta C.

3. L'elevazione alla potenza di un binomio è sempre qualcosa che può trarre in errore lo studente impreparato, però esiste un modo per risolverlo in maniera semplicissima: il triangolo di Tartaglia (riportato nell'immagine sottostante). Esso non è altro che un triangolo che si sviluppa su dei numeri, il cui numero sottostante è la somma dei due numeri sopra. Per trovare il coefficiente più elevato nello svolgimento del binomio $(a + b)^6$ guardo la settima riga del triangolo di Tartaglia (la prima riga è per il binomio con esponente uguale a 0) e scelgo il numero più alto, in questo caso è 20.
Risposta corretta C.

1
1 1
1 2 1
1 3 3 1
1 4 6 4 1
1 5 10 10 5 1
1 6 15 20 15 6 1
1 7 21 35 35 21 7 1
1 8 28 56 70 56 28 8 1
1 9 36 84 126 126 84 36 9 1
1 10 45 120 210 252 210 120 45 10 1

4. La radice cubica non è altro che l'operazione inversa rispetto all'elevazione al cubo, ciò significa che il numero che è soluzione della radice cubica è stato moltiplicato 3 volte per sé stesso per diventare il numero contenuto all'interno della radice cubica. Sappiamo che x (il numero all'interno della radice) è un numero compreso tra 0 e 1, ottenibile quindi solo moltiplicando un numero più piccolo di 1 tre volte per sé stesso. Poiché moltiplicando un numero per un numero più piccolo di 1 si trova un terzo numero più piccolo (es $9 \cdot 0{,}1 = 0{,}9$), possiamo dedurre che il numero che stiamo cercando è maggiore di x.
Risposta corretta B.

5. Questo è un esercizio sulle proprietà dei logaritmi, che vanno sapute per il test, e in particolare in questo caso ci sono utili poiché si sa che log b/c (se essi sono entrambi positivi e maggiori di 0) è uguale a logb- logc.
Risposta corretta B.

M&F

6. Esercizio risolvibile con un semplice sistema: noi sappiamo che x + y = 20 mentre x - y = 8. Di conseguenza, ragionando sulla seconda operazione, si ottiene x = 8 + y, che dobbiamo sostituire in x + y = 20 → y + 8 + y = 20 → 2 y = 12 → y = 6. Una volta trovato il primo numero, il secondo si calcolca sostituendo y nella seconda operazione quindi x = 14.
Risposta corretta E.

7. L'equazione binomia è una delle più semplici che si possono incontrare e la sua definizione "è un'equazione a due termini, di cui uno contiene l'incognita".
Risposta corretta D.

8. Per risolvere questo esercizio dobbiamo prima sostituire le due soluzioni nell'equazione, per poter andare ad individuare a e b ottenendo 25 + 5a + b = 0 e 1 + a + b = 0. Successivamente mettiamo a sistema, ottenendo a = -6 e b = 5. Infine, dobbiamo sostituire questi due valori nell'equazione iniziale trovando $x^2 - 6x + 5 = 0$. Fatto ciò, calcolo il discriminante di questa equazione, cioè $\Delta = b^2 - 4ac = (-6)^2 - 4 \cdot 5 = 36 - 20 = 16$.
Risposta corretta B.

9. Per risolvere questo esercizio bisogna innanzitutto sapere che il quoziente tra due numeri è la divisione tra loro ma anche saper applicare le proprietà delle potenze. Per le proprietà delle potenze il rapporto tra numeri uguali ma con diverso esponente equivale alla sottrazione dell'esponente del denominatore a quello del numeratore quindi $\frac{-4xy^5z}{-2xy^3z^{-3}}=2x^{1-1}y^{5-3}z^{1-(-3)} = 2y^2z^4$.
Risposta corretta A.

10. Innanzitutto davanti a questo quesito è essenziale capire cosa ci sta chiedendo e non andare nel pallone. Il binomio di Newton è la formula che ci consente di calcolare i coefficienti di uno sviluppo di potenza binomiale, come il triangolo di Tartaglia. Ci viene chiesto, indirettamente, quanti termini presenta un binomio di esponente n. Facendo una veloce prova noi osserviamo che $(a + b)^4 = a^4 + 4a^3b + 6a^2b^2 + 4ab^3 + b^4$ quindi un esponente uguale a 4 presenta 5 termini in soluzione. Quindi, utilizzando un metodo alquanto empirico e senza sapere la vera e propria formula del binomio di Newton, riusciamo a rispondere alla domanda.
Risposta corretta B.

11. I quesiti sulle proprietà dei logaritmi sono frequenti quindi bisogna saperle assolutamente al test. Le proprietà sono: il logaritmo di un prodotto è uguale alla somma tra i logaritmi log(ab) = log(a) + log(b), il logaritmo di un quoziente è uguale alla differenza dei logaritmi log(a/b) = log(a) - log(b) e il logaritmo di una potenza è uguale al logaritmo della base moltiplicato per l'esponente $\log a^b = b\log(a)$.
Risposta corretta B.

12. Esercizio risolvibile con un semplice sistema, noi abbiamo tre numeri (x, y, z) e sappiamo che x = 2/3 y e y = 3/5 z inoltre sappiamo che x + y + z = 1000. Queste tre equazioni vengono quindi messe a sistema ed esprimendo z e x in funzione di y nell'equazione della loro somma, osserviamo che y = 300, a questo punto è facile trovare che x è uguale a 200 e z a 500.
Risposta corretta A.

13. Come regola generale, il grado di un polinomio è sempre uguale al grado del monomio di grado massimo, quindi ad esempio il polinomio $a^2 + b + c$ è di grado 2 perché il grado del monomio con grado maggiore è 2.
Risposta corretta D.

14. Per le proprietà delle potenze, noi sappiamo che il rapporto di esponenziali con base uguale ma con diversi esponenti è uguale a un numero che ha per base la stessa base e per esponente la differenza tra l'esponente del numeratore e quello del denominatore. Quindi la prima parte diventa 322. La seconda parte invece va prima ricondotta a base 3, quindi 275 = (33)5 = 315 e 819 = (34)9 = 336, poi calcolata arrivando ad ottenere 3 - 21. Per concludere moltiplichiamo 322 · 3 - 21, ottenendo 3.
Risposta corretta A.

15. La funzione inversa di una funzione è esattamente la funzione opposta a quella data, in essa tutte le operazioni diventano quelle inverse e tutti i segni cambiano. Detto ciò e sapendo che l'inverso di un esponenziale è un logaritmo non è difficile trovare la funzione inversa a quella data. Per prima cosa esplicitiamo la x, quindi: $y - 6 = e^{2x+7} \rightarrow \ln(y - 6) = 2x + 7 \rightarrow \frac{\ln(y-6)-7}{2}$.

Ora dobbiamo solo invertire la x con la y (come si esprimono convenzionalmente le funzioni) e otteniamo $y=\frac{\ln(x-6)}{2}-\frac{7}{2}$ (vedi capitolo 3.3. Funzione inversa).
Risposta corretta E.

16. Una funzione si definisce pari se f(x) = f(-x) ossia se sostituendo a tutte le x il valore di -x trovo la stessa funzione; inoltre essa è simmetrica rispetto all'asse delle y. Invece, una funzione si dice dispari se f(x) = -f(-x) ossia se dopo aver sostituisco -x, cambiano tutti i segni della funzione e ritrovo l'equazione iniziale; essa è inoltre simmetrica rispetto all'origine. Come possiamo osservare nell'immagine la funzione esponenziale non è niente di tutto ciò. (vedi capitolo 3.2. Funzioni pari e dispari).
Risposta corretta D.

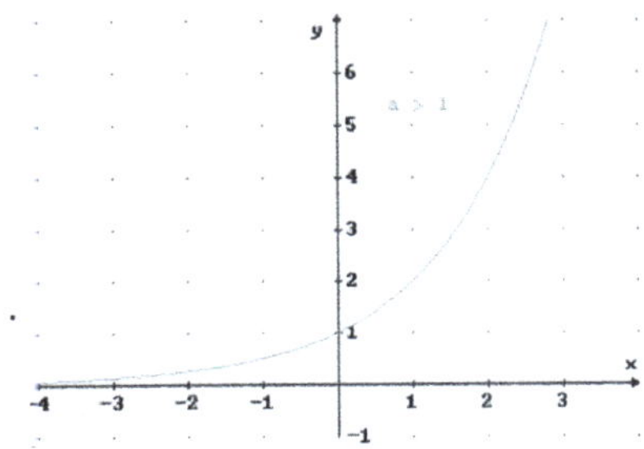

17. Chiedere "quanto vale la parte intera" di un logaritmo decimale, equivale a chiedere di scrivere il numero in notazione esponenziale ($800 = 8 \cdot 10^2$, $80 = 8 \cdot 10$, $8 = 8 \cdot 100$, $82 = 8{,}2 \cdot 10$) e poi di fare il logaritmo decimale della potenza di 10. Procedendo in questo modo si trova facilmente la risposta ossia 2, 1, 0. 1.
Risposta corretta A.

18. Esercizio molto semplice, infatti dobbiamo solo ricordarci che qualsiasi numero elevato alla 0 fa 1. Quindi l'unico modo per ottenere 1 da una potenza è avere l'esponente uguale a 0 (2x = 0).
Risposta corretta A.

19. Per risolvere (x + 2)5 utilizziamo il triangolo di Tartaglia:

1
1 1
1 2 1
1 3 3 1
1 4 6 4 1
1 5 10 10 5 1

Quindi: $(x + 2)^5 = (x^5 + 5x^4 2 + 10x^3 4 + 10x^2 8 + 5x16 + 32) = (x^5 + 10x^4 + 40x^3 + 80x^2 + 80x + 32)$
Possiamo inoltre vedere (x - 7) (x + 7) come un prodotto notevole: $(x - 7)(x + 7) = (x^2 - 49)$
Il polinomio completo sarà quindi: $(x^5 + 10x^4 + 40x^3 + 80x^2 + 80x + 32) + (x^2 - 49)$
Risposta corretta E.

20. Il grado di un polinomio si ricava estrapolando il monomio di grado massimo, in questo caso quindi il grado della prima proposta è 7. il grado di un monomio invece è dato dalla somma degli

esponenti degli elementi che lo compongono quindi il grado del monomio è quindici.
Risposta corretta D.

21. Per risolvere il quesito è sufficiente impostare un sistema a tre equazioni:

$$\begin{cases} \text{mattia} + \text{gerolamo} + \text{vincenzo} = 18 \\ \text{mattia} + \text{vincenzo} = 11 \\ \text{vincenzo} + \text{gerolamo} = 13 \end{cases}$$

Risolvendo con il metodo della sostituzione ricaviamo che Mattia vale 5 cammelli, Gerolamo ne vale 7 e Vincenzo ne vale 6.
Risposta corretta A.

22. Si studiano separatamente numeratore e denominatore, il secondo risulta sempre verificato in quanto $(-7)^4$ è sempre >0; il numeratore invece è il cubo di un binomio, in particolare $64a^3 + 48a^2b + 12ab^2 + b^3 = (4a + b)^3$ quindi $4a + b>0 \rightarrow a> -b/4$.
Risposta corretta B.

3. Funzioni

1. La funzione reale f(x) = log(x) è definita soltanto per ogni valore di x:
- A. Reale e negativo
- B. Soltanto irrazionale
- C. Reale e positivo
- D. Soltanto pari
- E. Soltanto razionale

2. La funzione $y = 2^{-x}$:
- A. È sempre positiva
- B. Ha valori positivi e negativi
- C. È sempre negativa
- D. È dispari
- E. Non ha significato

3. La funzione f(x) = sin(x) + cos(x) è definita per:
- A. Qualunque valore di x
- B. $-1 \leq x \leq 1$
- C. $-1 < x < 1$
- D. $x > 0$
- E. Nessuna delle precedenti

4. Quale delle seguenti funzioni è pari?
- A. f(x) = sin(2x)
- B. $f(x) = x^2 - 1$
- C. $f(x) = e^x$
- D. $f(x) = x^3$
- E. $f(x) = x^3 - 1$

5. La funzione $y = \sqrt[k]{6x^4} - |x|$ è:
- A. Dispari
- B. Né pari né dispari
- C. Dipende dal valore di K
- D. Pari
- E. Dipende dal valore di x

6. La funzione logaritmica y = log(x) può anche essere scritta come una funzione esponenziale. Quale?
- A. $y^{10} = x$
- B. $x^{10} = y$
- C. $10^x = y$
- D. $10^y = x$
- E. $x^y = 10$

7. Quale delle seguenti funzioni rappresenta l'inversa di $y = 1 - e^{x^2}$?
- A. $x = 1 - e^{y^2}$
- B. $x = e^y$
- C. $x = \pm\sqrt{\ln(1-y)}$
- D. $x = y - e$
- E. $x = \pm\sqrt[e]{y}$

8. La funzione x = k/y, dove x e y sono variabili e k un numero negativo, è rappresentata in un piano cartesiano da:
- A. Una parabola
- B. Un'iperbole
- C. Un'ellisse
- D. Una circonferenza con centro nell'origine degli assi
- E. Dipende dal valore di k

9. La funzione che definisce una retta nel piano cartesiano è y = mx + q. Il coefficiente m definisce:
- A. L'intersezione con l'asse y
- B. Il valore di y per x = 0
- C. Il valore di y per x = 1
- D. La pendenza della retta
- E. Dipende dal valore di b

10. La variazione di una certa grandezza in relazione al tempo può essere definita con una funzione esponenziale se:
- A. In intervalli di tempo uguali la variazione della grandezza è percentualmente costante
- B. La grandezza è inversamente proporzionale al tempo
- C. In intervalli di tempo uguali la grandezza cresce di quantità uguali
- D. In intervalli di tempo uguali la grandezza decresce di quantità uguali
- E. La grandezza è direttamente proporzionale al quadrato del tempo

11. Quale delle seguenti funzioni non è né pari né dispari?
- A. $y = x^2 + 2$
- B. $y = x^2 + \log x$
- C. y = senx
- D. $y = x^3 - x^5$
- E. $y = x^4 - 1/4\, x^2$

12. Calcolare la funzione inversa di $4y^2 - 16x + 2 = 0$.
- A. $x = \frac{1}{4}y^2 + \frac{1}{8}$
- B. $x^2 = \frac{1}{4}y^2 - \frac{1}{8}$
- C. $y^2 = \frac{1}{4}x^2 + \frac{1}{8}$
- D. $y = \frac{1}{4}x^2 + \frac{1}{8}$
- E. $y = \frac{1}{4}x^2 + \frac{1}{8}x$

M&F

13. **Qual è il dominio di f(x) = $\sqrt{\frac{1}{log(x+3)}}$?**
A. x> -2
B. x> -3
C. x< -2 ∨ x>3
D. x ≠ -2
E. -2≤x≤-3

14. Quale delle seguenti NON è una funzione?
A. $y = x^2 - 5x + 6$
B. $y = \sin^2 x$
C. $x - 4y = 0$
D. $x^2 + y^2 = 0$
E. $y = \log_2 x^2$

CORREZIONE COMMENTATA

1. L'argomento di un logaritmo (x) è sempre un numero reale e positivo.
Risposta corretta C.

2. La funzione $y = 2^{-x}$ è sempre positiva, infatti ad esempio se $x = 0$, allora $y = 1$.
Con $x < 0$ (esponente positivo ad una base positiva), y sarà > 0; se invece $x > 0$ (esponente negativo con base positiva) y è comunque > 0, poiché otterremmo il reciproco della potenza con esponente positivo.
Risposta corretta A.

3. Il valore del seno o del coseno deve essere compreso tra -1 e 1 (opzione C).
Invece l'incognita x rappresenta l'angolo riferito al seno e al coseno (in gradi o in radianti), il quale può assumere qualsiasi valore. (vedi capitolo 6.1. Funzioni Seno e Coseno).
Risposta corretta A.

4. Una funzione è pari se $f(-x) = f(x)$. Risolvendo l'opzione B, dato che il quadrato di un numero è sempre positivo, si ottiene che $(-x)^2 - 1 = x^2 - 1$.
Risposta corretta B.

5. Nell'equazione $y = \sqrt[k]{6x^4} - |x|$ la x compare una volta con esponente pari e una volta sotto valore assoluto: in entrambe le occasioni, dunque, il valore sarà per forza positivo. Vale perciò la proprietà $f(-x) = f(x)$: la funzione è dunque pari.
Risposta corretta D.

6. La base di un logaritmo (z, uguale a 10, se non specificata) equivale alla base di una potenza che, con esponente uguale al valore del logaritmo (y), dà come risultato l'argomento (x).
$\log_z(x) = y \rightarrow z^y = x$ Perciò l'equazione può essere riscritta come $10^y = x$.
Risposta corretta D.

7. Per trovare la funzione inversa di un'equazione, bisogna isolare la x: $e^{x^2} = 1 - y$, quindi $x^2 = \ln(1 - y)$ e di conseguenza $x = \pm\sqrt{\ln(1 - y)}$.
Risposta corretta C.

8. L'equazione rappresenta un'iperbole equilatera, che interseca tra l'altro la bisettrice del secondo e quarto quadrante poiché $k < 0$. (vedi capitolo 4.7. Iperbole).
Risposta corretta B.

9. Il coefficiente m nell'equazione della retta stabilisce la sua pendenza, ovvero quanto varia la y in relazione a ogni x (o viceversa).
Risposta corretta D.

10. Una grandezza che varia in modo percentualmente costante in relazione a intervalli uguali in successione di un'altra grandezza (in questo caso il tempo), cresce o decresce in modo esponenziale. La funzione esponenziale si può infatti scrivere come $y(t) = ab^{t/T}$, dove a è il valore iniziale della grandezza, b rappresenta il "fattore di crescita" e τ il valore degli intervalli di tempo.
Risposta corretta A.

11. Una funzione è pari se $f(x) = f(-x)$ mentre una funzione è dispari se $-f(x) = f(-x)$ e ovviamente una funzione pari non può mai essere anche dispari. Quindi per ogni opzione dobbiamo controllare se soddisfa queste condizioni, l'unica opzione che non le soddisfa è la B, dato che si tratta di una funzione logaritmica che ha come dominio $(0, +\infty)$, e non può presentare simmetrie né rispetto all'asse x né rispetto all'origine.
Risposta corretta B.

12. Per calcolare la funzione inversa dobbiamo isolare la x e successivamente invertire i termini "x" ed "y".
Esplicitiamo la x $4y^2 - 16x + 2 = 0 \rightarrow 16x = 4y^2 + 2 \rightarrow x = 1/4y^2 + 1/8$
Invertiamo x e y $\rightarrow y = 1/4x^2 + 1/8$
Risposta corretta D.

13. Le Condizioni di Esistenza di un radicale con indice pari sono: argomento≥0. In questo caso abbiamo una frazione ad argomento, di conseguenza dovremo anche trovare le C.E. del denominatore, ovvero D≠0. In più, sarà necessario calcolare anche le C.E. del logaritmo.

- C.E. del logaritmo → argomento > 0 → $x + 3 > 0 \rightarrow x > -3$
- D≠0 → $\log(x+3) \neq 0$ argomento del log ≠1 → $x + 3 \neq 1 \rightarrow x \neq -2$
- Argomento della radice ≥0 → $\frac{1}{\log(x+3)} \geq 0$
  N ≥ 0 → 1 ≥ 0 → ∀x ∈ R
  D > 0 $\log(x+3) > 0 \rightarrow x + 3 > 1 \rightarrow x > -2$

Mettiamo a sistema tutte le C.E. e troviamo che il dominio della funzione sarà $x > -2$.
Risposta corretta A.

14. $y = x^2 - 5x + 6$ rappresenta l'equazione di una parabola e pertanto è una funzione (risposta A errata). $x - 4y = 0$ rappresenta una retta e pertanto è una funzione (risposta C errata). $y = \log_2 x^2$ è una funzione logaritmica e $y = \sin^2 x$ è una funzione goniometrica. $x^2 + y^2 = 0$ rappresenta l'equazione di una circonferenza e pertanto NON è una funzione.
Risposta corretta D.

4. Geometria analitica

1. Quali sono le coordinate dei punti di intersezione della curva $2y^2 = 3x + 8$ con l'asse delle y?

A. (0,2) e (0, -2)
B. (0,2) e (-2, 0)
C. (2,0) e (-2,0)
D. (2,0) e (0, -2)
E. (0,2) e (0, 2)

2. La curva che nel piano cartesiano ha equazione $x^2 + y^2 = r^2$ è:

A. Una retta
B. Una circonferenza
C. Una parabola
D. Una ellisse
E. Una iperbole

3. La retta y = k + hx è la bisettrice del I-III quadrante degli assi cartesiani:

A. Sempre
B. Solo per k = 1 e h = 0
C. Solo per k = 0 e h = 1
D. Solo per k = 1 e h = 1
E. Mai

4. La rappresentazione grafica della funzione $f(x) = (12 - 4x)^2$ è:

A. Una retta con pendenza negativa
B. Una circonferenza di centro (3;0)
C. Una ellisse con i fuochi sull'asse delle x
D. Una parabola con concavità verso il basso
E. Una parabola con concavità verso l'alto

5. La retta y = (k +1) + x passa per l'origine degli assi?

A. Sì, sempre
B. Solo per k = 0
C. Solo per valori positivi di k
D. Solo per k = -1
E. No, mai

6. Quale delle seguenti equazioni rappresenta una curva passante per l'origine?

A. $y = 3x + 3$
B. $x = 3$
C. $y = x^2 - 1$
D. $(x - 4)^2/16 + y^2/4 = 1$
E. $y^2 = 2x + 1$

7. Quali di questi punti non appartiene alla retta y = 2x + 1?

A. (1, 3)
B. (0, 1)
C. (-1,-1)
D. (1, -1)
E. (2, 5)

8. Qual è la distanza tra i punti (1;3) e (6;6)?

A. 34
B. 6
C. $2\sqrt{17}$
D. 8
E. $\sqrt{34}$

9. Le rette 2y = x +2 e y = -2x + 6 sono:

A. Parallele
B. Perpendicolari
C. Incidenti
D. Coincidenti
E. Nessuna delle precedenti

10. Quale tra le seguenti affermazioni è vera:

A. Il prodotto dei coefficienti angolari di due rette perpendicolari è uguale a 1
B. Due rette sono parallele se i loro coefficienti angolari hanno lo stesso segno
C. Due rette sono parallele se hanno lo stesso coefficiente angolare
D. Due rette sono incidenti se i loro coefficienti angolari sono entrambi negativi
E. Due rette sono perpendicolari se i loro coefficienti hanno segno opposto

11. Qual è l'equazione della retta passante per il punto (1;6) e parallela alla retta 2y = -x -2?

A. 2y = -x + 13
B. y = -x/2 + 13
C. y = -x + 7
D. y = x – 7
E. y = -x/2 – 13/2

12. L'equazione $\frac{(x-1)^2}{4} + \frac{y^2}{4} = 1$ rappresenta:

A. Una parabola
B. Una ellisse
C. Una circonferenza di raggio 4
D. Una circonferenza con centro in (-1, 0)
E. Una circonferenza con centro in (1, 0)

13. Qual è la distanza della retta y = -3x dal punto (2;4)?

A. 10
B. $\sqrt{10}$
C. 1/2
D. 1/5
E. Nessuna delle precedenti

14. Qual è la retta perpendicolare alla bisettrice del II-IV quadrante e passante per il punto (-2;-1/2)?

A. $y = x - 3$
B. $2y = 2x - 3$
C. $y = 2x - 3/2$
D. $y/2 = x - 3/2$
E. Nessuna delle precedenti

15. L'equazione $x = y(y - 4)$ rappresenta:

A. Una parabola verticale con concavità superiore
B. Una parabola verticale con vertice nell'origine
C. Una parabola orizzontale passante per l'origine
D. Una parabola orizzontale passante per il punto (-2;2)
E. Una parabola verticale passante per l'origine

16. Quale delle seguenti affermazioni riguardo la parabola $y = 4x^2 - 8x + 3$ è FALSA:

A. Ha come soluzioni $x = 3/2$ e $x = ½$
B. Il suo asse è parallelo all'asse y
C. Ha il vertice in (1;1)
D. Non passa per l'origine
E. La concavità è rivolta verso l'alto

17. Quale delle seguenti affermazioni sull'ellisse è FALSA:

A. È il luogo dei punti equidistanti da due punti detti fuochi
B. L'equazione $x^2/16 - y^2/4 = 1$ rappresenta una elisse passante per l'origine degli assi
C. L'equazione $x^2/16 + y^2/4 = 1$ rappresenta una ellisse con centro nell'origine degli assi
D. Nell'equazione dell'ellisse, a rappresenta il semiasse maggiore
E. Nessuna delle precedenti

18. La curva $(x - 2)^2 + y^2 = 9$:

A. È una circonferenza con il centro non appartenente all'asse x
B. È una circonferenza di raggio 9
C. È una circonferenza con il centro in (2;1)
D. Passa per il punto (2;-3)
E. È una circonferenza di raggio 2

19. Scrivi gli asintoti della seguente equazione $x^2/64 - y^2/81 = 1$?

A. $x = \pm 9/8\, y$
B. $y = -8/9\, x$
C. $y = 81/64\, x$
D. $y = \pm 9/8\, x$
E. $y = \pm 64/81\, x$

20. Conoscendo le coordinate di due diversi punti A (5;12) e B (8;24) calcolare l'ordinata all'origine della retta passante per i due punti.

A. 8
B -8
C. $\sqrt{8}$
D. $-\sqrt{8}$
E. Nessuna delle precedenti

21. Calcolare Fuoco e Direttrice della parabola $y = 9x^2 - 6x + 4$.

A. F (1/3; 109/36); y = 107/36
B. F (109/36; 1/3); y = 107/36
C. F (109/36; 1/3); y = 109/36
D. F (1/3; -107/36); y = -109/36
E. F (1/3; 107/36); y = 107/36

CORREZIONE COMMENTATA

1. Prima ancora di fare i calcoli c'è un trucchetto: le intersezioni con l'asse y avranno per forza ascissa 0, per questo si escludono tutte quelle opzioni in cui una o entrambe le coordinate hanno un'ascissa diversa da zero. Si possono così escludere le risposte B, C, e D. A questo punto si svolgono i calcoli sostituendo $x = 0$ nell'equazione data, e si ottiene $y = \pm 2$.
Risposta corretta A.

2. L'equazione riportata altro non è che l'equazione di una circonferenza.
Risposta corretta B.

3. La bisettrice del I-III quadrante ha equazione $y = x$. Affinché l'equazione del quesito cioè $y = k + hx$ venga riportata a $y = x$ è necessario che $k = 0$ e $h = 1$.
Risposta corretta C.

4. Bisogna svolgere la parentesi: $(12 - 4x)^2 = 144 - 96x + 16x^2 = 16x^2 - 96x + 144$. Si tratta quindi di una parabola con concavità verso l'alto, poiché il coefficiente a (quello moltiplicato a x^2 cioè in questo caso 16) è positivo.
Risposta corretta E.

5. Una retta che passa per l'origine è una retta che nell'equazione generica $y = mx - q$ ha il coefficiente q (o intercetta) uguale a 0. In questo caso $m=1$ e $q = k + 1$ per cui affinché $y = (k + 1) + x$ passi per l'origine è necessario che $k + 1 = 0$ e quindi $k = -1$.
Risposta corretta D.

6. Il trucchetto più rapido per risolvere questi esercizi è sostituire 0 al posto delle x e vedere quanto vale la y. Se la y viene uguale a 0 il gioco è fatto, cioè la curva passa per l'origine. In questo caso:

- risposta A: $y = 3x + 3 \rightarrow y = 3$. Si tratta di una retta non passante per l'origine, errata;
- risposta B: si tratta di una retta parallela all'asse y e passante per il punto (3;0), errata;
- risposta C: $y = x^2 - 1 \rightarrow y = -1$. Si tratta di una parabola non passante per l'origine ma con vertice in (0; -1), errata;
- risposta D: $(x - 4)^2/16 + y^2/4 = 1 \rightarrow 16/16 + y^2/4 = 1 \rightarrow y^2/4 = 0 \rightarrow y = 0$. Si tratta di una ellisse con centro che giace sull'asse x e passante per l'origine, corretta;
- risposta E: $y^2 = 2x + 1 \rightarrow y^2 = 1 \rightarrow y = \pm 1$. Si tratta di una parabola orizzontale che non passa per l'origine, errata.

Risposta corretta D.

7. Per questo esercizio occorre applicare il metodo empirico. Basta sostituire le varie opzioni all'interno dell'equazione data e vedere quale non quadrava: $1 = 2(-1) + 1 \rightarrow 1 = -2 + 1 \rightarrow 1 = -1$.
Risposta corretta D.

8. Se si osserva il disegno sottostante, si nota che la distanza tra i due punti altro non è che l'ipotenusa di un triangolo rettangolo. Si può quindi usare il teorema di Pitagora conoscendo la lunghezza dei due lati: $d=\sqrt{(6 - 1)^2 + (6 - 3)^2} = \sqrt{(5^2 + 3^2)} = \sqrt{(25 + 9)} = \sqrt{34}$.
Risposta corretta E.

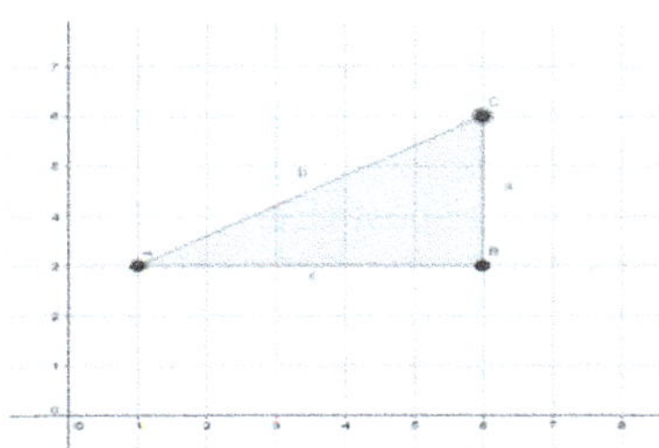

M&F

9. Per prima cosa si scrivono le due rette in forma esplicita: y = 1/2x + 2 e y = -2x + 6.
Se si osservano i loro coefficienti si nota che sono uno l'inverso del reciproco dell'altro. In parole povere, moltiplicati danno -1: 1/2 · (-2) = -1. Questo vuol dire che le due rette sono perpendicolari.
Risposta corretta B.

10. Si guardi risposta per risposta:
- risposta A: errata, il prodotto dei coefficienti angolari di due rette perpendicolari è -1;
- risposta B: errata, non basta che i coefficienti abbiano lo stesso segno affinché due rette siano parallele, infatti...
- risposta C: corretta, due rette sono parallele se hanno lo STESSO coefficiente angolare. Sono coincidenti se hanno anche la stessa intercetta;
- risposta D: errata, i segni di due rette incidenti sono opposti;
- risposta E: errata, affinché due rette siano perpendicolari i loro coefficienti devono avere segni opposti e avere come risultato del loro prodotto -1.

Risposta corretta C.

11. Bisogna scrivere la retta in forma esplicita: y = -x/2 – 1. La retta che si sta cercando è parallela a quella data, quindi anch'essa avrà coefficiente angolare -1/2; manca da trovare l'intercetta q. Si sostituisce quindi le coordinate del punto dato nell'equazione y = -x/2 + q → 6 = -1/2 + q → q = 13/2. L'equazione della retta è quindi y = -x/2 + 13/2 → 2y = -x + 13.
Risposta corretta A.

12. L'equazione data si può scrivere come $(x-1)^2 + y^2 = 4$, che rappresenta l'equazione di una circonferenza (in generale: $x^2 + y^2 = r^2$) con raggio 2 (risposta C errata) e centro in (1;0), per cui la risposta D è errata.
Risposta corretta E.

13. Si può scrivere la retta come 3x + y = 0. A questo punto si utilizza la formula per la distanza punto – retta: $d = \frac{|a \cdot x_p + b \cdot y_p + c|}{\sqrt{a^2+b^2}}$
Per cui avremo $\frac{3 \cdot 2 + 1 \cdot 4}{\sqrt{3^2+1^2}} = \frac{10}{\sqrt{10}} = \sqrt{10}$.
Risposta corretta B.

14. Prima di tutto: da ricordare che la bisettrice del II – IV quadrante è y = -x. Per trovare la retta perpendicolare a questa bisogna trovare il suo coefficiente, sapendo che il prodotto dei due coefficienti deve dare -1. (-1) · m = -1 → m =1, ovvero il coefficiente della retta perpendicolare è 1. La sua equazione sarà quindi y = x + q. Per trovare q si sostituisce le coordinate del punto dato che appartengono a questa seconda retta: -2 = -1/2 + q → q = -3/2.
L'equazione della retta è quindi y = x – 3/2, che si scrive anche 2y = 2x – 3.
Risposta corretta B.

15. Si riscrive l'equazione data come $x = y^2 - 4y$. Si tratta di una parabola ma essendo la y (e non la x) al quadrato, si tratterà di una parabola orizzontale. Le uniche risposte possibili sono quindi ora la C e la D (insomma, da qua si può anche sparare). È inoltre evidente che la curva passa per l'origine perché, se si sostituisce 0 alla y, anche la x è 0.
Risposta corretta C.

16. Ragionando per esclusione, se si risolve l'equazione le soluzioni sono x = 3/2 e x =1/2. Risposta A vera quindi errata (la domanda chiede le affermazioni FALSE). La parabola è poi verticale, quindi asse parallelo all'asse y (risposta B errata) e il coefficiente a, in questo caso 4, è positivo, per cui la concavità è verso l'alto (risposta E errata). Sostituendo la x con 0, si osserva poi che la parabola non passa per l'origine, in quanto per x = 0 risulta che y = 3. Risposta D errata. Si calcola poi il vertice che si trova in (1;-1). Per trovarlo è sufficiente calcolare la x del vertice con la formula $x_v = -b/2a$ e poi sostituirla nell'equazione.
Risposta corretta C.

17. Si può ragionare per esclusione: la prima è la definizione di ellisse, e quindi è vera. Risposta A dunque errata, visto che la domanda chiedeva l'affermazione FALSA. L'equazione di una ellisse con centro nell'origine degli assi è $x^2/a^2 + y^2/b^2 = 1$ dove a rappresenta il semiasse maggiore e b il semiasse minore, quindi le affermazioni C e D sono vere (risposte C e D da escludere).
L'affermazione errata è la B, visto che l'equazione data rappresenta una curva che passa per l'origine ma che è un'iperbole e non un'ellisse.
Risposta corretta B.

18. L'equazione data rappresenta una circonferenza con il centro in (2;0), quindi appartenente all'asse x, e di raggio 3. Se poi si sostituiscono nell'equazione le coordinate del punto dato nell'opzione D si osserva che tale punto appartiene alla circonferenza.
Risposta corretta D.

19. L'equazione data è un'iperbole con i fuochi sull'asse x e gli asintoti si trovano tramite le formule $y = b/a\ x$ e $y = -b/a\ x$, quindi sapendo che l'equazione dell'iperbole è $x^2/a^2 - y^2/b^2 = 1$ basta estrarre la radice di 64 e di 81: $a = \pm 8$; $b = \pm 9$ e troviamo che $y = \pm 9/8\ x$.
Risposta corretta D.

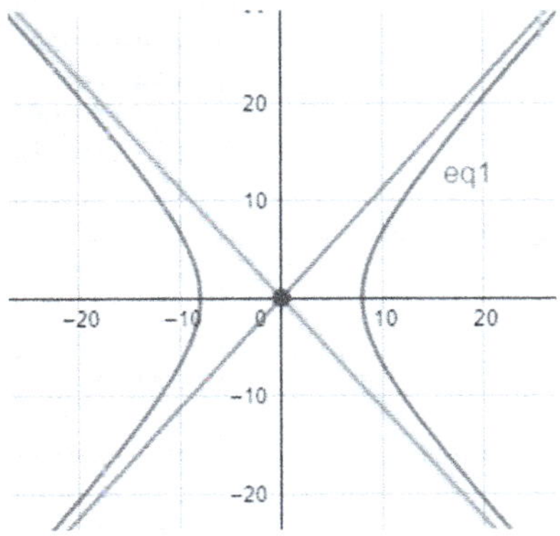

20. Possiamo risolvere l'esercizio di Geometria Analitica utilizzando la formula
$q = \frac{x_2y_1 - x_1y_2}{x_2 - x_1} = \frac{(8x12)-(5x24)}{8-5} = -8.$
Altrimenti possiamo ricavare prima la retta passante per i due punti con la formula $\frac{x-x_1}{y_2-y_1} = \frac{y-y_1}{y_2-y_1}$, scrivere la formula in forma esplicita e ricavare quindi q.
Risposta corretta B.

21. $F\left(-\frac{b}{2a}; \frac{1-\Delta}{4a}\right) \longrightarrow F_x = -\frac{b}{2a} = -\frac{-6}{18} = \frac{1}{3}$; $F_y = \frac{1-\Delta}{4a} = \frac{1-(-108)}{36} = \frac{109}{36} \longrightarrow F(\frac{1}{3}; \frac{109}{36})$
Direttrice: $y = -\frac{1+\Delta}{4a} \rightarrow y = -\frac{1+(-108)}{36} \rightarrow y = \frac{107}{36}$
Risposta corretta A.

5. Geometria euclidea

1. Con tre segmenti di lunghezze rispettive 1 cm, 2 cm, 4 cm:
- A. Non è possibile costruire un triangolo
- B. È possibile costruire un triangolo rettangolo
- C. È possibile costruire un triangolo ottusangolo
- D. È possibile costruire un triangolo scaleno
- E. È possibile costruire un triangolo isoscele

2. Un triangolo rettangolo ha un'area di 10 cm^2; i suoi lati valgono:
- A. 1 cm, 20 cm, ($\sqrt{402}$) cm
- B. 2 cm, 10 cm, ($\sqrt{52}$) cm
- C. 4 cm, 5 cm, ($\sqrt{41}$) cm
- D. 3 cm, 4 cm, 5 cm
- E. 2 cm, 5 cm, ($\sqrt{29}$) cm

3. L'area di un cerchio di raggio unitario è uguale a:
- A. $1/2\pi$
- B. π
- C. π^2
- D. 2π
- E. È necessario conoscere la misura del diametro

4. Un campo di forma circolare ha perimetro di 4000 metri. La misura della lunghezza di una palizzata esterna che lo circondi a distanza di un metro dal bordo è, in metri:
- A. più di 4000π
- B. $4000 + \pi$
- C. $4000 + 2\pi$
- D. $1 + 4000/\pi$
- E. $1 + 4000/2\pi$

5. La sorellina piccola di Beppe sta giocando a mettere le forme geometriche tridimensionali colorate negli appositi spazi complementari. Riesce a infilare il cubo verde nello spazio circolare di area $(9/2)\pi$. Quanto misura al massimo il lato del cubo verde?
- A. 9
- B. 3/2
- C. 18
- D. 3
- E. È necessario sapere il colore della sfera

6. Un palo telegrafico ed un'asta, ad esso parallela e infissa al suolo, proiettano ombre di lunghezze rispettive 3 m e 50 cm. La parte d'asta emergente dal suolo ha lunghezza 2 m. La parte emergente del palo telegrafico, espressa in metri, ha misura:
- A. 24
- B. 12
- C. 3
- D. 4/5
- E. Nessuna delle risposte precedenti

7. Il lato di un quadrato è uguale al diametro di una circonferenza (o cerchio). Il rapporto tra la misura della lunghezza della circonferenza e quella della diagonale del quadrato è:
- A. Maggiore di π
- B. Uguale a π
- C. Minore di 1
- D. $\sqrt{2}\,\pi$
- E. Compreso tra 3/2 e π

8. In un triangolo rettangolo gli angoli non retti sono:
- A. Uguali (o congruenti)
- B. Complementari
- C. Supplementari
- D. Ottusi
- E. Uno ottuso e uno acuto

9. El Pistolero Pablo si sta applicando con la pistola a pallini fluo mirando alle fotografie dei suoi piatti preferiti attaccate alla parete a una certa distanza l'una dall'altra. Vuole infatti smaltire i chiletti di troppo ed è il suo modo per sfogare l'isterismo dato dalla dieta a cui non è abituato. Colpisce la lasagna della nonna a 12 m da lui, gli involtini con doppia pancetta dritti di fronte a lui e infine la Sacher a 5 m di distanza. Sapendo che l'unico movimento che ha fatto è di rotazione sul posto e che il suo braccio teso ha descritto un angolo di 90° passando dalla lasagna alla sacher, a che distanza si trovano gli involtini e quindi la parete?
- A. 60/13
- B. 13/12
- C. 500
- D. È impossibile che Er Pistolejo Salvador sia a dieta
- E. 120/5

10. Un quadrilatero di lati 12, 9, 15 e 6 m è sicuramente:

A. Circoscrittibile a una circonferenza
B. Inscrittibile a una circonferenza
C. Un rombo
D. Regolare
E. Nessuna delle precedenti

11. Due triangoli rettangoli sono uguali se, oltre all'angolo retto, hanno uguali (congruenti):

A. Le ipotenuse
B. Un cateto
C. I due angoli acuti
D. Un lato qualsiasi
E. I due cateti

12. Un triangolo ha lato 3 cm e area 9 cm^2. Un altro triangolo, simile al primo, ha il lato corrispondente a quello di 3 cm che misura 6 cm. Quanto misura l'area del secondo triangolo?

A. Non è possibile stabilirlo
B. 36°
C. √45°
D. 81°
E. 18°

13. Quanto vale la somma degli angoli interni di un ennagono?

A. 1620
B. 3240
C. 3842
D. 1260
E. 180

14. Un triangolo isoscele ha base 12 cm e altezza 6 cm. Calcolarne il perimetro.

A. 6√2 + 12 cm
B. 12√2vcm
C. 12(1+√2) cm
D. 12 cm
E. 24 cm

15. Quanti bicchierini da 5 cL possono essere interamente riempiti con un cartone del latte di base quadrata (l = 5 cm), alto 20 cm e riempito per 3/4?

A. 3
B. 2
C. 14
D. 7
E. 10

16. Dato un triangolo rettangolo, le proiezioni dei cateti sull'ipotenusa misurano 5 e 20 cm. Calcola l'area del triangolo.

A. 125 cm^2
B. 250 cm^2
C. 250 m^2
D. 50 cm^2
E. 150 m^2

17. Trovare la lunghezza del lato AB di un triangolo rettangolo inscritto in una circonferenza con r = 5 sapendo che la sua proiezione sull ipotenusa BC è BH = 3.

A. 30
B. √30
C. 15
D. √15
E. 21

18. Giulia sfida Maria a calcolare l'ampiezza degli angoli interni di un icosagono, quale risultato deve dare Maria per vincere la sfida?

A. 120
B. 180
C. 360
D. 158
E. 162

M&F

CORREZIONE COMMENTATA

1. La disuguaglianza triangolare (teorema che è conseguenza del teorema di Carnot o, nel caso dei triangoli rettangolari, del teorema di Pitagora) afferma che in un triangolo la somma delle misure di due lati è necessariamente maggiore della lunghezza del terzo lato. Deriva da qui anche la disuguaglianza triangolare inversa che invece afferma che la differenza tra le misure di due lati è minore della lunghezza del terzo lato. Non è quindi possibile costruire un triangolo che abbia le misure proposte dal testo ($2 + 1 = 3<4$).
Risposta corretta A.

2. Essendo Area = 10 cm^2 e trattandosi di un triangolo rettangolo, moltiplicando i due cateti (che corrispondono alle misure minori e possono essere considerati come base e altezza) e dividendoli per 2 (formula dell'area) è necessario ottenere 10 cm^2 affinché i due lati appartengano a questo particolare triangolo. Possiamo in questo modo, facendo la prova empirica, scartare le risposte B, D ed E (NB: $\sqrt{52}<\sqrt{100}<10$). I tre lati devono poi rispettare il teorema di Pitagora, cosa che ci permette di eliminare la prima opzione e privilegiare la terza.
Risposta corretta C.

3. "Termine unitario" significa che il raggio ha valore uguale a 1, quindi l'area del cerchio sarà uguale a: $\pi \cdot r^2 = \pi \cdot 1 = \pi$.
Risposta corretta B.

4. Formula per calcolare la circonferenza di un cerchio: $2\pi r$. Quindi è possibile ricavare il raggio del campo $r = 4000/(2\pi)$. A questo punto basta calcolare la circonferenza del cerchio descritto dalla palizzata aggiungendo 1 m e moltiplicando per $2\pi \rightarrow S = [4000/(2\pi) + 1](2\pi) = 4000 + 2\pi$.
Risposta corretta C.

5. Se è possibile che il cubo sia entrato nello spazio circolare significa che la diagonale della superficie quadrata di questo sia al massimo lunga come il diametro della circonferenza maggiore della sfera. Dalla misura dell'area possiamo ricavare il raggio e quindi il diametro: $A_{cerchio} = \pi r^2 = 9/2\pi \rightarrow r = \sqrt{9/2} \rightarrow d = 2\sqrt{9/2} = \sqrt{4 \cdot 9/2} = \sqrt{18}$. Abbiamo quindi la misura della diagonale del quadrato, che a sua volta è uguale a $\sqrt{2}$ (lato) $\rightarrow \sqrt{2}$ (lato) $= \sqrt{18} \rightarrow$ lato$=\sqrt{18/2} \rightarrow$ lato$=3$.
Risposta corretta D.

6. Poiché i raggi del sole che determinano la lunghezza dell'ombra incidono con la stessa inclinazione su tutti gli oggetti a una determinata ora, l'angolo che questi formano con l'asta ha stessa misura di quello che formano con il palo telegrafico (visto che i due sono paralleli). L'ombra è quindi proporzionale all'oggetto ed esiste lo stesso rapporto oggetto/ombra → basta scrivere una proporzione. $2 \text{ m} : 0{,}5 \text{ m} = x : 3 \text{ m} \rightarrow x = 12 \text{ m}$.
Risposta corretta B.

7. Sarà l il lato del quadrato in questione. La diagonale risulta lunga $\sqrt{2} \cdot l$, mentre la circonferenza misura $2\pi\left(\frac{l}{2}\right) \rightarrow \frac{2\pi\left(\frac{l}{2}\right)}{\sqrt{2}\cdot l} = \frac{\pi}{\sqrt{2}}$.
Non è quindi né maggiore o uguale a π né uguale a $\sqrt{2}\pi$. Approssimiamo il risultato a 3,14/1,4. Si pensi al fatto che 3/1,5 = 2; sarà quindi poco maggiore di 2 (di certo non minore di 1).
Risposta corretta E.

8. Complementari: due angoli la cui somma è pari a un angolo retto (90°). Supplementari: due angoli la cui somma è pari a un angolo piatto (180°). Ottuso: angolo maggiore di 90°. Acuto: angolo minore di 90°. Considerando che la somma degli angoli interni di un triangolo vale 180°, in un triangolo rettangolo la somma degli angoli non retti è di 90° e sono quindi complementari.
Risposta corretta B.

9. Si immagini un triangolo rettangolo i cui cateti equivalgono alla distanza tra Er e le lasagne uno ed Er e la Sacher l'altro, l'ipotenusa alla distanza tra lasagne e la sacher, e l'altezza relativa all'ipotenusa alla distanza tra Er Pistolejo e gli involtini. Riconosciuta la terna pitagorica (5, 12, 13) che ci risparmia tempo sul calcolo della misura dell'ipotenusa. Quindi Ricaviamo l'area del triangolo grazie ai due cateti $A = 30\ m^2$. Poiché l'area rimane la stessa qualsiasi base-altezza si consideri, possiamo subito ricavare l'altezza relativa all'ipotenusa sfruttando la formula inversa: $h = 2A/b \rightarrow h = 60/13$ (in questo caso la base è rappresentata dall'ipotenusa stessa).
Risposta corretta A.

10. Un poligono regolare ha tutti i lati e gli angoli congruenti (risposta D errata). Un Rombo ha tutti i lati uguali e gli angoli opposti uguali a due a due (risposta C errata). Un quadrilatero è inscrivibile in una circonferenza se e solo se gli angoli opposti sono supplementari (risposta B errata). Un quadrilatero è circoscrivibile ad una circonferenza se e solo se la somma dei due lati OPPOSTI è uguale a quella degli altri due (risposta A errata). In questo caso però non è specificato in che modo siano disposti i lati.
Risposta corretta E.

11. Il primo criterio di congruenza dei triangoli enuncia che due triangoli sono congruenti se hanno due lati e l'angolo tra essi compreso congruenti rispettivamente. Nel caso del triangolo rettangolo i cateti sono i due lati che comprendono l'angolo retto.
Risposta corretta E.

12. Come conseguenza dei criteri di similitudine due triangoli simili sono legati da diverse proprietà: il rapporto tra le altezze è uguale al rapporto tra i lati; il rapporto tra i perimetri è uguale al rapporto tra i lati; il rapporto tra le aree è uguale al quadrato del rapporto tra i lati.
$3^2 : 6^2 = 9 : x \rightarrow 9 : 36 = 9 : x \rightarrow x = 36$.
Risposta corretta B.

13. Un ennagono è un poligono regolare di 9 lati. La somma degli angoli interni di un poligono di n lati è uguale a $(n - 2) \cdot 180°$ [dividi il poligono in n triangoli con un vertice nel centro, togli l'angolo giro che corrisponde appunto agli angoli centrali dei triangoli, i quali non entrano nel conteggio].
$7 \cdot 180 = 1260°$.
Risposta corretta D.

14. Il triangolo in questione ha base il doppio dell'altezza. Si può suddividere in due triangoli speculari, con angoli 45° - 45° - 90° come nell'immagine.

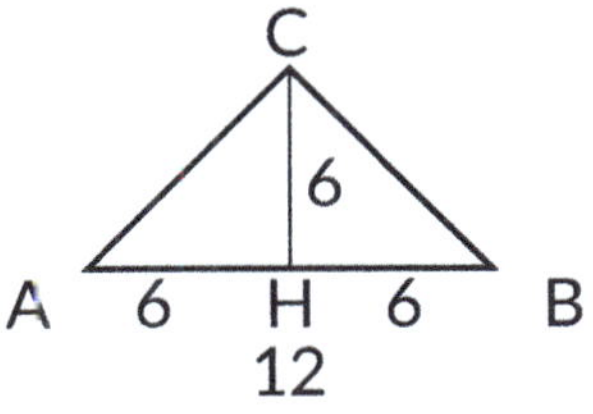

Sappiamo che il triangolo 45° - 45° - 90° è la metà di un quadrato. La sua ipotenusa sarà perciò l'equivalente della diagonale del quadrato i lati di tale triangolo. Troviamo così $BC = 6\sqrt{2}$ cm.
Il perimetro del triangolo sarà perciò base + 2 · lato = $12\ cm + 2 \cdot 6\sqrt{2}\ cm = 12 + 12\sqrt{2}$ cm.
Raccogliendo il 12 otteniamo $2p = 12\ (1+\sqrt{2})$ cm.
Risposta corretta C.

15. Cominciamo calcolando il volume totale del cartone del latte, un parallelepipedo alto 20 cm con 5 cm di lato: $V = b \cdot h = (5 \cdot 5) \cdot 20 = 500\ cm^3$. Sappiamo poi che è riempito per 3/4, quindi la nostra quantità di latte disponibile è: $500 \cdot 3/4 = 375\ cm^3$. Ora, un L equivale a un dm^3, perciò un cL sarà 1/100 di dm^3, ovvero 10 cm^3. I nostri 375 cm^3 equivalgono quindi a 37,5 cL, con i quali possiamo riempire per intero 7 bicchierini da 5 cL (avanzano 2,5 cL).
Risposta corretta D.

M&F

16. Utilizziamo il secondo teorema di Euclide per trovare l'altezza relativa all'ipotenusa: CH : AH = AH : HB → $AH^2 = CH \cdot HB = AH = \sqrt{CH \cdot HB}$ → $AH = \sqrt{5 \cdot 20} = 10$ cm.
Successivamente, troviamo l'ipotenusa sommando le due proiezioni: BC = CH + HB = 20+5 = 25 cm, e calcoliamo quindi l'area del triangolo: $A = \frac{BC \cdot AH}{2} = \frac{25 \cdot 10}{2} = 125\ cm^2$.
Risposta corretta A.

17. Essendo inscritto in una circonferenza ed essendo un triangolo rettangolo l'ipotenusa coincide con il diametro ($d = 2 \cdot r = 2 \cdot 5 = 10$). Sapendo la proiezione e il diametro posso ricavare tramite il primo teorema di Euclide la lunghezza del lato AB → BH : AB = AB : BC → 3 : AB = AB : 10 → $AB^2 = 3 \cdot 10 = 30$ → $AB = \sqrt{30}$.
Risposta corretta B.

18. L'icosagono è un poligono regolare da 20 lati, per ricavare l'ampiezza degli angoli interni è sufficiente applicare la formula $(n-2)/n \cdot 180 = (20-2)/20 \cdot 180 = 162$.
Risposta corretta E.

6. Goniometria e Trigonometria

1. Nel triangolo ABC, rettangolo nel vertice B, chiamato α l'angolo di vertice A, è:

A. $\cos\alpha = AB/AC$
B. $\cos\alpha = AC/AB$
C. $\cos\alpha = BC/AC$
D. $\cos\alpha = AB/BC$
E. $\cos\alpha = AC/BC$

2. È FALSO che:

A. $\cos(-\alpha) = \cos\alpha$
B. $\text{sen}(-\alpha) = -\text{sen}\,\alpha$
C. $\text{tg}(-\alpha) = -\text{tg}\,\alpha$
D. $\cos(180° - \alpha) = -\cos\alpha$
E. $\text{sen}(180° - \alpha) = -\text{sen}\,\alpha$

3. La funzione $y = (\cos x)/(\text{sen}\,x)$ ha periodo:

A. $\pi/4$
B. $\pi/3$
C. $\pi/2$
D. π
E. 2π

4. Dato un triangolo rettangolo avente: cateti a e b, ipotenusa c, angolo α opposto ad a, angolo β opposto a b, l'espressione corretta è:

A. $a = c \cdot \cos(\pi/4 - \alpha)$
B. $b = c \cdot \text{sen}\beta$
C. $a = b \cdot \text{tg}\alpha$
D. $b = a \cdot \text{tg}\alpha$
E. $a = b/\text{tg}\alpha$

5. L'insieme dei valori assunti, per x reale (positivo o negativo), dalla funzione $f(x) = (\text{sen}\,x)^2$:

A. È l'intervallo (- 1, 1) estremi inclusi
B. È l'intervallo (0, 1) estremi inclusi
C. È l'insieme dei numeri reali
D. È l'intervallo $(0, \pi)$ estremi inclusi
E. Dipende dal fatto che x sia espresso in gradi o in radianti

6. L'equazione $2 \cdot \text{sen}(x) + 1 = 0$ ha:

A. Una soluzione
B. Due soluzioni
C. Infinite soluzioni
D. Nessuna soluzione
E. Nessuna delle risposte precedenti è corretta

7. Qualunque siano i valori di x e di y, risulta sempre: $\text{sen}(x + y) =$:

A. $\text{sen}x + \text{sen}y$
B. $\text{sen}x \cdot \text{sen}y$
C. $1 - \cos(x + y)$
D. $\text{sen}x \cdot \cos y + \cos x \cdot \text{sen}y$
E. $\text{sen}x \cdot \text{sen}y + \cos x \cdot \cos y$

8. Quale delle seguenti espressioni è ERRATA?

A. $\cos 90° < \cos 0°$
B. $\cos 60° > \text{sen}\,30°$
C. $\cos 45° = \text{sen}\,45°$
D. $\cos 270° > \cos 180°$
E. $\cos 90° = \text{sen}\,180°$

9. Il coseno dell'angolo di 110° è:

A. Negativo
B. Maggiore di 1/2
C. Maggiore del seno dell'angolo di 110°
D. Uguale al coseno dell'angolo di 290°
E. Uguale al seno dell'angolo di 20°

10. Il seno di un angolo è sempre:

A. Misurato in radianti
B. Misurato in archi di circonferenza
C. Misurato in metri
D. Un numero puro
E. Misurato in gradi

11. In un triangolo qualsiasi di lati a, b e c e angoli ad essi opposti α, β e γ, se $a = \sqrt{2}/2$ cm, $b = 1/2$ cm e $\beta = 30°$, quanto vale α?

A. 30°
B. 60°
C. 90°
D. non si può calcolare
E. 45°

12. Un triangolo di lati a, b e c presenta a = 3 cm, b = 8 cm e angolo tra di essi $\gamma = 60°$. Quanto vale il perimetro del triangolo?

A. 60 cm
B. 36 cm
C. 21 cm
D. 18 cm
E. 16 cm

13. Sviluppare la seguente funzione goniometrica: sin(3-x):

A. $1/2\,\sin x - \sqrt{3}/2\,\cos x$
B. $1/2\,\cos x - \sqrt{3}/2\,\sin x$
C. $1/2\,\cos x - 1/2\,\sin x$
D. $\sqrt{3}/2\,\cos x + 1/2\,\sin x$
E. $\sqrt{3}/2\,\cos x - 1/2\,\sin x$

M&F

14. Trovare le soluzioni dell'equazione cosx + 2sinxcosx = 0 nell'intervallo 0-2π.

A. $\pi/2 \vee \pi/6$
B. $\pi/2 \vee 3\pi/2 \vee \pi/6$
C. $3\pi/2 \vee \pi/6 \vee 7\pi/6$
D. $\pi/2 \vee 3\pi/2 \vee \pi/6 \vee 7\pi/6$
E. $\pi/2 \vee 3\pi/2 \vee 7\pi/6 \vee 11\pi/6$

15. Quale tra le seguenti espressioni di K rende vera l'identità $(\sin\alpha+\cos\alpha)^2 - 1 = K$?

A. $K = \sin^2\alpha$
B. $K = -\sin(-2\alpha)$
C. $K = \cos 2\alpha$
D. $K = -\sin(-\alpha)$
E. $K = 0$

16. In un triangolo isoscele la base b misura 10 cm e il suo angolo opposto β = 120°. Calcola il perimetro del triangolo.

A. $\frac{20+10\sqrt{3}}{\sqrt{3}}$
B. $\frac{20-10\sqrt{3}}{\sqrt{3}}$
C. 30
D. 10
E. $30\sqrt{3}$

CORREZIONE COMMENTATA

1. In questo tipo di esercizi è molto utile fare un disegno schematizzato del triangolo! Il coseno di un angolo si calcola come il rapporto tra il cateto adiacente (AB) e l'ipotenusa (AC) quindi $\cos\alpha = AB/AC$.
Risposta corretta A.

2. Il coseno è una funzione pari (la A è vera); il seno è una funzione dispari (la B è vera); la tangente è una funziona dispari (la C è vera). (vedi capitolo 3.2. Funzioni pari e dispari). Per scegliere la risposta falsa tra la D e la E si può usare il metodo empirico inserendo al posto di α un angolo a scelta. La risposta D risulta essere vera, mentre la risposta E è falsa, infatti $\text{sen}(180° - \alpha) = +\text{sen}\,\alpha$.
Risposta corretta E.

3. La funzione $y = \cos x/\text{sen}\,x$ corrisponde alla cotangente di x; il periodo della cotangente (come quello della tangente) è π.
Risposta corretta D.

4. Dobbiamo aiutarci con un disegno in cui assegniamo i nomi agli angoli e ai cateti così è facile accorgerci che l'espressione corretta è: $b = c \cdot \text{sen}\,\beta$, ovvero un cateto è uguale al prodotto tra l'ipotenusa e l'angolo opposto ad esso.
Risposta corretta B.

5. La funzione $f(x) = \text{sen}x$ può assumere tutti i valori da -1 a + 1 (estremi inclusi). La funzione $f(x) = (\text{sen}x)^2$ potrà assumere solo i corrispettivi valori elevati al quadrato, quindi i valori da 0 a 1 (estremi inclusi).
Risposta corretta B.

6. Possiamo scrivere l'equazione come $\text{sen}\,x = -1/2$. Essendo il seno una funzione periodica, esso assumerà tutti i valori (compresi tra -1 e +1) infinite volte. Ciò si può anche dimostrare graficamente disegnando il grafico del seno e la retta $y = -1/2$: essi si incontreranno in infiniti punti.
Risposta corretta C.

7. Bisogna applicare le formule di addizione del seno: $\text{sen}(x + y) = \text{sen}x \cdot \cos y + \cos x \cdot \text{sen}y$.
Risposta corretta D.

8. L'esercizio si risolve velocemente conoscendo i valori notevoli principali delle funzioni goniometriche:

- $\cos 90° = 0$ e $\cos 0° = 1$ (A vera);
- $\cos 45° = \text{sen}\,45° = \sqrt{2}/2$ (C vera);
- $\cos 270° = \cos 90° = 0$ e $\cos 180° = -1$ (D vera);
- $\cos 90° = \text{sen}\,180° = 0$ (E vera).

Dunque, l'espressione errata è: $\cos 60° > \text{sen}\,30°$, infatti dovrebbe essere $\cos 60° = \text{sen}\,30° = 1/2$.
Risposta corretta B.

9. Possiamo rappresentare l'angolo (a grandi linee) nella circonferenza goniometrica: il suo coseno (ovvero la proiezione sull'asse delle x) è negativo perché è maggiore di 90° quindi è nel II quadrante, quindi minore di 1/2 (risposta B errata) e minore del suo seno, che è positivo (risposta C errata). Inoltre, si sa che $\cos(110°) = -\cos(290°)$ (risposta D errata) e $\cos(110°) = -\text{sen}(20°)$ (risposta E errata).
Risposta corretta A.

10. Considerando la circonferenza goniometrica, il seno di un angolo è definito come il rapporto tra la proiezione del raggio sull'asse delle ordinate e il raggio stesso. Dunque, essendo il rapporto tra due lunghezze, il seno è una grandezza adimensionale, ovvero è rappresentato da un numero puro.
Risposta corretta D.

11. Dobbiamo applicare il teorema dei seni per trovare il valore di sin α: sin α/a = sin β/b, dunque sin α = (a · sin β)/b = $\sqrt{2}/2$; quindi se sen $\alpha = \sqrt{2}/2$ allora $\alpha = 45°$.
Risposta corretta E.

12. Applichiamo il teorema del coseno: $c^2 = a^2 + b^2 - 2 \cdot a \cdot b \cdot \cos\gamma = 9 + 64 - 48 \cdot 1/2 = 49$ dunque $c = \sqrt{49} = 7$ cm. Il perimetro è uguale a: $2p = a + b + c = 3 + 8 + 7 = 18$ cm.
Risposta corretta D.

13. In questo esercizio sulle funzioni goniometriche dobbiamo applicare la formula di sottrazione del seno: $\sin(\alpha - \beta) = \sin\alpha\cos b - \cos\alpha\sin\beta$. Sapendo che il seno di $\pi/3$ è $\sqrt{3}/2$ e il coseno è $1/2$ otteniamo $\sin \pi/3 \cos x - \cos \pi/3 \sin x = \sqrt{3}/2 \cos x - 1/2 \sin x$.
Risposta corretta E.

14. Prima di tutto raccogliamo il coseno: $\cos x(1 + 2\sin x) = 0$.
A questo punto troviamo le soluzioni per le due parti, ovvero $\cos x = 0$ e $1+2\sin x = 0$.
Cosx è uguale a 0 (all'interno dell'intervallo 0 - 2π) per $x = \pi/2 \lor x = 3\pi/2$.
$1 + 2\sin x = 0 \rightarrow 2\sin x = -1 \rightarrow \sin x = -1/2$, che è valido per $x = 7\pi/6 \lor x = 11\pi/6$. A questi risultati si può arrivare in maniera semplice pensando che $\sin\pi/6 = 1/2$, quindi gli angoli per cui $\sin x = -1/2$ saranno $\pi + \pi/6$ e $2\pi - \pi/6$. Questo lo vediamo molto bene anche nel grafico della funzione seno, tirando una riga all'altezza di $y = -1/2$.
Risposta corretta E.

15. Sviluppiamo il quadrato del binomio e otteniamo: $\sin^2\alpha + \cos^2\alpha + 2\sin\alpha\cos\alpha - 1 = K$.
Applichiamo la legge fondamentale della goniometria e otteniamo: $1 + 2\sin\alpha\cos\alpha - 1 = K$.
La formula di duplicazione ci dice che $\sin 2\alpha = 2\sin\alpha\cos\alpha$. Quindi la $K = \sin 2\alpha$. Sappiamo infine che la funzione seno è una dispari. Quindi $K = -\sin(-2\alpha)$.
Risposta corretta B.

16. In questo esercizio dobbiamo usare il teorema dei seni, il quale afferma che $\text{sen}\alpha/a = \text{sen}\beta/b = \text{sen}\gamma/c$.
Poiché la somma degli angoli interni di un triangolo è uguale a 180°, possiamo ricavare α e γ facendo $\frac{(180° - 120°)}{2} = 30°$. A questo punto sapendo che a = c possiamo impostare l'equazione $\frac{sen30}{a} = \frac{sen120}{b}$. Di questa equazione l'unica incognita è il lato a, quindi possiamo risolvere l'equazione $a = \frac{sen30 \cdot b}{sen120} = \frac{1}{2} \cdot 10 \cdot \frac{2}{\sqrt{3}} = \frac{10}{\sqrt{3}}$.
A questo punto dobbiamo solo sommare i lati: $2p = a + b + c = \frac{10}{\sqrt{3}} + \frac{10}{\sqrt{3}} + 10 = \frac{20 + 10\sqrt{3}}{\sqrt{3}}$.
Risposta corretta A.

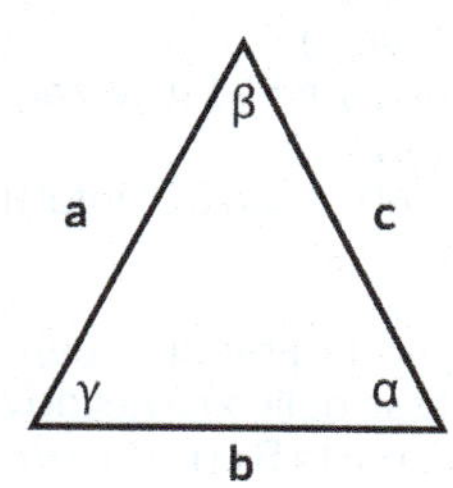

7. Probabilità e calcolo combinatorio

1. Marco ha vinto 3 coppe in tre tornei di tennis: una d'oro, una d'argento ed una di bronzo ed ora deve decidere come disporle sulla sua scrivania. In quanti modi diversi le tre coppe possono essere disposte?

A. 9
B. 6
C. 3
D. 1
E. 5

2. Quanti sono i possibili anagrammi della parola "Anagramma"?

A. 7560
B. 11 845
C. 10 645
D. 9745
E. 10 845

3. All'ultima conferenza mondiale della sanità presieduta da Testbusters si propongono di partecipare i 15 rettori delle maggiori università italiane ma i posti loro riservati sono solo 5. In quanti modi diversi questi 5 posti potranno essere occupati?

A. $1,3 \cdot 10^{12}$
B. 3003
C. 360360
D. 32760
E. Nessuno dei valori precedent

4. Avendo a disposizione 7 lettere dell'alfabeto (tutte diverse), il numero di parole con 4 lettere che si possono formare potendo ripetere 2 o 3 o 4 volte la stessa lettera è:

A. 4^4
B. 4^7
C. 7^4
D. 7^7
E. 49

5. Paolo e Francesca stanno giocando a scopa con un mazzo da 52 carte, Francesca riceve 3 carte, in quanti modi può riceverle?

A. 11 200
B. 11 000
C. 22 000
D. 22 100
E. 1

6. Qual è la probabilità che estraendo a caso una carta da un mazzo di 52 esca un fante, una donna o un re?

A. 13/3
B. 3
C. 13
D. 3
E. 3/13

7. Marina e Margherita per ingannare il tempo tra due lezioni decidono di giocare a Uno, il mazzo è composto da 19 carte di colore Rosso che vanno dall' 1 al 9 (2 serie) più uno 0; 19 carte di colore Blu che vanno dall' 1 al 9 (2 serie) più uno 0; 19 carte di colore Giallo che vanno dall' 1 al 9 (2 serie) più uno 0; 19 carte di colore Verde che vanno dall' 1 al 9 (2 serie) più uno 0; 8 carte "Pesca Due" dei vari colori sopracitati; 8 carte "Inverti o Cambio giro" dei vari colori sopracitati; 8 carte "Salta o Stop" dei vari colori sopracitati; 4 carte Jolly o "Cambio colore"; 4 carte Jolly "Pesca Quattro".
Per un totale di 108 carte, Marina sta distribuendo le carte: qual è la probabilità che la prima carta data a Margherita sia un 5 o una carta blu?

A. 33/108
B. 25/108
C. 34/108
D. 31/108
E. 21/108

8. La probabilità che lanciando 4 volte una moneta non truccata esca sempre testa è:

A. 1/16
B. 1/4
C. 1/8
D. 3/16
E. 15/16

9. Alla scuola media G. Fragio di Rozzano si sta svolgendo la prima campestre in onore del magnanimo fondatore della scuola, alla corsa partecipano 11 maschi e 7 femmine, qual è la probabilità che al primo e secondo posto arrivino due femmine ed al terzo un maschio?

A. 321/2448
B. 642/4896
C. 462/4796
D. 231/2448
E. Nessuna delle precedenti

10. Una colonia batterica raddoppia ogni giorno la superficie occupata e in trenta

M&F

giorni occupa tutto lo spazio a disposizione. Approssimativamente quanti giorni ha impiegato per occuparne il 25%?

A. 28
B. 8
C. 15
D. 21
E. 25

11. Lautaro ha la probabilità del 40% di fare un goal dall'area di rigore, mentre Candreva ha la probabilità del 20%. È più probabile che Lautaro faccia un goal o che Candreva segni almeno una volta su quattro tiri? Quanto vale quest'ultima probabilità?

A. Lautaro - 0,4
B. Candreva - 0,4
C. Lautaro - 0,5
D. Candreva - 0,6
E. Candreva - 1

12. Margherita fa dei piani per il weekend guardando il meteo. Decide che se sabato c'è il sole, andrà al lago, mentre se piove andrà a una festa. Se domenica piove lavorerà, mentre se ci sarà il sole andrà a Bologna. Consideriamo che in generale la probabilità che ci sia il sole è 1/3 e quella che piova è 1/4; in più c'è un 50% di possibilità che la festa venga disdetta. Qual è la probabilità che Margherita vada al lago e poi a bologna e quella che vada alla festa e poi lavori?

A. 1/9 ; 1/32
B. 2/3 ; 3/8
C. 2/3 ; 1
D. 1/9 ; 3/8
E. 1/12 ; 1/8

13. Pierino nella sua azienda deve mettere delle etichette sui pacchi da spedire; ogni etichetta deve avere un codice di 10 cifre/ lettere. Pierino nel codice può inserire le lettere dell'alfabeto italiano fino alla M e i numeri dispari. Quanti possibili codici potrà creare Pierino?

A. 16! 10!
B. 16^{10}
C. 16! 6!
D. 10!
E. 16!

14. Luisa ha appena cambiato casa e nella camera del figlio piccolo ha deciso di dipingere ogni parete di un colore diverso (ci sono 4 pareti). Considerando che decide di usare i colori che ha già acquistato per le altre stanze della casa, Luisa ha a disposizione 7 colori. Calcola tutti i possibili abbinamenti di colori che potrebbe ottenere Luisa nella nuova stanza.

A. 210
B. 7^4
C. $7 \cdot 6 \cdot 5 \cdot 4$
D. 35
E. 30

15. La probabilità che il metadone, un farmaco usato contro la dipendenza da morfina, abbia effetto e che il paziente guarisca è del 90% mentre la probabilità che abbia effetti collaterali è del 20%. Qual è la probabilità che in un gruppo di 4 persone nessuno guarisca né abbia effetti collaterali?

A. $(1/10)^4$
B. $(4/5)^4$
C. $(2/25)^4$
D. 2/25
E. $(1/25)^4$

CORREZIONE COMMENTATA

1. L'esercizio è da risolvere con l'applicazione di una semplice permutazione in quanto gli elementi proposti sono tutti diversi e non possono ripetersi quindi: n! = 3! = 6.
Risposta corretta B.

2. Quando viene chiesto l'anagramma di una parola la prima cosa che dobbiamo da fare è vedere se la parola in questione presenta lettere uguali, in questo caso si tratta di permutazioni con ripetizione risolvibili quindi n!/k!, in cui n è il numero totale delle lettere e k le ripetizioni delle lettere (a ripetuta 4 volte e m ripetuta 2 volte) quindi: 9!/(4! · 2!) = 7560.
Risposta corretta A.

3. Bisogna contare il numero di raggruppamenti formati da 5 rettori estratti a partire da un insieme di 15; per fare ciò dobbiamo utilizzare la formula risolutiva delle combinazioni semplici, perché l'ordine non conta: n!/k!(n - k)! = 15!/5!10! = 3003.
Risposta corretta B.

4. L'informazione fondamentale che ci permette di risolvere l'esercizio è il fatto che le lettere scelte per comporre la parola possono anche ripetersi; utilizziamo quindi le disposizioni con ripetizione poiché l'ordine conta: $n^k = 74$.
Risposta corretta C.

5. Dato che vengono fornite 52 carte da disporre in gruppi di 3, senza che esse si possano ripetere all'interno di uno stesso gruppo, per risolvere l'esercizio utilizziamo la formula delle combinazioni semplici: $\frac{n!}{k!(n-k)!} \rightarrow \frac{52!}{3!49!} = \frac{52 \cdot 51 \cdot 50 \cdot 49!}{3! \cdot 49!} = 22100.$
Risposta corretta D.

6. L'esercizio propone tre eventi incompatibili poiché è impossibile che estraendo una carta dal mazzo escano contemporaneamente un fante, una donna ed un re. È necessario quindi trovare le singole probabilità: P(fante) = 4/52, P(donna) = 4/52 e P(re) = 4/52 e sommarle: P(tot) = 4/52 + 4/52 + 4/52 = 3/13.
Risposta corretta E.

7. Il quesito ci propone un caso di eventi compatibili risolvibile usando: $P_t = P_{E1} + P_{E2} - P_{E1,2}$, dobbiamo quindi sommare le probabilità dei singoli eventi e sottrarre quella dei due eventi correlati. La probabilità di ottenere un 5 è 8/108, la probabilità di ottenere una carta blu è 25/108, mentre la probabilità di ottenere un 5 blu è 2/108 quindi P_t = 8/108 + 25/108 – 2/108 = 31/108.
Risposta corretta D.

8. L'esercizio si basa sul fatto che ogni lancio di moneta è indipendente dagli altri, perciò: P(4 teste) = 1/2 · 1/2 · 1/2 · 1/2 = 1/24 = 1/16.
Risposta corretta A.

9. Gli eventi proposti dall'esercizio sono dipendenti, infatti se al primo posto del podio della campestre troviamo una ragazza (P = 7/18), la probabilità che ve ne sia una anche al secondo posto risulta diversa dalla precedente (P = 6/17); perciò P(tot) = 7/18 · 6/17 · 11/16 = 231/2448.
Risposta corretta D.

10. L'esercizio proposto si basa sulla pura logica matematica: se il batterio ogni giorno si raddoppia significa che il giorno precedente era la metà di sé stesso. L'esercizio chiede quando il batterio avrà occupato il 25%: facendo un ragionamento a ritroso possiamo quindi dire che se al 30° giorno la colonia batterica occupava il 100% dello spazio a disposizione, il 29° giorno ne avrà occupato il 50% e quindi il 28° giorno il 25%.
Risposta corretta A.

M&F

11. La probabilità che Lautaro faccia un goal, in generale, ci viene data dal testo ed è pari a 0,4. Invece la probabilità che Candreva segni almeno una volta su 4 tiri è pari a 1 meno la probabilità che non segni in nessun tiro. La probabilità di non segnare è pari a 1-0,2=0,8 quindi la probabilità di non segnare in nessuno dei quattro tiri è pari a 1 - (0,8 · 08 · 0,8 · 0,8) = 1 - 0,4 ≈ 0,6.
Risposta corretta D.

12. Margherita andrà al lago se c'è il sole sabato e a Bologna se c'è il sole domenica, ergo dobbiamo moltiplicare la probabilità che ci sia il sole sabato e domenica: 1/3 · 1/3 = 1/9. Al contrario, Margherita va alla festa se sabato piove (1/4), però c'è 1/2 di probabilità che la festa ci sia effettivamente, ergo la probabilità complessiva che vada alla festa è 1/4 · 1/2 . In più sappiamo che domenica lavorerà se piove (1/4 di probabilità). in conclusione, la probabilità complessiva che Margherita vada alla festa e poi lavori è 1/4 · 1/2 · 1/4 = 1/32.
Risposta corretta A.

13. Pierino ha a disposizione 11 lettere e 5 numeri, quindi n = 16. I codici che deve creare sono a 10 cifre/lettere, quindi K = 10. In questo caso bisogna utilizzare la formula delle disposizioni con ripetizione n^k, in quanto le lettere e i numeri possono ripetersi. Facendo il calcolo viene 16^{10}.
Risposta corretta B.

14. Dobbiamo calcolare il numero di abbinamenti possibili che Luisa può ottenere nella sua nuova stanza; le pareti da dipingere sono 4 (k = 4) mentre i colori che ha a disposizione sono 7 (n = 7). Dal momento che ci chiede gli abbinamenti possibili non importa l'ordine in cui verranno dipinte, quindi dobbiamo utilizzare le combinazioni semplici.

$$\frac{n!}{k!(n-k)!} = \frac{7!}{4!3!} = 35.$$

Risposta corretta D.

15. La probabilità che in un gruppo di 4 persone nessuno guarisca è pari a (p di non guarire)^4 = (1 - p di guarire)^4 = (1 - 9/10)^4 = (1/10)^4. Invece la probabilità che nessuno abbia effetti collaterali è pari a (p di non avere effetti collaterali)^4 = (1 - p di avere effetti collaterali)^4 = (1 - 2/10)^4 = (4/5)^4. A questo punto visto che i due eventi devono avvenire assieme moltiplichiamo le due probabilità tra loro e otteniamo: p = (1/10)^4 · (4/5)^4 = (4/50)^4 = (2/25)^4.
Risposta corretta C.

FISICA

Come diventare lo Sheldon Cooper della fisica da test in poche semplici mosse.

Come affrontare la fisica da test che si presenta nel formato "esercizio da risolvere attraverso l'applicazione di formule".

1. Prima di tutto, quando ci troviamo davanti ad un esercizio, dobbiamo saper individuare il **macro-argomento** a cui esso appartiene.
Esempio: cinematica, moto rettilineo uniformemente accelerato

2. Per ogni macro-argomento dobbiamo ricordare immediatamente il gruppo di **formule** ad esso correlate. Si può dunque giocare di strategia e considerare il fatto che gli artefici del test peschino sempre dallo stesso bacino le formule necessarie a svolgere la maggior parte dei quesiti. Non è quindi strettamente necessario comprendere fino in fondo anche quel fenomeno fisico che ci risulta particolarmente ostico e non vuole concedersi in nessuna maniera, se possiamo contare sulla nostra conoscenza del bacino di formule sovra citato.

Esempio: formule del moto uniformemente accelerato:

- $S = So + Vot + ½\, a\, t^2$
- $2a\Delta s = V_f^2 - Vo^2$
- $v_f = v_i + at$
- $a = v/t$

3. Successivamente, dobbiamo sempre evidenziare i **dati** presenti nel testo e la **richiesta** finale dell'esercizio. Nonostante sembri scontato, proprio perché il numero di formule è abbastanza esiguo all'interno del singolo macro-argomento, i dati sono il punto di partenza da usare saggiamente per velocizzare la risoluzione e non perdere tempo in strategie inconcludenti.

Esempio:

- Dati: Vo = 0, Vf = 10m/s, S = 15m
- Richiesta: accelerazione

Alcuni dati possono esser posti come **distrattori**, la stesura preliminare delle formule potenzialmente utili aiuta anche a discriminare i dati importanti da quelli falsi.

4. Il passo successivo è **confrontare** i dati con le formule del bacino individuato. Si può quindi procedere passaggio per passaggio con le formule che ci permettono di individuare le incognite dell'esercizio fino all'individuazione della richiesta.

Esempio: Non ho il tempo nei dati, quindi la formula utile in questo caso è $2a\Delta s = V_f^2 - Vo^2$.

M&F

0. Unità di misura e vettori

1. Il supercomputer di Testino esegue circa 60 milioni di operazioni al secondo, con quale ordine di grandezza si può arrotondare per eccesso il numero di operazioni che svolge in 2 ore?

A. 108
B. 109
C. 1010
D. 1011
E. 1012

2. Quale delle seguenti grandezze è vettoriale?

A. Energia cinetica
B. Massa
C. Lavoro
D. Temperatura
E. Nessuna delle precedenti

3. Quale delle seguenti affermazioni è corretta?

A. Secondo il S.I., il calore si misura in calorie
B. La potenza è una grandezza scalare
C. 1 μm = 10 - 12 m
D. L'intensità luminosa si misura in Ampere
E. Nessuna delle precedenti

4. Quale dei seguenti campi di forze NON è conservativo?

A. Gravitazionale
B. Elettrostatico
C. Magnetico
D. Campo generato da una forza costante
E. Nessuna delle precedenti

5. Quanti ordini di grandezza di differenza ci sono tra i femto e i tera?

A. 1027
B. 1030
C. 10-27
D. 27
E. 30

6. Una velocità di 180 m/s equivale a:

A. 6,48 km/h
B. 500 km/h
C. 64,8 km/h
D. 50 km/s
E. 648 km/h

7. La massa di un corpo:

A. Varia con l'accelerazione a cui è soggetto
B. Varia con la sua posizione sul globo terreste
C. Non varia mai
D. Varia se il corpo viene spostato dalla Terra al a Luna
E. Varia se varia la densità del corpo

8. Quale delle seguenti NON è un'unità di misura dell'energia?

A. Joule
B. Elettronvolt
C. Caloria
D. Ohm
E. Chilowattora

9. Di recente è stato scoperto il Matildone Paravanone, un batterio minuscolo che alberga nelle cortecce delle betulle e ne conferisce il colore bianco. Questo batterio è grande 60 fm (femtometri); quanto equivale la sua grandezza in metri?

A. $60 \cdot 10^{-13}$
B. $6 \cdot 10^{-9}$
C. $6 \cdot 10^{-15}$
D. $60 \cdot 10^{-14}$
E. $6 \cdot 10^{-14}$

10. Indicare quali delle seguenti relazioni tra grandezze fisiche è corretta:

A. Lavoro/spostamento = forza
B. Massa · velocità = forza
C. Massa · spostamento = forza
D. Potenza · velocità = forza
E. Massa/velocità = forza

11. Quale delle seguenti unità di misura NON si riferisce a una pressione?

A. Torr
B. Bar
C. Pascal
D. mmHg
E. Kg/m^3

12. Nel Sistema Internazionale l'unità di misura della pressione è il Pascal. A quanto corrisponde 1 Pa?

A. 1 N/m
B. 1 atm
C. 760 mmHg
D. 7,5 Torr
E. $1\ N/m^2$

M&F

13. Quale delle seguenti grandezze si può misurare in m^3/kg?

A. Energia cinetica
B. Volume specifico
C. Densità
D. Accelerazione
E. Pressione

14. Quale delle seguenti NON è una unità di misura del lavoro?

A. Watt · secondo
B. Newton · metro
C. Joule
D. Erg
E. Joule/secondo

15. Trovare tra le seguenti l'associazione corretta sulle grandezze fisiche:

A. Grandezze scalari: massa, pressione, velocità
B. Grandezze vettoriali: accelerazione, massa
C. Grandezza scalari: massa, temperatura, campo gravitazionale
D. Grandezze scalari: massa, pressione, accelerazione
E. Grandezze vettoriali: accelerazione, velocità, campo gravitazionale

CORREZIONE COMMENTATA

1. 60 milioni di operazioni equivalgono a $60 \cdot 10^6$, se li moltiplichiamo per 7200 (2 ore espresse in secondi) otteniamo $6 \cdot 10^7 \cdot 7{,}2 \cdot 10^3 = 42 \cdot 10^{10}$ ancora riducibile a $4{,}2 \cdot 10^{11}$. Dal momento che il testo ci chiede di arrotondare per eccesso la potenza di 10 più vicina è 12.
Risposta corretta E.

2. Una grandezza vettoriale è una grandezza descritta da un vettore di cui si possono distinguere intensità, direzione e verso. Nessuna delle grandezze proposte risponde ai seguenti parametri, infatti sono tutte grandezze scalari, caratterizzate solo dall'intensità.
Risposta corretta E.

3. Si analizzi opzione per opzione. Secondo il S.I., il calore si misura in Joule (risposta A errata). La potenza è effettivamente una grandezza scalare, infatti viene definita solo con il modulo, non ha verso e direzione (risposta B corretta). Inoltre, 1 μm = 10^{-6} m (risposta C errata). L'intensità luminosa si misura in candele (risposta D errata).
Risposta corretta B.

4. Un campo si dice conservativo quando il lavoro svolto dalla forza generante il campo per spostare una particella lungo un percorso chiuso è uguale a 0. Il campo gravitazionale (risposta A) ed elettrostatico (risposta B) sono conservativi, mentre il campo magnetico (risposta C) non lo è. Il campo generato da una forza costante (risposta D) può essere o meno conservativo in base al fatto che la forza sia conservativa o meno (costante è diverso da conservativo).
Risposta corretta C. (Vedi capitolo 6 Elettrostatica).

5. Si tratta di una domanda teorica in cui bisogna conoscere multipli e sottomultipli e ricordare che un ordine di grandezza equivale a 10, quindi per esempio tre ordini di grandezza sono uguali a 10^3. Sapendo che i femto sono 10^{-15} e i tera sono 10^{12} tra i due c'è una differenza di 27 ordini di grandezza.
Risposta corretta D.

Valore	Potenza di 10	Prefisso	Simbolo
1.000.000.000.000.000.000	10^{18}	Exa	E
1.000.000.000.000.000	10^{15}	Peta	P
1.000.000.000.000	10^{12}	Tera	T
1.000.000.000	10^{9}	Giga	G
1.000.000	10^{6}	Mega	M
1.000	10^{3}	Chilo	k
100	10^{2}	Etto	h
10	10	Deca	da
0,1	10^{-1}	Deci	d
0,01	10^{-2}	Centi	c
0,001	10^{-3}	Milli	m
0,000001	10^{-6}	Micro	μ
0,000000001	10^{-9}	Nano	n
0,000000000001	10^{-12}	Pico	p
0,000000000000001	10^{-15}	Femto	f
0,000000000000000001	10^{-18}	Atto	a

M&F

6. Per trasformare i m/s in km/h moltiplichiamo la velocità in m/s per 3,6 : 180 · 3,6 = 648 km/h. Ricorda: i km/h sono più grandi dei m/s, quindi dobbiamo MOLTIPLICARE per 3,6.
Risposta corretta E.

7. La massa di un corpo è un'invariante, cioè una grandezza che non varia in seguito a trasformazioni del sistema in cui si trova. Dunque, non varierà con l'accelerazione (risposta A errata), con la posizione sul globo terrestre (risposta B errata), sulla Luna (risposta D errata) o con la densità (risposta E errata).
Risposta corretta C.

8. Il Joule (risposta A) è l'unità di misura dell'energia nel S.I. e 4,186 Joule corrispondono a 1 caloria (risposta C). L'elettronvolt (risposta B) è un'unità di misura dell'energia che si usa solitamente in elettrostatica e 1 eV corrisponde a $1{,}6 \cdot 10^{-19}$ J. Il chilowattora (risposta E) è un'unità di misura dell'energia, in particolare un wattora è definite come l'energia fornita con una Potenza di 1 W mantenuta per 1 ora. Invece l'Ohm (risposta D) è l'unità di misura della resistenza elettrica.
Risposta corretta D.

9. Esercizio abbastanza semplice da risolvere se si conoscono bene gli ordini di grandezza, in particolare, 1 fm (femtometro) equivale a 10^{-15} m. Quindi a 60 fm equivarranno $60 \cdot 10^{-15} = 6 \cdot 10^{-14}$.
Risposta corretta E.

10. La forza è definita come massa per accelerazione (opzioni B, C e E errate), oppure si può calcolare come rapporto tra potenza e velocità (opzione D errata) o come rapporto tra lavoro e spostamento ($L = F \cdot s$).
Risposta corretta A.

11. Pascal, Torr, Bar e mmHg sono tutte unità di misura della pressione (insieme all'atmosfera atm). Invece i Kg/m^3 sono l'unità di misura della densità.
Risposta corretta E.

12. 1 Pascal equivale a 1 N/m^2. Inoltre:
- 1 atm = 1 bar = 760 mmHg = 10^5 Pa
- 1 Torr = 1 mmHg = 133 Pa

Risposta corretta E.

13. L'energia cinetica (risposta A) si misura in Joule ($kg \cdot m^2/s^2$), la densità (risposta C) in kg/m^3, l'accelerazione (risposta D) in m/s^2 e la pressione (risposta E) in kg/ms^2. Il volume specifico (risposta B) è definito come il rapporto tra volume e massa di un corpo e dunque si misura in m^3/kg.
Risposta corretta B.

14. Il lavoro è un'energia e quindi si misura in Joule (risposta C). L'erg è un'altra unità di misura dell'energia nel sistema di misura cgs. W · s (risposta A) e N · m (risposta B) sono altre unità di misura del lavoro ricavate rispettivamente dalla formula della potenza ($P = L/\Delta t$) e dalla definizione di lavoro ($L = F \cdot \Delta s$). Invece J/s (risposta E) non è un'unità di misura del lavoro ma corrisponde ai Watt.
Risposta corretta E.

15. Le grandezze scalari sono quelle definibili con numeri reali, caratterizzate da un'intensità mentre quelle vettoriali sono quelle definibili con un vettore, caratterizzate da intensità, direzione e verso. Massa, pressione e temperatura sono grandezze scalari mentre accelerazione, velocità e campo gravitazionale sono grandezze vettoriali.
Risposta corretta E.

1. Cinematica

1. In un moto uniformemente accelerato:
- A. L'accelerazione è una funzione lineare del tempo
- B. L'accelerazione è nulla
- C. La velocità è una funzione lineare del tempo
- D. Il corpo che si muove ha densità uniforme
- E. La velocità è costante

2. L'accelerazione centripeta è:
- A. Posseduta da un corpo in moto rettilineo uniforme
- B. Subita da un astronauta in fase di lancio di un razzo
- C. Subita da un corpo in moto armonico
- D. La componente radiale dell'accelerazione
- E. La forza centrifuga

3. Un uomo lascia cadere verticalmente una palla facendola partire da ferma da una torre alta 20 m. Quale sarà la velocità della palla subito prima di toccare il suolo?
- A. 20 m/s
- B. 40 m/s
- C. 0 m/s
- D. 15 m/s
- E. 400 m/s

4. Un corpo di massa M si muove su un piano orizzontale con velocità V. Ad un certo punto A della sua traiettoria incomincia a sentire l'effetto di una forza d'attrito di modulo costante nel tempo e per tutto il resto della traiettoria del corpo, il quale si ferma dopo un intervallo di tempo ΔT. Quanto vale il modulo della forza d'attrito?
- A. $F = MV^2 \Delta T/2$
- B. $F = V/\Delta T$
- C. $F = MV/\Delta T$
- D. $F = 2 \Delta T/MV$
- E. $F = MV \Delta T$

5. Una pietra è lanciata verso l'alto; nel punto più alto raggiunto da essa:
- A. La velocità è massima
- B. La velocità è minima
- C. L'accelerazione è massima
- D. L'accelerazione è nulla
- E. L'accelerazione di gravità è nulla

6. In quali dei seguenti moti l'accelerazione centripeta è nulla?
- A. Moto rettilineo uniformemente accelerato
- B. Moto circolare uniforme
- C. Moto circolare accelerato
- D. Moto su un'orbita
- E. Nessuna delle precedenti

7. Nel moto di caduta naturale di un grave sulla Terra:
- A. L'accelerazione cresce rapidamente
- B. La velocità è funzione crescente del tempo
- C. La velocità è funzione inversa del tempo
- D. Si trascura sempre l'attrito dell'aria
- E. L'energia potenziale è costante

8. Un'auto viaggia a 120 km/h. Quanti metri percorre in un secondo?
- A. 12 m
- B. 120 m
- C. 0,12 m
- D. 3,3 m
- E. 33 m

9. Un pendolo impiega 2 secondi per fare un'oscillazione completa. Sapendo che il periodo è uguale a $2\pi \cdot \sqrt{(l/g)}$, dove l è la lunghezza del pendolo e g l'accelerazione di gravità, quale sarà il periodo se la lunghezza viene quadruplicata?
- A. 0,5 s
- B. 1 s
- C. 2 s
- D. 4 s
- E. 8 s

10. Un'automobile percorre una curva di raggio 20 m con una velocità scalare costante di 40 km/h. L'accelerazione dell'automobile è:
- A. Uguale a zero
- B. Tangente alla curva
- C. Diretta come il raggio e rivolta verso l'interno della curva
- D. Diretta come il raggio e rivolta verso l'esterno della curva
- E. Nessuna delle precedenti

11. Un pendolo semplice oscilla con frequenza f = 0,5 Hz. Quanto misura la lunghezza del filo del pendolo?

A. $10\,\pi$
B. $10/\pi$
C. $5/8\,\pi^2$
D. $\sqrt{10}/\pi$
E. $10/\pi^2$

12. Quale delle seguenti affermazioni sulla cinematica è corretta?

A. Il grafico spazio-tempo del moto uniformemente accelerato rappresenta una parabola
B. Il grafico spazio-tempo del moto rettilineo uniforme rappresenta una parabola
C. Il grafico velocità-tempo del moto rettilineo uniforme rappresenta una retta del tipo y = kx con k diverso da 0
D. Il grafico accelerazione-tempo del moto uniformemente accelerato rappresenta una parabola
E. Il grafico velocità tempo del moto uniformemente accelerato rappresenta una parabola

13. Un'auto percorre 200 km in 120 minuti, poi si ferma in una piazzola di sosta per 60 minuti, e infine riparte con una velocità media di 80 km/h fino a raggiungere la sua destinazione dopo 1 ora.
Qual è la differenza tra la media delle velocità e la velocità media lungo tutto il viaggio?

A. 20 km/h
B. 40 km/h
C. 90 km/h
D. 70 km/h
E. 0 km/h

14. Nello stesso istante un treno A parte da Milano diretto a Firenze con una velocità costante v_A = 120 km/h e un treno B parte da Firenze diretto a Milano con v_B = 60 km/h.
Se la distanza tra le due città è di 300 km, a quale distanza da Firenze i due treni si incontreranno?

A. 200 km
B. 300 km
C. 50 km
D. Non si incontreranno mai
E. 100 km

15. Luciana ha appena fatto partire la lavatrice quando sente un forte rumore provenire da questa; preoccupata che la lavatrice si sia danneggiata Luciana chiama subito un tecnico il quale, dopo averla aperta e controllata, nota che si è staccato un pezzo di ferro dal cestello. Considerando che la lavatrice ha un raggio di 50 cm, compie 200 giri al minuto e gira in senso orario, quale saranno state velocità, verso e direzione del pezzetto di ferro subito dopo la rottura?

A, v = 10 m/s; direzione parallela alla circonferenza; verso uguale a quello di rotazione
B. v = 3,3 m/s; direzione perpendicolare alla circonferenza; verso opposto a quello di rotazione
C. v = 10 m/s; direzione perpendicolare alla circonferenza; verso opposto a quello di rotazione
D. v = 10 m/s; direzione tangente alla circonferenza; verso uguale a quello di rotazione
E. v= 3,3 m/s; direzione tangente alla circonferenza; verso uguale a quello di rotazione

16. Durante una partita dell'NBA Michael Jordan lancia una palla verticalmente verso l'alto partendo da un'altezza di 1 m e con velocità iniziale di 10 m/s. Riuscirà a sorpassare il canestro posto a 3 m da terra? E se sì di quanto lo supererà? (g = 10 m/s^2)

A. Sì - 3 m
B. No
C. Sì - 1 m
D. Sì - 2 m
E. Sì - 5 m

CORREZIONE COMMENTATA

1. Nel moto uniformemente accelerato l'accelerazione è costante e diversa da zero (risposte A e B errate), dunque la velocità non è costante (risposta E errata). Non è detto che il corpo che si muove abbia densità uniforme (risposta D errata) ma è vero che la velocità è una funzione lineare del tempo essendo a = v/t = costante. Ciò si può dimostrare anche attraverso la rappresentazione grafica (con v sull'asse y e t sull'asse x) che consisterà in una retta con coefficiente angolare uguale all'accelerazione.
Risposta corretta C.

2. L'accelerazione centripeta è per definizione la componente radiale dell'accelerazione, ovvero è diretta verso il centro della circonferenza ed è normale alla traiettoria punto per punto (opzione D). Non è posseduta da un corpo in moto rettilineo uniforme in cui a = 0 (risposta A errata), né da un astronauta in fase di lancio di un razzo (risposta B errata) o da un corpo animato di corpo armonico (risposta C errata) perché non possiedono traiettorie circolari. Infine, non corrisponde a una forza (risposta E errata).
Risposta corretta D.

3. Durante la caduta la palla è soggetta all'accelerazione di gravità g e si muove con un moto uniformemente accelerato, raggiungendo la velocità massima subito prima di toccare il suolo. Conosciamo l'altezza percorsa dalla palla (20 m), la velocità iniziale (0 m/s, infatti la palla parte da ferma) e l'accelerazione (g = 10 m/s^2) mentre non conosciamo il tempo impiegato, e dobbiamo trovare la velocità finale. Quindi possiamo utilizzare la formula senza il tempo del moto del proiettile: $v^2 = v_0^2 + 2a\Delta s$ e sostituendo $v_0 = 0$, a = g e Δs = 20 m possiamo calcolare la velocità finale $v^2 = 2 \cdot 10 \cdot 20 = 400$ da cui v = 20 m/s.
Risposta corretta A.

4. La forza di attrito (per la definizione di forza) è uguale al prodotto M · a dove M è la massa del corpo e a è la sua decelerazione, causata appunto dalla forza di attrito. La decelerazione può essere calcolata come $a = V/\Delta T$, dunque $F = M \cdot a = (M \cdot V)/\Delta T$.
Risposta corretta C. (Vedi capitolo 2 Dinamica).

5. Una pietra lanciata verso l'alto segue un moto uniformemente accelerato in cui l'accelerazione sarà quella di gravità con modulo costante g e rivolta verso il basso (risposte C, D e E errate). Mentre sale la pietra sarà decelerata da g fino a raggiungere la velocità minima nel punto più alto della traiettoria; in seguito la pietra scenderà verso il basso (risposta B corretta) e sarà accelerata da g fino a raggiungere la velocità massima prima di toccare il suolo (risposta A errata).
Risposta corretta B.

6. L'accelerazione centripeta è presente nel moto circolare uniforme, nel moto circolare accelerato, nel moto parabolico e nel moto su un'orbita ellissoidale, e ha il compito di variare la direzione o il verso della velocità tangenziale (risposte B, C, D errate). Invece è assente nel moto rettilineo uniformemente accelerato, in cui direzione e verso della velocità non variano.
Risposta corretta A.

7. Nella caduta naturale di un grave esso è soggetto all'accelerazione di gravità g, dunque segue un moto uniformemente accelerato (risposta A errata). All'aumentare del tempo, la velocità aumenta fino ad assumere valore massimo a terra (risposta C errata). L'attrito dell'aria non viene sempre trascurato (risposta D errata) e l'energia potenziale non rimane costante ma diminuisce poiché diminuisce l'altezza rispetto al terreno, mentre aumenta l'energia cinetica poiché aumenta la velocità (risposta E errata).
Risposta corretta B. (Vedi capitolo 3 Lavoro e potenza).

8. Per prima cosa dobbiamo trasformare la velocità da km/h a m/s; poiché 1 km = 1000 m e 1 h = 3600 s, per passare dai km/h ai m/s basta dividere per 3,6: 120 km/h = 33 m/s. Dunque, in 1 s l'auto percorre 33 m.
Risposta corretta E.

M&F

9. Il pendolo è formato da un filo inestensibile di lunghezza costante l e da una massa puntiforme m ad esso legato. Negli esercizi sul pendolo è importante conoscere solo una formula fondamentale, quella del periodo, ovvero il tempo impiegato dal pendolo per passare da un estremo all'altro: $T = 2\pi\sqrt{(l/g)}$. In questo caso sappiamo che inizialmente $T_1 = 2\pi\sqrt{(l_1/g)}$ e il testo chiede quale sia il periodo nel caso in cui $l_2 = 4l_1$, quindi dobbiamo sostituire la nuova lunghezza del filo (l_2) nella formula precedente, ottenendo: $T_2 = 2\pi\sqrt{(4l_1/g)} = 2 \cdot 2\pi\sqrt{(l_1/g)} = 2T_1 = 4s$.
Risposta corretta D.

10. L'automobile percorre una traiettoria curvilinea a velocità scalare costante, quindi è soggetta a un'accelerazione centripeta diversa da zero (risposta A errata), diretta come il raggio e rivolta verso l'interno della curva (risposta C corretta, risposta D errata), che modificherà direzione e verso della velocità tangenziale. L'automobile, viaggiando a velocità circolare uniforme, e non uniformemente accelerata, non è soggetta ad un'ulteriore accelerazione.
Risposta corretta C.

11. Il periodo del pendolo (vedi correzione commentata esercizio 9) è uguale a $T = 1/f = 2$ s.
Possiamo usare la formula inversa a partire da $T = 2\pi\sqrt{(l/g)}$ ottenendo $l = g \cdot (T/2\pi)^2$; sostituendo $T = 2$ s e $g = 10\ m/s^2$ otteniamo $l = 10/\pi^2$.
Risposta corretta E.

12. Nel moto rettilineo uniforme la velocità è costante e l'accelerazione è nulla, il grafico spazio-tempo rappresenta una retta del tipo $y = kx$ (risposta B errata) mentre il grafico velocità tempo rappresenta una retta parallela all'asse delle x (risposta C errata). Invece nel moto uniformemente accelerato l'accelerazione è costante, la velocità varia nel tempo e la traiettoria è una parabola, quindi il grafico spazio-tempo rappresenta una parabola (risposta A corretta), il grafico velocità-tempo una retta del tipo $y = kx$ (risposta E errata) e il grafico accelerazione-tempo una retta parallela all'asse delle x (risposta D errata).
Risposta corretta A.

13. ATTENZIONE! La velocità media e la media delle velocità sono due cose diverse! Prima di tutto bisogna calcolare i dati mancanti.
Nel primo tragitto l'auto percorre $s_1 = 200$ km in $t_1 = 120$ minuti = 2 ore, con una velocità media $v = s/t = 200$ km/2 h = 100 km/h. La velocità non è costante, perché l'auto si ferma; ma per l'esercizio non ci interessa sapere la sua accelerazione o come distribuisce la velocità per fermarsi o ripartire, bensì solo la velocità che mantiene durante i tre momenti del percorso. In seguito, l'auto rimane ferma per un'ora (v = 0 km/h). Infine, percorre uno spazio s_2 a velocità media $v_2 = 80$ km/h in $t_2 = 1$ h, dunque $s_2 = v \cdot t = 80$ km.
Calcoliamo la velocità media come il rapporto tra spazio totale percorso e tempo impiegato a percorrerlo: $v_m = \Delta s/\Delta t = (200 + 0 + 80)$ km/4 h= 70 km/h. Invece la media delle velocità la calcoliamo come: $v = (v_1 + v_2)/2 = 90$ km/h. Dunque, la differenza tra i due valori è 20 km/h.
Risposta corretta A.

14. I due treni si muovono con velocità costante quindi la prima cosa che dobbiamo fare è scrivere le leggi orarie del moto per i due treni: $s_A = 120 \cdot t$ e $s_B = 60 \cdot t$. Poiché t è uguale per entrambi i treni, possiamo ricavare che $t = s_A/120 = s_B/60$ ovvero che $s_A = 2s_B$. Poiché sappiamo anche che $s_A + s_B = 300$ km, sostituendo la prima equazione nella seconda otteniamo $3s_B = 300$ km e quindi la distanza da Firenze a cui si incontreranno è $s_B = 100$ km.
Risposta corretta E.

15. Per prima cosa bisogna ricavare la frequenza, avendo il numero di giri compiuti al minuto: f = 200 giri/60 s = 3,33 Hz.
Adesso bisogna calcolare la velocità tangenziale del pezzo di ferro, stando attenti a trasformare il raggio in metri (r = 0,5 m); $v = 2\pi r/T = 2\pi rf = 2\pi \cdot 0{,}5\ m \cdot 3{,}33\ Hz = 3{,}33 \cdot \pi\ m/s \approx 10\ m/s$.
La direzione sarà tangente alla circonferenza, con verso uguale a quello di rotazione del cestello della lavatrice.
Risposta corretta D.

16. Si tratta di un moto uniformemente decelerato posto esclusivamente sull'asse delle y. Conoscendo la velocità iniziale, ma non il tempo, possiamo utilizzare la formula senza il tempo: $v_f^2 = v_0^2 - 2gh$ per calcolare il dislivello di altezza tra il punto di partenza e il punto più alto, ponendo $v_f = 0$. Ricaviamo $h = v_0^2/2g = 5$ m, che poi sommiamo all'altezza iniziale ottenendo $h = 6$ m. Dunque, la palla riuscirà a superare il canestro e lo supererà di 3 m.
Risposta corretta A.

M&F

2. Dinamica

1. Quando cessa istantaneamente l'azione di qualunque forza su un corpo in movimento:

A. Il corpo si arresta
B. Il corpo prosegue con moto rettilineo uniforme
C. Il corpo decelera fino a ritornare alla velocità iniziale
D. Il corpo ricade compiendo una traiettoria parabolica
E. Il corpo esegue un moto armonico

2. Un corpo sospeso per il suo baricentro è:

A. In equilibrio stabile
B. In equilibrio instabile
C. In equilibrio indifferente
D. Non è in equilibrio
E. Ruota continuamente attorno al baricentro

3. Un corpo di massa m al variare del tempo si sposta senza attrito a velocità costante v. La risultante F delle forze applicate sarà:

A. $F = m \cdot v$
B. $F = 0$
C. $F = m/v$
D. $F = m \cdot g$
E. Non si può rispondere

4. Qual è l'ampiezza dell'angolo compreso tra la direzione di una forza applicata ad un corpo e la sua traiettoria, affinché l'azione di questa forza sia frenante?

A. 0°
B. 90°
C. >90°
D. <90°
E. 45°

5. Un oggetto viene portato dall'Equatore al Polo Nord. Quale delle seguenti affermazioni è CORRETTA?

A. La massa cresce ed il peso diminuisce
B. La massa diminuisce ed il peso rimane costante
C. Aumentano sia la massa che il peso
D. Diminuiscono sia la massa che il peso
E. La massa rimane costante ed il peso aumenta

6. La leva è una macchina semplice che:

A. Può equilibrare due forze diverse
B. Consente di compiere maggior lavoro
C. Consente di sviluppare maggior potenza
D. È in equilibrio solo se i "bracci" sono uguali
E. È in equilibrio solo se i "bracci" sono sulla stessa retta

7. Quale fra le seguenti è la formula dimensionale della costante di gravitazione G che appare nella formula $F = G \cdot M_1M_2/R^2$?

A. Non ha dimensioni
B. $Nm^2\,Kg^{-2}$
C. NKg^{-2}
D. $N^2m^{-2}kg$
E. $N^{-2}m^2$

8. Una molla con una certa costante elastica k è distesa di x e ad essa è legato un corpo di massa m. Se essa venisse rilasciata, quanto varrebbe la forza applicata su essa dalla molla al punto di distensione -x?

A. $F = g \cdot m$
B. Non si può calcolare senza i dati
C. $F = kx$
D. $F = 0$
E. $F = -k \cdot x$

9. Una molla è diretta verso il basso e sostiene un corpo di massa m, completamente immerso nell'acqua. Quali forze agiscono su quel corpo?

A. La forza della molla, la forza peso e la forza gravitazionale lunare.
B. La forza della molla, la forza di Archimede, la forza gravitazionale lunare
C. La forza della molla, la forza peso e la forza di Archimede
D. La forza della molla e la forza di Archimede
E. La forza della molla e la forza peso

10. Per il principio di azione-reazione, la forza opposta alla forza peso è?

A. La forza gravitazionale generata da noi sulla terra
B. La forza di Archimede generata dalla nostra immersione in un fluido (aria)
C. La forza vettoriale
D. La forza normale
E. Non vi è opposizione alla forza peso

11. Per il secondo principio della dinamica:

A. Ad ogni azione compiuta dal corpo B su quello A corrisponde una reazione del corpo A su quello B
B. Le mele cadono sempre verso il basso

C. Ogni corpo permane nel suo stato di quiete o di moto rettilineo uniforme se una forza non gli impedisce di farlo
D. Se il corpo A è in equilibrio termico con il corpo B ed esso è in equilibrio termico col corpo C, allora anche il corpo A è in equilibrio termico con il corpo C
E. La forza è uguale al prodotto tra massa ed accelerazione

12. Un corpo di massa m è posto su di un piano inclinato di 30°. Senza considerare l'attrito tra il corpo ed il piano, quanto vale la velocità con cui esso sta scivolando dopo 5 secondi?
A. 5/2 g
B. 7 g
C. 3/2 g
D. 5/2 g
E. 2/3 g

13. Un corpo di massa m = 45 Kg è posto su di un piano inclinato di 60°, quanto vale il modulo della forza normale sviluppata dal piano?
A. $225\sqrt{3}$ N
B. 450 N
C. 500 N
D. $450\sqrt{3}$ N
E. 225 N

14. Secondo la Terza legge di Keplero:
A. $R = K^3T^2$
B. $T^2 = KR^3$
C. $R^2 = KT^3$
D. $T = KR$
E. $T = K^3R^2$

15. Il gatto Nettuno si addormenta su una rampa inclinata di 30° che finisce dritto addosso al cane Ulisse (proprio alla fine della rampa). Considerando che Nettuno e Ulisse distano 9.8 m e che Ulisse si sveglia e si sposta 10 s dopo che Nettuno ha iniziato a scivolare, Nettuno riuscirà a non finire addosso ad Ulisse e quanto ci metterà Nettuno a raggiungere la fine della rampa? (Non considerare gli attriti del piano).
A. Finirà addosso a Ulisse, raggiungendolo dopo 2 s
B. Eviterà Ulisse, raggiungendo la fine della rampa dopo 12 s
C. Eviterà Ulisse, raggiungendo la fine della rampa dopo 6 s
D. Finirà addosso a Ulisse, raggiungendolo dopo 6 s
E. Non è possibile calcolarlo con i dati del testo

16. Che tipo di leva rappresenta l'articolazione del piede in elevazione sulle punte?
A. 1° tipo
B. 2° tipo
C. 3° tipo
D. Una di tipo sia vantaggioso che svantaggioso
E. Non è possibile rappresentare questa articolazione con un solo modello di leva data la sua complessità

17. Su una barretta di cioccolato lunga 40 cm viene posta all'estremità destra una pallina di gelato alla vaniglia dal peso di 50 g. Sotto alla barretta viene posto un fulcro in modo tale da dividere la barretta in due parti, quella destra che vale 1/9 dell'altra. Il Mastro Pasticcere Iginio Busteri vuole che la barretta così composta rimanga in equilibrio sul fulcro aggiungendo all'estremità sinistra marshmallows e zuccherini. Per raggiungere il suo scopo quanti grammi di leccornie deve porre a sinistra?
A. 5,5 hg
B. 55 gr
C. 5,5 kg
D. 5,5 gr
E. 5000 gr

18. Margherita sta tornando da un festival di musica hip hop, mentre trascina la sua valigia da 10 kg, si rende conto di stare camminando in salita. Nonostante ciò, quando lascia la valigia, questa non torna indietro né si muove perché risulta essere in equilibrio. Sapendo che la costante di attrito è $\mu = \sqrt{3}$, quanto vale la pendenza della strada?
A. 15°
B. 30°
C. 45°
D. 60°
E. 90°

M&F

CORREZIONE COMMENTATA

1. I principi della dinamica furono enunciati nel 1687 da Isaac Newton. In particolare, il primo di essi dice che se la somma delle forze totali agenti su un corpo è nulla esso permane nel suo stato di quiete o continua a muoversi di moto rettilineo uniforme. Di conseguenza, una volta cessate tutte le forze agenti su di un corpo in movimento esso, continua a muoversi di moto rettilineo uniforme.
Risposta corretta B.

2. Un corpo sospeso per il suo baricentro è in equilibrio e non ruota attorno ad esso. Inoltre, esso non tenderà né a spostarsi da questo equilibrio, né a rimanerci: ne sarà solamente indifferente. Lo si può immaginare come una pallina su di un tavolo completamente piatto: se io provo a muoverla essa si muove, ma non cerca né di allontanarsi dal suo punto di partenza (cosa che fa solo perché sono io a muoverla) né cerca di ritornarvici (cosa che farebbe, ad esempio se la muovessi in una scodella), semplicemente si muove se stimolata a farlo.
Risposta corretta C.

3. Per il primo principio della dinamica, se un corpo non subisce l'azione di una forza tende o a rimanere in quiete o a continuare a muoversi di moto rettilineo uniforme. Di conseguenza, dato che il corpo si muove a velocità costante v, non sta subendo l'azione di alcuna forza.
Risposta corretta B.

4. Affinché l'azione di una forza sia detta frenante, essa deve avere verso opposto rispetto alla traiettoria dell'oggetto. Nelle soluzioni proposte A, D ed E la forza ha sempre lo stesso verso della traiettoria dell'oggetto; mentre nella soluzione B il verso è perpendicolare alla traiettoria dell'oggetto, quindi non ha effetto né accelerante né frenante. La risposta corretta è pertanto la C.
Risposta corretta C.

5. La forza peso è data da $P = m \cdot g$. Dato che la massa è sempre costante, l'unica variante è g, che infatti è inversamente proporzionale al quadrato della distanza. Più si è vicini al centro della terra, più la forza è grande. Essendo infatti la terra leggermente schiacciata ai poli, in questi punti la forza di gravità avrà un valore maggiore, facendo pesare l'oggetto più ai poli che all'equatore. Per comodità si considera g sempre $9,8\ m/s^2$ (approssimata a 10), ma tra le risposte non c'era un'opzione che sostenesse che sia il peso che la massa rimanessero costanti, quindi non ci si poteva confondere.
Risposta corretta E.

6. La leva è una macchina semplice che può equilibrare due forze diverse: la forza peso dell'oggetto che devo sollevare e quella del braccio che vuole sollevarlo. Le altre opzioni sono solo casi particolari riguardati la leva che, infatti, non è in equilibrio solo se i bracci sono uguali o sono posti sulla stessa retta e non ci permette solo di sviluppare più lavoro o più potenza.
Risposta corretta A.

7. Per svolgere l'esercizio occorreva ragionare sulle unità di misura, sostituirle nella formula e svolgere i calcoli, ricordandosi che l'unità di misura della forza è il Newton (N), della massa il Kilogrammo (kg), del raggio il metro (m), risolvendo si trova quindi che $G = Fr^2/m_1m_2 = Nm^2/kg^2$, ossia Nm^2kg^{-2}.
Risposta corretta B. (Vedi capitolo 0 Unità di misura e vettori).

8. La legge di Hooke dice che $F = - k \cdot x$, considerando che lo spostamento è x, come all'inizio del problema. Nella seconda parte, lo spostamento diventa -x, quindi la forza diventa $F = k \cdot x$.
Risposta corretta C.

9. Nella situazione rappresentata dall'esercizio dobbiamo considerare le diverse variabili in gioco, che sono, la forza peso dell'oggetto, la forza della molla che lo sostiene ed infine l'acqua che tende a far galleggiare il corpo esercitando su di esso la forza di Archimede. Ovviamente la forza gravitazionale della luna non influisce su questo sistema (risposte A e B errate).
Risposta corretta C. (Vedi capitolo 4 Fluidi).

10. Il principio di azione reazione, o terza legge della dinamica, afferma che ad ogni forza di un corpo A su di un corpo B ne sussegue una del corpo B sul corpo A identica in modulo e direzione ma opposta in verso. Immaginando un blocco appoggiato su un piano, il blocco preme sul piano con una forza pari alla sua forza peso. In risposta, il piano esercita sull'oggetto una forza uguale e contraria alla forza peso: tale forza viene detta forza normale. La forza peso è derivata proprio della forza gravitazionale (risposta A errata). La forza di Archimede si oppone al peso di un corpo, ha stessa direzione e verso opposto ma non ha modulo necessariamente identico alla forza peso (risposta B errata). Infine, la forza è sempre una grandezza vettoriale, ma la forza vettoriale non esiste (risposta C errata).
Risposta corretta D.

11. Il secondo principio della dinamica afferma che un corpo che subisce una forza di intensità F svilupperà una accelerazione inversamente proporzionale alla sua massa m.
In pratica $F = m \cdot a$. La risposta A è errata perché esprime il terzo principio, la risposta B esprime il concetto di gravità, l'opzione C esprime il primo principio della dinamica, la risposta D il principio zero della termodinamica.
Risposta corretta E.

12. In questo caso dobbiamo svolgere l'esercizio. La forza peso è definita come $FP = mg$, e può essere scomposta nelle sue due componenti parallela ($F_{//}$) e perpendicolare ($F_{\perp}$) al piano inclinato, che valgono rispettivamente $F_{//} = m \cdot g \cdot \sin 30°$ e $F_{\perp} = m \cdot g \cdot \cos 30°$. La componente che determina la velocità con cui l'oggetto sta scivolando è $F_{//} = m \cdot g\ 1/2$. Possiamo quindi calcolare l'accelerazione che agisce sull'oggetto: $F = m \cdot a = (m \cdot g)/2$ da cui $a = g/2$. A questo punto applichiamo la definizione di accelerazione ($v = a \cdot t$) e calcoliamo quindi la velocità: $v = g/2 \cdot 5 = 5g/2$.
Risposta corretta A.

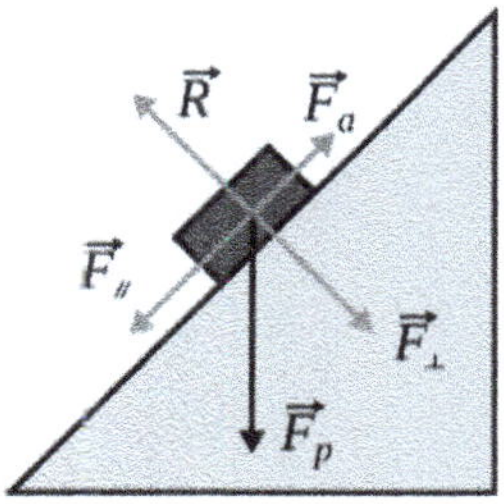

13. Innanzitutto, bisogna sapere che la forza normale, essendo quella esercitata dal piano sull'oggetto, è esattamente uguale e opposta alla componente perpendicolare della F_p. A questo punto, sapendo che la forza peso è $F = m \cdot g$, calcoliamo la forza perpendicolare come $F_{\perp} = m \cdot g \cdot \cos 60°$ $= m \cdot g/2$. La forza normale è quindi $R = m \cdot g/2 = 450/2 = 225$ N.
Risposta corretta E.

14. La terza legge di Keplero afferma che $T^2 = KR^3$ ovvero che il quadrato del periodo di rotazione di un pianeta attorno al sole è direttamente proporzionale il cubo della distanza di esso dal sole stesso. In particolare, ciò è importante perché afferma che i pianeti più vicini al sole compiono periodi più brevi rispetto ai nostri.
Risposta corretta B.

15. Nettuno viene spinto giù dalla rampa grazie alla componente parallela del suo peso. Possiamo quindi scrivere l'equazione $F_{//} = m \cdot a$, quindi $m \cdot g \cdot \sin 30° = m \cdot a$. Da cui ricaviamo che $a = g \cdot$

sin30° = 4,9 m/s². A questo punto possiamo inserire il dato appena calcolato nella legge oraria del moto uniformemente accelerato ($S = 1/2\,(a \cdot t^2)$) e ricavare il tempo con la formula inversa. Otteniamo quindi t = 2s (<10s). Quindi Nettuno raggiunge Ulisse prima che lui si sposti.
Risposta corretta A.

16. L'articolazione del piede in elevazione sulle punte è una leva di secondo tipo e quindi vantaggiosa (Risposta D errata). Il fulcro corrisponde alle dita, la resistenza al peso che grava sulla caviglia e la potenza ai muscoli del polpaccio.
Risposta corretta B.

17. Affinché il sistema sia in equilibrio è necessario che $F_{dx}b_{dx} = F_{sx}b_{sx}$. sappiamo che la barretta è lunga 40 cm e che il $b_{dx} = 1/9\, b_{sx}$ questo ci permette di capire quanto siano lunghi i due bracci: 40 cm = $b_{dx} + b_{sx} = 1/9\, b_{sx} + b_{sx} = 10/9\, b_{sx}$ → bsx = (40 · 9)/10 = 36 cm, di conseguenza (per differenza) b_{dx} = 4 cm. Sapendo poi che F_{dx} = mg = 50gr · 10m/s² = 500 N ricaviamo $F_{sx} = (F_{dx} \cdot b_{dx})/ b_{sx}$ = (500 · 4)/36 = 55,5 N e quindi sapendo che F_{sx}= mg ricaviamo la massa $m_{sx} = F_{sx}/g$ = 55,5/10 = 5,5 gr.
Risposta corretta D.

18. Bisognava intuire che l'esercizio verteva sul piano inclinato. Se la valigia è in equilibrio sul piano, significa che la forza di attrito ($Fa = \mu \cdot F_{\perp}$) che agisce su di essa è perfettamente bilanciata con la componente parallela della forza peso ($F_{//}$).
Quindi: $\mu \cdot m \cdot g \cdot \cos\alpha = m \cdot g \cdot \sin\alpha$ → possiamo semplificare m e g: $\mu = \sin\alpha/\cos\alpha = tg = \sqrt{3}/3$.
Tra i vari angoli proposti, l'unico che ha la tangente di valore √3/3 è quello di 30°.
Attenzione, in questo caso il dato della massa era un distrattore e non serviva alla risoluzione dell'esercizio.
Risposta corretta B.

3. Lavoro e potenza

1. La quantità di moto si misura in:
- A. Metri · secondi
- B. Newton · metri
- C. Newton · secondi
- D. Kilogrammi · metri · secondi
- E. Joule · secondi

2. Durante il moto del pendolo:
- A. Si ha conversione di energia cinetica in energia potenziale e viceversa
- B. Si ha solo conversione di energia cinetica in energia potenziale
- C. Si ha solo conversione di energia potenziale in energia cinetica
- D. Non si ha nessuna conversione di energia
- E. Il periodo diminuisce al crescere del tempo

3. La potenza si misura in:
- A. J · s
- B. J · m
- C. J · m/s
- D. J/s
- E. Nessuna delle precedenti

4. L'energia cinetica di un corpo in caduta libera in assenza di attrito:
- A. Aumenta al ridursi della quota
- B. È costante
- C. Diminuisce al ridursi della quota
- D. Dipende dalle caratteristiche del corpo
- E. Dipende dalle dimensioni del corpo

5. Due persone di identica massa superano un dislivello di 3 m: A salendo su una pertica verticale, B usando una scala inclinata. Chi ha compiuto il lavoro maggiore contro la forza di gravità?
- A. A
- B. B
- C. Il lavoro compiuto è uguale
- D. Occorre conoscere il tempo di salita
- E. Occorre conoscere l'inclinazione della scala

6. L'energia cinetica si conserva:
- A. In ogni urto elastico
- B. In ogni processo d'urto centrale
- C. In ogni urto totalmente anelastico
- D. Se i corpi si muovono di moto accelerato su una retta
- E. Se una parte dell'energia si trasforma in calore

7. Il lavoro meccanico è:
- A. Il prodotto della forza per l'accelerazione
- B. Il vettore ottenuto dal prodotto della forza per lo spostamento
- C. Per forza costante e spostamento rettilineo, il prodotto della forza per lo spostamento
- D. L'energia posseduta dal corpo
- E. La potenza diviso il tempo

8. La quantità di moto di un corpo è definita da:
- A. Il rapporto fra la massa e la velocità
- B. Il prodotto fra la massa e la velocità
- C. Il prodotto fra la massa e il quadrato della velocità
- D. Il rapporto fra la massa e la temperatura
- E. È una grandezza fisica intensiva

9. Un pallone da basket viene fatto cadere dalla cima di un palazzo. Quale di queste grandezze influirà sulla sua velocità v a 2/3 del tragitto?
- A. La temperatura del pallone
- B. La velocità non dipende da altre grandezze
- C. La pressione interna del pallone
- D. La massa del pallone
- E. L'altezza del palazzo

10. L'impulso è
- A. Una grandezza vettoriale, si misura in N
- B. Una grandezza scalare, si misura in N · s
- C. Una grandezza vettoriale, si misura in kg · m/s
- D. Una grandezza scalare, si misura in kg · m/s^2
- E. Una grandezza vettoriale, si misura in N/s

11. Marta va a giocare a minigolf con i suoi amici. Alla prima buca, colpisce la palla (inizialmente ferma) con una forza media di 40 N per 0,1 s. Arrivata alla seconda buca, colpisce la stessa palla (ferma) con una forza di 60 N per 0,02 s. In quale delle due buche la pallina raggiunge velocità finale maggiore?
- A. Nella prima buca
- B. Raggiunge la stessa velocità in entrambe le buche

M&F

C. Nella seconda buca
D. Non si può ottenere la velocità maggiore senza sapere la massa della pallina
E. Marta non andrà mai a giocare a minigolf

12. La velocità di un corpo in caduta libera può essere espressa dalla formula:
A. $v = \sqrt{2gh}$
B. $v = 2gh$
C. $v = gh^2$
D. $v = gt^2$
E. $v = \frac{1}{2} gt^2$

13. Durante una lunga spesa all'ortomercato, Emanuela spinge il suo carrello con una forza di 150 N per un tempo totale di 6 min e 40 s. Considerato che il percorso totale compiuto è di 220 metri e che Emanuela ha effettuato 5 soste di 20 s l'una per comprare la frutta, quanto vale la potenza media da lei prodotta durante tutta la spesa?
A. 100 W
B. 200 W
C. 82,5 W
D. 110 W
E. 65 W

14. Marco vuole spegnere le candeline sulla sua torta di compleanno, così inizia a soffiare impetuosamente. Durante l'espirazione forzata il muscolo retto addominale di Marco produce una forza di 2000 N per 5.0 s, mentre i muscoli intercostali interni si contraggono con una forza di 1500 N per i 2.2 s finali. Qual è il rapporto fra gli impulsi prodotti, rispettivamente, dal retto addominale e dagli intercostali interni?
A. 4,2
B. 1,33
C. 5,0
D. 0,58
E. 3,03

15. Giulio sta trascinando una cassa di birra di 40 kg usando una corda inclinata rispetto al suolo di 45°, quanto lavoro avrà sviluppato Giulio dopo aver percorso 2 km?
A. 400002 J
B. $42 \cdot 10^5$ N
C. $42 \cdot 10^5$ J
D. 400002 N
E. 8000002 J

16. Emma è molto arrabbiata con Luca perché guida male e siccome non sa gestire la sua rabbia, decide di lanciargli un petardo addosso. Luca si trova su una scalinata a 20 m ed Emma lancia il petardo con una velocità di 30 m/s colpendo, invece, una vecchietta. A che altezza si trovava l'ormai defunta vecchietta?
A. 45 m
B. 80 m
C. 50 m
D. 35 m
E. 90 m

17. La potenza è:
A. Il rapporto fra il lavoro e il tempo nel quale viene compiuto
B. Il prodotto fra il lavoro e l'accelerazione del corpo
C. Il prodotto fra il lavoro e il tempo nel quale viene compiuto
D. Una grandezza fisica vettoriale
E. Il rapporto fra la massa del corpo e la sua accelerazione

CORREZIONE COMMENTATA

1. La quantità di moto si misura in kg · m/s. Fra le opzioni proposte, l'unica corretta è la C, ovvero Newton ($N = kg \cdot m/s^2$) · secondi.
Risposta corretta C. (Vedi capitolo 0 Unità di misura e vettori).

2. Nel moto del pendolo la velocità varia, passando da nulla (estremi, con energia potenziale massima) a massima (a metà del tragitto, con energia cinetica massima).
Risposta corretta A.

3. Poiché la formula della potenza è $P = L/\Delta t$, dove L (lavoro) si misura in joule e t (tempo) si misura in secondi. Quindi la potenza si misura in J/s.
Risposta corretta D.

4. L'energia cinetica di un corpo aumenta con la sua velocità ($K = ½ mv^2$), che, nel caso di un corpo in caduta libera, aumenta progressivamente al ridursi della quota a causa dell'accelerazione di gravità.
Risposta corretta A.

5. Il lavoro compiuto da A e B è uguale, poiché i due si trovano alla stessa altezza e, essendo la gravità una forza conservativa, il suo spostamento relativo non dipende dal percorso compiuto ma solo dalla posizione finale. Infatti, la formula Lavoro = $L = F \cdot s$, sapendo che $F = m \cdot a$ ($F = m \cdot g$ in questo caso), può essere riscritta come $L = m \cdot g \cdot h$, perché lo spostamento (s) non è il tragitto, bensì il dislivello (altezza h).
Risposta corretta C.

6. Negli urti elastici, oltre alla quantità di moto, viene sempre conservata anche l'energia cinetica.
Risposta corretta A.

7. Il lavoro è una grandezza fisica scalare (non vettoriale, risposta B errata) il cui valore equivale al prodotto fra la forza applicata su un corpo e lo spostamento del corpo, che non deve essere necessariamente rettilineo (risposta C errata). Il lavoro è anche dato dal prodotto della potenza per il tempo, non dal rapporto (risposta E errata).
Risposta corretta C.

8. La quantità di moto di un corpo è una grandezza fisica il cui valore è uguale al prodotto fra la massa del corpo e la sua velocità: $Q = m \cdot v$. È una grandezza fisica che dipende quindi dalle dimensioni del campione, perciò non è intensiva ma estensiva (risposta E errata).
Risposta corretta B.

9. Trascurando la resistenza dell'aria, il pallone aumenterà progressivamente la sua velocità durante la caduta, per effetto della forza di gravità. Questo aumento non dipende da nessun'altra grandezza, se non dall'altezza di caduta (più il pallone parte da una posizione alta, più tempo starà in caduta e più aumenterà la sua velocità) e lo possiamo notare dalla formula indicata dalla seguente mnemofrase.
MNEMOFRASE: Regola delle due giacche, ovvero la velocità è uguale a $\sqrt{2gh}$.
Risposta corretta E.

10. L'impulso è una grandezza vettoriale, indicata infatti tramite modulo, direzione e verso (opzione B e D errate). Esso è dato dal prodotto tra forza e intervallo di tempo in cui tale forza è applicata, quindi la sua unità di misura è $N \cdot s = kg \cdot m/s$.
Risposta corretta C.

11. Applichiamo il teorema dell'impulso: $I = F \cdot \Delta t = Q_f - Q_i$. Sappiamo inoltre che $V_i = 0$, quindi $Q_i = m \cdot V_i = 0$. Sappiamo quindi che $F \cdot \Delta t = m \cdot V_f$. Quindi $V_{f1} = 4N/m$, $V_{f2} = 1{,}2N/m$. La pallina è la stessa (m = cost, risposta D errata), quindi avrà modulo maggiore la velocità con numeratore maggiore: V_{f1}
Risposta corretta A.

12. Man mano che un corpo cade, acquisisce velocità poiché la sua energia potenziale si trasforma in energia cinetica. Vale dunque la relazione U + K = costante, che può essere usata per calcolare la velocità del corpo in caduta. Infatti, essendo costante per tutto il moto la somma delle energie potenziale e cinetica, possiamo scrivere $U_i + K_i = U_f + K_f$: ma K_i è 0 perché un corpo inizialmente è tendenzialmente fermo (prima di essere fatto cadere), e U_f è 0 perché il corpo alla fine arriva al suolo e quindi non ha più energia potenziale. Quindi, elidendo K_i e U_f otteniamo: mgh = ½ mv^2, togliamo ad ambo i termini la massa (che è costante, pertanto non influisce sulla velocità) e diventa $v^2 = 2gh \cdot v = \sqrt{2}gh$.
MNEMOFRASE: vedi mnemofrase correzione commentata esercizio 11.
Risposta corretta D.

13. Cominciamo calcolando il lavoro totale: L = Fs = 150 · 220 = 33000 J. Successivamente troviamo la potenza con la sua formula (P = L/t), ricordandoci di esprimere il tempo totale (6 min e 40s = 400s) in secondi e sottrarre il tempo delle cinque pause (5 pause da 20s = 100s), in cui Emanuela sta ferma, quindi non compie un lavoro (Potenza = 0). Quindi abbiamo: P = L/t = 33000/(400 - 100) = 33000/300 = 110 W.
Risposta corretta D.

14. L'impulso di una forza costante si calcola come I = F · t, ovvero il prodotto fra la forza stessa e il tempo in cui viene applicata. Calcoliamo quindi il rapporto fra gli impulsi prodotti dai due muscoli scrivendo: $I_{ADDOME}/I_{INTERCOST} = (F_A t_A)/(F_I t_I)$ = (2000 · 5)/(1500 · 2,2) = 10000/3300 = 100/33 = 3,03.
Risposta corretta E.

15. Il lavoro si calcola con la formula L = F · s · cosα = m · g · s · cosα, quindi: L = 40kg · 10m/s² · 2000m · cos45° = 400000 · √2 J = 4√2 · 10^5 J.
Risposta corretta C.

16. Per risolvere il quesito utilizziamo il teorema di conservazione dell'energia. L'energia cinetica con cui il petardo parte è uguale quindi all'energia potenziale a cui il petardo arriva: $K_i = U_f \rightarrow 1/2\ mv^2 = mgh$. Semplificando m (ricordando di approssimare g a 10 m/s): $1/2\ V_i^2 = g \cdot h \rightarrow h = V_i^2/2g$ = (30²)/(2 · 10) = 900/20 = 45m.
Risposta corretta A.

17. La potenza è una grandezza fisica scalare che indica in quanto tempo viene compiuto un lavoro, ed è data da lavoro compiuto/tempo impiegato (P = L/Δt).
Risposta corretta A.

4. Fluidi

1. Una colonna d'acqua alta 10 m esercita sul fondo una pressione il cui valore:
- A. È pari a 1000 mmHg
- B. È superiore a 2 atm
- C. Supera di circa 1 atm la pressione esterna
- D. È inferiore a 700 mmHg
- E. Dipende dall'area della superficie d'appoggio della colonna

2. Un corpo di peso P1 e della densità D1 galleggia su un fluido di peso P2 e densità D2, quindi:
- A. P1>P2
- B. P1<P2
- C. D1>D2
- D. D1<D2
- E. P1>D2

3. Un liquido non viscoso scorre in un tubo con moto stazionario. Se il raggio del tubo viene aumentato di un fattore 2 e la caduta di pressione e la velocità ai suoi estremi rimane la stessa, la portata viene moltiplicata per un fattore:
- A. 1/2
- B. 2
- C. 4
- D. 16
- E. 32

4. Due corpi solidi omogenei di uguale densità ma volume diverso sono immersi nell'acqua:
- A. Il corpo con volume maggiore riceve una maggior spinta di Archimede
- B. Ricevono entrambi la stessa spinta di Archimede
- C. La spinta di Archimede che ricevono dipende dalla forma dei due oggetti
- D. Il corpo che pesa di più riceve una spinta di Archimede minore
- E. Dipende dall'attrito dell'acqua con la superficie del corpo

5. La superficie libera di un liquido in equilibrio:
- A. Tende ad incurvarsi per effetto della gravità
- B. Tende ad innalzarsi per effetto della tensione superficiale
- C. Si dispone ortogonalmente alla risultante delle forze in ogni suo punto
- D. Si dispone parallelamente al fondo del recipiente che lo contiene
- E. Tende ad abbassarsi per le forze di gravità

6. Il teorema di Torricelli asserisce che:
- A. La pressione atmosferica a livello del mare ammonta a 760 torr
- B. La velocità di deflusso di un liquido attraverso un foro in un recipiente dipende dal dislivello tra il foro ed il pelo libero del liquido
- C. La velocità di deflusso di un liquido reale varia inversamente alla sezione del condotto
- D. Ogni corpo immerso in un liquido riceve una spinta dal basso verso l'alto pari al peso della massa di liquido spostata
- E. La velocità del liquido dipende dalla quarta potenza del raggio del condotto

7. In merito alle spinte di Archimede esercitate su un pezzo di sughero e su un pezzo di ferro di uguale volume, completamente immersi in acqua, si può dire che:
- A. Sono tra loro uguali
- B. È maggiore quella sul sughero
- C. È maggiore quella sul ferro
- D. È assente per il ferro perché va a fondo
- E. Sono di verso opposto per il sughero e per il ferro

8. Il motivo per cui un palloncino riempito di idrogeno, lasciato a sé, vola verso l'alto, risiede nel:
- A. Principio di Pascal
- B. Primo principio della dinamica
- C. Secondo principio della termodinamica
- D. Principio di Avogadro
- E. Principio di Archimede

9. Un liquido scorre in un tubo a sezione variabile con flusso costante. Se il diametro del tubo si riduce alla metà, la velocità del liquido:
- A. Si riduce alla metà
- B. Si riduce a meno della metà
- C. Si riduce sole se il liquido è viscoso
- D. Aumenta ad un valore doppio di quello iniziale
- E. Aumenta ad un valore quadruplo di quello iniziale

10. La spinta di Archimede NON dipende:

A. Dalla densità del mezzo
B. Dal peso specifico del mezzo
C. Dalla profondità alla quale il corpo è immerso
D. Dal volume del corpo
E. Dal valore dell'accelerazione di gravità

11. Se un subacqueo scende alla profondità di 40 m sotto il livello del mare, la pressione è aumentata, rispetto al valore presente alla superficie, di circa:

A. 1 atm
B. 2 atm
C. 3 atm
D. 4 atm
E. 5 atm

12. Si definisce pressione:

A. La misura dello spazio occupato da un corpo
B. La forza che un campo gravitazionale esercita su un corpo avente massa
C. Il rapporto tra il modulo della forza agente parallelamente su una superficie e la sua area
D. Il rapporto tra il modulo della forza agente ortogonalmente su una superficie e la sua area
E. Il rapporto tra il modulo della forza agente ortogonalmente su una superficie e il suo volume

13. Si definisce portata:

A. La quantità di fluido che attraversa una sezione di area A nell'unità di tempo
B. La quantità di fluido presente all'istante t in una sezione di area A
C. La pressione esercitata da un fluido su una sezione di area A
D. Il numero di particelle presenti nel fluido all'istante t
E. La velocità con cui un fluido attraversa un volume

14. Un liquido scorre in un fluido a sezione variabile con flusso costante. Se la velocità del tubo quadruplica, allora la sezione del tubo:

A. Quadruplica
B. Raddoppia
C. Si riduce a 1/4 di quella iniziale
D. Si dimezza
E. Si riduce di 1/4

15. Tommaso e i suoi amici decidono di preparare un punch da mettere in un recipiente semisferico di raggio 0,4 m per una mega festa. Quanto tempo impiegherà Tommaso a riempire il recipiente se utilizza un tubo che ha una sezione di diametro 2 cm e sapendo che il punch scorre a una velocità di 3 m/s?

A. 284,4 s
B. 35,6 s
C. 71, 1 s
D. 142, 2 s
E. 14, 2 s

16. Gino vuole travasare del whisky invecchiato in una bottiglia, e per farlo utilizza un tubo di larghezza non costante. Se nella prima porzione del tubo (diametro: 10 cm) il whisky scorre con una velocità di 2 m/s, quanto sarà la sua velocità nella porzione successiva, con diametro dimezzato?

A. 0,8 m/s
B. 2,0 m/s
C. 5,0 m/s
D. 8,0 m/s
E. 6,25 m/s

17. Arianna è stata portata in ospedale, dove i medici decidono di farle una flebo di glucosio (densità = 1500 kg/m^3). A quale altezza si troverà il nostro flacone di glucosio se sappiamo che la nostra soluzione entrerà nel circolo sanguigno a una pressione di 15 · 10^3 Pa, considerando che il braccio di Arianna si trova a 7 dm da terra?

A. 1,7 m
B. 1 m
C. 1,5 m
D. 8 m
E. 8 dm

18. Al luna park, due recipienti contengono rispettivamente acqua (densità 1,0 g/cm^3) e benzina (densità 0,7 g/cm^3). Due paperelle di diverso materiale vengono messe ognuna in un recipiente. Sapendo che la paperella blu galleggia sull'acqua con 3/4 del suo volume esposti e la paperella gialla è immersa per 2/5 nella benzina, quanto vale il rapporto fra le densità dei materiali blu e giallo?

A. 0,3
B. 2,0
C. 0,9
D. 0,6
E. 1,5

19. Il professore di fisica assegna ad Ivan il compito di aumentare la pressione sul fondo di una bottiglia di plastica piena per metà d'acqua. Quale dei seguenti modi è la via più corretta?

A. Praticare un foro nella bottiglia
B. Stringere la bottiglia con un elastico facendo salire il livello dell'acqua
C. Sostituire di nascosto la bottiglia con una di base leggermente più larga
D. Tutti i precedenti
E. Nessuno dei precedenti

20. La portata (Q) si calcola:

A. $Q = A \cdot m$
B. $Q = v \cdot m$
C. $Q = A \cdot v$
D. $Q = A/v^2$
E. $Q = A \cdot v^2$

M&F

CORREZIONE COMMENTATA

1. Bisogna utilizzare la legge di Stevino che ci permette di calcolare la pressione esercitata da una colonna d'acqua.
$P = P(0) + dgh$. La densità dell'acqua è uguale a 1000 kg/m^3. Applicando la formula otteniamo $P = P(0) + 1000\ Kg/m^3 \cdot 10\ m/s^2 \cdot 10\ m = P(0) + 100000\ Pa$. Ricordiamo che $1\ atm = 101325\ Pa \approx 10^5\ Pa$.
Per risolvere più facilmente questo tipo di quesiti, dobbiamo inoltre ricordarci che ogni 10 m di fluido, la pressione aumenta di 1 atm.
Risposta corretta C.

2. Un corpo galleggia su un fluido quando la sua densità è minore della densità del fluido.
Scarto l'opzione B perché la densità dipende dalla massa e dal volume di un corpo ($d = m/V$), quindi un corpo più pesante ma con volume molto grande potrebbe galleggiare su un corpo meno pesante ma con volume più piccolo.
Risposta corretta D.

3. L'area di una sezione è $A = \pi r^2$ e la formula della portata è $Q = A \cdot v$. Se il raggio raddoppia la portata diventerà $Q = \pi(2r)^2 \cdot v = \pi 4r^2 \cdot v$. La portata quindi, rispetto a $Q = \pi r^2 \cdot v$, aumenta di un fattore 4.
Risposta corretta C.

4. La forza di Archimede esercitata sul corpo dipende dal volume del fluido spostato, che coincide con il volume della parte immersa del corpo, e dalla densità del fluido. L'intensità della forza di Archimede è indipendente dalla densità del corpo! Il corpo con volume maggiore riceverà quindi una maggiore spinta di Archimede.
Risposta corretta A.

5. La superficie libera di un liquido in equilibrio è isobarica quindi la pressione applicata in ogni suo punto è costante. Per applicazione della legge di Stevino che ci permette di calcolare la variazione di pressione al variare della profondità di un liquido, la superficie del liquido dovrà quindi disporsi in orizzontale perché so che su tutta la superficie è applicata una stessa pressione. Non è però necessario che sia parallela al piano del fondo, che potrebbe anche essere disposto in obliquo (risposta D errata). L'unica forza agente sul liquido è la forza peso che agisce perpendicolarmente alla superficie del liquido.
Risposta corretta C.

6. La legge di Torricelli afferma che la velocità di un fluido in uscita da un foro (di sezione molto piccola rispetto alle dimensioni del recipiente) è pari alla radice quadrata del doppio prodotto dell'accelerazione di gravità e della distanza "h" fra il pelo libero del fluido e il centro del foro che è stato praticato. La formula da usare è quindi $v = \sqrt{2gh}$. Di conseguenza possiamo dire che la velocità dipende dal dislivello tra il foro e il pelo libero del fluido. L'opzione D è errata perché indica il principio di Archimede, l'opzione C invece perché indica il concetto di portata costante.
Risposta corretta B. (Vedi capitolo 3 Lavoro e potenza).

7. Come spiegato nell'esercizio 4, i due corpi riceveranno la stessa spinta di Archimede perché hanno uguale volume. Attenzione: ricevere la stessa spinta di Archimede non vuol dire che i due corpi si comporteranno allo stesso modo. Come questi si comportino dipende dalla loro densità.
Risposta corretta A.

8. Il palloncino riempito di idrogeno riceve, grazie al principio di Archimede, una spinta verso l'alto pari al peso del fluido (un fluido può essere sia liquido che gassoso) spostato. L'idrogeno ha una densità minore dell'aria quindi volerà in alto. Il principio di Pascal afferma che a pressione esercitata in un punto qualsiasi di un fluido si trasmette in ogni altro punto del fluido con la stessa intensità (risposta A errata). Il primo principio della dinamica esprime il concetto di inerzia di un corpo (risposta B errata). Il secondo principio afferma che $F = ma$ (risposta C errata). Il principio

di Avogadro afferma che moli uguali di gas diversi occupano lo stesso volume (risposta D errata).
Risposta corretta E. (Vedi capitolo 2 Dinamica).

9. Come per l'esercizio 2 l'area di una sezione è πr^2 e la formula della portata è $Q = A \cdot v$. In questo caso la portata è costante e si riduce il diametro, ma se si riduce il diametro si riduce anche il raggio dello stesso fattore. Abbiamo $Q_1 = Q_2$ quindi $\pi r^2 \cdot v = \pi(1/2\ r)^2 \cdot v_2 \rightarrow \pi r^2 \cdot v = \pi\ 1/4\ r^2 \cdot v_2$. Per ottenere $Q_1 = Q_2$, dobbiamo porre $v_2 = 4v_1$.
Risposta corretta E.

10. Il principio di Archimede può essere riassunto nella formula: $F_{Archimede} = g \cdot d_{liq\ spostato} \cdot V_{liq\ spostato}$ dove d è la densità e V il volume (escludiamo le risposte A,D ed E). Anche la risposta B può essere scartata perché il peso specifico è definito come il peso di un campione di materiale diviso per il suo volume. Quindi il peso specifico dipende dal volume e la forza di Archimede dal peso specifico. Solo la profondità, e quindi l'altezza a cui è immerso un corpo, non influisce sulla spinta di Archimede.
Risposta corretta C.

11. Utilizziamo ancora la legge di Stevino: $P = P(0) + 1000\ Kg/m^3 \cdot 10\ m/s^2 \cdot 40\ m = P(0) + 400000$ Pa. Guardando le risposte possiamo approssimare 400000 Pa a 4 atm. Come per l'esercizio 1, vale la regola di 1 atm ogni 10 m.
Risposta corretta D.

12. La risposta A è la definizione di volume. La risposta B ci dà la definizione di massa. Si definisce invece pressione il rapporto tra il modulo della forza agente ortogonalmente su una superficie e la sua area (NON il suo volume!).
Risposta corretta D.

13. In questo caso è difficile rispondere al quesito senza sapere cosa sia la portata. Ad ogni modo è abbastanza facile escludere la risposta D perché molto improbabile o comunque priva di significato. Le risposte C ed E possono essere escluse perché non mettono in relazione la pressione (risposta C) e la velocità (risposta E) con nessun'altra grandezza.
Risposta corretta A.

14. Utilizziamo la formula della portata $Q = A \cdot v$. Se la portata è costante (flusso costante) e la velocità del tubo quadruplica, la sezione del tubo si riduce di un fattore 4. Attenzione a non confondere sezione con raggio o diametro. La sezione e la velocità sono legati da un rapporto lineare, raggio e diametro variano invece in modo esponenziale al variare della velocità.
Risposta corretta C.

15. Innanzitutto individuiamo che è un esercizio sulla dinamica dei fluidi e che dobbiamo considerare le formule della portata $Q = V/t$ e $Q = S \cdot v$ (ricorda sempre che sono due: una con il Volume e una con la velocità!). Abbiamo il diametro del tubo con cui Tommaso riempie il recipiente $d = 2\ cm = 0{,}02\ m$ e quindi possiamo trovare la sezione $S = \pi r^2 = \pi\ (0{,}01\ m)^2 = 0{,}0001\ \pi\ m^2$. di conseguenza possiamo anche trovare la portata dato che sappiamo la velocità ($v = 3m/s$) con cui il punch scorre nel tubo $Q = 0{,}0001\ \pi\ m^2 \cdot 3\ m/s = 0{,}0003\ \pi\ m^3/s$. Non serve moltiplicare per π perché si semplificherà con il π del volume della semisfera (finché potete, nello svolgimento degli esercizi, lasciatelo espresso). Una volta trovata la portata, calcoliamo il volume della semisfera: $V = 4/3 \cdot 1/2 \cdot \pi r^3 = 2/3\ \pi(0{,}4\ m)^3 = 2/3 \cdot 0{,}064\ \pi\ m^3$, così abbiamo tutti i dati necessari per trovare il tempo: $t = V/Q = (2/3 \cdot 0{,}064\ \pi\ m^3)/(0{,}0003\ \pi\ m^3/s) = 142{,}2\ s$.
Risposta corretta D.

16. Possiamo risolvere questo esercizio applicando la legge di Leonardo o della conservazione della portata, che ci dice che la portata ($Q = Sv$) si mantiene costante lungo tutto un tubo, anche a fronte di aumenti o diminuzioni della sua sezione. Calcoliamo quindi la portata, ricordandoci di trasformare il diametro, e quindi il raggio, in metri: $Q = S_1v_1 = \pi\ (r_1)^2\ (2) = \pi\ (0{,}05)^2\ (2) = (5 \cdot 10^{-3})\ m^3/s$. A questo punto, sapendo che $S_1v_1 = S_2v_2$ possiamo trovare la velocità finale: $v_2 = Q/S_2 = (\pi\ 5 \cdot 10^{-3})/(\pi\ (0{,}025)^2) = 0{,}8 \cdot 10 = 8{,}0\ m/s$.

(Un trucchetto per risolvere l'esercizio più rapidamente è sfruttare le proporzionalità. La velocità e il raggio del tubo, infatti, sono legati da una proporzionalità quadratica inversa: al dimezzarsi del raggio, quindi, la velocità aumenterà alla quarta e così via).
Risposta corretta D.

17. Si tratta di un esercizio di statica dei fluidi in cui bisogna applicare la legge di Stevino $P = \rho gh$. Da questa formula possiamo trovarci h, cioè la distanza tra il braccio di Arianna e il flacone di glucosio, $h = P/\rho g = 15000\ Pa/(1500\ kg/m^3 \cdot 10\ m/s^2) = 1\ m$. Il problema però ci chiede a quale altezza si trova il nostro flacone (dal suolo) e non la distanza del flacone dal braccio di Arianna, quindi dobbiamo sommare i 7 dm a 1 m. Facciamo un'equivalenza per portare tutto nelle unità del SI, quindi 7 dm = 0,7 m; otteniamo infine che il falcone di glucosio si trova a un'altezza di 1,7 m.
Risposta corretta A.

18. Per risolvere l'esercizio dobbiamo utilizzare la relazione $V_{imm}/V_{tot} = d_{materiale}/d_{liquido}$, evoluzione della legge di Archimede (fondamentale quando si parla di galleggiamento!). Isolando la densità del materiale dalla relazione precedente, abbiamo: $d_{materiale} = V_{imm} \cdot d_{liquido}/V_{tot}$, che per i nostri materiali diventa $d_{BLU} = V_{imm} \cdot d_{acqua}/V_{tot}$ e $d_{GIALLO} = V_{imm} \cdot d_{benzina}/V_{tot}$. Sappiamo poi che la paperella blu è immersa per ¼ del volume totale ("¾ del suo volume esposti") mentre la paperella gialla solo per ⅖, quindi possiamo scrivere: $d_{BLU} = 1/4 \cdot 1{,}0$ e $d_{GIALLO} = 2/5 \cdot 0{,}7$. Infine, calcoliamo il rapporto fra le densità dei due materiali: $d_{BLU}/d_{GIALLO} = (1/4 \cdot 1{,}0)/(2/5 \cdot 0{,}7) = 1/4 \cdot 25/7 = 25/28 = 0{,}9$.
Risposta corretta C.

19. Per la legge di Stevino, espressa con la formula $p = dgh$, la pressione sul fondo di una colonna d'acqua dipende esclusivamente dall'altezza del liquido sovrastante e non dal suo volume totale. Fra le risposte proposte, l'unica che comprende un aumento del livello dell'acqua all'interno della bottiglia è la B.
Risposta corretta B.

20. Partendo dalla definizione sappiamo che nella formula sarà presente l'area della sezione e la velocità. Possiamo quindi escludere le risposte A e B.
Risposta corretta C.

5. Termodinamica

1. Il rendimento di una macchina NON può mai essere maggiore di 1 perché ciò violerebbe:

A. Il teorema di conservazione dell'energia
B. Il principio di conservazione dell'energia
C. Il secondo principio della dinamica
D. Il primo principio della dinamica
E. Il principio di conservazione della quantità di moto

2. Giovanni dimentica per tutta un'infuocata giornata d'Agosto l'Ipod e l'orologio sul tavolo del giardino della casa al mare. Quando recupera i due oggetti, che inizialmente erano entrambi a 20 °C, possiedono ancora una temperatura uguale tra loro. È corretto affermare che:

A. Hanno la stessa massa e lo stesso volume
B. Hanno lo stesso calore specifico
C. Hanno lo stesso volume e lo stesso calore specifico
D. La loro temperatura iniziale era di 300 K
E. Hanno la stessa capacità termica

3. Giuseppe appena si sveglia tira fuori dal frigo il contenitore chiuso con la schiscia per il pranzo e l'appoggia sul bancone della cucina per qualche minuto prima di metterlo nello zaino. Nota a quel punto che sulla superficie esterna si sono formate delle goccioline d'acqua. Tale fenomeno è dovuto:

A. Al vapore d'acqua atmosferico che condensa sulle pareti fredde del recipiente
B. Al raccogliersi in goccioline di un velo d'acqua che si era depositato sul recipiente mentre era all'interno del frigo
C. All'acqua che trasuda attraverso le pareti del recipiente
D. Nessuna delle altre risposte
E. All'effetto di sovrappressione interna

4. Detti rispettivamente P e V la pressione ed il volume di un gas perfetto si può dire che:

A. $P \cdot V$ = costante comunque vari la temperatura
B. P/V = costante comunque vari la temperatura
C. $P \cdot V$ = costante a temperatura costante
D. P/V = dimezza se la temperatura raddoppia
E. V/P = costante comunque vari la temperatura

5. La temperatura di ebollizione di un liquido ad una data pressione:

A. Dipende esclusivamente dal tipo di liquido che si considera
B. Dipende dalla massa del liquido
C. Dipende dalla quantità di calore assorbito
D. Dipende sia dal tipo di liquido che dalla quantità di calore assorbito
E. Dipende dal volume di liquido

6. Nel corso di un lento passaggio di stato da ghiaccio ad acqua la temperatura:

A. Resta costante e il ghiaccio assorbe calore
B. Aumenta e l'acqua assorbe calore
C. Diminuisce e l'acqua assorbe calore
D. Aumenta e l'acqua cede calore
E. Diminuisce e l'acqua cede calore

7. Trasferire calore da un corpo più freddo a uno più caldo:

A. Non è mai possibile
B. È possibile solo spendendo lavoro
C. Contraddice il primo principio della termodinamica
D. Contraddice il secondo principio della termodinamica
E. Può avvenire solo nel vuoto

8. Durante la compressione isoterma di un gas perfetto:

A. Il volume del gas aumenta
B. La temperatura del gas aumenta
C. Non vi è scambio di calore con l'ambiente esterno
D. La temperatura aumenta solo se la compressione è rapida
E. Nessuna risposta è corretta

9. Una trasformazione adiabatica:

A. Avviene sempre ad energia interna costante
B. È una trasformazione in cui non vi è scambio di calore tra ambiente e sistema
C. È una trasformazione in cui la tem-

peratura del sistema si mantiene sempre costante
D. È una trasformazione sempre reversibile
E. È una trasformazione in cui il calore assorbito dal sistema è uguale al lavoro da questo prodotto

10. Il primo principio della termodinamica stabilisce che:
A. Il lavoro effettuato è sempre uguale al lavoro impiegato
B. L'energia è una grandezza che si conserva
C. Non è possibile che il calore passi spontaneamente da un corpo freddo a un corpo caldo
D. L'entropia aumenta sempre
E. L'entalpia aumenta sempre

11. L'energia interna di un gas perfetto è:
A. La somma delle energie cinetiche delle diverse molecole
B. La somma delle energie cinetiche e dei potenziali delle diverse molecole
C. La qualità di calore posseduta dal gas
D. La temperatura del gas
E. L'energia potenziale dipendente dall'interazione tra le molecole di gas

12. Il secondo principio della termodinamica stabilisce che:
A. I cambiamenti di stato non dipendono dal tipo di trasformazione
B. È possibile trasformare integralmente calore in lavoro in un processo ciclico
C. Non è possibile trasformare integralmente calore in lavoro in un processo ciclico
D. L'energia si conserva
E. La temperatura si mantiene sempre costante

13. Rispetto al livello del mare, in montagna l'acqua:
A. Bolle a una temperatura maggiore
B. Bolle alla stessa temperatura
C. Bolle a una temperatura minore
D. Non bolle
E. Si solidifica sempre

14. Harry vuole far aumentare la temperatura del bicchiere da 200 g di acqua che Draco sta bevendo, da 20 °C a 150 °C.
Affinché l'incantesimo vada a buon fine deve però far fornire alla formula "Scottium liquor" la quantità giusta di calore. Tuttavia, non avendo partecipato ai corsi TB Harry si sbaglia, e l'acqua aumenta solo fino a 40 °C. Che quantità di calore ha magicamente fornito Harry?
A. 400 cal
B. 200 kcal
C. 4000 cal
D. 40000 J
E. 400000 J

15. I Peaky Blinders per trasportare i loro prodotti illeciti usano una imbarcazione a vapore il cui motore segue le leggi del ciclo di Carnot. Siccome vogliono risparmiare è essenziale massimizzare l'efficienza, vogliono quindi che il rendimento della macchina termica sia pari al 27%. Per comodità vogliono cedere al motore 146 J (a Birmingham fa freddo). Quanto calore dovrebbe assorbire la macchina per raggiungere il rendimento desiderato?
A. 146 J
B. 200 J
C. 234 J
D. 3144 Kcal
E. 4188 Kcal

16. Ernest Gnam, un noto pasticcere, sta preparando delle torte nel suo laboratorio di cucina. Prepara una torta al gelato che pesa 4 kg e si trova ad una temperatura t_f. Prepara poi un'altra torta ma al cioccolato e dal cuore morbido che pesa 5 Kg e che si trova ad una temperatura $t_c = 7t_f$. Un suo apprendista per sbaglio, le confeziona insieme, nello stesso sistema isolato. Sapendo che la temperatura di equilibrio raggiunta è pari a T_{eq} = 60 °C e che $t_f + t_c$ = 80 °C, quale sarà il rapporto tra il calore specifico della torta al gelato rispetto quello della torta al cioccolato?
A. -4
B. 17
C. 14
D. -14
E. 7

17. Due amici svizzeri stanno lavorando 8 Kg di fonduta, attualmente a 55 °C, per portarla alla temperatura ottimale di 70 °C.
Se il fornello lavora a una potenza oraria di 1200 kW/h e impiega 12 min a riscaldare la fonduta, quanto vale il calore specifico del formaggio?
A. 2,5 kJ°K/kg
B. 350 kJ°K/kg

C. 2,0 kJ°K/kg
D. 2,5 kJ°K/kg
E. 2,0 kJ°K/kg

18. Quanto vale la variazione di energia interna di un gas in seguito a una compressione adiabatica con modulo del lavoro uguale a 350 J?

A. - 700 J
B. 700 J
C. - 350 J
D. 350 J
E. 700 kJ

M&F

CORREZIONE COMMENTATA

1. Definendo il rendimento di una macchina come $\eta = L/Q_2$ = quantità di lavoro in un ciclo/calore fornito dalla sorgente più calda, affermare che questo sia maggiore di 1 equivale a dire che il lavoro svolto (spende un'energia) è maggiore rispetto al calore (energia) fornita, violando il principio di conservazione dell'energia (risposta B) o primo principio della termodinamica (non "teorema", risposta A errata), che afferma che in un sistema isolato l'energia non si crea e non si distrugge, ma si trasforma da una forma all'altra. Ovviamente si violerebbe anche il secondo principio della termodinamica, che afferma che il rendimento è sempre MINORE di 1, ovvero non può mai essere che in una macchina termica che svolge cicli di lavoro, il lavoro sia uguale all'energia fornita, infatti c'è sempre una dissipazione.
Invece il secondo principio della dinamica (risposta C) afferma che l'accelerazione di un corpo è direttamente proporzionale alla forza netta agente su di esso e inversamente proporzionale alla sua massa (ovvero $F = ma$), il primo principio della dinamica (risposta D) afferma che un corpo soggetto a una forza risultante nulla permane nel suo stato di quiete o continua a muoversi di moto rettilineo uniforme e il principio di conservazione della quantità di moto (opzione E) afferma che in un Sistema isolato la quantità di moto totale è costante.
Risposta corretta B. (Vedi capitolo 2 Dinamica; vedi capitolo 3 Lavoro e potenza).

2. La fonte di calore, il sole, dispensa ad entrambi gli oggetti la stessa quantità di calore ($Q = mc\Delta T$) e determina una ΔT uguale, quindi il prodotto tra massa e calore specifico mc deve essere uguale nei due corpi, ovvero essi devono avere la stessa capacità termica ($C = mc$). Inoltre, per passare da gradi Celsius a Kelvin bisogna aggiungere + 273,15, quindi la temperatura iniziale era 20 °C = 293,15 K (risposta D errata). In questo tipo di esercizi può essere utile partire dalle grandezze suggerite dalle risposte per risalire alle formule che risolvono il quesito!
Risposta corretta E.

3. L'aria umida dell'atmosfera può contenere fino al 7% in volume di vapore acqueo, il quale quando incontra una superficie più fredda condensa (risposta A), ovvero passa dallo stato gassoso allo stato liquido (si pensi anche alle goccioline sul vetro della finestra quando fa freddo).
Risposta corretta A.

4. L'equazione di stato dei gas ideali afferma che: $PV = nRT$. Se la temperatura è costante (risposta C), essendo anche n e R due costanti, $nRT = k$; e quindi $PV = k$.
Risposta corretta C.

5. Considerando un liquido in un contenitore si osserva che si instaura un equilibrio dinamico tra le molecole più superficiali in stato liquido e le molecole che dalla stessa superficie passano allo stato di vapore. Quest'ultime esercitano una certa pressione detta appunto pressione di vapore, la quale aumenta gradualmente se si riscalda il liquido. Quando, a una certa temperatura, la pressione di vapore raggiunge il valore della pressione esterna che agisce sul sistema nel suo complesso, bolle di gas si creano a tutti i livelli del liquido (ebollizione). Per quello che si è detto la temperatura di ebollizione è influenzata fortemente dalla pressione esterna, ma fissata questa, la temperatura critica è determinata solo dalla natura del liquido.
Risposta corretta A.

6. Se forniamo energia sotto forma di calore a un pezzo di ghiaccio questo inizia gradualmente a riscaldarsi (le molecole aumentano la loro energia cinetica) fino al momento in cui la temperatura è tale da permettere il passaggio di stato (temperatura di fusione). Fino a che tutto il ghiaccio non passa allo stato liquido la temperatura rimane costante alla temperatura di fusione poiché tutta l'energia fornita è usata per rompere le forze che tengono unite le molecole allo stato solido e non per aumentare la temperatura.
Risposta corretta A.

7. Sappiamo che spontaneamente il calore si trasferisce da un corpo più caldo a uno più freddo per conduzione, convezione o irraggiamento. Proviamo a pensare a un caso in cui avviene il contrario, il frigorifero: il calore è continuamente sottratto all'ambiente interno più freddo e

rilasciato all'ambiente esterno più caldo. È dunque un fenomeno possibile (risposta A errata), che però si verifica solamente se svolgiamo un lavoro e forniamo energia al sistema (energia elettrica). Ciò non contraddice né il primo né il secondo principio della termodinamica (risposte C e D errate, vedi CC 1) e non implica che possa succedere solo nel vuoto (risposta E errata).
Risposta corretta B.

8. In una trasformazione isoterma la temperatura è costante e quindi PV = costante (risposte B e D errate) ma non è detto che non ci siano scambi di calore, perché non sappiamo se la trasformazione sia adiabatica (risposta C errata). Inoltre, il volume può variare ma il testo parla di compressione, che indica una diminuzione di volume (risposta A errata).
Risposta corretta E.

9. Per definizione in una trasformazione adiabatica non vi è scambio di calore tra ambiente e sistema (risposta B corretta, risposta E errata), mentre gli altri parametri p, V e T possono variare (risposta C errata) e può essere reversibile o irreversibile (risposta D errata). Infine, essendo $Q = 0$, il primo principio della termodinamica diventa $\Delta U = - L$ quindi può esserci una variazione di energia interna (risposta A errata).
Risposta corretta B.

10. Il primo principio della termodinamica afferma che "L'energia di un sistema termico isolato non si crea né si distrugge, ma si trasforma, passando da una forma all' altra", per cui la variazione di energia interna $\Delta U = Q - L$. Invece non è detto che il lavoro effettuato sia sempre uguale al lavoro impiegato (può esserci una dispersione di energia come calore, risposta A errata), che l'entropia aumenti sempre (per il secondo principio della termodinamica essa può anche rimanere costante, risposta D errata) o che l'entalpia (somma di energia interna e prodotto PV) aumenti sempre (risposta E errata). Infine, il primo principio della termodinamica non afferma che non è possibile che il calore passi spontaneamente da un corpo freddo a uno caldo (ciò è affermato dal secondo principio della termodinamica, enunciato di Clausius, risposta C errata).
Risposta corretta B.

11. Un gas perfetto (detto anche ideale) ha le seguenti caratteristiche:

1. Le sue particelle hanno volume nullo: il volume delle particelle del gas è trascurabile rispetto al volume del contenitore in cui è racchiuso;
2. Le particelle di gas sono identiche tra loro e indistinguibili;
3. Le forze attrattive tra le particelle sono nulle, per cui ognuna può essere considerata indipendente dalle altre;
4. Le collisioni tra le particelle di gas o tra le particelle di gas e le pareti del contenitore sono perfettamente elastiche, non c'è quindi dispersione di energia;
5. L'energia cinetica media delle particelle aumenta all'aumentare della temperatura assoluta del gas.

Da tutto ciò deriva che l'energia interna è data solamente dall'energia cinetica delle particelle.
Risposta corretta A.

12. La temperatura si mantiene costante solo in una trasformazione isoterma e non sempre (risposta E errata), il primo principio della termodinamica e non il secondo afferma che l'energia si conserva (risposta D errata), i cambiamenti di stato non vengono trattati nei principi della termodinamica (risposta A errata). Dunque, rimangono le risposte B e C, che sostengono ipotesi opposte: il secondo principio della termodinamica afferma che "Non è possibile realizzare una trasformazione ciclica, il cui risultato sia di trasformare tutto il calore fornito in lavoro." (risposta B errata).
Risposta corretta C.

13. Un liquido comincia a bollire quando la sua pressione di vapore raggiunge il valore della pressione che agisce sul sistema (vedi correzione commentata esercizio 5) e la temperatura a cui questo avviene è la temperatura di ebollizione. A livello del mare la pressione che agisce sul sistema è maggiore (1 atm) rispetto all'altitudine raggiunta in montagna (dove la colonna d'aria soprastante è minore), dunque è maggiore la temperatura di ebollizione che permette alla pressione di vapore di raggiungere la pressione esterna.
Risposta corretta C.

14. In questo esercizio il testo fornisce la massa di acqua (200 g) e la variazione di temperatura (da 20 °C a 40 °C) e richiede il calore fornito, dunque possiamo usare la legge fondamentale della calorimetria $Q = mc\Delta T$. Sapendo che il calore specifico dell'acqua è pari a c = 1 cal/g °C, che m = 200 g, ΔT = 20 (N.B. ΔT °Kelvin = ΔT °Celsius), il calore fornito è: Q = 200 g · 1 cal/g °C · 20 °K = 4000 cal.
Risposta corretta C.

15. Per risolvere l'esercizio dobbiamo conoscere la formula per ricavare il rendimento, ovvero $\eta = 1 - Q_{ceduto}/Q_{assorbito}$. Con la sua formula inversa isoliamo $Q_a \rightarrow Q_a = Q_c/(1 - \eta)$. Attenzione però, questa formula prevede che il rendimento sia scritto in centesimi (27% = 0,27).
Sostituendo quindi otteniamo $\rightarrow Q_a = 146/(1 - 0{,}27) = 200$ J.
Risposta corretta B.

16. Il quesito ci dice che abbiamo due corpi di cui possiamo calcolare la temperatura mettendo a sistema i dati forniti:

$$\begin{cases} t_c = 7t_f \\ t_f + t_c = 80\ °C \end{cases} \qquad \begin{cases} t_c = 7t_f \\ t_f + 7t_f = 80 \rightarrow t_f = 10\ °C \rightarrow t_c = 70\ °C \end{cases}$$

Successivamente, sapendo che le due torte sono in contatto termico e che si scambiano calore per raggiungere una temperatura di equilibrio, impostiamo la formula $Q = mc\Delta T$, con $Q_f = -Q_c$. Infatti, sappiamo che il calore acquisito dal corpo più freddo è uguale a quello ceduto dal più caldo $\rightarrow m_f c_f \Delta T_f = -m_c c_c \Delta T_c \rightarrow m_f c_f (T_f - T_{eq}) = m_c c_c (T_{eq} - T_c)$. Isoliamo c_f/c_c e sostituiamo i valori: $c_f/c_c = m_c (T_{eq} - T_c)/m_f (T_f - T_{eq}) = 5\,(70 - 60)/4\,(60 - 10) = 1/4$.
Risposta corretta C.

17. Partiamo sempre dalla formula fondamentale della calorimetria Q = mcT, da cui isoliamo il calore specifico c = Q/(m · T). Successivamente, troviamo la quantità di calore Q prodotta nei 12 min di tempo (⅕ di ora), sapendo che la potenza è di 1200 kW/h: Q = P · t = 1200 · 1/5 = 240 kJ.
A questo punto inseriamo tutti i dati nella formula precedente, trovando il calore specifico: c = Q/(m · ΔT) = 240/8 (70 - 55) = 240/120 = 2,0 kJ/kg · °K.
Risposta corretta E.

18. Scriviamo il primo principio della termodinamica, che ci dice che la variazione di energia interna è: ΔU = Q - L. Successivamente possiamo eliminare il calore Q, poiché nelle trasformazioni adiabatiche è nullo, rimanendo quindi con ΔU = -L. Sappiamo poi che una compressione presuppone un lavoro negativo, poiché viene compiuto dall'ambiente sul sistema, e possiamo dunque scrivere la formula come ΔU = -(-350) = 350 J.
Risposta corretta D.

6. Elettrostatica

1. Due cariche q_1 = 10 C e q_2 = -5 C sono poste a $3 \cdot 10^4$ metri di distanza.
Qual è il modulo della forza di Coulomb tra di esse e di che tipo è?

A. 1000 N – attrattiva
B. 500 N – attrattiva
C. 500 N – repulsiva
D. 1000 N – repulsiva
E. 5000 N – attrattiva

2. In un campo magnetico costante, una particella carica in moto, in generale:

A. Segue una traiettoria parabolica
B. Si muove con moto rettilineo uniforme
C. Aumenta progressivamente la propria energia cinetica
D. Segue una traiettoria a forma di elica cilindrica
E. Segue una traiettoria ellissoidale

3. Una lampada ad incandescenza da 120 W ed uno scaldabagno elettrico da 1500 W sono alimentati dalla stessa tensione. Segue che:

A. Le resistenze elettriche dei due apparecchi sono le stesse
B. È più elevata la resistenza dello scaldabagno elettrico
C. È più elevata la resistenza della lampada ad incandescenza
D. Non si può rispondere senza conoscere le correnti
E. Tutte le precedenti risposte sono errate

4. In un circuito è presente un resistore che è sottoposto a una tensione di 20 V e in cui scorre una corrente di 10 A. Quanto valgono la resistenza del resistore e la potenza da esso dissipata?

A. R = 200 Ω e P = 2 W
B. R = 2 W e P = 200 Ω
C. R = 2 Ω e P = 20 W
D. R = 2 Ω e P = 200 W
E. R = 20 Ω e P = 200 W

5. All'aumentare della lunghezza, la resistenza elettrica di un conduttore di sezione costante:

A. Aumenta
B. Diminuisce
C. Non varia
D. Aumenta o diminuisce a seconda della resistività del materiale
E. Aumenta nel rame e diminuisce nell'alluminio

6. Quale relazione indica la potenza dissipata da una resistenza R ai cui capi vi è una d. d. p. V, e che è attraversata da un'intensità di corrente I?

A. $V \cdot I^2$
B. I^2/V
C. V/R^2
D. $I^2 \cdot R$
E. $R \cdot V^2$

7. Due resistori di 5 Ω e 20 Ω rispettivamente vengono posti in parallelo; la resistenza equivalente vale:

A. 0,25 Ω
B. 4 Ω
C. 12,5 Ω
D. 25 Ω
E. 100 Ω

8. La carica elettrica:

A. È una grandezza quantizzata
B. È una grandezza dotata di segno
C. È una grandezza scalare
D. È una grandezza di tipo conservativo
E. Tutte le affermazioni precedenti sono vere

9. Qual è l'intensità di un campo elettrico generato da una carica Q = 10 C a 10 m di distanza da essa? E come saranno le sue linee di forza?

A. 10^9 N/C – entranti
B. $9 \cdot 10^9$ N/C - entranti
C. $9 \cdot 10^9$ N/C – uscenti
D. $9 \cdot 10^8$ N/C – uscenti
E. $9 \cdot 10^8$ N/C – entranti

10. L'unità di misura del campo elettrico nel sistema interazionale è:

A. Newton/Ampere
B. Volt/Ampere
C. Ampere/metro
D. Ampere/Volt
E. Volt/metro

11. Lucilla quest'anno ha deciso di appendere gli addobbi il giorno subito dopo la festa di Halloween per non perdersi neanche un briciolo di spirito natalizio: dagli addobbi dell'anno precedente riesce a recuperare un filo di 129 lampadine collegate in serie, le attacca alla presa e subito una di esse esplode. Lucilla prontamente ricollega le due lampadine

M&F

ai lati di quella rotta; ora le lampadine:

A. Non si accenderanno più
B. Si illumineranno 1/129 in più ciascuna
C. Si illumineranno allo stesso modo
D. Si illumineranno 1/128 in più ciascuna
E. Si illumineranno 1/130 in più ciascuna

12. L'effetto Joule tratta:

A. Dell'energia dissipata durante il passaggio di corrente in un conduttore sotto forma di calore
B. Di come la resistenza elettrica vari a seconda della lunghezza di un filo conduttore
C. Di come vari la resistività di un materiale a seconda della temperatura
D. Di come calcolare l'intensità di corrente media
E. Di come direzionare le linee di forza di un campo elettrico

13. Una carica positiva di +5 C viene spostata da un punto A a un punto B di un campo elettrico tra cui vige una differenza di potenziale pari a 10 V. Quanto vale la differenza di energia potenziale elettrica tra i due punti?

A. 2 J
B. 20 J
C. 0,5 J
D. 100 J
E. 50 J

14. Due condensatori da 3 F e 8 F vengono posti in serie in un circuito, la capacità equivalente vale:

A. 2,8 F
B. 3,18 F
C. 2,18 F
D. 2,5 F
E. 11 F

15. Quest'anno il grande freddo è arrivato in anticipo così Elsa ha deciso di accendere la sua stufa elettrica, che assorbe 2416 kW se sottoposta ad un d.d.p pari a 302 V. Anna, che però sta morendo di freddo, riesce, senza farsi scoprire dalla sorella, a quadruplicare il voltaggio (senza applicare modifiche alla struttura della stufa). La potenza assorbita risulta:

A. 1/8 P
B. 8 P
C. 16 P
D. 1/16 P
E. Non varia significativamente

16. In un circuito elettrico ci sono due resistenze R1 = 2 e R2 = 8 poste in parallelo e scorre una corrente i = 10 A. Calcolare la differenza di potenziale ai lati delle resistenze e la potenza erogata.

A. 16 V e 1600 W
B. 16 V e 160 W
C. 16 V e 16 W
D. 160 V e 16 W
E. 1,6 V e 16 W

17. C1 è la capacità equivalente a tre condensatori uguali (di valore a) di cui uno in serie agli altri due in parallelo tra loro. Invece C2 è la capacità equivalente a due condensatori uguali (di valore b) posti in parallelo. Calcolare la relazione tra a e b in modo che C1 = C2.

A. b = 3a
B. a = 3b
C. a = b + 3
D. b = a + 3
E. a = b

18. Calcolare la resistenza equivalente del seguente circuito sapendo che R1 = 3, R2 = 4, R3 = 5 e R4 = 7.

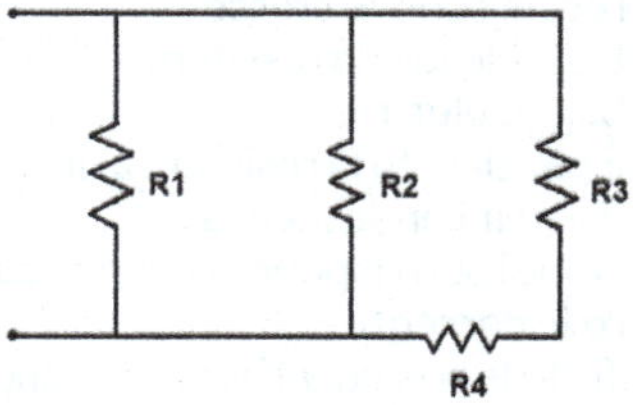

A. 1,5 Ω
B. 2 Ω
C. 3 Ω
D. 19 Ω
E. 12 Ω

19. Quale delle seguenti affermazioni sul potenziale elettrico è errata?

A. Il potenziale elettrico si misura in Volt o Joule/Coulomb
B. Il potenziale elettrico è una grandezza scalare
C. Il potenziale elettrico in un punto P dipende dalla carica di prova
D. Il potenziale elettrico nel punto P è il lavoro per unità di carica per spostare una carica positiva dall'infinito al punto P
E. Il potenziale elettrico di un punto nel vuoto a distanza r dalla carica Q è V = kQ/r

CORREZIONE COMMENTATA

1. I dati che abbiamo a disposizione sono i valori delle due cariche e la distanza tra di esse, mentre la richiesta è la forza di Coulomb, quindi possiamo usare la formula $F = k (q_1 \cdot q_2)/r^2$. Sostituiamo $q_1 = 10$ C, $q_2 = -5$ C, $k = 9 \cdot 10^9$, $r = 3 \cdot 10^4$ e otteniamo $F = -9 \cdot 10^9 \cdot 50/(9 \cdot 10^8) = -500$ N. Inoltre, poiché le due cariche hanno segno opposto la forza di Coulomb sarà attrattiva.
Risposta corretta B.

2. La traiettoria di una carica in un campo magnetico costante è a forma di elica cilindrica (risposta D corretta, risposte A ed E errate) in quanto la forza che agisce su di essa ha le proprietà di una forza centripeta, che in un moto circolare uniforme ha modulo costante e diverso da zero (risposta B errata) e determina variazioni di direzione e verso della velocità (ma non del modulo, per cui v è costante e dunque l'energia cinetica è costante, risposta C errata). La stessa cosa accade per esempio ad un satellite che ruota intorno alla Terra ed è soggetto alla forza di gravità.
Risposta corretta D.

3. Il testo ci fornisce i valori delle potenze (P) e del potenziale d'azione (V), dunque possiamo fare riferimento alla formula che lega queste due grandezze $P = V^2/R$. A parità di voltaggio, dato che la lampada ad incandescenza utilizza una potenza inferiore significa che la sua resistenza sarà maggiore (dato che nella formula la resistenza si trova a denominatore).
Risposta corretta C.

4. Conosciamo il potenziale e la corrente e dobbiamo trovare la resistenza, quindi possiamo usare la MNEMOFRASE "VIRil PIVello" per cui $V = iR$ e $P = iV$. Sostituendo i valori otteniamo $R = V/i = 20/10 = 2\ \Omega$ e $P = 200$ W. N.B. Potevamo escludere fin da subito la risposta B perché le unità di misura di resistenza e potenza erano invertite.
Risposta corretta D.

5. La relazione che lega resistenza elettrica, lunghezza e sezione di un conduttore è la seconda legge di Ohm, per cui R = (resistività · lunghezza)/sezione. Dunque, all'aumentare della lunghezza e a sezione costante, poiché la resistività del materiale è costante, la resistenza aumenta.
Risposta corretta A.

6. La relazione che lega potenza, resistenza e intensità di corrente è $P = I^2 \cdot R$, detta effetto Joule, per cui in un conduttore dotato di resistenza questa si oppone alla corrente causando dissipazione di energia termica e quindi di potenza.
Risposta corretta D.

7. In questo esercizio (come in tutti gli esercizi con resistori/condensatori in parallelo) si può usare la MNEMOFRASE "Resistere Stasera INTeramente" per cui le resistenze in serie si sommano come interi, le resistenze in parallelo tramite reciproci, e viceversa per i condensatori. Dunque, in questo caso le due resistenze sono in parallelo, quindi la resistenza totale è: $1/R_T = 1/R_1 + 1/R_2 = 1/5 + 1/20 = 5/20$, da cui $R_T = 20/5 = 4\ \Omega$.
Risposta corretta B.

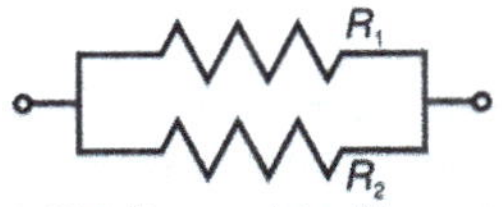

Figura 7.1 Due resistori in parallelo

8. La carica elettrica esiste solo come multiplo della quantità fondamentale (la carica dell'elettrone), quindi è una grandezza quantizzata (risposta A corretta), è anche una grandezza scalare (viene descritta unicamente dal punto di vista matematico, risposta C corretta), è conservativa (risposta D corretta) ed è dotata di segno positivo o negativo (risposta B corretta).
Risposta corretta E.

9. Abbiamo a disposizione il valore della carica generatrice e la distanza tra di essa e il punto di interesse, dunque possiamo usare la formula per calcolare il campo elettrico $E = k\,Q/r^2$. Sostituiamo i dati $Q = -10$ C, $r = 10$ m, $k = 9 \cdot 10^9$ e otteniamo $E = 9 \cdot 10^9 \cdot 10/100 = 9 \cdot 10^8$ N/C. Inoltre, poiché la carica generatrice è positiva, le linee di forza saranno uscenti.
Risposta corretta D.

10. Le unità di misura del campo elettrico si possono ricavare a partire da due formule: $E = F/q$ e $E = V/s$. Dunque, sapendo le unità di misura di forza (Newton), carica elettrica (Coulomb), potenziale (Volt) e spostamento (metro), otteniamo che le unità di misura del campo elettrico sono: N/C e V/m.
Risposta corretta E.

11. Nel testo è chiaramente specificato che Lucilla in seguito alla rottura della lampadina ricongiunge i capi delle due presenti a lato in modo che l'esplosione non comprometta il funzionamento di tutta la serie (risposta A errata). Inoltre la mancanza di una lampadina fa sì che ci sia una ridistribuzione dell'energia tra le altre (risposta C errata). A questo punto possiamo pensare alla luce emessa dalla lampadina rotta come unità (1), tale unità dovrà essere distribuita a tutte le 128 lampadine rimanenti che quindi dissiperanno energia sotto forma di luce ognuna di 1/128 in più.
Risposta corretta D.

12. L'effetto Joule consiste nel fatto che in un generico dispositivo circuitale in cui scorre una corrente ed ai cui capi c'è una d.d.p, la potenza fornita viene in parte trasformata in calore o altre forme di energia. È invece la seconda legge di Ohm a trattare del rapporto tra resistenza elettrica e lunghezza del filo conduttore (risposta B).
Risposta corretta A.

13. Conosciamo il valore della carica di prova (diversa dalla carica generatrice che genera il campo) e della differenza di potenziale tra i due punti, quindi possiamo calcolare l'energia potenziale come $\Delta U = q\Delta V$ e sostituendo i valori $\Delta U = 50$ J.
Risposta corretta E.

14. Anche in questo esercizio possiamo usare la MNEMOFRASE "Resistere Stasera INTeramente" (vedi CC 7): in questo caso i condensatori sono in serie, quindi la capacità totale è: $1/C_T = 1/C_1 + 1/C_2 = 1/3 + 1/8 = 11/24$, da cui $C_T = 24/11 = 2{,}18$ F.
Risposta corretta C.

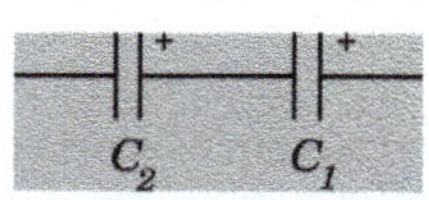

Figura 7.2 Due condensatori in serie

15. La formula che mette in relazione Potenza, voltaggio e resistenza è $P = V^2/R$; quindi se $P_1 = V^2/R$ e $V_2 = 4V_1$, allora $P_2 = (4V_1)^2/R = 16V_1/R$, da cui $P_2 = 16\,P_1$.
Risposta corretta C.

16. Partendo dalla mnemofrase Resistere Stasera INTeramente sappiamo che le resistenze in serie si sommano come interi e quindi che le resistenze in parallelo si sommano come reciproci, per cui la resistenza totale si calcola come $1/R_{tot} = 1/2 + 1/8$ da cui $R_{tot} = 8/5 = 1{,}6$. Ora con la mnemofrase "VIRil PIVello" possiamo calcolare la differenza di potenziale come $V = i \cdot R = 10 \cdot 1{,}6 = 16$ V (quindi possiamo escludere le opzioni D ed E) e la potenza erogata come $P = i \cdot V = 10 \cdot 16 = 160$ W.
Risposta corretta B.

17. Partendo sempre dalla mnemofrase Resistere Stasera INTeramente otteniamo che la capacità C1 è pari alla capacità equivalente delle due in parallelo ovvero a + a = 2a posta in serie alla

terza capacità per cui 1/C1 = 1/2a + 1a → C1 = 2/3 a. Invece C2 è pari alla capacità equivalente di due capacità in parallelo: C2 = 2b. Poniamo C1 = C2 e sostituendo troviamo 2/3 a = 2b → a = 3b.
Risposta corretta B.

18. A partire dalla mnemofrase Res stere Stasera INTeramente sappiamo che le resistenze in serie si sommano come interi e quelle in parallelo come reciproci. Per prima cosa calcoliamo R3 e R4 come R3,4 = 5 + 7 = 12 . In seguito, sappiamo che R1, R2 e R3,4 sono in parallelo per cui $1/R_{tot}$ = 1/3 + 1/4 + 1/12 = (4 + 3 + 1)/12 → R_{tot} = 12/8 = 1,5.
Risposta corretta A.

19. Le opzioni A, B, D, E sono corrette, infatti il potenziale elettrico si misura in V = J/C, è una grandezza scalare (mentre il campo elettrico è vettoriale), è definito come il lavoro per unità di carica per spostare questa da infinito al punto P e per un punto è pari a kQ/r. Invece l'opzione C è errata perchè il potenziale elettrico NON dipende dalla carica di prova.
Risposta corretta C.

M&F

Si ringraziano tutti i membri TestBusters per
aver contribuito alla creazione di questo libro.

Finito di stampare
nel mese di dicembre 2020